해커스공무원

최진우 1/2 한국사 필기노트

해커스공무원

CONTENTS

한눈에 보는 이 책의 특징 및 구성

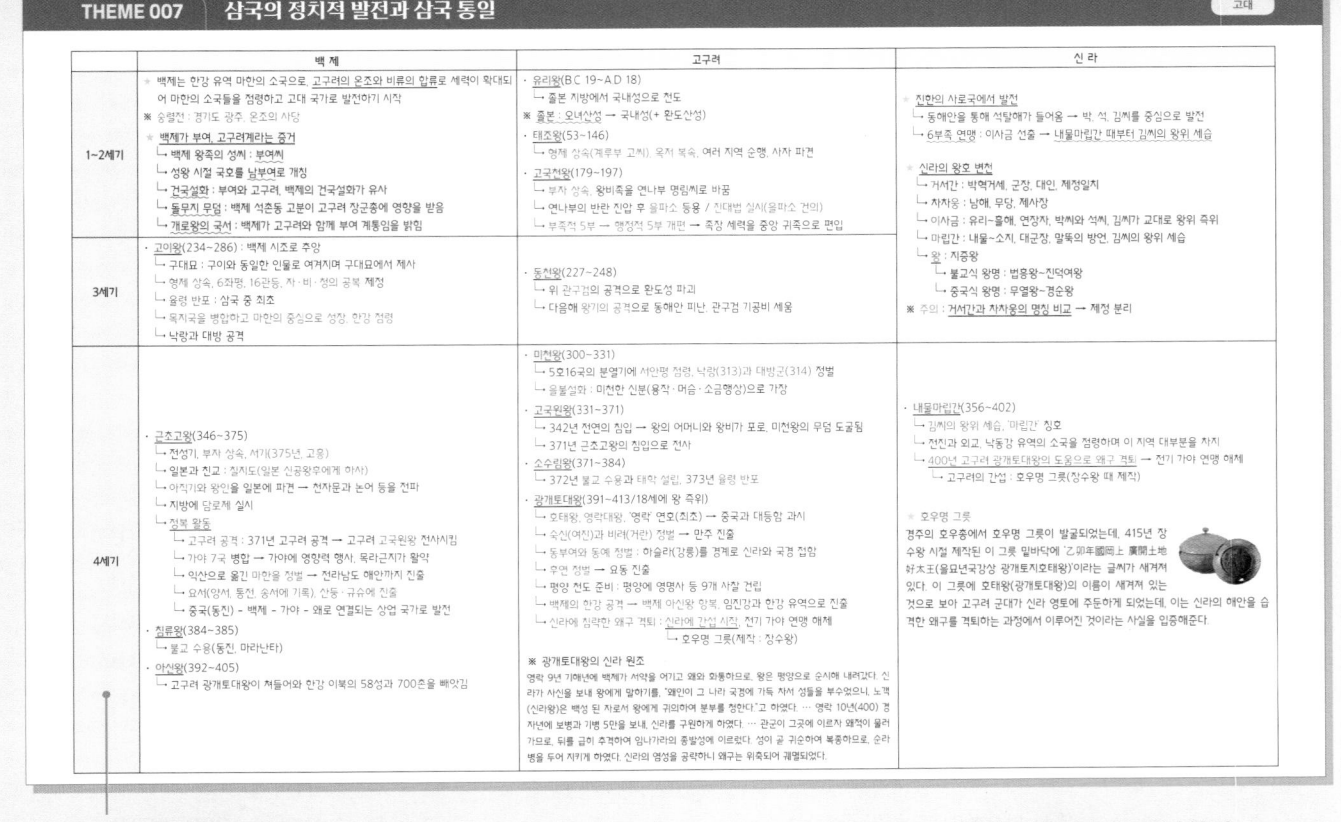

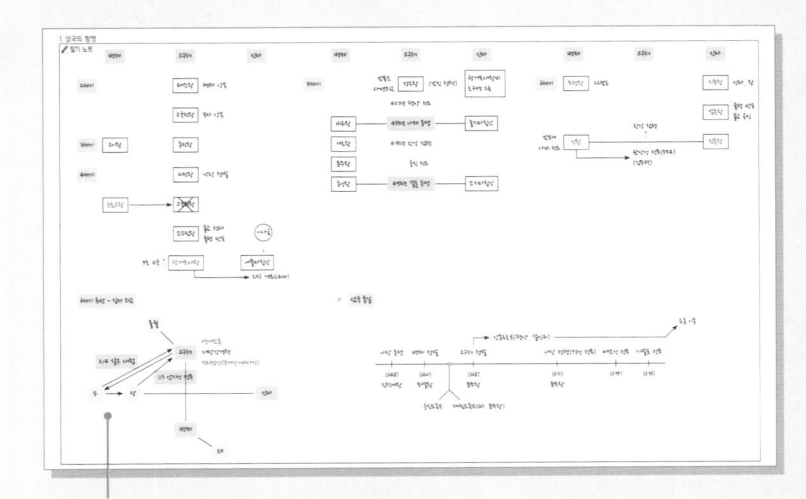

선생님의 판서로 흐름잡기

선생님의 판서를 반영한 필기노트 코너를 통해 시대와 사건을 빠르게 정리할 수 있습니다.

체계적인 도표로 핵심 개념 정리하기

시대순으로 정리한 도표를 통해 한국사의 흐름을 더 쉽게 이해하고 핵심 개념을 암기할 수 있습니다.

핵심 사료로 실전 대비하기

시대별 빈출 사료를 정리하여 실전에 대비할 수 있습니다.

심화 개념 집중 암기하기

고득점을 위해 심화 개념을 정리하고 집중 암기할 수 있습니다.

※ 적고적과 원종과 애노의 난

진성 여왕 10년 도적이 서남쪽에서 일어났다. 붉은 바지를 입고 특이하게 굴어 사람들이 붉은 바지 도적이라 불렀다. 그들은 주, 현을 무찌르고 서울(경주) 서부 모량리까지 쳐들어와 민가를 약탈하였다. 왕 3년 국내의 여러 주군이 공부를 수납하지 않아 나라의 창고가 비고, 재정이 궁핍해졌다. 이에 왕이 사자를 보내 독촉하니 곳곳에서 도적들이 들고 일어났다. 이때 원종과 애노 등이 사벌주에 웅거하여 반란을 일으켰다.

★ 신라 하대 반란

· 768년 대공의 난 → 96각간의 난
· 780년 김지정의 난
· 822년 김헌창의 난(웅천주, 웅주 = 공주 / 국호 장안, 연호 경운)
· 825년 김범문의 난(양주) → 고달산 농민 가담
· 838년 김우징, 김양의 반란
· 846년 장보고의 난
· 889년 원종과 애노의 난(상주 = 사벌주)
· 896년 적고적 봉기 → 경주 부근 공격

역사의 의미

1. 역사의 의미

	사실로서의 역사	기록으로서의 역사
의 미	• 객관적 의미의 역사 └ 시간적으로 현재에 이르기까지 일어났던 모든 과거 사건 └ 바닷가의 모래알같이 수많은 과거 사건의 집합체 • 事實(사실) • 실증주의 ※ 진단학회 : 1934년, 이병도와 손진태	• 주관적 의미의 역사 └ 과거의 사실을 토대로 역사가가 이를 조사하고 연구하여 재구성한 것 └ 역사가의 가치관과 같은 주관적 요소가 개입되어 기록된 자료, 역사서 • 史實(사실) • 상대주의
어 원	• 歷(역) : 세월, 세대, 왕조 등이 순서대로 계속되어 가는 것 • 독일어의 Geschichte : 과거에 일어난 일	• 史(사) : 활쏘기를 할 때 옆에서 적중한 숫자를 계산하여 기록하던 기록관을 의미 • 그리어의 Historia
대표자	※ 랑케 └ 역사가는 자기 자신을 죽이고 과거가 본래 어떠하였는가를 밝히는 것을 지상 과제로 삼음 └ 역사는 사실을 떠나 존재할 수 없다. └ 역사가는 선입견을 가져서는 안되며, 오직 개별적인 사실의 객관적인 파악에 노력한다.	• 카, 크로체, 콜링우드 ※ E.H.카 : "역사란 무엇인가?" 저술 └ 역사는 과거와 현재의 끊임없는 대화이다. └ 역사는 역사가와 사실 사이의 부단한 상호작용이다.

✏️ 필기 노트

※ 사실 VS 기록

1960년 대학생들의 시위가 있었다. [사실] (랑케) 실증주의 객관적 (사건) … 사건 … 사건 …
↓
1960년 4·19 혁명이 발생하였다. [기록] (카) 상대주의 주관적 [해석, 평가]

2. 중요 용어

사 관	• 역사가 자신의 고유 입장, 사실 선택의 기준, 해석 원리, 가치관 등
사 료	• 역사적으로 사실을 입증해주는 유물과 유적, 기록 등의 자료 • 과거의 수많은 事實(사실)이 아니라 역사학자에 의해서 선택된 史實(사실)을 말한다. • 사료가 없으면 역사도 없다. • 사료 자체도 과거의 기록물로 그 당시 저자의 주관적 견해가 반영되어 있을 수 있다.
외면과 내면	• 외면 : 객관적 사실 • 내면 : 사건의 배경이나 사건을 주도한 사람의 의도

★ 사료 비판
• 외적 비판 : 사료 자체에 대한 검증, 타인의 첨가 여부, 필사 과정의 오류, 작자, 장소, 연대 등의 검증
• 내적 비판 : 사료 내용에 대한 검증, 사료의 기술을 분석, 사료의 성격 검증 등

3. 보편성과 특수성

보편성	• 세계 모든 민족이 그랬던 것처럼 우리 민족도 자유와 평등, 민주와 평화 등 전 인류의 공통된 가치를 추구
특수성	• 공동체 의식이 강함 • 불교 문화권 : 내세가 아니라 현세구복적이며, 호국적 불교 발전 • 유교 문화권 : 仁(인)이 아니라 忠(충)과 孝(효)를 강조

★ 백남운 : 사회경제사학, '조선사회경제사', '조선봉건사회경제사' 저술
└ 우리 역사의 보편성을 통해 일본의 정체성론(봉건사회 결여론)을 반박

선사 시대와
초기 국가의 모습

		선사 시대		역사 시대
	구석기	신석기	청동기	철기 → 중국에서 한자 전래(붓 : 창원 다호리)
		★ 우리 민족의 형성 : 신석기에서 청동기를 거치면서 형성되었다.		
시기	기원전 70만 년 전	기원전 8000년경	기원전 20~15세기경, 북방에서 전래	기원전 5세기경, 중국 전국 시대 철기 전래
	모계 중심의 평등사회, 사유 재산 제도 → X			남성 중심의 계급사회, 사유 재산 제도 → O
도구	• 뗀석기와 뼈도구 사용 └ 전기 : 하나의 도구 사용 → 여러 용도 └ 중기 : 격지를 하나의 도구로 사용 └ 후기 : 쐐기로 격지 제작 ★ 사냥 도구 : 주먹도끼, 찍개, 찌르개 등 ★ 조리 도구 : 긁개, 밀개 등 ★ 구석기 후기(잔석기, 중석기 시대) └ 기온 상승, 사냥감이 작아짐 └ 슴베찌르개, 좀돌날 등의 이음도구 └ 홍천 하화계리, 상노대도, 임불리 등	• 간석기 사용 • 농기구 제작 └ 돌괭이, 돌삽, 돌보습, 돌날 └ 갈돌·갈판, 뒤지개 등 • 사냥 도구 : 돌도끼, 돌화살촉, 돌창 • 어로 도구 : 그물추, 뼈바늘 • 직조 기술 : 가락바퀴(방추차), 뼈바늘	• 청동기 └ 북방 계통 : 비파형 동검, 거친무늬 거울 └ 지배층 도구 └ 전문적인 제작 장인 등장 • 석기 사용 └ 농기구 : 반달돌칼, 바퀴날 도끼, 홈자귀, 따비 등 └ 간석기 : 신석기와 달리 날 전체를 갈아 사용 └ 간돌검(마제석검) 사용	• 철기의 사용 └ 중국에서 전래 └ 무기와 농기구 등 일상생활에서 사용 • 청동기 └ 의기화 : 의식용 도구화 └ 독자적 발전 : 세형동검, 잔무늬 거울, 거푸집 └ ※ 세형 동검 : 한국식 동검, 청천강 이남, 영산강, 금강 유역 多 ★ 중국과 교류 : 명도전, 반량전(사천 늑도), 오수전, 붓, 한자 등 ★ 붓 : 창원 다호리에서 발견
유물	주먹도끼 / 슴베찌르개	갈돌과 갈판 / 가락바퀴(방추차)	비파형 동검 / 거친무늬 거울 / 반달돌칼	세형 동검 / 명도전 / 거푸집 / 붓
토기		• 전기 : 이른 민무늬·덧무늬·압인문 토기 • 중기 이후 : 빗살무늬 토기 유행 • 일본의 소바다식(조몬) 토기에 영향	• 민무늬 토기, 미송리식 토기, 덧띠새김무늬 토기 • 송국리식 토기, 붉은 간토기, 가락리식 토기 • 볍씨자국 토기, 팽이형 토기 등 • 일본의 야요이 토기에 영향	• 민무늬 토기 계속 사용 → 후기 : 중국식 회도 등 사용 • 검은 간토기, 민무늬 토기 다양화, 덧띠 토기 • 김해식 토기(타날문 토기)
		이른 민무늬 토기 / 빗살무늬 토기	미송리식 토기	덧띠 토기 / 검은 간토기
경제	• 어로와 사냥, 채집 → 이동 생활	• 전기 : 어로와 채집 → 도토리 • 후기 : 농경 발달 → 조, 피, 수수, 기장 └ 생산량 미흡 → 어로와 채집으로 보충 • 목축 : 개와 돼지 등을 목축하기 시작 • 원거리 교역 : 흑요석 → 일본과의 교류	• 농경의 발달 : 벼와 보리, 콩 등 재배 시작 └ 벼농사 발달 : 탄화미 발견 └ 탄화미 발견 유적 : 여주 흔암리, 부여 송국리 └ 서천 화금리 : 대규모 쌀 창고 발견 • 어로 생활 감소	• 벼농사의 발달 └ 기원전 2세기 삼한에서 일반화, 수전농업, 저수지 축조 • 어로 생활 증가 : 김해, 양산 웅천의 패총
사회	• 평등 사회, 모계 사회, 사유 재산 X • 가족 단위의 무리 사회 • 불과 언어 사용	• 평등 사회, 모계 사회, 사유 재산 X • 씨족 중심의 부족 사회 └ 족외혼, 자급자족, 모계 사회	• 계급 사회 → 군장국가 등장(고조선) • 남성 중심의 부계 사회, 성분업 등장 • 사유 재산 등장	• 계급 사회, 남성 중심의 부계 사회, 사유 재산 O • 연맹국가 등장 └ 고조선, 부여, 초기 고구려, 삼한　※ 옥저와 동예(군장국가)
신앙		• 원시 신앙 : 애니미즘, 토테미즘, 샤머니즘 등장	• 천손사상(선민사상) 등장　★ 선돌 : 부족 경계 거석	

	선사 시대			역사 시대
	구석기	신석기	청동기	철기 → 중국에서 한자 전래(붓 : 창원 다호리)
		★ 우리 민족의 형성 : 신석기에서 청동기를 거치면서 형성되었다.		

주 거	· 동굴, 바위그늘, 강가의 막집	· 정착 생활 시작
		· 움집 : 반지하, 남향 출입문, 원형(방형), 중앙 화덕 등
			· 움집 : 구릉 지대, 지상 가옥화, 밀집화
			  └ 주춧돌, 칸막이로 용도 구분, 장방형, 벽면 화덕
			· 대규모 취락 : 환호, 목책, 토성 등의 방어 시설
			  └ 창고, 집회소, 공공의식 장소
				· 지상식 주거, 부뚜막 시설, 온돌 장치
				· 출입문 시설 장착
				· 여자형과 철자형 집터
				  └ 춘천 율문리 유적

예 술	· 석회암이나 동물의 뼈, 뿔 등의 조각품 · 고래와 물고기를 새긴 조각품 └ 공주 석장리와 단양 수양개	· 동물 모양 조각, 흙으로 빚은 얼굴, 패면, 치레걸이 · 부산 동삼동 : 패총, 패면(조개껍데기 가면) · 여인 조각상 : 청진 농포동 / 울산 신암리 조개껍데기 가면	· 암각화 : 주술적 예술, 구석기 시대부터 제작되었지만 청동기 시대 가장 많이 제작됨	

무 덤	· 청원 두루봉 동굴 : 장례 의식 흔적	· 동침앙와 신전장 : 웅기 굴포리 서포항, 토묘
		· 경남 통영 연대도 : 신석기 시대 공동 묘지로 추정
			· 고인돌, 돌무지무덤, 돌널무덤
			  └ 북방식 : 탁자식 / 남방식 : 바둑판식
			  └ 강화도, 화순, 고창 : 유네스코 문화유산
			★ 선돌 : 부족 경계석
				· 독무덤(옹관묘)과 널무덤 유행

| 북방식 고인돌(탁자식) | 남방식 고인돌(바둑판식) | 옹관묘(독무덤) | 널무덤 |

| 유 적 | · 단양 금굴 : 구석기 최고 유적지
· 종성 동관진 : 최초 발견(1933년)
· 웅기 굴포리 : 해방 이후 최초 발견
· 공주 석장리 : 해방 이후 남한 최초
· 청원 두루봉 동굴 : 흥수아이 발견
· 덕천 승리산 : 최초로 인골 화석 발견
· 연천 전곡리 : 전기, 아슐리안계 석기
  └ 모비우스 학설 반박
· 제천 점말동굴 : 털코뿔이뼈 출토
· 강원도 상무룡리 : 흑요석 출토
· 제주도 빌레못 등 전국적 분포 | · 주로 강가와 바닷가에 위치
· 부산 동삼동, 서울 암사동, 김해 수가리
· 하남 미사리, 양양 오산리
· 제주도 한경면 고산리(최고 유적지)
· 경남 비봉리 : 통나무배 발견
· 양양 지경리 : 동그란 모양의 바닥, 중앙 화덕
· 경남 통영 연대도 : 신석기 공동 묘지
· 웅기 굴포리 서포항 : 신석기 시대 토묘 발견
· 온천 궁산리 : 뼈바늘
· 농경 유적지
  └ 평양 남경, 봉산 마산리, 서울 암사동, 봉산 지탑리
  └ 강원도 고성 문암리 : 밭의 흔적 | · 암각화 : 주술적 예술, 구석기 시대부터 제작되었지만 청동기 시대 가장 많이 제작됨
  └ 울주 대곡리 반구대 : 국보285호, 작살 찍힌 고래, 사슴과 호랑이 모습, 샤먼 등 → 사냥감의 번성, 종교 의례, 보존 문제가 사회문제화
  └ 고령 양전동(장기리) 알터 바위 그림 : 동심원, 삼각형 등의 기하학적 문양
  └ 울주 천전리 : 1970년대 최초로 발견된 암각화, 선사 시대, 삼국~통일신라의 암각화
  └ 영일 칠포 : 최대 규모의 기하학적 문양의 암각화
★ 부여 송국리 : 청동기 시대 집터 유적, 중앙에 2개 기둥이 서있는 움집터 발견 | |

| 울주 대곡리 반구대 암각화 | 고령 양전동 알터(장기리) 암각화 |

1. 건국 신화

기록 문헌	• 삼국유사 : 현존 최고 기록, 고려 후기 충렬왕 때 일연이 편찬, 기이편에 전래 • 제왕운기 : 고려 후기 충렬왕 때 이승휴가 편찬, 단군 – 기자– 위만 3조선설 • 세종실록지리지 : 조선 단종, 단군신화가 수록 • 응제시주 : 조선 세조, 역대 왕조의 건국 신화 수록 • 동국여지승람 : 성종, 팔도지리지 + 동문선, 조선 전기 가장 자세한 지리지 • 신증동국여지승람 : 중종, 동국여지승람을 보완 수정, 사림들의 역사관 반영
내 용	• 제정 일치 : 단군(제사장, 무당) + 왕검(정치적 군장) • 농경 사회 : 풍백, 우사, 운사 • 토테미즘 : 곰 부족과 호랑이 부족 • 천손사상 : 하늘의 자손, 선민사상 • 족외혼 : 환웅 부족과 곰 부족의 결합 • 계급 사회, 홍익인간 등

※ 단군신화, 일연의 삼국유사

옛날 하늘신 환인의 아들 환웅이 천하를 다스리고 인간 세상을 구원하고자 하는 생각이 있었다. 환인이 그 뜻을 알고 천하를 두루 살펴보니 태백산이 널리 인간을 이롭게 할 만한 곳이므로 천부인(天符印:칼·거울·종자) 3개를 가지고 내려가 다스리게 하였다. 환웅은 3천의 무리를 이끌고 태백산 꼭대기 신단수 밑에 내려와 그 곳을 '신시'라 하였다. 환웅 천왕은 풍백(風伯)·우사(雨師)·운사(雲師) 등을 거느리고 곡식, 생명, 질병, 형벌, 선악 등 인간의 360여 가지 일을 주관하며 세상에 살면서 인간을 다스리고 교화하였다. 이때 곰 한 마리와 범 한 마리가 있어, 같은 굴속에 살며 항상 환웅에게 빌되, "원컨대 사람이 되어지이다." 하거늘, 한번은 신이 신령스러운 쑥 1자루와 마늘 20톨을 주고 말하되 "너희들이 이것을 먹고 100일 동안 햇빛을 보지 아니하면 곧 사람이 되리라." 하였다. 곰과 범이 이것을 받아서 먹고 근신하기 삼칠일 만에 곰은 여자의 몸이 되고, 범은 삼가지 못하여 사람이 되지 못하였다. 웅녀(熊女)는 그와 혼인해 주는 이가 없으므로 또 신단 아래서 축원하기를 "아이를 배어지이다." 하였다. 환웅이 이에 잠깐 변하여 결혼해서 아들을 낳으니 이를 '단군왕검'이라 하였다. 단군왕검은 평양성에 나라를 세우고 나라 이름을 '조선'이라고 하였다. 그 후 단군은 백악산 아사달에 도읍을 옮겼으며, 1500년 간 나라를 다스리다가 기자가 조선의 왕이 되자 장당경으로 도읍을 옮겼다. 그 뒤 아사달에 돌아와 숨어서 산신(山神)이 되었는데 나이는 1,908세였다.

※ 단군신화, 이승휴의 제왕운기

처음에 누가 나라를 열고 바람과 구름을 이끌었는가? 석제의 손자, 그 이름은 단군이로세. 본기에 이르기를, 상제 환인에게 서자가 있어 웅이라 하였는데, 일러 말하기를, "삼위태백에 이르러 널리 인간을 이롭게 하고자 한다."라고 하였다.

2. 기록 문헌과 사회 모습

기록 문헌	• 관자 : 최초 기록, 중국 제와 교역(기원전 7세기) • 사기 : 위만조선과 한4군 기록 • 한서지리지 : 8조법(3개항만 전래) • 상서대전 : 기자동래설
중 심	• 만주 요령(요동) → 한반도 대동강 유역으로 이동
영 역	• 거친무늬 거울, 미송리식 토기, 북방식 고인돌(탁자식), 비파형 동검 등 ※ 거 미 고 비
사 회	• 제정일치 : 단군(무당) + 왕검(군장) • 고조선의 지배 집단은 천신족을 표방하였고, 정치적 수장은 '왕'을 칭하였다. • 8조법 : 한서지리지에 3개 조항 전래 → 한4군 시절 60개로 증가

기타 사항	• 숭령전 : 조선 시대 세종이 동명왕과 단군을 제사 지냄, 영조 때 숭령전으로 고치고 관리
	• 숭인전 : 기자 조선의 시조인 기자를 모신 사당, 임진왜란 이후 광해군 때 건물을 개수하고 이름을 숭인전으로 고침
	    └ 고려 숙종 : 평양에 기자 사당을 세움
	• 공후인 : 고조선의 가부장적 사회 모습
	    └ "그대 강물을 건너지 마시라고 그토록 애원해 당부했건만 그대 마침내 빠져 죽었구려, 아 ! 그대를 어이 하리"
	• 강상무덤과 누상무덤 : 요동반도 요령성에서 발견, 순장 확인, 고조선 사회가 노예제 사회였음을 추정

★ 기자동래설
  └ 상서대전 : 처음 기록
  └ 한서 : "기자가 조선으로 가서 그 백성들로 하여금 예의에 힘쓰고 …"
  └ 제왕운기, 조선 시대 사림이 강조, 일본도 인정 VS 신채호는 부정

※ 요동 중심설 : 신채호, 정인보, 조선 시대 남인 학자, 응제시주 등
※ 대동강 중심설 : 이병도, 삼국유사, 정약용과 한치윤, 북한 등

★ 8조법(한서지리지)
• 살인자는 사형
• 남을 다치게 하면 곡물로 배상
• 절도 시에는 노비로 만들거나, 자속하는 자는 50만 벌금
  └ "백성들이 끝내 서로 도둑질하지 않았고, 문을 닫는 사람이 없었다."
• 부인들은 정신하여 음란하지 않았다.(추정)

3. 건국과 멸망

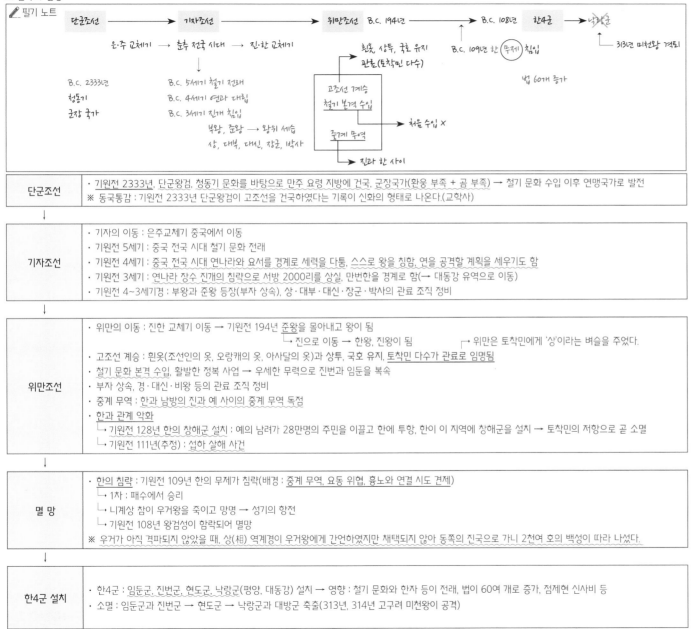

✎ 필기 노트

단군조선 → 기자조선 → 위만조선 B.C. 194년 → B.C. 108년 한4군 → 낙랑군

은·주 교체기 → 춘추 전국 시대 → 진·한 교체기

흰옷, 상투, 국호 유지
관료(토착민 다수)

B.C. 109년 한 (무제) 침입

313년 미천왕 격퇴

B.C. 2333년
청동기
군장 국가

B.C. 5세기 철기 전래
B.C. 4세기 연과 대립
B.C. 3세기 진개 침입

부왕, 준왕 → 왕위 세습
상, 대부, 대신, 장군, 박사

고조선 계승
철기 본격 수입 → 처음 수입 X
중계 무역
진과 한 사이

법 60개 증가

단군조선	· 기원전 2333년, 단군왕검, 청동기 문화를 바탕으로 만주 요령 지방에 건국, 군장국가(환웅 부족 + 곰 부족) → 철기 문화 수입 이후 연맹국가로 발전 ※ 동국통감 : 기원전 2333년 단군왕검이 고조선을 건국하였다는 기록이 신화의 형태로 나온다.(교학사)

· 삼국유사 : 기원전 2283년 건국
· 제왕운기 : 기원전 2333년 건국(다시 찾는 우리 역사)

기자조선	· 기자의 이동 : 은주교체기 중국에서 이동 · 기원전 5세기 : 중국 전국 시대 철기 문화 전래 · 기원전 4세기 : 중국 전국 시대 연나라와 요서를 경계로 세력을 다툼, 스스로 왕을 칭함, 연을 공격할 계획을 세우기도 함 · 기원전 3세기 : 연나라 장수 진개의 침략으로 서방 2000리를 상실, 만번한을 경계로 함(→ 대동강 유역으로 이동) · 기원전 4~3세기경 : 부왕과 준왕 등장(부자 상속), 상·대부·대신·장군·박사의 관료 조직 정비

★ 고조선 '상'
└ 별도의 영역과 주민을 다스림
└ 국왕과 함께 중대사를 논의함

위만조선	· 위만의 이동 : 진한 교체기 이동 → 기원전 194년 준왕을 몰아내고 왕이 됨 　　　　└ 진으로 이동 → 한왕, 진왕이 됨　　　└ 위만은 토착민에게 '상'이라는 벼슬을 주었다. · 고조선 계승 : 흰옷(조선인의 옷, 오랑캐의 옷, 아사달의 옷)과 상투, 국호 유지, 토착민 다수가 관료로 임명됨 · 철기 문화 본격 수입, 활발한 정복 사업 → 우세한 무력으로 진번과 임둔을 복속 · 부자 상속, 경·대신·비왕 등의 관료 조직 정비 · 중계 무역 : 한과 남방의 진과 예 사이의 중계 무역 독점 · 한과 관계 악화 　└ 기원전 128년 한의 창해군 설치 : 예의 남려가 28만명의 주민을 이끌고 한에 투항, 한이 이 지역에 창해군을 설치 → 토착민의 저항으로 곧 소멸 　└ 기원전 111년(추정) : 섭하 살해 사건

※ 위만의 이동
(조선 왕) 부가 죽고 아들 준이 왕이 되었다. 20여 년이 지나 진승과 항우가 일어나 천하가 어지러워졌다. 연·제·조 백성들이 괴로워 하다가 차츰차츰 준에게 도망하였다. 준은 이들을 서쪽 지방에 살게 하였다. 한이 노관을 연왕으로 삼자 조선과 연은 패수를 경계로 삼게 되었다. 노관이 한을 배반하고 흉노로 도망한 뒤, <u>연나라 사람 위만도 망명하여 오랑캐 복장을 하고 동쪽으로 패수를 건너 준에게 항복하였다.</u>

멸망	· 한의 침략 : 기원전 109년 한의 무제가 침략(배경 : 중계 무역, 요동 위협, 흉노와 연결 시도 견제) 　└ 1차 : 패수에서 승리 　└ 니계상 참이 우거왕을 죽이고 망명 → 성기의 항전 　└ 기원전 108년 왕검성이 함락되어 멸망 ※ 우거가 아직 격파되지 않았을 때, 상(相) 역계경이 우거왕에게 간언하였지만 채택되지 않아 동쪽의 진국으로 가니 2천여 호의 백성이 따라 나섰다.

※ 위만조선의 멸망
(한 무제는) 누선 장군 양복을 파견하여 제로부터 배를 타고 발해를 건너게 하였다. … (중략) … 원봉 3년 여름(B.C. 108), 니계상 참이 사람을 시켜서 조선왕 우거를 죽이고 항복했으나 왕검성은 함락되지 않았다. <u>우거왕의 대신이었던 성기가 계속 항전하였다.</u> (중략) … 이로써 드디어 조선을 평정하고 사군을 삼았다.

한4군 설치	· 한4군 : 임둔군, 진번군, 현도군, 낙랑군(평양, 대동강) 설치 → 영향 : 철기 문화와 한자 등이 전래, 법이 60여 개로 증가, 점제현 신사비 등 · 소멸 : 임둔군과 진번군 → 현도군 → 낙랑군과 대방군 축출(313년, 314년 고구려 미천왕이 공격)

※ 점제현신사비
현존하는 가장 오래된 비석으로 한사군시절 제작되었다. 오곡의 풍성함을 토속 산신에게 기원하는 비문이 남아 있는데, 이 비석을 통해 열수(列水)가 대동강임을 알려 주고 점제현(낙랑군의 속현)이 '용강'이라는 것도 확인되었다.

	부여	고구려	옥저	동예	삼한
특징	• 연맹 국가 : 왕권 약함, 지방분권적인 국가 → 족장이 자기 부족에 대해 지배력을 행사 • 부여와 고구려는 연맹국가였지만 옥저와 동예는 군장 국가 단계에서 고구려에게 멸망				
위치	• 만주 길림, 송화강, 동단산 유적 • 남쪽은 고구려와 접하고 서쪽은 선비와 접함 ※ 동명설화 : 부여의 건국설화로 논형에 전래	• 압록강 지류 졸본 지방 : 오녀산성 ↳ 국내성 : 유리왕, 환도산성 ↳ 평양 천도 : 장수왕(안학궁, 대성산성 → 장안성)	• 함경도 함흥 평야 • 북으로 읍루와 부여, 남으로 예와 접함 • 옥저는 고구려 개마대산 동쪽에 있는데, 큰 바닷가에 접해 산다	• 강원도 북부 동해안	• 한강 이남 진국에서 발전 • 고조선의 유민의 영향 ↳ 준왕 : 마한, 진왕, 한왕 ↳ 역계경의 무리 : 진한
부족	• 5부족 연맹 • 중앙 : 왕이 지배, 궁궐, 성책, 감옥, 창고 시설 • 사출도 : 마가와 우가, 저가, 구가 등이 지배	• 5부족 연맹체 • 부여의 별종, 말과 풍속 비슷 → 기질은 다름	• 고구려와 같은 부여족의 한 갈래 ↳ 생활 모습 비슷	• 부여 계열의 부족 사회	• 마한 : 54개국 연합 • 변한 : 12개국 연합 • 진한 : 12개국 연합
왕	• 1세기 초부터 왕호 사용 • 왕 : 초기 선출 → 후기 : 세습 • 왕권 약화 : 흉년 시 → 왕을 교체하거나 죽임	• 1세기 초 왕호 사용 • 왕족 : 소노부(연노부) → 계루부(태조왕) ↳ 자체의 종묘와 사직에서 제사	• 군장 국가로 왕(대군장)이 없음	• 군장 국가로 왕(대군장)이 없음 ※불내예후국 : 동예의 중심 ↳ 정치 기구를 마련, 국가 형태 갖춤	• 느슨한 연맹체 • 마한의 목지국이 중심 → 진왕, 마한왕
족장	• 마가, 우가, 저가, 구가 ↳ 대사자, 사자의 관료를 거느림	• 가 : 대가, 소가 • 고추가 : 소노부(전 왕족) + 절노부(왕비족, 연나부) ↳ 왕과 대등한 권력 → 최고 관직 독점 ↳ ★ 백제 : 길사 / 신라 : 갈문왕 / 위만조선 : 비왕	• 군장 : 읍군, 삼로, 거수, 후 등	• 군장 : 읍군, 삼로, 거수, 후 등	• 족장 : 신지와 견지, 부례, 읍차 ↳ 저수지 관리권
관리	• 대사자, 사자	• 사자와 조의, 선인			
회의	• 제가회의(족장 회의)	• 제가회의(족장 회의)			
신분	• 족장(가) : 지배층, 대사자와 사자 거느림 • 호민 : 경제적 부유, 노비 소유, 전투 참여 • 하호 : 일반 농민, 전쟁 시 식량 공급 ↳ 전투 참여 X VS 족장과 호민이 전투 참여 • 노비 : 죄인, 포로, 채무자, 매매 가능, 순장	• 족장 : 가 → 대가와 소가는 옷차림으로 구별 • 대가(책이라는 모자 착용), 소가(깃이 달린 소골 착용) • 숫돌과 칼을 차고 다님 • 대가들은 농사를 짓지 않고 앉아서 먹는 자가 1만 명 ↳ 하호가 멀리서 쌀, 곡물, 물고기, 소금을 날라 공급			
경제	• 반농반목	• 정복 활동 → 한의 군현을 공략, 요동 진출 • 약탈 경제, 부경(창고)		• 비옥한 토지, 해산물 풍부, 윤택한 경제 • 방직 기술 : 누에를 쳐서 명주와 삼베를 짬 ★ 삼한과 동예 : 삼을 재배하고 베를 짰으며, 뽕나무와 누에를 쳐서 비단을 생산	• 벼농사, 저수지 제작 • 뽕나무로 누에를 쳐 비단 생산
특산물	• 말과 주옥, 모피(담비 가죽)	• 맥궁, 작지만 날렵한 말 생산	• 어물과 소금	• 단궁, 과하마, 반어피	• 변한의 철 : 낙랑과 왜에 수출
제천 행사	• 영고 : 12월, 수렵 사회, 전쟁 시에도 개최	• 동맹 : 10월 국동대혈(수혈) → 활쏘기, 사냥대회		• 무천 : 10월, '하늘을 향해 춤 춘다.'	• 수릿날(5월), 계절제(10월)
혼인 풍속	• 형사취수제 : 노동력 중시	• 서옥제(예서제, 데릴사위제), 형사취수제	• 민며느리제(예부제) : 매매혼 ↳ 주로 가난한 사람들 사이에서 유행	• 족외혼 : 씨족사회 풍속	
장례	• 장례를 후하게 치름 : 긴 장례 기간 ↳ 왕의 장례 : 옥갑 사용 • 순장의 풍습	• 장례 : 후장(금과 은, 재물을 써서 후하게 장례), 3년상 ↳ 돌로 봉분 쌓음 → 소나무, 잣나무 심음 • 결혼 후 수의 제작	• 세골장 : 가매장, 뼈만 추려 다시 묻기 • 가족 공동 무덤 • 죽은 자의 양식으로 쌀항아리 매닮 • 죽은 사람의 숫자대로 나무 모양	• 꺼리는 것이 많음 ↳ 병을 앓거나 죽으면 새 집으로 이사	• 마한 : 소와 말 합장 • 진한 : 새 깃털 합장 • 주구묘 : 마한 • 나주 반남면 신촌리 옹관묘 ↳ 목지국의 마지막 근거지
신앙	• 우제점법 : 소 발굽으로 길흉을 점침	• 조상신 숭배 : 주몽, 유화부인 • 큰 집을 지어 귀신을 제사, 영성과 사직에 제사		• 범 토템 • 별을 관측하여 그해 농사를 점침	• 소도 : 천군이 관리 ↳ 제정 분리, 신구 세력 완충 지대 ↳ 도망자가 피신해도 족장 진입 X

	부여	고구려	옥저	동예	삼한
사 회	· 조두라는 그릇 사용 · 은력 사용 · 주몽 : 활 잘 쏘는 사람 · 사람들 체격이 매우 크고, 성품이 강직, 용맹, 근엄하고 후덕하여 다른 나라를 노략질하지 않았다.	· 걸음걸이가 뛰듯이 빠름 · 절을 할 때 한쪽 다리를 펴서 함	· 성질이 질박, 정직, 굳세고 용감 · 소나 말이 적고 창을 다룸 · 보(병)전을 잘함	· 씨족사회 풍속 : 족외혼, 책화	· 문신 : 마한과 변한 · 편두 : 변한과 진한 ※ 정약용은 고깔처럼 생긴 모자를 썼다하여 변한이라 부름
의 복	· 백의 숭상, 금과 은으로 모자 장식				· 금과 은을 귀하게 여기지 않음 └ 구슬을 보배로 여김 · 의책 입기 좋아함, 인수 착용
주 거				· 철자형과 여자형 집터	· 초가 지붕 반움집, 귀틀집 · 마한 : 토실
법 률	· 4조목(삼국지 위서 동이전) └ 살인자는 사형, 가족은 노비(연좌제) └ 절도 시에는 12배 배상(1책 12법) └ 간음 시에는 남녀 모두 사형 └ 투기한 부인은 사형, 시체 버림	· 법률 : 1책 12법, 감옥은 없음 · 중대 범죄자 : 제가회의에서 처결 → 사형, 가족은 노비		★ 책화 : 씨족사회의 전통 └ 다른 부족의 생활권 침범 시 변상	
외 교	· 중국과 친선 · 고구려, 선비족과 대립 · 3세기경 : 선비족 침입으로 수도 함락 · 4세기경 : 전연의 침략, 왕이 포로로 끌려감	· 활발한 정복 활동으로 중국과 대립 └ 중국 기록 : 사람들이 흉악하고 노략질하기를 좋아함	· 어물과 소금, 여자 : 고구려에 바침		
발전·멸망	· 494년 고구려 문자왕에게 복속	· 고대 국가로 발전 · 태조왕 : 옥저 복속, 공물을 받음 · 광개토대왕 : 동예 복속 · 문자왕 : 부여 복속	· 고구려 태조왕에게 복속	· 고구려와 신라에 분할 복속	· 마한 : 54개국 → 백제 · 진한 : 12개국 → 신라 · 변한 : 12개국 → 가야

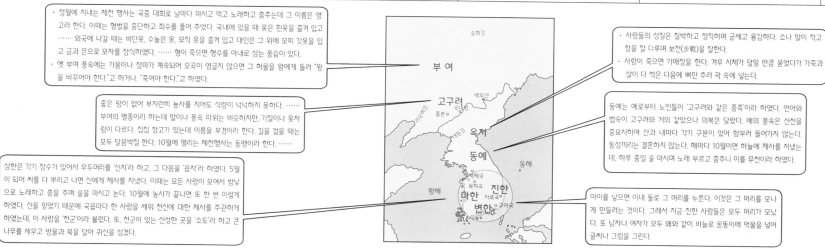

· 정월에 지내는 제천 행사는 국중 대회로 날마다 마시고 먹고 노래하고 춤추는데 그 이름은 영고라 한다. 이때는 형벌을 중단하고 죄수를 풀어 주었다. 국내에 있을 때 옷은 흰옷을 즐겨 입고 …… 외국에 나갈 때는 비단옷, 수놓은 옷, 모직 옷을 즐겨 입고 대인은 그 위에 모피 갓옷을 입고 금과 은으로 모자를 장식하였다. …… 형이 죽으면 형수를 아내로 삼는 풍습이 있다.
· 옛 부여 풍속에는 가뭄이나 장마가 계속되어 오곡이 영글지 않으면 그 허물을 왕에게 돌려 "왕을 바꾸어야 한다."고 하거나, "죽여야 한다."고 하였다.

좋은 땅이 없어 부지런히 농사를 지어도 식량이 넉넉하지 못하다. …… 부여의 별종이라 하는데 말이나 풍속 따위는 비슷하지만, 기질이나 옷차림이 다르다. 집집 창고가 있는데 이름을 부경이라 한다. 길을 걸을 때는 모두 달음박질 한다. 10월에 열리는 제천행사는 동맹이라 한다. ……

삼한은 각기 장수가 있어서 우두머리를 '신지'라 하고, 그 다음을 '읍차'라 하였다. 5월이 되어 씨를 다 뿌리고 나면 신에게 제사를 지냈다. 이때는 모든 사람이 모여서 밤낮으로 노래하고 춤을 추며 술을 마시고 논다. 10월에 농사가 끝나면 또 한 번 이렇게 하였다. 신을 믿었기 때문에 국읍마다 한 사람을 세워 천신에 대한 제사를 주관하게 하였는데, 이 사람을 '천군'이라 불렀다. 또, 천군이 있는 신성한 곳을 '소도'라 하고 큰 나무를 세우고 방울과 북을 달아 귀신을 섬겼다.

· 사람들의 성질은 질박하며 정직하며 굳세고 용감하다. 소나 말이 적고 창을 잘 다루며 보전(步戰)을 잘한다.
· 사람이 죽으면 가매장을 한다. 겨우 시체가 덮일 만큼 묻었다가 가죽과 살이 다 썩은 다음에 뼈만 추려 곽 속에 넣는다.

동예는 예로부터 노인들이 '고구려와 같은 종족'이라 하였다. 언어와 법속이 고구려와 거의 같았으나 의복은 달랐다. 예의 풍속은 산천을 중요시하여 산과 내마다 각기 구분이 있어 함부로 들어가지 않는다. 동성끼리는 결혼하지 않는다. 해마다 10월이면 하늘에 제사를 지내는데, 하루 종일 술 마시며 노래 부르고 춤추니 이를 무천이라 하였다.

아이를 낳으면 이내 돌로 그 머리를 누른다. 이것은 그 머리를 모나게 만들려는 것이다. 그래서 지금 진한 사람들은 모두 머리가 모났다. 또 남자나 여자가 모두 왜와 같이 바늘로 몸뚱이에 먹물을 넣어 글씨나 그림을 그린다.

PART 03

고대 국가

1. 국가의 발전 단계

구석기 시대	신석기 시대	청동기 시대	철기 시대
· 평등한 무리 사회 · 모계 사회 · 지도자 O, 지배자 X	· 씨족 중심의 부족 사회, 평등 사회 · 모계 사회 · 지도자 O, 지배자 X	· 군장 국가(부족 국가), 고조선 · 부계 사회로 전환 · 지배자 등장 : 군장	· 연맹 국가 : 고조선, 부여, 고구려, 삼한 · 족장 ↑, 왕권 ↓, 지방 분권적 ★ 옥저와 동예는 군장국가 단계에서 멸망 ／ · 고대 국가 : 고구려, 백제, 신라 · 왕권 ↑, 족장 ↓, 중앙 집권적 ★ 가야는 연맹국가 단계에서 멸망

2. 연맹국가와 고대국가의 비교

	연맹 국가	고대 국가
왕 위	· 군장들이 선출 · 부여는 흉년이 들면 족장들이 왕을 교체하거나 죽이기도 함	· 왕위 세습제 : 형제 상속 → 부자 상속
왕 권	· 왕권이 약함, 각 부족은 각각의 부족장(군장)이 지배 → 지방 분권적	· 왕권이 강함, 중앙에서 지방의 부족을 지배 → 중앙 집권적
군 장	· 군장이 자기 부족을 지배하면서 독자적인 지위를 유지하며 관료들을 거느림 　★ 부여 : 마가와 우가, 저가, 구가 → 대사자와 사자 등을 거느림 　★ 고구려 : '가'들이 사자와 조의, 선인들을 거느림 　★ 삼한 : 신지와 견지, 부례, 읍차 등의 군장이 자기 부족을 지배	· 족장은 자기 부족에 대한 지배력 상실 · 족장은 중앙의 귀족으로 편입 → 왕의 관료로 흡수
종 교	· 원시 신앙 중심	· 불교를 수용하면서 왕권을 강화시킴
율 령	· 관습법 중심	· 율령 체제를 정비하면서 왕권을 강화
권 력	· 지방 분권적, 부족적 · 족장이 자기 부족에 대한 지배력 유지	· 중앙 집권적, 행정적 성격이 강화됨 · 삼국은 지방 제도를 정비하고 지방관을 파견하여 중앙 집권 강화 　★ 고구려 : 2세기 고국천왕 시절 부족적 5부를 행정적 5부로 개편 　★ 신라 : 5세기 자비마립간 시절 6부 아래 방리를 행정 단위로 개편
관 등		· 삼국은 관료들의 관등을 정비하여 위계 서열을 정비
공 복		· 삼국은 관료들의 위계 서열을 정비하기 위해서 공복의 색을 정비

★ 왕위 세습
· 고구려 : 형제 상속(태조왕) → 부자 상속(고국천왕)
· 백제 : 형제 상속(고이왕) → 부자 상속(근초고왕)
· 신라 : 형제 상속(내물마립간) → 부자 상속(눌지마립간)

★ 불교 수용
· 고구려 : 4세기 소수림왕 시절 불교 수용
· 백제 : 4세기 침류왕 시절 불교 수용
· 신라 : 5세기 눌지마립간 시절 수용 → 6세기 법흥왕 때 공인

★ 율령 반포
· 백제 : 3세기 고이왕 시절 율령 반포
· 고구려 : 4세기 소수림왕 시절 율령 반포
· 신라 : 6세기 법흥왕 시절 율령 반포

★ 지방 제도 정비
· 고구려 : 5부 → 욕살
· 백제 : 5방 → 방령
· 신라 : 5주 → 군주

★ 관등 정비
· 고구려 : 14관등, 형 계열과 사자 계열
· 백제 : 16관등, 솔·덕 계열
· 신라 : 경위 17관등, 외위 11관등 정비

★ 공복
· 백제 : 고이왕 시절, 자·비·청의 공복 제정
· 신라 : 법흥왕 시절, 자·비·청·황의 공복 제정

1. 가야 연맹의 성립

성립	• 변한의 구야국 중심 → 3세기 금관가야(본가야, 김수로)를 중심으로 하는 전기 가야 연맹 형성
연맹국가	• 연맹국가에서 멸망 • 가야는 소국이 맹주국에 일정한 공납을 납부하였다. • 일본 규슈 지방에 소국을 세우고 본국과 왕래하며 교역을 하였다.
경제	• 벼농사 발달 • 중계 무역 : 금관가야가 중심, 한 군현(낙랑군 등)과 왜와의 중계 무역 • 한 군현 소멸 이후 교류 대상 축소로 경제력 약화 → 백제를 통해 중국과 교역 → 5세기 후반 중국과 직접 교역
문화	• 철기 : 선진적 철기 문화를 바탕으로 주변으로 철(덩이쇠) 수출 • 토기 : 가야 토기는 일본의 스에키 토기에 영향

★ 가야에 대한 기록
• 가락국기 : 고려 문종, 현존 X
• 개황록 : 가야 유민의 저술, 현존 X
• 삼국유사의 가락국기에 일부 전래

가야 판갑옷과 투구   가야 인물형 토기

2. 전기 가야 연맹과 후기 가야 연맹

	전기 가야 연맹	후기 가야 연맹
중심	2~4세기경, 김해의 금관가야 중심	5세기 후기, 고령의 대가야 중심
중심 이동	4세기 말 고구려 광개토대왕의 남하로 김해 금관가야 중심의 전기 가야 연맹이 해체되고, 5세기 후반 고령 대가야를 중심으로 하는 후기 가야 연맹 형성	
특징	★ 금관가야 : 김수로가 건국, 본가야(건국설화 : 구지가) • 김수로는 석탈해의 도전을 받았으나 이를 물리쳤다. • 김수로는 아유타국의 공주(허왕후)와 혼인 • 낙랑과 왜 사이의 중계 무역 → 낙랑이 멸망한 뒤 교류 대상 축소로 경제력 약화 • 포상 8국의 난 : 금관가야가 포상 8국으로부터 압박 → 209년에 신라의 군사적 도움으로 진압 • 532년 신라 법흥왕에게 멸망 → 법흥왕은 김구해에게 본국을 식읍으로 지급 • 금관가야 출신 김유신은 진골을 받고 삼국 통일에 공을 세움 ★ 금관가야 건국 설화 이 나라에는 왕이 없어서 아홉 명의 족장이 백성을 다스리고 있었다. 어느 날, 김해에 있는 구지봉에서 소리가 들려왔다. 족장들은 백성들을 구지봉에 모아 놓고 신이 하라는 대로 흙을 파헤치고 춤을 추며 노래를 불렀다. "구하구하 수기현야 약불현야 번작이끽야" 그러자 하늘에서 금으로 만들어진 상자가 내려왔고, 그 상자에서 붉은 보자기로 싼 여섯 개의 황금알이 들어 있었다.	★ 대가야 : 이진아시왕이 건국 • 전성기 시절 소백산맥 서쪽 전라북도 일부 지역까지 진출 • 가라왕 하지는 중국 남제에 사신을 보내 직접 교류 • 522년 대가야 이뇌왕은 신라 법흥왕과 혼인동맹을 체결 • 562년 신라 진흥왕에게 멸망 → 대가야 출신 우륵은 충주 탄금대에서 제자 양성 • 이뇌왕의 아들 월광태자는 합천에 월광사를 짓고 말년을 보냄 ★ 대가야 건국 설화 시조는 이진아시왕이고 그로부터 도설지왕까지 대략 16대 520년이다. 최치원이 지은 석이정전 에는 "가야산신 정견 모주가 천신 이비가지에게 감응되어 뇌질주일과 뇌질청예 두 사람을 낳았다. 뇌질주일은 곧 대가야의 시조인 이진아시왕의 별칭이며, 뇌질청예는 금관국의 시조인 수로왕의 별칭이다."
고분	• 초기에는 덧널무덤(김해 대성동, 부산 복천동)	• 구덩식 돌방무덤(고령 지산동 고분 → 대가야 최고의 왕릉급 고분) • 굴식 돌방무덤(고령 고아동 고분 → 백제의 영향을 받은 벽화 발견)

3. 가야의 발전과 멸망

2~4세기 경	5세기 경	6세기 경
• 2~4세기 : 김해 금관가야를 중심으로 전기 가야 연맹 형성 • 4세기 말 : 고구려의 남하로 전기 가야 연맹 해체 └→ 400년 광개토대왕의 신라 지원	• 고구려의 남하에 대항 ← 신라, 백제와 동맹을 맺고 대항 • 후기 가야 연맹 형성 : 고령 지방의 대가야 중심 • 중국 남제에 사신을 보내 교류	• 522년 대가야 이뇌왕과 신라 법흥왕 혼인동맹 • 532년 신라 법흥왕 : 금관가야 복속 → 김구해에게 본국을 식읍으로 지급 • 554년 백제 성왕과 함께 관산성 전투 참여 → 신라 진흥왕에게 패배 • 562년 신라 진흥왕 : 이사부와 사다함이 대가야 정벌 → 연맹국가에서 멸망 ★ 주의 : 진흥왕의 창녕비는 561년에 건립 ★ 성산산성 : 경남 함안, 신라가 가야를 정벌한 뒤 쌓은 낙동강가의 성

1. 삼국의 항쟁

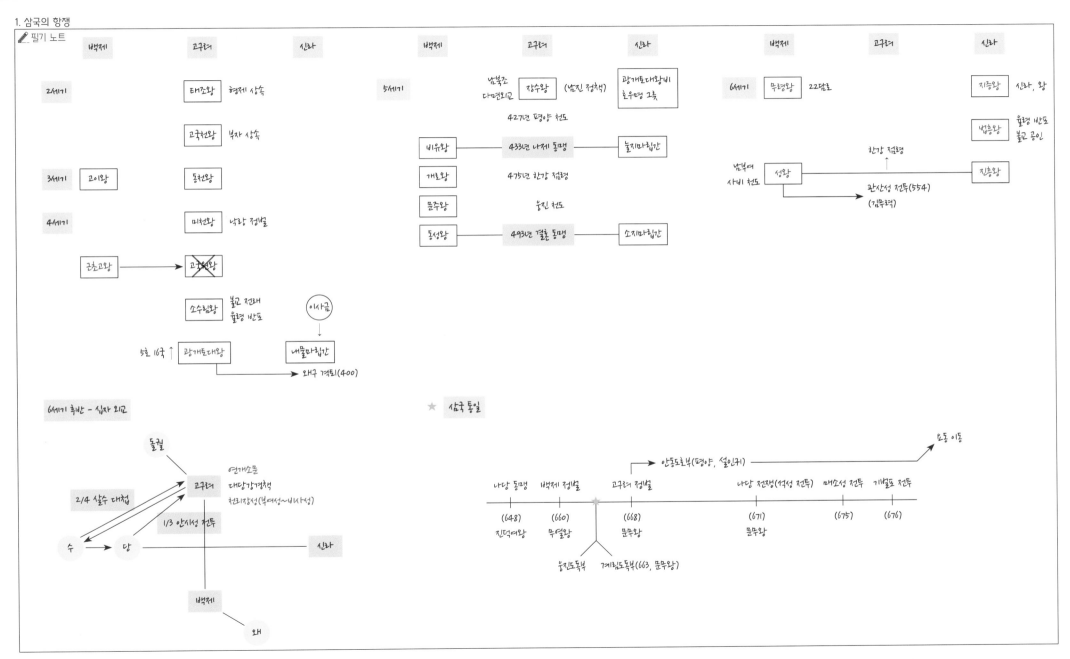

✏️ 필기 노트

백제　고구려　신라

- 2세기　　　태조왕　형제 상속
- 　　　　　고국천왕　부자 상속
- 3세기　고이왕　동천왕
- 4세기　　　미천왕　낙랑 정벌
- 근초고왕 → ~~고국원왕~~
- 소수림왕　불교 전래 / 율령 반포
- 이사금
- 5호 16국 ↑　광개토대왕　내물마립간
- → 왜구 격퇴(400)

백제　고구려　신라

- 5세기
- 남북조 다면외교　장수왕 (남진 정책)　광개토대왕비 / 호우명 그릇
- 427년 평양 천도
- 비유왕 —— 433년 나제 동맹 —— 눌지마립간
- 개로왕　475년 한강 점령
- 문주왕　웅진 천도
- 동성왕 —— 493년 결혼 동맹 —— 소지마립간

백제　고구려　신라

- 6세기　무령왕　22담로　지증왕　신라, 왕
- 　　　　　　　법흥왕　울령 반포 / 불교 공인
- 남부여 사비 천도　성왕　한강 점령 → 진흥왕
- → 관산성 전투(554) (김무력)

6세기 후반 - 십자 외교

- 돌궐
- 고구려　연개소문 / 대당강경책 / 천리장성(부여성~비사성)
- 2/4 살수 대첩
- 1/3 안시성 전투
- 수 → 당 —— 신라
- 백제
- 왜

★ 삼국 통일

나·당 동맹　백제 정벌　고구려 정벌 → 안동도호부(평양, 설인귀) —— 요동 이동 / 나·당 전쟁(매소성 전투)　매소성 전투　기벌포 전투

나·당 동맹	백제 정벌	고구려 정벌	나·당 전쟁(석성 전투)	매소성 전투	기벌포 전투
(648)	(660)	(668)	(671)	(675)	(676)
진덕여왕	무열왕	문무왕	문무왕		

웅진도독부　계림도독부(663, 문무왕)

	백 제	고구려	신 라
1~2세기	★ 백제는 한강 유역 마한의 소국으로, 고구려의 온조와 비류의 합류로 세력이 확대되어 마한의 소국들을 점령하고 고대 국가로 발전하기 시작 ※ 숭렬전 : 경기도 광주, 온조의 사당 ★ 백제가 부여, 고구려계라는 증거 └ 백제 왕족의 성씨 : 부여씨 └ 성왕 시절 국호를 남부여로 개칭 └ 건국설화 : 부여와 고구려, 백제의 건국설화가 유사 └ 돌무지 무덤 : 백제 석촌동 고분이 고구려 장군총에 영향을 받음 └ 개로왕의 국서 : 백제가 고구려와 함께 부여 계통임을 밝힘	· 유리왕(B.C 19~A.D 18) └ 졸본 지방에서 국내성으로 천도 ※ 졸본 : 오녀산성 → 국내성(+ 환도산성) · 태조왕(53~146) └ 형제 상속(계루부 고씨), 옥저 복속, 여러 지역 순행, 사자 파견 · 고국천왕(179~197) └ 부자 상속, 왕비족을 연나부 명림씨로 바꿈 └ 연나부의 반란 진압 후 을파소 등용 / 진대법 실시(을파소 건의) └ 부족적 5부 → 행정적 5부 개편 → 족장 세력을 중앙 귀족으로 편입	★ 진한의 사로국에서 발전 └ 동해안을 통해 석탈해가 들어옴 → 박, 석, 김씨를 중심으로 발전 └ 6부족 연맹 : 이사금 선출 → 내물마립간 때부터 김씨의 왕위 세습 ★ 신라의 왕호 변천 └ 거서간 : 박혁거세, 군장, 대인, 제정일치 └ 차차웅 : 남해, 무당, 제사장 └ 이사금 : 유리~흘해, 연장자, 박씨와 석씨, 김씨가 교대로 왕위 즉위 └ 마립간 : 내물~소지, 대군장, 말뚝의 방언, 김씨의 왕위 세습 └ 왕 : 지증왕 　└ 불교식 왕명 : 법흥왕~진덕여왕 　└ 중국식 왕명 : 무열왕~경순왕 ※ 주의 : 거서간과 차차웅의 명칭 비교 → 제정 분리
3세기	· 고이왕(234~286) : 백제 시조로 추앙 └ 구대묘 : 구이와 동일한 인물로 여겨지며 구대묘에서 제사 └ 형제 상속, 6좌평, 16관등, 자·비·청의 공복 제정 └ 율령 반포 : 삼국 중 최초 └ 목지국을 병합하고 마한의 중심으로 성장, 한강 점령 └ 낙랑과 대방 공격	· 동천왕(227~248) └ 위 관구검의 공격으로 환도성 파괴 └ 다음해 왕기의 공격으로 동해안 피난, 관구검 기공비 세움	
4세기	· 근초고왕(346~375) └ 전성기, 부자 상속, 서기(375년, 고흥) └ 일본과 친교 : 칠지도(일본 신공왕후에게 하사) └ 아직기와 왕인을 일본에 파견 → 천자문과 논어 등을 전파 └ 지방에 담로제 실시 └ 정복 활동 　└ 고구려 공격 : 371년 고구려 공격 → 고구려 고국원왕 전사시킴 　└ 가야 7국 병합 → 가야에 영향력 행사, 목라근자가 활약 　└ 익산으로 옮긴 마한을 정벌 → 전라남도 해안까지 진출 　└ 요서(양서, 통전, 송서에 기록), 산둥·규슈에 진출 　└ 중국(동진) - 백제 - 가야 - 왜로 연결되는 상업 국가로 발전 · 침류왕(384~385) └ 불교 수용(동진, 마라난타) · 아신왕(392~405) └ 고구려 광개토대왕이 쳐들어와 한강 이북의 58성과 700촌을 빼앗김	· 미천왕(300~331) └ 5호16국의 분열기에 서안평 점령, 낙랑(313)과 대방군(314) 정벌 └ 을불설화 : 미천한 신분(용작·머슴·소금행상)으로 가장 · 고국원왕(331~371) └ 342년 전연의 침입 → 왕의 어머니와 왕비가 포로, 미천왕의 무덤 도굴됨 └ 371년 근초고왕의 침입으로 전사 · 소수림왕(371~384) └ 372년 불교 수용과 태학 설립, 373년 율령 반포 · 광개토대왕(391~413/18세에 왕 즉위) └ 호태왕, 영락대왕, '영락' 연호(최초) → 중국과 대등함 과시 └ 숙신(여진)과 비려(거란) 정벌 → 만주 진출 └ 동부여와 동예 정벌 : 하슬라(강릉)를 경계로 신라와 국경 접함 └ 후연 정벌 → 요동 진출 └ 평양 천도 준비 : 평양에 영명사 등 9개 사찰 건립 └ 백제의 한강 공격 → 백제 아신왕 항복, 임진강과 한강 유역으로 진출 └ 신라에 침략한 왜구 격퇴 : 신라에 간섭 시작, 전기 가야 연맹 해체 　└ 호우명 그릇(제작 : 장수왕) ※ 광개토대왕의 신라 원조 영락 9년 기해년에 백제가 서약을 어기고 왜와 화통하므로, 왕은 평양으로 순시해 내려갔다. 신라가 사신을 보내 왕에게 말하기를, "왜인이 그 나라 국경에 가득 차서 성들을 부수었으니, 노객(신라왕)은 백성 된 자로서 왕에게 귀의하여 분부를 청한다."고 하였다. … 영락 10년(400) 경자년에 보병과 기병 5만을 보내, 신라를 구원하게 하였다. … 관군이 그곳에 이르자 왜적이 물러가므로, 뒤를 급히 추격하여 임나가라의 종발성에 이르렀다. 성이 곧 귀순하여 복종하므로, 순라병을 두어 지키게 하였다. 신라의 염성을 공략하니 왜구는 위축되어 궤멸되었다.	· 내물마립간(356~402) └ 김씨의 왕위 세습, '마립간' 칭호 └ 전진과 외교, 낙동강 유역의 소국을 점령하며 이 지역 대부분을 차지 └ 400년 고구려 광개토대왕의 도움으로 왜구 격퇴 → 전기 가야 연맹 해체 　└ 고구려의 간섭 : 호우명 그릇(장수왕 때 제작) ★ 호우명 그릇 경주의 호우총에서 호우명 그릇이 발굴되었는데, 415년 장수왕 시절 제작된 이 그릇 밑바닥에 '乙卯年國岡上 廣開土地 好太王(을묘년국강상 광개토지호태왕)'이라는 글씨가 새겨져 있다. 이 그릇에 호태왕(광개토대왕)의 이름이 새겨져 있는 것으로 보아 고구려 군대가 신라 영토에 주둔하게 되었는데, 이는 신라의 해안을 습격한 왜구를 격퇴하는 과정에서 이루어진 것이라는 사실을 입증해준다.

	백 제	고구려	신 라
5세기	· 비유왕(427~455) : 나제동맹(433년 + 신라 눌지마립간) · 개로왕(455~475) └ 472년 북위에 도움 요청 → 도움 X └ 475년 고구려 장수왕의 침입으로 전사(고구려 승려 도림의 계략) · 문주왕(475~477) └ 475년 웅진으로 천도 → 왕권 약화 ★ 공산성 : 웅진을 방어하기 위해서 쌓은 산성(웅진성) · 동성왕(479~501) └ 일본에서 돌아와 왕이 됨, 중국 남조의 제와 외교 관계 맺음 └ 493년 결혼동맹 : 신라 소지마립간과 결혼 동맹 　└ 신라 왕족 이찬의 딸을 왕비로 맞이함 └ 498년 탐라(제주) 복속 └ 웅진 지방의 토착 세력인 연씨, 백씨, 사씨 등용	· 장수왕(413~491) └ 광개토대왕비(414, 평양 천도 전)와 호우명 그릇(415, 신라와 고구려의 관계) 제작 └ 427년 평양 천도 : 안학궁 건립 / 남북조와 다면 외교 └ 중국 유연과 연합하여 거란 일파 지두우 점령 → 흥안령 진출 └ 475년 한강 공격 → 백제 개로왕을 전사시킴 └ 한강 이남 점령 : 죽령~남양만 / 소백산맥 넘어 신라 수도 공격 └ 경당 : 지방 사립 교육 기관, 유학과 무술 교육 실시 └ 신라 눌지마립간 옹립, 지방에 5부를 설치, 고구려의 전성기 └ 북연의 왕을 고구려에 머물게 함 　└ 북연의 왕 풍홍을 둘러싸고 북위, 송과 갈등 ★ 고구려의 남진과 한강 지배의 변천사 └ 청원 남성골 유적, 연천 호로고루 성터, 서울 아차산 보루 유적 · 문자왕(491~519) : 494년 부여 완전 정벌, 고구려 최대 영토	· 실성마립간(402~417) : 고구려 후원으로 즉위, 눌지 제거 시도 · 눌지마립간(417~458) └ 고구려 장수왕의 도움으로 실성마립간을 제거 후 왕 즉위, 부자 상속 └ 433년 나제동맹(+ 백제 비유왕) └ 457년 고구려의 묵호자가 불교 전래(민간 차원의 비밀 포교) · 자비마립간(458~479) : 6부 아래 방리를 제정 → 행정 단위의 성격 강화 · 소지마립간(479~500) └ 487년 우역 설치 └ 490년 경주(왕경)에 처음으로 시장 개설 └ 493년 백제 동성왕과 결혼 동맹
6세기	· 무령왕(501~523) └ 일본에서 돌아와 왕이 됨, 섬에서 낳았다 하여 '사마'로 불림 └ 22담로에 왕족 파견, 일본에 단양이·고안무 파견 └ 남조의 양과 교류, 양으로부터 영동대장군 관직을 받음 └ 금강 이북 확장, 영산강 유역 정비, 대가야 억압 → 섬진강 차지 └ 한강 유역에 쌍현성 축조 ★ 양직공도 〈백제 사신도〉 └ 6세기 전반 양나라와 백제의 교류를 보여줌 · 성왕(523~554) : 이름 명농 └ 538년 사비(부여, 소부리주) 천도와 '남부여'로 국호 개칭 └ 552년 일본에 불교 전파(노리사치계) └ 554년 관산성 전투(백제+가야+왜) : 신라 김무력에게 패사 └ 5부 5방의 지방 제도 정비, 중앙 관제 22부로 정비	· 영양왕(590~618) └ 한강 공격(온달, 590), 신집5권(이문진, 600) └ 수와의 전쟁　┌ 말갈 군사를 이끌고 요서 지방 공격 　└ 고구려의 선제 공격 : 598년, 수의 요서 지방 선제 공격 　└ 수의 반격 : 4차례 공격 / 2차 살수대첩(을지문덕, 612, 청천강) ※ 살수대첩 영양왕 23년(612) 우문술의 군사가 살수(청천강)에 이르렀다. … (중략) … 처음 9군이 요동에 도착하였을 때 30만 5천 명이었다. 요동성으로 돌아갔을 때는 다만 2천 7백 명이었고, 수만에 달하는 군량과 군사 기재들도 모두 잃어버렸다. 양제가 크게 노하여 우문술 등을 쇠사슬로 묶어 계묘일에 돌아갔다. ※ 을지문덕의 여수장우중문시 神策究天文(신책구천문) / 그대의 신기한 책략은 하늘의 이치(理致)를 다했고, 妙算窮地理(묘산궁지리) / 오묘(奧妙)한 계획은 땅의 이치를 다했노라. 戰勝功旣高(전승공기고) / 전쟁에 이겨서 그 공 이미 높으니, 知足願云止(지족원운지) / 만족함을 알고 싸움 그만두기를 바라노라.	· 지증왕(500~514) └ 503년 '사라'에서 '신라'로 국호 변경, '마립간' → '왕' 칭호 제정 └ 502년 우경 장려와 순장 금지 / 509년 동시전을 설치, 다음해 동시 개설 └ 512년 이사부 장군이 우산국(울릉도) 정벌 └ 중국식 군현제 실시 → 군주 파견 / 514년 아시촌 소경 설치(최초 소경) · 법흥왕(514~540) └ 517년 병부와 상대등 설치, 520년 율령 반포 └ 관등 정비(17관등), 공복 제정(자·비·청·황) └ 527년 불교 공인 : 불교식 왕명(~ 진덕여왕) / 536년 '건원'(신라 최초 연호) 사용 └ 522년 대가야 이뇌왕과 혼인 동맹 → 532년 금관가야가 항복해 옴 └ 524년 울진 봉평비 : 반란 진압 후 건립, 동해안 북부 진출, 율령 집행 · 진흥왕(540~576) └ 정복 활동 : 한강 점령과 아라가야, 비화가야, 대가야 정벌 └ 함경도(옛 옥저와 동예 지역) 진출 : 556년 강원도 안변 지방에 비열홀주 설치 └ 화랑도, 국사(545년, 거칠부), 품주(565년, 재정 업무와 국가 기밀 업무 담당) └ 557년 충주에 국원소경 설치 └ 신라 중심 천하관 : 개국·대창·홍제의 연호 사용, 태자 제도 └ 불교 정비 　└ 고구려 승려 혜량이 활동, 국통·주통·군통 제도 정비, 전륜성왕 　└ 551년 팔관회 개최, 교단 정비, 흥륜사 완성, 황룡사 건립, 황룡사 장육존상 ★ 진흥왕 시절 정복 활동 └ 551년 한강 점령 후 단양적성비(고구려군 격퇴 후 야이차 포상) └ 553년 한강 하류에 신주 설치 : 백제를 배신, 한강 독점 → 나제동맹 결렬 └ 554년 관산성 전투에서 김무력 장군이 백제 격퇴 └ 555년 북한산비 → 561년 창녕비 → 562년 대가야 정벌(이사부, 사다함) └ 568년 황초령비와 마운령비(함경도 지역)

	백제	고구려	신라

7세기	· <u>무왕</u>(600~641)
	└ 익산 천도 계획 : 익산에 미륵사(사택적덕 딸의 발원) 건립
	└ 부여에 왕흥사 건립, 궁남지 조성
	└ 624년 신라 공격 → 경상남도 서부 지역 일부 차지
	└ 왕이 미륵임을 자처
	└ 관륵이 일본에 건너가 천문, 지리, 역법 등을 전래
	
	· <u>의자왕</u>(641~660)
	└ 해동증자 → 좌평 성충의 충고를 무시하고 향락에 빠짐
	└ 642년 신라 대야성을 공격하여 점령
	└ 643년 고구려와 함께 당항성을 점령
	└ 660년 나당연합군에게 멸망(계백의 결사대가 황산벌에서 패배)
		· 영류왕(618~642)
		└ 초기 당과 우호적 관계를 이용 → 신라 압박 → 함경도 회복
		└ 당 태종 즉위 후 고구려를 압박
		    └ 당의 침략에 대비 : 천리장성 축조 시작(부여성~비사성)
		└ 642년 연개소문(대막리지)의 정권 장악 → 보장왕 옹립
		
		· 보장왕(642~668)
		└ 당의 3차례 침략 : 1차 645년, 안시성 전투(양만춘)
		└ <u>666년 연개소문 사망 후 국력 약화 → 668년 나당연합군에게 멸망</u>
		    └ 666년 남생은 당으로 망명, 연정토는 신라 망명
		
		※ 안시성 전투
		당 태종은 '요동 지방은 일찍 추워지므로 풀이 마르고 물이 얼 것이다. 군사와 말을 오래 머무르게 할 수 없으며 군량도 떨어질 것이다'라고 생각하여 군대의 철수를 명령하였다. (안시성) 성주는 성에 올라가 절을 하며 작별하였다. 황제는 그가 성을 굳게 지킨 것을 가상히 여겼다. 겹실로 짠 비단 일백 필을 주어 임금을 섬기는 자세를 격려하였다.
		
		※ <u>연개소문</u>
		└ 요동 지방의 천리장성 축조 주관 → 요동 지방의 군사력 장악
		└ 642년 영류왕 제거 후 보장왕 옹립 → 대당 강경책
		└ 도교 장려, 신라를 공격하지 말라는 당의 요청 거부
			· 진평왕(579~632)
			└ 화백회의에서 진지왕이 폐위되고 왕에 옹립
			└ '건복'이라는 연호 사용, 옥대, 위화부·조부·예부 설치
			└ 걸사표 : 608년, 원광이 수에 군사를 요청하는 글을 작성
			
			· 선덕여왕(632~647)
			└ 최초의 여왕, '인평' 연호 사용
			└ 자장의 건의로 황룡사 9층 목탑(백제 아비지가 건립)
			└ 첨성대 건립, 분황사, 영묘사 건립
			└ 642년 백제 의자왕의 공격으로 대야성을 뺏김
			└ 642년 김춘추를 고구려에 보내 지원 요청 → 결렬
			└ 643년 고구려와 백제군에게 당항성을 뺏김
			└ 백제 우소의 침략을 알천을 보내 격퇴, 김유신이 백제의 일곱 개 성 수복
			└ 자장이 당에서 불법을 구함
			└ 비담과 염종의 난 : 김유신과 김춘추가 진압
			
			· 진덕여왕(647~654)
			└ 마지막 성골, '태화'라는 연호 사용 → 648년 나당동맹 이후 중국의 연호 사용
			└ 중국식 의관을 착용, 상아로 된 아홀을 갖게 함
			└ 당 황제에게 오언태평송을 바침
			└ 품주를 집사부와 창부로 분리, 좌우이방부 설치
			└ 648년 나당동맹 : 당에 김춘추를 보내 백제 정벌의 원군 요청

2. 삼국 통일

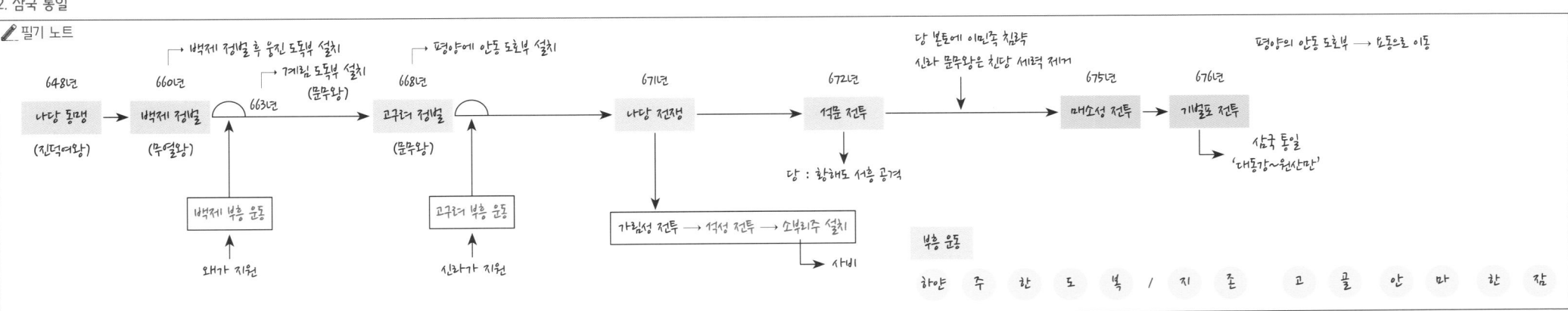

🖊 필기 노트

648년 (진덕여왕) 나당 동맹 → 660년 (무열왕) 백제 정벌 — 663년 → 668년 (문무왕) 고구려 정벌 → 671년 나당 전쟁 → 672년 석문 전투 → 675년 매소성 전투 → 676년 기벌포 전투

└ 백제 정벌 후 웅진 도독부 설치
└ 계림 도독부 설치 (문무왕)
└ 평양에 안동 도독부 설치
당 본토에 이민족 침략 / 신라 문무왕은 친당 세력 제거
평양의 안동 도독부 → 요동으로 이동

백제 부흥 운동 ← 왜가 지원
고구려 부흥 운동 ← 신라가 지원

당 : 황해도 서흥 공격
가림성 전투 → 석성 전투 → 소부리주 설치 → 사비

삼국 통일 '대동강~원산만'

부흥 운동
하얀 주 한 도 복 / 지 존 고 골 안 마 한 잠

여수 전쟁	· 영양왕 시절 : 598년 고구려가 말갈군을 이끌고 수의 요서(영주) 지방을 선제 공격 · 수의 침입 　└ 1차 : 598년, 수 문제, 질병과 기근으로 철군 → 신라 진평왕 시절 걸사표를 수에 보내 고구려 공격 요청(원광) 　└ 2차 : 612년, 수 양제, 을지문덕의 살수대첩(청천강), '여수장우중문시' 　└ 3차(613년, 수 양제) → 4차(614년, 수 양제) → 618년 수의 멸망과 당의 건국
↓	· 618년 당의 건국 → 초기 당은 고구려에 우호적 → 당 태종 즉위 후 고구려를 억압 · 631년 : 당의 침략에 대비하여 고구려는 영류왕 때부터 천리장성 축조 시작(영류왕~보장왕, 647년 완공 / 부여성~비사성 / 요동 지방) · 642년 친당적인 영류왕을 연개소문이 제거한 후 보장왕을 옹립 → 연개소문의 대당 강경책
여당 전쟁	· 당의 침입 : 1차 645년(안시성 전투, 양만춘) → 2차 647년 → 3차 648년
↓	
나당 동맹	· 648년 신라 진덕여왕 시절 김춘추가 당에 백제 정벌의 원군 요청 · 백제와 고구려를 정벌한 후 대동강 이남은 신라가, 이북은 당이 점령하기로 합의
↓	
백제 정벌	· 660년 무열왕 : 대총관 당의 소정방, 부총관 김인문 + 신라 김유신(황산벌 전투에서 계백의 결사대 격파)
↓	★ 백제의 부흥 운동(660~663) 　└ 왜의 지원, 부여풍을 왕으로 옹립 　└ 도침과 복신 : 한산, 주류성 　└ 백강 전투(663년) : 왜의 지원 → 패배 → 부여풍은 고구려로 망명 　└ 임존성 함락 : 흑치상지와 지수신 → 흑치상지는 당에 투항, 지수신은 끝까지 저항 ★ 당의 배신 　└ 660년 백제 정벌 후 백제 지역에 웅진도독부 설치 　└ 663년 신라 영토에 계림도독부를 설치 → 문무왕을 계림도독에 임명
고구려 정벌	· 668년 문무왕 : 신라 김인문과 당의 설인귀, 이세적 등이 고구려 정벌 → 668년 당, 고구려 평양에 안동도호부(설인귀) 설치
↓	★ 고구려의 부흥 운동(668~670) 　└ 신라의 지원, 고연무(오골성), 검모잠(한성), 안승(금마저, 익산) 　└ 신라 문무왕은 안승을 670년 고구려왕으로 임명 → 674년 보덕국왕으로 임명 　└ 삼국 통일 이후 당의 요동에서 보장왕의 부흥 운동 지속
나당 전쟁	· 671년 석성 전투(신라 문무왕이 당군 공격) → 사비 점령 이후 소부리주 설치(671) · 672년 석문 전투 : 당의 반격 → 황해도 서흥에서 신라군을 격퇴 → 당 본토에 이민족의 침략으로 전쟁 중단 　　　　　　└ 신라 문무왕은 친당 세력을 제거한 후 전쟁 준비 　　　　　　└ 당은 문무왕의 아우 김인문을 신라왕으로 임명 → 내분 유도 · 675년 매소성 전투 · 676년 기벌포 전투 후 평양의 안동도호부가 요동으로 이동 → 신라의 승리로 삼국 통일 → 국경 : 대동강~원산만 · 677년 당은 보장왕을 요동주도독으로 임명 → 보장왕이 요동에서 고구려 유민과 부흥 운동 · 677년 당은 부여융을 대방군왕에 임명

※ '여수장우중문시'(을지문덕)
그대의 신기한 책략은 하늘의 이치를 다했고, 오묘한 계획은 땅의 이치를 다했노라. 전쟁에 이겨서 그 공 이미 높으니 만족함을 알고 싸움 그만두기 바라노라.

※ 나당 동맹
왕(진덕여왕) 2년(648) 이찬 김춘추와 아들 문왕을 당나라에 파견하였다. … (중략) … 하루는 태종이 김춘추에게 소원을 물었다. 김춘추가 말했다. "신의 나라가 대국을 섬긴 지 여러 해가 되었습니다. 그러나 백제는 강성하고 교활하여 침략을 일삼아 왔습니다. 육로와 수로를 거쳐 섬기러 오는 일도 다시는 기대할 수 없을 것입니다." 태종이 크게 동감하고 군사를 보낼 것을 허락하였다.

※ 김유신
금관가야 왕족의 혈통을 이어받았으며, 김춘추가 신라의 왕위를 잇고 무열왕이 되는 데 앞장섰다. 그리고 비담의 난을 진압하는 데 주도적 역할을 하였다. 후에 흥무대왕에 봉해졌다.

※ 백강 전투
(나·당 연합군이) 백강으로 가서 육군과 모여서 동시에 주류성으로 가다가 백강 어귀에서 왜국 군사를 만나 네 번 싸워서 다 이기고 그들의 배 4백 척을 불태우니 연기와 불꽃이 하늘을 찌르고 바닷물이 붉어졌다.

★ 삼국 통일 과정
· 660년 백제 멸망 : 당의 소정방, 신라 김유신, 황산벌 전투
· 661년 신라 문무왕 즉위
· 662년 고구려 : 사수에서 당군 격파
· 663년 문무왕이 계림주대도독에 임명, 백강 전투, 신라는 당의 유인원 기공비 세움(부여)
· 664년 당은 부여융을 웅진도독에 임명
· 665년 웅진 취리산 서약 : 신라 문무왕 + 당의 유인원 + 웅진도독 부여융
· 666년 고구려 연개소문 사망 → 남생은 당으로, 연정토는 신라로 망명
· 668년 고구려 멸망 → 평양에 안동도호부 설치
· 670년 신라는 안승을 금마저에 안치 → 고구려왕에 임명
· 671년 나당 전쟁 : 석성 전투 → 소부리주 설치
· 672년 신라군과 고구려 유민이 백수성 근처에서 당군 격파, 석문 전투(황해도 서흥)
· 674년 신라 문무왕은 안승을 보덕국왕으로 임명
· 675년 매소성 전투
· 676년 기벌포 전투 → 안동도호부가 평양에서 요동으로 이동
· 677년 당은 보장왕을 요동주도독에 임명, 당은 부여융을 대방군왕에 임명

1. 고구려

	건립과 발견	내용
광개토대왕비	· 건립 : 414년 장수왕 시절 건립(평양 천도 전) · 위치 : 만주 길림 집안현 · 발견 : 1875년 청 농부가 발견, 일본 학자들이 탁본하여 연구 · 기록 : 조선 초 용비어천가와 지봉유설에도 기록 → 고구려 유물로 보지 않음 · 높이가 6m가 넘으며, 총 44행 1,775자의 문자가 새겨져 있다	· 건국설화 : 해(해모수)와 물(유화부인) · 정복 사업 : 연대순, 광개토대왕이 직접 참여한 전투만 기록한 것 아님, 한강 유역 공격 기록(O)(주의 : 북위 정벌 기록 X) · 수묘인 : 고구려 유민 + 정복지의 유민 · 일본이 임나일본부설로 이용 ↔ 반박 : 정인보 ★ 재일 사학자 이진희는 일본의 비문 조작설을 제기 · 고구려가 신라와 백제로부터 조공을 받은 기록, 고구려의 천하관과 팽창 정책을 짐작, 추모왕부터 시작하는 왕실 계보 확립 왕의 은택은 하늘에 미쳤고 위엄은 사해에 떨쳤다. 나쁜 무리를 쓸어 없애니 백성이 각기 생업에 힘쓰고 편안히 살게 되었다. 나라는 부강해지고 백성은 풍족해졌으며, 오곡이 풍성하게 익었다. -광개토 대왕릉비 비문-
중원고구려비	· 건립 : 5세기 장수왕이 남한강 유역의 여러 성을 공략한 후 건립, 장수왕의 업적 기록 · 발견 : 충주 입석마을에서 발견, 국내에 있는 유일한 고구려 비석 · 내용 └ 신라왕과 관료에게 관복을 하사한 기록이 있음 └ 고구려 중심의 천하관 : 고구려왕은 대왕, 신라왕은 매금, 신라인은 동이로 기록 → 고구려와 신라의 역학 관계 파악 └ 고구려 영토가 중원(충주)까지 확장, 고구려 당주가 신라 영토에 주둔한 기록	중원고구려비 5월 중에 고구려 대왕이 상왕공과 함께 신라의 매금(寐錦, 왕)을 만나 영원토록 우호를 맺기 위해 중원에 왔으나, 신라 매금이 오지 않아 실행되지 못하였다. 이에 고구려 대왕은 태자공 전부, 대사자 다우환노가 이곳에 머물러 신라 매금을 만나게 하였다. … 신라 매금이 신하와 함께 고구려의 대사자 다우환노를 만나 있던 고구려 당주인 발위사자 금노로 하여금 신라 국내의 중인(衆人)을 내지로 옮기게 하였다.
모두루묘지	· 광개토대왕 시절 귀족인 모두루의 묘지 → 5세기 장수왕 시절 쓰인 것으로 추정, 건국설화가 해와 달로 기록	

2. 신라

지증왕	포항 중성리 신라비	501	· 현존 신라 최고 비석, 2009년 발견, 재산 관련 소송
	영일(포항) 냉수리비	503	· 영일 지방 재산 분쟁, 신라를 사라로 기록, 6부의 명칭, 왕의 소속부 등장 · 사유 재산과 상속에 따른 분쟁에 대해 왕과 6부(部) 출신의 귀족들이 합의한 내용 등을 밝히고 있다.
법흥왕	울진 봉평 신라비	524	· 율령 반포, 왕의 소속부 명칭, 17관등 성립 연대, 동해안 북부 지방 진출, 법흥왕을 마립간을 뜻하는 매금왕으로 기록됨 · 관등에 관한 내용이 보이기는 하나 아직까지도 국왕이 부에 소속되어 다른 고위 귀족들과 동등한 자격으로 정책을 결정
	영천 청제비	536	· 영천 청못 저수지 축조 기록, 부역 동원 기록
진흥왕	단양 적성비	551	· 고구려군 격파, 야이차 포상, 순수비 X, 왕이 각 부를 통솔, 전사법(점령지에 대한 수취 법령) 기록, 한강 상류 지역 진출
	명활산성작성비	551	· 경주 명활산에 산성을 쌓고 세운 기념비, 성곽 축조 규모와 인력 동원 체제를 파악, 왕이 각 부를 통솔
	임신서기석	552 612 732	· 화랑들의 유교 경전 연마와 그 실천에 관한 서약을 맹세(이두식) ※ 주의 : 임신년에 대한 설이 552년 진흥왕설, 612년 진평왕설, 732년 성덕왕설이 존재
	북한산비	555	· 554년 관산성 전투 이후 건립, 한강 하류 지역 진출 ※ 조선 후기 1816년 김정희가 고증(금석과안록)
	창녕비	561	· 비화가야, 아라가야 등 정벌 기록 ※ 주의 : 대가야 정벌은 562년 진흥왕 시절 이사부!!
	황초령비	568	· 함경도 진출 이후 건립
	마운령비	568	
진지왕	대구 무술명오작비		· 정확한 연대 X, 저수지 축조 내용에 대한 기록이 남아 있고, 경북대학교 박물관에 소장
진평왕	남산 신성비	591	· 남산신성의 축조연원일, 축성 참여자의 직책, 출신지와 이름, 관등명, 축성거리, 서약문이 기록되어 있음

※ 울진봉평비
울진 지방 백성이 봉기를 일으켰다. 신라 정부는 이들을 처벌하고 비를 세워 딴 마음을 품지 않게 하였다. 이들을 처벌한 근거가 520년 반포한 율령으로 짐작되고 있다.

※ 임신서기석
임신년 6월 16일에 두 사람이 함께 맹서하여 기록한다. 하늘 앞에 맹서하기를 지금부터 3년 이후까지 충성의 도리를 갖고 잘못을 저지르지 않기로 맹서한다.

진흥왕은 553년 백제로부터 한강 하류 지역을 탈취(신주 설치)하고, 554년 관산성 전투에서 승리하여 이 지역에 대한 지배권을 확보한 후 555년에 북한산주를 순행하여 척정봉강을 하였다.

3. 주의

한강 유역 쟁탈전	· 광개토대왕비, 중원고구려비, 단양적성비, 북한산비
	· 한강 유역에 세워진 비석 : 중원고구려비, 단양적성비, 북한산비
영일 냉수리비와 울진 봉평비	· 왕의 소속부의 명칭 등장 → 왕권을 초월한 귀족의 힘을 보여주는 증거 → 초기에는 국가의 중요한 문제를 귀족들이 회의에서 결정(단!! 외교적 교섭권은 왕에게 있었다.)
	· 왕이 다른 귀족들처럼 6부 가운데 특정한 부에 소속되어 있을 뿐만 아니라, 6부의 대표자나 귀족들과 함께 국가 중대사를 논의하고 의결 사항도 공동으로 선포하였다고 전한다.
진흥왕 시절 비석	· 551년 명활산성작성비, 단양적성비 ★ 순수비에 제왕, 마운령비에 짐 등의 용어 사용
	· 552년 임신서기석 ; 진흥왕·진평왕·성덕왕설, 화랑들의 유교 공부 맹세
	· 554년 관산성 전투
	· 555년 북한산비
	· 561년 창녕비 → 562년 대가야 정벌
	· 568년 황초령비와 마운령비 ; 함경도 지역 진출
울산 천전리 서석	· 불교 공인 이후 세워진 것으로 '성법흥태왕'이라 불러 왕이 태왕으로 격상되었음을 알 수 있다.

1. 신라의 시대 구분

삼국사기		
상 대	중 대	하 대
내물계 성골 김씨	무열계 진골 김씨	내물계 진골 김씨
~ 진덕여왕	무열왕 ~ 혜공왕	선덕왕 ~ 경순왕

삼국유사		
상 고	중 고	하 고
독자적 왕명 사용	불교식 왕명 사용	중국식 왕명 사용
~ 지증왕	법흥왕 ~ 진덕여왕	무열왕 ~ 경순왕

2. 정치 상황

✎ 필기 노트

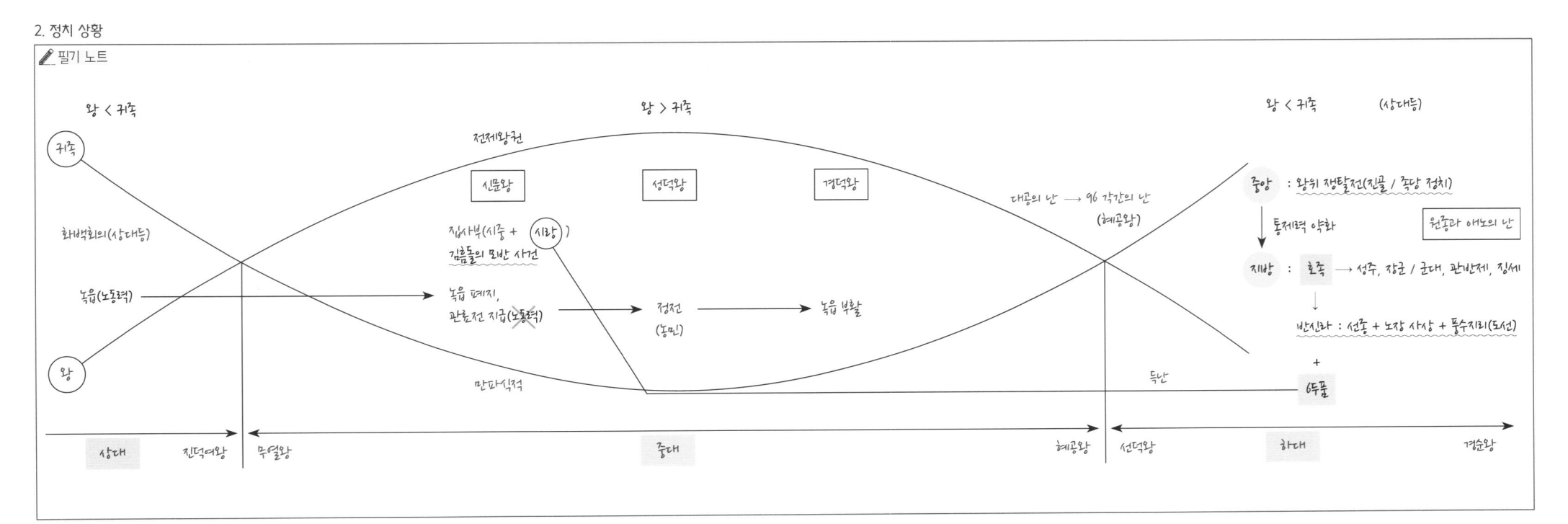

중대(무열왕 ~ 혜공왕)
• 무열계 진골왕 등장(무열왕~혜공왕)
• 왕비족 교체 : 박씨 왕비 → 김유신의 신김씨
• 왕권 강화
└ 집사부 시중(진골, 2관등 이찬~5관등 대아찬) 강화
└ 귀족 세력 약화 : 화백회의 약화, 상대등 약화
└ 6두품 : 왕권과 결탁, 집사부 시랑
• 교종 불교의 유행으로 조형 미술의 발달

하대(선덕왕 ~ 경순왕)	
중 앙	지 방
• 왕위 쟁탈전 → 진골귀족, 족당 정치	• 중앙에서 지방에 대한 통제력 약화 → 상수리 제도 약화
• 150년간 20여 명의 왕 교체	• 호족의 등장 : 성주, 장군, 관반제, 사병 보유, 농민에게 징세
• 왕권 약화	• 반신라 세력 등장 : 호족 + 6두품 + 선종 불교 + 노장 사상 + 풍수지리(도선)
• 화백회의 강화 → 상대등 강화	• 선종 불교의 유행으로 조형 미술은 침체, 승탑과 탑비 유행
• 박씨왕 등장 : 신덕왕, 경명왕, 경애왕	• 지방 세력들이 왕위 쟁탈전에 가담하기도 하였다.
	└ 김헌창의 난, 장보고의 난 등
	• 농민 몰락과 반란의 증가 : 진성여왕 시절 적고적과 원종과 애노의 난 발생

★ 호족의 유형
　└ 촌주 출신
　└ 몰락한 중앙 귀족 : 궁예
　└ 군진 세력 : 강화도의 혈구진 등
　└ 해상 세력 : 작제건, 장보고
　└ 군인 출신 : 견훤 등

3. 신라 중대

7세기	무열왕	· 최초의 진골왕, 백제 정벌(660), 사정부(감찰) 설치, 중국식 왕명 사용, 북진 설치, 갈문왕 제도 폐지 선왕(김춘추)께서 백성들의 참혹한 죽음을 불쌍히 여겨 임금의 귀중한 몸을 잊고 바다 건너 당에 가서 황제를 뵙고 친히 군사를 청하였다. 그 본의는 두 나라를 평정하여 영구히 전쟁을 없애고, 여러 해 동안 깊이 맺혔던 원한을 갚고, 백성들의 죽게 된 목숨을 보전코자 함이다.
	문무왕	· 고구려 정벌(668) → 나당 전쟁(671) → 삼국 통일(676)　　※ 문무왕은 663년 당으로부터 계림도독에 임명 · 670년 안승을 금마저(익산)에 안치하고 고구려왕에 임명 → 674년 보덕국왕에 임명　　※ 안승에게 예물을 주고 왕의 여동생의 딸을 아내로 삼게 함 · 외사정 파견 : 지방의 관리를 감독하기 위해서 파견 · 안압지(월지, 인공 연못), 부석사와 낙산사 건립(의상) ※ 문무왕의 유언 "병기를 녹여 농기구를 만들어 백성으로 하여금 천수를 다하도록 하며, 납세와 부역을 줄여 집집이 넉넉하고 사람마다 풍족하게 해 백성은 자기의 집을 편하게 여기고 나라에는 근심이 사라지게 하라."
	신문왕	· 681년 김흠돌의 모반 사건을 계기로 귀족 숙청 · 달구벌 천도 계획 : 왕권 강화를 위해서 달구벌(대구)로 천도 계획 → 시행 X · 만파식적 : 피리 고사로 신문왕의 왕권을 상징 · 관료전 지급(687) → 녹읍 폐지(689) · 공장부와 예작부를 설치 → 집사부 외 13부의 완성 · 9주 5소경 : 지방 제도를 정비하여 전국을 9주 5소경으로 정비 · 9서당 10정 : 군사를 정비하여 중앙군 9서당, 지방군 10정으로 정비 · 국학 설립 : 국립대학인 국학을 설립, 12관등 대사 이하의 관리 자제들이나 관등이 없는 자에게 입학 자격을 줌 · 감은사 건립 · 안승을 경주로 불러 진골의 골품 부여, 금마저(익산)에서 반란이 일어난 후 직접 통치 / 김흠운의 딸을 왕비 → 중국식 혼인 제도
	효소왕	· 경주에 서시전과 남시전을 설치 · 698년 대조영이 '진국' 건국
8세기	성덕왕	· 722년 농민에게 정전 지급 · 731년 일본국의 병선이 신라 공격 → 격퇴 · 732년~733년 당의 요청으로 발해 공격 → 당으로부터 대동강 이남 공식 인정, 대동강에 수자리 설치 · 국학 정비 : 국학에 공자와 10철, 공자의 72 제자의 화상을 안치 · 상원사 종 : 현존 최고의 신라 종 · 731년 신하들이 지켜야 할 계명을 적은 백관잠을 지음
	경덕왕	· 고유지명과 관직명을 중국식으로 개칭 · 국학 정비 : 태학감으로 개칭, 국학에 박사와 조교 파견, 기술 교육 강화 · 757년 월봉 폐지, 녹읍 부활 → 귀족의 권력 강화 · 석굴암과 불국사 · 안민가(충담), 당 황제에게 만불산(인조 가산)을 바침
	혜공왕	· 어린 나이에 즉위 → 왕권 약화 · 768년 96각간의 난 : 대공의 난을 시작으로 귀족들의 권력 투쟁 발생 → 혜공왕이 암살되고 김양상(내물계)이 선덕왕에 즉위 → 신라 하대 시작 · 성덕대왕신종(봉덕사종, 에밀레종, 우리나라 최대 종) · 5조제, 선종 전래

(문무) 대왕이 왜인들에게 말하였다. "우리와 너희 나라는 바다를 사이에 두고 강역이 나뉘어 있는데 …… 무슨 까닭으로 금일 백제와 함께 죄악을 저질러 우리나라를 도모하는가? 지금 너희 군졸은 나의 손아귀 안에 들어 있으나 차마 죽이지 않겠다. 너희는 돌아가 이것을 너희 왕에게 전하라."라고 하고 가는 대로 두었다.

문무왕 13년(673) 백제 사람에게 관직을 주었으며 그 관등은 본국(백제)에서 재직하였던 관직에 버금가게 대우하였다. 신문왕 6년(686) 고구려인들에게 경관(중앙 관직)을 주었는데 그 본국(고구려)의 관품에 헤아려 주었다.

김흠돌은 자신의 딸을 태자(신문왕)에게 시집보내어 권력 장악을 노렸으나 여의치 않자 난을 일으켰다. 신문왕은 이에 연루된 귀족들을 철저히 탄압함으로써 왕권 강화의 계기로 삼았다.

※ 만파식적
왕 2년(682)에 아버지 문무왕을 위하여 감은사를 지은 후 용으로부터 영험스러운 대를 얻어 만들었다는 피리. 만파식적은 악기로서 단군 이야기의 천부인, 진평왕의 옥대, 이성계의 금척 등과 같이 건국할 때마다 나타난 신성한 물건과 비슷한 성격을 지니며, 나라에 근심이 생길 때 이 피리를 불면 평온해져서 만파식적이라 하였다.

※ 96각간의 난
왕 4년(768) 7월 3일 대공 각간의 적도가 일어나자 왕도와 5도 및 주군의 각간 96명이 서로 싸워 어지러웠다. 대공 각간의 집이 망하매 그 집에 있던 보물과 비단 등을 왕궁으로 옮겼다. …… 난리는 석달이 지나서야 그쳤다. 상을 받은 사람도 대단히 많고, 죽임을 당한 사람도 무수하였다.

4. 신라 하대

8세기	선덕왕	· 신라 하대 시작(내물계 진골, 김양상)
	원성왕	· 788년 독서삼품과 : 왕권 강화 시도 → 실패　　　　　　※ 원성왕 6년(790) 3월에 일길찬 백어(伯魚)를 북국(발해)에 사신으로 보냈다.
	소성왕	· 799년 거노현을 국학의 경비로 녹읍을 지급함
9세기	헌덕왕	· 812년 9월에 급찬 숭정(崇正)을 북국(발해)에 사신으로 보냈다. · 822년 김헌창(공주, 국호 장안, 연호 경운)의 난, 아버지 김주원이 원성왕(김경신)에게 왕위를 배앗긴 것에 대한 복수 · 825년 김헌창의 아들 김범문의 난
	흥덕왕	· 828년 4월 장보고의 청해진(완도) 설치 · 828년 12월 김대렴이 차 수입 · 834년 사치금지령 → 모든 관등에 따른 복색·거기·기용·옥사 등의 규정을 반포 → 효과 X · 835년 김유신을 흥무대왕에 추증
	신무왕	· 839년 장보고의 지원으로 민애왕을 제거하고 왕 즉위 "희강왕 3년(838) 봄, 상대등 김명 등이 군사를 일으켜 난을 꾸며 왕의 측근을 해치니 왕은 자신이 온전치 못할 것을 알고 궁중에서 목을 매었다. 한편 민애왕이 즉위한 다음 해인 839년 김양은 병사를 모아 청해진으로 들어가 우징을 만났다. 아찬 우징은 김명의 왕위 찬탈 소식을 듣고 이의 원수를 갚고자 장보고에게 군사를 요청하였다. 마침내 839년 김양의 군사가 민애왕을 시해하였다."
	문성왕	· 846년 장보고의 난
	진성여왕	· 887년 효녀 지은 표창 · 888년 삼대목 : 대구화상, 각간 위홍, 향가집(현존 X)　　　　※ 왕거인 투옥 사건 → 원분시(888) · 889년 원종과 애노의 난(상주 = 사벌주)　　　　※ 견원과 양길이 각각 무리를 모아 세력을 키움 · 891년 양길, 궁예를 보내 북원(원주)과 명주 등을 점령함 · 892년 견원, 완산주(전주)에서 반란을 일으키고 무진주(광주)에서 왕을 칭함 · 894년 최치원이 시무10조를 올리고 아찬의 벼슬에 오름　　　　※ 궁예, 북원으로부터 명주(강릉)로 들어가 장군을 칭함 · 895년 궁예 스스로 왕을 칭함 · 896년 적고적이 경주 모량리까지 침입해 옴　　　　※ 궁예는 왕륭을 금성태수로 삼고, 아들 왕건을 발어참성 성주로 삼음 ※ 적고적 진성 여왕 10년 도적이 서남쪽에서 일어났다. 붉은 바리를 입고 특이하게 굴어 사람들이 붉은 바지 도적이라 불렀다. 그들은 주, 현을 무찌르고 서울(경주) 서부 모량리까지 쳐들어와 민가를 약탈하였다.
10세기	효공왕	· 899년 양길은 궁예를 공격하다 패배함 · 900년 후백제 건국(견원, 완산주) · 901년 후고구려 건국(궁예, 송악) · 903년 왕건이 수군을 거느리고 금성(나주)을 공략
	경순왕	· 신라 마지막 왕 · 935년 왕건에게 항복하고 경주를 식읍으로 받았으며, 최초의 사심관으로 임명됨

※ 김헌창의 난
헌덕왕 14년 3월, 웅천주 도독 헌창은 그 아비 주원이 앞서 왕위에 오르지 못한 것을 이유로 반란을 일으켜 국호를 장안이라 하고 연호를 경운 원년이라 하였다. 무진·완산·청주·사벌주 등 4주의 도독과 국원경, 서원경, 금관경의 사신 및 여러 군현의 수령을 협박하여 자기 소속으로 삼았다.

※ 사치금지령
흥덕왕 9년 왕이 말하기를 "사람에게는 위와 아래가 있고, 벼슬에도 높고 낮음이 있어 명칭과 법식이 같지 않고 의복 또한 다른 것이다. 그런데 세상의 습속은 점점 각박해지고 백성들은 다투어 사치와 호화를 일삼고 오로지 외래품의 진귀한 것만을 숭상하고 토산물의 야비한 것을 싫어한다. 이에 옛날 법에 따라 엄한 명령을 내리는 것이다. 그래도 만약 일부러 범하는 자는 진실로 응당한 형벌이 있을 것이다."라고 하였다.

※ 적고적과 원종과 애노의 난
진성 여왕 10년 도적이 서남쪽에서 일어났다. 붉은 바리를 입고 특이하게 굴어 사람들이 붉은 바지 도적이라 불렀다. 그들은 주, 현을 무찌르고 서울(경주) 서부 모량리까지 쳐들어와 민가를 약탈하였다.왕 3년 국내의 여러 주군이 공부를 수납하지 않아 나라의 창고가 비고, 재정이 궁핍해졌다. 이에 왕이 사자를 보내 독촉하니 곳곳에서 도적들이 들고 일어났다. 이때 원종과 애노 등이 사벌주에 웅거하여 반란을 일으켰다.

★ 신라 하대 반란
· 768년 대공의 난 → 96각간의 난
· 780년 김지정의 난
· 822년 김헌창의 난(웅천주, 웅주 = 공주 / 국호 장안, 연호 경운)
· 825년 김범문의 난(양주) → 고달산 농민 가담
· 838년 김우징, 김양의 반란
· 846년 장보고의 난
· 889년 원종과 애노의 난(상주 = 사벌주)
· 896년 적고적 봉기 → 경주 부근 공격

1. 건국

건국	· 698년 대조영이 동모산 기슭(성산자산성)에 '진' 건국 · 국호의 변화 : 698년 '진' → 713년 '발해'로 개칭 · 독자적 연호 : 천통, 인안, 대흥, 건흥 등의 연호 사용　　　※ 내제외왕 : 대내적으로 황제국을 과시, 대외적으로 왕국을 표방 · 남북국 시대 : 18세기 후반 유득공의 발해고에서 사용　　※ 발해에 대한 인식 : 신라인들은 동족으로는 보았지만 고구려 계승국으로 보려 하지 않음 · 영역 : 남쪽으로 신라, 서쪽으로 거란, 서남쪽으로 당, 북쪽으로 송화강, 동쪽으로 연해주까지 진출	★ 토인 : 고구려인 └ 도독, 자사 임명 └ 수령의 지방 행정직을 대부분 차지 └ 말갈부족의 촌장에 임명 └ 평민과 기술직에도 다수 종사
민족 구성	· 지배층 : 고구려가 다수 + 일부 말갈족(★ 걸사비우 : 건국 사업에 공을 세워 지배층에 편입) · 피지배층 : 말갈족이 다수	

2. 고구려 계승

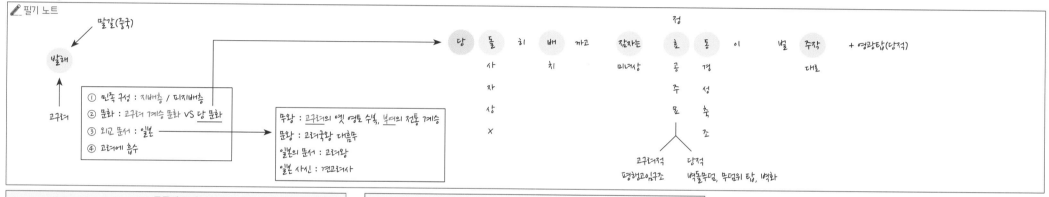

중국의 주장
· 동북공정 : 발해를 말갈족의 역사로 보며, 중국의 역사로 주장 · 구당서 : 발해를 말갈의 나라로 인식, 대조영을 고구려계로 인식 · 신당서 : 발해를 말갈의 나라로 인식, 대조영을 말갈계로 인식 · 발해국지장편 : 1935년 중국 김육불(진위푸)이 저술 　└ 대조영을 고구려 출신으로 인식 　└ 발해 문화를 고구려 계승의 문화로 인식 ★ 발해에 대한 우리나라 기록 · 이승휴의 제왕운기 : 고구려 장수 대조영이 발해를 건국함 · 유득공의 발해고 : 남북국 용어 사용 · 주의 : 안정복의 동사강목에서는 발해를 말갈로 인식 · 최치원 : 당 고종이 고구려를 쳤는데 그 고구려가 지금 발해가 되었다. · 조선상고사 : 신채호, 발해를 우리 민족의 역사로 인식 ※ 단기고사(대조영 동생 대야발의 기록), 조대기(고려 시대 발해 유민의 저술)

반박
· 발해는 말갈이 아니라 고구려 계승국임 · 발해의 고구려 계승 근거 　└ 민족 구성 : 지배층의 다수가 고구려 계통 VS 피지배층은 말갈이 다수 　└ 문화의 유사성 : 발해의 많은 문화가 고구려의 영향을 받음 　└ 외교문서 : 일본에 보낸 문서에서 고구려 계승 강조 　└ 유민 이동 : 926년 거란족의 침략으로 멸망 이후 유민들이 고려로 이동 　└ 934년 발해 세자 대광현이 고려로 망명

★ 발해가 일본에 보낸 외교 문서
└ 중대성첩 : 발해 중대성에서 일본에 보낸 외교 문서
└ 일본이 보낸 문서에서 고려국왕
└ 일본은 발해에 보낸 사신들을 견고려사로 표현
└ 무왕 : 발해는 고구려의 영토 수복, 부여의 전통 계승
└ 문왕 : 고려국왕 '대흠무', 천손 과시

★ 발해 문화의 이중성

고구려 계통	당 계통
· 온돌 장치 · 정혜공주묘의 굴식 돌방무덤의 형태와 모줄임 천장구조 · 정효공주의 평행고임구조 · 이불병좌상 · 와당(기와)의 연화무늬 · 발해금은 고구려 거문고의 영향을 받음	· 돌사자상의 배치 · 잠자는 미녀상 · 정효공주묘 : 벽돌무덤, 벽화, 무덤위의 탑 · 상경의 주작대로 · 수도 상경은 당의 장안성을 모방하여 구성 · 3성 6부, 5경(+ 부여와 고구려의 영향), 15부 62주 · 10위 : 중앙군 · 영광탑 / 타구와 격구 : 당에서 수입 / 발해 삼채 : 당 삼채의 영향을 받음

3. 발해의 발전과 멸망

	고왕(대조영)	무왕(대무예)	문왕(대흠무)	성왕(대화여)	선왕(대인수)	애왕(대인선)
	7세기 후반 ~ 8세기 전반	8세기 전반	8세기 후반	8세기 말	9세기 전반	10세기 전반
	천통	인안	대흥, 보력	중흥	건흥	
발 해	• 698년 동모산 기슭에 '진' 건국 • 돌궐과 연합하여 당 견제 • 713년 발해군왕에 책봉 └ 발해로 국호 개칭	• 흑수부 말갈 공격 • 대문예의 당 망명 사건 발생 └ 당은 대문예로 하여금 발해 공격 시도 → 실효 X • 당의 산둥 지방 공격 └ 장문휴의 수군이 공격 └ 당은 신라 성덕왕에게 도움 요청 └ 신라와 충돌(732~733) └ 당은 요서에서 발해 공격 • 동북 지방 진출 • 일본과 수교 : 당과 신라 견제 목적	• 당과 친선 → 발해국왕 • 3성 6부의 중앙 통치 조직 정비 • 주자감(국립대학) 설립 • 불교적 성왕 자청 └ 전륜성왕 └ 금륜과 성법의 칭호 사용 • 철리부 말갈족 복속, 신라도 개설 • 황제국의 체제 갖춤 └ 정혜·정효공주묘 : 황상의 기록 ※ 일본에 보낸 문서에서 천손 과시		• 대야발의 후손으로 즉위 • 해동성국이라 불림(당으로부터) • 최대 영토, 5경 15부 62주 • 대동강 유역으로 진출 └ 신라와 국경을 접함 └ 신라는 장성을 쌓아 대비 • 요동 진출 └ 대부분의 말갈을 복속 └ 소고구려국 병합	• 926년 멸망 └ 거란족의 침입으로 멸망 • 유민 이동 → 고려로 망명 • 934년 대광현 → 고려로 망명 ★ 부흥 운동 └ 정안국, 흥료국 └ 대발해국, 대원국 └ 오사국 등
	동모산 기슭에 건국	동모산 → 중경으로 천도	중경 → 상경 → 동경	동경 → 상경		
신 라	효소왕	성덕왕	경덕왕, 혜공왕, 선덕왕, 원성왕 등		헌덕왕, 흥덕왕	후삼국의 분열기

4. 대외 관계

당	• 무왕 : 적대 → 문왕 : 친선(발해국왕) └ 당은 이이제이 정책을 펴서 신라를 통해 발해를 견제 → 신라 성덕왕과 발해 무왕 시절 무력 충돌 → 이이제이 정책이 크게 효과를 보지 못함
신 라	• 친선 : 사신 파견, 신라도, 911년 거란 침입 시 신라가 군사 지원 ★ 발해와 신라의 사신 교환 • 대조영이 효소왕에게 사신을 보내자 효소왕은 대조영에게 대아찬의 벼슬을 내렸다. • 원성왕 6년(790) 3월에 일길찬 백어(白魚)를 북국(발해)에 사신으로 보냈다. • 헌덕왕 4년(814) 9월에 급찬 숭정(崇正)을 북국(발해)에 사신으로 보냈다. • 대립 : 성덕왕 시절 무력 충돌, 쟁장 사건(897년, 사신들의 위치 경쟁), 등제서열 사건(906년, 오광찬과 신라 최언위가 빈공과 순위 경쟁)
일 본	• 친선, 무왕 때 수교, 신라를 견제할 목적으로 친선, 발해가 더 적극적 • 초기 : 정치적 목적 → 후기 : 경제적 목적 ★ 발해 문왕 때 일본이 보내온 문서 지금 보내온 국서(國書)를 살펴보니 부왕(父王)의 도를 갑자기 바꾸어 날짜 아래에 관품(官品)을 쓰지 않았고, 글 끝에 천손(天孫)이라는 참람된 칭호를 쓰니 법도에 어긋납니다. 왕의 본래의 뜻이 어찌 이러하겠습니까. (중략) 고씨의 시대에 병난이 그치지 않아 조정의 위엄을 빌려 저들이 형제를 칭하였습니다. 지금 대씨는 일없이 고의로 망령되이 사위와 장인을 칭하였으니 법례를 잃은 것입니다.
돌 궐	• 당 견제를 위해서 친선

★ 무왕의 당(산둥반도) 공격
무왕은 당시 송화강 유역의 흑수부 말갈을 압박하는 과정에서 동생 대문예가 말갈 공격의 명을 어기고 당으로 망명하자 장문휴 장군으로 하여금 당나라 등주(산둥 반도)를 공격하게 하였다. 등주의 성주를 살해하고 당나라에 압박을 가하자 당도 더 이상 발해를 멸시하지 못하였고, 북쪽의 흑수부 말갈과 유대 관계도 약화시켰다.

1. 삼국 시대

	고구려	백제	신라
관등	· 14관등(10여 관등) 　└ 형 계열 : 상가, 대로, 패자 　└ 사자 계열 : 사자, 조의, 선인	· 16관등(고이왕) 　└ 솔, 덕 계열 　└ 6좌평 : 1관등 　└ 6관등 나솔 이상은 자색을 입고 은화관식	★ 백제 의복은 고구려와 대략 같다. … 나솔 이상은 관(冠)을 은꽃으로 장식한다. 장덕은 자주색 띠, 시덕은 검은 띠, … 무독부터 극우까지는 모두 흰 띠를 착용한다.	· 경위 : 17관등(법흥왕) 　└ 이·대·아·급·대·나·사 → 1. 이벌찬 5. 대아찬 6. 아찬 9. 급벌찬 10. 대나마 11. 나마 12. 대사 · 외위 : 11관등
	· 신라와 고구려 : 관등의 명칭에 족장의 흔적이 남아 있음 ★ 백제는 흔적이 거의 남아 있지 않음 · 고구려 1관등 대대로 = 수상 대대로 / 백제 1관등 좌평(상좌평) = 수상 상좌평 / 신라 1관등 이벌찬 ≠ 수상 상대등			
복색		· 자, 비, 청(고이왕)		· 자, 비, 청, 황(법흥왕)
합의제	· 제가회의 : 5관등 조의두대형 이상이 참여 감옥이 없고 범죄자가 있으면 제가(諸加)들이 모여서 평의(評議)하여 사형에 처하고 처자는 몰수하여 노비로 삼는다.	· 남당회의(고이왕) → 정사암회의 : 호암사 바위에서 회의 호암사에 정사암이라는 바위가 있다. 국가에서 재상을 뽑을 때 후보자 3, 4명의 이름을 써서 상자에 넣어 바위 위에 두었다. 얼마 뒤에 열어 보아 이름 위에 도장이 찍혀 있는 자를 재상으로 삼았다.		· 화백회의 : 진골 대등 참여, 상대등이 의장, 만장일치, 씨족사회 전통 큰일이 있을 때 반드시 여러 사람의 의견을 따른다. 이를 '화백회의'라 부른다. 한 사람이라도 반대하면 통과하지 못한다.
수상 (선출)	· 국상, 대대로(행정), 막리지(군사) · 대막리지(군사 + 행정) · 고구려는 왕이 수상을 임명한 것이 아니라 귀족이 뽑았다.	· 상좌평 · 백제도 수상 후보자 이름을 넣은 상자를 정사암에 가져다 놓으면 하늘이 결정했다는 이야기처럼 왕이 일방적으로 수상을 임명하지 못하였다.		· 상대등 · 신라 역시 상대등을 왕이 마음대로 정할 수 없었다.
중앙 관제	· 주부 : 재정 · 내평 : 국정 · 외평 : 외교	· 6좌평 : 고이왕, 내신좌평·내두좌평·내법좌평·병관좌평·위사좌평·조정좌평 · 22부 : 성왕, 궁실 내관 12부 + 일반 관서인 외관 10부로 구성		· 병부 : 법흥왕 · 품주 : 진흥왕 · 위화부, 조부, 예부 : 진평왕 · 집사부, 창부 : 진덕여왕
지방	· 수도 : 5부 · 지방 : 5부(욕살) – 176성(처려근지, 도사) · 3경 : 특수 행정 구역, 국내성·한성·평양성	· 정비 : 성왕 시절 5부 5방의 지방 제도 정비 · 수도 : 5부(달솔) · 지방 : 5방(방령) – 10군(군장) · 담로제 : 특수 행정 구역, 근초고왕 때 정비 → 무령왕 : 22담로에 왕족 파견		· 수도 : 6부 · 지방 : 5주(군주) – 군(태수) – 현(현령) · 소경 : 특수 행정 구역으로 사신 파견 　└ 최초의 소경 : 함안 지방의 아시촌 소경, 지증왕 때 설치 　└ 중원경(충주, 국원소경, 진흥왕), 동원경(강릉)
	· 삼국의 지방 행정 : 부·방·주 – 성·군 – 촌(지방관 파견 X, 토착 세력인 촌주가 관리) 　└ 지방관 파견 O · 도사 : 삼국 공통으로 존재, 지방 장관, 역 동원과 조세 수납, 군사 지휘 · 지방 행정 조직이 군사 조직 : 욕살과 방령, 군주가 군사 지휘 / 중앙군은 왕이 지휘 ★ 대모달과 말객 : 고구려의 군사 지휘관			
감찰				· 사정부 : 중앙 감찰 · 외사정 : 지방에 파견된 감찰관

2. 통일신라

	구 성		
중앙 통치 조직	· 왕권이 강화되어 집사부 시중의 권한 강화, 화백회의 상대등의 권한 약화 · 집사부 + 13부 완성 : 신문왕 ※ 13부 : 행정 분담, 병렬적, 당의 6부 모방, 복수의 장관		★ 집사부 · 설치 : 진덕여왕 때 설치 · 기능 : 왕명 수행과 기밀 사무 · 시중 : 수상, 왕명을 받들어 국정 책임 　└ 시중은 진골(2관등 이찬~5관등 대아찬) 임명 · 시랑은 6두품도 가능

	구 성	9주	5소경
지방 제도	· 9주 5소경 : 신문왕 때 정비 ※ 통일 전 : 5주 2소경	· 민족 융합 : 고구려, 백제, 신라 영토에 각 3주 설치 · 한산주에 2개 정 설치(남천정, 골내근정) · 군주(지증왕) → 총관(문무왕) → 도독(원성왕) 파견 ★ 민족 융합 : 지배층은 골품 부여, 9서당, 9주 등	· 목적 : 지방 통제, 수도의 편재성 보완 · 북원경(원주), 중원경(충주), 서원경(청주), 남원경(남원), 금관경(김해) · 사신 파견, 풍수지리의 영향 X

	구 성	9서당	10정
군사 제도	· 9서당과 10정 : 신문왕 때 정비	· 중앙군, 직업군인 · 민족 융합 : 신라 + 고구려 + 백제 + 말갈인	· 지방군, 농민병, 의무병 · 한산주에 2개의 정(남천정, 골내근정) 설치

교육 제도	· 국학 : 국립대학, 신문왕 설치 　└ 12관등 대사 이하 관리의 자제 입학 　└ 9년 수학, 논어와 효경 등 전공 　└ 10관등(대나마), 11관등(나마) 수여	★ 국학의 정비 · 성덕왕 : 공자와 제자의 화상 안치 · 경덕왕 : 태학감 개칭, 박사와 조교 파견, 전공을 3과로 구분 · 혜공왕 : 국학으로 개칭

· 병부 : 법흥왕
· 품주 : 진흥왕
· 위화부 · 조부 · 예부 : 진평왕
· 집사부 · 창부 : 진덕여왕
· 공장부 · 예작부 : 신문왕

★ 소경
　└ 지증왕 때 처음 설치 : 아시촌(함안) 소경
　└ 진흥왕 : 충주에 소경 설치(국원경)
　└ 신문왕 시절 5소경 완성

★ 상수리 제도
· 지방 세력을 통제하기 위해 일정 기간 중앙에서 번상 숙위시키는 제도
· 신라 : 상수리 제도 → 고려 : 기인 제도 → 조선 : 경저리 제도
★ 경덕왕 : 중국식으로 관직명과 고유 지명을 개칭

3. 발해의 통치 제도

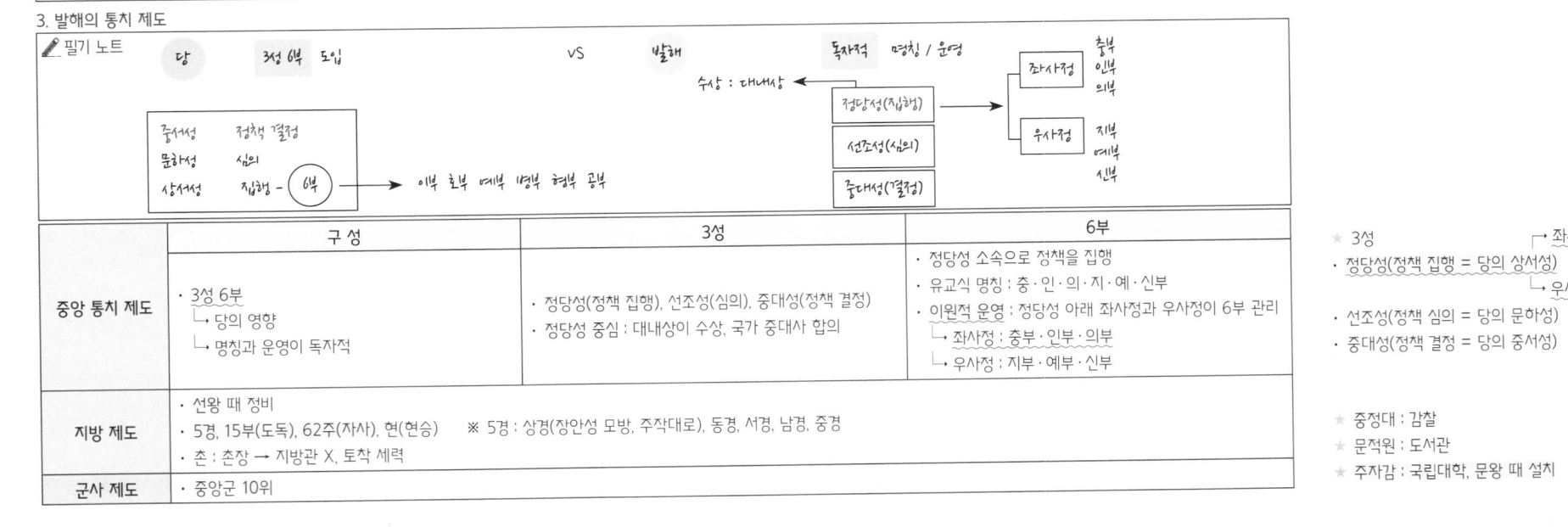

	구 성	3성	6부
중앙 통치 제도	· 3성 6부 　└ 당의 영향 　└ 명칭과 운영이 독자적	· 정당성(정책 집행), 선조성(심의), 중대성(정책 결정) · 정당성 중심 : 대내상이 수상, 국가 중대사 합의	· 정당성 소속으로 정책을 집행 · 유교식 명칭 : 충 · 인 · 의 · 지 · 예 · 신부 · 이원적 운영 : 정당성 아래 좌사정과 우사정이 6부 관리 　└ 좌사정 : 충부 · 인부 · 의부 　└ 우사정 : 지부 · 예부 · 신부
지방 제도	· 선왕 때 정비 · 5경, 15부(도독), 62주(자사), 현(현승)　※ 5경 : 상경(장안성 모방, 주작대로), 동경, 서경, 남경, 중경 · 촌 : 촌장 → 지방관 X, 토착 세력		
군사 제도	· 중앙군 10위		

★ 3성　　　┌ 좌사정 : 충부, 인부, 의부
· 정당성(정책 집행 = 당의 상서성)
　　　　　　　└ 우사정 : 지부, 예부, 신부
· 선조성(정책 심의 = 당의 문하성)
· 중대성(정책 결정 = 당의 중서성)

★ 중정대 : 감찰
★ 문적원 : 도서관
★ 주자감 : 국립대학, 문왕 때 설치

1. 수취 제도

특징
• 인두세 중심 　└ 노동력을 중시 　└ 왕궁과 성, 저수지 축조에 동원 ※ 조선 후기 : 전세의 비중이 커짐 　★ 세금 종류 　└ 인두세 : 개인에게 세금 부과 　└ 호세 : 가호에 세금 부과 　└ 전세 : 토지에 세금 부과

	각 국가의 수취 제도
고구려	• 호 : 3등호 구분 • 세(인두세)는 포목 5필에 곡식 5섬이다. • 조(호세)는 상호는 1섬이고, 그 다음이 7말이며, 하호는 5말을 낸다.
백제	• 세는 포목, 명주실, 삼, 쌀을 내었다. ※ 세는 풍흉에 따라 차등을 두었다. • 2월 한수 북부 사람 가운데 15세 이상 된 자를 징발하여 위례성 수리
신라	• 조(곡물), 용(노동력), 조(공물) → 고려와 조선으로 계승 • 진흥왕 때 품주에서 수취 업무 → 진평왕 때 조부에서 공부 수취

★ 귀족의 경제 생활
　└ 대토지 소유, 노비, 녹읍과 식읍 소유, 사치 생활, 고리대업
　　└ ★ 진대법 : 고구려 고국천왕, 농민의 노비화 방지

2. 토지 제도

특징
• 왕토 사상 　└ 국가의 모든 토지와 농민은 왕의 소유이다. 　└ 실질적으로 개인 소유의 민전이 존재 　　└ ★ 민전 : 매매, 상속, 증여 가능 • 녹읍 : 관료 귀족에게 지급, 17관등 경위에 따라, 조·용·조 수취 • 식읍 : 공신과 왕족에게 지급, 조·용·조 수취, 세습 불허 　└ 고려 후기 불법적 세습

시대	변화	토지 제도의 변화
삼국 시대		• 법흥왕 : 금관가야 김구해에게 본국을 식읍으로 지급 • 문무왕 : 김유신과 김인문에게 식읍 지급
통일신라	중대	• 신문왕 : 687년 관료전 지급(조만 수취) → 689년 녹읍 폐지(왕권 강화, 귀족의 권력 약화) • 성덕왕 : 722년 정전 지급(농민에게 지급, 연수유전답에 해당, 왕권 강화) • 경덕왕 : 757년 월봉 폐지, 녹읍 부활(귀족의 권력 강화, 왕권 약화)
	하대	• 소성왕 : 799년 국학의 경비로 청주 거노현을 녹읍으로 지급
★ 고려와 조선		• 녹읍 : 고려 초기 모두 폐지 • 식읍 : 고려 시대에도 존재(경순왕 : 경주 / 견훤 : 양주 / 최충헌 : 진주) → 조선 초기 세조 때 폐지

✎ 필기 노트

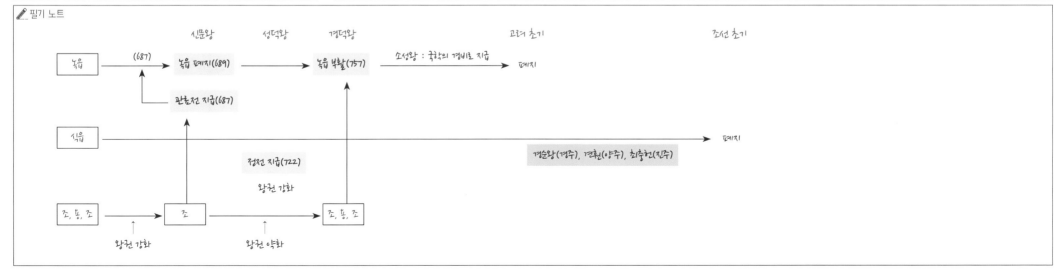

3. 민정문서

작성과 발견	내 용

작성과 발견

- 발견 : 1933년 일본 동대사(도다이사) 정창원(쇼소인)에서 발견
- 서원경(청주) 부근 4개 촌락의 경제 상황 기록
- 통일신라의 경제 상황을 파악
- 목적 : 노동력과 생산 자원의 관리를 위해서 작성
- 작성 : 촌주 → 매년 변동 사항을 조사 → 3년마다 작성
  └ 지방관 X, 골품 X
  └ 매 촌락마다 존재 X, 사해점촌에만 존재

내 용

- 노동력 : 가장 자세히 조사, 증감 상태 기록 / 개별 인적사항 조사(X)
  └ 호별 : 인정의 다과를 기준으로 9개 등급으로 구분
  └ 연령별 : 전체 연령을, 16~60세의 정남을 기준으로, 6개 등급으로 구분
  └ 노비도 조사 : 많지 않음, 노비의 노동력에 의존하지 않음
  └ 여자도 조사, 여자의 인구가 더 많음
- 가축과 나무 : 촌락별 조사, 증감 상태 기록
- 토지 : 촌락별 조사, 증감 상태 X
  └ 연수유전답 : 농민 소유 토지, 가장 많음
  └ 촌주위답 : 촌주, 사해점촌에 존재
  └ 내시령답 : 내시령에게 지급
  └ 관모전답 : 관청 경비로 지급
  └ 마전 등
  └ ★ 촌주위답, 내시령답, 관모전답은 농민들이 공동 경작(소작 X)

★ 주의
└ 민정문서를 통해 호별 경제 수준을 비교할 수 있었다.(O)
└ 관료 계층이 촌락에 거주한 기록은 없다.
└ 촌주는 관료가 아님
└ 토지는 가축, 나무, 노동력과 달리 증감 상태 기록 X

4. 농업과 상공업

	삼국 시대	통일신라	발 해
농업	• 농민들은 민전(자작농)을 경작하거나 용작(소작)을 하였다. └ 국역에 동원, 곡물·삼베·과실을 상납, 노동력 징발, 전쟁에 군사로 동원 • 철제 농기구 보급 : 4~5세기경 철제 농기구 보급 • 휴한농법 : 매년 경작이 안되고 경작 후 몇 년 휴경 └ 고려 후기 : 시비법 개발로 휴한농법이 극복되기 시작 └ 조선 초기 : 시비법과 녹비법 개발 • 신라 : 5~6세기경 벼농사 확대, 시제(저수지) 축조, 우경 장려(지증왕) • 배추를 발효시킨 김치가 존재　★ 주의 : 고춧가루는 조선 후기에 전래	• 밭농사 중심 • 휴한농법 • 차 재배 : 흥덕왕, 김대렴이 당에서 차나무 종자 수입 └ 지리산에서 재배 └ 귀족과 승려 사이에서 다도 유행	• 밭농사 중심 → 일부 지역에서 벼농사 • 목축의 비중이 큼 → 솔빈부의 말을 수출 • 특산품 └ 모피와 녹용, 사향 └ 책성부의 된장 └ 남해부의 곤포(다시마)
상공업	• 대도시에서 시장 형성 • 신라 : 5세기 소지마립간(경주에 시장 개설) → 지증왕(동시전, 동시) • 행상의 존재 : 미천왕의 을불설화 → 어릴 때 소금 행상을 했다는 기록	• 상업 : 효소왕 시절 경주에 서시전과 남시전 개설 • 수공업 └ 공장부 설치 → 신문왕, 장인 관리와 수공업 생산 담당 └ 어아주와 능라 등의 비단 생산, 금·은 세공 기술 └ 나전칠기를 당에서 수입 → 고려는 송으로 수출	• 어업 : 숭어, 대게, 고래, 문어 등 • 금속 가공업 : 철, 구리, 금, 은 등 • 직물업 : 삼베, 명주, 비단 등 • 도자기업 발달 : 발해 삼채 등 • 상업 : 수도 상경 용천부와 교통 요충지 중심 └ 현물 화폐 주로 사용, 외국 화폐가 결제 수단으로 사용되기도 함

5. 무역 활동

특 징	· 고조선은 기원전 7세기 중국의 제와 원거리 교역을 하였다. · 4세기 초 낙랑군 멸망 후 중국과 삼국의 무역이 활발해짐　　★ 4세기 이후 중국 – 삼한 – 일본으로 이어지는 무역이 활발(X) → 일본과의 무역은 가야가 중재

✏️ 필기 노트

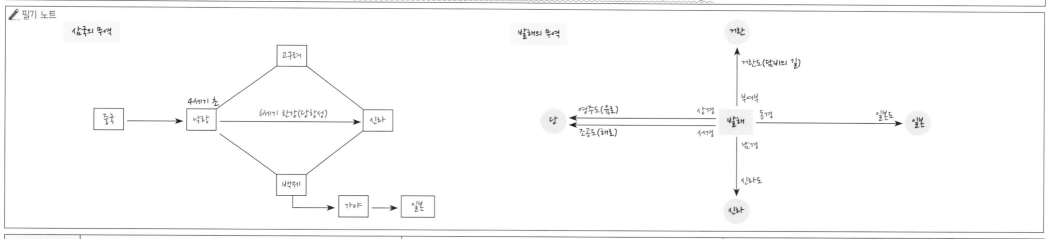

삼국 시대	고구려	백 제	신 라
	· 중국 대륙에 말과 모피를 수출, 북방 유목민에게 철을 수출	· 남중국 및 왜와 활발하게 무역을 전개 · 근초고왕 : 동진 – 백제 – 가야 – 왜로 이어지는 교역로 장악	· 처음에는 고구려를 통해 중국과 무역 · 5세기 이후 백제를 통해 중국과 무역 · 6세기 한강을 점령한 뒤 당항성을 통해 중국과 직접 교역

| 통일신라 | · 국제 무역항 : 울산항, 전남 영암, 경기도 남양만의 당항성　　※ 국제 무역 : 중국의 비단길과 바닷길을 통해 서역과 교역
· 발해와의 무역 : 남경 남해부 중심, 신라도를 통해 무역
· 일본과의 무역 : 대마도 중심, 신라역어소(대마도, 통역관 양성), 일본의 견당사가 신라의 배를 이용하여 당으로 가기도 함, 신라는 당과 일본 사이에 중계 무역
· 당과의 무역
　└▸ 수출품 : 금·은 세공품, 해표피, 베, 인삼, 견직물(조하주, 어아주 등)
　└▸ 수입품 : 서적, 비단, 차, 문방구, 나전칠기, 약재, 귀족의 사치품 등
　└▸ 산둥반도와 양쯔강 하류에 신라인들이 거주　　※ 신라방(거주지, 마을), 신라원(사원), 신라소(자치 행정 기구), 신라관(여관) | ★ 장보고
· 궁복, 엔닌의 입당구법순례행기에 장보고로 기록
· 당에서 무령군 소장으로 활동
· 청해진 설치 : 당에서 귀국 후 흥덕왕 시절 완도에 설치
· 법화원 설치 : 당의 산둥반도 적산에 설치 → 청해진과 연락 업무
· 무역 : 견당매물사(당), 회역사(일본) 파견
· 신무왕 즉위 지원 : 민애왕을 제거하고 김우징의 신무왕 즉위 지원
　└▸ 장보고를 감의군사로 임명, 2,000호의 식실봉 지급
· 장보고의 난 : 문성왕 시절 → 염장 등에게 진압
　└▸ 이후 염장이 청해진을 관리하다 청해진 폐지
　└▸ 청해진의 군인들은 벽골제로 보내 농사짓게 함 |

| 발 해 | · 무역로 : 영주도, 조공도, 신라도, 일본도, 거란도 / 말갈도(X)
※ 발해관 : 당의 산둥반도, 8세기 경 설치
★ 중대성첩 : 일본에 보낸 외교 문서 | · 영주도(당과 무역, 육로, 상경 용천부)
· 조공도(당과 무역, 해로, 서경 압록부, 압록길)
· 신라도(문왕, 남경 남해부)
· 일본도(동경 용원부)
· 거란도(담비의 길, 부여부) |

1. 신분 제도의 정비와 골품제

정비	· 부족의 통합 과정에서 지배층 사이의 위계 서열이 마련되면서 신분제 정비
구분	· 귀족, 평민, 노비 등으로 구분 ★ 노비 : 삼국 시대에는 전쟁노비가 다수 → 통일 이후 전쟁노비 감소

· 고구려 : 왕족인 고씨와 5부의 귀족, 전쟁이 나면 스스로 무장하여 전쟁에 참여
· 백제 : 왕족인 부여씨와 8성의 귀족　★ 한성 시대(왕족인 부여씨와 왕비족인 진씨가 연합 정치)
· 신라 : 내물마립간 때부터 내물계 성골이 왕족을 차지 → 무열왕부터 진골들이 왕위 계승
　★ 고구려와 백제의 지배층들은 중국 고전과 역사책 독서, 한문 사용 능숙, 투호와 바둑, 장기 즐김

2. 골품제도

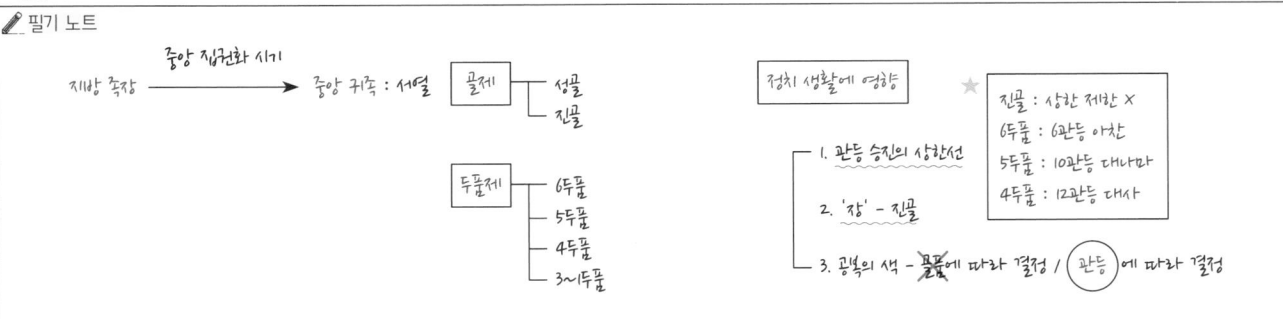

✏ 필기 노트

정비와 운영

· 정비 : 중앙 집권화 시기 중앙(왕경과 소경)의 귀족을 대상으로 하는 신분 제도
· 구성 : 골제(성골+진골), 두품제(6~1두품)
· 관등 승진의 상한선 : 골품에 따라 결정
　└ 진골 : 1관등 이벌찬까지 승진
　└ 6두품 : 6관등 아찬까지 승진
　└ 5두품 : 10관등 대나마까지 승진
　└ 4두품 : 12관등 대사까지 승진
· 장(長) : 진골만 임명
　└ 집사부의 시중 : 2관등 이찬~5관등 대아찬 사이의 진골 임명
　└ 군대 장군, 지방 장관, 령 : 진골만 임명
　└ 6두품은 차관급인 집사부의 시랑과 경에 임명 가능
· 공복의 색 : 관등에 따라 결정　★ 주의 : 골품이 공복에 영향은 줌(O)

★ 중위제
　└ 골품제의 폐쇄성 보완을 위해 실시
　└ 아찬에 중아찬부터 사중아찬까지 등
　└ 근본적인 해결책은 되지 못함

★ 공복의 색
· 자색 : 1관등 이벌찬~5관등 대아찬 / 진골만 입을 수 있음
· 비색 : 6관등 아찬~9관등 급벌찬 / 진골과 6두품이 입을 수 있음
· 청색 : 10관등 대나마, 11관등 나마 / 진골과 6두품, 5두품까지 입을 수 있음
· 황색 : 12관등 대사 이하 / 진골, 6두품, 5두품, 4두품까지 입을 수 있음

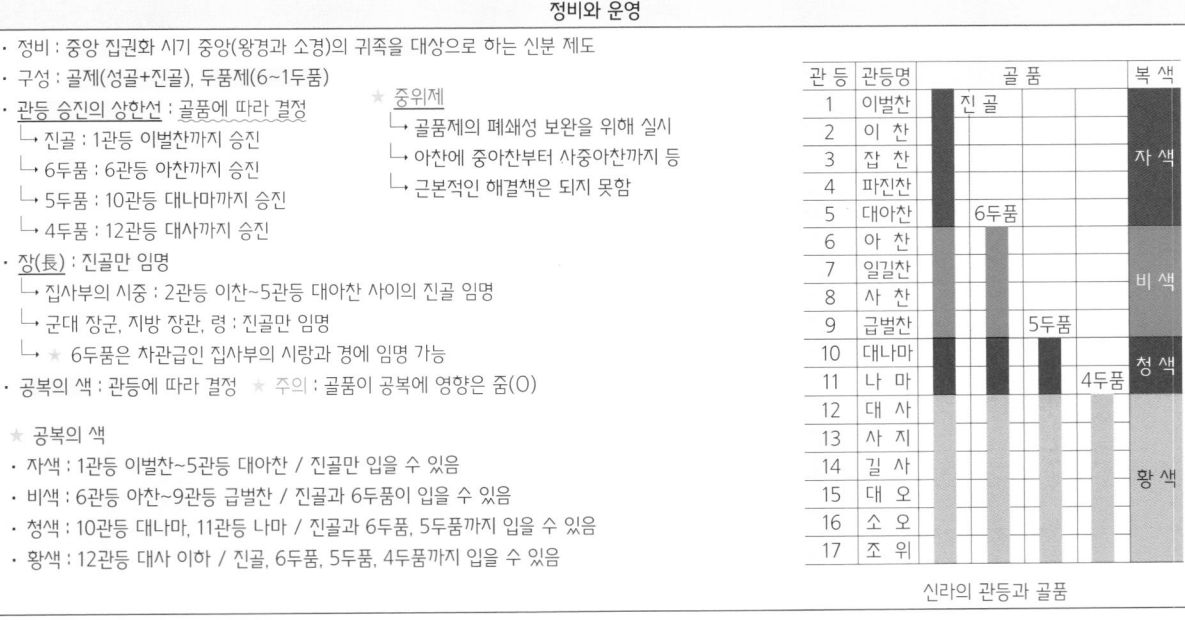

관 등	관등명	골 품			복 색
1	이벌찬	진 골			자 색
2	이 찬				
3	잡 찬				
4	파진찬				
5	대아찬	6두품			
6	아 찬				비 색
7	일길찬				
8	사 찬				
9	급벌찬		5두품		
10	대나마				청 색
11	나 마			4두품	
12	대 사				황 색
13	사 지				
14	길 사				
15	대 오				
16	소 오				
17	조 위				

신라의 관등과 골품

골품제 특징

· 성골 : 원칙적으로 왕이 되는 골품(마지막 성골 왕 → 진덕여왕)
· 진골 : 무열왕부터 왕위 계승, 김씨 왕족, 왕비족인 박씨, 본가야 김유신 가문 등
　└ 집사부의 시중, 령, 장군, 장관에 임명 가능
　└ 자색의 공복을 입을 수 있음, 식읍과 전장(귀족 소유 농장)을 경제 기반으로 함
　└ 5관등 이상의 관직 독점(주의 : 진골은 5관등 이상에만 임명되었다. → X)
　└ 김유신과 안승이 진골을 받음
　└ 원광, 원측, 자장, 의상, 김대문
· 6두품 : 집사부의 시랑, 경에 임명 가능
　└ 신라 중대 : 왕과 결탁, 왕의 자문 역할 → 신라 하대 : 호족과 결탁, 반신라
　└ ★ 득난 : 최치원이 사산비명에서 처음 언급
　└ 고구려 귀족이 받음
· 5두품 : 10관등 대나마까지 승진, 백제 귀족이 받음
· 4두품 : 12관등 대사까지 승진
· 3~1두품 : 통일 이후 평민화되어 지위가 약화되었다.
★ 골품의 승진은 불가능
· 족강일등 : 골품이 떨어지는 경우는 있음
　└ ex) 헌덕왕 시절 김헌창과 김범문의 난을 계기로 무열계 진골이 6두품으로 강등

3. 삼국의 사회 모습

고구려

- 사회 풍습
  - 씩씩한 사회 기풍, 뛰는 듯이 빠르게 행동
  - 절을 할 때 한쪽 다리를 펴서 절을 함
  - 축국, 각저(씨름), 부자가 같이 목욕을 즐김
- 혼인 풍습
  - 서옥제와 형사취수제
  - 혼인 시 남자집에서 여자집에 돼지고기와 술을 줌
- 형법
  - 반역과 반란 시 화형 → 목을 자르고 가족을 노비로 삼음
  - 적에게 항복·패배 시에 사형 / 절도 시에 12배 배상
  - 관나부인이 왕비를 모함하다 질투죄로 사형
- 진대법 : 고국천왕, 양민의 노비화 방지

백제

- 사회 풍습
  - 고구려와 비슷한 의복과 언어, 풍속
  - 상무적 기풍, 활쏘기와 말타기를 좋아함
  - 왕족과 귀족은 일부다처제, 일반 백성은 일부일처제가 보편적
- 의복 : 세련된 의복
  - 높은 신분 : 자주색이나 붉은 색
  - 일반 백성 : 흰옷을 주로 입음
- 법률 : 초기에는 사형과 노비화 → 후기에는 주로 배상형(노비나 재물 제공 등 간접 배상)
  - 반역, 퇴각한 군사, 살인자 → 사형
  - 절도 → 2배 배상과 귀양
  - 관리의 횡령, 뇌물 → 3배 배상, 금고형
  - 간음 시에는 부인을 남편 집의 노비로 만들었다.
- ※ 부여는 간음 시 남녀 모두를 사형에 처하였다.

신 라

- 화백회의 : 씨족 사회의 전통, 만장일치, 진골귀족(대등)이 참여, 의장은 상대등
  - 국가의 중대사 결정 / ※ 왕 교체 : 진지왕을 폐위, 진평왕 옹립
- 화랑도 : 국선도, 풍월도, 씨족 사회의 전통
- ★ 화랑도
- 원화(여성 중심) → 화랑도(남성) → 진흥왕이 국가 조직으로 정비
- 구성 : 화랑(진골) + 낭도(귀족~평민) + 승려(불교 / 미륵신앙)
- 기능 : 인재 양성, 군사 단체, 계급간의 갈등 조절과 완화
- 세속오계 : 원광(유 + 불 + 도), 사군이충, 사친이효, 교우이신, 살생유택, 임전무퇴
- 난랑비문 : 최치원, "유·불·도의 현묘의 도가 화랑도"
- 화랑세기 : 김대문, 화랑들의 전기 기록 → 현존 X
- 설원랑(최초의 화랑), 사다함(진흥왕 시절 대가야 정벌), 관창(황산벌 전투에서 전사)
- 임신서기석 : 두 화랑이 3년간 유교 경전과 무예 수련을 맹세
- ★ 청소년 애국 단체 : 고구려의 조의선인(을지문덕, 연개소문), 백제의 수사
- 고구려의 조의선인, 신라 화랑도는 동맹이나 팔관회에서 무예 시험을 치러 선발

4. 통일신라의 사회 모습

중 대

- 민족 융합 : 지배층에게 골품 부여 / 9서당, 9주의 정비 등
- 정치 변화
  - 왕권 강화, 집사부의 시중 강화
  - 화백회의와 상대등 약화
- 골품의 변화
  - 6두품 : 집사부의 시랑을 역임, 왕과 결탁
  - 3~1두품 : 평민화

→

하 대

- 귀족의 사치
  - 향료, 장식품, 비단 등을 수입
  - 금입택, 사절유택, 대토지 소유, 고리대 등
  - 흥덕왕이 사치금지령을 반포 : 효과 X
- 농민 몰락 : 진성여왕 시절 원종과 애노의 난
- 반신라 세력 성장 : 호족 + 6두품 + 노장 사상 + 선종 불교 + 풍수지리 등

★ 진골 귀족의 화려한 생활

재상의 집에는 녹(祿)이 끊이지 않았다. 노비가 3,000명이나 되고 갑옷 입은 병사와 소·말·돼지도 그와 비슷했다. 가축은 바다 가운데 있는 섬에 풀어 놓고 기르다가 필요할 때는 활을 쏘아 잡아먹는다. 곡식을 남에게 빌려주고 이자를 받아 늘리는데, 기간 안에 갚지 못하면 노비로 삼아 일을 시킨다.

★ 이슬람의 눈에 비친 신라

중국의 맨 끝에 신라라는 산이 많은 나라가 있다. 그 나라는 영주국들로 갈라져 있다. 그곳에는 금이 풍부하다. 이 나라에 가서 영구 정착한 이슬람교도들은 그곳의 여러 가지 이점 때문에 그렇게 하였다고 한다.

5. 발해의 사회 모습

신분 제도

- 지배층 : 고구려(다수) + 말갈(일부, 걸사비우 등)
- 피지배층 : 말갈족이 다수

- ★ 토인 : 발해는 고구려인을 토인이라 불렀음
  - 토인은 도독, 자사, 수령과 같은 지방 행정직을 대부분 차지
  - 토인은 촌락의 촌장을 담당, 평민이나 기술직 종사자도 있었음

사회 모습

- 빈공과 : 당의 빈공과에 합격생 10여 인을 배출 → 신라가 다수
  - 등제서열 사건(906) : 발해 오광찬과 신라 최언위의 순위 경쟁
- 발해 문자 사용 → 공식 문서는 한자 사용
- 타구와 격구 : 당을 통해 들어와 유행
- 여성의 지위 높음 : 첩 X, 여사라는 가정 교사, 일부일처제로 무덤은 부부 합장묘가 많았다.
  - "발해의 부인들은 사납고 투기하였다."

※ 발해 사회 모습

부인은 모두 사납고 투기하였다. …… 거란, 여진 등 여러 나라에는 …… 양인이 모두 작은 부인이나 시중드는 계집종을 거느렸으나 오직 발해만이 이와 같은 것이 없었다.

－ 홍호, 송막기문 －

→ "발해인 셋이면 호랑이도 잡는다."라는 말을 들을 만큼 용맹한 발해인도 부인에게는 꼼짝 못했던 걸까? 남송 시대의 문헌인 송막기문에 따르면, 발해 여성은 여러 명이 의자매를 맺어 번갈아 서로 남편들을 감시하였고, 남편이 첩을 들이려 하면 다 같이 이를 꾸짖었다고 한다. 부인의 등쌀 때문에 발해 남자는 첩을 두기 어려웠을 뿐 아니라 밖에 나가서도 한눈을 팔 수 없었다.

문화 전파	· 삼국 시대 → 아스카(비조) 문화 · 통일신라 → 하쿠호(백봉) 문화 · 도왜인 : 삼국에서 일본 열도로 건너간 사람들 · 가야 김해 대성동 고분과 백제의 서울 풍납토성에서는 일본에서 만들어진 토기와 무기 등이 출토되고 있다.	★ 신석기 문화 → 조몬 문화 ★ 청동기 문화 → 야요이 문화 ★ 가야 토기 → 스에키 토기 ★ 삼국 시대 → 아스카 문화 ★ 통일신라 → 하쿠호 문화

고구려

· 수산리 고분벽화 : 일본의 다카마스 고분벽화에 영향

영양왕	영류왕	보장왕
· 담징 : 호류사 금당벽화, 종이·먹·맷돌 등을 전래 　→ 주의 : 호류사 관음보살상 → 백제의 영향 · 혜자 : 일본 쇼토쿠 태자의 스승	· 혜관, 도징 : 일본에 삼론종 전파 · 가서일 : 일본의 천수국수장의 밑그림을 그림 　→ 시기는 정확하지 않음 　→ 621년 쇼토쿠 태자 사망 후 태자비의 요청으로 그림	· 도현 : 보장왕, 연개소문의 억불책에 반발, 일본에 건너가 일본세기 저술

백제

· 가장 많은 영향, 웅진과 사비로 천도하면서 일본과의 교류 증가
· 백제 유민 → 일본의 고위 관직 임명
· 동성왕과 무령왕 : 일본에 머물다 돌아와 왕이 됨
· 기악과 정원 축조 기술을 전파
· 백제 가람 : 백제의 사원 건축이 일본에 영향　※호류사 관음 보살상은 백제 귀화인이 제작한 것으로 추정

★ 〈주의〉
· 미마지 : 남중국에서 배운 기악을 일본에 전래
· 가네다 산성 : 일본이 나당연합군의 공격을 막고자 667년 쌓은 한국식 산성으로 백제의 영향을 받음
· 백제의 답발춘초, 억례복류, 사비복부 등은 한국식 산성 축조
★ 만엽집 : 일본 노래책, 삼국 시대 일본으로 건너간 사람들이 전한 것들로 우리 민족의 노래 다수 수록

★ 정원 축조 기술과 기악무의 전래(백제)
스이코 일왕 20년(612)에 백제에서 귀화해 온 사람이 있었는데 얼굴과 몸에 모두 흰 반점이 있어서 문둥병 환자 같았다. …… 저에게는 조그만 재주가 있는데 산악의 모형을 잘 만들 수 있습니다. …… 궁궐 남쪽 뜰에 수미산의 모형과 오교(吳橋, 중국풍의 돌다리)를 만들었다. 당시 사람들은 그 사람을 노자공이라 불렀다. 다른 이름은 지기마려라 한다. 또 백제인 미마지가 귀화하였는데 오(吳)에서 배워서 기악무를 출 수 있다고 하였다. 곧 사쿠라이[櫻井]에 안치하고 소년을 모아 기악무를 배우게 하였다. 이때 마노노 오비토데시[眞野首弟子], 이마 키노아야 히토사이몬[新漢濟文] 두 사람이 그것을 배워 그 춤을 전하였다.
　　　　　　　　　　　　　- 일본서기 -

근초고왕	무령왕	성왕	위덕왕	무 왕
· 아직기 : 일본 태자의 스승 · 왕인 : 천자문과 논어 전파 · 칠지도 : 일본 왜왕에게 하사	· 단양이와 고안무 : 일본에 유학 전파 · 무령왕릉 : 일본산 금송으로 관 제작	· 노리사치계 : 최초로 일본에 불교 전파 · 5경박사 : 일본에 유학 전파	· 왕보손 : 천문학, 역법 전파 　→ ※ 민족문화대백과사전 : 성왕 시절 · 혜총 : 성덕 태자의 스승 · 아좌 태자 : 쇼토쿠 태자의 초상화 그림	· 관륵 : 지리와 천문, 둔갑법 전파

신 라	· 교류가 활발하지 않음, 도자기 제조 기술, 의약, 불상, 음악 등 전래 · 조선술과 축제술 전파 → '한인의 연못' 유행

통일신라

· 일본은 견신라사를 보내 적극적으로 신라 문화 수용
· 원효, 의상, 강수, 설총의 학문이 일본에 전파 → 하쿠호 문화에 영향
· 심상 : 성덕왕 시절, 일본에 화엄종을 전파
· 일본의 다이카 개신에 영향, 통일신라의 문화는 일본의 백봉 문화(하쿠호 문화) 형성에 영향을 주었다.
〈주의〉
· 서역과의 교류 : 원성왕릉과 흥덕왕릉의 무인 석상, 발해에서 출토된 은화 등을 통해 이슬람 세계와의 교류를 알 수 있다.
· 신라는 아라비아 지역에 '황금이 많은 살기 좋은 나라'로 알려졌다.

★ 이슬람의 눈에 비친 신라
신라는 중국 맨 끝에 있는 엄청 좋은 나라다. 그 나라는 공기가 깨끗하고 물이 많고 땅이 비옥해서 불구자를 볼 수 없다. 만약 살고 있는 집에 물을 뿌리면 기분 좋은 향기가 난다. 전염병이나 질병도 드물며 파리나 갈증도 적다. 다른 곳에서 질병에 걸린 사람도 신라에 오면 곳 낫는다.
　　　　　　　- 알 카즈위니, 여러 나라의 유적과 인류의 소식 -

고대 이전 고분	• 청동기 : 고인돌, 돌무지무덤, 돌널무덤 → 철기 시대 : 독무덤과 널무덤이 유행
	• 가야 - 초기 : 덧널무덤 → 후기 : 구덩식 돌방무덤 → 굴식 돌방무덤 ★ 고령 지산동 고분 : 구덩식 돌방무덤, 대가야 최고의 왕릉급 고분

	초 기	후 기

고구려	• 돌무지무덤(적석총) → 백제 한성 시대 석촌동 고분에 영향
	★ 장군총(만주 통구 지방)
	  └ 동양의 피라미드, 화강암으로 된 7층
	  └ 4층에 시체 안치
	
	장군총
		• 굴식 돌방무덤 : 토총, 횡혈식 석실분, 만주 집안, 평안도 용강, 황해도 안악 등지에 분포
		
		★ 굴식 돌방무덤
		• 돌로 널방을 짜고 그 위에 흙으로 덮어 봉분을 만듦, 모줄임 천장 구조, 도굴이 쉬워 부장품이 적음
		• 벽화 - 초기 : 생활풍속도 → 후기 : 사신도 등의 추상화
		• 쌍영총, 각저총, 무용총, 수렵총, 수산리 고분(일본 다카마스 고분벽화에 영향)
		• 오회분 4호묘와 5호묘, 강서대묘(사신도, 청천강 유역, 살수대첩 이후 제작)

	한성 시대	웅진 시대(공주 송산리)	사비 시대(부여 능산리)

백 제	• 석촌동 고분
	  └ 돌무지무덤
	  └ 고구려의 영향을 받음
	※ 석촌동 3호분 : 근초고왕릉으로 추정
	
	석촌동 고분
		• 1호분~5호분 : 굴식 돌방무덤
		• 6호분과 무령왕릉 : 벽돌무덤(전축분) ← 중국 남조(양)의 영향을 받음
		  └ 6호분은 벽화 O / 무령왕릉은 벽화 X
		★ 무령왕릉 : 벽돌무덤, 남조의 영향을 받음, 일본과 남조와의 활발한 교류를 보여줌
		• 1971년 발견, 벽화 X, 현존 최고의 지석 발견(영동대장군 사마왕, 시호제)
		• 도굴이 안 된 상태로 발견 ★ 주의 : 도굴이 어려운 구조는 아님
		• 매지권(도교), 왕과 왕비 합장, 연화무늬 벽돌, 일본과 유사한 금동신발, 청동 거울
		• 각자석판 2장, 석수(남조의 영향), 관(일본산 금송), 오수전(남조 양의 화폐) 발견
			• 굴식 돌방무덤
			  └ 사신도, 연화문 등의 벽화 발견
			※ 부여 능산리 절터에서 금동대향로 발견
			
			무령왕릉

	초기(마립간 시절)	후기(6세기 이후)

신 라	• 돌무지 덧널무덤 : 4~5세기 마립간 시대, 적석목곽분
	
	★ 돌무지 덧널무덤
	• 덧널 위에 돌을 쌓고, 그 위에 흙으로 봉분을 쌓음
	• 도굴이 어려움, 주로 단장의 형태, 많은 부장품이 발견
	• 천마총 : 천마도(벽화 X, 말 장니에 그린 그림)
	• 호우총 : 호우명 그릇 발견
	• 황남총, 금관총, 금령총, 서봉총 등
	
	돌무지 덧널무덤
		• 굴식 돌방무덤
		  └ 통일 전 : 어숙묘(연화문, 신장도 등의 벽화 발견) / 통일 이후부터 제작 시작(X)
		  └ 통일 이후 : 둘레돌 + 12지신상(조선 시대 영향)
		    └ 성덕대왕릉, 괘릉(원성왕릉, 무인석상, 서역 교류), 김유신묘 등
		• 통일 이후 : 화장도 유행 → 문무왕릉(동해, 대왕암)
		    └ "죽어서 동해의 용이 되겠다."(유언)
		
		김유신묘

	정혜공주묘	정효공주묘

발 해	• 정혜공주 : 문왕의 둘째 딸
	• 위치 : 지린성 육정산 고분군
	• 고구려식
	  └ 굴식 돌방무덤, 모줄임 천장구조
	  └ 돌사자상 발견(돌사자상의 배치는 당의 영향), 3년상 기록
	• 4·6변려체
	
	정혜공주묘의 돌사자상
		• 정효공주 : 문왕의 넷째 딸
		• 위치 : 길림성 화룡현 용두산
		• 불로장생의 도교적 인생관 기록, 4·6변려체, 묘지명에 '황상'이라는 용어 사용
		• 고구려적 요소와 당적인 요소가 존재
		  └ 당적 : 벽돌무덤, 무덤 위 탑의 양식, 벽화
		  └ 고구려적 : 평행고임구조의 천장구조
		
		정효공주 묘실과 벽화

1. 교육 기관

삼국 시대	통일신라	발해
· <u>고구려</u> └ 태학 : 소수림왕, 귀족 자제에게 유학과 역사 교육 └ 경당 : 장수왕, 지방, 한학 + 무술 교육 └ 유교 경전 외에도 사기, 문선, 한서, 옥편 등을 읽음 └ ※ 고구려는 중국에서 불교와 태학, 율령 도입 · 백제 : 오경박사, 역박사, 의박사 · <u>신라</u> └ 화랑도 : 진흥왕 때 국가 조직으로 정비, 청소년 교육, 군사 교육 └ 임신서기석 : 화랑들이 유교 경전에 대한 서약 기록 └ 진흥왕 순수비 : 유교 경전 내용 인용 · ★ 도당 유학생 당나라 유학생으로 초기에는 당 황제 시위를 하였고, 이후 당의 국자감에서 공부를 하였다. 숙위학생이라고 부르기도 하였으며, 주로 6두품이 많았다. 진덕여왕 시절 김인문이 당의 국자감에 최초로 입학하였다.	· 국학 └ 신문왕 : 설립 └ 성덕왕 : 공자와 제자들의 화상 안치 └ 경덕왕 : 태학감으로 개칭, 박사와 조교 파견, 전공을 3과로 구분 └ 혜공왕 : 국학으로 개칭 · ★ 국학의 운영 └ 12관등 대사 이하 관리의 자제들이 주로 입학 └ 9년 공부, 논어와 효경이 공통 과목 └ 졸업 시 10관등 대나마, 11관등 나마의 관등 수여 └ 진골 귀족의 외면과 도당 유학생의 증가로 유명 무실화 ★ 독서삼품과 └ 실시 : 원성왕 때 └ 최초의 관리 선발 제도 └ 목적 : 왕권 강화 └ 상품, 중품, 하품으로 구분 └ 6두품들의 지지 └ 진골 귀족의 반발로 실패	· 주자감 : 문왕, 국립대학 · 당의 빈공과에 합격생 배출 : 오소도, 오광찬 등 · 등제서열 사건 : 발해 오광찬과 신라 최언위가 당의 빈공과에서 순위 경쟁 · 함화 4년명 비상 : 일본 소장, 함화는 9세기 대이진왕의 연호, 발해의 학문 수준 짐작

2. 중요 유학자

신라 중대	강수	· 무열왕과 문무왕 시절, 중원경 출신의 6두품, 본명은 자두, 우두, 미천한 대장장이의 딸과 혼인 · 외교 문서 작성으로 삼국 통일에 공을 세움 → 답설인귀서, 청방인문표 · 초기에 불교를 공부 → 불교를 세외교라 비판 → 유학으로 전향
	설총	· 원효의 아들, 6두품, 경북 경산 출신, 처음에는 승려로 활동 · 신문왕에게 화왕계를 올림, 이두 정리(이두는 고구려가 처음 사용) · 신라 3문장(강수, 설총, 최치원), 감산사아미타여래조상기(성덕왕 시절)
	김대문	· 성덕왕 시절 한산주 도독, 진골 출신, 신라 문화를 주체적으로 파악 · 저술 : 계림잡전(신라 야사), 고승전, 악본, 화랑세기, 한산기(한산 지방의 지리지) → 현존 X
신라 하대	최치원	· 해운, 고운, 12살 당으로 유학 → 18세 빈공과 합격 · 사상의 복합화 : 유교와 불교, 도교에 대한 이해가 높음 · 진성여왕에게 시무10조를 올림 → 6두품으로 아찬까지 승진 · 사회 개혁이 좌절되자 말년에 경주, 합천, 해운대, 해인사 유랑 → 호족과 결탁 X · 토황소격문 : 당나라 유학 시 황소의 난 토벌 참여 · 계원필경, 제왕연대력, 법장화상전, 석이정전, 사륙집 · 사산비명 : 숭복사 창건 비문, 쌍계사 진감선사 비문, 봉암사 지증대사 비문, 성주사 낭혜화상 비문 · 난랑비문 : 난랑 화랑의 비문, "화랑도는 유교, 불교, 도교의 현묘한 도" · 해인사묘길상탑기 : "이보다 더 나쁜 것이 없었고, 굶어 죽고 싸우다 죽은 시체가 즐비하였다." · 사불허북국거상표 : 발해가 당에 사신 위치 조정을 요청하자 이에 대한 반박의 글 · ★ <u>고려 현종 시절 최치원은 문창후에, 설총은 홍유후에 추증되었고, 조선 시대 문묘에서 제사</u>

문무왕이 말하였다. "그(강수)가 문장 짓는 일을 스스로 맡아서, 편지로써 중국 및 고구려, 백제 두 나라에 의사를 잘 전할 수 있었기 때문에 우호를 맺는 데 성공할 수 있었다. 우리 선왕이 당에 청병하여 고구려와 백제를 평정한 것이 비록 무공에 따른 것이기는 하지만 문자의 도움도 있었으니 강수의 공을 어찌 소홀히 하겠는가?"

★ 화왕계
화왕께서는 이렇게 대답하였다. "장부의 말도 도리가 있기는 하나, 그러나 가인을 얻기 어려우니 이를 어찌할꼬?" 그러자 장부가 앞으로 나와 말하였다. "제가 온 것은 임금님의 총명이 모든 사리를 잘 판단한다고 들었기 때문입니다. 그러나 지금 뵈오니 그렇지 않으십니다.

· 사산비명 : 여래(불교)와 주공(유교)은 비록 그 시작은 달랐으나, 근본은 한 곳으로 귀일하는 것이므로 양자를 겸임하지 못하는 자는 사물의 이치를 알 수 없다. … (중략) … 인심이 곧 불이니 불이 곧 인이다.
· 난랑비문 : 우리나라에는 현묘한 도가 있으니 풍류라 한다. 풍류 사상은 유교와 불교와 도교를 포함한 것으로 많은 사람을 교화시켰다.
· 그(최치원)는 당의 학문을 많이 깨달아 얻은 바 많았으며, 귀국하여 이를 널리 펴 보려는 뜻을 가졌으나, 그를 의심하고 꺼리는 사람이 많아 그의 뜻이 수용되지 않자, 대산군(전북 태인) 태수로 나가게 되었다. 그가 귀국했을 때에는 난세가 되어 모든 일이 뜻대로 되지 않으므로, 스스로 불우한 처지를 한탄하며 다시 벼슬에 뜻을 두지 않고 … 풍월을 읊으며 세월을 보냈다.

★ 신라 하대 기타 유학자
· 김운경 : 9세기 초 최초로 당의 빈공과에 합격
· 최언위 : 왕건과 결탁, 고려 개국 후 조정에 참여하여 벼슬을 지냄
· 최승우 : 견훤과 결탁, 대견훤기고려왕서, 호본집(현존 X)
· 왕거인 : 진성여왕 시절 원분시 → 왕의 실정 비판 / 녹진 : 헌덕왕 시절 김헌창의 난 진압

3. 역사서와 풍수지리

	백 제	신 라	고구려
역사서	• 서기 : 근초고왕, 고흥	• 국사 : 진흥왕, 거칠부	• 유기 100권 → 신집5권 : 영양왕, 이문진
풍수지리	• 전래 : 신라 말 선종 승려 도선이 전래 • 영향 : 호족들과 결탁하여 반신라적, 지방 중심의 국토 재편성을 주장 → 신라 정부의 권위 약화		★ 도선 : 동리산문의 승려이자 음양풍수설의 대가 　┗→ 개성과 평양, 한양이 국가의 중심지가 될 것을 예언 　┗→ 고려왕들의 존중을 받음

4. 도교

전 래	• 고구려 영류왕 시절 처음 전래 • 연개소문의 도교 지원(억불양도) : 불교 사찰을 도관으로 이용 → 반발 : 보덕은 백제에 가서 열반종 개창, 도현은 일본에 가서 〈일본세기〉 저술
특 징	• 노장 사상 + 신선 사상 + 음양오행의 예언 사상　★ 도덕경 : 도교 경전, 보장왕 때 전래 • 특징 : 고구려에서 가장 유행, 수련 도교 발달, 민족 의식 고양(초제), 신라 말 귀족 사치에 반발하여 은둔적인 도교 유행

삼국 시대	고구려	• 사신도, 을지문덕의 오언시, 주몽설화, 오두미교 • 교단 조직을 갖춘 도교 등장 • 전국 명산대천에서 제천 의식
	백 제	• 산수무늬 벽돌 : 부여 규암리에서 발견 • 사택지적비 : 의자왕, 사택지적 • 금동대향로 : 부여 능산리 절터에서 발견 • 무령왕릉 매지권 : 신선에게서 토지 매입 • 관륵과 아직기, 왕인 : 일본에 도교 문화 전파 • 막고해 장군 : 도덕경을 인용 → 근초고왕 태자의 고구려 진격 만류
	신 라	• 화랑도 : 국선도, 풍월도 • 세속오계의 임전무퇴 • 시조 신화 • 옥보고, 우륵 등의 신선 설화

↓

남북국시대	통일신라	• 최치원, 김유신, 김암, 최승우 등이 관심 • 김가기 : 당에서 도사로 활동 • 김유신 묘의 12지신상, 동궁과 월지(→ 신선 사상과 불로장생) • 최치원의 난랑비문에도 도교 내용 수록	★ 김암 • 당에서 음양 기법을 배움 • 사천대박사에 임명 • 둔갑입성법 저술 • 육진병법을 가르침
	발 해	• 정효공주묘 : 불로장생의 내용 기록 • 이광현 : 발해 도교 대가, 수련 도교를 발전시킴, 금액환단백문결, 해객론, 금액환단내편 등	

★ 연개소문의 도교 장려
연개소문이 왕에게 아뢰었다. "들으니 중국에는 삼교(유불도)가 함께 있는데 우리나라에는 아직 도교가 없습니다. 사신을 당에 보내어 구해 오기를 바랍니다." 왕이 마침내 표문을 보내어 청하였다. 당에서 도사 숙달 등 8인과 〈도덕경〉을 보내 주었다. 이에 불교 사원들을 바꾸어 도교의 사원으로 삼았다.

★ 사택지적비
갑인년 정월 9일에 나지성에 사는 사택지적이 몸이 날로 쉽게 가고 달로 돌아오기 어려움을 슬프게 여기어 금을 뚫어 금당을 만들고 옥을 깎아 보탑을 세우니, 높고 높은 모습은 신비스러운 광채를 뿜어내어 구름이 피어나는 듯하고

★ 세속오계(원광)
충으로써 임금을 섬긴다. 효로써 부모를 섬긴다. 믿음으로써 벗을 사귄다.
전쟁에 임하여 물러서지 않는다. 살생을 가려서 한다.

★ 최치원의 난랑비문
우리나라에는 현묘한 도가 있으니 풍류(風流)라 이른다. …… 그 내용은 3교를 포함해 인간을 교화하는 것이다. 부모에게 효도하고 나라에 충성하는 것은 공자의 가르침이며, 인위적으로 일을 만들지 않고 자연의 말 없는 가르침을 실천하는 것은 노자의 근본 사상이고, 악행을 하지 않고 선행을 실천하는 것은 석가모니의 교화와 같다.

★ 정효공주묘비
부덕이 밝고 밝으니 후세에도 그 이름 기릴 것이며 모의가 온후하고, 아름다우니 온 천하에 즐거움이 넘칠 것이다.
상여꾼의 목매어 우는 소리 발길 따라 머뭇거리고, 수레 끄는 말의 슬피 우는 소리 들판 따라 오르내리네
같은 수레에 탄 꽃다운 얼굴에 가만히 집안을 화목케 하니 인생은 아직 반도 되지 않았는데 세월은 달음질하고, 흐르는 물 내를 이루니 계곡 깊이 감추어진 배도 쉽게 움직인다.

1. 탑

(1) 백제

익산 미륵사지 석탑	· 무왕 시절 사택왕후의 발원으로 제작 ★ 익산 미륵사 : 3당 3탑, 소실되고 서원 석탑만 현존 · 현존 최고의 석탑, 목탑 양식, 서원 석탑만 현존, 금제사리 봉안기
부여 정림사지 5층 석탑	· 대당평백제국비명(평제탑), 목조 양식 모방

(2) 신라

통일 전	· <u>황룡사 9층 목탑</u> : 선덕여왕, 자장의 건의, 백제 아비지가 제작, 몽골의 3차 침입 때 소실
	  ↳ ★ 황룡사 : 진흥왕 시절 건립, 3당 1탑(목탑)
	· <u>분황사 모전 석탑</u> : 선덕여왕, 현존 신라 최고 석탑, 돌을 다듬어 벽돌 모양으로 쌓은 탑(전탑 양식)
	  ↳ 원래 9층이었으나 임진왜란 때 소실되어 3층만 남아있다.

중 대	· <u>신라는 통일 이후 2층 기단 위에 3층의 탑을 쌓은 전형적인 석탑 양식을 완성</u> · 감은사지 3층 석탑 : 신문왕, 동서 2기의 쌍탑, 사리 장치 발견, 목탑 양식 · 석가탑 : 무영탑, 아사달과 아사녀 전설, 불국사 3층 석탑, 무구정광대다라니경 발견 · 다보탑 : 신라의 전형적인 탑의 양식 X → 화려함
하 대	· 양양 진전사지 3층 석탑 : 탑신과 기단에 불상 새김 · 승탑 : 선종 불교의 영향, 팔각원당형 ↳ 종류 : 쌍봉사 철감선사탑, 양양 진전사지 도의선사탑, 흥법사 염거화상탑(현존 최고의 승탑)

(3) 발해

영광탑	· 평안북도 혜산진 건너편 조선족 자치구인 장백진 · 전탑(벽돌탑), 5층, 당적 · 1984년 보수 과정에서 탑 아래 무덤 칸 발견 · 무덤에는 간단한 벽화가 있고, 사리함 안치 · 승려의 사리탑 X

영광탑

※ 고대 탑 주요 사진 자료

익산 미륵사지 석탑   부여 정림사지 5층 석탑

황룡사 9층 목탑   분황사 모전 석탑

감은사지 3층 석탑   석가탑   다보탑

양양 진전사지 3층 석탑   쌍봉사 철감선사탑

★ 고려 시대 석탑
· 월정사 8각 9층 석탑 : 고려 전기, 송의 영향, 다각다층의 석탑
· <u>경천사 10층 석탑</u> : 고려 후기, 원의 영향, 대리석의 석탑 → 조선 세조, 원각사지 10층 석탑
· 승탑 : 팔각원당형의 승탑 유행 → 고달사지 원종국사 혜진탑 등 (※ <u>지광국사 현묘탑</u> : 4각의 승탑)
★ 조선 시대
· <u>원각사지 10층 석탑</u> : 조선 세조
· <u>법주사 팔상전</u> : 조선 후기, 현존 최고의 목탑

2. 건축

고구려	· 졸본 지방 : 오녀산성 · 국내성 : 평시에는 국내성에서 생활, 전쟁 시에는 환도산성에서 전투 · 평양 : 안학궁(역대 최대 규모), 대성산성 → 장안성			
백제	**한성 시대(서울)** · 몽촌토성, 풍납토성 · 몽촌토성에서는 고구려의 토기 발견 · 석촌동 고분 : 돌무지무덤 　┗ 고구려 장군총의 영향을 받음	**웅진 시대(공주)** · 공산성(웅진성) · 공주 송산리 고분 · 무령왕릉 : 남조의 영향을 받은 벽돌무덤 　┗ 현존 최고 지석, 벽화 X 　┗ 관은 일본산 금송 　┗ 남조 영향의 석수 등	**사비 시대(부여)** · 산수무늬 벽돌 : 부여 규암리에서 발견, 도교적 · 궁남지 : 무왕 때 조성, 궁궐 남쪽 연못 · 부여 정림사지 5층 석탑 · 부소산성(부소산 절벽) : 삼천궁녀의 전설로 유명 · 금동대향로 : 부여 능산리 절터에서 발견, 도교적 · 왕흥사 : 부여 　┗ 삼국사기와 삼국유사 : 무왕 　┗ 창왕명석조사리감 : 위덕왕		**기 타** · 익산 : 미륵사지 석탑(서원석탑만 현존) 　┗ 미륵사 : 무왕 때 건립, 3당 3탑

| 신라 | **사 원**
· 흥륜사 : 법흥왕~진흥왕, 신라 최초의 사찰
· 황룡사 : 진흥왕, 3당 1탑
　┗ 황룡사 장육존상 : 진흥왕
　┗ 황룡사 9층 목탑 : 선덕여왕
· 분황사와 영묘사 : 선덕여왕
· 부석사와 낙산사 : 문무왕
· 감은사 : 신문왕
· 불국사와 석굴암 : 경덕왕
　┗ 전실은 사각(땅), 후실(주실)은 원형(하늘) | **기타 건축**
· 첨성대 : 선덕여왕, 현존 동양 최고 천문대
· (반)월성 : 언덕 위의 지면에 쌓은 성, 월성을 중심으로 하나의 도성을 형성
· 동궁 : 통일신라 왕궁의 별궁
　┗ 나라의 연회를 베푸는 장소로도 사용
　┗ 안압지 : 월지, 문무왕, 왕궁 후원, 연회 장소
　┗ 임해전 : 풍류를 즐긴 곳
　┗ 월지궁 : 태자 거주
· 석빙고 : 음식 보관 창고 | | ★ 경주 유네스코 문화 유산
· 월성 지구 : 동궁과 월지
· 남산 지구 : 석탑, 석불, 절터
· 대릉원 지구 : 신라 초기 왕들의 무덤
· 황룡사 지구 : 분황사, 황룡사지
· 산성 지구: 명활산성 |

불국사

석굴암

안압지 전경

첨성대

| 발해 | · 주작대로 : 상경, 당의 장안성 모방
· 온돌 장치 : 고구려 양식 계승
· 사원 : 금당, 좌우 건물 배치, 회랑으로 연결
· 석등 : 상경에서 발견 | | | |

주작대로(상경)

발해의 난방 시설

발해 석등

3. 불상과 조형물

삼국 시대	• <u>금동 미륵보살 반가사유상 유행</u> ┗ 일본 고류사 목조 미륵보살 반가 사유상에 영향을 줌 • 고구려 : 연가 7년명 금동여래입상(6세기, 중국 북조의 영향) • 백제 : 서산 마애 삼존불상(백제의 미소) • 신라 : 경주 배리 석불 입상, 황룡사 장륙존상(진흥왕, 현존 X)
통일신라	• 비로자나불, 약사여래상 등의 불상 유행 • 법주사 쌍사자 석등 • 만불산 : 경덕왕, 인조 가산, 당 황제에게 바침, 현존 X, '신라인의 기술은 하늘의 조화'
발 해	• 이불병좌상 : 동경 등에서 발견, 고구려의 법화 사상에 영향을 받음 • 동경 용원부 삼존불 : 목에 십자가 → 크리스트교 전래 추정 • 흥륭사 석등 : 상경, 8각 기단, 연꽃무늬 조각 • 발해 삼채 : 당 삼채의 영향을 받은 독자적 자기 • 기와와 벽돌 : 주로 고구려의 영향, 소박하고 직선적인 문양
★ 고려 시대	• 철불과 마애불, 석불 등의 다양한 불상 유행 • 논산 관촉사 석조 미륵불 : 광종 때 완성, 은진 미륵불이라 불림 / 왕권 과시 목적 • 영주 부석사 소조 아미타 여래좌상 : 신라 양식 계승, 고려 시대 최고 걸작품

※ 고대 불상 주요 사진 자료

고구려 연가 7년명 금동 여래 입상   백제 서산 마애 삼존불상   신라 경주 배리 석불입상

이불병좌상   동경 용원부 삼존불상

논산 관촉사 석조 미륵불   영주 부석사 소조 아미타 여래 좌상

	고구려	백제	신라	통일신라	발해
서체	· 광개토대왕릉비 └ 비문 : 웅건한 서체			· 김생 　└ 신품4현(+ 고려 시대 유신, 탄연, 최우) 　└ 원화첩(부전), 집자비문(고려 시대 제작, 현존) 　└ 낭공대사비가 현존 · 김인문 : 무열왕의 비문 작성 · 요극일 : 나말여초 명필, 구양순체	
그림	· 벽화 - 초기 : 생활풍속도 → 후기 : 사신도 · 무용총의 접객도와 수산리 고분 벽화 　└ 신분에 따라 인물의 크기를 달리함 사신도　　　무용총의 벽화	· 송산리 6호분의 사신도 등	· 천마총의 천마도 　└ 벽화 X 　└ 말장니 그림 O 천마도	· 솔거 : 황룡사의 노송도, 분황사의 관음보살도 등 · 김충의, 정화와 홍계	
음악	· 왕산악의 거문고 → 발해금에 영향	· 일본에 악공과 악기, 악사 파견 · 금동대향로 : 여러 악사 표현	· 우륵 : 가야금, 대가야 출신 　└ 충주 탄금대에서 제자 양성 · 옥보고 : 거문고 · 백결 : 박문량, 방아타령 　└ 5세기 실성왕 시절 · 니문 : 우륵과 함께 연주	· 향악의 전통 확립 · 악기의 다양화 　└ 가야금 하나로 연주되던 시대에 비해 다양	· 발해금 　└ 고구려 거문고의 영향을 받음
과학	· 천문도 : 제일 먼저 제작 　└ 조선의 천상열차분야지도에 영향 　　　└ 태조, 서운관에서 제작 · 지렛대 원리 사용 → 우물, 디딜방아 ★ 삼국의 조형물을 보면 정확한 수학 지식을 사용한 것을 알 수 있다.	· 금속 공예 　└ 칠지도 : 근초고왕 　└ 금동대향로 : 부여 능산리, 도교 칠지도　　　금동대향로	· 첨성대 : 7세기 선덕여왕 　└ 현존 최고 천문대 · 사천대 : 혜공왕, 천문 관측 · 겨울에 얼음 채집 → 여름에 사용	· 무구정광대다라니경 : 현존 최고 목판 인쇄물 　└ 석가탑에서 발견 · 물시계 : 성덕왕 시절 제작 기록 · 누각전 : 물시계 담당 관청 · 상원사종 : 성덕왕, 현존 최고의 종 · 성덕대왕 신종 : 경덕왕~혜공왕 　└ 에밀레종, 봉덕사종, 최대 종	
문학	· 황조가 : 유리왕, 현존 유일 고구려 가요 · 을지문덕의 오언시(여수장우중문시) 　└ 살수대첩(2차 침입), 도교('지족')	· 정읍사 : 백제 현존 유일한 노래 　└ 악학궤범에 수록되어 현전 · 무등산가, 지리산가, 선운산가 등	· 회소곡 : 유리왕, 여성들의 노동요 · 향가 　└ 혜성가 : 진평왕 　└ 서동요와 풍요 : 선덕여왕 ★ 가야 : 구지가(금관가야, 김수로)	· 향가 : 승려와 화랑이 주된 작자층 　└ 불교적 내용 다수 　└ 삼대목 : 진성여왕, 각간 위홍 + 대구화상, 현존X 　└ 현존 향가 : 삼국유사 14수 + 균여전 11수 　└ 문무왕 : 원왕생가 　└ 경덕왕 : 안민가, 도솔가, 제망매가, 찬기파랑가 · 설화문학 　└ 민중들이 구전으로 설화문학을 즐김 　└ 고려 시대 일연이 삼국유사에서 기록	· 4·6변려체 　└ 정혜공주묘 비문 　└ 정효공주묘 비문 · 다듬이소리 : 양태사 · 양태사, 왕효렴, 배정 　└ 일본 문인과 시문 교류

THEME 019 고대 불교

1. 삼국 시대의 불교

✏️ 필기 노트

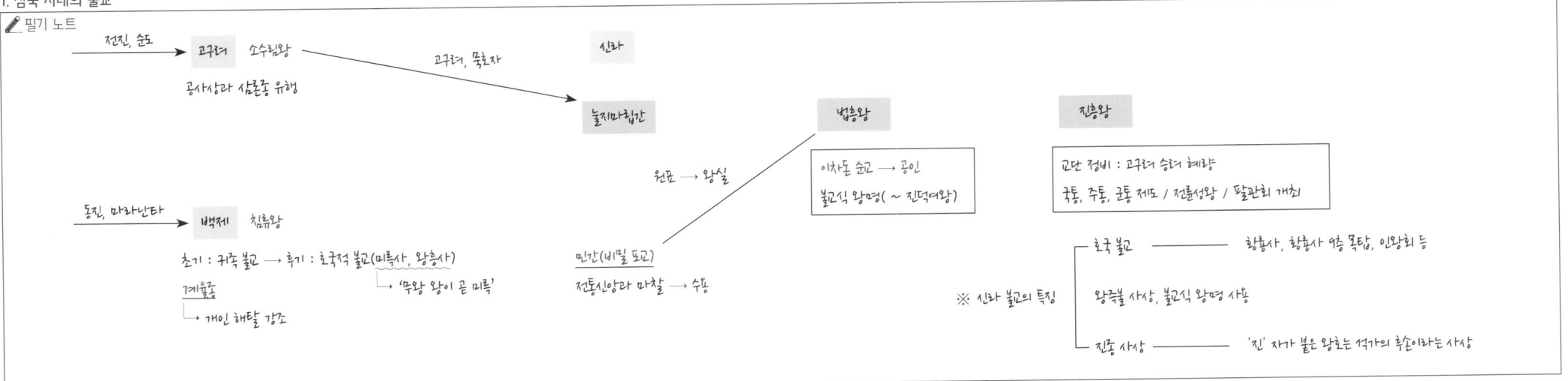

	불교의 수용
수용	· 수용 : 중앙 집권화 시기 · 목적 : 왕권 강화와 사회 통합 · 특징 └→ 호국적, 현세구복적 불교 발달

	수용 과정
고구려	· 372년 소수림왕, 전진에서 순도가 전래, 최초 수용
백 제	· 384년 침류왕, 동진에서 마라난타가 전래
신 라	· 457년 눌지마립간 시절, 고구려에서 묵호자가 민간에 전래 (전통신앙과 마찰 → 포용하며 수용) · 원표의 노력으로 왕실에 전래, 귀족의 박해 → 이차돈 순교(이차돈 순교비 = 백률사 석당) 이후 법흥왕 때 공인 → 진흥왕 때 교단 정비(고구려 승려 혜량)
★ 주의	· 고구려와 백제는 왕실과 귀족을 중심으로 수용되어 민간으로 전래 · 신라는 민간에 먼저 전래되었고, 귀족의 박해로 법흥왕 때 이차돈이 순교한 후 공인

	고구려	백 제	신 라
특 징	· 공 사상의 삼론종 유행	· 율종 유행	· 가장 호국적 → 왕권 강화에 이용 └→ 황룡사(진흥왕), 황룡사 9층 목탑(선덕여왕), 인왕회, 진종설화, 왕즉불 사상 유행, 불교식 왕명(법흥왕~진덕여왕) └→ 업설과 미륵신앙 유행(신라의 화랑도 등) └→ 유식 중심의 불교 확립(원광과 자장이 확립), 중관 사상 전래(고구려와 백제에서 전래)
발 전		· 초기 : 귀족 중심 → 후기 : 왕실 중심 ★ 무왕 └→ 왕이 곧 미륵, 부여 왕흥사와 익산 미륵사 건립	· 법흥왕 : 불교식 왕명 사용(법흥왕~진덕여왕), 흥륜사(최초의 사찰 / 법흥왕~진흥왕) · 진흥왕 : 국통과 주통, 군통 제도 정비, 팔관회 개최, 전륜성왕 자처, 황룡사와 장육존상, 아들 이름을 동륜과 금륜으로 정함
주요 승려	· 혜관 : 일본에 삼론종 전파 · 보덕 : 백제에서 열반종 개창 · 혜자 : 일본 쇼토쿠 태자의 스승 · 도현 : 일본에서 일본세기 저술 · 혜량 : 신라 진흥왕 때 활동 · 승륭과 승랑 등	· 겸익 : 성왕 시절, 인도에서 율장 전래, 일본 계율종 성립에 영향 · 노리사치계 : 성왕 시절, 일본에 처음으로 불교 전파(최초) · 관륵과 혜균, 혜헌, 혜총, 도장 등	· 혜량 : 진흥왕 시절, 고구려에서 망명, 국통(승통, 사주)으로 임명, 교단 조직, 왕의 고문으로 활동 └→ ※ 거칠부가 고구려 혜량의 설법을 듣고 옴 · 원광 : 진평왕, 진골, 세속오계, 걸사표(수나라에 도움 요청), 수에서 섭론종 연구 · 자장 : 선덕여왕, 진골, 대국통, 황룡사 9층 목탑 건립 건의, 계율종

2. 남북국 시대의 불교

✎ 필기 노트

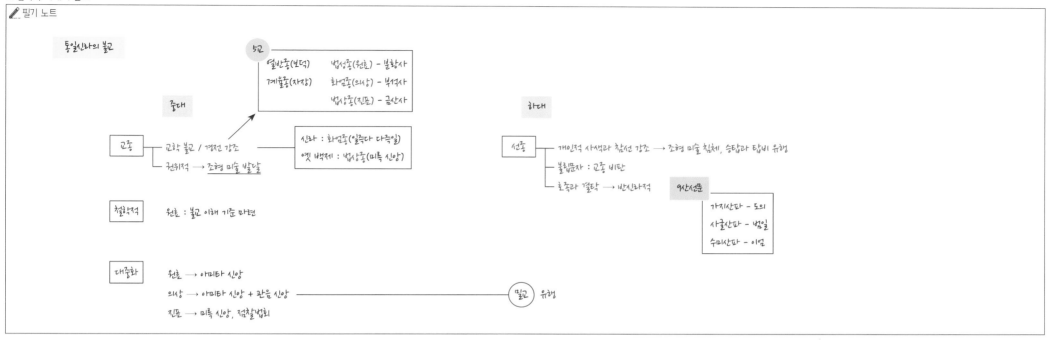

		통일신라	발 해
특 징	중 대	· <u>교종의 유행</u> : 경전 강조, 귀족적(진골과 결탁), 권위적 불교, 조형 미술의 발달 　└ ★ 5교 : 열반종(보덕), 계율종(자장) / 법성종(원효, 분황사), 화엄종(의상, 부석사), 법상종(진표, 금산사) 　└ 신라 지역 : 화엄종(전제왕권 강화) VS 옛 백제 지방 : 법상종(진표, 미륵신앙) · 불교의 대중화 : 원효(아미타 사상), 의상(아미타 사상 + 관음 신앙), 진표(미륵 신앙, 점찰법회)	· 고구려의 영향을 받음 → 이불병좌상(고구려 법화 사상 계승) · 정효공주묘 : 불교식 벽돌탑 건립(당적) · 문왕 : 금륜과 성법 등의 불교식 명칭을 사용, 전륜성왕(불교적 성왕) 자처
	하 대	· <u>선종의 유행</u> : 지방에서 호족의 지원으로 발전, 반신라 → 고려 건국에 영향 　└ 9산 선문 : 가지산파(도의, 최초) 사굴산파(범일), 수미산파(이엄, 마지막)　┌ 쌍봉사 철감 선사탑 등 　└ 불립문자, 실천 수행 강조, 참선과 사색, 개인적 정신 세계 강조, 조형 미술의 쇠퇴, <u>승탑</u>과 탑비의 발달 　└ 진골귀족은 선종 탄압, 왕실은 선종 불교에 관심을 보임 　※ 경주에서는 화엄종이 여전히 유행　　　　★ 신라 하대에는 샤머니즘과 결합한 밀교가 유행	
승 려		· 원측 : 당에서 현장에게 유식학을 배우고 서명사에서 자기 학설 강의, 저술이 티베트 대장경에 수록 　　　　　└ 신문왕의 귀국 요청 → 거절, 제자들이 귀국하여 신라에 유식학 전파 · 혜초 : 성덕왕, 왕오천축국전(서역 기행문, 펠리오가 중국 둔황 석굴에서 발견, 프랑스에 보관) · 김교각 : 성덕왕, 신라 왕족 출신, 지장보살의 화신 · 심상 : 성덕왕, 일본에 화엄종 전파 · 진표 : 경덕왕, 법상종(★ 미륵 신앙 강조), 금산사, 점찰법회, 불교의 대중화	· 석정소와 석인정 → 일본과 중국을 오가며 활동

3. 원효와 의상

	원 효	의 상
활동 시기	무열왕과 문무왕 시절, 통일을 전후로 한 시기 활동	
출 신	· 6두품, 서당(군인)이었다가 승려가 됨(※ 다시찾는 우리역사)	· 진골 출신 ★ 진골 출신 승려 : 원광, 자장, 의상, 원측
불교 대중화	· 아미타 사상(정토 신앙 : '나무아미타불' 외우면 극락정토에 갈 수 있다.)	· 아미타 사상과 함께 관음신앙을 이끌며 불교를 대중화
종 파	· 법성종 : 일체 만유는 같은 법성을 가졌고, 모두 성불할 수 있다. · 해동종 : 법성종과 화엄종, 교학불교를 융합(통불교)	· 해동 화엄종 · 모든 존재가 상호 의존적인 관계에서 조화를 이루고 있다.
중심 사찰	· 분황사에서 활동	· 문무왕 시절 부석사와 낙산사 건립(백화도량발원문 작성) ※ 부석사 10여 년 후, 깨달음을 얻은 그는 귀국길에 오르기 전 선묘를 찾아갔지만, 만나지 못해 결국 떠날 수밖에 없었습니다. 뒤늦게 달려온 선묘는 통곡하며 바닷물에 몸을 던져 용이 되어 그의 귀국길을 보호하였습니다. 귀국 이후 그는 왕명으로 사찰을 세웠는데 그 사찰의 이름은 "뜬 바위"라는 의미로 지어졌습니다.
호 칭	· 소성거사 · 화정(화쟁)국사 ; 고려 시대 숙종 때 의천이 화정국사로 추증	· 원교국사(고려 시대 추증)
사 상	· 일심사상(이문일심) : '모든 진리는 결국 하나의 진리를 향해 있다.'는 화쟁의 바탕이 됨 ※ 일심사상 크다고 말하고자 하니 속이 없는 곳에 들어가도 남음이 없고, 작다고 말하고자 하니 밖이 없는 것을 감싸고도 남음이 있다. 있다고 하자니 비어 있고, 없다고 하자니 만물이다 이것을 무엇이라 이름을 붙일 수 없으므로 억지로 대승이라 하였다. …… 이 논(論)을 지어서 …… 도를 닦는 자에게 온갖 경계를 없애 '일심(一心)'으로 되돌아가게 하고자 한다. · 화쟁사상 : 여러 종파의 모순 대립의 통일과 화합 강조 → 십문화쟁론 · 무애가 : 집착을 버릴 것 강조 · 불교 통합 강조 : 유식파와 중관파를 다 비판하며 통합 강조 ※ 무애가 원효는 이미 계율을 범하고 설총을 낳은 뒤로는 속인의 옷으로 바꾸어 입고 스스로 소성거사라 일컬었다. 우연히 광대들이 쓰는 이상하게 생긴 큰 박을 얻었다. 그는 그 모양대로 도구를 만들어 '무애호(걸림이 없는 박)'라 하며 노래를 짓고 세상에 퍼뜨렸다. 무애호라는 말은 화엄경의 "모든 것에 걸림이 없는 사람이라야 곧 바로 삶과 죽음을 벗어난다."라는 글에서 딴 것이다. 그는 이것을 가지고 많은 촌락에서 노래하고 춤추며 교화하고 읊으면서 돌아다녔다. 가난하고 무지몽매한 무리들까지도 모두 부처의 이름을 알게 되었고 나무아미타불 을 부르게 되었다. 원효의 교화가 그만큼 컸던 것이다.	· 일즉다 다즉일 : 하나가 곧 일체이며, 한 작은 티끌 속에 사방이 있는 것이요 ~~ (원융사상) └→ 지배층과 피지배층의 대립이나 지배층 내부의 갈등을 지양하는 사회 통합의 논리 제시 · 화엄일승법계도 ※ 화엄일승법계도 법성은 원융하여 두 모습이 없으니 제법은 부동하여 본래 고요해 이름도 형상도 없어 일체를 여의었으니 깨달은 그것이지 다른 경지가 아니다. 진성(眞性)은 참으로 깊고도 오묘하니 자성(自性)을 지키지 않고 연을 따라 이룬다. 하나 안에 일체요, 모두 안에 하나 하나가 곧 일체요, 모두가 곧 하나이다. · '중도' 강조 : 모든 현상이 붙어 있지도 않고 떨어져 있지도 않으며 하나도 아니고 다르지도 않다. · 일즉일체 일체즉일, 이사무애, 원융논리
지지층	· 모든 계층의 지지	· 진골 귀족의 지지와 전제왕권 강화(문무왕 시절 자문)에 이용
저 술	· 화엄경소, 대승기신론소, 십문화쟁론, 금강삼매경론 등	· 화엄일승법계도, 백화도량발원문, 법계도, 법성게
활 동	· 당 유학 중 귀국 → 일체유심조 : 모든 것은 마음 먹기에 달렸다. · 서적의 저술 활동과 개인적인 교화 활동 · 요석공주와의 사이에서 설총을 낳음 → 파계승이 되어 소성거사라 불리며 무애가를 부르고 다님 · 고려 시대 지눌과 의천에 영향 · 중국과 일본, 거란 등의 불교에 영향을 주었고, 240권의 저서 중 22권이 전해짐 ※ 고선사 서당 화상비 : 애장왕 때 후손 중업과 각간 김언승이 원효를 추모한 비	· 당에 유학하여 지엄에게서 수학 · 교단의 조직 : 국왕의 지원이 아니라 백성의 도움으로 유지 · 제자 양성 : 노비 지통과 빈민 진정을 제자로 받아들이기도 하였다. · 문무왕 자문 : 문무왕의 도성 건립 만류 ※ 문무왕의 자문 문무왕이 도읍의 성을 새롭게 하고자 승려에게 문의하였다. 승려는 말하였다. "비록 궁벽한 시골과 띳집(茅屋)이 있다 해도 바른 도(道)만 행하면 복된 일이 영구히 지속될 것이요, 만일 그렇지 못하면 여러 사람이 수고롭게 하여 훌륭한 성을 쌓을지라도 아무 이익이 없을 것입니다." 왕이 곧 공사를 그쳤다. · 청정계율 강조 : 옷 세벌과 바리 하나 외에는 아무 것도 소유하지 않는 청정 계율 실천 강조

고려 시대

THEME 020 고려 시대 건국 과정

건국 과정	
• 900년 후백제 건국, 견훤, 완산주(전주) • 901년 후고구려 건국, 궁예, 송악(개성) → 904년 마진으로 국호 변경, 연호는 무태 → 905년 철원으로 천도, 연호는 성책 → 911년 태봉으로 국호 변경, 연호는 수덕만세 　└ ※ 후백제는 대야성을 공격하다 대패 • 903년 궁예의 부하 왕건이 나주 등 10여 성을 공략(★ 금성 전투 : 1차 903년 → 2차 910년 → 3차 914년) • 907년 당 멸망 → 5대 10국의 분열기 • 913년 궁예가 왕건을 파진찬 겸 시중에 임명 → 왕건은 화를 두려워하여 외직을 구함 • 916년 거란의 엘뤼아바오지가 황제를 칭함(요 건국) • 918년 왕건이 고려 건국, 궁예는 평강에서 피살됨 → 919년 송악으로 천도, 왕륜사·법왕사 등 10대 사찰 창건 • 920년 대야성 전투(견훤이 신라 공격) • 922년 명주 장군 왕순식이 고려에 항복해 옴 • 926년 발해 멸망(거란족에게 멸망) • 927년 견훤이 경주를 침입하여 경애왕을 자살케 하고 경순왕 옹립　　★ 공산 전투 : 견훤이 왕건의 부대를 대구에서 격파 • 930년 고창 전투, 왕건이 승리하여 후삼국의 주도권이 고려로 넘어옴　★ 차전놀이 유래 / 왕건은 흥국사 창건 • 931년 고려 태조가 신라 수도를 방문함 → 임해전에서 연회를 열고 경순왕과 백성들을 위로함 • 934년 (7월) 발해 세자 대광현이 고려에 망명, (9월) 운주성 전투(왕건의 승리, 웅진 이북 30여 개 성 점령) • 935년 (3월) 신검이 금강을 죽이고 견훤을 금산사에 유폐 → (6월) 견훤은 나주로 도망, 이후 고려에 망명하여 상부의 지위와 양주를 식읍으로 받음 　　　(11월) 신라 항복, 왕건은 경순왕을 사심관으로 임명하고 경주를 식읍으로 지급 • 936년 (9월) 선산 전투(일리천 전투) → 신검의 부대 격파, 후백제 멸망　★ 왕건은 정계와 계백료서 반포, 개태사 창건	★ 진성여왕 시절 상황 • 889년 원종과 애노의 난, 견훤과 양길이 무리를 모아 세력을 키움 • 891년 양길은 궁예를 보내 북원과 명주 등 10여 군현을 점령 • 892년 견훤이 무진주에서 왕을 자칭함 • 894년 최치원은 시무10조를 올리고 아찬에 오름 • 894년 궁예는 북원으로부터 명주로 들어가 장군을 칭함 • 895년 궁예, 스스로 왕을 칭하고 내외 관직을 설치 • 896년 적고적이 경주 부근까지 침입해 옴 / 궁예, 왕륭을 금성태수로 삼음

★ 인물 비교	견 훤	궁 예	왕 건
출 신	• 상주 지방 농민 출신, 아자개의 아들 • 신라군 비장으로 활동	• 신라 왕족 출신, 승려로 활동 • 기훤과 양길의 부하로 활동 • 책사 종간을 얻고 왕을 칭함	• 조상은 호경이며, 송악 지방 무역 상인 작제건의 손자 • 궁예의 부하로 활동 • 903년 후백제 나주 점령 → 광평성 시중 오름
근거지	• 충청도와 전라도 / 완산주에 도읍	• 경기도와 강원도 일대, 황해도 • 901년 송악에 도읍 → 905년 철원으로 천도	• 예성강 유역의 해상 세력, 군진 세력(강화도 혈구진 등)
영 역	• 차령산맥 이남의 충청도와 전라도 지역을 차지 • 우세한 경제력을 바탕으로 군사적 우위를 차지	• 한강 유역을 차지 → 세력을 상주 일대로 확장 • 영주를 차지 → 옛 신라 땅의 절반 이상 확보 • 죽령, 공주 등지까지 세력 확장 → 신라, 백제와 국경 접함	• 황해도, 경기도 연안 해상권과 상권 장악
외 교	• 후당, 오월, 거란과 외교 / 일본과 외교 시도	• 반신라적	• 중국 5대와 외교
지 지	• 최승우, 동리산문(전라도)	• 박유, 최응, 사굴산문(강원도)	• 홍유, 신숭겸 등의 지지
특 징	• 의자왕의 원수를 갚는다고 백제 주민 자극 • 진성여왕 시절 무진주를 점령하고 스스로 왕을 칭함 • 900년 완산주에 도읍을 정하고 후백제를 건국 • 907년 효공왕 시절 일선군(선산) 남쪽 10여 개 성을 차지 　└ 낙동강까지 영토를 넓힘 • 927년 신라 수도를 급습하여 경애왕을 죽이고 경순왕을 세움 • 935년 고려에 망명 → 상부의 지위와 양주를 식읍으로 받음	• 영주 부석사의 신라 왕의 화상을 칼로 훼손 • 독자적 연호 : 성책, 무태, 수덕만세, 정개 • 황제국 지칭 • 미륵신앙 • 전제정치 • 광평성, 9관등제, 백관 설치(신라 참고)	• 918년 홍유와 신숭겸의 지지로 왕 즉위 → 국호를 고려로 개칭 • 919년 송악으로 천도, 연호는 천수 • 931년 신라 방문 → 경순왕은 임해전에서 연회를 배풀고, 부모처럼 대함 • 935년 견훤의 귀순을 받아들이고 양주 지방을 식읍으로 지급, 견훤을 상부라 칭함 • 935년 신라 경순왕이 항복해옴 → 경주를 식읍으로 지급 • 936년 선산 전투에서 신검의 후백제를 격파하고 후삼국 통일

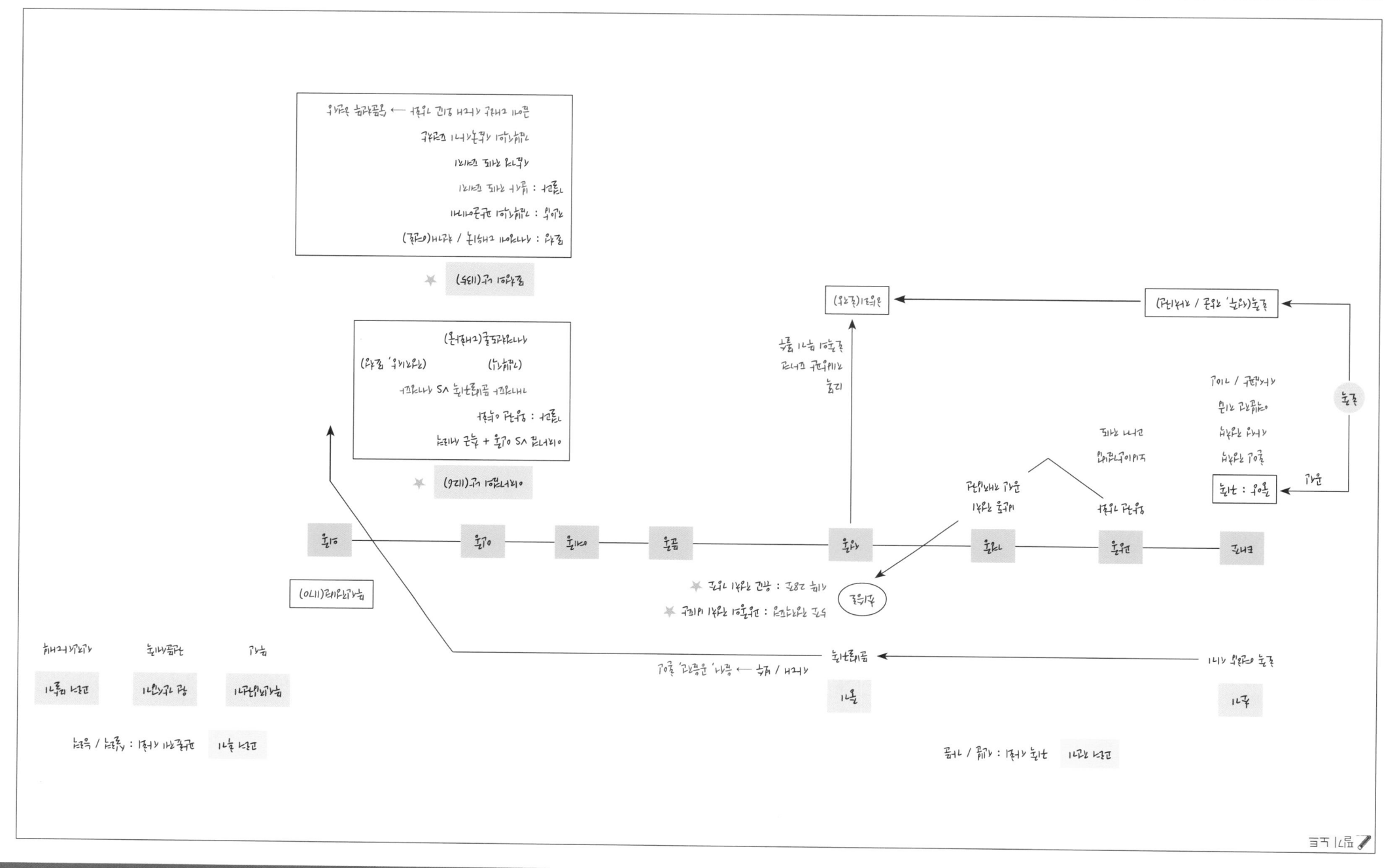

1. 태조(918~943)

즉 위	• 918년 홍유와 신숭겸의 추대로 왕 즉위 → 국호는 고려, 연호는 천수 • 신성대왕　　　　　　　★ 왕건상(통천관 착용, 황제국 과시)
호족 통합	• 혼인 정책 : 주요 호족과 혼인 관계를 맺어 의제가족제 형성 • 사성 정책 : 공신들에게 성을 내려줌　　ex) 명주 호족 김순식도 왕씨 성을 받아 왕순식이 됨 • 중페비사 : 호족들을 대우, 자신을 낮춤 • 역분전 지급 : 개국 공신과 호족에게 논공행상에 따라 토지 지급 • 정광, 원보, 대상, 원윤 등의 실직이 없는 산직을 공신에게 내려줌
호족 견제	• 기인 제도 : 중앙으로 데려온 호족의 자제를 인질로 삼음 　└ ★ 신라 : 상수리 제도 → 고려 : 기인 제도 → 조선 : 경저리(경주인) 제도 • 사심관 제도 : 중앙 고관을 출신지의 사심관으로 임명, 최초의 사심관은 신라 경순왕 김부
북진 정책	• 의미 : 고구려 계승 의식, 국호를 고려, 연호를 천수 • 서경 중시 : 평양을 서경으로 삼고 북진 정책의 전진기지로 삼음 　★ 분사 제도 : 서경을 부도읍으로 개발하는 정책, 풍수지리의 영향 　└ 태조 : 평양을 서경으로 삼고 북진 정책의 전진기지로 삼음 　└ 성종 : 서경에 수서원 설치, 상평창과 학교 설치 　└ 예종 : 분사제도의 완성 　└ 인종 : 묘청의 난 이후 폐지 • 북방 개척 : 왕식렴이 서북면, 유금필이 동북면 개척 / 청천강에서 영흥만으로 영토 확장 • 발해 유민 수용 : 934년 발해 왕자 대광현을 수용 → 왕씨 성을 주고, 조상에 대한 제사 거행 • 대거란 강경책 　└ 훈요 10조에서 거란은 금수의 나라니 본받지 말 것을 강조 　└ 만부교 사건 : 942년 거란족이 보낸 낙타를 만부교에서 굶겨 죽임
민생 안정책	• 취민유도 : 수세율 1/10로 경감 • 흑창 설치 : 춘궁기에 곡식을 빌려 주고 추수 후 갚게 함 • 공신 횡포 금지 • 일부 빚으로 노비가 된 자를 해방 → 본격적인 해방은 광종
숭불 정책	• 불교를 국교화 • 훈요10조에서 연등회와 팔관회 중시 • 승록사를 설치하여 승적을 관리(인사 문제 X) • 개경에 10대 사찰(왕륜사, 흥국사, 법왕사) 등과 개태사(황산) 건립
기 타	• 태봉의 관제를 중심으로 신라의 관제를 조화시켜 관등 제도 정비 • 정계와 계백료서 : 신하들에게 남김 • 훈요 10조 : 자식들에게 남김 • 교육 : 개경과 서경에 학교(숙) 설치, 학보(장학 재단) 설치

★ 숭의전(경기도 연천)
• 고려 태조와 7명의 왕의 위패를 모신 사당
• 1397년 조선 태조 때 건립
• 1399년 조선 정종 때 태조와 7왕의 제사 → 문종 : 숭의전으로 개칭

※ 태조 왕건
"태조 신혜 왕후 유씨는 …… 유천궁(개경 부근 정주 출신 호족)의 딸이다. 유천궁은 큰 부자여서 고을 사람들이 장자(長者) 집이라고 불렀다. 그가 …… 늙은 버드나무 밑에서 말을 쉬고 있는데 왕후(유씨)가 길 옆 시냇가에 서 있었다. 그가 그녀의 얼굴이 덕성스러움을 보고 …… 그 집에 가서 숙박하였다."

★ 훈요 10조
• 불교 숭상
　└ 국가의 대업은 제불의 호위와 지덕에 의지한 것으로 선교 사원을 세우고 주지를 보내 업을 닦게 하라
　└ 연등회와 팔관회 등을 소홀히 하지 말 것
• 풍수지리 강조
　└ 사원 창설은 도선의 설을 따를 것, 서경은 수덕이 순조로워 100일 이상 머물러 왕실의 안녕을 도모하라
　└ 차현과 공주강 이남은 배역하니 그 지방 인물을 등용치 말 것
• 왕위 계승 : 적자적손 왕위 계승 → 장자가 불초할 때 차자에게, 차자도 불초할 때 형제 중 대통을 잇게 하라
• 중국의 풍속을 억지로 따르지 말고, 고려의 특성에 맞게 예악을 발전시켜라
• 거란은 금수의 나라니 본받지 말 것
• 간언을 따르고, 참언을 멀리할 것
• 요역과 부세를 공평하게 하고, 가볍게 할 것
• 국가를 가진 자는 항상 경계할 것이며 널리 경사를 섭렵하여 예를 거울로 삼아 현실을 경계할 것

※ 북진 정책
그는 신하들에게 "평양의 옛 도읍이 황폐해진 지 오래되어 잡초가 우거지고 여진인의 사냥터로 변해 버렸다. 백성을 이주시켜 국경을 튼튼하게 하도록 하라."고 하였다.

※ 훈요 10조
짐은 평범한 가문 출신으로서 분에 넘치게 사람들의 추대를 받아 왕위에 올랐다. 재위 19년 만에 삼한을 통일하였고, 이제 왕위에 오른 지도 25년이 되었다. 몸이 이미 늙어지니, 후손들이 사사로운 인정과 욕심을 함부로 부려 나라의 기강을 어지럽게 할까 크게 걱정이 된다. 이에 가르침의 요체를 지어 후대의 왕들에게 전하고자 하니, 바라건대 아침저녁으로 펼쳐 보아 영원토록 귀감을 삼을지어다.

2. 혜종(943~945)과 정종(945~949)

혜종	· 혼인 정책의 부작용으로 왕권 약화 · 왕위 쟁탈전 발생 : 왕규의 난 → 요(정종)가 서경의 왕식렴의 군대를 동원하여 진압
정종	· 왕규의 난 진압 이후 왕권 강화 시도 → 서경 천도 계획 · 광군 설치 : 거란 침략 대비, 호족의 사병을 끌어다 청천강에 설치 · 광학보 : 승려들의 면학 지원

3. 광종(949~975)

왕권 강화	기타 정책

· 지지 기반 : 군소호족과 중국 귀화인(쌍기 등)
· 정관정요를 참고 : 당 태종의 유교 정치를 기록한 정관정요를 참고
· 왕권 강화 : 공신과 외척, 대호족을 제거
  └ 대상 준홍과 좌승 왕동을 모역죄로 숙청
  └ 956년 노비안검법(호족들이 불법적으로 소유한 노비 해방)
  └ 958년 과거 제도(쌍기의 건의로 실시) ★ 승과 제도 실시, 왕사와 국사 제도
  └ 960년 공복 제정(자, 단, 비, 녹 = 자주, 적갈, 주홍, 초록)
  └ 960년 독자적 연호 사용(광덕, 준풍) → 960년 송과 수교 후 송의 연호 사용
  └ 자신을 황제라 칭하고, 개경을 황도, 서경을 서도로 격상
  └ 시위군을 강화하여 내군을 장위부, 순군부를 군부로 개편
	· 주현공부법(949) : 국가 수입 증대를 위해 주현단위로 바치는 공물과 부역의 액수를 지역적으로 할당
	※ 주현공거법 : 현종, 향리 자제들에게 과거 응시 자격 부여
	· 공사전조법 : 공·사유지를 개간 시 일정 기간 조세를 면제하는 개간 장려법
	· 제위보 설치 : 빈민 구제
	· 불교 통합 시도
	  └ 교종 통합 : 화엄종 중심, 귀법사에서 균여가 화엄종을 중심으로 교종 통합 시도
	  └ 선종 통합 : 법안종 도입, 혜거가 선종 통합 시도
	  └ 천태학 도입 : 제관과 의통
	  └ 제관 : 천태사교의 저술
	  └ 의통 : 중국 천태종의 교조

★ 이제현의 '쌍기'에 대한 평가

"보탬이 없었다고 말할 수 없으나, 실속 없이 화려하기만 한 문장을 주창하여 후세에 큰 폐단을 남겼다."

※ 노비안검법

노비를 조사하여 시비를 살펴 분별하도록 명하자, 이때에 공신들이 원망하지 않는 사람이 없었지만 간언하는 사람이 없었습니다.

4. 경종(975~981)

반동 정치	· 공신 세력이 다시 권력을 장악하면서 왕권이 약화
시정전시과	· 시정전시과 : 관품(자·단·비·녹의 공복)과 인품(충성도, 가문의 위세 등)에 따라 전·현직 관리에게 토지의 수조권 지급

5. 성종(981~997)

최승로의 활약	통치 조직의 정비		

· 최승로 : 6두품으로 신라계 공신 가문 출신
★ 5조 정적평 : 태조~경종까지 왕의 치적 정리
  └ 광종의 전제 정치 비판, 귀족과의 연합 정치 강조
★ 시무 28조 : 22개 전해짐, 유교 정치 강조, 불교 비판
 	
★ 최승로의 시무 28조
  └ 국방비 절감, 왕실을 호위하는 시위군 감소
  └ 불교는 수신의 도, 유교는 치국의 도
  └ 연등회와 팔관회를 축소할 것
  └ 12목에 외관(지방관)을 파견할 것
  └ 삼한 공신 자손을 등용할 것, 노비의 신분을 엄격히 규제할 것
  └ 중국과의 사무역을 금지할 것
  └ 관복은 중국 제도를 따르되, 민간 의복은 우리 것을 따를 것
  └ 겸손한 마음을 가지고 항상 조심하고, 두려워 할 것
  └ 신하를 예로써 대우할 때 신하는 충성으로써 임금을 섬긴다.
	중앙 통치 조직	· 2성 6부, 중추원과 삼사 설치
		· 문산계와 무산계 : 문반과 무반 → 문산계 / 호족, 향리, 노병 등 → 무산계
		· 음서 제도, 문신월과법 실시, 과거 제도를 정비하고, 과거 출신자를 우대	

	지방 제도 정비	· 10도, 12목 설치 → 12목에 외관 파견, 호장과 부호장 등의 향직 개편(향리 제도 정비) · 3경 제도 정비 : 중경(개경)과 서경(평양), 동경(경주)	
	유교 정치 강조	· 환구단을 설치하여 환구제를 지내고, 사직단을 설치 · 연등회 축소(중지)와 팔관회 폐지	
	교육 제도	· 교육 조서 반포, 국자감 설치, 12목에 박사 파견, 향교 설치, 개경에 비서성, 서경에 수서원	
	경제 정책	· 의창 : 태조 때 흑창을 개편, 빈민 구제 · 상평창 : 개경·서경·12목, 물가 조절 기구 · 호족의 무기를 몰수하여 농기구 제작, 적전(왕이 직접 경작) 실시 · 건원중보 제작(최초 화폐), 공해전시 지급(관청), 노비환천법(해방시킨 노비를 다시 노비로 환원)	
	대외 관계	· 993년 거란족의 1차 침입 → 서희의 안융진 담판으로 강동 6주 획득 → 압록강 유역으로 진출	

6. 목종(997~1009)

개정전시과	· 관등에 따라 토지의 수조권 지급, 현직을 전직에 비해 우대, 군인전 지급, 문무 차별 심화
강조의 정변	· 1009년 강조가 목종을 폐위하고 현종을 옹립

7. 현종(1009~1031)

	거란족의 침략
2차 침입 (1010)	· 배경 : 강조의 정변과 지속적인 친송 정책 · 과정 : 왕이 나주로 피난, 양규의 선전, 초조대장경 조판 · 결과 : 현종의 입조를 조건으로 거란과 강화
↓	
3차 침입 (1018)	· 배경 : 현종의 입조 거부 등으로 침입 · 과정 : 강감찬의 귀주대첩에서 격퇴 · 결과 : 거란과 사대, 송과 단교(형식적)
↓	
결 과	· 국방 강화 : 나성(개경, 강감찬의 건의) 축조 · 고려왕조실록 소실 → 7대 실록 편찬(현종~덕종) ★ 덕종~정종 : 천리장성 축조(압록강~도련포 / 고구려 천리장성 : 요동, 부여성~비사성, 당의 침략 대비)

	통치 제도의 정비
지방 제도 정비	· 5도 : 행정 구역, 안찰사 파견 ★ 5도 : 서해도, 양광도, 교주도, 경상도, 전라도 / 충청도(X) · 양계 : 군사 구역, 병마사 파견 ★ 양계 : 북계와 동계 · 4도호부, 8목, 경기 정비
사회 정책	· 주현공거법 : 향리의 자제 과거 응시 자격 부여 · 면군급고법 : 노부모 봉양 시 군역 면제 · 구분전 지급 : 죽은 군인의 유가족에게 지급 ★ 최질과 김훈의 난 · 주창수렴법 : 의창을 지방으로 확대 └ 1014년 무신난의 선구 → 왕가도가 진압 · 감목양마법 : 군마 양성
문화 사업	· 불교 부흥 : 연등회와 팔관회 부활, 현화사 건립 · 설총과 최치원을 홍유후와 문창후에 추증하고 문묘에서 제사

8. 문종(1046~1083)

3경 제도의 정비	경제 정책	문화 시책	기타 제도

· 남경 설치 : 남경길지설의 유행
· 3경에서 동경 제외 → 남경(한양, 목멱양) 포함
★ 3경 : 개경(중경), 평양(서경), 한양(남경, 목멱양)
	· 경정전시과 : 현직 관리에게만 수조권 지급
	· 녹봉 제도, 토지 3등급 구분
	· 재면법 : 재해 시 세금 감면
		· 사학의 발달 : 최충의 9재학당(문헌공도)이 시초
		· 사학 12도 융성 → 관학(국자감)의 침체
		· 불교 부흥
		  └ 흥왕사 건립
		  └ 연등회와 팔관회의 공식 부활
			· 사형수에 대한 삼심제
			· 기인선상법 : 기인의 규제 폐지
			· 동서대비원 : 개경, 빈민들의 치료와 음식 제공
			· 경시서 : 시전 감독 기구
			· 송과 국교 재개
			· 문벌귀족 전성기 : 고려의 '성군'
			· 경원 이씨 이자연의 세 딸을 왕비로 맞이함

9. 선종(1083~1094)

교장 조판	· 교장(속장경) 조판 : 의천, 흥왕사의 교장도감에서 조판 ★ 신편제종교장총록(주석서의 목록), 경·율·론의 삼장의 주석서를 토대로 편찬 → 몽골의 2차와 3차 침입 시 소실

10. 숙종(1095~1105)

남경 개발	경제 정책	문화 시책	대외 관계

· 김위제의 건의로 남경개창도감 설치	· 화폐 발행
	  └ 주전도감 설치 : 의천의 건의
	  └ 활구(은병) 제작 : 고액 화폐
	  └ 해동통보(중보), 동국통보(중보), 삼한통보(중보)
		· 기자사당 건립(평양)
		· 관학진흥책 : 서적포 → 국자감에 설치, 서적 인쇄
			· 여진족의 침입
			  └ 정주성에서 윤관의 부대가 패배
			  └ 윤관의 건의로 별무반 조직(신기군, 신보군, 항마군)

11. 예종(1105~1122)

감무 파견	사회 정책	문화 시책	대외 관계
· 속군과 속현, 향과 소, 부곡에 감무 파견 → 고려의 거부	· 구제도감 : 임시 치료소 · 혜민국 : 약국, 빈민들에게 의약품 제공	· 관학 진흥책 　└ 양현고 : 장학 재단 　└ 7재 : 전문 강좌, 유학 6재 + 무학(강예재) · 궁궐에 청연각 · 보문각 설치 · 복원궁 : 도교 사원 · 해동비록 : 풍수지리 서적	· 여진 정벌 　└ 동북 9성 축조 → 1년 만에 환부 　└ 공험진 선춘령 기념비 · 1115년 여진족이 금을 건국 → 고려에 형제 관계 요구 → 고려의 거부 · 1115년 거란(요)은 고려에 금을 협공할 것 요구 → 고려의 거부

12. 인종(1122~1146)과 의종(1146~1170)

인종	· 관학 진흥책 : 경사 6학 정비 · 1123년 송의 서긍이 고려 방문　★ 1123년 서긍이 고려도경 저술 · 귀족 사회 동요 : 1126년 이자겸의 난, 1135년 묘청의 난
의종	· 무신정변 : 1170년, 경인난(정중부의 난), 문벌귀족 몰락 ★ 무신정변 : 1170년 보현원 행차 시 정중부와 이의방 등이 주도 → 의종 폐위, 명종 옹립

· 인종 시기 대외 관계 : 금이 고려에 사대 요구 → 1126년 이자겸이 이를 수용

★ 이자겸의 난과 묘청의 난

이자겸의 난(1126년)

· 배경
　└ 이자겸의 권력 독점 : 예종~인종에게 자기 딸들을 시집보내며 왕의 외척으로 권력 장악
　└ 무인 척준경을 부리며, 십팔자왕위설의 도참을 이용하여 왕이 되려 함
　└ 인종의 측근 세력과 대립
　└ 이자겸 + 척준경 + 현화사 승려 VS 인종 + 측근 세력
· 과정
　└ 인종이 측근 세력과 함께 이자겸을 제거하려 하였으나 실패, 현화사 승려들이 이자겸 지원(이자겸의 아들이 현화사 주지)
　└ 이자겸과 척준경 등이 권력 장악 → 여진의 금에 대한 사대 수용과 인종을 시해하려 시도
　└ 척준경의 배신 → 김부식 등의 일부 귀족과 측근 세력이 난 진압
　└ 이자겸은 영광으로 유배 : "굴비" 유래
　└ 척준경 : 서경파 정지상의 탄핵을 받아 귀양 가서 죽음
· 결과
　└ 왕권 약화, 인종의 유신지교 반포 → 정치 개혁 시도 → 실패
　└ 인종은 개경파를 견제하기 위해서 서경파(정지상, 묘청 등) 기용
　└ 서경파 : 묘청과 정지상 등이 서경천도론 제기

★ 이자겸
" 그는 스스로 국공에 올라 왕태자와 동등한 예우를 받으며 자신의 생일을 인수절이라 칭하였다. 그는 남의 토지를 빼앗고 공공연히 뇌물을 받아 집에는 썩는 고기가 항상 수만근이나 되었다. "

묘청의 난(1135년)

· 배경 : 이자겸의 난 이후 왕권 약화, 금에 대한 외교 문제로 개경파와 서경파의 대립
　└ 서경천도론 등장 : 묘청 등의 서경파는 금국 정벌과 칭제건원, 왕권 강화를 주장하며 서경 천도를 주장
　└ 인종은 이자겸의 난 이후 서경파의 서경 천도에 호의적 → 1129년 서경에 대화궁, 팔성당(1131) 설치
　└ 개경파 김부식 등은 서경 천도를 반대
· 과정
　└ 묘청은 1135년 서경에서 조광, 유참과 함께 국호를 대위, 연호를 천개라 하고 반란을 일으키고 천견충의군(군대) 조직
　└ 서북 지방의 지배층과 농민들의 호응으로 한때 서북 지방 대부분을 점령 → 정부는 김부식과 관군을 보내 1136년 묘청의 난을 진압
· 결과
　└ 분사 제도와 삼경 제도 폐지
　└ 김부식이 삼국사기 편찬 : 신라 계승 강조
　└ 금에 대한 사대 외교 강화 → 숭문천무 현상 심화 → 1170년 무신정변(의종, 보현원 행차 시 정중부 등이 주도)

	개경파	서경파
세력	개경 출신 문벌귀족	서경 출신 신진 관료
사상	유교 사상, 한학파	불교와 낭가 사상, 풍수지리설, 국풍파
외교관	금에 대한 사대	금에 대한 정벌
역사	신라 계승	고구려 계승
성향	보수적, 사대적, 사대당	개혁적, 자주적, 독립당, 왕권 강화, 칭제건원
출신	신라 유민 세력	고구려 유민 세력
인물	김부식, 김인존	묘청, 백수한, 정지상
★ 주의	※ 윤언이 : 인종의 측근으로 개혁적인 문벌귀족, 칭제건원에 찬성, 서경 천도에는 반대 묘청의 난을 진압할 때 김부식과 함께 참여하였지만 김부식은 난을 진압한 뒤 윤언이마저 쫓아내고 정권을 장악하였다.	

1. 무신정변의 발발

배 경	· 문벌귀족의 권력 독점 : 묘청의 난 이후 문벌귀족의 보수화로 권력을 독점 · 숭문천무 현상 : 묘청의 난 이후 금에 대한 사대 현상으로 숭문천무 현상이 심화되어 무신들의 불만이 고조 ★ 무신들의 불만 고조 · 의종의 극단적인 문치주의 · 승진 제한 : 무반은 2품 이상의 재추로 승진이 제한됨 · 군의 최고 지휘관도 문반이 독점 · 군인전의 중단과 예종 때 실시된 강예재(무학)가 폐지
발 발	· 1170년 의종 때 보현원 행차 시 정중부와 이의방, 이고, 이소응 등이 정변을 일으켜 무신정권을 세움 · 의종을 폐하고 거제도로 유배 → 명종을 옹립함 · 김돈중과 한뢰 등이 피살됨

★ 무신정변

의종 24년 8월 그믐달 수박희를 하였다. 대장군 이소응이 이기지 못하고 달아나려 하였다. 이때 한뢰가 갑자기 나서 이소응의 뺨을 후려쳐 섬돌 아래로 떨어지게 하였다. 왕과 여러 신하들이 손뼉을 치며 크게 웃었다. 정중부, 김광미, 양숙, 진준 등은 낯빛을 바꾸어 서로 눈짓을 하더니 정중부가 날카로운 소리로 한뢰를 꾸짖었다. "이소응이 비록 무관이나 벼슬이 3품인데 어찌 이렇게 심한 모욕을 주는가." 왕이 정중부의 손을 잡고 달래서 말렸다. 이고가 칼을 뽑고 정중부에게 눈짓하였으나 정중부가 그만두게 하였다.

2. 무신정변의 결과

정치적 변화	경제와 사회의 변화	문화적 변동
· 무신 독재 : 무신 독재가 이루어지면서 무신들의 권력 투쟁 발생 ※ 외관은 문무교차제로 파견 → 문무양반사회 붕괴(X) · 중방 등의 무신 기구 강화(2성 6부 : 유명무실화), 무신들에 의해서 왕이 옹립되기도 하고 폐위되기도 함 · 과거제 존속 : 사대부들이 과거를 통해 관료로 진출 → 이규보와 최자, 진화 등 / 과거 제도 폐지(X) ★ 무신 기구 강화 · 중방 : 상장군 + 대장군의 합좌 기구 · 교정도감 : 최충헌이 조직, 장은 교정별감, 무신 최고 권력자가 자동 임명, 무신집권기 끝날 때까지 존속 · 서방과 정방 : 최우가 조직, 자문 기구는 서방, 인사 기구는 정방 · 도방과 삼별초 등의 사병 기구가 강화 ★ 전기의 문반 중심 2성 6부 등의 조직은 유명무실화 ★ 최충헌은 신종, 강종, 고종 등을 옹립하였고, 최충헌과 최우는 부를 설치하여 왕자 등과 대등한 지위를 인정받음	· 무신들의 농장 독점 └ 전시과 체제 붕괴 └ 국가 재정 수입 감소 · 하극상의 풍조로 반란 증가 └ 단순한 민란 └ 반 무신난 └ 신분 해방 운동 └ 삼국 부흥 운동 등	· 역사 : 고구려 계승 의식 → 이규보의 동명왕편(금에 대한 자신감) · 학문과 문학은 침체 └ but 설화 문학, 패관 문학, 가전체 문학, 수필 문학은 유행 · 불교 └ 선종 계통의 조계종(지눌) 발달, 교종 위축 └ 결사 운동의 전개 → 지눌의 수선사 결사, 요세의 백련사 결사

3. 무신집권기의 전개

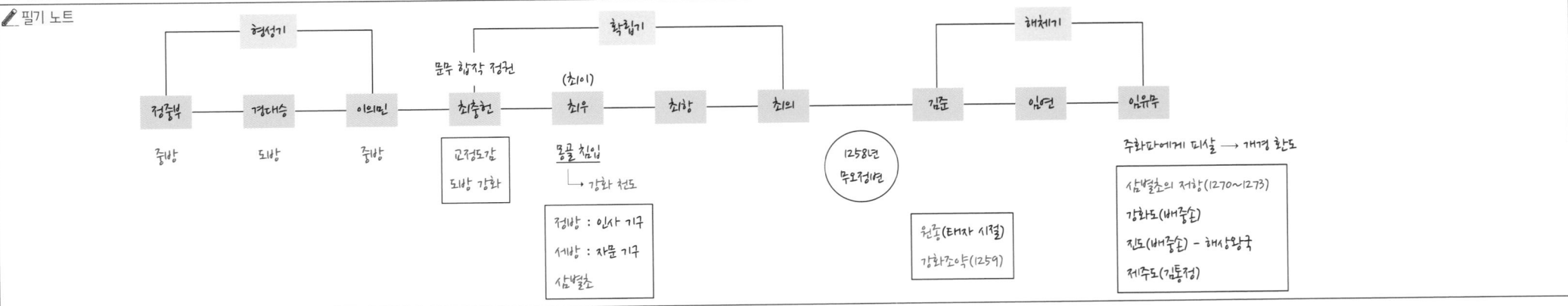

(1) 형성기

	정중부(1170~1179)	경대승(1179~1183)	이의민(1183~1196)
정치 상황	• 이고, 이의방과 연합 → 이의방이 이고 제거 → 정중부가 이의방 제거 • 정중부 : 문하시랑 평장사, 문하시중이 되어 권력 장악, 중방 정치 ★ 김돈중이 정중부의 수염을 태우기도 함 ★ 정중부 정중부 대궐을 지키던 경비 장교였다. 어느 날 내시 김돈중이 촛불로 정중부의 수염을 태우니 정중부는 그를 잡아 때리고 욕하였다. 김돈중의 아버지 김부식이 화가 나서 인종에게 말하여 정중부를 매질하려고 왕이 이를 허락하였다. 그러나 왕은 정중부의 사람됨을 뛰어나게 여겨 몰래 도망시켜 화를 면하게 하였다.	• 정중부 제거 후 권력 장악 • 도방 정치, 문관 중용 • 중국 귀화인 경진의 후손 • 30세 요절	• 중방 정치, 판병부사, 의종이 별장에 임명 • 천민 출신 - 부 : 소금장수 + 모 : 노비 ★ 이의민 그는 경주 사람인데, 부친 이선은 소금과 채를 파는 사람이었고, 모친은 연일현 옥령사 노비였다. …… 그는 수박을 잘해 의종이 사랑하였으며 대정에서 별장으로 승진하였다. 정중부의 난 때 그가 살해한 사람이 제일 많았다. 그리하여 그는 중랑장으로 되었다가 즉시 장군으로 승진하였다.
반란	• 1172년 서계 민란 : 최초 민란 • 1173년 김보당의 난 : 동북면 병마사, 문신 중심, 최초의 반무신난, 계사난, 의종 복위 계획, 이의민이 진압 • 1174년 서경 유수 조위총의 난 : 최대 반무신난, 서경 → 3년 만에 진압 • 1174년 교종 승려의 난 : 귀법사와 중광사 • 1175년 석령사의 난 • 1176년 망이와 망소이의 난 : 남적, 충청도 일대 장악 → 충남 아산(아주)까지 확대 　　└→ 향, 소, 부곡의 소멸 계기 : 공주 명학소 → 충순현	• 1182년 전주 관노의 난 　└→ 죽동의 난 　└→ 군인들 가담	• 1193년 김사미와 효심의 난 　└→ 운문에서 김사미, 초전에서 효심이 봉기 후 연대 　└→ 신라 부흥 운동, 지나친 수탈에 대한 저항, 국가에 시정 요구

(2) 확립기

	최충헌(진강후, 1196~1219)	최우(최이/진양후, 1219~1249)	최항(1249~1257)	최의(1257~1258)
정치 상황	• 문무합작정권, 문신 중용, 안정기 • 조위총의 난 진압 → 섭장군으로 승진 → 이의민 제거 후 권력 장악, 무신 제거, 문신 등용(이규보와 진화 등 우대) • 명종 폐위 → 신종·강종·고종 등 옹립 • 봉사 10조 : 명종에게 사회 개혁안을 올림 → 실효 X • 교정도감(장 : 교정별감) : 최고 권력 기구, 조세와 감찰 담당 → 무신정권 끝까지 지속 • 도방 강화 : 3000명으로 증원, 6번 체제 • 흥녕부 설치, 진주 지역을 식읍으로 받음, 진강후의 봉작을 받음, 교종 탄압, 선종 지지 • 강동의 역(1219) : 몽골과 형제 관계 • 개인 저택과 격구장 만듦 → 민가 100여 채를 헐었다. ★ 봉사 10조 선왕의 제도에 의하면 토지는 공전을 제외하고 신민에게 차등 있게 나누어 주었는데, 벼슬자리에 있는 자들이 탐욕스러워서 공전과 사전을 빼앗아 겸병하여 한집이 가진 기름진 옥토가 몇 고을에 걸치게 되었습니다. 그 결과 나라의 조세 수입이 저하되고 군사들이 결핍을 겪게 되었으니, 원컨대 폐하는 해당 기관에 명령하여 공문서를 검증하고, 강탈당한 것은 전부 본래 주인들에게 돌려주도록 하십시오. ★ 봉사 10조 제2조 필요 이상의 관원을 도태시킬 것. 제3조 토지 점유를 시정할 것. 제4조 조부(租賦)를 공평히 할 것. 제6조 승려를 단속하고 왕실의 고리대업을 금할 것. 제9조 비보(神補) 이외의 사찰을 없앨 것.	• 정방 : 인사 기구, 실무 능력 중시 　└→ 장 : 정색승선 / 비칙치 : 소속 문인 • 서방 : 자문 기구, 이규보와 최자 등 기용 • 과거를 통해 인재 등용, 학문적 소양과 행정 실무 강조 • 삼별초 조직 : 야별초 → 좌·우별초 + 신의군, 사병 기구 • 마별초 조직 : 의장대 • 도방 개편 : 내도방(최우 호위), 외도방(친인척 호위) • 몽골의 침입 　└→ 저고여 피살 사건을 계기로 몽골 침입 　└→ 강화도 천도 　└→ 상정고금예문(금속활자), 팔만대장경 조판 • 남명천화상송증도가의 발문 지음 • 부인 장례를 왕급으로 거행 • 신품사현	• 승려 출신 • 몽골의 5·6차 침입	• 최씨 정권 약화 • 무오정변(1258년) 　└→ 김준에게 피살
반란	• 1198년 만적의 난 : 최충헌 사노비, 최초의 노비 해방 운동, 흥국사에서 계획, 사전 발각 • 1202년 탐라 민란 : 제주, 번석과 번수가 주도 • 1202년 동경의 난 : 이비와 패좌, 신라 부흥 운동 • 1217년 최광수의 난 : 서경, 고구려 부흥 운동	• 1232년~1237년 이연년의 난 : 담양, 백제 부흥 운동		

(3) 해체기

	김준(1258~1268)

정치 상황	· 강화 조약 : 1259년, 몽골에 항복
	  └ 태자 시절 원종이 체결
	  └ 세조 구제 약속
	· 김준은 원종을 제거하려 시도하기도 함
	· 1268년 김준은 임연에게 피살

임연(1268~1270)	임유무(1270)

· 원종의 친몽 정책에 반대 : 원종을 폐위하려는 시도가 있었다.
· 원종은 전민변정도감 설치
· 1270년 임유무가 강화도의 주화파에게 살해됨 → 1270년 개경 환도 : 무신정권 붕괴, 왕정 복고
  ★ 삼별초의 저항(1270~1273)
· 배중손이 정부의 개경 환도에 반발, 승화후 '온'을 왕으로 추대하고 반몽 무인 정권 수립
· 이동
  └ 강화도 : 배중손
  └ 진도 : 배중손, 용장성을 쌓고 주변 섬들을 복속하여 해상왕국을 이룸
  └ 제주도 : 김통정
· 1273년 진압 → 몽골은 제주에 탐라총관부 설치	

★ 세조 구제

강화 조약 당시 원 세조는 고려가 요구한 여섯 가지 사항을 용인하였다.

첫째, 옷과 머리에 쓰는 관은 고려의 풍속에 따라 바꿀 필요가 없다.

둘째, 사신은 오직 원 조정이 보내는 것 이외에 모두 금지한다.

셋째, 개경으로 다시 돌아가는 것은 고려 조정에서 시간을 조절할 수 있다.

넷째, 압록강 둔전과 군대는 가을에 철수한다.

다섯째, 전에 보낸 다루가치는 모두 철수한다.

여섯째, 몽골에 자원해 머무른 사람들은 조사하여 돌려 보낸다.

1. 원 간섭기의 상황

영토 상실	· 영토 상실 : 쌍성총관부, 동녕부, 탐라총관부 등을 뺏겨 원이 직속령으로 관리
일본 원정	· 원의 압력으로 충렬왕 시절 일본 원정에 두 차례 동원되었다. └ 1차 : 1274년, 둔전경략사 설치 → 2차 : 1281년, 정동행성 설치(1280) └ 실패 → 일본은 가마쿠라 막부가 약화, 고려의 재정적 타격으로 고려인들의 저항 발생
관제 격하	· 원의 의해서 왕이 교체되기도 하였다. · 관제 격하 : 원의 압력으로 관제가 격하되었고, 제후국으로 격하되어 충O왕으로 불림

2. 자주성의 시련

내정 간섭	· 조공 관계 체결(고려의 주권 부정 X) · 정동행성 : 1280년 설치, 일본 원정 2차 이후에도 남아 고려 내정 간섭 기구화 · 다루가치 : 감찰 기구, 몽골이 1차 침입 이후 서북 지방에 설치 → 충렬왕 때 폐지 · 만호부와 원수제(몽골식 군대), 순마소(개경, 경찰과 호위 업무 담당)
독로화 · 부마국	· 독로화 정책 : 왕 세자가 원에 인질로 끌려가 왕이 될 때 귀국 · 부마국화 : 세자는 원의 공주와 혼인하여 귀국, 충렬왕부터~공민왕까지 · 충렬왕 : 제국대장공주 / 충선왕 : 계국대장공주 / 공민왕 : 노국대장공주
입성책동	· 부원배들이 원나라로 하여금 고려에 행성을 설치할 것 건의 · 충선왕, 충숙왕, 충혜왕 시절 → 실현 X
심양왕 제도	· 심주 · 요양의 고려인들을 통치하기 위해 원에서 고려의 왕족에게 수여한 봉호
기 타	· 결혼도감, 과부처녀추고별감 : 처녀와 과부, 공녀 요구, 왕족도 공녀 징발에 예외가 아니었다. · 환관 요구, 반전도감(특산물 징발), 응방(매 징발, 해동청, 시파치가 사육사로 활동)

3. 문화와 사회의 변동

문화 전래	· 농상집요 : 원에서 이암이 전래(O) / 편찬(X) · 화약 : 최무선이 전래　※ 화통도감 → 우왕, 1377년 · 목화 전래 : 공민왕 시절, 문익점이 전래 → 정천익이 재배에 성공 · 성리학 전래 : 충렬왕 시절 안향이 전래 · 충선왕은 은퇴 후 북경(연경, 대도)에 만권당을 설치 　　　　└ 이제현과 조맹부 등 원의 학자들과 교류, 조맹부의 송설체 전래 · 원에서 라마불교 전래(미신적 불교) · 경천사 10층 석탑(원의 영향, 대리석, 화려함) → 조선 세조 때 원각사지 10층 석탑에 영향
권문세족 등장	· 출신 : 전기 문벌귀족, 무신 가문, 원의 부원 세력 등이 권문세족으로 성장 · 권력 기반 : 도평의사사와 정방을 통해 권력 장악, 산천위표 대농장 소유, 음서, 친원파, 재상지종(충선왕) 등 ★ 권겸, 노책 : 딸을 원나라 황제에게 보내 권력자가 됨
사회 변동	· 몽골 귀족과의 혼인으로 신분을 상승하기도 함 · 역관과 향리, 환관, 노비 중에서도 전공을 세워 신분 상승

★ 영토 상실 : 쌍 → 동 → 탐(영토 회복 : 동 → 탐 → 쌍)
· 쌍성총관부 : 1258년, 영흥 · 화주 · 철령 이북 지방, 조휘와 탁청의 배신
· 동녕부 : 1270년, 자비령 이북, 서경, 최탄의 배신
· 탐라총관부 : 1273년, 제주, 삼별초의 난 진압 후 설치, 목마장 운영
· 동녕부와 탐라총관부 : 충렬왕 시절 반환　※ 쌍성총관부 : 공민왕 시절, 유인우 장군이 무력으로 수복

★ 관제 격하
· 2성 6부 → 첨의부와 4사 / 중추원 → 밀직사 / 어사대 → 감찰사 / 한림원 → 문한서
· 호칭 격하 : 조와 종 → 왕 / 짐 → 고 / 폐하 → 전하 / 태자 → 세자

★ 정동행성 : 일본 2차 원정 이후 고려 내정 간섭 기구화
· 관리들은 고려인들, 좌승상도 고려왕이 겸직 → 실질적 간섭 X, 연락 업무 기구 역할
· 이문소 : 사법 기구, 고려인을 취조, 탄압, 정동행성 부속기구 중 가장 강력 → 공민왕 때 폐지

※ 입성책동
고려 후기 부원배들이 원나라로 하여금 고려에 행성을 세우도록 획책한 사건으로 충선왕 때 발생하고 충혜왕 때 종결되었다.

· 최초의 심양왕은 충선왕이며, 충숙왕은 심양왕 '고'와의 갈등으로 두 차례 즉위

· 원 간섭기 공녀 징발로 조혼이 유행하였다.

★ 원 간섭기 기타 문화 전래
· 아라비아 문화 전래, 개경에 회회인(색목인)이 운영하는 상점 등장
· 인후와 장순룡은 겁령구로 고려에 귀화
· 스스로 원으로 귀화하는 사람들도 있었고, 이들의 거주지는 고려장이라 불림
· 몽골 문화의 전래
　└ 몽골어 유행(치, 수라, 무수리, 마마, 마누라 등) / 호떡 전래(X)
　└ 몽골풍(족두리, 연지, 곤지, 은장도, 만두, 소주, 철릭 등)
· 고려양의 전래 : 몽골에서 고려 의복(아청), 고려병(떡), 보쌈 등이 유행

※ 공녀 징발
우리나라의 자녀들이 뽑혀서 서쪽(원)으로 들어가기를 거른 해가 없었다. 비록 왕실 친족같이 귀한 신분이라도 (자식을) 숨길 수 없고, 어미와 자신이 한번 이별하면 아득하게 만날 기약이 없었다. 슬픔이 골수에 사무치고 심지어 병들어 죽는 이도 한둘이 아니었으니 천하에 지극히 원통한 일이 이보다 더한 것이 어디 있겠는가?　　　　　　- 수령 옹주 묘지명 -

THEME 023 원 간섭기

4. 원 간섭기의 주요 왕들

	정 치	사 회	문 화

충렬왕
(1274~1298)
(1298~1308)
	• 일본 원정에 동원 : 1차 둔전경략사, 2차 정동행성
	• 동녕부와 탐라총관부 반환
	• 관제 격하
	  └ 2성 6부 → 첨의부와 4사
	  └ 왕실 용어 격하(중, 조와 종 → 왕)
	• 도병마사 → 도평의사사(도당, 최고 정무 기구)
	• 전민변정도감(원종, 충렬왕, 공민왕, 우왕) 설치
	• 홍자번의 편민 18사 : 사회 개혁안(토지 제도 개혁 → X)
		• 몽골풍 유행
		  └ 귀국 시 원의 복장을 하고 귀국
		  └ 백성들에게 원의 복장 강요
		• 박유의 상소 : 일부다처제 주장 → 시행 X
			• 교육 정책
			  └ 경사교수도감 : 경학과 사학 교육 강화
			  └ 국자감 정비 : 섬학전 설치, 공자의 초상화 비치, 문묘 설치
			  └ 국자감을 국학·성균감으로 개칭
			  └ 경세 중심으로 학문 변화
			• 성리학 전래 : 안향(회헌)은 원에서 주자전서를 베껴오고, 주자와 공자의 화상도 그려옴
			• 역사서 편찬
			  └ 일연의 삼국유사, 이승휴의 제왕운기 편찬
			  └ 고금록(원부, 허공)과 천추금경록 등 편찬

	정 치	경제와 사회	문 화

충선왕
(1298)
(1308~1313)
	• 부(父 : 충렬왕), 모(母 : 제국대장공주)
	• 부인 : 계국대장공주
	• 사림원 : 개혁 기구
	  └ 홍자번과 함께 개혁 시도
	  └ 관리, 인사, 농장 문제 해결 시도 → 실패
	• 정방 폐지
	  └ 충렬왕 때 다시 부활 → 공민왕 때 다시 폐지
	• 부왕과의 갈등과 조비무고사건 등으로 두 번 즉위
	• 최초의 심양왕
		• 의렴창 : 소금과 철을 전매, 각염법
		• 조세 제도 폐지
		• 전농사를 설치하고 농무사 파견, 농장에 징세
		• 재상지종 발표
		  └ 왕실의 근친혼 금지
		  └ 왕실과 혼인할 수 있는 가문 15개 지정
		  └ 15개의 가문은 권문세족
			• 만권당 : 은퇴 후, 북경(연경, 대도)에 설치
			  └ 고려 이제현과 원의 조맹부 등이 교류
			  └ 조맹부의 송설체 전래
			• 원의 과거 제도를 실시하도록 명함
			• 백이정, 이제현, 박충좌 등이 원의 학자와 교류

※ 충선왕

휘(諱)는 장(璋)이고, 몽고의 휘는 익지례보화(益智禮普化-이지르부카)이다. 선왕(충렬왕)의 맏아들이며 어머니는 제국대장공주(齊國大長公主)이다. 을해년 9월 정유일에 출생하였다. 성품이 총명하고 굳세며 결단력이 있었다. 이로운 것을 일으키고 폐단을 제거하여 시정에 그런대로 볼 만한 것이 있었으나 부자(父子) 사이는 실로 부끄러운 일이 많았다. 오랫동안 상국(上國)에 있었는데, 스스로 귀양가는 욕을 당하였다. 왕위에 있은 지 5년이며, 수는 51세였다.

※ 원에서 유수 보수와 전 이문낭중 장백상 등을 보내어 황제의 명령을 전하기를, "이미 1월 3일에 상왕(충숙왕)의 복위를 명하였다."라고 하니, (충혜)왕과 좌우 신하들이 모두 깜짝 놀랐다. 장백상이 국새를 회수하고 모든 창고를 봉하였다. 왕은 원으로 갔다.

충숙왕 (1313~1330) (1332~1339)	• 찰리변위도감, 사심관 제도 폐지, 심양왕과의 갈등으로 두 번 즉위

충혜왕 (1330~1332) (1339~1344)	• 소은병 제작

충목왕 (1344~1348)	• 정치도감, 녹과전 부활(→ 권문세족의 반발로 실패)

충정왕 (1349~1351)	• 원에서 귀국하여 왕이 됨 → 1352년 원이 충정왕을 퇴위시키고 공민왕을 추대함

1. 공민왕 (1351년 ~ 1374년)

즉위	• 10년간 원의 대도(북경)에 머물다 돌아와 왕이 됨(부인 : 노국대장공주) ★ 공민왕 : 명의 황제가 내려준 시호 ★ 수창궁 : 공민왕이 후반에 정사를 보던 곳으로 조선 태조와 정종, 태종이 즉위
반원 자주 정책	• 원의 연호 금지 → 친명 외교 • 쌍성총관부 탈환 : 1356년, 철령 이북 지역, 유인우가 탈환 • 요동으로 이동한 동녕부 공격 : 1369년~1370년, 지용수·이성계 → 요동 점령 X, 요양(흥경)은 점령하기도 함 • 몽골풍 금지 : 1352년, 이연종의 건의 • 친원파 제거 : 기철 등의 친원파 제거 • 정동행성 이문소(내정 간섭 기구) 폐지 • 관제 복구 : 조종입법 → 문종 때 관제로 복구
왕권 강화책	• 정방 폐지 : 1352년, 인사 기구인 정방을 폐지하고, 신진사대부 등용 • 내재추제 실시 → 도평의사사 견제 • 전민변정도감 설치 : 1366년, 신돈(편조, 母가 절의 노비) 주도, 권문세족의 토지와 노비 몰수 시도 • 신진사대부 등용 : 유학 교육 강화, 과거 제도 정비(경학 강조) • 성균관 정비 : 1367년, 순수한 유학 교육 기구로 정비, 이색이 학칙과 교육 과정을 정비, 정도전과 정몽주 등을 배출

실패	• 신진사대부의 세력의 미약
	• 공민왕의 실정 : 자제위 설치 등
	• 홍건적과 왜구의 침략
	• 반대 세력의 방해 : 원의 압력과 권문세족의 반발
	   ↳ 흥왕사의 변 : 1363년, 김용, 공민왕 시해 시도
	   ↳ 덕흥군 옹립 시도 : 1364년, 기황후, 충선왕 서자 덕흥군 옹립 시도
	★ 홍건적의 침략 : 1차, 1359년, 서경 침략 → 2차, 1361년. 개경 침략, 공민왕 안동(복주)으로 피난
	★ 공민왕 시절 대외 관계
	• 1356년 쌍성총관부 수복 : 유인우
	• 1359년 홍건적 1차 침입 : 서경
	• 1361년 홍건적 2차 침입 : 개경 → 왕이 안동(복주) 피난
	• 1362년 원의 나하추 침입
	• 1363년 흥왕사의 변(김용, 공민왕 시해 시도)
	• 1369년~1370년 요동 공략

★ 국경선의 변화

A→B	고려 왕건의 북진 정책
B→C	거란과 전쟁 후 천리장성
C→D	고려 공민왕, 쌍성총관부를 회복
4군 6진	조선 세종, 4군 6진 개척, 압록강에서 두만강까지

A : 대동강~원산만
B : 청천강~영흥만
C : 압록강~도련포
D : 쌍성총관부 탈환

★ 신돈의 개혁

신돈이 전민변정도감을 두기를 청하였다. 스스로 판사(장관)가 되어 전국에 알렸다. "요즈음 기강이 크게 무너져서 탐욕스러움이 풍속으로 되었다. 종묘·학교·창고·사사·녹전·군수의 땅은 백성이 대대로 지어온 땅이나 권세가들이 거의 다 뺏었다. 돌려주라고 판결한 것도 그대로 가지며 양민을 노예로 삼고 있다. … (중략) … 이제 그 잘못을 알고 스스로 고치는 자는 묻지 않을 것이다. 하지만, 기한이 지났는데도 고치지 않고 있다가 발각되면 조사하여 엄히 다스릴 것이다." 이 명령이 나오자 권세가가 뺏은 땅을 주인에게 돌려주므로 안팎이 기뻐하였다. … (중략) … 무릇 천민이나 노비가 양민이 되기를 호소하는 자는 모두 양민으로 만들어주었다. 노예들이 주인을 배반하고 말하였다. "성인이 나타났다."

★ 공민왕 시절 주요 연표

• 1351년 즉위, 정방 폐지, 공민왕의 〈천산대렵도〉와 〈이어도〉가 완성
• 1356년 보우를 왕사로 삼음, 친원파 기철과 권겸 등을 처형, 정동행성 이문소 폐지, 쌍성총관부 수복
• 1359년 홍건적의 1차 침입으로 서경 함락
• 1360년 홍건적을 격퇴하고 서경 수복
• 1361년 홍건적의 2차 침입 → 공민왕이 복주(안동)로 피난
• 1362년 정세운 등이 홍건적을 대파하고 개경 수복 → 김용이 왕명을 거짓으로 꾸며 정세운 등을 죽임
• 1363년 흥왕사의 변 → 이후 김용을 처형시킴
• 1364년 최유 등이 덕흥군을 옹립하기 위해 의주 포위 → 이성계가 대파
• 1365년 노국공주 사망 → 신돈을 사부로 삼고 국정에 참여시키고 진평후에 봉함
• 1366년 전민변정도감 설치(신돈)
• 1367년 국학을 다시 설치
• 1369년 원의 연호 폐지, 이성계가 동녕부 공격
• 1370년 명의 대통력 도입
• 1371년 신돈 처형, 응방 폐지(→ 1372년 다시 설치)
• 1372년 자제위 설치
• 1374년 환관 최만생이 공민왕을 시해 → 우왕 즉위, 최만생과 홍륜 처형

✏️ 필기 노트

원명교체기

공민왕 ─ 반원 정책 ── 친명 외교 VS 원 ── 몽골풍 금지 / 원의 연호 사용 금지 / 관제 복구(조종입법)
친원파(기철 등) 제거
쌍성총관부 수복 – 철령 이북 지방 확보
요동으로 이동한 동녕부 공격

능문능리 / 친명 외교 / 성리학
공민왕 ─ 왕권 강화 ── 신진사대부 VS 권문세족 ─ 정치 ── 정방 → 폐지
도평의사사 → 내재추제
무신집권기 : 사대부
과거 ── 경학 > 저술 강조
향리 / 중소 지주 ── 경제 ── 농장 → 전민변정도감(신돈)

2. 공민왕 이후 고려 말기의 상황

우 왕 (1374~1388)	• 1374년 즉위 • 권문세족의 권력 장악 └ 이인임의 권력 장악으로 신진사대부 세력 약화 └ 권문세족의 권력 장악으로 친원 외교 → 1374년 명 사신 채빈의 살해 사건으로 명과 관계 악화 └ 1388년 최영과 이성계가 이인임을 제거 ★ 우왕 왕의 어릴 때 이름은 모니노이며, 신돈의 여종 반야의 소생이었다. 어떤 사람은 "반야가 낳은 아이가 죽어서 다른 아이를 훔쳐서 길렀는데, 공민왕이 자신의 아들이라고 칭하였다."라고 하였다. 왕은 공민왕이 죽은 뒤 이인임의 추대로 왕위에 올랐다. 이후 이인임, 염흥방, 임견미 등이 권력을 잡아 극심하게 횡포를 부렸다. • 명의 철령위 통보(1388) └ 요동 정벌 : 최영이 요동 정벌 주장 VS 이성계 + 정도전 등은 요동 정벌 반대 └ 위화도 회군 : 1388년, 요동 정벌을 중단하고 이성계가 압록강 위화도에서 회군 → 우왕 폐위 후 창왕 옹립, 최영 제거 • 신진사대부의 권력 장악 : 위화도 회군 이후 이성계, 신진사대부의 권력 장악 • 신진사대부의 분열 : 온건파 사대부 VS 혁명파 사대부
창 왕 (1388~1389)	• 1388년 이성계가 우왕을 폐위하고 창왕 옹립 • 1388년 급전도감을 설치 → 권문세족의 농장 몰수 • 1389년 박위가 대마도를 정벌 대마도 정벌 : 조선 태조, 김사형 → 조선 세종, 이종무(기해동정) • 1389년 폐가입진 : 신진사대부들은 창왕을 폐위 → 공양왕 옹립
공양왕 (1389~1392)	• 1391년 1월 삼군도총제부 설치 → 이성계, 정도전, 조준 등이 군사 실권 장악 • 1391년 5월 과전법 제정 : 도평의사사에서 제정, 신진사대부에게 수조권 지급 → 신진사대부의 경제적 기반 확보 • 1392년 4월 선죽교에서 정몽주가 이방원에게 피살 ※ 혁명파 사대부가 조선 건국을 반대하는 온건파 사대부를 제거 • 1392년 7월 이성계가 수창궁에서 왕 즉위 • 1393년 2월 조선 국호 제정 : 단군조선 + 기자조선 계승 • 1394년 10월 한양 천도(풍수지리)

★ 혁명파 사대부와 온건파 사대부

온건파 사대부	혁명파 사대부
정몽주, 길재, 이색 등	정도전, 조준, 윤소종 등
불사이군	역성혁명
점진적 토지 개혁	급진적 토지 개혁
다수	소수, 군사 세력과 연계
성리학 신봉	성리학보다 주례 강조
사림으로 성장	훈구파, 관학파

★ 개성 문화
• 송도삼절 : 서경덕, 황진이, 박연폭포
• 첨성대 : 만월대 서북쪽
• 만월대 : 고려 본궐
• 수창궁 용머리 조각
• 수창궁 : 공민왕이 정사를 보던 곳, 조선 태조·정종·태종이 즉위
• 공민왕릉(헌릉), 노국대장공주무덤(정릉)
• 영통사(화엄종 사찰) : 대각국사비
• 개성 성균관, 선죽교(선지교)
• 숭양서원(정몽주)

1. 고려 초기의 대외 관계 : 거란과의 전쟁

(1) 친송·북진 정책

친송 정책	· 907년 이후 5대 10국으로 분열되었던 중국을 960년 송이 통일 · 광종은 962년 송과 수교를 맺고 거란을 견제하였다.
북진 정책	· 고려는 고구려 계승 의식을 표방하며 북진 정책을 추진하였고, 이로 인해 거란과 갈등을 빚었다. 　★ 고려 초 거란과의 관계 · 태조 : 만부교 사건(942), 훈요 10조에서 '거란'은 금수의 나라이므로 본받지 말 것을 당부하였다. · 정종 : 거란의 침략에 대비하여 청천강 유역에 광군을 설치 · 성종 : 거란족의 1차 침입 · 현종 : 거란족의 2차, 3차 침입

★ 거란은 고려 침입 전 압록강 쪽에 내원성 축조하고 송을 공격하기에 앞서 발해 유민이 세운 정안국을 정복한 뒤 고려를 침입하였다.

★ 전연의 맹약
1004년 송이 거란에 패한 후 조공을 약속한 뒤 송은 고려에 연운 16주를 획득하기 위해서 고려에 군사 요청을 하였지만 고려는 이를 거부하였다.

(2) 거란과의 전쟁

	1차(993년, 성종)	2차(1010년, 현종)	3차(1018년, 현종)
배 경	· 고려는 친송·북진 정책으로 거란을 견제 · 거란은 송을 공격하기 전 고려를 견제할 목적으로 침입	· 고려의 지속적 친송 정책 · 강조의 정변(1009) : 강조가 목종을 폐위 → 현종 옹립	· 현종 입조 약속 불이행, 지속적인 친송 정책
과 정	· 거란(요) 소손녕의 80만 군이 고려 침입 → 안융진에서 고려군이 격퇴 · 거란은 고구려의 옛 영토 반환, 송과 단교, 거란과의 교류 요구 · 안융진 담판 : 서희와 소손녕 　└ 거란과 사대 체결, 송과 단교 약속 　└ 강동 6주 획득 : 여진에 대한 협공을 구실로 거란으로부터 획득 　└ ★ 강동 6주 : 흥화진, 용주, 철주, 귀주, 통주, 곽주 등 압록강 유역 　★ 안융진 담판 · 소손녕 : 고려 → 신라 계승 주장, 고구려 옛 영토 반환·거란과 교류 요구 · 서희 : 고려 → 고구려 계승(국호 고려, 수도 평양) 주장, 거란과 교류 약속	· 거란 성종이 40만 군을 이끌고 침입 · 강조의 패배 : 통주, 거란의 귀순 요구 → 거부 → 처형 · 고려 신하들의 항복 요구 : 강감찬의 반대 → 나주로 피난 · 초조대장경 조판 : 거란 격퇴를 기원하며 조판 　└ 대구 부인사 보관 → 몽골의 2차 침입 때 소실 · 양규의 선전 : 거란의 보급로 차단, 정전 교섭	· 소배압이 10만 군을 이끌고 침략 → 강동 6주 반환 요구 · 1019년 귀주대첩 : 강감찬, 강민첨 등이 귀주에서 거란 격퇴 　★ 귀주대첩 현종 10년 2월 거란 군사가 귀주를 지나니 강감찬 등이 동쪽 들에서 맞아 크게 싸웠다. 양편 군사가 서로 버티어 승패가 결정되지 않았다. 김종현이 군사를 이끌고 구원하러 왔다. … 죽은 시체가 들판을 덮고 사로잡은 군사와 말, 낙타, 갑옷, 투구, 병기는 이루 다 헤아릴 수도 없었다. 살아 돌아간 자가 겨우 수천 명이었다. 거란 군사의 패전함이 이때와 같이 심한 적은 없었다.
결 과	· 거란과 교류 약속, 송과 단교 약속 · 압록강 유역에 축성 사업, 절도사 제도 정비 　★ 안융진 담판 · 소손녕 : "너희 나라(고려)는 신라 땅에서 일어났고 고구려의 옛 땅을 우리(거란)가 소유하고 있거늘, 너의 나라(고려)가 고구려의 옛 땅을 자주 침식할 뿐 아니라 우리 거란과 국경을 접하고 있으면서 바다를 건너 송나라만 섬기기 때문에 오늘의 충정을 보게 된 것이니 이제 만일 그 땅을 할양하고 조공을 바치면 무사할 것이다." · 서희 : "그것은 틀린 말이다. 우리는(고려) 고구려 옛 땅을 터전으로 하고 있어서 나라 이름도 고려라 했고 수도를 서경(평양)이라 한 것이다. 만약 국경을 논한다면 당신 나라(거란)의 동경도 모두 우리 경내에 들어 있는데 어찌 침식했다고 할 수 있겠느냐. 더욱이 압록강 내외의 땅도 또한 우리 경내이지만 지금은 여진이 잠식하여 장악하고 간사한 짓까지 하고 있어 도로의 막힘이 바다를 건너기보다 어려우므로 당신 나라와 통교하지 못한 것이다. 만약 여진을 쫓고 우리 국토를 되찾아 큰 성과 작은 성을 쌓아서 재침을 막아 통로가 트이면 어찌 감히 수빙(修聘)을 아니하겠소. 이 말씀을 귀국 임금에게 아뢰어 주기 바란다."	· 현종의 입조 조건 · 송과 단교 약속 · 거란 연호 사용 등을 약속하고 정전 　★ 강조 군대를 이끌고 통주성 남쪽으로 나가 진을 친 강조는 거란군에게 여러 번 승리를 거두었다. 하지만 자만하게 된 그는 결국 패해 거란군의 포로가 되었다. 거란의 임금이 그의 결박을 풀어 주며 "내 신하가 되겠느냐?"라고 물으니, 강조는 "나는 고려 사람인데 어찌 너의 신하가 되겠느냐?"라고 대답하였다. 재차 물었으나 같은 대답이었으며, 칼로 살을 도려내며 물어도 대답은 같았다. 거란은 마침내 그를 처형하였다.	· 화약 체결 : 거란은 강동 6주를 고려의 영토로 인정 · 거란과 사대 약속 · 송과 단교 약속(실질적으로 교류 → 문종 때 재개) · 각장(무역소) 설치 : 거란과 무역을 위해 국경 지대에 설치 · 고려와 송, 요 사이의 세력 균형 → 동아시아 정세 안정, 무역 확대 · 국방 강화 　└ 나성 : 개경, 강감찬 건의, 현종 때 왕가도가 완성 　└ 천리장성 : 덕종~정종, 거란 재침에 대비, 압록강~도련포 　└ 감목양마법 : 현종, 군마 양성 지원 · 사회 제도 정비 　└ 면군급고법 : 노부모 봉양 시 군역 면제 　└ 주현공거법 : 향리 자제에게 과거 응시 자격 부여 　└ 주창수렴법 : 의창을 각 지방으로 확대 · 거란의 침입으로 고려왕조실록 소실 → 황주량이 7대 실록 편찬 ★ 거란에 포로로 잡혀간 고려인들이 고려인 마을을 형성하기도 하였다. ★ 거란으로부터 대장경 전래

2. 고려 중기 : 여진과의 관계

여진의 성장	· 11세기 후반 여진족 완옌부 추장 영가와 조카 우야소를 중심으로 통합이 이루어져 점차 세력을 넓혀옴 ※ 여진의 명칭 변화 : 숙신, 읍루, 물길, 말갈, 여진(금), 만주족(후금, 청)

	숙 종	예 종	인 종
여진과 관계	· 1104년 여진족의 침입 : 정주성, 윤관과 임간의 패배 · 별무반의 조직 : 윤관의 건의, 기병 중심, 거국적 부대 　└ 신기군(기병), 신보군(보병), 항마군(승려) ★ 별무반 1104년 10월 윤관이 아뢰었다. "신이 여진에게 패한 까닭은 여진군은 기병인데 우리는 보병이라 대적할 수 없었습니다." 이에 숙종에게 건의하여 비로소 별무반이 설립되었다. 문·무·산관·이서로부터 장사하는 사람, 종 및 주·부·군·현에 이르기까지 무릇 말을 가진 자를 신기군으로 삼았다. 말이 없는 자는 신보·조탕·경궁·정노·발화 등의 군으로 삼았다. 20살 이상 남자들로 과거에 합격한 자가 아니면 모두 신보에 속하게 하였다. 문무 양반과 여러 진·부의 군인을 일 년 내내 쉬지 않고 훈련시켰다. 또 승려를 뽑아서 항마군을 삼아 다시 군사를 일으키려 하였다.	· 여진 정벌 : 1107년, 윤관, 오연총 → 여진족의 동북 지방을 정벌 · 동북 9성 설치 : 1108년 → 1년 만에 환부 → 북진 정책의 중단 · 공험진 선춘령에 기념비를 세움 · 금 건국 : 1115년, 여진족의 아골타가 금 건국 → 만주 일대 장악 · 금의 성장 　└ 금은 거란을 공격하며 고려에 형제 관계 요구 → 고려의 거절 　└ ※ 김부식의 동생인 김부의는 수용 주장 　└ 거란(요)은 고려에 군사 요청 → 고려는 거부 　└ 송은 금과 함께 거란을 협공 　└ 고려는 이 상황을 이용 → 압록강의 의주(보주)를 확보 ※ 의주 : 강동 6주 가운데 흥화진이 있던 곳, 고려는 각장을 설치	· 1125년 금은 거란을 멸망시키고 고려에 군신 관계를 요구 · 1126년 이자겸이 금의 사대 요구 수용 ★ 이자겸의 난 이후 상황 　└ 김부식 등의 개경파 문벌귀족이 다시 금에 대한 사대 주장 　└ 묘청 등의 서경파는 금에 대한 정벌 주장 → 개경파와 대립 　└ 1135년 묘청의 난 발생 → 개경파의 승리 → 금에 대한 사대 강화 　└ 금에 대한 사대 강화로 숭문천무 현상 심화 　└ 1170년 무신정변 발생 ★ 무신집권기 : 이규보와 진화 등은 금에 대한 자신감 표현 ★ 이규보 : 동명왕편에서 고구려 계승과 금에 대한 자신감 강조 ★ 진화 : 송은 이미 쇠퇴했고, 여진은 미개하니 문명의 아침은 고려를 비출 것이다.

3. 무신집권기 : 몽골과의 전쟁

몽골의 성장	· 몽골의 건국 : 1206년, 징기스칸 → 몽골이 금을 압박, 거란을 공격
강동의 역	· 거란족의 고려 침입 : 몽골에 쫓긴 거란이 고려 침입(최충헌 집권 시기) 　└ 1차 침입 : 1217년, 김취려 격퇴 → 2차 침입 : 1218년, 강동성 → 몽골과 함께 김취려가 거란 격퇴 · 여몽협약 : 1219년, 강동의 역(최충헌), 몽골과 형제 관계, 포로 교환, 고려에 공물 요구

★ 몽골의 침략

배 경	· 1225년, 최우 시절, 저고여 피살 사건과 남송·일본 정벌을 위한 기지 마련 목적 　★ 고려는 산성, 해도입보 정책으로 항전하면서 외교와 항전을 병행하였다.

	1차(1231년)	2차(1232년)	3차(1235년)	4차(1247년)	5차(1253년)	6차(1254년)
침 략	· 살리타 침략 · 박서가 귀주, 최춘명이 안북부, 충주 노예군이 항전 · 최우가 항복 → 조공 약속, 몽골은 다루가치 파견 · 최우는 다루가치를 제거하고 강화 천도	· 살리타 침략 · 김윤후 : 살리타 사살, 처인성 · 처인부곡 주민 항전 · 초조대장경(대구 부인사) 소실	· 당올태 침략 · 황룡사 9층 목탑 소실 · 속장경 소실 · 팔만대장경 조판 시작(1236~)	· 아모간의 침입 · 몽골 황제의 사망으로 철군	· 야고와 홍복원 침입 · 김윤후 : 충주성 방호별감 활약	· 충주 다인철소 주민들의 항전

★ 세조구제(1259년)
강화조약 당시 원 세조는 고려가 요구한 여섯 가지 사항을 용인하였다.
첫째, 옷과 머리에 쓰는 관은 고려의 풍속에 따라 바꿀 필요가 없다.
둘째, 사신은 오직 원 조정이 보내는 것 이외에 모두 금지한다.
셋째, 개경으로 다시 돌아가는 것은 고려 조정에서 시간을 조절할 수 있다.
넷째, 압록강 둔전과 군대는 가을에 철수한다.
다섯째, 전에 보낸 다루가치는 모두 철수한다.
여섯째, 몽골에 자원해 머무른 사람들은 조사하여 돌려 보낸다

강화조약	· 1259년 : 김준 시절, 고종 때 태자(원종)가 체결 · 세조구제(고려 풍속 유지 약속) 약속 · 1270년 임유무가 강화도의 주화파에게 피살되고 무신 정권 붕괴 　└ 고려 정부가 개경으로 환도

★ 삼별초의 항전

배 경	· 원종의 친몽 정책과 굴욕적인 강화에 반발 · 원종이 삼별초의 혁파를 명하자 이에 반발 · 개경과 밀양 등의 관노들과 민중의 지지 → 전라도·경상도 해안을 장악, 4년간 항쟁

★ 고려첩장
· 이전 문서에서는 몽골의 연호를 사용하였는데, 이번 문서에서는 연호를 사용하지 않았다.
· 이전 문서에서는 몽골의 덕에 귀의하여 군신 관계를 맺었다고 하였는데, 이번 문서에서는 강화로 도읍을 옮긴 지 40년에 가깝지만, 오랑캐의 풍습을 미워하여 진도로 도읍을 옮겼다고 한다.

	강화도	진도	제주도	진압
항 전	· 1270년, 배중손 · 승화후 온을 왕으로 추대 → 반몽무인정권 수립	· 1270년, 배중손 · 용장성 축조, 주변 섬들을 복속 → 해상왕국 · 일본에 도움 요청 ★ 고려첩장	· 1271년, 김통정 · 항파두리성 축조	· 1273년, 제주 항파두리에서 여몽연합군(김방경 주도)에게 진압 · 원은 1273년 제주에 탐라총관부를 설치하고 목마장 운영

4. 고려 말 대외 관계 : 왜구와 홍건적의 침입

공민왕	우왕	창왕
· 1354년 최영, 원의 요청으로 산동성에 출병 → 장사성의 반란 진압 · 1356년 쌍성총관부 수복(유인우 장군) · 홍건적의 침입 └ 1차 : 1359년, 서경, 이방실과 이승경 └ 2차 : 1361년, 개경 함락, 공민왕 → 안동(복주)으로 피난, 최영·이성계·정세운 · 1362년 원의 나하추 침입 · 1363년 흥왕사의 변(김용이 흥왕사에서 공민왕 시해 시도) · 1366년 금구 교섭, 김일 · 1369년~1370년 : 지용수, 이성계 등이 요동 지방의 동녕부 공격	★ 금구 교섭 └ 1375년 나흥유 → 1377년 정몽주가 시도 → 결렬 ★ 왜구 토벌 · 홍산 : 1376년, 최영, 부여 ★ 최영 : 우왕의 장인 · 진포 : 1380년, 최무선, 나세 등, 최초로 자체 제작한 화포 사용 ★ 화통도감 : 1377년, 우왕 ★ 진포 대첩 우왕 6년(1380) 추수가 거의 끝나 갈 무렵, 왜구는 500여 척의 함선을 이끌고 진포로 쳐들어와 충청·전라·경상도 3도 연해의 주군을 돌며 약탈과 살육을 일삼았다. 고려 조정에서는 나세, 최무선, 심덕부 등의 장수를 파견하였는데, 고려군은 최무선이 만든 화포로 왜선을 모두 불태웠다. · 황산 : 1380년, 이성계, 남원, 조선 선조 때 황산대첩비 ★ 황산 전투 운봉으로 넘어온 이성계는 적장 가운데 나이가 어리고 용맹한 아지발도를 사살하는 등 선두에 나서서 전투를 독려하여 아군보다 10배나 많은 적군을 섬멸하였다. … 이 싸움에서 살아 돌아간 왜구는 70여 명에 불과하였다. · 관음포 : 1383년, 정지, 남해	· 대마도 정벌 : 1389년, 박위 ★ 조선 시대 대마도 정벌 └ 태조 : 김사형 └ 세종 : 이종무, 기해동정

THEME 026 고려 시대 중앙 통치 조직

1. 정비 과정과 특징

정비 과정	• 성종 : 2성 6부와 중추원, 삼사 → 현종 : 도병마사, 식목도감 → 문종 : 중앙 통치 제도의 완성
	★ 도병마사와 식목도감 : 성종 말과 현종 초에 걸쳐 설치되어 적어도 현종 시절 그 기능이 나타나게 되었다.
특징	• 2성 체제 : 당의 3성 6부를 도입 but 2성 체제로 운영
	• 중서문하성 중심 : 정책을 결정하고 심의하는 중서문하성을 중심으로 운영, 중서문하성의 문하시중이 수상의 역할
	• 중서문하성, 중추원, 상서성 등 중요 기구들은 상하 이중 구조로 구분

• 당 계통 : 2성(중서문하성과 상서성), 6부(이·호·예·병·형·공부)
• 송 계통 : 중추원과 삼사
• 독자적 기구 : 도병마사와 식목도감

✏️ 필기 노트

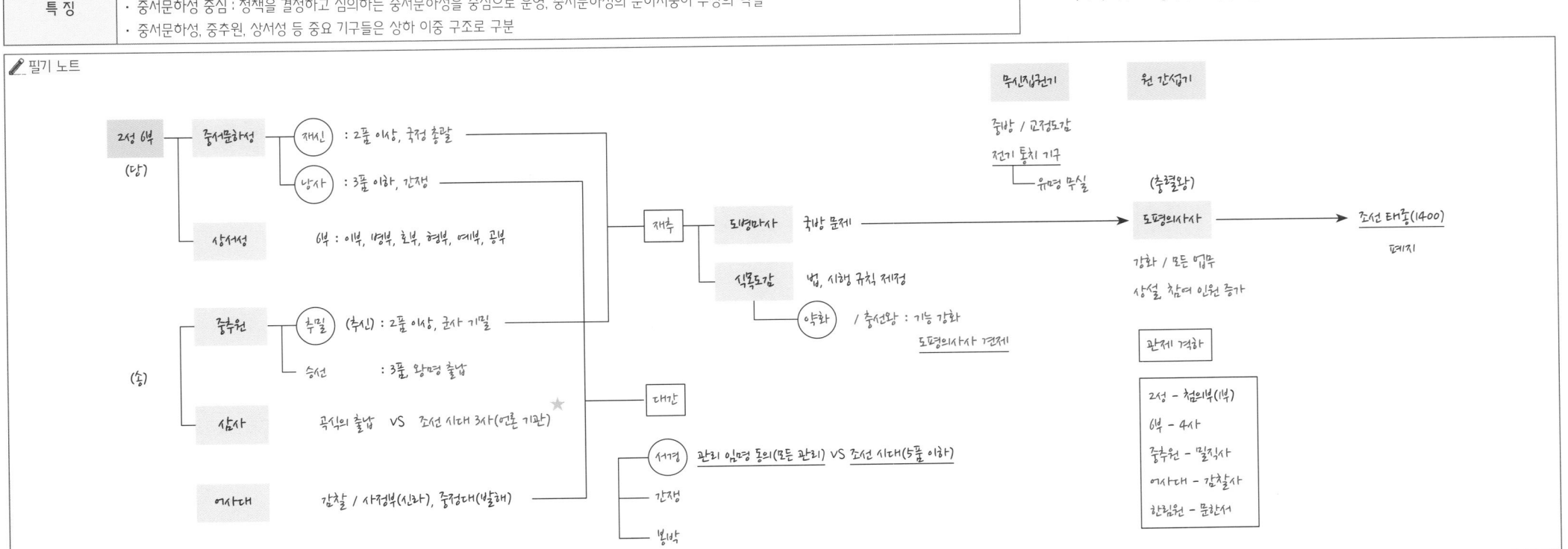

2. 2성 6부

구 성	• 중서문하성 : 국정 총괄 • 상서성 : 정책 집행 → 6부
중서문하성	• 장은 문하시중, 재부, 정책 결정, 최고 기구 ★ 내사문하성(성종) → 중서문하성(문종) • 2품 이상의 재신(국정 총괄, 다수 관직 겸직)과 3품 이하의 낭사(간쟁)로 구성
상서성	• 장은 상서령 • 정책 집행 : 산하에 6부를 두고 정책을 집행하였지만, 중요한 역할을 하지 못함 • 6부(장은 판사) : 이부, 병부, 호부, 형부, 예부, 공부 ※ 문종 이후 중서문하성의 재신이 6부의 판사를 겸직하여 상서성은 형식적인 기구였다.

★ 시대별 행정 조직 비교

	백 제	신 라	발 해	고 려	조 선
최고 행정 기구		집사부	정당성	중서문하성	의정부
국립대학		국학	주자감	국자감	성균관
감 찰		사정부/외사정	중정대	어사대	사헌부
문반 인사	내신좌평	위화부	충부	이부	이조
호구, 조세, 화폐	내두좌평	조부, 창부	인부	호부	호조
외교, 교육, 제사	내법좌평	예부	의부	예부	예조
무반 인사, 군사	병관좌평, 위사좌평	병부	지부	병부	병조
형벌, 법률, 노비	조정좌평	좌·우 이방부	예부	형부	형조
토목, 건축 등		공장부, 예작부	신부	공부	공조

3. 기타 기구

중추원	• 추밀원, 추부, 장은 판원사　　　※ 송의 영향을 받았지만 송과 달리 군사 사무도 담당한 것이 특징 • 구성 : 추밀(2품 이상, 군사 기밀) + 승선(3품, 왕명 출납) ※ 중서문하성(재부)과 중추원(추부) → 양부라고 불림
삼 사	• 장은 판사, 재신이 판사를 겸직　　　　　　　　　　　※ 송의 영향, 후에 도평의사사에 참여 • 곡식의 출납과 회계 담당 / 호적과 양안 작성(X), 언론 기구(X)　★ 조선 시대 삼사 : 사헌부·사간원·홍문관, 언론 기구
어사대	• 관리의 감찰과 탄핵 / 낭사와 함께 대간 구성　　　　　　★ 신라는 사정부, 발해는 중정대, 조선은 사헌부
한림원	• 외교 문서 및 왕명과 교서 작성　　　　　　　　　　　　★ 조선 시대 : 승문원(외교문서), 예문관(왕의 교서)

★ 기타 기구
• 사천대 : 천문
• 보문각 : 경연과 장서
• 통문관 : 외국어 교육
• 태사국 : 풍수와 도교
• 태의감 : 의학 교육
• 춘추관 : 실록과 국사 편찬

4. 재추 회의

	도병마사
구 성	• 중서문하성의 재신 + 중추원의 추밀
역 할	• 국방 문제 논의
특 징	• 독자적인 임시 기구, 만장일치(의합)로 합의
변 화	• 충렬왕 시절 도평의사사(도당)로 개칭되어 기능 강화　　★ 주의 : 원의 압력으로 개칭된 것이 아님 ★ 도평의사사 • 국정 전반 논의, 국가 최고 기구 → 참여 인원 증가, 상설 기구 • 첨의부와 밀직사의 재추가 참여 • 공양왕 시절, 1391년, 과전법 제정 • 혁파 : 조선 초기, 1400년, 태종 때 도평의사사가 혁파되고 의정부와 삼군부 등으로 분리

	식목도감
	• 중서문하성의 재신 + 중추원의 추밀
	• 중요 의식과 법령 제정을 관장
	• 독자적인 임시 기구, 만장일치(의합)로 합의
	• 고려 후기 도평의사사의 기능이 강화되어 식목도감의 기능은 약화 • 충선왕 때는 도평의사사를 견제하기 위해서 식목도감의 기능을 강화시킨 적이 있다. • 식목도감은 조선 시대 의정부로 흡수 ※ 재신과 추밀은 정책 결정과 집행에 모두 관여하였다.

5. 대간(성대, 대성)

구 성	• 어사대(대관)와 중서문하성의 낭사(간관)로 구성 ※ 조선 시대 대간 : 사헌부와 사간원
역 할	• 서경과 간쟁, 봉박 • 정치상의 견제와 균형

★ 대간
• 고려 시대 처음 실시
• 대간의 관료들은 직위는 낮았으나 왕과 고관의 활동을 제한하고 지원하기도 함

★ 대간의 기능
• 정치상의 견제와 균형
• 서경 : 관리 임명 시 동의, 모든 관리가 대상　　★ 조선은 5품 이하만 대간의 동의를 거쳐 임명
• 간쟁 : 왕에게 간언
• 봉박 : 정책 거부

6. 고려 후기의 관제 변화

무신집권기	• 전기의 2성 6부의 중앙 통치 조직은 유명 무실화 • 중방 강화 : 상장군과 대장군의 합좌 기구인 중방이 강화 • 교정도감 : 최충헌 집권 이후 교정도감이 최고 권력 기구화
↓	
원 간섭기	• 원의 압력으로 충렬왕 시절 관제 격하와 호칭의 격하가 이루어짐 • 호칭의 변화 : 조와 종 → 왕, 폐하 → 전하, 짐 → 고, 태자 → 세자 ※ 도병마사 → 도평의사사로 개칭(원의 압력 X, 자주적 개혁)

★ 원 간섭기 관제 격하
• 2성 6부 → 첨의부와 4사(전리사, 판도사, 전법사, 군부사)
• 중추원 → 밀직사 / 어사대 → 감찰사 / 한림원 → 문한서

1. 정비 과정

태조	성종	현종	문종	숙종	예종	인종
· 호족 통제 : 사심관, 기인 제도 · 분사 제도 : 평양을 서경으로 승격 · 조장과 금유, 전운사 등 파견 : 세금 징수	· 전국을 10도로 정비 · 12목 설치 → 외관(목사) 파견 · 향직 개편 · 3경 정비 : 풍수지리의 영향 └ 중경(개경), 서경(평양), 동경(경주) · 개경을 개성부로 개칭	· 5도 : 행정 구역 · 양계 : 군사 구역 · 4도호부 : 군사 요충지 · 8목 : 지방 중심 도시 · 경기 정비	· 3경에서 동경을 제외 · 한양(목멱양) → 남경 승격 · 3경 정비 : 개경, 서경, 남경	· 남경 개발 · 남경개창도감 설치 └ 김위제의 건의	· 감무 파견 · 분사 제도 완성	· 묘청의 난 이후 └ 3경 제도 폐지 └ 분사 제도 폐지

2. 지방 제도의 특징과 구성

특징	· 이원화 : 행정 구역인 5도와 군사 구역인 양계로 구분 · 수령이 파견되지 못한 속군과 속현이 수령이 파견된 주군과 주현보다 많음 · 안찰사의 권한 미약 : 임기 6개월, 순회, 수령보다 품계 낮음 · 향리의 세력이 강함 : 향촌의 실질적 지배자 → 조세와 부역, 소송을 담당 └ ★ 중류층, 무산계, 읍사, 외역전, 일품군 지휘, 문과 응시

★ 향리
└ 기원 : 지방 호족의 독립적인 당대등, 대등, 병부, 창부가 성종 때 호장, 사병, 사창의 향리로 편성되었던 것이 시초
└ 향리는 향공진사의 제도를 통해 중앙 품관직에 진출하기도 하였다.
└ 향리는 기인의 방법으로 중앙 서리직에 진출하기도 하였다.
└ 향리의 우두머리인 호장층은 중앙의 상서성에서 임명하였다.

★ 5도 양계	5도
특징	· 행정 구역 → 안찰사 파견 : 임기 6개월, 지방을 순회, 수령보다 품계가 낮음 · 서해도, 양광도, 교주도, 경상도, 전라도 / 충청도(X) · 군과 현 설치 : 도 안에는 군과 현이 설치 └ 수령 파견, 임기 3년, 수령 5사　　※ 수령 : 부윤, 목사, 군수, 현령 등 └ 주군과 주현 : 수령 파견 O └ 속군과 속현, 향과 소, 부곡 : 수령 파견 X, 주군과 주현보다 다수, 향리가 관리 · 촌 : 촌주와 촌장(신라보다는 힘이 약화) ★ 안찰사의 역할 수령의 현부를 살펴 출척하는 일, 민생의 질고를 묻는 일, 형옥의 심치, 조부의 수납, 군사적 기능을 수행 ★ 수령 5사 전야벽(농토 확대), 호구증(호구 증가), 부역균(부역 균등), 사송간(소송 간결), 도적식(도적 제거)

양계
· 군사 구역 → 병마사 파견 : 임기 6개월, 민정 + 군정 기능 수행, 안찰사보다 높은 지위, 주진군 지휘 · 북계와 동계 → 진 설치(군사 거점 도시) · 양계 지방은 조세를 수취하여 현지 경비로 사용 ※ 군과 현에는 대부분 지방관을 파견, 군사 특수 지역인 진을 설치(비상교육)

★ 기타

경기	· 현종 때 성종 때 설치된 개성부를 폐지하고 설치 · 중앙 정부에서 직접 통치
3경	· 성종 : 중경(개경, 부윤 파견), 서경(평양, 북계 소속, 유수 파견), 동경(경주, 유수 파견) · 문종 : 개경, 서경, 남경(한양, 목멱양) ★ 3경의 설치는 풍수지리의 영향을 받음
계수관	· 중앙과 군현 사이의 중간 거점 ★ ex) 안찰사, 4도호부, 8목 등 중간 행정 기구
4도호부	· 군사 거점 도시
8목	· 지방 중심 도시 ★ 충주, 청주, 상주, 황주, 광주, 나주, 전주, 진주
장과 처	· 왕실과 사원의 농장, 처간이 경작

※ 고려 시대 지방 제도

★ 향과 소, 부곡

특징	· 일반 양민이지만 차별 대우를 받음 ; 더 많은 세금 부담, 국자감 입학 X, 과거 응시 X, 승려 진출 X, 거주 이전의 자유 X ※ 경상도에 다수 분포, 소는 전라도에 가장 많음 · 향리가 관리 : 수령이 파견되지 않고, 호장 이하 향리(부곡리)가 관리(단, 부곡리도 일반 향리보다 차별) · 감무 파견 : 예종 때부터 반란 발생 시 감무 파견 ★ 감무 : 속군과 속현, 향과 소, 부곡에서 반란 발생 시 파견되는 지방관 · 소멸 : 무신 집권기 공주 명학소의 망이와 망소이 난 이후 소멸되기 시작 → 조선 초기 모두 소멸 ★ 공주 명학소 → 충순현, 충주 다인철소 → 익안현, 처인부곡 → 처인현
향과 부곡	· 신라 시대부터 존재, 주로 농업에 종사, 둔전과 공해전 등 국가 직속지 경작
소	· 고려 시대 처음 등장, 주로 수공업과 광물 채취, 도자기와 종이, 먹 등 제작 · 상감청자 제작, 해산물 등을 정부에 납부 ※ 해남 도자소 : 청자 생산을 지정 받음

※ 향, 소, 부곡

· 삼사에서 말하기를 "지난 해 밀성 관내의 뇌산부곡 등 세 곳은 홍수로 논, 밭, 작물이 피해를 보았으므로 청컨대 1년치 조세를 면제하십시오."라고 하니, 이를 따랐다.
· 향, 부곡, 악공, 잡류의 자손은 과거에 응시하는 것을 허락하지 않는다.
· 익안폐현은 충주의 다인철소인데, 주민들이 몽골의 침입을 막는데 공이 있어 현으로 삼아 충주의 속현이 되었다.

※ 고려 시대 소

신라가 주군을 설치할 때 전정과 호구가 현을 이룰 규모가 아니면 향이나 부곡을 설치하여 소재 읍에 속하게 했다. 고려 때 '소'는 은소·동소·철소·사소(실)·주소(비단)·지소(종이)·와소(기와)·탄소(숯)·묵소·곽소(콩)·자기소·어량소(물고기)·강소(생강) 등 공납하는 물품에 따라 구별하였다.

– 신증동국여지승람 –

1. 관리 선발 제도와 관등 체제

관리 선발 제도	• 천거, 음서, 과거 제도 • 기타 : 남반(궁중 하급 관리)잡로, 성중애마(왕의 호위 측근 선발)
관리 운영 제도	• 성종 때 문산계와 무산계의 관등 체제 정비 • 문산계 : 문반 + 무반, 18품계, 품관직, 2품 이상은 재추 ※ 무반 : 3품까지 승진 • 무산계 : 향리, 탐라 왕족 등 ★ 관리 임용 원칙 • 행수제 : 품계와 관직의 불일치 시 ※ 행 : 계고직비 VS 수 : 계비직고 • 서경제 : 관리 임용 시 대간의 동의를 거쳐 임명 • 상피제 : 관리 비리 방지, 출신 지역 파견 X, 친인척 같은 부서 X

• 과거 : 광종 때 쌍기의 건의로 실시
• 음서 : 성종 때 제도화

★ 관리의 종류
• 직관(실직) : 현직 관리
• 산관(산직) : 전직 관리, 직무 X
• 첨설직 : 공민왕, 산직

2. 음서 제도

시 행	• 신라 시대 공신 자손을 등용하던 제도를 성종 때 음서로 제도화 → 5품 이상 관료 자제를 관리로 선발
종 류	• 문음 : 문무 5품 이상 → 정기적 • 공신 자손, 조종의 묘예(왕족) → 비정기적
특 징	• 18세 이상에게 음직을 주는 것이 원칙이지만 예외도 있었다. ※ 초음직은 산직인 동정직을 받았다. • 1인 1자가 원칙이지만 예외로 여러 명에게 주는 경우도 있었다. ※ 탁음자의 품계에 따라 수음자의 범위가 달라졌다. • 음서 출신들은 관직 진출의 제한이 없었다. • 공신 자손에게 주던 음서가 혜택이 가장 컸다.

★ 주의
• 음서는 직계자손에게만 주어졌다.(X)
• 서양의 습관제와는 다름
• 음서 출신은 5품 이상의 관직에 오를 수 없었다.(X)
• 음서는 왕이 즉위하는 등 특별한 경우에만 시행되었다.(X)

3. 과거와 승과 제도

시행과 정비	• 광종 : 쌍기의 건의로 실시, 왕권 강화를 위해 실시 • 성종 : 과거제를 정비하고, 과거 출신자를 우대
응시와 특징	• 양인 이상이면 응시 가능 • 단, 향과 소, 부곡민은 금지
절 차	• 3년마다 보는 식년시가 원칙이지만 격년시가 유행 ※ 조선 시대 : 증광시, 별시, 알성시 등의 특별 시험 유행 • 절차 : 향시 → 국자감시 → 예부시 └ 국자감시 : 국자감의 학생만을 대상으로 치르던 시험(X) • 합격생에게는 홍패 수여
종 류	• 제술과 : 사장, 시·부·송·책 등의 문장 실력을 시험 ※ 제술과를 명경과보다 중시, 10배 이상 선발 • 명경과 : 경전, 시경, 서경, 춘추 시험 ※ 제술과와 명경과는 주로 귀족과 향리 자제가 응시 • 잡과 : 기술관 선발, 11개 과목으로 구분 • 무과 : 거의 실시되지 않음 → 공양왕 시절 무과가 제도화 ※ 예종 때 단 한 차례 무과가 실시된 적이 있다. ★ 고려 시대에는 3년마다 무과를 통해 무반을 선발하였다. (X) ★ 고려 시대 무반 선발 : 주로 세습, 또는 무예가 뛰어난 자를 특채로 선발 / 팔관회 등의 행사 때 간단한 시험으로 선발

★ 주현공거법 : 현종, 향리 자제들에게 과거 응시 자격 부여

★ 특징
• 신분 상승과 문벌귀족 사회 형성에 영향
• 좌주 문생 → 조선 시대 폐지 / 합격생들은 동년계 조직

★ 과거 시험 절차
• 향시 : 상공(개경), 향공(지방), 빈공(외국인)
• 국자감시 : 진사시, 사마시
• 예부시 : 동당감시

★ 승과
• 실시 : 광종, 3년마다 실시, 승려들이 응시
• 종류 : 교종시와 선종시 → 합격생에게는 법계(승계) 수여
※ 승계 : 교종은 승통, 선종은 대선사 → 왕사와 국사(국가와 왕실의 자문 역할)
※ 승록사 : 승려들의 인사 문제를 다루지 않음

4. 교육 제도

(1) 교육 기관의 정비

태 조	→	정 종	→	성 종	→	사학의 발달
· 학보(장학 재단) 설치 · 개경과 서경에 숙(학교) 설치		· 광학보 설치 　└ 승려의 면학 장려		· 교육 조서 반포, "교육이 아니면 인재를 얻을 수 없다." · 국자감 설립 : 국립대학 · 12목에 박사 파견 · 향학 설치 : 지방, 서민 자제와 지방 관리 자제 교육 · 개경에 비서성과 서경에 수서원이라는 도서관 설립 · 문신월과법 : 성종, 예종 / 문신에게 글을 써서 바치게 함		· 문종 때 최충의 9재학당(문헌공도)이 시초 → 사학 12도 발달 · 관학의 침체 최충이 죽은 뒤 시호를 문헌(文憲)이라고 하였는데, 과거에 응시하는 자들이 모두 9재 학당에 소속되어 이를 모두 문헌공도라고 불렀다. …… 세간에서는 12사학 중에서 최충의 학도가 가장 성대하다고 하였다.　　　　　　- 고려사 -

★ 사학
· 개경에 설치, 귀족 자제 입학
· 전직 고관과 지공거 출신들이 설립
· 과거에 중시되는 제술을 필수로 운영
· 문벌귀족의 형성에 기여
· 관학의 쇠퇴에 영향
· 무신집권기와 원 간섭기에 침체
· 1391년 공양왕 때 폐지

(2) 관학 진흥책과 교육 정비

숙 종	→	예 종	→	인 종	→	충렬왕	→	충선왕	→	공민왕
· 국학폐지론 등장 · 서적포 : 서적 출판 ★ 서적원(공양왕)		· 양현고 : 장학 재단 · 7재 : 전문 강좌 개설 　└ 최충의 9재 학당 모방 　└ 유학과 무학(강예재) ★ 청연각과 보문각 : 궁궐 내 학문 연구 기구		· 경사 6학 정비		· 국자감을 국학 → 성균감으로 개칭 · 국자감에 공자의 초상화 비치, 문묘 설치 · 섬학전 : 장학 재단, 양현고 확충 · 경사교수도감 설치 　└ 7품 이하의 관리에게 경학과 사학 교육		· 성균관(1308) 개칭		· 성균관 : 순수한 유학 교육 기구로 개편 　└ 이색이 성균관의 교육 과정 정비 　└ 이색, 정몽주, 이숭인, 정도전 등 배출 ※ 공양왕 : 예학과 율학, 의학 등 10학 설치

(3) 국자감의 운영

설 립	· 992년, 성종 때 개경에 설립
운 영	· 유학부와 기술학부로 운영 · 유학부 : 7품 이상 관리 자제 입학 · 기술학부 : 8품 이하 관리 자제와 평민 입학
정 비	· 숙종 : 서적포 설치 · 예종 : 양현고와 7재 · 인종 : 경사 6학 · 충렬왕 : 국자감 → 국학 → 성균감, 섬학전 · 충선왕 : 성균관 개칭

★ 고려 후기 수도에는 성균관과 동서학당이 운영되었고, 지방에는 향교(국립)와 서재(사립)가 교육을 담당
★ 기타 교육 : 사천대(천문), 태의감(의학), 태사국(음양, 풍수), 통문관(외국어)

★ 국자감의 운영

	유학부		기술학부
입 학	· 7품 이상의 관리 자제가 입학	· 신분별 입학	· 8품 이하의 관리 자제와 평민들이 입학 · 전공별 입학
구 성	· 국자학(3품 이상), 태학(5품 이상), 사문학(7품 이상)		· 율학, 서학, 산학
과 정	· 신분에 따라 기숙사를 달리함	· 6년 공부	· 전공별 입학
	· 9년 공부, 교육 내용은 과거 시험 내용과 동일		
기 타	· 3년 이상 수학 시 동당감시 응시 가능 · 성적 우수 시 본시험 응시 자격 부여		

1. 군역 제도

직업군인	· 신분 : 중류층 · 특징 : 군인전 지급, 역 세습 → 군인전 세습　　※ 주의 : 2군 6위의 상장군, 대장군, 장군 → 무반, 과전 지급 ★ 선군 · 직업군인을 세습할 자가 없을 때 새롭게 선발 · 지방 한인, 향리, 백정, 천인 등 선발, 노비도 가능
농민병	· 군인호(정호)가 군역을 담당 → 후기 : 양인개병제로 변화 ★ 군인호 · 군인호 : 16세에서 59세까지 군역을 지정 받은 농민이 군역을 담당하는 농민 · 3년마다 개경과 양계(국경 지대)에서 1년간 교대로 근무

★ 조선 시대 군역 제도
· 양인개병제 : 16~60세 미만 양인들이 군역 담당
· 현직 관리와 학생은 원칙적 제외
· 향리, 상공업자 등은 실질적으로 면제
· 병농일치 : 농민들이 정병과 보인으로 근무

※ 정호 : 국가로부터 일정한 역을 지정받은 군인호, 공장호, 역호 등
※ 백정호 : 국가로부터 일정한 역을 받지 않은 일반 농민

2. 중앙군과 지방군

	중앙군	지방군
구 성	· 2군 6위 · 2군 : 목종, 응양군 + 용호군, 근장, 왕의 친위부대로 6위보다 우위 · 6위 : 성종, 좌우위, 신호위, 흥위위, 금오위, 천우위, 감문위 ★ 6위 · 좌우위, 신호위, 흥위위 : 6위의 주력부대, 개경과 국경 수비 · 금오위 : 경찰 업무 담당 · 천우위 : 의장대 · 감문위 : 궁성 수비 업무 담당	· 5도에는 주현군, 양계에는 주진군을 설치 · 주현군 : 5도, 정용과 보승, 일품군(노동 부대, 추역군, 향리가 지휘) · 주진군 : 양계, 좌군, 우군, 초군의 상비군, 둔전병으로 국경 수비
군 역	· 직업군인 + 농민병(교대 근무, 번상병)	· 16세~59세의 농민들로 구성, 지방관이 지휘 ※ 주진군 : (양계) 토착민 + 일부 주현민 + 중앙에서 파견된 상비군
주의!	※ 중앙군설 : 부병제설(의무병), 군반씨족설(직업군인), 혼성제설(다수설)	

★ 중앙군의 구성
· 2군 6위의 중앙군은 45령으로 구성
· 령 : 1000명으로 구성된 부대
· 령은 장군들이 지휘
· 령의 장군들은 장군방에서 합좌

★ 중방
· 2군 6위의 상장군과 대장군의 군사 최고 회의
· 무신난 이후 최고 기구의 역할
· 응양군의 상장군이 의장인 반주 역임

★ 장군방
· 45령의 장군과 중장군 회의
· 령 : 1000명으로 구성된 부대

3. 특수병

광군	· 정비 : 정종 때 거란족의 침입에 대비 · 구성 : 호족의 사병 중심, 청천강에 배치, 상비군으로 광군사에서 관장 → 현종 때 주현군으로 편입
별무반	· 정비 : 숙종 때 윤관의 건의, 임시로 조직 → 예종 때 여진 정벌
삼별초	· 정비와 역할 : 최우 시절 정비, 무신집권기 사병 역할 · 구성 : 무예가 뛰어난 사병들로 구성 　└ 좌별초 + 우별초 + 신의군 　└ 야별초 → 좌별초와 우별초 : 도적을 잡기 위해 조직 　└ 신의군 : 대몽 항쟁기 탈출한 병사 ※ 주의 : 삼별초는 관군과 귀족 장교로만 구성되었다. (X)

★ 별무반의 구성과 운영
· 신기군(기병), 신보군(보병), 항마군(승려)으로 구성, 신보군이 다수 / 주력은 신기군
· 전직 관리 ~ 노비까지 동원(현직 관리와 학생, 일부 승려는 제외)
· 해체 : 여진 정벌 이후 해체

· 연호군 : 고려 말 왜구 침략에 대비하여 농민과 노비로 구성 → 우왕 때 폐지
· 만호부 : 원 간섭기, 일본 원정 이후 설치

1. 전시과 제도

전시과	· 관리들의 역의 대가로 국가(정부)는 관리들의 경제적 안정을 위해서 전시와 시지의 수조권 지급

★ 전시과 운영

원 칙	· 전지(전답)와 시지(임야)의 수조권을 18등급으로 나누어 차등적으로 지급 · 세습 불허 : 1대 원칙, 퇴직·사망 시 반납
지 역	· 양계를 제외한 전국의 토지 지급
주 의	· 사전 : 소유권은 전객(농민)에게, 수조권은 전주(관리)에게 있음 · 자신의 토지에 수조권이 설정 → 면세 ★ 전시과 체제에서 민전은 사유지이나 수조권의 귀속을 기준으로 하면 공전인 경우도 있다.

★ 수조권 : 토지에서 1/10의 조를 수취할 수 있는 권리
★ 공전과 사전 : 국가에 수조권이 있는 토지는 공전, 개인 관리에게 수조권이 있을 때는 사전

★ 예외적 세습
· 공음전 : 5품 이상의 문무 관리에게 지급된 토지로 세습
· 전정연립 : 외역전(향리), 군인전(직업군인)은 역의 세습으로 토지가 세습

★ 전주와 전객
· 전주 : 수조권을 받은 관리, 전객으로부터 1/10의 조를 수취
· 전객 : 민전 소유자, 자작농, 전주에게 1/10의 조를 납부
★ 고려 시대 식읍 : 경순왕은 경주, 견훤은 양주, 최충헌은 진주를 식읍으로 받음

2. 전시과 제도의 변화

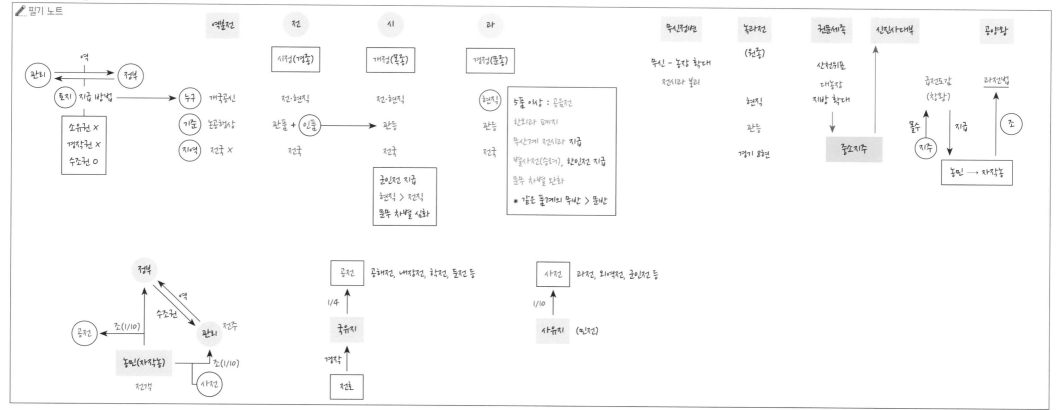

	역분전	시정전시과	개정전시과	경정전시과	녹과전
시기	태조(940)	경종(976)	목종(998)	문종(1076)	원종(1271)
대상	개국공신	전·현직 관리	전·현직 관리	현직	현직
기준	논공행상	관품(자·단·비·녹) + 인품(충성도, 사회적 명망)	관등에 따라 지급, 현직을 전직에 비해 우대	관등에 따라 지급	관등에 따라 지급
지역	전국 X	전국	전국	전국	경기 8현

특징

시정전시과 / 개정전시과:
- 자삼 : 공신들, 인품(사회적 명망, 충성도)에 따라 18개 등급
- 단삼 : 문반, 무반, 잡직
- 비삼과 녹삼 : 문반, 잡직
- 훈전 : 개국공신과 귀순한 호족의 후예에게 지급
  └ 문종 때 공음전으로 변화

개정전시과:
- 퇴직은 현직에 비해 몇 과를 낮추어 지급
- 문무 차별 심화
- 군인전(직업군인) 지급 시작
- 상급 향리인 안일호장에게 전시 지급
- 시정전시과에 비해 지급량 감소
- 시지 : 15등급까지만 지급

경정전시과:
- 공음전 지급
- 별사전(승려), 한인전 지급
- 한외과 폐지, 무산계전시과 지급
- 문무 차별 완화, 군인 대우 향상
- 수급 기준을 전지 지급 총액으로 합산
- 시지 : 14등급까지만 지급
- 같은 품계 무반이 문반보다 많이 지급 받음

녹과전:
- 현직 관리들의 생계를 위해 지급
- 1/10 수취, 세습 불허, 녹봉 대신 지급
- 과전법에 영향
- 권문세족의 농장 확대 등으로 실패

※ 녹봉
- 문종 때 정비
- 녹은 미곡, 봉은 면포
- 공무 수행의 대가로 관리에게 지급

시기		등급	1	2	3	4	5	6	7	8	9	10	11	12	13	14	15	16	17	18
경종(976)	시정전시과	전지	110	105	100	95	90	85	80	75	70	65	60	55	50	45	42	39	36	33
		시지	110	105	100	95	90	85	80	75	70	65	60	55	50	45	40	35	30	25
목종(998)	개정전시과	전지	100	95	90	85	80	75	70	65	60	55	50	45	40	35	30	27	23	20
		시지	70	65	60	55	50	45	40	35	33	30	25	22	20	15	10			
문종(1076)	경정전시과	전지	100	95	85	80	75	70	65	60	55	50	45	40	35	30	25	22	20	17
		시지	50	45	40	35	30	27	24	21	18	15	12	10	8	5				

- 시정전시과 → 개정전시과 → 경정전시과 ; 지급량 감소, 시지의 감소량이 더 큼 → 개정전시과와 경정전시과 : 시지를 받지 못한 관리도 있었다.
- 전시과 붕괴 : 불법적 세습, 전정연립의 현상으로 전시과 문란 → 무신정변 이후 무신들의 농장 확대로 전시과 붕괴

※ 권문세족의 농장 확대
  └ 사패전과 토지 약탈 → 산천위표
  └ 면세전 증가로 국가 재정 감소
★ 고려 말 토지 개혁 시도
  └ 전민변정도감 : 원종, 충렬왕, 공민왕, 우왕
  └ 찰리변위도감 : 충숙왕
  └ 정치도감 : 충목왕
  └ 급전도감 : 창왕
★ 과전법 : 공양왕(1391), 도평의사사

3. 토지의 종류

	공 전	사 전
수조권	· 국가 기관이나 왕실에 수조권이 있는 토지	· 개인 관리에게 수조권이 있는 토지
수취율	· 1/4 수취 · 국가 소유지에 설정되어 전호에게 1/4 수취	· 1/10 수취 · 개인 소유지(민전)에 설정되어 1/10 수취 · 사전의 수조권은 전주(관리)에게 있고, 소유권은 전객(농민)에게 있었다.
종류	· 공해전 : 관청 경비로 지급 · 내장전 : 왕실 경비로 지급 · 궁원전 : 왕자와 왕족에게 지급 · 학전 : 학교 경비 · 둔전 : 국경 지대, 군대 경비	· 과전 : 문무 관리에게 지급 · 한인전 : 6품 이하 하급 관리 자제 중 무관직자, 과거 합격 후 대기생, 역의 대가 X · 별사전 : 승려, 풍수지리업의 지사 ※ 사원전은 사원에 지급(면세) · 구분전 : 하급관리나 군인의 유가족에게 지급 · 외역전 : 향리에게 지급, 역이 세습 → 토지 세습 · 군인전 : 직업군인에게 지급, 역이 세습, 토지 세습 ※ 무반 : 과전 · 공음전 : 5품 이상의 관리에게 지급, 공양왕 때 공신전으로 개칭, 역의 대가 X

★ 장과 처
· 왕실 사유지로 처간과 노비가 경작
· 내장택 : 왕실의 소유지를 관리

★ 주의
· 전정연립 : 역이 세습 → 토지 세습, 외역전, 군인전
· 관직 사회의 경제적 안정(생계 유지) : 과전, 공음전, 한인전, 구분전
· 관인 신분의 세습 : 한인전
· 영업전 : 세습되는 토지, 공음전, 공신전, 외역전, 군인전, 내장전, 공해전 등
· 공음전, 한인전 : 역의 대가 X

1. 수취 제도

조세	• 의미 : 토지에서 쌀과 콩 등을 수취 • 원칙 : 결부제, 비옥도에 따라 3등급 • 세율 : 정부는 개인 소유지인 사전에서 1/10을 수취하고, 국유지인 공전에서는 1/4을 수취 ★ 전호(소작농) • 사전(개인 소유지) 경작 시에는 1/2을 지주에게 납부, 공전(국유지) 경작 시에는 1/4을 국가에 납부
공물	• 의미 : 호(9등호)에 국가에서 필요한 현물과 토산물을 부과 • 종류 : 상공(정기적), 별공(수시, 비정기적) • 공물은 토지가 없는 농민들도 부담하여 농민들에게 조세보다 더 큰 부담이 되었다.
역	• 의미 : 16세~59세 양인 정남의 노동력을 국가에서 무상으로 징발 • 종류 : 군역과 요역으로 구분 ※ 군역 : 군인호, 부유한 농민들을 군인호로 동원　　※ 요역 : 호에 부과, 각종 공사에 농민들을 동원
재정 운영	• 재정 운영 : 국방비가 가장 큰 비중을 차지 • 호부 : 양안(토지 장부)과 호적(인구 조사를 통해 3년마다 작성)을 작성 • 삼사 : 곡식의 출납과 회계, 물가 조절을 담당하기도 함
경제 정책	• 농업 중심 : 광종은 황무지 개간을 장려(공사전조법), 성종은 호족의 무기를 몰수하여 농기구 제작, 농번기에 잡역 동원 금지 • 상업 장려 : 개경과 서경 등에 시전 설치, 주요 도시에 국영 점포(관영상점) 운영 → 자급자족의 경제로 부진

★ 조운 제도
• 양계를 제외한 5도의 조세를 조창에서 경창으로 운송, 양계 지방은 수취 후 현지 경비로 사용
• 조창(양계 제외 13개, 전라도에 6개 설치), 경창(중앙에 설치)
• 운송 : 배로 운반, 조창민이 담당, 2~5월에 운송
• 흥원창 : 원주, 강원도 조세 집결

★ 고려 후기 : 베로 대신 내는 공물 대납으로 상업이 발달

★ 조선(성종) : 요역을 토지 8결당 1명을 1년에 6일 이내로 부과
★ 정호와 백정호
　└→ 정호 : 국가로부터 역 부과, 군인호와 공장호 등
　└→ 백정호 : 일반 농민을 의미
★ 창 : 국가 운영의 중심의 쌀과 베를 저장하고 지급
• 좌창 : 관리 녹봉 VS 우창 : 일반 비용
• 용문창(군량미), 상평창(물가 조절), 의창(빈민 구제)

※ 적전 : 왕이 농사의 모범을 보이는 토지

✏️ 필기 노트

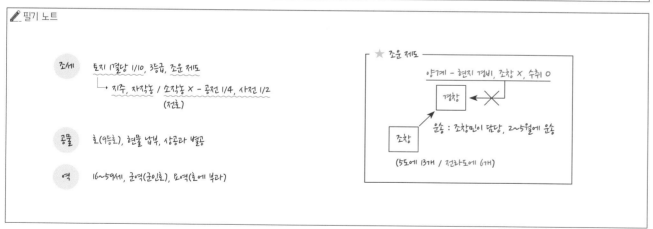

조세　토지 1결당 1/10, 3등급, 조운 제도
　└→ 지주, 자작농 / 소작농 X - 공전 1/4, 사전 1/2
　　　　　(전호)

공물　호(9등호), 현물 납부, 상공과 별공

역　16~59세, 군역(군인호), 요역(호에 부과)

★ 조운 제도

양계 - 현지 경비, 조창 X, 수취 O

경창 ←×—

조창

운송 : 조창민이 담당, 2~5월에 운송

(5도에 13개 / 전라도에 6개)

2. 경제 활동

	전 기			후 기
농업	• 특징 : 밭농사 중심, 심경법(깊이갈이)이 일반화 • 논농사 : 휴한농업　　※ 불역전(매년 경작), 일역전(1년 휴한), 재역전(2년 휴한) • 밭농사 : 1년1작, 2년3작의 윤작법 보급			• 농업 기술 발달 : 시비법의 발달로 휴경지 감소, 2년3작의 윤작법 확대, 이앙법 보급(일부 지방) • 목화씨 전래 : 공민왕, 문익점이 전래, 정천익이 재배 • 농상집요 : 충정왕 시절 이암이 원에서 전래 → 공민왕 때 강시가 합천에서 간행
상업	• 시전 : 개경과 서경 등에 설치, 관허상점, 관청에 물품 조달, 개인에게도 판매 • 관영 상점 : 정부가 서적점, 약점, 다점과 주점을 개경, 서경 등에 개설하여 직접 운영 • 경시서 : 문종 때 설치, 시전의 상업 활동 감독, 관영 상점 감시			• 전기보다 시전 규모가 확대, 업종별로 전문화가 이루어졌고, 민간 점포도 확대 • 벽란도 등이 상업의 중심이 되었고, 원(교통 도시)과 조운로 등 교통의 중심지가 상업 중심지로 성장 • 소금의 전매제 : 충선왕 때 의염창을 설치하여 소금을 전매하였다.(각염법) • 관리나 사원은 농민들에게 강제로 물건을 판매하였지만 농민들은 상업 활동에 적극 참여하기 어려웠다.
수공업	• 관청 수공업과 소 수공업 중심			• 사원 수공업과 민간 수공업 중심 • 사원 수공업 : 기술자들이 역과 세금을 피해 사원의 노비가 되어 물품 제작 • 민간 수공업 : 민간의 생필품과 정부에 공물로 납부할 포목류 등을 주로 제작 　┗ ※ 민간 수공업자들은 죽제품과 명주, 삼베 등을 민간에 팔기도 하였다. 　┗ 청주 직조, 안동 돗자리, 전주 제지 : 지역별 특산물 생산

	관청 수공업	소 수공업
의 미	• 정부가 관장(공장)을 설치 • 필요한 물품을 직접 제작	• 전문적 수공업 마을 • 특수 행정 구역
운 영	• 공장안 제도 : 수공업자의 명단을 작성 • 정부가 수공업자를 동원하여 물품 제작	• 정부가 특수 행정 구역인 소에 물품을 지정 • 소의 주민은 제작한 물품을 공물로 납부 • 나머지는 민간에 판매하였지만 생산량은 미흡
구 성	• 소속 기술자 : 공장호, 토지 지급 받음 • 미소속 기술자 : 무상, 역 동원	• 해남도자소 : 국가에서 청자 생산을 지정받음
활 동	• 주로 무기와 가구 제작	• 광물과 해산물, 먹, 종이, 금·은 세공품, 생강 등
주 의	※ 소 주민들은 관장에 소속되어 수공업품을 제작하였다.(X)	

✎ 필기 노트

3. 화폐 제작

목 적	· 목적 : 정부의 국가 경제력을 통제하기 위해 발행 · 반발 : 귀족들은 정부의 화폐 발행에 반발
유통 부진	· 자급자족의 경제, 민간에서의 물물교환과 현물화폐 사용으로 유통은 부진 · 일부 다점과 주점 등 일부 귀족 사회에서는 사용

★ 임춘의 공방전 : 화폐로 인해 농업이 흔들리는 것을 염려

★ 화폐 발행

성 종	· 건원중보 제작 : 최초의 화폐, 당의 건원중보 모방, 뒷면에 동국 표시, 철전으로 제작(후에 동전도 제작)
숙 종	· 주전도감 설치 : 의천의 건의로 설치 · 활구 : 은병, 고액 화폐, 우리나라 지형을 본 떠 만듦, 고려 후기까지 유통 · 해동통보(중보), 삼한통보(중보), 동국통보(중보) 제작　　※ 통보는 동전, 중보는 철전 · 숙종은 해동통보를 관리와 군인에게 지급 → 주점을 개설하여 화폐 유통 시도
충렬왕	· 은의 무게를 달아 화폐처럼 사용(쇄은)
충혜왕	· 작은 은화인 소은병을 제작
공양왕	· 자섬저화고에서 최초의 지폐인 저화를 제작 → 고려 멸망으로 사용 X ★ 고려 후기 : 원의 지폐인 보초가 유통되기도 하였다.

★ 고조선 : 명도전, 반량전, 오수전 등의 중국 화폐 사용
★ 변한 : 덩이쇠(철)를 화폐처럼 사용하고 수출
★ 조선 시대 화폐
· 태종 : 사섬서에서 저화 제작
· 세종 : 해서체 조선통보
· 세조 : 팔방통보
· 인조 : 팔분체 조선통보 등 제작
· 상평통보 : 인조~숙종 때 제작, 숙종 때 전국 유통

4. 무역

특 징	· 벽란도 : 국제무역항으로 송이나 아라비아 상인들이 왕래

· 고려는 송과의 무역이 가장 활발, 일본과는 활발하지 않음

★ 국제 무역

송	· 친송 정책으로 가장 큰 비중을 차지 · 무역로 : 벽란도(예성강 유역의 국제 무역항)를 통해 무역　　★ 고려관 : 등주와 명주에 설치 · 수출품 : 금, 은, 나전칠기, 화문석, 인삼, 먹, 종이, 붓 등 · 수입품 : 비단, 약재, 서적, 차, 향료, 자기, 악기 등
거란과 여진	· 수입품 : 은, 말, 모피 등 · 수출품 : 식량, 문방구, 구리, 철 등
아라비아	· 중국을 거쳐 벽란도에서 무역 → 이들과의 무역으로 서방에 corea라는 이름 유래 · 수은, 물감, 향료, 산호, 호박 등이 이들을 통해 고려에 전래
일 본	· 일본과는 11세기까지 공식 외교가 없었고, 문종 때 일본의 의원 파견을 계기로 교역이 이루어짐 · 수입품 : 수은과 유황, 감, 귤 등 · 수출품 : 식량, 인삼, 서적 등
원	· 공무역과 사무역이 활발, 공무역보다 사무역의 규모가 컸다. · 왕실이 무역에 참여하기도 하였고, 금·은·말 등이 지나치게 유출되기도 하였다.

※ 송과의 무역로
· 북송(벽란도 – 대동강 입구 / 옹진 – 산둥반도 – 등주)
· 남송(벽란도 – 흑산도 – 명주)

★ 거란 : 대장경과 자전을 고려에 전래
★ 각장 : 거란과 여진족 등과 무역하기 위해서 국경 지대에 설치된 공식 무역장

※ 왕실의 국제 무역
· 제국대장공주는 원에 인삼을 판매
· 충숙왕 : 상인 출신 남만인·색목인을 관리로 채용
· 충혜왕 : 원에서 직접 무역, 상인에게 장군 직책을 수여, 소은병으로 고리대

5. 금융 활동

고리대	보
· 고리대 : 사원과 왕실, 귀족들이 고리대로 부를 축적 · 장생고 : 중기 이후 사원의 장생고를 모방하여 귀족들도 사설 장생고를 만들어 고리대를 하였다.	· 의미 : 기금을 모아 고리대를 통한 이자로 공적 사업 · 기원 : 신라 진평왕 때 원광법사가 설치한 점찰보 · 고려 시대 활발 → 조선 시대에는 활발하지 않음

※ 보의 종류
· 학보 : 태조, 서경에 설치한 장학 재단
· 광학보(정종, 승려 지원), 제위보(광종, 빈민 구제), 팔관보(문종, 팔관회 경비)

THEME 032 고려 시대 신분 제도

1. 신분 제도

양천제	· 양천제 : 양인과 천민으로 구분 · 양인은 다시 귀족의 지배층과 중류층, 양민으로 구분
성씨 사용	· 성씨의 보편화 : 평민도 성씨 사용(토성 + 중국 성씨 사용), 본관제 시행 · 토성분정 : 호족의 법적인 지위 인정(토 : 지역 본관, 사회적 위상 + 성 : 성씨) ★ 부곡민이나 노비는 성씨 사용 X(다시찾는 우리역사)

· 봉작제 : 당의 영향, 왕족은 3개, 일반 신료들은 8개 등급(신분의 기준 X, 세습 X)
· 가족 제도 : 단혼적 부부와 미혼 자녀로 구성, 부모 봉양 시 대가족
· 개방적 사회 : 과거제를 통해 신분 상승 가능 but 여전히 교육과 과거에 법적 차별 존재

✏️ 필기 노트

2. 신분제의 운영

(1) 귀족

귀족의 특징	· 의미 : 왕족, 문무 5품 이상의 관료	
	· 특징 : 음서와 공음전을 통해 권력 강화, 자제가 3명 이상이면 1명은 승려로 출가	※ 문종의 아들 의천이 승려가 되었고, 이자겸은 자신의 아들을 현화사 주지로 출가

★ 종류	문벌귀족	권문세족	신진사대부
출신	· 호족, 6두품 ※ 향리들도 과거를 통해 진출 가능	· 전기의 문벌 귀족 + 무신 집권기 출세 가문 + 친원파 귀족 · 친원파 귀족이 다수	· 지방 향리 자제 多
출세	· 음서와 과거 · 중첩된 혼인, 왕실과의 통혼 등을 통해 권력 유지 · 중서문하성 + 중추원을 통해 권력 장악	· 음서 · 원과 결탁 · 도평의사사와 정방을 통해 권력 장악	· 과거를 통해 관료로 진출 · 충선왕과 공민왕 시절 개혁 추구
성향	· 친불교, 보수적, 훈고학 · 고려 전기에는 친송 이후 금에 대한 사대	· 친불교, 보수적, 비(非)유학자 · 친원파	· 성리학, 진취적 · 친명 외교
경제	· 과전, 공음전	· 대농장 : 사패전을 이용하여 대토지 소유, 산천위표 → 면세와 면역	· 중소지주와 자작농 출신이 다수
성격	· 귀족적이며 가문 중시 · 개경에 거주하며 특권 독점 · 귀향죄가 중죄 ※ 중상호형 : 평민으로 강등되기도 함	· 관직 중시 · 재상지종(충선왕) : 왕실과 혼인할 수 있는 15개의 권문세족 가문 지정	· 신진 관료 · 능문능리의 학자 출신 관료 ★ 무신 집권기부터 등장 : 이규보, 최자 등의 사대부

(2) 중류층

종류	특징
· 서리 : 중앙 관청의 하급 관리, 잡류 · 남반 : 궁중에서 잡일 · 향리 : 지방의 행정 실무 · 군반씨족 : 하급 장교 · 6품 이하 관리, 기술관 등	· 직역 세습 · 역의 대가로 토지 지급 → 토지 세습 ※ 향리 : 외역전 ※ 직업군인 : 군인전 ★ 고려 시대 중인은 납속보관제를 통해 귀족으로 신분 상승 ※ 납속보관제 : 고려 시대 돈을 납부하여 신분을 사는 제도로 양인 이상에게만 적용

★ 향리
· 무산계, 외역전을 받음, 일품군 지휘, 읍사(사무실) · 문과 응시 가능 : 주현공거법, 향공진사제로 중앙 관료 진출   ★ 주현공거법 : 현종, 향리 자제에게 과거 자격을 주었다. ※ 향리는 기인의 방법으로 중앙 서리직에 진출   ★ 하위 향리 : 과거 급제 시 5품까지만 승진 ★ 호장층 · 호족 출신으로 향리의 우두머리로 지방의 실질적 지배자, 결혼과 과거 응시 자격에도 특혜 · 호장층은 중앙의 상서성에서 임명

(3) 양민

종류	· 백정 : 일반 농민으로 상인과 수공업자에 비해 우대받았다. ★ 주의 : 조선 시대 백정은 도축업자 · 상공업자(농민보다 지위가 낮음), 향·소·부곡의 주민 · 처간 : 왕실과 사원의 농장인 장과 처를 경작 · 역과 진의 주민, 철간(광부), 생선간(어부), 목자간(목축), 진척(뱃사공)
향·소·부곡민	· 향과 부곡 : 신라부터 존재, 농업, 공해전 등을 경작 · 소 : 고려 시대 처음 설치, 수공업에 종사, 정부가 지정한 물품 제작, 광물·해산물·종이와 먹·청자를 생산하여 납부 ★ 해남 도자소 : 청자 생산을 지정받음

★ 양민의 특징
· 민전 경작 시 1/10을 정부에 조로 납부, 공물 납부와 역의 의무가 있었다.
· 성씨 소유가 가능하였고, 국자감 입학 가능(부곡민은 제외)
· 과거 응시 가능, 잡과 응시로 중간 계층이 되는 경우도 있었고, 선군으로 직업군인 선발 가능
★ 향·소·부곡민의 특징
· 일반 양인들이지만 반역이나 범죄가 일어난 마을을 향과 소, 부곡으로 강등하여 차별
· 관리 : 수령이 파견되지 않아 향리(부곡리)가 관리하였고, 민란 발생 시 감무를 파견하였다.
· 차별 대우 : 국자감 입학 X, 과거 응시 X, 승려 출가 X, 거주 이전 자유 X, 부곡리도 차별
· 소멸
　└ 무신집권기 : 망이·망소이의 난(공주 명학소 → 충순현) 이후부터 소멸 시작
　└ 대몽 항쟁기 : 처인부곡(처인현), 충주 다인철소(익안폐현)
　└ 조선 초기 모두 폐지

(4) 천민

종류	
종류	· 종류 : 대부분은 노비 → 호적 기록 O · 화척(도축업자), 양수척(버들고리, 사냥과 유기 제작), 재인(광대), 기생 → 호적 기록 X

★ 노비

특징	
특징	· 재산으로 취급되어 매매와 상속, 증여할 수 있다. · 성씨는 가질 수 없으나 성이 있는 노비도 존재 ★ 양인이었다가 노비로 강등된 경우 성이 있음 · 양천교혼은 법적으로 금지되어 노비끼리만 혼인 · 신분 상승 : 선군, 군공, 재산을 모아 신분 상승

종류		공노비	사노비
	소유주	· 국가나 관청 소속의 노비	· 개인 소유의 노비
	종류	· 입역노비와 외거노비	· 솔거노비와 외거노비
	구분	· 입역노비 : 관청에서 잡역, 급료, 독자적 생계 가능 · 외거노비 : 따로 거주, 농업 종사, 신공을 관청에 납부	· 솔거노비 : 주인과 함께 거주, 주인집 호적에 기록 · 외거노비 : 주인과 따로 거주, 독립된 가정, 별도 호적, 신공

★ 외거노비
· 주인과 따로 살며, 경제적으로는 독립된 생활을 할 수 있다.
· 재산을 모아 노비 신분에서 벗어나 명예직까지 얻기도 하였다.
· 고려 시대 외거노비는 백정과 비슷한 생활 ★ 조선 시대 외거노비는 백정과 비슷한 생활을 하였다. (X)
· 주인이나 관청에 정기적으로 신공 납부

※ 화척과 양수척, 재인, 기생을 신량역천으로 보기도 하나 현 고등교과서는 천민으로 서술되어 있음

※ 고려 시대 노비는 납속과 공명첩으로 신분을 상승시켰다. (X) → 납속과 공명첩은 조선 시대

★ 노비관련법
· 천자수모법 : 동색혼, 자녀의 주인은 母(모)의 주인에 귀속
· 일천즉천 : 양천교혼시, 자녀의 신분을 노비로 규정
· 노비종모법 : 조선 후기 현종 때 실시 → 영조 때 확정
  └ 노비의 신분은 母(모)의 신분에 따라 결정
· 공노비 해방 : 정조가 계획 → 순조, 1801년, 6만 6천명의 공노비 해방(모든 공노비 해방 X)
· 노비세습제 폐지 : 1886년 고종
· 공사노비제도 폐지 : 1894년 1차 갑오개혁

1. 사회 시책

흑창	태조	· 곡식을 비축했다가 흉년 시 빈민에게 곡식을 대여
제위보	광종	· 기금을 모아 그 이자 수입으로 빈민 구제 ★ 학보(태조, 장학 재단), 광학보(정종, 승려 면학 지원), 팔관보(문종, 팔관회 경비)
의창	성종	· 태조 때의 흑창을 의창으로 개편, 흉년 시 빈민에게 곡식을 대여 ※ 진급 : 의창에서는 무상으로 곡식을 나누어 주기도 하였다. ※ 의창미 : 의창에서는 공전과 사전에서 의창미를 거두었다.
상평창		· 개경·서경·12목에 설치, 물가 조절 기관 → 쌀을 비축해두었다가 흉년이 들면 쌀을 공급
주창	현종	· 의창을 지방의 각 주로 확대
동서대비원	문종	· 개경에 동대비원과 서대비원을 설치, 초기의 대비원을 개경의 동·서대비원으로 확대 　　※ 서경 : 대비원 · 국립 의료 기관 : 개경에서 빈민들에게 의료와 음식 제공, 의료 사업 + 빈민 구제
혜민국	예종	· 빈민들에게 의약품 제공
구제도감		· 각종 재해가 발생했을 때 임시 기관으로 설치되어 질병을 치료 ※ 구급도감 : 고려 후기 재난구호를 위해 임시로 설치
기 타		· 개국사와 보통원 같은 사원에서도 빈민들에게 무료로 음식과 약품을 제공

★ 조선 시대 태조 때 제생원(지방 백성 치료)

★ 고구려 : 진대법(고국천왕)
★ 조선 시대 : 환곡 제도(의창 → 상평창), 사창 제도

★ 조선 시대 태종 때 동서활인서

★ 조선 시대 세조 때 혜민서

2. 법률

특징	· 당나라 법률을 도입하였고, 필요할 때는 고려의 실정에 맞는 율문을 제정 · 일상 생활에 관련된 것은 관습법을 주로 따랐다. 　　★ 형부 : 법률 담당 관청	
법률 운영	· 중범죄 : 반역죄와 불효죄 · 형벌 : 태·장·도·유·사 · 지방관의 사법권 행사 : 태·장·도는 지방관이 처벌 / 유·사는 중앙에 보고 · 죄수를 다루는 관리는 복수로 임명 · 재판 기간을 정해 놓아 공정하게 처리	· 태 : 볼기치기 · 장 : 곤장 · 도 : 징역 · 유 : 유배 · 사 : 사형

★ 주의 사항
· 유형 : 귀양 VS 귀향(본관 지역, 일정한 신분 이상에게 적용, 고려만의 독자적 형벌)
· 부모상 시 유형지에 도착 전 7일간의 휴가를 주었다.
· 속동제 : 동을 납부하여 형벌 면제
· 사형수는 삼심제 : 사형은 국왕의 재가를 받아 집행
· 고려 시대는 형벌주의보다는 배상주의를 우위에 두었다. (X)
· 삼원신수법 : 심문 시 3인 이상의 형관이 참여

3. 향도

의미	· 농민 공동체 조직 : 마을의 공동체 생활을 주도하고 노역, 혼례와 상장례 등에 동원되었다. · 불교 단체 : 불교 행사(연등회와 팔관회) 등에 동원, 석탑과 불상 제작에 참여, 종교 행사 시 음식을 나누어 먹고, 춤추고, 거리 행진 등을 하였다. · 매향 활동 : 향나무를 묻는 행사로 미륵신앙에 영향을 받았다. 　　★ 사천 매향비 : 우왕 시절, 왕의 만수무강, 나라의 부강, 백성의 평안 등을 기원

★ 변화

신라 시대	· 촌주층이 중심이 되어 결성한 신앙 공동체 조직 　　★ 용화향도 : 김유신이 조직, 최초의 향도
고려 전기	· 대규모 조직으로 호족과 향리가 주도, 군현별로 전 주민이 참여 · 매향 활동(향나무를 묻는 의식, 미륵신앙), 사찰과 불상, 석탑(개심사 석탑) 건립에 동원, 연등회와 팔관회에 동원
고려 후기	· 전기보다 불교적 색채 약화 · 일상적 농민 공동체 조직으로 변화, 상장을 도와주는 조직으로 변화되었고, 더욱 확산
조선 시대	· 향약으로 기능이 흡수 　　★ 향도의 상장을 도와주는 역할은 상두꾼으로 독립

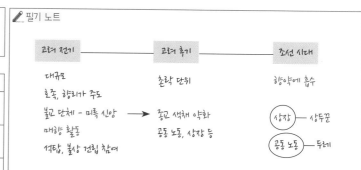

✏️ 필기 노트

고려 전기	고려 후기	조선 시대
대규모	촌락 단위	향약에 흡수
호족, 향리가 주도		
불교 단체 - 미륵 신앙 →	종교 색채 약화	상장 — 상두꾼
매향 활동	공동 노동, 상장 등	
석탑, 불상 건립 참여		공동 노동 — 두레

4. 연등회와 팔관회

	연등회	팔관회
시행	· 봄철 : 1월, 2월, 4월	· 겨울철 : 10월(서경), 11월(개경)
지역	· 전국적인 불교 행사	· 개경과 서경에서 실시
성격	· 호국불교 · 순수한 불교 행사로 부처 공양	· 호국불교 · 신라 진흥왕 때부터 시작 · 불교 입문의 상징, 여덟가지 계율 수행, 천신과 오악, 명산에 제사 · 불교 행사지만 도교와 전통 신앙이 결합
특징	· 태조 숭상 : 행사 후 봉은사의 태조 사당에서 참배	· 장관들이 글을 써서 올리는 하례의식 · 팔관보로 경비 조달 · 송, 요, 여진 등의 주변 국가 상인들이 조공을 바치고 무역을 행함

짐의 지극한 관심은 연등과 팔관에 있다. 연등은 부처를 섬기는 것이요, 팔관은 하늘의 신령과 오악(五嶽), 명산(名山), 대천(大川), 용신(龍神)을 섬기는 것이다. ······ 군신이 함께 즐기기로 하였으니 마땅히 조심하여 이대로 시행할 것이다.
　　　　　　　　　　　　　- 훈요 10조, 고려사 -

※ 팔관회 때 부르는 노래
문무반이 서둘러 정렬하고 임금님은 옥수레를 타고 깊은 궁궐로부터 천천히 내려오시네. 태양과 달은 하늘의 길 위에 있고 별들은 높이 자미성으로 나아가는구나. 맑은 아악 소리는 하늘을 흔들고, 커다란 만세 함성은 땅을 흔드네.

5. 풍속

장례와 제례	· 정부 : 유교식 의식 권장 · 민간 : 토착신앙과 융합된 불교의 전통의식과 도교적 풍속으로 진행 · 성리학 전래 이후 사찰 대신 집안에 가묘를 만들기 시작 · 중국과 달리 조부, 장인, 장모의 상에 1년을 애도하게 함 · 윤행 : 아들과 딸들이 돌아가면서 제사 거행	★ 불교식 의식 : 화장, 49재와 100일재, 사찰에서 제사 진행 ★ 가묘 : 조선 시대 유행 → 조선 후기 평민도 제작
혼인	· 일부일처제와 서류부가혼(솔서혼, 남귀여가혼)이 일반적 · 충렬왕 시기 박유는 일부다처제 시행의 상소를 올림 → 시행 X · 근친혼과 동성혼 유행하여 정부는 근친혼과 동성혼을 금지하려 하였지만 잘 지켜지지 않았다. ※ 충선왕 시절 재상지종을 발표하여 왕실 내 동성혼은 감소 · 고려 시대는 이혼과 재혼이 자유로웠다. → 공양왕 시절 여성의 재혼을 금지하려는 움직임이 나타났다. · 원 간섭기 : 공녀 문제로 조혼 유행	※ 왕실과 귀족을 중심으로 일부다처제와 축첩 허용

★ 고려 시대 기타 풍속
· 명절
　└ 정월 초하루, 삼짇날(3월 3일), 단오(5월 5일)
　└ 유두(6월 15일), 추석(8월 15일)
· 격구
　└ 군사 무예, 상류층의 놀이
　└ 조선 시대 무과 시험 과목으로 시행
　└ 무예도보통지(정조)에 자세히 기록
· 김장 : 고려 시대에 생겨남

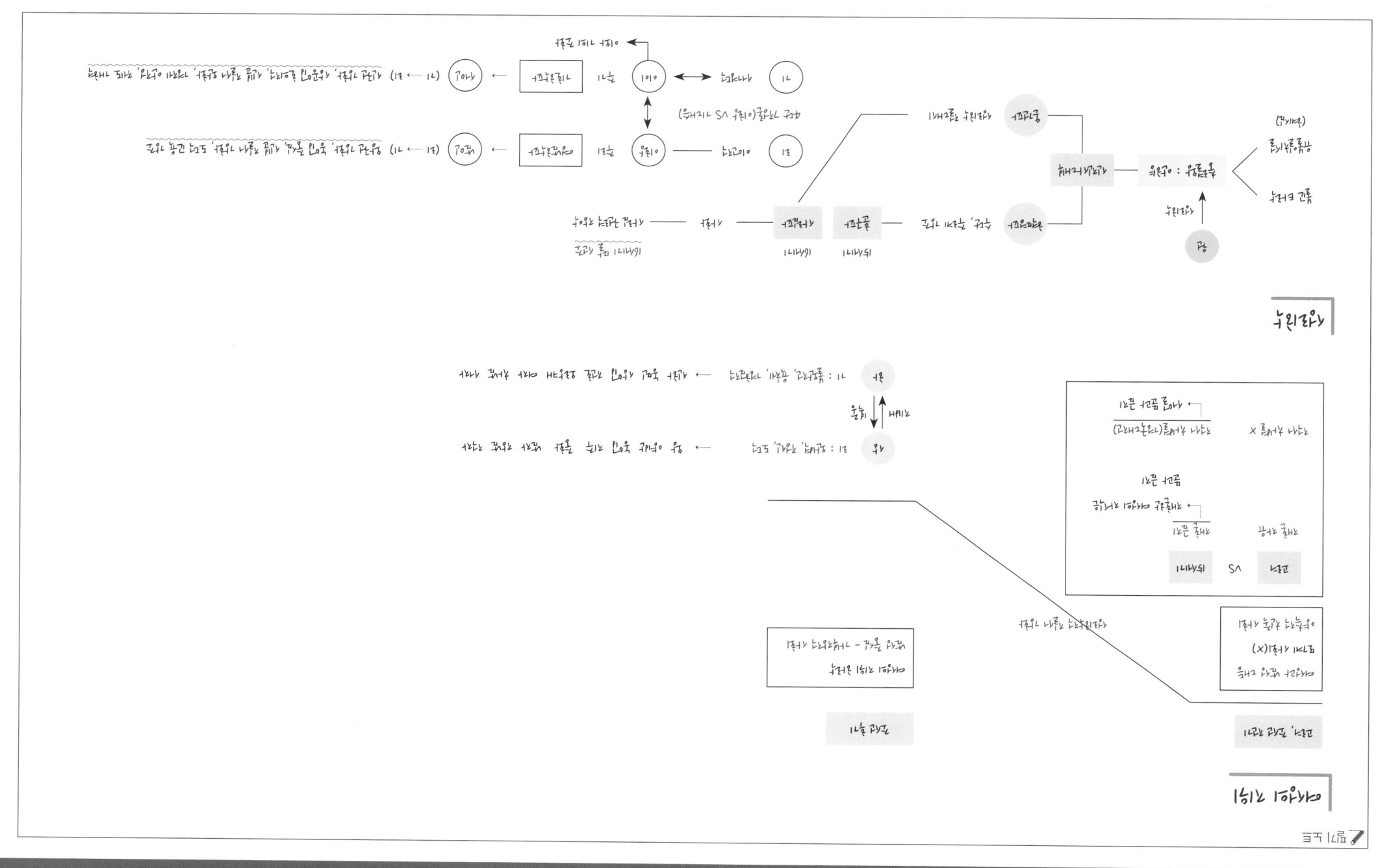

	고려 ~ 조선 전기	조선 후기	
여성의 지위	• 여성 ≒ 남성　　★ 모계 사회(X) → 양측적 친족 사회 ★ 고려 시대 여성은 남편을 통해 정책에 영향력을 행사하기도 하였다.	• 가부장적 사회, 여성의 지위 하락	
호주	• 여성 호주 가능, 재산권 행사, 재산 소유 가능 ★ 고려 시대 여성은 자기 재산을 소유, 사업에 투자, 각종 기부 등을 통해 사회적 영향력을 행사하기도 하였다.	• 호주가 될 수 없었고, 재산권 행사가 금지 • 법률 행위 시 남편의 동의 필요	
혼인	• 일부일처제 • 동성혼과 근친혼 유행 : 충선왕 때 문무 양반의 동성동본 금지령 반포 → 조선 전기부터 동성혼과 근친혼 금지 • 처가살이 : 사위가 처가와 처의 부모 봉양(솔서혼, 남귀여가혼, 서류부가혼) 　★ 고려 시대 가족 제도 • 고려 시대에는 주로 같은 계층 내에서 결혼, 가족은 대부분 5~6인의 소가족 형태, 개별 가족 중심(금성교과서) • 노부모를 봉양하거나 처가에 들어가 대가족 생활을 하다가 일정 시기가 되면 분가하였다.	• 일부일처제, 축첩 허용 • 친영 제도(시집살이) 일반적	
재산 상속	• 결혼 유무에 관계없이 균분 상속, 제사 봉양 시 1/5을 추가 세습, 상속자가 없을 때는 형제와 자매, 조카에게 상속 ★ 율곡 이이 남매의 분재기 : 조선 전기 경국대전의 균분 상속의 원칙을 따름 ※ 분재기 : 가옥, 토지, 노비 등 유산 분배 내용을 기록한 문서	• 아들과 장자 우선 상속 • 장자 이외에는 제사와 상속에서 제외	
장례와 제사	• 불교식 제사, 윤행 → 성리학 전래 이후 : 가묘 등장 → 조선 전기 가묘 유행 • 양자 제도 有 → 실질적 의미 X ※ 조선 전기 : 신분에 따라 제사 범위가 달랐다. ※ 장례 : 화장 유행 → 조선 후기에는 매장 유행	• 장자 제사 • 아들이 없을 때 양자 제도 유행 • 가묘 유행, 평민들도 가묘 제작 ★ 신분에 관계없이 4대 봉사(주자가례)	★ 조선 시대 호적 • 3년마다 작성, 호주의 신고로 관청에서 작성 • 호의 소재지, 호주의 직역, 성명, 처의 성명 기록 • 본관과 4조부 기록, 함께 사는 가족과 노비 기록 • 양반 : 관직과 품계(※ 무관직자 : 유학으로 기재) • 평민 : 군역 기록 / 노비 : 이름 기록 • 준호구 : 개인의 호적 사항을 읍의 수령이 확인해준 문서
호적, 묘지명	• 아들과 딸 상관없이 태어난 순서대로 기록, 사위와 외손도 기록 ※ 딸 : 결혼 후에도 호적에서 지워지지 않음	• 선남 후녀로 기록	
친가와 외가	• 친손과 외손 차별 X • 사위와 외손도 음서의 혜택 • 공을 세운 사람의 부모, 장모와 장인도 포상 • 상복에 차별 X → 15세기부터 차별 　★ 고려 시대 친족 용어 • 친계와 부계의 구분이 없었다. • 조부와 외조부를 '한아비' • 삼촌과 외삼촌을 '아자비' • 고모와 이모를 '아자미'라 불렀다.	• 족보 : 외손은 3대 → 이후 1대까지 기록 • 최초의 사찬 족보 : 세종 때 문화 유씨 영락보 • 현존 최고의 사찬 족보 : 성종 때 안동 권씨 성화보 • 족보 : 배우자를 구하거나 붕당을 구별에 활용, 보학	
이혼	• 이혼과 재혼이 자유로움 → 재혼 시 차별 X • 고려 말 : 공양왕 시절 재혼 금지 주장 제기 → 금지보다는 수절에 중점 • 15세기 : 재혼 금지, 재혼한 자의 자녀 차별 → 문과 응시 금지	• 재혼 금지 • 재혼 시 자식 차별	★ 조선 후기 서얼 • 영조 : 호부호형 가능, 서얼의 청요직 부분적 진출 허용 • 정조 : 유득공, 이덕무, 박제가 등이 규장각 검서관 진출 • 18세기 후반 : 서얼들도 청요직 진출 • 철종 : 1851년, 신해허통, 서얼들의 정치적 차별 폐지 • 갑오개혁 : 1894년, 적서 차별 금지
적서 차별	• 고려 : 차별 X → 15세기 : 서얼차대법(성종, 경국대전에 법제화) → 16세기 : 적서 차별 심화 　└ ※ 어숙권의 패관잡기 : 적서 차별 비판	• 성리학 강화로 적서 차별 강화 • 영·정조 : 서얼들의 정치적 차별 완화	

1. 고려 전기

태조	• 최언위, 최응 등 6두품 유학자들의 정치 참여 → 유교 정치 사상 반영 • 훈요 10조에서 경전 공부 강조
광종	• 과거제 실시(쌍기의 건의), 정관정요 참고
성종	• 최승로의 시무28조, 김심언의 봉사 2조 → 유교 정치 이념 확립 • 과거제를 정비하고, 과거 출신자를 우대 • 문신월과법 시행 : 관료들에게 매달 글을 써서 바치게 하는 제도　　※ 예종 때도 문신월과법 실시 • 환구단을 설치하고 환구제(유교 제천 의식, 황제국 과시)를 지냈고, 사직단을 설치 • 효자를 찾아 상을 줌 → 효(孝) 강조
현종	• 신라 설총을 홍유후, 최치원을 문창후에 추증 → 제사 지냄
문종	• 최충, 정배걸, 노단 등의 유학자 배출 • 최충의 9재 학당(문헌공도)
숙종	• 평양에 기자 사당을 건립하고, 제사를 지냄
예종	• 청연각, 보문각, 천장각, 임천각 등의 도서관 설치
인종	• 김부식이 삼국사기를 저술, 영통사의 대각국사비문을 작성 • 유신들과 경학·사학 토론, 경연 실시

국가를 맡은 자는 항상 근심이 없는 때를 경계해야 하고, 유교 경전과 역사 서적을 널리 읽어 옛일을 거울삼아 오늘을 경계해야 한다.
　　　　　　　　　　　　　　　　　　　　　　　　　- 훈요 10조 -

※ 최승로 시무28조
예악·시서의 가르침과 군신·부자의 도리는 마땅히 중국을 본받아 나쁜 풍속은 고쳐야 되겠지만, 그 밖의 거마·의복 제도는 그 지방의 풍속대로 하여 사치함과 검소함을 알맞게 할 것이며, 일부러 중국의 것과 같이 할 필요가 없습니다.

★ 최충 : 목종 때 문과에 급제, 문종의 스승, 지공거, 해동공자

2. 무신 집권기

특징	• 정권 유지를 위한 보조적 행정 수단으로 전락, 유학 위축
사대부 등장	• 최자, 이규보, 진화 등의 사대부가 활동 ★ 진화 : 금에 대한 자신감, 매호유고 "송은 이미 쇠퇴하였고, 오랑캐(금, 여진족)는 아직 미개하니 문명의 아침은 고려를 비출 것이다."

★ 이규보
• 여주 지방 향리 후손, 최충헌과 최우 시절 활동, 문하시랑평장사, 당과 송의 고문 숭상
• 유교·불교·도교에 포용적, 동국이상국집, 동명왕편, 국선생전, 백운소설 등 저술
• 동국이상국집에서 상정고금예문이 금속활자로 인쇄되었다고 기록
• 대장각판군신기고문 : 팔만대장경의 조판 취지를 밝힘
• 백운소설 : 삼국~고려까지 시문 모음

3. 원 간섭기 이후

충렬왕	• 국자감 재건 : 섬학전, 경사교수도감, 문묘 설치, 공자의 초상화 비치 • 안향(회헌) : 성리학 전래, 공자와 주자의 초상화를 가져옴, 주자전서 전래 → 신진사대부가 적극 수용 → 실천적 윤리 강조, 불교 비판 　　　└→ ※ 성리학 수용의 배경 : 불교 타락, 유불일치설(혜심)　　└→ 혁명파는 성리학보다 주례 강조
충선왕	• 북경(연경, 대도)에 만권당 설치 : 이제현이 조맹부 등과 교류, 조맹부의 송설체 전래
공민왕	• 이색이 성균관의 교육 과정 정비 　　└→ ※ 이색 : 원에서 유학, 이제현의 문인, 성균관의 교육 과정 정비, 정몽주·권근·정도전 등을 교육 　　　　　　　　　　　　　　　　　　　└→ 입학도설

※ 회헌실기
성인의 도는 바로 현실 생활 속에 윤리를 실천하는 것이다. …… 그런데 불교는 어떠한가. 부모를 버리고 집을 떠나 인륜을 가벼이 여기고 의리를 벗어나니, 곧 오랑캐 무리와 같다. 요즘 전쟁에 시달린 나머지 학교가 퇴폐하고 선비는 학문을 모르니 배워서 즐겨 읽는다는 책이 고작 불교 서적이고, 그 허무하고 실체가 없는 뜻을 믿으니 심히 가슴 아파하는 바이다.

성균관을 다시 짓고 이색을 판개성부사 겸 성균관 대사성으로 삼았다. … 이색이 다시 학칙을 정하고 매일 명륜당에 앉아 경(經)을 나누어 수업하고, 강의를 마치면 서로 더불어 논란하여 권태를 잊게 하였다. 이에 학자들이 많이 모여 함께 눈으로 보고 마음으로 느끼는 가운데 정주(程朱) 성리학이 비로소 흥기하게 되었다.

| 고려 초기 | · 고구려 계승의 자주적 사관
· 구삼국사 : 고구려 계승, 동명왕편에 영향, 현존 X
· 고려왕조실록 : 거란족의 침입 때 소실 → 7대 실록 : 현종~덕종 때 편찬, 임진왜란 때 소실, 태조부터 목종까지 | |

↓

| 고려 중기 | 삼국사기
(1145, 인종) | · 묘청의 난 이후 인종의 명으로 김부식 등이 저술한 관찬 사서, 현존 최고의 역사서
· 신라 계승의 역사관 강조 : 신라의 통일 강조, 신라-고구려-백제의 순으로 건국되었다고 기록
　└ "고구려의 호전성과 백제의 속임수 비판, 신라가 가장 애국적, 도덕적 정치를 하여 삼국을 통일하였다."
· 유교적 합리주의 강조 → 괴력난신과 신화적 세계 비판, 춘추필법에 근거하여 저술
　└ 사대적 입장에서 고조선과 삼한의 역사를 일부러 배제 → 단군신화 수록하지 않음　※ 주몽과 혁거세의 설화는 수록 O(삼국 고유의 기록 존중)
· 기전체 : 본기, 열전, 지, 표로 구성 → 세가 X
· 거서간, 차차웅, 이사금, 마립간 등의 신라 고유의 왕호 사용
· 전통문화 배제 : 설화 등의 전통문화를 제외, 기층민의 생활사는 수록하지 않음

※ 삼국사기를 올리는 글 / 진삼국사기표
신 부식은 아뢰옵니다. 옛날에는 여러 나라들도 각각 사관을 두어 일을 기록하였습니다. … 해동의 삼국도 지나온 세월이 장구하니, 마땅히 그 사실이 책으로 기록되어야 하므로 마침내 늙은 신에게 명하여 편집하게 하셨사오나, 아는 바가 부족하여 어찌할 바를 모르겠습니다. |
| | 기 타 | · 문종 : 박인량의 고금록, 김양감의 금관가야사, 가락국기
· 예종 : 홍관의 속편년통재
· 의종 : 편년통록(김관의, 왕건의 가계 정리, 현존 X) |

※ 김부식의 삼국사기
성상 전하께서 … "또한 그에 관한 옛 기록은 표현이 거칠고 졸렬하며, 사건의 기록이 빠진 것이 있으므로, 이로써 군주의 착하고 악함, 신하의 충성됨과 사특함, 나랏일의 안전함과 위태로움, 백성의 다스려짐과 어지러움을 모두 펴서 드러내어 권하거나 징계할 수 없다. 그러므로 마땅히 재능과 학문과 식견을 겸비한 인재를 찾아 권위 있는 역사서를 완성하여 만대에 전하여 빛내기를 해와 별처럼 하고자 한다."고 하였습니다.

↓

| 무신 집권기 | 동명왕편
(1193) | · 이규보가 구삼국사를 토대로 저술, 고구려 계승 의식 강조 → 금에 대한 자신감을 표현(몽골 X)
· 고구려 건국 과정(주몽설화 : 동명왕의 업적을 칭송)을 서술, 오언시로 무신층의 역사 의식 대변
· 김부식이 삼국사기에서 동명왕의 신비한 사적을 삭제한 것을 비판 |
| | 해동고승전
(1215) | · 각훈이 고종의 명으로 편찬(관찬)　　　※ 고승전을 토대로 교종의 입장에서 승려의 전기 기록
· 불교 전래 이후 여러 승려 전기 수록　　　※ 삼국 시대 승려 30여 명의 전기 수록
· 삼국사기와 같은 귀족의 입장 반영, 우리나라 불교사를 중국과 대등한 입장에서 서술 |

※ 동명왕편
계축년 4월 구삼국사를 구해보니 그 안에 동명왕본기가 있었는데, 신비로운 사적이 세상에 알려진 것보다 훨씬 더 많았다. 여러 번 거듭 읽으면서 참뜻을 파악하고 그 근원을 찾아보니, 이것은 황당한 것이 아니요, 성스러운 것이며, 괴상한 것이 아니라 신비스러운 것이었다.

★ 각훈 : 이규보, 이인로 등과 교류, 영통사 주지, 고종의 명으로 해동고승전 편찬

↓

원 간섭기 이후	삼국유사 (1281, 충렬왕)	• 일연이 사찬으로 편찬, 기사본말체, 불교 중심 　　　　※ 일연은 경주 김씨, 군위 인각사에서 삼국유사 저술 • 구성 : 왕력, 기이편, 효선편 등으로 구성 • 고조선을 민족의 출발점으로 강조, 단군신화를 수록한 최고 문헌(기이편) 　　※ 위서와 당서, 고기를 참고하여 고조선 역사 서술 • 고유 문화와 전통 문화 중시 : 설화와 사회 민속, 관습 등의 전통문화를 수록, 향가 14수 수록 • 경주를 중심으로 하는 신라와 관련된 내용이 다수 　　　※ 삼한과 신라를 중국계로 보고 있다. • 가락국기 수록
	제왕운기 (1287, 충렬왕)	• 이승휴가 서사시의 형태로 저술(7언시와 5언시), 유교+불교+도교의 삼교합일을 토대로 저술 ※ 이승휴 : 경상도 성주 출신, 충렬왕에게 진언하다 파직, 강원도 삼척 두타산에서 제왕운기 저술 • 상권에서는 중국의 역사(~금나라까지), 하권에서는 우리나라 역사(고조선~고려 말)를 저술 → 중국과 대등함을 과시 　↳ 요동의 동쪽에 별천지가 있으니 중국의 역사와 뚜렷이 구분된다. → 중국과 대등함 강조, 황제는 한국사에도 있음을 강조 • 단군신화 수록, 3조선설(단군조선과 기자조선, 위만조선) 강조 • 고구려, 부여, 삼한, 옥저, 예맥을 단군의 후손으로 인식 → 단일 민족사 강조 • 대조영을 고구려 장수로 인식 ※ 한계 : 을지문덕, 강감찬 등의 영웅 기사 제외 ※ 제왕운기의 단군 신화 처음에 누가 나라를 열고 바람과 구름을 이끌었는가? 석제의 손자, 그 이름은 단군이로세. 본기에 이르기를, 상제 환인에게 서자가 있어 웅이라 하였는데, 일러 말하기를, "삼위태백에 이르러 널리 인간을 이롭게 하고자 한다."라고 하였다.
	본조편년강목 (충숙왕)	• 민지가 문종~고종에 이르는 고려사 정리, 성리학적 입장에서 강목체로 정리, 천추금경록 보완, 최초의 강목체 사서
	사 략 (공민왕)	• 이제현이 태조~숙종까지 임금의 치적을 정리 → 정도전의 고려국사에 영향 • 실록을 편찬하는 과정에서 편찬되었고 사론(평가)만 전함 • 정통의식과 대의명분을 강조
	기 타	• 고금록 : 고려 건국사 정리(고려 전기 박인량이 편찬 → 충렬왕 시기 원부와 허공이 편찬, 이후 이인복이 다시 편찬) • 천추금경록 : 충렬왕, 정가신, 고려사를 간략히 정리 • 세대편년절요 : 충렬왕, 민지, 고려 태조의 조상인 호경부터 원종까지의 역사 정리

※ 삼국유사
대체로 성인은 예악으로써 나라를 일으키고, 인의로써 가르침을 베푸는데, 괴이하고 신비한 것은 말하지 않는 것이었다. 그러나 제왕이 장차 일어날 때에는 천명과 비기록을 받게 되므로, 반드시 남보다 다른 일이 있었다. 그래야만 능히 큰 변화를 타서 대기를 잡고 큰 일을 이룰 수 있는 것이다.

※ 제왕운기
요동에 따로 한 천지가 있으니, 뚜렷이 중국과 구분되어 나누어져 있도다.
큰 파도 수만 이랑 삼면을 두르고 북쪽에 육지가 줄처럼 이어져 있네.
가운데 땅덩이 천 리가 바로 조선이니,
강산의 아름다운 경치, 천하에 이름났네.

※ 고려 후기 역사서의 특징
고려는 후기에 오랜 기간 동안 몽골의 침략을 당하고, 이어 원의 간섭을 받았다. 이러한 상황을 반영하여 민족적 자주의식을 바탕으로 전통 문화를 이해하려는 제왕운기, 동명왕편, 해동고승전, 삼국유사 등과 같은 역사서가 나타났다.

★ 이제현
• 국사 편찬, 삼조실록 편찬에 참여, 충혜왕세가 편찬
• 영토 확장과 도덕정치 강조 / 사치, 낭비, 간신을 등용한 왕 비판
• 만권당에서 조맹부와 교류, 사략·역옹패설 등

1. 고려 초기

태 조	• 선종을 우위에 두고 교종도 인정, 이엄을 왕사·경수를 국사로 받듦, 훈요 10조에서 연등회와 팔관회 강조 • 사원 건립 : 개태사, 법왕사, 흥국사, 왕륜사 • 승록사 설치 : 승적을 담당하는 기구, 승려 인사 문제를 다루지는 않음
정 종	• 광학보 설치 : 승려들의 면학을 장려하기 위해서 설치
광 종	• 승과 제도 실시 : 승려들을 대상으로 실시 → 합격 시 승계·법계 부여, 왕사와 국사 제도 정비 • 승록사 정비, 승려들에게 면역의 혜택, 사원전 지급, 귀법사 창건 • 불교 통합 시도 : 왕권 강화를 위해서 통합 시도 ★ 광종의 불교 통합 시도 • 천태학 도입 : 의통과 제관을 중국에 파견 • 교종 통합 : 균여가 귀법사에서 화엄종을 중심으로 교종 통합 시도 • 선종 통합 : 혜거가 중국 법안종을 도입하여 선종 통합 시도
성 종	• 최승로가 시무 28조에서 연등회와 팔관회의 축소 건의 → 성종 : 연등회 축소(중지), 팔관회 폐지
현 종	• 연등회와 팔관회가 부활 → 공식 부활 : 문종 • 현화사 건립 ※ 흥왕사 : 문종

★ 개태사 : 논산, 후백제인에 대한 교화와 민심 수습 목적

★ 광종 시절 승려
• 균여 : 귀법사에서 화엄종을 중심으로 교종 통합, 보현십원가(마지막 향가)
   └ 성상융회, 보살의 실천행 강조, 성속무애 사상을 주장하면서 종단을 통합하려 하였다.
   └ 북악의 법손으로 북악을 중심으로 남악을 융합
• 혜거 : 법안종을 중심으로 선종 통합, 수륙재 처음 시행
• 제관 : 천태사교의 저술
• 의통 : 중국 천태종의 교조
• 탄문 : 왕사 출신, 귀법사에서 활동

2. 고려 중기

교종의 유행	• 화엄종과 법상종 등의 교종 유행

★ 의천

천태종	• 개창 : 대각국사 의천이 국청사에서 창시
	• 목적 : 왕권 강화를 위해서 교종과 선종의 불교 통합
	• 특징 : 교단 통합 운동, 교종을 중심으로 선종을 통합 → 불완전한 통합
	   └ 원효의 화쟁사상에 영향을 받음, 교(이론)관(실천수행)겸수와 내외겸전, 지관, 성상겸학, 교선일치 주장
	   └ 균여의 화엄학을 비판하며 불교의 합리주의와 실천적 측면 강조
	• 분열 : 의천 사후 화엄종은 균여파와 의천파로 분열
	• 변화 : 법안종 계열의 승려가 들어와 중국과 달리 선종에 속하게 되었다.

대각국사 의천	• 문종의 아들(왕후) ★ 대각국사비 : 영통사에 설치, 의천을 기리는 비석, 비문 작성은 김부식 • 저술 활동 : 천태사교의주, 대각국사문집, 석원사림, 원종문류, 신편제종교장총록 등 ★ 주요 활동 • 숙종에게 주전도감 설치 건의, 숙종의 지원으로 불교 정비, 선의 수행을 강조하며 실천적 측면 강조 • 송나라 유학 : 천태종·화엄종 연구, 항저우 혜인사에 화엄경각을 짓고 불교 전파 • 우리나라 천태교학의 전통을 원효에게서 찾음 → 숙종 시절 원효를 '화정국사'로 추증 • 경원이씨와 연결된 법상종(현화사)의 공격으로 지방으로 밀려나기도 함 • 흥왕사에 교장도감을 설치하여 교장(속장경) 조판 • 불교 통합 강조 : 흥왕사에서 화엄종을 중심으로 교종 통합 → 국청사에서 천태종 창시

• 화엄종 : 왕실과 결탁
• 법상종 : 귀족과 결탁 → 현화사의 승려들은 경원이씨와 결탁
※ 이자겸은 자신의 아들을 현화사 주지로 파견하였다. 현화사 승려들이 이자겸의 난에 가담하기도 함

★ 교관겸수
가만히 생각하면 성인이 가르침을 편 목적은 행(行)을 일으키려는 데 있는 것이므로, 입으로만이 아니라, 몸으로 행동하게 하려는 것이다. … 정원법사는 "관(觀)을 배우지 않고 경(經)만 배우면 오주(五周)의 인과를 들었더라도 삼중(三重)의 성덕(性德)은 통하지 못하며, 경은 배우지 않고 관만 배우면 삼중의 성덕을 깨쳐도 오주의 인과는 분별하지 못한다. 그러므로 관도 배우지 않을 수 없고, 경도 배우지 않을 수 없다."고 하였다. 내가 교관에 마음을 다 쓰는 까닭은 이 말에 깊이 감복하였기 때문이다.
★ 내외겸전
교종을 공부하는 사람은 내적인 것을 버리고 외적인 것만을 구하려는 경향이 강하고, 반면에 선종을 공부하는 사람은 외부의 대상을 잊고 내적으로만 깨달으려는 경향이 강하다.

★ 의천
"문종이 하루는 여러 아들에게 '누가 승려가 되어 부처를 공양하고 공덕을 닦겠느냐?', 왕후(의천)가 일어나 '신이 승려가 될 뜻이 있지만, 오직 임금께서 명령하시는 대로 하겠습니다.'라고 대답하였다."
★ 대각국사비
영통사에 세워진 이 비에는 "국사는 성인의 도를 갖고 태어나 배움에 뜻을 두고 세속의 영광에 조금도 미혹치 않았다. 도덕이 쇠퇴하고 학문이 왕폐해가는 시대에 그런 세태를 거슬러 사신 분이다."라고 기록되어 있다.
★ 의천의 교장 조판
나는 일찍이 경과 논을 갖추었더라도 주석서가 없으면 법을 펼 길이 없다고 생각하였다. 그리하여 지승이 삼장의 목록을 만든 높은 뜻을 본받아 20년 간 쉬지 않고 노력하여 지금에 이르렀다. 이제까지 모은 여러 주석서를 간행하고 이후로도 새로운 것이 있으면 추가로 기록하려고 한다.

3. 무신집권기

(1) 조계종

선종의 유행	· 교종은 무신의 탄압을 받았고, 선종은 무신의 지원을 받으며 부흥	★ 최충헌은 지눌, 최우는 혜심과 밀착
조계종	· 개창 : 지눌이 송광사에서 창시	· 송광사 감로탑 : 지눌의 사리탑
	· 특징 : 교리 통합 운동, 선종을 중심으로 교종을 통합, 심성의 도야 강조 → 완벽한 통합	
	· 교리 : 정혜쌍수와 돈오점수, 선교병수, 선교일원, 선오후수, 불립문자 등 강조	
	★ 돈오점수 "먼저 깨치고 나서 뒤에 수행한다는 뜻은 연못의 얼음이 전부 물인 줄을 알지만, 그것이 태양의 열을 받아 녹게 되는 것처럼 범부가 곧 부처임을 깨달았으나 법력으로써 부처의 길을 닦게 되는 것과 같다는 것이다."	

★ 정혜쌍수

정(定)은 본체이고 혜(慧)는 작용이다. 작용은 본체를 바탕으로 해서 있게 되므로 혜가 정을 떠나지 않고, 본체는 작용을 가져오게 하므로 정은 혜를 떠나지 않는다. 정은 곧 혜인 까닭에 허공처럼 텅 비어 고요하면서도 항상 거울처럼 맑아 영묘하게 알고, 혜는 곧 정이므로 영묘하게 알면서도 허공처럼 고요하다.

(2) 결사운동의 전개(전라도 중심)

	수선사 결사	백련사 결사
창시	· 1204년, 보조국사 지눌 · 지눌이 거조암, 길상사 등에서 정혜결사 주도 · 희종이 수선사 이름 하사	· 1208년, 원묘국사 요세
결탁	· 최씨 정권 등 무신정권과 결탁	· 수선사에 대항하기 위해서 지방 토호들의 지원을 받아 조직
사찰	· 순천 송광사	· 강진 만덕사
중심	· 조계종 중심	· 천태종 중심
교리	· 조계종 중심으로 불교 타락 비판 · 승려 본연의 자세로 돌아갈 것 · 선수행, 노동, 독경 강조	· 참회의 법화신앙과 미타정토 신앙 강조 · 정토왕생을 중시하면서 보현도량 개설 · 대몽 항쟁이 강한 항몽 투쟁 표방
지지	· 개혁적 승려와 지방 지식인의 지원 · 민중 불교 강조	· 최씨 정권의 지지를 받음 · 수선사보다 더 대중적(농민과 천민, 하층민의 지지) ※ 원 간섭기 : 충렬왕 때 개경의 묘련사로 변질되어 왕실과 밀착

★ 권수정혜결사문

"지금의 불교계를 보면, 아침 저녁으로 행하는 일들이 비록 부처의 법에 의지하였다고 하나, 자신을 내세우고 이익을 구하는 데 열중하며, 세속의 일에 골몰한다. 도덕을 닦지 않고 옷과 밥만 허비하니, 비록 출가하였다고 하나 무슨 덕이 있겠는가? … 하루는 같이 공부하는 사람 10여 인과 약속하였다. 마땅히 명예와 이익을 버리고 산림에 은둔하여 같은 모임을 맺자. 항상 선을 익히고 지혜를 고르는 데 힘쓰고, 예불하고 경전을 읽으며 힘들여 일하는 것에 이르기까지 각자 맡은 바 임무에 따라 경영한다. 인연에 따라 성품을 수양하고 평생을 호방하게 고귀한 이들의 드높은 행동을 좇아 따른다면 어찌 통쾌하지 않겠는가?"

★ 요세의 백련사 결사

대사(요세)는 '묘종'을 설법하기를 좋아하여 언변과 지혜가 막힘이 없었고, 대중에게 참회 수행을 권하였다. … (중략) … 왕공대인과 지방 수령, 높고 낮은 사부 대중 가운데 결사에 들어 온 자들이 300여 명이나 되었고, 가르침을 전도하여 좋은 인연을 맺은 자들이 헤아릴 수 없이 많았다.

(3) 주요 승려

지눌
· 중국 화엄종의 방계인 이통현의 화엄사상의 영향을 받음 · 3문 제시 : 성적등지문, 원돈신해문, 간화경절문 · 선을 체(體)로 삼고 교를 용(用)으로 삼아 선교 합일점 추구 · 간화결의론, 수심결, 권수정혜결사문, 진심직설 등 · 조계종 창시, 수선사 결사 조직, 선수행, 노동, 독경 강조 · 정혜쌍수, 돈오점수 · 송광사의 감로탑 : 지눌의 사리탑

기타 승려
★ 혜심 · 사마시 급제 후 출가, 지눌의 제자 · 수선사 2대 교주, 간화선 강조 · 유불일치설 → 성리학 수용의 토대 · 선문염송집, 선문강요, 진각국사어록 · 요세 : 원묘국사, 백련사 결사, 법화신앙, 정토신앙, 보현도량 ★ 각훈 : 해동고승전 편찬 ★ 수기 : 팔만대장경 조판 시 교정 책임, 교정별록 저술

★ 혜심의 유불일치설

나는 옛날 공(公)의 문하에 있었고, 공(公)은 지금 우리 수선사(修禪社)에 들어왔으니, 공은 불교의 유생(儒生)이요, 나는 유교의 불자(佛子)입니다. 그 이름만을 생각한다면 불교와 유교는 아주 다르지만, 그 실제를 알면 유교와 불교는 다르지 않다고 보아야 하지 않겠습니까? … 이 말에 의하면 유교와 도교의 종(宗)은 불법(佛法)에서 흘러나온 것이며, 방편(方便)은 다르나 실제는 같은 것입니다.

4. 원 간섭기

라마불교 전래	· 원에서 미신적인 라마교가 전래되어 조계종은 쇠퇴, 원 황실과 관계를 맺은 사원이 생김
결사운동 단절	· 백련사 결사 → 충렬왕 시절 묘련사로 변질되어 왕실과 결탁
불교의 타락	· 불교계가 왕실과 결탁하여 친원적, 세속적 불교로 타락 · 일연의 가지산파가 귀족, 왕실과 결탁하여 부흥 · 기황후는 가문 번영을 위해 금강산에 막대한 재산을 투자하여 사찰을 중창

↓

| 불교 비판 | · 성리학자들이 불교계의 폐단 비판
· 초기 성리학자인 이색과 이제현은 불교의 폐단을 비판
· 후기 성리학자인 정도전과 정몽주는 불교 자체를 비판하였다. ★ 불씨잡변 : 1398년, 정도전이 조선 건국 후 저술, 불교에 대한 강한 비판 |

★ 원 간섭기 주요 승려

· 보우
　└→ 충목왕 시절 원의 선종인 임제종 도입, 교단 정비 노력(9산 선문 통합 시도 → 실패)
　└→ 공민왕의 왕사, 간화선 강조, 한양 천도 주장, 신돈과 갈등 → 신돈이 죽고 다시 국사가 됨
　└→ 조선 시대 조계종의 증조가 됨
· 일연 : 가지산파로 왕실과 결탁, 삼국유사 저술, 군위 인각사 보각국사탑(일연의 승탑과 그의 행적을 기록)
· 혜근 : 원에서 공부하고 충목왕 시절 임제종 도입, 교단 정화 노력, 양주 회암사 주지, 여주 신륵사에 입적
· 기타 승려 : 충지(원감록 저술), 지공(인도 선종 도입), 무학대사(이성계의 왕사, 한양 천도에 공헌)

✏️ 필기 노트

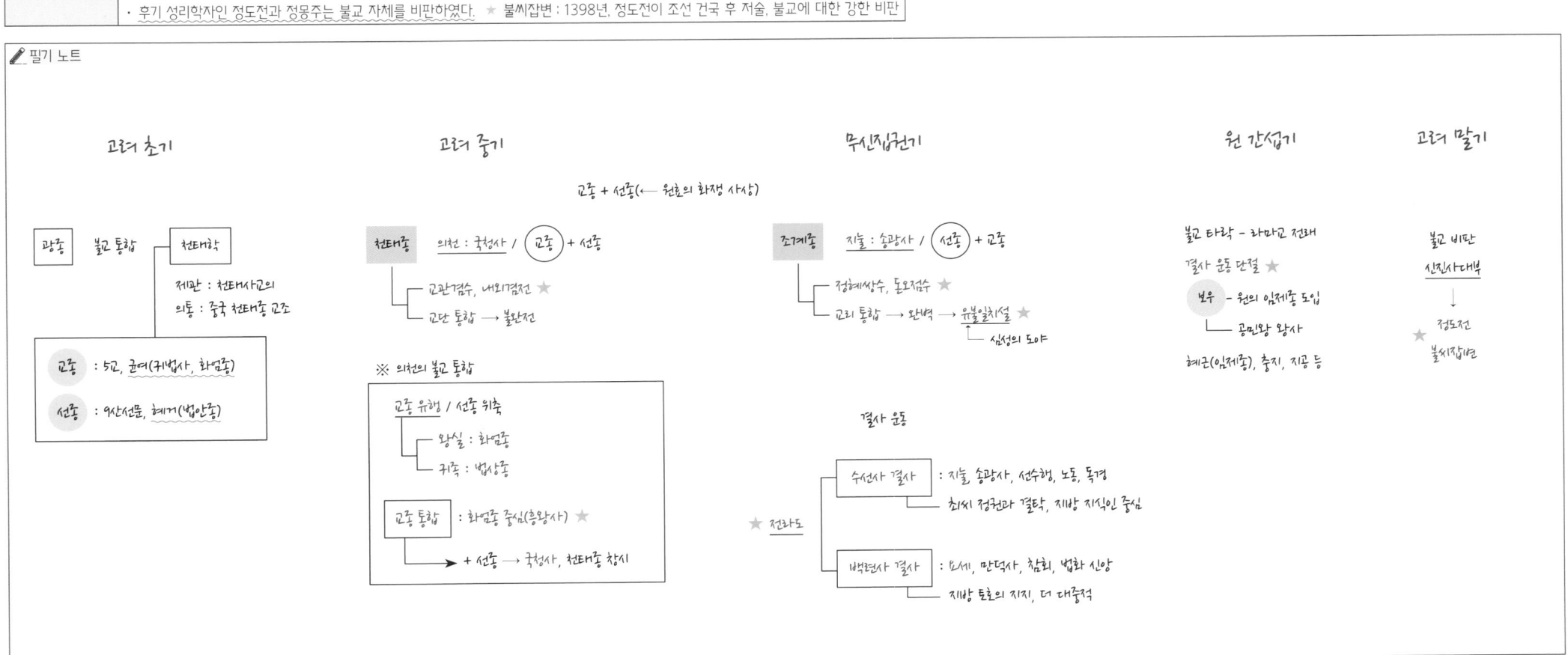

1. 도교

특징	• 전성기 : 기복종교 → 민간 생활에 영향(장례와 제사 : 도교식) • 국가 지원 : 도교 행사 자주 거행, 궁중에서 초제 성행(11개 별자리 십일요와 여러 신에게 제사) 　└ 북진 정책을 추진하면서 상무적인 도교 강조 • 한계 : 불교적인 요소와 도참 사상 수용 → 일관된 체계가 없이 교단이 성립되지 못함
도교의 발전	• 태조 : 구요당에서 초제 거행 • 현종 : 궁궐 내 초제 거행 • 예종 : 복원궁 건립(이중약의 상소) • 인종 : 서경에 묘청이 팔성당 건립

★ 도교 관련 사항
• 서왕모 : 도교의 전설에 등장
• 수경신 : 무병장수의 욕망을 반영한 제사
• 팔관회 : 도교와 불교, 민간신앙이 어우러진 행사, 국가 행사로 명산대천에 제사
• 강안전 · 내원당에서 초제 거행
• 기은색 · 대초색 · 기은도감 : 도교 기관
• 참성단 : 강화도 마니산에서 하늘에 제사
• 도교의 대가 : 강감찬, 한유한, 이자현, 이명, 곽여, 최당 등
• 청자 인물형 주전자에 도사로 추정되는 사람 조각

2. 풍수지리

특징	• 민간신앙화 　└ 불교와 음양오행, 길흉화복을 예언하는 도참사상과 결합 　└ 고려 말 천도 운동에 영향 　└ 미신적 요소가 심화 → 성리학자들이 비판 • 도선비기 유행

★ 잡과 시험 : 지리업에서 풍수지리 시험
★ 산천비보도감 : 국토를 풍수적으로 관리하게 위해서 설치
★ 한양명당설 : 공민왕, 우왕 시절 한양 천도 시도
★ 도선 : 현종은 대선사로 → 숙종은 왕사로 → 인종은 국사로 추존

★ 풍수지리의 발전

태조	정종	성종	문종	숙종	예종	인종
• 훈요 10조 : 서경 중시 • 북진 정책의 기반 • 비보사찰 강조(불교 + 풍수지리)	• 서경 천도 시도	• 3경 완성 　└ 중경 : 개경 　└ 서경 : 평양 　└ 동경 : 경주	• 한양 명당설 　└ 한양(목멱양)을 남경으로 승격 • 3경의 변화 　└ 중경, 서경, 남경으로 변화 • 예성강에 장원정 설치	• 남경개창도감 설치 　└ 김위제의 건의 　└ 남경을 본격 개발 　└ 궁궐을 지어 왕이 머무름 　└ 윤관 : 남경 건설 책임자	• 해동비록(김인존, 현존 X) • 서경에 새로운 궁궐 창건	• 묘청의 서경 천도 운동 • 개경 주위에 3소제 실시 　└ 백악산, 백마산, 기달산

3. 기타 신앙

민간 신앙	• 성황사(성황당, 서낭당) : 마을에서는 성황신을 수호신으로 섬기는 제를 올림 • 고려 시대에는 국가에서 산에 격을 높이는 의미의 호를 붙이고 산신에게 제사를 지내기도 하였다.
고구려 계승	• 동명성 제사 : 서경에서 고구려 주몽을 제사지냄 • 동신사 : 개경에 설치되어 주몽의 어머니인 유화 부인을 모심 ★ 숭령전 : 평양, 고려 시대 주몽을 모시던 동명성 제사가 조선 시대 단군을 합사하면서 숭령전으로 개칭
단군 신앙	• 삼성사 : 황해도 구월산에서 단군, 환웅, 환인을 제사지냄 • 숙종 때 평양에 기자사당을 건립
환구제	• 환구단을 제단으로 하여 황제가 하늘에 제사를 지내는 유교 제천 의식 • 성종은 환구단을 건립하고, 사직단을 세웠다. • 고려사에 성종 때 환구제를 지낸 기록이 있음

※ 주몽의 어머니를 모신 동신사
나무를 깎아 여인상을 만들었다. 그 여인은 하백의 딸로 부여왕의 아내라고 한다. 그녀가 주몽을 낳았는데, 고구려의 시조가 되었기 때문에 제사를 지낸다.

※ 상신일에 환구에서 풍년을 기원하는 제사 축문 ; 상신일은 매년 1월 첫 번째 신일
하늘의 일은 소리가 없어도 만물이 힘입어 자라나는데 나라를 지니는 근본은 먹을 것이 있어야 사람들이 믿고 살아 갑니다. 바야흐로 첫봄을 맞이하여 풍년이 되기를 기도하오니, 상제의 혜택이 아니면 이 백성들이 무엇을 밑천으로 삼겠습니까?

1. 대장경의 조판

✏️ 필기 노트

| 초조대장경 | 교장(속장경) | 팔만대장경(재조대장경) |

거란의 2차 침입 때 조판 ──────────→ 몽골의 2차 침입 때 소실

대구 부인사 보관

↳ 보완

의천, 흥왕사

고려 + 송 + 요 대장경 주석서 → 신편제종교장총록

논, 소, 초(대장경의 주석서)를 토대로 작성

교종 중심(선종 관련 내용 X), 몽골 2·3차 침입 때 소실

팔만대장경(재조대장경)
- 몽골의 3차 침입 때 조판(최우 시절)
- 강화도 대장도감 + 진주목 남해현 분사도감
- 다양한 신분 참여 / 수기 총괄 → 교정별록
- 이규보의 대장각판군신기고문
- 강화도 보관 → 조선 초 합천 해인사 장경판전 보관

초조대장경(정장)	속장경(교장)	팔만대장경(재조대장경)
현종(1011년) ~ 선종(1087년)	1091(1092)년 ~ 1101(1102)년	무신 집권기(1236년 ~ 1251년)
• 조판 　↳ 현종~선종 　↳ 거란족의 2차 침입 때 조판 　↳ 흥국사와 귀법사 등에서 조판 • 보관 : 흥왕사 대장전 → 대구 부인사 • 소실 : 몽골의 2차 침입 때 소실	• 조판 : 의천, 흥왕사에 교장도감 설치 　↳ 초조대장경 보완 차원에서 제작 　↳ 송과 요의 대장경의 주석서인 논·소·초를 모아 불서 목록인 신편제종교장총록을 제작 • 특징 : 교종 중심, 선종 관련 내용이 없음, 경·율·논의 삼장이 아니라 주석서인 논·소·초를 토대로 조판 • 소실 : 몽골의 2차와 3차 침입 때 소실 • 의의 : 원효의 사상을 중심으로 신라 불교의 전통을 재확인, 동아시아 불교 학설을 구체적으로 정리	• 조판 : 최우 집권 시기, 몽골의 3차 침입을 계기로 조판 시작 • 목적 : 몽골 침략 격퇴를 기원하며 조판하였고, 재조대장경이라 불림 • 과정 : 강화도의 대장도감과 진주와 남해 분사도감 등에서 조판, 다양한 신분이 참여 • 특징 : 초조대장경, 거란과 송의 대장경 대조·수정·보완, 일부 경전은 새로 추가 • 교정별록 : 개태사 승려 수기가 조판 책임 • 대장각판군신기고문 : 이규보가 대장경 조판 취지 기록 • 보관 　↳ 고려 시대 : 강화도성 서문 밖 대장경 판당에 보관 → 강화도 선원사에서 보관 　↳ 조선 초기 : 해인사 장경판전에서 보관 • 의의 : 팔만대장경은 유네스코 기록유산, 해인사 장경판전은 유네스코 문화유산에 등재

2. 석탑

특징	• 신라 양식 계승 + 독자적 조형미 → 다양한 형태, 다각다층(송의 영향), 받침과 연꽃무늬 등			
	삼국 시대 석탑 양식	송의 양식	원의 양식	승탑
종류	• 신라 양식 : 개심사지 5층 석탑, 현화사 7층 석탑(개성, 변형된 형태) • 백제 양식 : 익산 왕궁리 5층 석탑, 무량사 5층 석탑 • 고구려 양식 : 개성 불일사 5층 석탑	• 월정사 8각 9층 석탑 : 평창 • 보현사 8각 13층 석탑 : 묘향산 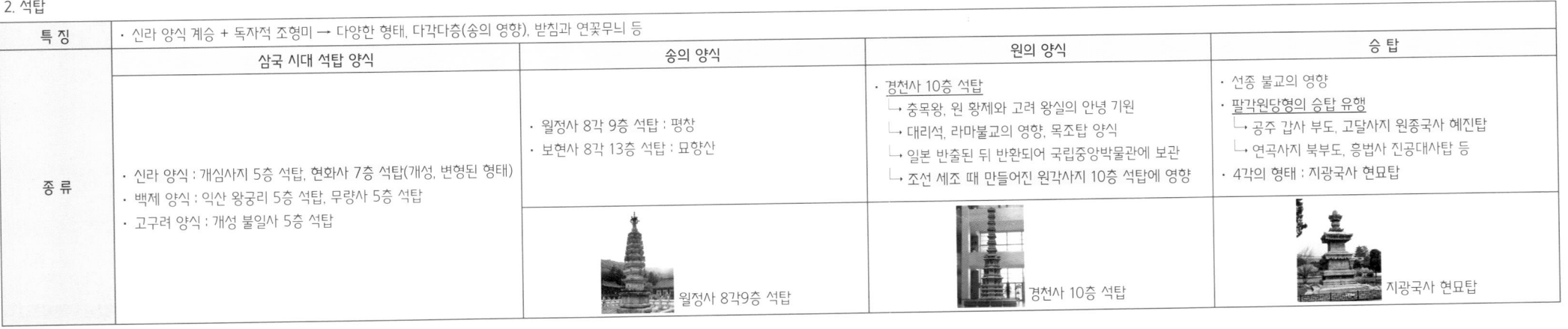 월정사 8각9층 석탑	• 경천사 10층 석탑 　↳ 충목왕, 원 황제와 고려 왕실의 안녕 기원 　↳ 대리석, 라마불교의 영향, 목조탑 양식 　↳ 일본 반출된 뒤 반환되어 국립중앙박물관에 보관 　↳ 조선 세조 때 만들어진 원각사지 10층 석탑에 영향 경천사 10층 석탑	• 선종 불교의 영향 • 팔각원당형의 승탑 유행 　↳ 공주 갑사 부도, 고달사지 원종국사 혜진탑 　↳ 연곡사지 북부도, 흥법사 진공대사탑 등 • 4각의 형태 : 지광국사 현묘탑 지광국사 현묘탑

3. 인쇄술

목판 인쇄술	금속활자		
	상정고금예문(1234년)	직지심체요절(1377년)	

목판 인쇄술

- 신라부터 발달 → 고려 시대 더욱 발전
- 대장경 조판에 이용
- 무구정광대다라니경
  - 현존 최고의 목판 인쇄물
  - 통일신라, 석가탑에서 발견

상정고금예문(1234년)

- 고려 (인종~) 의종 때 최윤의가 편찬한 예법 서적
- 금속활자 인쇄
  - 대몽 항쟁기, 최우 시절
  - 강화도에서 금속활자로 28부를 재인쇄
  - 현존 X, 문헌상 최고의 금속활자본
    - 이규보의 동국이상국집에 기록

직지심체요절(1377년)

- 제작 : 우왕 시절, 청주 흥덕사에서 조판
- 의의 : 현존 최고의 금속활자본, 유네스코 기록유산
- 보관 : 현재 프랑스 국립도서관에 보관
- ★ 모리스 쿠랑의 조선서지에서 처음 소개

- ★ 남명천화상송증도가 : 최우가 발문을 지음. 금속활자 논란
- ★ 제지술 : 등피지와 경면지 → 중국에서 인기
- ★ 인쇄 기관
- 서적포 : 숙종, 목판 고정식 → 대량 생산
- 서적원 : 공양왕, 활자 이동식 → 다양한 책을 소량 인쇄

4. 공예 기술

특징	· 사치품으로 유행, 나전칠기(송으로 수출 ※ 통일신라 시대에는 당에서 수입), 은입사 기술 발달, 범종(신라 범종 계승, 용주사 동종 등)					
	· 청자 주산지 : 전라도 강진(최고급 청자를 만들어 공급)과 부안이 유명 → 고려 말 왜구의 침략 때 폐쇄					
	고려 초기	11세기	12세기 중엽 ~ 무신 집권기	원 간섭기 ~ 15세기	16세기	조선 후기
	송과 신라 양식에 영향	비취청자	상감청자	분청사기	백자	청화백자
변화	★ 송의 영향 → 고려의 청자 기술 → 초조대장경, 속장경 → 인쇄술 등	· 고려도경 → 송, 서긍, 인종 때 고려 방문 → 비취청자 극찬	· 상감기법 개발 → 은입사 기법·나전 수법에 영향 받음 · 화려, 귀족적 상감청자	· 소박 · 관공서와 왕실 중심 분청사기	· 선비들의 담백한 미 반영 · 임란 이후 일본에 영향 : 이삼평 등 ★ 사옹원 → 조선 시대 관공서나 도자기 관리 → 경기도 광주와 경상도 고령에 분원	· 대량 생산 · 민간에서 유행

5. 과학 기술

천문학	· 천문학 : 사천대(신라 혜공왕) → 서운관(고려 말 충렬왕) → 관상감(조선 초기 세조)			
	★ 치성광불여래왕림도 : 북극성을 의미, 서양의 황도 12궁이 그려져 있음, 미국에 보관		고려 시대 첨성대(개경) : 천문 관측 업무	
	신라 ~ 고려 전기	고려 후기	조선 전기	조선 후기
역법	· 당의 선명력	· 충선왕 : 원의 수시력 · 공민왕 : 명의 대통력	· 세종 : 칠정산 내편과 외편 → 내편 : 중국의 수시력 등 참고 → 외편 : 아라비아의 회회력	· 효종 : 시헌력(서양 음력, 김육과 김상범의 노력) · 정조 : 천세력 · 을미개혁 : 태양력
	고려 전기		고려 후기	
의학	· 송의 의학에 영향 · 의학 교육 → 태의감 : 의학 교육 담당(VS 조선 시대 : 전의감) → 지방은 향교에서 의학 박사가 교육 ★ 고려는 정부가 개경 등에 약국을 개설하여 운영		· 독자적 의학 발전 · 향약구급방 : 고려 후기, 1236년(최우 집권 시절) 강화도 대장도감에서 편찬 → 현존 최고의 자주적 의학 서적 → 국산 약재 사용, 의료 혜택이 민간으로 넓어지는 계기	
화약 조선 기술			· 최무선이 원에서 화약 전래 · 화통도감 : 우왕(1377년) 때 설치하여 화포 제작 → 진포 싸움에서 최초로 자체 제작한 화포 사용 · 조선 기술 : 원 간섭기에 일본 원정에 필요한 수백 척의 배를 건조	

6. 건축

📝 필기 노트

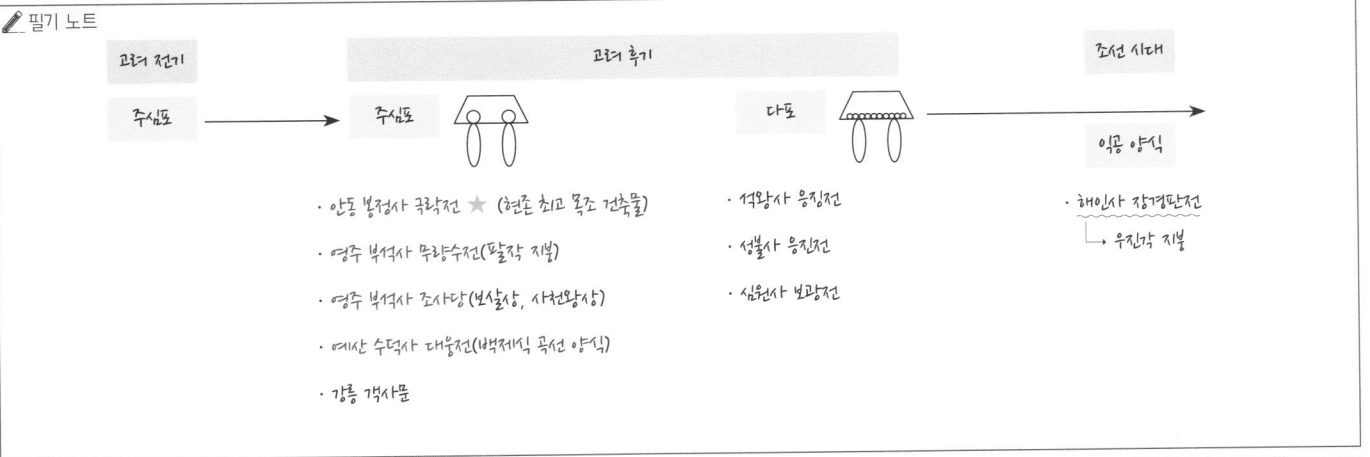

고려 전기	고려 후기	조선 시대
주심포	주심포 → 다포	익공 양식

고려 전기/후기 (주심포)
- 안동 봉정사 극락전 ★ (현존 최고 목조 건축물)
- 영주 부석사 무량수전(팔작 지붕)
- 영주 부석사 조사당(보살상, 사천왕상)
- 예산 수덕사 대웅전(백제식 곡선 양식)
- 강릉 객사문

다포
- 석왕사 응진전
- 성불사 응진전
- 심원사 보광전

익공 양식
- 해인사 장경판전
  └→ 우진각 지붕

주심포 양식(고려 전기 ~ 고려 후기)
- 안동 봉정사 극락전 : 현존 최고의 목조 건축물, 배흘림 기둥, 맞배 지붕
- 영주 부석사 무량수전 : 팔작 지붕, 배흘림 기둥
- 영주 부석사 조사당 : 사천왕상의 벽화, 맞배 지붕, 배흘림 기둥
- 예산 수덕사 대웅전 : 모란과 들국화 벽화, 백제식 곡선 양식, 맞배 지붕, 배흘림 기둥
- 강릉 객사문 : 절과 집이 아닌 건물로는 가장 오래된 건축물, 맞배 지붕, 배흘림 기둥

다포 양식(고려 후기 → 조선 시대 유행)
- 석왕사 응진전(우왕), 성불사 응진전(충숙왕) : 맞배 지붕
- 심원사 보광전(공민왕) : 팔작 지붕

★ 익공 양식 : 조선 초기 주심포 양식을 간략하게 변형, 소규모 건축에 이용
  └→ 해인사 장경판전 등
★ 팔작 지붕 : 부석사 무량수전, 통도사 불이문, 심원사 보광전 등
★ 맞배 지붕 : 주심포 양식에 주로 이용
★ 우진각 지붕 : 해인사 장경판전이 대표적

7. 기타 예술

불상	• 특징 : 철불과 마애불, 다양한 불상 유행 • 논산 관촉사 석조 미륵보살 입상 : 태조~광종, 거대 불상, 은진미륵불이라 불림 / 왕권 과시 목적 • 광주 춘궁리 철불, 운주사 석불, 안동 이천동 석불 등 • 영주 부석사 소조 아미타 여래좌상 : 고려 시대 최고 걸작품, 주재료는 흙, 신라 양식 계승
음악과 무용	• 향악 : 속악, 연회에서 연주 ★ 당시 민중의 속요와 어울려 동동, 한림별곡, 대동강 등이 유행 • 당악 : 당의 음악, 연회에서 연주 • 아악 : 송의 대성악에 영향, 제례에서 연주 • 나례 : 잡귀를 쫓는 궁중 의식, 나례청, 나례도감에서 주관 → 산대놀이 : 나례 + 연극, 처용무 등

논산 관촉사 석조 미륵보살 입상

영주 부석사 소조 아미타 여래 좌상

★ 처용무
- 신라부터 전해오던 것, 궁중의 중요 연례 때 공연
- 조선 시대 성종 때 악학궤범에 기록
- 고려 시대까지 1명이 공연 → 조선 세종 때부터 5명이 공연 → 성종 : 국가 행사
- 유네스코 무형유산으로 등재

★ 글씨·그림	고려 전기	고려 후기
글씨	• 왕희지체, 구양순체	• 조맹부의 송설체 유행
그림	• 이령의 예성강도, 천수사남문도 등 └→ 현존 X, 송 황제 극찬	• 공민왕의 천산대렵도 : 원의 영향 • 불화 유행 : 왕실과 귀족의 요구, 사경화, 탱화 등 ★ 혜허의 양류관음도 → 일본에 보관 • 벽화 : 둔마리 고분의 춤추는 남녀의 벽화는 지방의 소박한 문화를 보여줌

8. 문학

전기	초 기	• 한문학의 발달 : 제술과, 문신월과법, 각촉부시 등으로 한문학 발달, 한시는 문인의 필수 교양 • 보현십원가 : 균여, 마지막 향가 → 불경을 향가로 풀이
	중 기	• 당과 송의 문학 숭상, 향가는 단절, 정지상과 박인량이 대표적 　★ 박인량 : 수이전, 송에서 유명, 송에서 시집 간행 • 정과정과 도이장가 : 향가의 잔영이 남은 작품

↓

후기	무신 집권기	특 징	• 자주적 성격 강화, 현실 도피적이고 낭만적인 문학 발달 • 설화 문학·패관 문학·가전체 문학·수필 문학 유행 　★ 패관 문학 : 항간에 떠도는 이야기를 기록 • 최씨 정권기 : 형식보다 내용을 중시 　★ 죽림고회(해좌칠현) : 강호에 은거하며 문학 활동을 하는 모임
		주요 작품	• 이인로의 파한집, 이규보의 백운소설 • 최자의 보한집 : 천태종 비판, 무신난을 객관적으로 이해 • 진화의 매호유고(금에 대한 자신감) : "송은 쇠퇴하고, 여진은 미개하니, 문명의 아침은 고려를 비출 것이다."
	고려 말기	경기체가	• 신진사대부의 문학, 향가와 송나라 문학의 영향 　★ 작품 : 한림별곡, 죽계별곡, 관동별곡
		고려가요	• 민중의 노래, 장가, 속요 　★ 작품 : 청산별곡, 서경별곡, 가시리, 동동, 사모곡, 정석가, 처용가, 쌍화점(충렬왕)
		한 시	• 이제현의 역옹패설·익재난고 • 이색의 목은집 • 정몽주의 포은집

★ 이규보
 └ 여주 지방 향리 후손, 동명왕편 저술
 └ 최씨 정권의 신임
 └ 문하시랑평장사, 당과 송의 고문 숭상
 └ 유·불·도·무교를 아우르는 문재
 └ 백운소설 : 삼국~고려까지 시문을 모음
 └ 국선생전, 동국이상국집 등
 └ 상정고금예문이 금속활자로 인쇄된 것 기록
 └ 대장각판군신기고문

★ 가전체 문학
 └ 최초의 가전체 문학 : 국순전(임춘)
 └ 공방전(임춘), 국선생전(이규보)
 └ 청강사자현부전(이규보), 죽부인전(이곡)
 └ 저생전(이첨), 정시자전(석식영암)

출제예상

PART 05

1. 고려 말의 상황과 건국 과정

우 왕
(1374~1388)
	• 1374년 공민왕이 시해된 이후 우왕 즉위 : 이인임 등의 권문세족이 권력 장악
	• 1376년 최영, 홍산 전투
	• 1377년 최무선이 화통도감 설치
	• 1380년 나세와 최무선의 진포 전투, 이성계는 남원(운봉, 황산)에서 왜구 격퇴
	• 1383년 정지, 남해(관음포)에서 왜구 격퇴
	• 1388년 최영이 이성계의 지원으로 이인임 제거 ★ 최영 : 우왕의 장인, 위국충절의 호기가
	• 1388년 명의 철령위 통보
	    └ 최영의 요동 정벌 : 최영이 팔도도통사, 조민수가 좌군도통사, 이성계가 우군도통사에 임명됨
	    └ 이성계의 위화도 회군(4불가론) → 최영 제거, 창왕 옹립, 신진사대부의 권력 장악과 분열

창 왕 (1388~1389)	• 1388년 10월 급전도감 설치 → 사전 개혁(권문세족의 농장 몰수) • 1389년 2월 대마도 정벌(박위) • 1389년 11월 폐가입진 : 창왕을 폐하고 공양왕 옹립 ★ 12월 우왕과 창왕을 시해함
공양왕 (1389~1392)	• 1391년 1월 삼군도총제부 설치 : 이성계, 정도전, 조준이 군사권 장악 • 1391년 5월 과전법 제정 : 도평의사사에서 제정, 신진사대부와 군인의 경제 기반 마련 • 1391년 10월 정도전 봉화 유배 • 1392년 1월 서적원 설치 : 활자로 서적 인쇄 • 1392년 이성계가 사냥 중 낙마하여 부상을 입자 정몽주 등은 이성계를 제거하려 하였다. • 1392년 혁명파 사대부가 온건파 사대부를 제거 ★ 1392년 4월 정몽주가 개성 선죽교에서 피살됨

조선 건국	• 1392년 7월 이성계가 배극렴과 정도전 등의 추대로 수창궁에서 왕에 즉위
	• 1393년 2월 조선 국호 제정 : 단군조선 + 기자조선 계승
	• 1394년 4월 공양왕 부자 및 왕씨들을 살해 → 10월 한양 천도 : 풍수지리의 영향
	    └ ※ 요새화 하기 쉬움, 한강이 있어 교통 편리,
	        삼국 문화가 골고루 반영, 단군신앙(강화도와 가까움) 등

★ 이성계의 4 불가론
1. 소국이 대국을 거역할 수 없다.
2. 여름철에 군대를 일으킬 수 없다.
3. 거국적으로 원정하면 왜구가 그 틈을 노릴 것이다.
4. 지금은 덥고 비가 많아 활이 녹고 대군은 질역에 시달릴 것이다.

※ 이성계
• 영흥 지방 이자춘의 아들, 쌍성총관부 탈환 시 공을 세우고 정계 진출
• 정원십자공신, 1388년 최영을 도와 이인임을 몰아내고 문하시중이 됨
• 위화도 회군 이후 우왕과 창왕을 제거

★ 신진사대부의 분열

	온건파 사대부	혁명파 사대부
세 력	정몽주, 이색, 길재, 이숭인 등 다수파	정도전, 조준, 남은, 하륜, 윤소종 등 소수파
개 혁	불사이군, 점진적 개혁 추진	역성혁명, 급진적 개혁 시도
토 지	토지 사유화 인정, 점진적인 토지 개혁 대규모의 토지 소유 부정	왕토 사상 주장, 급진적인 토지 개혁 ★ 정도전 : 계구수전 주장
성리학	성리학을 절대시	성리학을 수단, 주례 강조
군 사	군사 기반 X	신흥 무인들과 연결, 삼군도총제부 장악
변 화	조선 시대 사림으로 성장	조선 시대 관학파, 훈구파로 성장

※ 한양의 구조
한양은 한강(아리수)의 북쪽이라는 의미로, 백악산, 낙산, 목멱산, 인왕산을 연결하는 도성을 쌓았으며, 오행을 따라서 흥인지문, 숭례문, 돈의문, 숙정문 등의 4대문과 4소문을 건설하였다.
★ 조선 시대에는 도성 밖 10리 안에는 개인의 무덤을 쓰거나 벌채를 하지 못하도록 하였다.

2. 정도전

	정치 활동	통치 조직의 정비
활동	• 호는 삼봉, 향리 집안 출신, 어머니가 노비 가문 • 친원파 권문세족인 이인임과 대립 • 1375년 친원배명 정책에 반발, 공민왕의 암살 사실을 명에 알릴 것을 주장하다 전라도 나주로 유배 • 1388년 위화도 회군 이후 밀직부사로 임명되어 실권 장악 : 이성계 등과 우왕을 폐하고 창왕 옹립 • 1389년 폐가입진으로 창왕을 폐하고 공양왕 옹립 • 1391년 반대 세력의 공격으로 서인으로 격하, 삼군도총제부의 우군총제사에 임명 • 1392년 조준, 남은, 배극렴과 함께 이성계를 왕으로 추대 • 1398년 1차 왕자의 난(무인정사) 때 이방원에게 제거 됨	• 수도 한양의 행정 분할 결정 • 수도의 궁궐과 대문의 이름 작성 : 경복궁과 경복궁 근정전의 이름 제정 • 4대문 : 유교식 명칭 ★ 동대문(흥인지문), 서대문(돈의문), 남대문(숭례문), 북대문(숙정문) • 태조 때 요동 정벌 준비 : 이방원과 조준의 반대로 실패 ※ 창덕궁(태종), 창경궁(성종), 경희궁(경덕궁, 광해군) ※ 종묘(경복궁의 동쪽)·사직(경복궁의 서쪽)
저술 활동	• 주례를 참고 → 조선경국전과 경제문감 편찬 • 조선경국전 : 1394년, 재상 중심, 정치, 제도와 예악의 기본 구조 제정 • 고려국사 : 1395년, 조선 건국의 정당성 강조 • 경제문감 : 1395년, 조선의 정치 조직 및 행정안 제시	★ 기타 저술 활동 • 불씨잡변 : 1398년, 성리학적 입장에서 불교 비판 • 심기리편 : 불교와 도교 비판, 유교 정치 체계화 • 경제문감별감, 심문천답, 금남잡영, 금남잡제, 문덕곡, 몽금척, 수보록, 경제문감별집

1. 태조와 정종

태 조 (1392~1398)	• 1392년 왕 즉위(수창궁에서 즉위, 정도전·배극렴 등의 추대) • 1393년 2월 '조선' 국호 제정, 9월 삼군도총제부를 의흥삼군부로 개칭 • 1394년 한양 천도(→ 1395년 한양부를 한성부로 이름을 개칭) • 1395년 천상열차분야지도 제작(천문도, 고구려의 천문도 바탕), 경복궁 완공 • 1396년 4월 한성부의 5부 이름을 정함, 12월 김사형 등이 왜구 근거지인 대마도 공격 • 1397년 8월 제생원 설치, 12월 경제육전(조준) • 1398년 2월 숭례문(남대문) 건설, 5월 선원사의 팔만대장경을 해인사로 이관, 6월 향약제생집성방 편찬, 7월 성균관에 문묘와 명륜당 건립 • 1398년 8월 1차 왕자의 난(무인정사), 이방원이 정도전·방석·남은 등을 제거 → 정종 즉위

↓

정 종 (1398~1400)	• 1398년 1차 왕자의 난 이후 즉위 • 1399년 3월 개경 천도, 5월 향약제생집성방 간행 • 1400년 1월 2차 왕자의 난 : 박포의 난, 이방간 유배, 박포는 처형 → 4월 중추원을 삼군부로 고침 → 11월 정종이 이방원에게 선위하여 태종 즉위

★ 태조는 정도전을 시켜 함경도 지방의 성보를 수리하고 여진족과 주민들을 회유하였다.
※ 태상왕(태조)은 1차 왕자의 난 이후 스스로 물러나 함흥으로 은퇴하였다.

2. 태종(1400~1418)

즉 위	• 태상왕(태조)과 심한 갈등을 겪었고, 2차 왕자의 난 이후 1400년 즉위
왕권 강화	• 중서문하성 폐지 : 낭사를 사간원으로 독립 → 왕권 강화, 대신 견제 • 1400년 도평의사사 혁파 → 의정부(행정)와 삼군부(군사) 등으로 분리 • 6조직계제 : 1405년(1414년 완성), 왕권 강화, 의정부 세력 약화 • 승정원(왕명 출납)과 의금부(왕 직속 사법 기구)를 설치하여 왕권 강화 • 사병 혁파, 외척과 종친 견제, 언론 견제 • 정몽주 복권, 법전 편찬(1413년 속육전, 원육전), 세종 지원
지방 제도	• 1405년 한양 재천도 → 창덕궁 건립 • 8도 정비, 향·소·부곡 폐지, 수령 7사 제정, 북방 개발과 사민 정책 실시
군사 정비	• 무과 처음 실시(1402), 거북선 제작, 최무선의 아들 최해산 등용 • 잡색군 조직 : 예비군, 노비와 서리, 향리, 신량역천인으로 구성(농민 X)
경제와 사회	• 호패법 : 1402년 실시(1413년 제정), 16세 이상 모든 남자의 신분증 • 인보법 : 10가구를 인보로 묶어 통제 • 서얼차대법 제정, 억울하게 노비가 된 노비 해방 • 양전 사업 실시(토지 조사 실시, 양안 작성), 무역소 설치(경성, 경원, 여진과 무역 허용), 사섬서 설치(저화 발행) • 신문고 설치 : 의금부에서 관리 → 실효 X
문 화	• 불교 억압 : 도첩제 강화, 사원전과 노비 몰수, 5교 양종으로 불교 종파를 정리하고 242개 사찰만 인정 • 주자소 설치 : 1403년, 계미자 제작 • 창덕궁 : 1405년, 동궐, 유네스코 문화유산 • 아악서, 5부 학당 설치, 태조실록 완성(1410~1413) • 동국사략 : 1403년 권근, 삼국사략이라 불림 • 혼일강리역대국도지도 제작

★ 태종의 즉위
왕세자를 세우는 것은 나라의 근본을 정하는 일이다. 방원은 문무의 자질을 겸비하고 뛰어난 덕을 갖추었으며, 상왕께서 개국하던 때에 대의를 주장하였다. 또한 형인 과인을 호위하여 큰 공을 세웠으므로 이에 이방원을 왕세자로 삼는다.

★ 6조 직계제
의정부의 서사를 나누어 6조에 귀속시켰다. …… 처음에 왕은 의정부의 권한이 막중함을 염려하여 이를 혁파할 생각이 있었지만, 신중하게 여겨 서두르지 않았는데 이때에 이르러 단행하였다. 의정부가 관장한 것은 사대문서와 중죄수의 심의뿐이었다.

★ 신문고 : 태종, 의금부에서 관리, 등문고라 불림
└ 폐지 : 연산군 때 폐지
└ 부활 : 영조 때 부활, 병조에서 관리

★ 혼일강리역대국도지도 : 1402년, 이회와 김사형 등이 제작
└ 중국 지도(혼일강리도 등) + 조선 팔도도 + 일본 지도 등
└ ★ 특징 : 중국 중심, 아메리카 대륙 X
└ 동양 최고 세계지도, 일본에 필사본이 전해짐

3. 세종(1418~1450)

정치	• 집현전 설치 : 학술 기관, 경연과 서연 담당, 신숙주 · 정인지 · 서거정 · 성삼문 등이 활동, 위구르족 설순 기용
	• 의정부서사제 : 의정부의 권한 강화, 왕권과 신권의 조화 ※ 군사, 인사, 형옥은 6조 직계제로 왕이 직접 처리
	• 사법 제도 정비 : 사형수에 대한 삼심제, 감옥 시설 개선
	• 해동의 요순이라 불림
	• 도덕적 기강이 확립되어 유관, 맹사성, 황희와 허조 등의 청백리로 표창된 재상들이 배출됨
	  ★ 유관 : 동대문 밖의 비가 새는 초가에서 지냄
	  ★ 맹사성 : 고향에 내려갈 때 소를 타고 다녔다.
	  ★ 황희와 허조 등의 정승들이 배출 됨

대외 관계	• 4군(1416~1443년, 압록강, 최윤덕)과 6진(1434~1449년, 두만강, 김종서) 개척 • 1419년 대마도 정벌 : 이종무, 기해동정 • 1426년 3포 개항 : 부산포, 염포, 제포 • 1443년 계해약조 : 대마도 도주와 체결, 세견선 50척, 세사미두 200석 • 명과 조공 문제 해결(금 · 은, 공녀 진상 폐지), 명에서 토목의 변 발생(국방 문제 관심 ↑)
경제와 사회	• 사회 제도 정비 : 재인과 화척을 양민으로 승격, 의창제 실시, 관비와 남편에게 출산 휴가 지급 • 경제 제도 정비 : 연분9등법과 전분6등법 실시, 해서체 조선통보 발행
학문과 문화	• 5부 학당을 4부 학당으로 개편 • 훈민정음 창제 • 4대 사고 정리 : 춘추관, 충주, 성주, 전주 • 사가독서제 : 관리들에게 독서할 수 있는 유급 휴가 제공 → ※ 성종 : 독서당 설치 • 사대부에게 주자가례 장려 • 음악 정리 : 관습도감에서 박연이 음악 정리, 여민락과 정간보 • 불교 정비 : 선교양종으로 불교 정리, 36개 사찰만 인정, 내불당 설치
과학 기술	• 갑인자 주조, 밀랍 대신 식자판 조립 방식 개발로 인쇄능률 향상 • 천인 출신 장영실 기용 • 칠정산 : 내편(중국의 수시력 등)과 외편(아라비아 회회력) • 경복궁에 간의대(천문 관측) 설치 • 측우기 : 강우량 측정, 세계 최초 • 앙부일구와 천평일구 · 현주일구(해시계), 자격루와 옥루(물시계), 혼의와 간의(천문 관측 기구)

★ 집현전
• 세종 때 설치 → 세조 때 폐지
• 학문과 문화 활동의 중심 기구 역할
• 독서와 학문 연구를 기반으로 한 각종 편찬 사업
• 전원이 문과 급제자 출신, 장원 급제자와 같은 최고 인재들 등용
• 집현전은 근정전이나 사정전과 가까운 거리에 위치
• 학자들의 근속 연수는 다른 부서보다 길었고, 사가독서 제도 실시

★ 경연 : 고려 시대부터 시작, 왕과 신하의 학문 토론
  └→ 집현전과 홍문관원들이 담당, 세조와 연산군 당시 중단

★ 편찬 사업
• 삼강행실도와 효행록 : 유교 윤리 보급
• 농사직설 : 자주적 농서, 정초, 농부 경험담, 한문
• 신찬팔도지리지 : 지리 서적
• 총통등록 : 화약 무기 제조와 사용법
• 의학 서적 : 의방유취, 향약집성방, 향약채취월령 등
• 한글 서적 : 동국정운, 용비어천가
• 불교 서적 : 석보상절, 월인천강지곡

4. 문종과 단종

문종 (1450~1452)	• 왕권 약화 : 집현전 학자들에 의해서 신권이 상대적으로 강화되어 왕권 약화
↓	
단종 (1452~1455)	• 왕권 약화 : 고명대신(호랑이 재상 김종서와 황보인)이 실권 장악 • 계유정난 : 1453년 수양대군과 한명회, 권람, 정인지 등이 고명대신과 안평대군을 제거하고 실권 장악 • 1455년 단종이 세조(수양대군)에게 전위하고 상왕이 됨 ★ 1457년 강원도 영월 유배 → 사망

★ 편찬 사업
• 고려사 : 김종서, 정인지, 기전체, 고려 시대 역사를 정리, 우왕 · 창왕을 열전에 기록(부정적)
• 고려사절요, 동국병감(고조선~고려까지 전쟁의 역사)

※ 단종 : 노산군 → 숙종 때 단종
※ 정인지 : 집현전 출신, 훈민정음 창제에 공을 세우고, 계유정난에 참여, 정난공신 책봉
※ 이징옥의 난 : 1453년

5. 세조(1455~1468)

즉 위	· 1455년 단종이 수양대군(세조)에게 전위하고 상왕이 되면서 세조가 즉위
정 치	· 훈구 세력 형성 : 계유정난에 참여한 한명회, 권람 등이 참모가 되어 집권을 후원 · 왕권 강화 : 집현전 폐지, 경연 중단, 6조 직계제 부활, 원상 제도, 종친 등용, 패도 정치
군사 정비	· 중앙군 : 5위, 5위 도총부 정비 · 지방 방어 체제 : 진관 체제 · 군역 제도 정비 : 보법(정군 + 보인)
대외 관계	· 1459년 자성군과 운산군 폐지 → 4군 폐지 · 북방 개척 : 신숙주(동북면), 남이(서북면)
경국대전 편찬	· 경국대전 편찬 시작 : 1457년 육전상정소 설치 → 호전과 형전 완성 → ★ 경국대전의 완성은 성종
경 제	· 직전법 : 현직 관리에게만 수조권 지급 / 수신전 · 휼양전 폐지 · 내수사 설치 : 왕실 재산 관리 · 상평창(물가 조절) 부활, 팔방통보(전폐) 발행, 횡간 제도 실시(세출표)
문 화	· 성리학을 억제하고 그 대신 민족 신앙과 도교, 불교, 법가의 이념 존중 → 패도 강조 · 불교 장려 : 간경도감(불교 경전 간행) 설치, 월인석보, 원각사와 원각사지 10층 석탑 · 인지의, 규형 : 토지 측량
사 회	· 이시애의 난을 계기로 유향소 폐지 → 부활 : 성종

· 1456년 삼중신과 사육신 : 단종의 복위를 꾀하다 처형
· 김시습 등의 생육신 등은 벼슬을 버리고 은둔함
· 1457년 단종은 노산군으로 강등되어 영월 청령포로 유배되어 사망함

※ 경국대전 서문
천지가 광대하여 만물이 덮여 있고 실려 있지 않은 것이 없으며, 사시의 운행으로 만물이 생육되지 않은 것이 없으며, 성인이 제도를 만드심에 만물이 기쁘게 보이지 않은 것이 없으니, 진실로 성인이 제도를 만드심은 천지 · 사시와 같은 것이다.

★ 편찬 사업
· 국조보감(4조보감) 편찬
· 삼국사절요(→ 완성은 성종), 동국통감(→ 완성은 성종)
· 오륜록 편찬, 동국지도(정척, 양성지) 제작

6. 성종(1469~1494)

즉 위	· 1469년 예종이 죽고 즉위 ※ 한명회 : 성종의 장인, 호는 압구정 · 사우당, 갑자사화 때 부관참시
정 치	· 사림 등용 : 김종직, 김굉필, 정여창 등의 사림을 3사에 등용하여 훈구 견제 · 홍문관 설치 : 집현전의 후신으로 설치, 옥당이라 불리며 경연을 담당하고 궁중의 서적 관리 등 · 경연 제도 부활, 독서당 설치 · 북방 개척 : 윤필상과 허종
경제와 사회	· 관수관급제 : 1470년, 정부가 관청에서 조를 거두어 관리에게 지급 → 국가의 토지 지배권 강화 · 유향소 복립 : 세조 시절 이시애의 난을 계기로 폐지되었던 유향소를 다시 복립 · 사창제 폐지 : 세종과 문종 때 실시된 사창제를 폐지 · 재가금지법 실시, 오가작통법 정비, 노처녀의 혼인 비용 제공
문 화	· 성균관에 존경각 설치, 경국대전 완성 · 간경도감 폐지, 창경궁 건립, 도첩제 폐지

★ 성종의 즉위
예종의 형인 도원군의 아들로 왕위를 물려받았다. 13세에 왕이 된 성종은 한동안 할머니 정희왕후 윤씨와 어머니 소혜왕후 한씨가 정치를 돌보는 가운데 실권을 한명회 등이 쥐었다.

★ 김종직
· 길재의 학풍을 잇고 김굉필, 정여창 등의 제자를 키움
· 세조 때 사림으로는 최초로 관직에 진출 후 파직되었다가 성종 때 다시 등용
· 조의제문 작성 → 무오사화의 발단, 밀양의 예림서원에서 김종직을 봉사

★ 오가작통법
· 세조 때 실시된 기록이 보임 → 성종 때 한명회의 건의로 저수관개 감독 목적
· 연산군 때 세금과 탈주자 방지를 위해 실시
· 숙종 : 17세기 후반 전국 시행 → 19세기 : 기해박해 때 천주교 감시에 이용

★ 성종 시절 편찬 사업
· 동국여지승람, 동문선, 삼국사절요, 악학궤범, 동국통감, 국조오례의 완성
· 표해록(최부, 중국 기행문), 해동제국기(신숙주, 일본 기행문, 여행은 세종 때)

1. 훈구와 사림

	훈구파	사림파
기원	• 고려 말 혁명파 사대부 → 역성혁명 강조	• 고려 말 온건파 사대부 → 불사이군 강조
정치	• 중앙집권적 통치 강조 • 왕도와 패도 정치(법가의 이념 수용) 강조, 치인(治人) 강조	• 향약을 통한 향촌 자치 강조, 향사례와 향음주례 강조, 소학과 주자가례 보급 • 왕도 정치, 수기(修己) 강조, 3사에서 훈구파 견제
사상	• 주례(주나라의 통치 규범) 강조, 타 사상에 대해 포용적	• 성리학 이외의 사상에 대해 배타적　　※ 중종 때 조광조가 소격서 폐지
경제	• 중앙 권력을 이용한 대농장 경영	• 지방의 중소 지주
학풍	• 과학과 기술 문화 강조 • 격물치지와 경험적 학풍 강조 • 사장 강조	• 성리학 강조, 요순 시대와 같은 이상사회 구현, 도덕 정치 강조, 주자대전 간행 • 정신 문화 강조 → 과학과 기술학 천시 • 경학 강조 → 문학의 침체
역사관	• 단군 강조, 자주적, 민족적 역사관	• 기자 강조 : 사대적, 존화주의적 역사관 강조　　★ 이이 : 기자실기

※ 사림의 등용

사신이 논평한다. "김종직은 경상도 사람이다. 학문이 뛰어나고 문장을 잘 지으며 가르치기를 즐겼다. 그에게 배워 과거에 급제한 사람이 많았다. 경상도 선비로 조정에 벼슬하는 사람들이 우두머리로 모셨다. 스승은 제 제자를 칭찬하고 제자는 제 스승을 칭찬한 것이 사실보다 지나쳤다. 조정에 새로이 진출한 무리는 그것을 알지 못하고 어울리는 자가 많았다. 그때 사람들이 이를 비평하여 '경상도 선비 무리'라고 하였다."

－ 성종실록 －

2. 사화

시기	무오사화	갑자사화	기묘사화	을사사화
	1498년, 연산군	1504년, 연산군	1519년, 중종	1545년, 명종
배경	• 김종직의 조의제문	• 궁중파(임사홍)와 부중파의 대립 • 폐비 윤씨 사건	• 조광조의 위훈삭제(공신호 삭탈) • 주초위왕의 모함	• 대윤(윤임)과 소윤(윤원형)의 대립 　└→ 인종의 외척　└→ 명종의 외척 • 왕위 계승 문제
가해자	• 유자광, 이극돈, 윤필상, 노사신 등의 훈구	• 궁중파(궁정 세력) : 연산군, 임사홍, 신수근	• 남곤, 심정, 홍경주	• 윤원형, 정순명, 김명윤
피해자	★ 김종직(부관참시) 　└→ 세조 때 과거 급제, 예림 서원(밀양) 　└→ 길재의 학풍 계승, 김굉필 등의 제자 양성 　└→ 조의제문 작성 • 김일손, 김굉필, 정여창 등 영남사림 몰락	• 정부 세력(부중파) 　└→ 훈구 : 한명회, 윤필상 등　※ 한명회 : 부관참시 　└→ 사림 : 김굉필, 정여창 등	• 조광조, 김식, 김안국 ※ 기묘사화 이후 : 향약 중단, 소학을 금서로 지정	• 윤임, 유관, 이언적 등

3. 조광조

출신	• 개국공신 조온의 후손, 호는 정암, 김굉필의 제자 • 이상적인 성리학 정치 강조, 도학 정치 강조
활동	• 현량과 실시 : 천거, 사림 등용 • 언론 강화와 경연의 활성화 주장 • 훈구파 비리 공격 : 대공수미법(방납의 폐단 시정) 실시 주장, 내수사 장리 폐지 주장, 균전론과 한전론, 위훈 삭제(공신호 삭탈) • 성리학 질서 강화 : 불교와 도교 배척, 소격서 폐지, 향촌 사회에 소학·주자가례·근사록 등을 보급 • 유향소 폐지 주장, 향약 보급 노력(중국의 여씨 향약을 도입 → 한글 번역, 4대 덕목 전파 → 기묘사화로 중단)
몰락	• 기묘사화로 몰락 : 전남 화순으로 유배되어 사형 당함 • 절명시 "임금 사랑하기를 아버지 사랑하듯 하였고, 나라 근심하기를 집안 근심하듯 하였노라 ~~~" ★ 전남 화순 유허비 : 17세기 송시열의 글을 뽑아 지방관이 세움 ★ 심곡서원

★ 도학 정치

나라를 다스리는 것은 도(道)일 뿐입니다. 도라는 것은 천성(天性)을 따르는 것을 말합니다. 천성은 어디에나 있는 것이므로 도 또한 없는 곳이 없습니다. … 잠시라도 이러한 도에서 떠나서는 안 됩니다. 전하께서 성실하게 도를 밝히고 홀로 계실 때에도 항상 삼가는 태도로 나라를 다스리는 마음의 요체로 삼으십시오. 그러면 도가 조정에 서게 될 것인즉 나라의 기강이 서게 될 것이며 법도 또한 어렵지 않게 행해질 것입니다.

사림의 대표적인 인물이었던 조광조는 개혁을 추진하다가 훈구 세력에 의해 죽임을 당하였다. 율곡 이이는 그를 다음과 같이 평가하였다.

"선생(조광조)께서 한번 외쳐, 성왕의 시대로 돌아가자 하셨다. 그러나 얼마 버티지 못하고 실패하게 되자, 사림은 붕괴되었고 왕도를 말하는 것마저 시대의 금기가 되고 말았다. 사람들은 다 시기가 성숙하지 못한 탓으로 돌렸다."

－ 이이, 묘지명, 정암집 －

4. 16세기 정치 상황

연산군	· 왕권 강화를 위해서 훈구와 사림의 대립 이용, 특히 사림의 언론 활동 억제 · 경연 중단, 언문청 폐지, 신언패 착용 지시 · 언론 탄압 ; 상소의 여론 정치 폐지, 홍문관·예문관·사간원 폐지 · 승려 도성 출입 금지 · 무오사화 : 1498년, 김종직의 조의제문이 발단이 되어 발생 ※ 조의제문 그날 밤 꿈에 키가 크며 화려하게 무늬를 놓은 옷을 입어 품위가 있어 보이는 신인이 나타나서 말했다. "나는 초희왕의 손자 심이다. 서초패왕(항우)에게 죽음을 당하여 빈강에 빠져 잠겨 있다." 말을 마치자 갑자기 사라졌다. 깜짝 놀라 잠을 깨어 생각해 보았다. '희왕은 남방 초나라 사람이고 나는 동이인이다. 땅이 서로 만 리나 떨어져 있고 시대가 또한 천여 년이나 떨어져 있는데 내 꿈에 나타나는 것은 무슨 징조일까. 역사를 살펴보아도 희왕을 강물에 던졌다는 말은 없다. 아마 항우가 사람을 시켜 몰래 쳐죽여 시체를 물에 던졌던 것인지 알 수 없는 일이다.' ─ 성종실록 ─ · 갑자사화 : 1504년, 폐비 윤씨 사건을 계기로 임사홍의 궁정 세력이 한명회와 김굉필 등의 정부 세력 공격

↓ 　★ 중종반정 : 1506년 9월 훈신 계열인 박원종·유순정·성희안 등이 모의해 임사홍·신수근 등을 제거한 후 연산군을 폐위, 중종을 등극

중종	· 훈구 공신(정국공신)이 정치 주도 · 훈구파 견제를 위해서 조광조의 기호 사림 등용 → 기묘사화의 발생으로 조광조 등의 사림 세력 몰락 · 승과 제도 폐지, 군포징수제 실시(2필) · 삼포왜란을 계기로 비변사가 임시 기구로 설치됨

↓

인종	· 윤임의 대윤 세력의 척신 정치

↓

명종	· 윤원형의 소윤 세력의 척신정치　　※ 척신들이 해택지 개간 · 외척간의 갈등으로 을사사화 발행 : 명종의 외척인 소윤 윤원형이 인종의 외척인 대윤 윤임 세력을 제거 · 을묘왜변으로 비변사 상설 기구화, 제승방략 체제로 전환 · 임꺽정의 난 : 백정 출신 임꺽정이 황해도에서 난을 일으킴, 3년만에 진압됨 ※ 임꺽정의 난 그는 양주 백정으로 성품이 교활하고 날래고 용맹했으며 무리 10여 명이 모두 날래고 빨랐다. 도적이 되어 민가를 불사르고 소와 말을 빼앗고 … 도적들이 난동을 부린 3년 동안 다섯 고을이 피해를 입었고 2도의 군사를 움직여 겨우 한 도적을 잡았는데 양민의 죽음은 이루 헤아릴 수가 없었다. ─ 연려실기술 ─ · 직전법 폐지와 녹봉제 실시 · 불교 중흥 : 문정왕후의 불교 숭상으로 승과 제도 부활, 승려 보우 활동 → 문정왕후 사망 후 승과 폐지

★ 조선 시대 난 정리
· 태조 : 1차 왕자의 난(무인정사)
· 정종 : 2차 왕자의 난(박포의 난)
· 단종 : 계유정난, 이징옥의 난
· 세조 : 이시애의 난
· 명종 : 임꺽정의 난
· 선조 : 이몽학의 난
· 인조 : 이괄의 난
· 숙종 : 장길산(광대 출신 도적)
· 영조 : 이인좌의 난(정희량의 난)
· 순조 : 홍경래의 난
· 철종 : 진주민란, 임술농민봉기

★ 문정왕후
　↳ 명종의 母(모), 소윤의 핵심
　↳ 문정왕후 사망 후 소윤 세력 몰락, 사림 재등장

★ 명종 시절 이황, 조식, 성혼, 기대승 등은 벼슬을 포기하고 재야에 은거

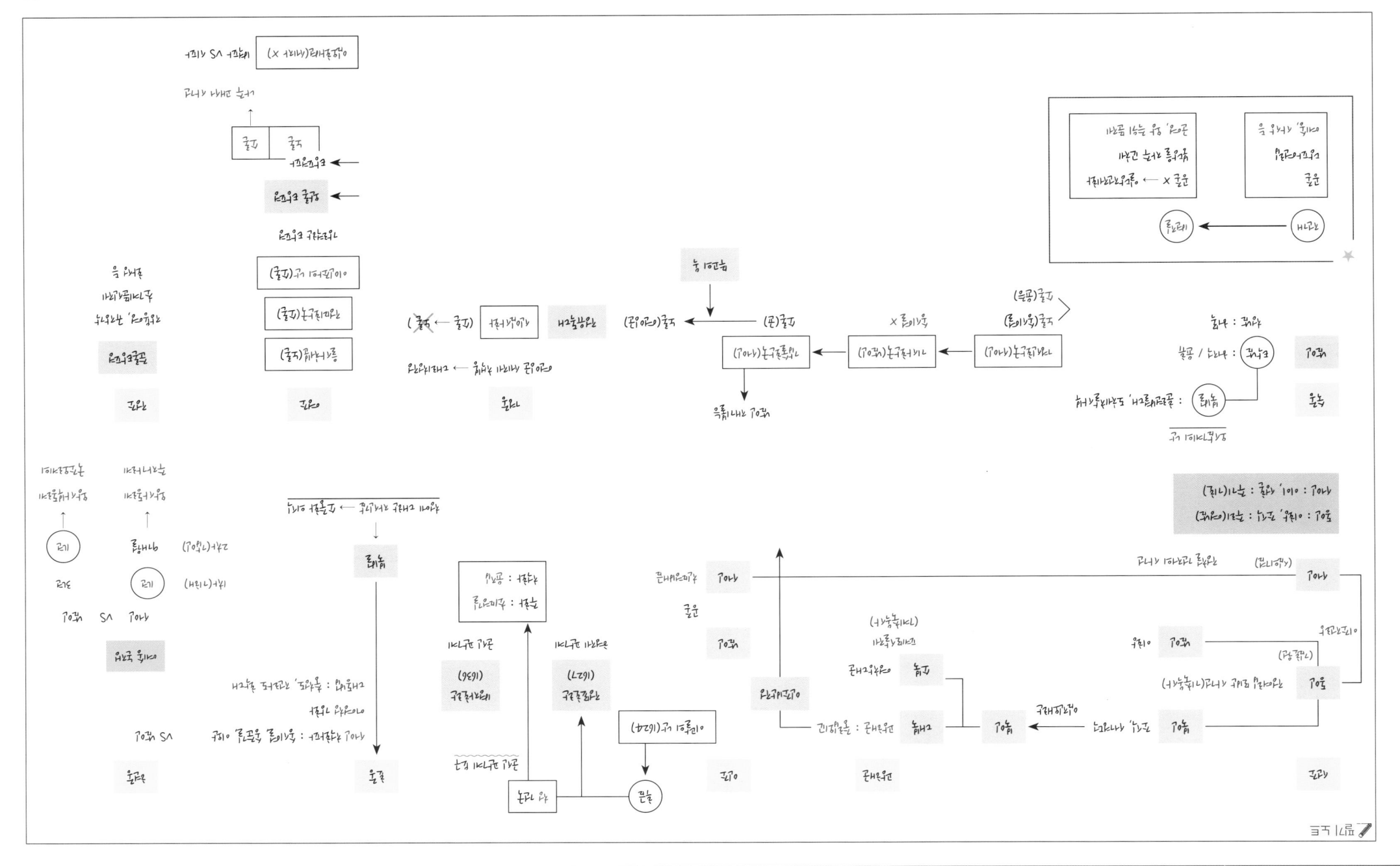

★ 붕당 정치의 전개 개관

선조

- 동서 분당
  - 배경 : 이조전랑
  - 동인 : 김효원 중심
  - 서인 : 심의겸 중심

- 동인의 분열 : 북인과 남인
  - 배경 : 정여립 모반 사건
  - 북인 : 조식, 서경덕 계통
  - 남인 : 이황 계통

- 남인의 집권
  - 배경 : 정철의 건저의
    - 남인 : 유배 주장(채택)
    - 북인 : 사형 주장

임진왜란

- 북인의 집권
  - 북인의 분열
    - 대북 : 광해군 지지
    - 소북 : 영창대군 지지

광해군

- 대북의 집권
  - 배경 : 광해군 집권
  - 폐모살제(계축옥사)
- ★ 북인의 중립 외교
  - 명과 후금, 강홍립
  - 부차 전투

- 인조반정(1623년)
  - 서인 주도
  - 일부 남인 참여

인조

- 서인과 남인의 공존
  - 외교 : 친명배금 정책
  - 호란 발생, 청에 사대
- ★ 1627년 정묘호란
- ★ 1636년 병자호란

효종

- 북벌 준비
  - 서인 : 송시열 등
  - 어영청 강화
  - 대동법 확대
    - 충청도, 전라도
- ★ 나선 정벌 동원
  - 청의 요청
  - 변급, 신유

현종

- 예송논쟁 : 서인 VS 남인
  - 배경 : 효종의 정통성 문제, 정치 철학의 차이 등
- 예송논쟁
  - 1차 기해예송 : 서인 1년(기년설) VS 남인 3년(참최설)
    - 서인의 기년설 채택
  - 2차 갑인예송 : 서인 9개월(대공설) VS 남인 1년(기년설)
    - 남인의 기년설 채택

숙종

- 환국 발생 : 숙종은 붕당을 교체하는 방식으로 탕평 시도
- 경신환국 : 서인 집권, 허적과 윤휴의 남인 몰락
  - 서인 분열 : 노론(송시열)과 소론(윤증)
- 기사환국 : 남인 집권, 송시열·김수항 등 사형
- 갑술환국 : 서인 집권, 남인은 재기불능 → 소론과 노론 대립

경종

- 소론의 집권
- 신임사화 : 소론이 노론 공격

영조

- 노론의 집권
- 을사처분 : 노론이 소론 제거
- 정미환국 : 노론 견제 목적 → 소론 중용
- 이인좌의 난 : 소론, 이인좌가 주도
  - 영조는 강력한 탕평책의 필요성 절감
  - 완론탕평 : 붕당을 해체하자는 왕의 말에 순응하는 온건파 등용
  - 탕평파 조직 : 노론이 다수, 일부 소론
- 나주 괘서 사건 : 소론들이 영조를 비방한 사건으로 처형 → 노론이 정치 주도
- 임오화변 : 소론과 연결된 사도세자를 처형 → 벽파와 시파로 분열
- ★ 벽파 : 노론
- ★ 시파 : 일부 노론 + 남인 + 소론

정조

- 남인 시파 등용
- 준론탕평 : 붕당을 해체하는 대신 당론이라도 옳으면 수용
- 완론탕평을 비판, 노론 벽파와 탕평파 외척들을 제거
- 정치 개혁
  - 초계문신제, 장용영·규장각 설치
  - 수령에게 향약의 통제를 맡김
  - 4유수부 체제 구축 : 개성과 강화, 광주, 수원
- 경제 개혁
  - 신해통공 : 시전상인들의 금난전권 폐지(육의전 제외)
  - 공장안 제도 폐지, 제언절목, 궁차징세법 폐지, 노비추쇄제도 폐지
- 문화 사업
  - 신해박해 : 천주교 탄압, 윤지충 사형
  - 화성 건립, 사도세자를 장헌세자로 추존, 현륭원
  - 신작로 개수, 대유둔전 설치
  - 정리자, 생생자, 한구자 등의 활자 제작
  - 천세력(역법)

세도 정치

순조	헌종	철종
안동 김씨	풍양 조씨	안동 김씨
김조순	조만영	김문근

★ 세도 정치 시기 특징
  - 세도 가문 : 서울, 노론 출신 등
  - 권력 기반 : 비변사, 호조, 선혜청, 훈련도감
  - 왕권 약화, 의정부와 6조의 유명무실화
  - 경향간의 연계 단절
  - 정치 집단간의 대립 구도 소멸
  - 정치 기강 문란 : 매관매직
  - 과거제 문란
  - 민란의 발생
    - 순조 : 1811년, 홍경래의 난
    - 철종 : 1862년, 임술농민봉기

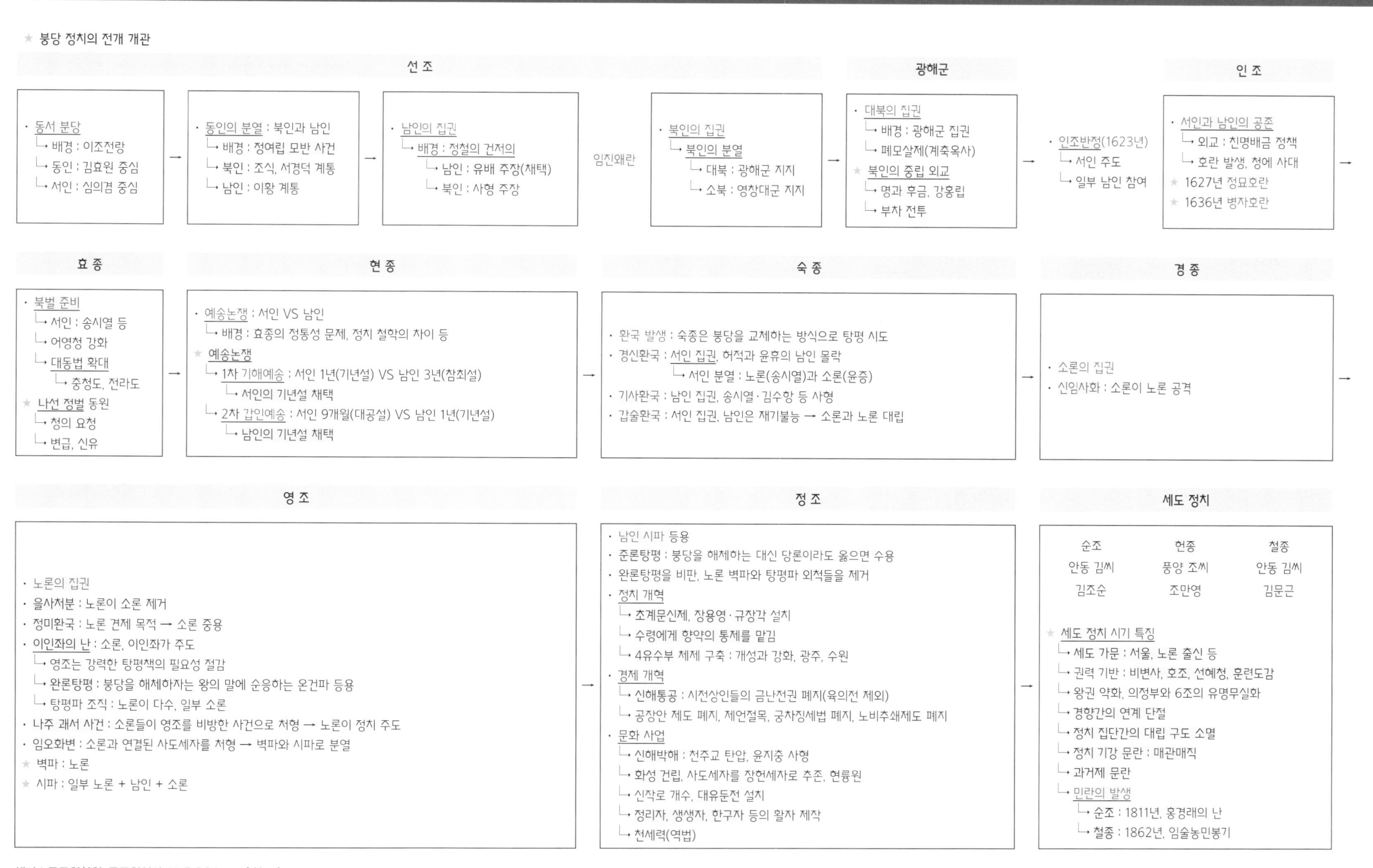

1. 붕당 정치의 전개

(1) 붕당 형성의 배경

관직쟁탈전	· 이조전랑직을 둘러싸고 동인과 서인으로 분열
척신정치 청산	· 척신정치의 척결을 둘러싸고 온건파 기성사림과 강경파 신진사림이 대립
붕당의 형성	· 서원을 중심으로 학파를 형성, 이를 통해 붕당이 형성

★ 이조전랑 : 이조의 정랑과 좌랑
· 자대권 : 후임자 천거권
· 통청권 : 3사 당하관 선발권
· 낭천권 : 재야 선비 천거권

(2) 선조 시절

동서 분열	· 배경 : 이조전랑직 → 관직 쟁탈전 · 분열 : 동인과 서인으로 분열
↓	
동인의 분열	· 배경 : 정여립 모반 사건(기축옥사)과 정철의 건저의 문제 · 분열 : 동인이 북인과 남인으로 분열 → 남인이 집권 → 임란 이후 북인이 집권 · 북인 : 조식과 서경덕의 문인, 서인에 대한 강경파, 절의 강조, 의병장 다수 배출 · 남인 : 이황 문인, 주리론, 서인에 대한 온건파 ★ 정여립 모반 사건 : 정여립은 조식의 제자들과 대동계를 조직하여 모반 계획 ★ 정철의 건저의 문제 : 서인 정철이 광해군의 세자 책봉 건의 문제 └ 북인은 정철의 사형 주장 VS 남인은 정철의 유배 주장
↓	

북인의 분열	· 북인의 분열 : 대북과 소북으로 분열
	  └ 대북 : 광해군 지지, 정인홍과 이이첨
	  └ 소북 : 영창대군 지지
	· 광해군 즉위로 대북 정권 수립 : 절의 강조, 다수 의병장 배출, 성리학에 집착이 덜함

★ 동인과 서인의 비교

동 인	서 인
이황과 조식 등	이이와 성혼 등
주리론의 영남학파	주기론의 기호학파
김효원 중심, 신진 사림	심의겸 중심, 기성 사림
조식, 유성룡, 이산해, 이발 등	기대승, 윤두수, 김인후, 정철 등
척신 정치에 강경파 → 먼저 붕당 형성	척신 정치에 온건파 → 나중에 붕당 형성 ★ 이이가 조정책 제시 → 실패
정여립 모반 사건 → 북인과 남인	경신환국 → 노론과 소론

★ 선조 시절의 상황
· 사림들을 등용하여 독서당에서 글을 바치게 함
· 이이가 동호문답을 저술, 목릉성세
※ 목릉성세 : 선조의 왕릉을 목릉이라 하는데서 유래, 선조 시기 '훌륭한 인재가 많이 배출되고 문화와 학문이 발전하고 국가의 위기를 극복하여 태평성대를 이루었다.'는 의미

(3) 광해군 시절

대북 정권 수립	· 대북파 집권 : 이이첨과 정인홍 등 · 폐모살제 : 계축옥사 → 인목대비 유폐, 영창대군 사사 · 광해군의 형인 임해군을 역모죄로 유배 · 중립 외교 : 대북파는 명과 후금 사이에서 중립 외교, 강홍립이 부차 전투에서 후금에 항복
↓	
인조반정 (1623)	· 서인(김류, 이귀, 이괄 등) 주도 + 남인 일부가 참여 → 대북파를 몰아내고 인조를 옹립 · 인조반정 이후 서인의 집권과 남인의 참여로 당파 연립 → 붕당간의 견제가 이루어짐

★ 광해군 집권 시기 상황
· 임진왜란 때 활약한 충신과 열녀를 조사하여 추앙
· 대동법의 경기도 시행, 동의보감(허준과 정작) 편찬
· 5대 사고, 기유약조(일본) 체결
· 경덕궁(경희궁) 건립, 교하(파주)로 천도 시도
· 사림 5현 문묘 배향 : 김굉필, 정여창, 조광조, 이황, 이언적 등
※ 정인홍 : 조식이 문묘 배향에서 빠지자 회퇴변척소에서 이언적과 이황을 비판하다 사문난적으로 몰림

(4) 인조 시절

서인과 남인의 공존	· 1623년 서인이 주도한 인조반정으로 인조가 즉위하고 서인과 남인의 공존이 이루어짐 · 정국을 서인이 주도하고 남인이 참여 ; 서인과 남인의 공존으로 당파 연립이 이루어짐 · 1624년 이괄의 난 이후 대북파 숙청 → 송시열 중심의 서인이 정국을 주도 · 서인은 성리학 질서를 강화 → 친명배금의 외교 추진 → 호란의 발생 ★ 이괄의 난 　└ 1624년, 공신 책정에 불만을 품고 반란 　└ 이괄의 반란군이 한양을 공격, 춘추관 사고 소실 → 인조는 공주로 피난 　└ 이괄이 죽고 잔당이 후금으로 도망하여 조선 정벌을 요청 ★ 인조 시절 호위청, 총융청, 수어청 등 조직 ★ 벨테브레의 표류 : 인조 때, 박연으로 개명하고 귀화

★ 서인과 남인의 비교

서인	남인
이이와 성혼 계통의 기호학파	이황 계통의 영남학파
주기론	주리론
신권 강화	왕권 강화
경제 안정과 제도 개혁 강조	도덕적 교화 강조
상공업에 호의적	농업 중심의 경제
양반 중심의 신분 질서 완화	양반 중심의 신분 질서 강화
경신환국 이후 노론(강경파)과 소론(온건파)으로 분열	예송논쟁 이후 탁남(허적, 온건파)과 청남(허목, 강경파)으로 분열

호란의 발생	정묘호란(1627년)	→	병자호란(1636년)
	· 배경 　└ 서인의 친명 배금 외교 정책이 후금을 자극 　└ 이괄의 난(1624) 이후 잔당들이 조선 정벌을 요청 　└ 명의 모문룡이 황해도 철산 가도에 주둔(가도 사건) · 과정 : 1627년 후금의 침략 → 인조는 강화도로 피난, 의병장(정봉수와 이립)의 활약 · 결과 : 후금과 형제 관계 체결, 개시무역 허용		· 배경 　└ 1636년 후금이 청 건국 → 조선에 군신 관계 요구 → 척화(윤집) VS 주화(최명길) 　└ 인조는 전쟁 준비 : 강화도로 피난 계획, 왕비와 봉림대군 등은 강화도로 피신 · 과정 　└ 청의 침략 → 임경업이 백마산성에서 저항 → 인조는 강화도로 피난 중 청의 공격으로 남한산성으로 피난 　└ 남한산성에서 김상헌은 척화, 최명길은 주화를 주장 → 인조는 주화를 채택, 남한산성서 청 황제에게 항복 · 결과 　└ 청과 군신 관계 체결, 삼학사(윤집, 홍익한, 오달제)와 소현세자, 봉림대군, 김상헌 등이 인질로 끌려감 　└ 환향녀 문제 발생, 청태종공덕비 건립(송파구 삼전동)

(5) 효종 시절

즉 위	· 소현세자의 죽음 이후 차남인 봉림대군이 왕 즉위 → 이후 김자점 등의 친청파 제거
북벌 운동	· 호란 이후 소중화 사상 강화 → 청에 대한 자신감과 적개심 고조 → 북벌 준비 · 서인 척화파 기용 : 송시열, 송준길, 이완 등을 기용　　※ 허목과 윤선도 등의 남인도 등용 · 군사 정비 : 어영청 강화, 수어청 정비, 금군 강화 ※ 대동법을 충청도와 전라도로 확대 ※ 하멜의 표류 : 효종 때 → 현종 때 귀국, 하멜표류기
나선 정벌	· 청의 요청으로 러시아 정벌에 두 차례 동원 : 변급(1654년)과 신유(1658년), 지린성(영고탑)에 파견 · 기해독대 : 송시열과 독대 → 효종의 북벌과 부국강병책 중단

★ 소중화 사상의 강화
　└ 창덕궁 대보단(숙종)
　└ 화양동 서원의 만동묘(송시열의 명으로 만듦)
　└ 조종암 대통묘
　└ 존주휘편(정조)

(6) 현종 시절

남인 기용
· 서인 견제를 위해 남인 허적과 윤휴 등을 등용 → 예송논쟁 발생 ★ 현종 시절의 상황 　└ 남인 : 훈련별대 조직 　└ 노비종모법 시행(→ 영조 때 확정) 　└ 유형원이 반계수록 저술(부안, 반계서당)

예송논쟁					
배 경		· 효종의 정통성, 예학의 차이, 서인과 남인의 정치 철학의 차이 등			
		서 인(송시열, 송준길 등)	남 인	결 과	
1차 기해예송	효종 사망	1년(기년설)	3년(참최설)	서인의 1년설 채택	
2차 갑인예송	효종비 사망	9개월(대공설)	1년(기년설)	남인의 1년설 채택	
근 거		주자가례 → 왕사동례 ※ 송시열 : 체이부정을 내세워 기년설 주장	국조오례의, 주례와 예기 → 왕사부동례 효종이 할아버지와 아버지의 뒤를 이어 정체 O		

2. 붕당 정치의 변질

(1) 환국의 발생

환국의 배경	환국의 결과
• 숙종은 붕당 간의 균형 유지와 탕평을 위해 환국 주도 └→ 붕당을 자주 교체하는 방식으로 붕당 견제 └→ 붕당의 대립을 조정하기 위해서 탕평교서 반포 • 탕평 └→ 박세채 : 서인, 황극탕평론에서 '탕평' 처음 제기 └→ 영조 때 정치 이념으로 채택	• 일당전제화 추세로 극심한 정쟁 유발 • 사사가 유행 → 정치적 견제 세력 소멸 • 왕권 약화, 이조전랑과 3사의 기능 약화 • 외척의 정치적 비중 강화, 양반층의 계층 분화 • 당쟁의 쟁점 : 군영 장악, 세자 책봉 문제

(2) 환국의 전개와 탕평책의 시행

숙 종 (1674~1720)	경신환국	1680	• 배경 : 허적의 서자 허견의 역모 사건, 삼복의 변, 유악 사건 • 과정 : 허적과 윤휴 등의 남인 몰락 → 서인 집권 • 결과 : 공조의 원칙 붕괴 → 일당전제화 추세 발생, 서인이 노론과 소론으로 분열 ★ 노론(송시열, 강경파) VS 소론(윤증, 온건파)
	기사환국	1689	• 배경 : 장희빈의 소생 균의 원자 책봉 문제 → 남인 재집권 • 결과 : 인현왕후 폐위, 서인들의 몰락 → 송시열 유배 중 사망, 김수항 사형
	갑술환국	1694	• 배경 : 폐비 민씨(인현왕후)의 복위 운동으로 희빈 장씨 폐비, 남인 축출 • 결과 : 남인은 재기 불능 상태로 몰락, 서인 집권 • 서인은 노론(연잉군 지지)과 소론(균 지지)의 대립 격화 → 소론 집권
	무고의 옥	1701	• 인현왕후 저주 사건 → 장희빈 사사 → 노론 집권 ★ 정유독대 : 1717년, 숙종과 노론 영수인 이이명의 독대 └→ 정유독대 이후 노론들은 세자의 교체를 주장 → 소론 반발
경 종 (1720~1724)	신임사화	1721~1722	• 신축옥사(1721)와 임인옥사(1722) • 연잉군 세제 책봉과 대리청정 문제로 소론이 이이명과 김창집 등의 노론 4대신을 축출
영 조 (1724~1776)	을사처분	1725	• 노론이 신임사화를 주도한 소론 강경파 숙청 → 노론 정권 수립
	정미환국	1727	• 노론을 견제하기 위해서 소론 중용
	이인좌의 난 (정희량의 난)	1728	• 배경 : 영조의 정통성과 경종의 사인을 문제 삼아 소론(이인좌) 강경파와 남인이 주도 • 주도 : 소론 이인좌와 정희량 등이 주도, 중소 상인과 노비 등도 참여 • 전개 : 청주성을 함락, 경종의 죽음에 대한 복수를 명분으로 서울로 북상 → 실패 • 결과 : 영조는 강력한 탕평책의 필요성을 절감 → 완론탕평, 탕평파(온건파) 등용 ★ 완론탕평 : 붕당을 해체하자는 왕의 말에 순응하는 자들을 등용
	나주 괘서 사건	1755	• 소론 일부가 영조와 정부를 비방하다가 숙청됨
	임오화변	1762	• 노론의 상소로 사도세자가 폐위되고 숙청당함 • 벽파(노론 강경파, 세자 죽임 긍정) VS 시파(노론 일부, 소론, 남인, 세자 죽임 비판)

★ 숙종 시기
• 송시열, 삼척(왕실 외척)이 정치 주도
• 창덕궁에 대보단 설치, 이순신 사당에 현충의 호를 내림, 폐사군 일부 복구
• 의주에 강감찬 사당 건립, 안용복의 활약, 백두산 정계비, 대흥산성 축조
• 통진에 문수산성, 남인들이 도체찰사부 부활, 평안도에 황룡산성 축조
• 검계와 살주계 등 비밀 조직의 저항
• 대전속록과 열조수교 편찬, 서북인을 무인으로 등용, 서얼과 중인을 수령으로 등용
• 2차 예송논쟁에서 남인 승리, 노산대군의 시호를 올리고 묘호를 단종이라 함

노 론	소 론
송시열 중심, 이이 학문 계승	윤증 중심, 성혼 학문 계승
남인에 대한 강경파	남인에 대한 온건파
대의명분 강조, 보수적	실리 중시, 북방 개척 중시
민생안정 중시	실용 지식과 행정 실무 중시

※ 송시열 : 노론의 정신적 지주, 정조 때 그의 문집이 송자대전이라는 이름으로 간행

※ 경신환국
정원로·강만철이 말하기를 "허견이 말하기를 '주상(숙종)의 춘추(나이)는 젊지만 몸이 자주 아프시고 또 세자가 없으니, 만약 불행한 일이 있으면 대감(복선군)이 임금의 자리에 앉게 될 것입니다.'고 하니, 복선군(인조의 손자)이 대답이 없었습니다. …… 신이 듣고는 송연하여 곧장 고하려고 하였으나, 주상께서 영상을 신임하시므로 무고했다는 죄를 입을 것을 두려워하여 이제까지 주저하다가 감히 숨길 수 없어서 감히 이를 자세히 아룁니다." 라고 하였다.
－ 숙종실록, 권 9, 6년(1680) 4월 5일(갑자) －

※ 노론의 권력 독점
숙종 이후 노론이 정국을 주도하였다. 노론은 '물실국혼', '숭용산림'이라는 원칙을 지켜 나가면서 정권을 독점하기 시작하였다. '물실국혼'은 왕비는 반드시 서인의 가문에서 배출되어야 한다는 것이고, '숭용산림'은 정계에 진출하지 않은 명망 있는 노론 출신의 산림(재야 정치인)에게 정치적 권위를 인정해 준다는 것이다.

※ 시파와 벽파
영조 대 장헌 세자(사도 세자)의 폐위와 사사 사건으로 노론은 시파와 벽파로 나뉘었는데, 시파는 상대를 사고가 편벽되었다고 벽파라 부르고, 벽파는 상대를 시세에 아부하고 편승한다고 시파라 불렀다.

THEME 043 | 붕당 정치의 전개

★ 영조와 정조

	영조(1724~1776)	정조(1776~1800) : 효장세자 양자로 입적
탕평책	• 탕평교서(1725) 반포, 탕평과 실시 • 완론탕평 : 붕당을 해체하자는 왕의 명에 순응하는 온건파 등용 → 탕평파(온건한 노론 + 소론) • 탕평비(1724년, 성균관 입구) 건립 　┗ "두루 하면서 무리 짓지 않는 것이 군자의 공심, 무리 짓고 두루 하지 않는 것이 소인의 사심" • 탕평채 : 영조의 탕평책을 상징 　┗ 청포묵의 흰색은 서인, 쇠고기의 붉은 색은 남인, 미나리의 푸른색은 동인, 김의 검은색은 북인 • 이조전랑의 3사 관리 추천 관행 등을 폐지(실질적 폐지는 정조 때), 3사의 언론 기능 약화	• 준론탕평 : 완론탕평을 비판, 노론 벽파와 외척들의 탕평파 제거 　┗ "시시비비를 엄격히 ~~" ; 당파의 옳고 그름을 명백히 가리고, 충역과 시비, 의리를 강조 　　┗ 당파를 없애기보다 주장하는 의견이 당론이라도 옳으면 수용 • 시파 등용 : 비탕평파의 소론, 남인, 노론 시파 등용 → 탕평파 견제 • 의리주인 : 군주도통론에 입각하여 의리주인 강조 • 자신의 침전에 '탕탕평평실'이라는 편액을 달았다.
왕권 강화	• 군부일체론 : 임금에 대한 충, 효 강조 • 임금이 스승임을 강조 → 산림의 존재 부정 ※ 산림(처사) : 조선 후기 붕당의 우두머리로 지방에서 공론을 주도	• 반대 세력 숙청 : 정후겸, 홍인한 등의 반대 세력과 외척, 환관을 제거 　┗ 홍국영을 도승지로 삼고 정적 제거 → 홍국영이 권력 남용을 하자 유배 → 친정 체제 강화 • 사도세자의 죽음을 사주한 숙의 문씨 작호를 삭탈하고, 사도세자를 장헌세자로 추존 • 계지술사 : '뜻을 유지하여 일을 한다'. 민생안정과 문화 부흥을 위한 시책, 전통 문화 유지 + 중국·서양 문화 수용 • 민국 건설을 목표로 소민들을 등용
정치 개혁	• 남인 학자의 고학 수용, 주례와 정관정요 등 법가 저서 공부, 이이의 성학집요를 경연에서 공부 • 관리 선발 제도 : 탕평과, 기로과(60세 이상 전직 관리 대상), 충량과(호란 때 공신 자제 대상) • 사법 개혁 : 사형수의 삼심제, 연좌제 완화, 속대전 편찬, 신문고 부활(병조 관리) • 상언과 격쟁을 자주 시행 → 백성들의 민원 해결 ★ 정조도 상언과 격쟁을 자주 시행	• 규장각 : 1776년, 창덕궁에 설치, 학문 연구 기구, 강화도에 외규장각 설치 　┗ 기능 : 비서실 기능 + 과거 시험 주관 + 관리 교육 / 정약용과 박제가, 유득공 등이 활동 　┗ 구조 : 1층 규장각 + 2층 주합루(열람실, 학문 논의) + 열고관(도서 보관) ★ 규장각 : 숙종 때 왕실 도서관으로 설치 → 정조 때 정치 기구 • 초계문신제 : 젊은 관리 재교육, 정조의 개혁 정치 뒷받침(규장각에서 37세 이하 당하관 재교육) • 문체 반정 운동 : 1792년, 박지원의 패관소품체 비판 → 노론 벽파 견제
군사 개혁	• 수성윤음 : 유사시 한성부 백성들이 어영청, 금위영, 훈련도감 등에 배속되어 수도를 방어하게 함 • 두만강과 압록강 일대 개간, 방어 시설 확충 • 강화도에 외성, 평양에 중성 • 강화도와 덕적도에 방어 강화	• 4유수부 구축 : 개성, 강화, 수원, 광주 • 무신들을 많이 등용 • 장용영 설치 : 1785년, 왕의 친위 부대로 설치, 한때 5군영 능가 → 순조 즉위 후 폐지
경제 개혁	• 균역법 시행, 고구마 수입(일본, 조엄), 농가집성 보급 • 영조는 호포제를 시행하기 위해서 창경궁 홍화문에 나아가 백성들에게 의견을 물었다.	• 신해통공 : 1791년, 채제공의 주장, 육의전을 제외한 시전상인의 금난전권 폐지, 난전의 합법화 • 제언절목 : 1778년, 비변사에서 제언(저수지)에 대한 규정 제정 • 공장안 제도 폐지 : 장인들의 자유로운 수공업 활동 보장 • 광산 개발 장려, 궁차징세법 폐지(궁방에서 사람을 보내 세금을 거두는 제도 폐지)
사회 개혁	• 노비종모법 : 1731년, 일천즉천 폐지 → 노비종모법 시행 ★ 노비종모법 : 처음 시행은 현종 때 • 서얼 차별 완화 ; 1774년, 첩 자손의 상속권 정함, 서얼의 청요직 부분적 진출 허용 • 서원 정리(170여 개의 서원 폐지), 3대 유폐 지정(붕당, 사치, 음주), 여자 종의 공역 폐지 • 청계천 준설, 준천사 설치(도시 재정비), 폐사군단(도적) 등이 나타남	• 노비추쇄제도(도망 노비를 정부에서 잡아들이는 제도) 폐지, 공노비 해방 계획(실시는 순조) • 수령에게 향약의 통제권을 맡김 : 사족의 영향력 약화
문화 사업	• 지도와 지리서 편찬 : 해동지도, 동국여지도, 정상기와 정항령 부자의 지도를 홍문관에 보관	• 천세력(역법), 활자(정리자, 한구자, 생생자 등), 신해박해(1791년, 윤지충 사형, 진산 사건, 천주교 금지령 반포) • 화성 건립 : 거중기(정약용) 이용, 현륭원(사도세자 무덤), 정치 기능 부여, 상인 유치, 장용영 설치 • 대유둔전(수원, 국영농장), 신작로 개수하고 신설
편찬 사업	• 동국문헌비고 ; 홍봉한, 한국학 백과사전, 여지고는 신경준이 편찬 • 여지도서 : 동국여지승람을 보완 • 어제문업 : 영조의 6가지 사업 언급 • 해동지도, 무원록(형벌 제도 정비), 동국여지도(신경준) • 속대전, (속)병장도설, 속오례의, 어제집경당편집, 자성편, 숙묘보감 등	• 증정문헌비고 : 증보동국문헌비고라고 부름, 영조 때 동국문헌비고를 보완 • 일성록 : 1752년, 영조 때 세손 시절의 일기부터 1910년까지의 국정 일기, 유네스코 기록유산 • 고금도서집성 수입, 대전통편(법전), 동문휘고(외교 정리), 홍문관지, 태학지(성균관 역사 정리), 무예도보통지(백동수의 무예를 정리), 홍재전서(정조의 시문 정리/편찬은 순조), 존주휘편(대청 외교의 북벌, 대명 외교 존주론에 관한 기록), 탁지지(호조), 추관지, 병학통, 전운옥편, 송사전(송나라 역사), 해동여지통재(여지도서 보완), 만천명월주인옹자서 : "달빛 ~~ 강물 ~~ 달은 태극, 태극은 바로 나다."

1. 세도 정치의 전개와 19세기 상황

세도가문 특징	· 출신 : 영·정조 시대의 명문가 도시 귀족 출신, 규장각 출신, 서울 노론 가문 · 고증학에 치우쳐 사회 개혁 의지 상실 · 세력 기반 : 비변사, 호조와 선혜청, 훈련도감(5군영) 등

조선에서는 정권을 세도라고 하며 어떤 사람이나 집안이 그것을 가지는데, 왕이 세도의 책임을 명하면 지니고 있는 관직에 관계없이 의정 판서에게 명령을 내릴 수 있고, 국가의 중대사와 모든 관료의 보고를 왕보다 먼저 들을 수 있었다.   - 박제형, 근세조선정감 -

전 개	세도 가문	정치 상황
순조 (1800~1834)	· 정순왕후의 수렴청정 : 신유박해 등을 통해 남인 시파 탄압, 장용영 폐지 · 안동 김씨 김조순(순조 장인)이 시파를 규합 → 정순왕후의 수렴청정을 중단시킴 → 순조의 친정 · 순조의 친정 체제 이후 안동 김씨 김조순이 권력 장악 · 순조는 안동 김씨를 견제하기 위해 효명세자의 빈으로 조만영의 딸을 간택, 효명세자에게 대리 서무를 시행 → 효명세자의 죽음으로 실패 ★ 효명세자 : 익종으로 추존, 고종이 익종의 양자로 입양됨 보잘 것 없는 나, 소자(순조)가 어린 나이로 어렵고 큰 유업을 계승하여 지금 12년이나 되었다. 그러나 나는 덕이 부족하여 위로는 천명(天命)을 두려워하지 못하고 아래로는 민심에 답하지 못하였으므로, 밤낮으로 잊지 못하고 근심하며 두렵게 여기면서 혹시라도 선대왕께서 물려주신 소중한 유업이 잘못되지 않을까 걱정하였다. 그런데 지난번 가산(嘉山)의 토적(土賊)이 변란을 일으켜 청천강 이북의 수많은 생령이 도탄에 빠지고 어육(魚肉)이 되었으니 나의 죄이다.	· 1801년 공노비 6만 6천명 해방, 신유박해 · 1802년 장용영 폐지 · 1811년 홍경래의 난 · 1831년 천주교 조선 교구 · 1832년 로드암허스트호(영국) 통상 요구(최초) ★ 홍재전서 : 정조 시문 간행, 만기요람 편찬 · 동궐도(창덕궁, 창경궁)
헌종 (1834~1849)	· 풍양 조씨 조만영이 권력 장악 과장의 폐단은 예전에도 가끔 있었으나, 그때는 고시를 명백히 하기 어렵고 정식을 정밀히 하지 못하는 데에 있었을 뿐이었다. 지금 과장의 폐단은 고시·정식 외에 또 있다. 물색으로 뽑고 서찰로 꾀하여 법을 업신여기고 사를 꾀하는 버릇을 예사로 행하며, 심하면 막중한 국가 시험을 마음대로 하여 자신의 재물로 삼기까지 한다. 이 때문에 번번이 대과·소과를 치르면 온 나라의 희망을 잃어 어지럽고 해괴한 소문이 사방에 파다하니, 이를 막지 않으면 나라가 어떻게 나라답겠는가? 한마디로 말하여 잘되고 못되는 것은 오직 고시를 맡은 자에게 달려 있다. 대저 선비의 마음 자세가 바르지 않은 것은 시관이 공정을 지키지 않아서 그런 것이고 시관이 공정을 지키지 않는 것은 왕을 속일 수 있다고 생각하여 꺼리는 것이 없어서 그런 것이다. - 헌종실록 -	· 1839년 기해박해 : 정하상 사형 · 1846년 병오박해 : 김대건 사형
철종 (1849~1863)	· 철종은 강화도령이라 불림 · 안동 김씨 김문근이 권력 장악	· 1851년 신해허통 : 서얼들의 정치 차별 폐지 → 서얼들의 신분 상승 성공 · 1860년 동학 창시 : 최제우, 경주 · 1861년 대동여지도 : 김정호, 10리마다 방점 표시 · 1862년 진주민란(백건당의 난), 임술농민봉기, 삼정이정청 설치

2. 19세기의 사회 모습

정치 상황	· 세도 가문의 권력 독점 : 안동 김씨, 풍양 조씨 등의 권력 독점 → 왕권 약화, 비변사의 강화 / 의정부와 6조 약화 · 경향간의 연계 단절 : 서울 노론들의 권력 독점으로 지방 선비들의 중앙 관직 진출 X → 사림들의 지방 공론 → 정치 반영 X · 노론의 권력 독점 : 남인과 소론 등을 배제하고 2품 이상의 노론 고관들이 비변사를 장악하여 권력을 독점 · 언론의 정치 견제와 비판 기능 상실, 정치 기강의 문란으로 과거제 문란, 매관매직의 성행
사회 상황	· 관리들의 백성 수탈 심화 : 관리들의 수탈 증가로 삼정의 문란이 극에 달해 민란이 발생 · 경제 성장 둔화 : 삼정의 문란, 대동세 증가, 환곡의 문란 등으로 농민과 상공업자를 수탈 → 경제 성장이 둔화 ★ 삼정의 문란 : 전정과 군정, 환곡의 문란이 극에 달함 → 민란의 발생

★ 세도 정치 시기의 모습
박종경은 과연 어떤 인물이기에 관직을 홀로 거머쥐고, 맑고 화려한 관직들을 주무르기를 내가 아니면 아무도 안된다고 하며, 일이 권한에 관계된 것이며 자기의 물건으로 여기고, 사방에 근거를 굳혀 한 몸으로 모두 담당하려 합니까? 세간에서 청하는 바 문관의 권한, 무관의 권한, 인사의 권한, 비변사의 권한, 군사의 권한, 재정의 권한, 토지세의 권한, 주교사의 권한, 시장 운영의 권한을 모두 손안에 잡아 득의양양해 하며 왼손에 칼자루를, 오른손엔 저울대를 쥐어 거리낌이 없습니다.   - 순조실록 -

3. 민란의 발생

	홍경래의 난	임술농민봉기
시 기	· 1811년, 순조	· 1862년, 철종

배 경	· 서북 지방민에 대한 차별, 중소상인들에 대한 착취 ※ 사족들의 수탈이 배경 → X
	★ 서북 지방 : 인구 성장 속도가 가장 빨랐고, 영조와 정조 때는 인구 서열이 전국 2위였다.
	
	★ 서북 지방 차별
	· 영·정조대 차별 완화
	└ 문과 합격자 중 평안도 출신이 많았고, 홍문관을 제외한 사헌부와 사간원의 진출은 허용됨
	└ 벼슬을 얻는 취직률은 8도 가운데 가장 낮음, 홍문관이나 승문원 등 청요직 벼슬은 거의 받지 못함
	· 차별 이유 : 평안도 급제자들은 대부분 족보도 없었고, 성씨 자체도 믿기 어려운 평민층이기 때문
	· 세도 정치 시기 : 평안도와 함경도 출신은 승진이 어려웠다.
	· 문과 급제자 비율 ; 영조 때 2위, 정조~순조 때에는 1위, 헌종~철종 때에는 2위, 고종 때에는 1위
	· 특히 평안도 정주는 전국 군현 가운데 가장 많은 급제자를 냈다.
		· 삼정(전정, 군정, 환곡)의 문란과 수령들의 수탈이 주 원인
		
		※ 진주 민란 : 1862년, 철종(백건당의 난)
		  └ 주도 : 유계춘(몰락 양반)
		  └ 탐관오리(홍병원, 백낙신)의 수탈에 저항
		  └ 안핵사로 박규수가 파견되어 진압

전 개	· 주도 : 몰락 양반 홍경래가 중심 + 상인들 + 광산 노동자 중심 · 준비 : 장기간, 치밀하게, 상인과 광산 노동자를 포섭하여 자금 마련, 군사 훈련 · 목적 : 정감록을 내세우며 조선 왕조 타도 목표 · 발발 : 1811년 평안도 가산 다복동에서 봉기 · 전개 : 청천강 이북 장악 → 송림 전투 패배 → 정주성에서 저항 → 관군에게 진압 · 의의 : 조선 후기 민란의 선구 ★ 주의 : 삼정의 문란이 주 원인(X), 평안도 전역 점령(X), 평양 진출(X), 전국적 호응(X) ★ 홍경래의 난 평서대원수는 급히 격문을 띄우노니 관서의 부로(父老)와 자제와 공·사천민들은 모두 이 격문을 들으라. 무릇 관서는 성인 기자의 옛 터요, 단군 시조의 옛 근거지로서 의관(衣冠;유교 문화를 생활화하는 사람)이 뚜렷하고 문물이 아울러 발달한 곳이다. … 그러나 조정에서는 관서를 버림이 분토(糞土)와 다름없다. 심지어 권세 있는 집의 노비들도 서토의 사람을 보면 반드시 '평안도 놈'이라고 말한다. 어찌 억울하고 원통하지 않은 자 있겠는가. … 지금, 임금이 나이가 어려 권세 있는 간신배가 그 세를 날로 떨치고, 김조순·박종경의 무리가 국가 권력을 오로지 갖고 노니, 어진 하늘이 재앙을 내린다. … 이제 격문을 띄워 먼저 여러 고을의 군후(君侯)에게 알리노니, 절대로 동요하지 말고 성문을 활짝 열어 우리 군대를 맞으라. 만약 어리석게 항거하는 자가 있으면 철기 5,000으로 남김없이 밟아 무찌르리니, 마땅히 속히 명을 받들어 거행함이 가하리라.	· 진주 민란을 시작으로 전국적인 민란으로 발전 → 삼남 지방을 중심으로 전개 · 정부는 삼정이정청을 설치 → 삼정이정책은 시행 되지 않음 → 삼정의 문란 해결 X ★ 삼정이정청 : 박규수의 건의로 1862년 설치, 동포제, 환곡의 전세 전환, 사창제, 토지 개혁 모색 → 시행 X · 한계 : 산발적(O), 조직적(X), 조선 왕조 부정(X), 토지 개혁 요구(X), 신분제 폐지 요구(X) ★ 진주민란 철종 13년(1862) 4월 경상도 안핵사 박규수가 관리들을 조사하고 옥사를 다스린 뒤 장계를 올렸다. "금번 난민들이 소동을 일으킨 것은 오로지 전 우병사 백낙신이 탐욕을 부려 수탈하였기 때문입니다. 병영에서 포탈한 환곡과 전세 6만 냥 모두를 집집마다 배정하여 억지로 받으려 하였습니다. 이 때문에 고을 인심이 들끓고 여러 사람의 노여움이 한꺼번에 폭발해서 전에 듣지 못하던 변란이 갑자기 일어난 것입니다. 진실로 그 이유를 따져보면 실로 스스로 얻은 것입니다. 그들이 직분을 더럽혀 변란을 일으킨 죄를 그냥 봐 넘길 수 없습니다. 조정에서 논의하여 처리 방안을 올리게 하소서." – 철종실록 –

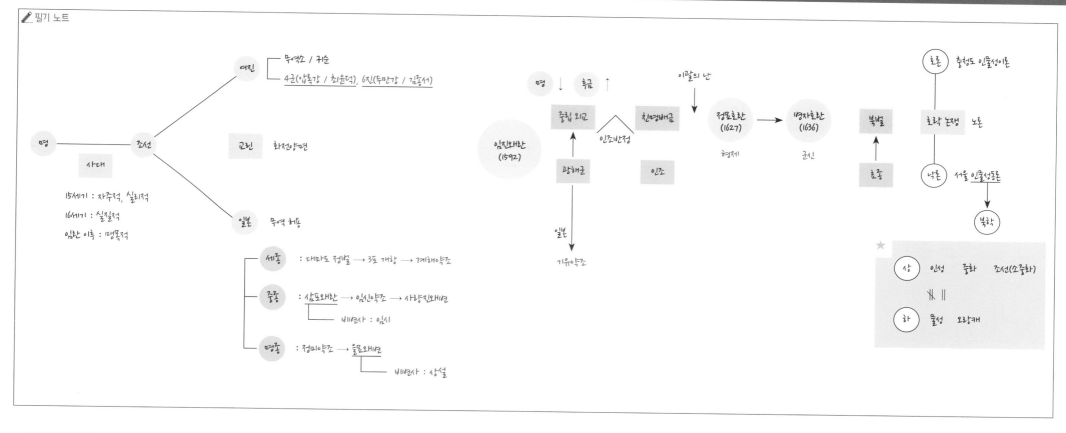

✎ 필기 노트

1. 조선 전기 대외 관계

(1) 명과의 관계 : 사대 외교   ★ 조선의 외교 정책 : 중국과는 사대 외교, 일본과 여진과는 교린 정책 추진

사대 외교
· 사대 외교 : <u>조공과 책봉(고명과 인신, 금인)</u>, 자주적·실리적 사대
· 사절단 : 조천사   청에 파견된 사절단 : 연행사
· <u>조공 무역</u> : 사행 무역 중심, 조선은 1년 3공, 명은 3년 1공 주장 └ 명의 과도한 공물 요구 → 금광과 은광을 폐쇄하기도 함
★ 조선 초기 명과 관계
· 태조 : 요동 정벌 문제 등으로 명과 갈등, 고명과 금인(인신)을 받지 못함, 권지국사
· 태종 : 요동 정벌 중단 → 명과 관계 호전, 조선 국왕으로 인정
· 세종 : 공녀와 금·은 세공 문제 해결
· 세조 : 토목의 변으로 요동 정벌 준비

★ 조선 초기 명과의 갈등

· 명이 조선과 몽골 사이를 의심

· 여진 문제(명이 조선의 회유책을 문제 삼음)

· 표전 문제 : 정도전이 작성한 외교문서 → 명이 문제 삼음

· 태조 때 정도전의 요동 정벌 준비 : 이방원, 조준 반대

· 종계변무문제 : 이성계 父(부) 문제, 명의 기록에 이성계 父(부)가 이인임으로 기록 → 선조 때 해결

<u>(금남)표해록</u>

└ 1488년, 성종 때 최부가 편찬, 중국 상황을 기록한 기행문

└ 일본에서 '당토행정기'로 번역, 출간

★ 사절단의 종류

· 정기적 사절단 : 정조사, 성절사, 천추사, 동지사

· 비정기적 사절단 : 사은사, 주청사, 진하사, 진위사

· 명 사신의 숙소 : 태평관

· 조선 사신들의 숙소 : 회동관(중국 북경)

(2) 여진과의 관계 : 교린 정책

회유책	· 귀순 장려, 관직 수여, 토지와 가옥 제공　★ 태종 : 국경 지대 경성과 경원에 무역소 설치
	※ 북평관 : 여진족의 사신 숙소
강경책	· 세종 : 4군(압록강, 최윤덕), 6진(두만강, 김종서) 개척
	└→ 사민 정책과 토관 제도(지역 출신을 관리로 임명) 실시
	└→ ※ 사민 정책 : 태종 때 시작 → 세종 때 본격화 → 중종 때까지 지속
	· 4군의 폐지 : 단종 때 4군 중 3군 폐지 → 세조 때 자성군 폐지, 폐4군 지정 → 선조 때 여진족 니탕개의 난(1583)

· 4군 : 1416년~1443년, 압록강 유역(여연, 자성, 무창, 우예)
· 6진 : 1434년~1449년, 두만강 유역(종성·온성·회령·경원·경흥·부령)
· 야연사준도 : 김종서가 6진을 개척한 뒤 함경도에 있을 때 그림

★ 4군의 복구
· 숙종 때 함경도 무산에 '도호부' 설치, 폐사군의 일부 복구
· 정조 때 장진부(개마고원)
· 순조 때 후주부(압록강 상류)
· 고종 때 자성군, 후창군 설치 : 폐4군 지역의 행정 구역 복구

(3) 일본과의 관계 : 교린 정책

교린 정책
· 회유책 : 자유 무역 허용, 관직 부여, 팔만대장경의 인쇄본 전래
· 강경책
└→ 태조 : 김사형이 대마도 정벌
└→ 태종 : 거북선 제작, 최무선의 아들 최해산을 특채로 고용
└→ 세종 : 이종무가 대마도 정벌(1419년, 기해동정)
★ 일본과의 다원적 외교
· 일본 막부의 장군과 중앙 정부 차원의 국교 체결
· 대마도 도주와 호족 등 일본의 여러 세력과 다원적 교류 유지
★ 해동제국기 : 신숙주, 1471년, 성종 시절, 일본 기행문
└→ 세종 때 계해약조 체결을 위해 일본에 건너감

태 조	· 김사형이 대마도 정벌
↓	
세 종	· 대마도 정벌 : 1419년, 기해동정, 이종무, 대마도가 경상도에 잠시 편입, 4개항 폐쇄
	· 3포 개항 : 1426년, 부산포, 제포, 염포에 왜관 설치, 허가된 일본인만 무역 허가
	· 계해약조 : 1443년, 대마도 도주와 체결, 무역량을 세견선 50척, 세사미두 200석으로 제한
↓	
중 종	· 삼포왜란 : 1510년, 3포 폐쇄, 비변사가 임시 기구로 설치
	· 임신약조 : 1512년, 계해약조 절반으로 무역 규제, 왜인의 3포 거주 금지, 제포만 개항
	· 사량진왜변 : 1544년, 무역 금지, 일본인 왕래 금지
↓	
명 종	· 정미약조 : 1547년, 세견선 25척, 인원 제한 규정 위반 시 벌칙 강화
	· 을묘왜변 : 1555년, 왜인들이 60척 배로 전라도 약탈, 영암·장흥·강진·진도 약탈, 국교 단절, 비변사가 상설기구화, 진관 체제가 제승방략 체제로 전환
↓	
선 조	· 임진왜란 : 1592년, 비변사가 최고 기구화 → 국교 회복 : 1604년, 포로 송환 담판(유정), 1607년 회답사 파견
↓	
광해군	· 기유약조 : 1609년, 부산포에 왜관 설치, 세견선 20척, 세사미두 100석으로 한정, 왜인의 한성 출입 금지

2. 왜란

(1) 왜란 전 상황과 일본의 침략

임란 전의 상황	· 조선과 일본과의 갈등 : 삼포왜란, 사량진왜변, 을묘왜변 등
	· 국방력 약화 : 군역의 문란으로 국방력 약화　※ 이이가 만언봉사에서 '십만양병설' 주장 → 남인 유성룡의 반대로 무산
	· 당쟁의 심화 : 통신사 서인 황윤길은 전쟁 대비 주장 VS 동인 김성일은 대일 안심론을 주장하며 반대
일본의 침략	· 1592년 4월 일본의 침략 : 정명가도를 명분으로 침략, 수륙병진작전으로 육군과 수군이 침략
	└→ 육군 : 한양 점령 → 평양 진격(고니시), 회령 진격(가토)
	└→ 수군 : 전라도 곡창 지대 약탈 → 평양의 일본군에 보급

★ 일본의 통일
전국 시대 혼란을 도요토미 히데요시가 통일 후 일본 무사들의 불만을 해소하기 위해 정명가도를 명분으로 조선을 침략하려고 계획하였다.

(2) 왜란의 발발

임진왜란(1592년 4월)	휴전 회담	정유재란(1597년)

◆ 1592년
· 4월 13일 일본군의 침략
· 4월 14일 정발 패배(부산진)
· 4월 15일 송상현 패배(동래성) ※ 이일 : 상주에서 패배
· 4월 28일 신립 패배(충주 탄금대)
· 5월 2일 한양 함락 → 선조의 평양 피난
· 5월 7일 옥포 승리(이순신, 1차 승리) → 2차 승리 : 5월 사천(거북선), 당항포, 율포
· 6월 15일 평양 함락 → 선조의 의주 피난, 광해군 세자 책봉 → 분조 구성
· 7월 8일 한산도 대첩(이순신) : 일본의 수륙병진작전 좌절(전라도 진입 X), 일본군이 해전에서 육전으로 전환
★ 7월 임해군과 순화군이 포로로 잡힘 / 7월 명의 원군 1진(조승훈) 도착
· 10월 10일 진주 대첩(김시민) : 일본 육군의 전라도 진입 방어
· 12월 명의 2진(이여송) 원군 도착
◆ 1593년
· 1월 8일 평양 탈환(조·명 연합군) → 1월 27일 벽제관 전투 패배(조·명 연합군 패배)
· 2월 행주 대첩(권율) → 4월 한양 탈환 → 일본군은 경상도로 후퇴
	☆ 일본군의 제의 → 3년간 진행 → 결렬
	· 1593년 5월 명의 심유경과 일본 도요토미가 화친 논의
	· 1593년 6월 일본군의 진주성 공격, 김천일 패배, 논개 전사
	· 1594년 8월 훈련도감 설치
	· 1594년 11월 속오군 설치
	· 1596년 7월 홍산에서 이몽학의 난 발생
		· 1597년 1월 일본의 가토와 고니시의 재침
		· 1597년 2월 이순신 무고로 하옥
		· 1597년 7월 원균 전사, 칠천량 전투 패배
		       └ 이순신 : 삼군수군통제사 임명
		· 1597년 9월 명량 대첩, 직산에서 조·명연합군의 승리
		· 1598년 11월 노량 대첩, 이순신 전사
		· 1598년 11월 일본군의 완전 철수
		· 1599년 4월 명 군대 대부분 철수, 일부가 용산에 주둔
		· 1600년 일본, 포로 300명 돌려주며 화해 요청
		· 1604년 유정(사명당), 일본에 파견 → 포로 송환 담판
		· 1607년 선조, 회답사 파견 : 국교 재개
		· 1609년 광해군, 기유약조 → 교역 재개
		       └ 부산포에 왜관 설치
		       └ 세견선 20척, 세사미두 100석

(3) 왜란의 결과

사회 변동	· 비변사 기능 강화 : 의정부와 6조 약화 · 정인홍, 이이첨의 대북파 집권 → 성리학에 비판적, 초기 실학의 성장 · 군사 정비 : 훈련도감과 속오군의 설치, 비격진천뢰(선조, 이장손), 조총 개발, 대완구·현자총·황자총 개발 · 공명첩(백지사령장), 납속 등으로 신분제가 변동
문화 변동	· 동의보감 편찬 : 선조~광해군, 허준이 편찬, 유네스코 기록유산 · 왕궁 소실 : 경복궁, 창덕궁, 창경궁 등이 소실 · 사고 소실 : 전주본 유지 → 임란 이후 : 5대 사고 → 인조 : 이괄의 난으로 춘추관 사고 소실 · 불국사 소실 → 영조 때 대웅전 중건 └ 춘추관, 태백산, 적상산, 정족산, 오대산 · 조총·담배·호박·고추 등이 조선에 전래, 관우 숭배 사상 전래
중국과 일본	일본	· 도쿠가와가 일본을 정복하며 에도 막부 성립 · 이삼평과 심당수가 포로로 끌려가 일본 도자기 기술에 영향을 주었다. · 이황의 성리학과 금속활자 기술이 전래 · 일본은 의방유취와 몽유도원도 등의 문화재 약탈
	중국	· 명의 쇠퇴와 후금의 성장 → 명·청 교체

★ 임진왜란 당시 의병
   └ 남부 지방 중심, 의병장은 전직 문반 중심, 무반은 소수, 구성은 양반에서 천민이 다양
   └ 곽재우(최초의 의병, 경상도 의령, 홍의장군, 김시민과 활동)
   └ 서산대사 휴정(묘향산, 평양성 전투에서 활약)
   └ 사명당 유정(금강산, 전쟁 후 포로 송환 문제 해결), 정문부(북관대첩비, 숙종)
   └ 정인홍(경상도 합천), 고경명(전라도 담양), 김천일(전라도 나주)
   └ 김덕령(이몽학의 난으로 옥사), 이정암 등
   └ 관군에 합류하여 관군의 전투 능력 향상, 일본군은 의병의 저항으로 전국을 점령하지 못함
★ 주의 : 정봉수와 이립은 정묘호란 때 의병

★ 임진왜란 당시 여진족과 명의 관계
건주(建州)의 여진족이 왜적을 무찌르는 데 2만 명의 병력을 지원하겠다고 하자, 명군 장수 형군문이 허락하려 하였다. 그러나 명 사신 양포정은 만약 이를 허락한다면 명과조선의 병력, 조선의 산천 형세를 여진족이 알게 될 수 있다고 하여 거절하였다.

THEME 045 조선 시대 대외 관계

3. 조선 후기 대외 관계

광해군	기유약조	· 부산포 개항 · 기유약조 : 1609년, 일본의 요청으로 체결, 세견선 20척, 세사미구 100석으로 제한
	중립 외교	· 명과 후금 사이의 중립 외교 ※ 1616년 광해군 시절 여진족이 후금을 건국 → 1636년 인조 시절 청 건국

★ 광해군 시절 중립 외교
· 압록강 유역 모문룡의 부대에 식량 지원
· 부차 전투 : 1618년~1619년, 조명연합군이 후금과의 전투에서 패배 후 강홍립이 후금에 항복 → 직접적 충돌 피함

★ 1623년 인조반정 : 서인이 주도, 남인과 공존 → 친명배금의 외교 정책 추진 → 호란의 발생

		정묘호란(1627년)
인조	배경	· 서인의 친명 배금 정책 · 이괄의 난(1624) 이후 잔당들이 조선 정벌 요청 · 가도 사건 : 명의 모문룡이 평안도 철산군 가도에서 후금을 위협
	과정	· 후금이 의주, 안주 함락 후 황해도 평산 침입 · 인조는 강화도로 피난 · 의병의 조직 : 정봉수(용골산성), 이립(의주)
	결과	· 후금의 강화 요구로 정묘조약 · 형제 관계 체결, 후금과 개시무역 약속 · 명과 후금 사이에 중립 약속 ※ 명은 지원병을 보냈으나 이미 화의가 맺어진 후였다.

병자호란(1636년)
· 1636년 후금의 여진족이 청을 건국 → 청은 명 정벌에 필요한 물자를 요구, 조선에 군신 관계 요구
· 조선의 대응 : 척화(윤집) VS 주화(최명길) → 인조의 척화론 채택, 청 사신 용골대 추방   ★ 명은 1644년 청에 의해 멸망
· 봉림대군과 비, 빈들을 강화도로 피신시킴
· 청의 태종은 12만 군, 용골대와 마부대를 앞세워 조선을 침략 → 백마산성에서 임경업의 저항 → 청은 우회하여 한양 공격
· 인조가 강화도로 피난을 실패하고 남한산성으로 피신 → 남한산성에서 김상헌은 척화를 주장, 최명길은 주화를 주장하며 대립
· 인조는 최명길의 주화를 채택 → 인조는 청 태종에게 항복(삼전도의 굴욕, 삼궤구고두례의 항복의 예)
· 인조는 청과의 군신 관계를 수용하였고, 청 태종은 삼전동에 청태종송덕비(공덕비)를 세웠다.
· 소현세자, 봉림대군 등이 인질로 끌려갔다가 돌아옴
· 삼학사(윤집, 오달제, 홍익한)가 인질로 끌려가 사형을 당하고, 김상헌은 청에 인질로 끌려갔다가 6년 만에 귀환
· 환향녀 문제 발생

★ 심양관
   └ 청나라의 수도 심양에 인질로 끌려갔던 소현세자와 봉림대군이 거주하였던 관소
   └ 조선과 청의 연락 업무 담당, 외교업무 수행
   └ ※ 소현세자는 아담 살과 접촉하였고, 청에서 천주교 신자를 초빙하였으며, 서양 문물을 전래

효종	북벌 운동	· 호란 이후 소중화 사상 강화 → 청에 대한 자신감과 적대감 강화 → 북벌 준비 　★ 조선 후기 소중화 사상의 강화 · 창덕궁 대보단(숙종), 화양동 서원의 만동묘(송시열), 조종암 대통묘, 존주휘편(정조)
	나선 정벌	★ 청의 요청으로 러시아 정벌에 2차례 동원 : 1654년 변급과 1658년 신유

★ 효종 시절의 북벌
· 서인 척화파 기용 : 송시열, 송준길, 이완 등을 기용   ※ 송시열 : 기축봉사에서 북벌 주장
· 국방 강화 : 어영청 강화, 화포 제작, 남한산성과 북한산성 수리
· 대동법을 충청도와 전라도로 확대
· 한계 : 서인들의 정권 유지 수단, 남인 견제의 수단으로 이용 → 실현 X
★ 청의 오삼계의 난을 계기로 북벌이 재등장하여 현종 때 나석좌, 숙종 때 허적과 윤휴가 북벌을 주장

숙종	안용복	· 17세기 후반(1693년과 1696년) 두 차례 일본에게 울릉도와 독도가 우리 영토임 확인
	백두산 정계비	· 배경 : 숙종 때 만주 지방 인삼 채취 사건을 계기로 청이 요청 · 건립 : 1712년 숙종 때 양국 관리 답사 후 건립 · 위치 : 백두산 정상이 아닌 남동쪽 분수령에 설치(현재 : 탑은 일본이 철거) · 내용 : 서위압록, 동위토문

★ 간도 귀속 문제
· 19세기 후반 토문강의 해석 문제로 발생(청 : 두만강 VS 조선 : 송화강) : 청이 간도 지방의 조선 주민 추방
· 조선의 대응
   └ 1883년 서북경략사 : 어윤중 → 1885년 토문감계사 : 이중하(→ 우리 영토 주장 → 인정 X)
   └ 1902년 간도관리사 : 이범윤, 함경도에 편입하여 관리하며 주민들에게 조세를 징수하고 포병을 양성
   └ 1907년 일본은 간도파출소(통감부 출장소)를 설치하여 한국 영토로 인정
★ 간도 협약 : 1909년 청과 일본 사이에서 체결(일본이 을사늑약 이후 조선의 외교권 박탈 후 체결)
   └ 일본은 안봉선(남만주) 철도 부설권과 푸순 탄광 채굴권을 얻는 대신 간도를 청에 넘김

4. 통신사

임란 전	· 62차례 파견 · 통신사, 회례사, 경차관 등의 명칭으로 파견 · 태종 : 박분이 파견 → 중단 · 세종 : 박서생의 사절단이 실질적인 최초의 통신사
임란 이후	· 파견 : 임란 이후 12차례 파견, 일본 막부는 정권의 안정과 승인을 위해 파견을 요청, 비정기적으로 파견 · 목적 : 막부 쇼군 습직 축하를 위해 파견(천왕 교체 시 X) · 역할 : 조선 문화를 일본에 전파하는 역할을 하여 일본의 국학 운동에 영향을 주었다. · 단절 : 1811년 순조 때 일본의 거부로 통신사의 파견이 단절 ※ 일본의 국학 운동은 19세기 반한적 국학 운동으로 발전 ★ 통신사 견문록 : 해유록, 동사록, 해사일기, 봉사일본시문견록, 해사록, 계미동사일기 등

★ 통신사

일본 사람이 우리나라의 시문을 구하여 얻은 자는 귀천현우(貴賤賢愚)를 묻지 아니하고, 우러러 보기를 신명처럼 하고 보배로 여기기를 주옥처럼 하지 않음이 없다. 비록 가마를 메고 말을 모는 천한 사람들이라도 조선 사람의 해서나 초서를 두어 글자만 얻으면 모두 손으로 이마를 받치고 감사의 성의를 표시하며, 소위 문사라 하는 자는 천리길을 멀다 하지 아니하고 와서 역이나 관에서 기다려서 하룻밤 자는 동안에 혹은 종이 수백 폭을 소비하고 시를 구하다가 얻지 못하는 자는 비록 반 줄의 필담이라도 보배로 여겨 감사해 하기를 마지아니한다. 대개 그들이 정화로운 땅에 생장하였으므로 본래 문자를 귀중히 여길 줄 알기는 하나 중국과는 너무 멀어서 평생에 의관의 성한 의식을 모르고, 평소에 조선을 높이 사모하는 이유로 그 대관귀인은 우리의 글을 얻어서 자랑거리로 삼고, 서생은 명예를 얻는 길로 삼고 낮고 천한 자는 구경거리로 삼아서 우리가 글을 써 준 뒤에는 반드시 도장을 찍어 달라고 청하여, 진적인 것을 증명하므로 매양 이름른 도회지나 큰 고을을 지날 때에는 그들을 응접하기에 겨를이 없었다.
- 동사록 -

★ 울릉도와 독도

삼국 시대	· 신라 지증왕 때 이사부가 우산국을 복속한 후 우리의 영토
고려 시대	· 태조 : 930년 우산국이 고려에 토산물 바침 ※ 우산국에서는 토두가 백길을 사자로 보내 토산물을 바침 · 현종 : 여진의 침략을 받은 우산국 주민을 본토로 피난 → 고려의 직할(행정 구역상 동계 울진현 소속)
조선 시대	· 태종 : 일본 해적의 침략으로 섬 주민들을 본토로 이주 → 주민들을 다시 보내고, 관리를 파견하여 관리 · 숙종 : 안용복이 두 차례(1693년, 1696년) 일본에 건너가 우리 영토임을 승인을 받았다. · 고종 : 울릉도와 독도를 적극적 개척
대한제국	· 1900년 칙령 41호 : 강원도 울도군으로 승격하고 관할구역으로 석도(독도) 포함(독도의 날) · 일본의 불법 편입 : 1905년 2월 러일 전쟁 중 일본이 다케시마 섬으로 공포 └→ 일본 정부는 1870년대 독도가 조선의 영토임을 인정했으면서도 1905년 국제법상 무주지라는 명목으로 일본 영토에 편입 └→ 대한매일신보와 황성신문 등 : 일본의 독도 편입 항의 기사 발표 └→ 심흥택의 보고서 : 1906년 일본의 불법 편입을 정부에 보고하면서 공식 문서에서 처음으로 독도 명칭을 사용
해방 이후	· 연합국 최고 사령부 지령 : 독도를 일본의 영토에서 제외, 한국 영토로 인정 · 일본 주장 : 1952년 샌프란시스코 강화 조약을 근거로 자국의 영토라고 인정 · '인접 해양의 주권에 관한 대통령 선언'(LEE 라인, 평화선) : 1952년, 독도를 한국의 영토로 확인 → 일본은 평화선의 선언에 대해 민감한 반응을 보이며 공해 자유의 원칙을 내세워 반대 / 묵인(X)

★ 조선 시대에는 강원도 울진현 관할로 울릉도와 독도를 관리
★ 일본의 죽도기사(1726)에서 이 내용을 다루고 있고, 에도막부는 울릉도와 독도를 조선의 영토로 인정하고 있었다.
※ 1881년 이규원을 울릉도 검찰사로 파견하고 현지 조사를 하였다.
　울릉도검찰일기 → 1882년, 김옥균을 동남 제도의 개척사로 임명

★ 독도의 명칭
· 독도는 우산도, 삼봉도, 가지도, 석도, 돌섬으로 불렸고, 1881년 '독도'라는 명칭이 처음 사용
· 1906년 심흥택의 보고 : 행정 문서에서 처음 독도 명칭 사용
★ 리앙쿠르
1849년 프랑스 리앙쿠르호의 선원들이 서양인으로 처음으로 이 섬 발견하여 리앙쿠르로 불렸다. '마나라이와 올리부차 섬' '호넷바위섬' 등으로도 불렸다.

	우리 측 기록	일본 측 기록
★ 기록 문헌	· 삼국사기 : 지증왕 본기, 이사부가 정벌한 기록 · 세종실록지리지 : 강원도 울진현조에서 동쪽 바다의 무릉(울릉)과 우산(독도)의 두 섬 언급 　└→ 최초로 울릉도와 독도를 별개의 섬으로 기록한 최초의 문헌 · 팔도총도 : 1530년 제작, 신증동국여지승람에 수록, 울릉도와 독도를 별개의 섬으로 그린 최초의 지도 　└→ 우산도와 울릉도가 한 섬이라고 기록 · 동국문헌비고 : '울릉과 우산은 모두 우산국의 땅, 우산은 바로 왜인이 말하는 송도이다.' · 기타 : 정상기의 동국지도, 만기요람(순조), 증보문헌비고(1908), 신경준의 강계고 등	· 은주시청합기 : 울릉도와 독도를 우리 영토로 기록 · 죽도기사 : 1726년, 울릉도와 독도를 우리 영토로 기록 · 삼국통람도설 : 1785년, 울릉도와 독도를 우리 영토로 그림 · 삼국접양지도 : 1785년, 일본 지도로 울릉도와 독도를 우리 영토로 표기 · 통항일람 : 안용복에게 독도가 우리 영토임을 인정하는 사료 기록 · 태정관 지령 : 1877년, 메이지 정부가 독도와 울릉도를 우리 영토로 인정

1. 조선 시대 중앙 통치 기구 개관

🖊 필기 노트

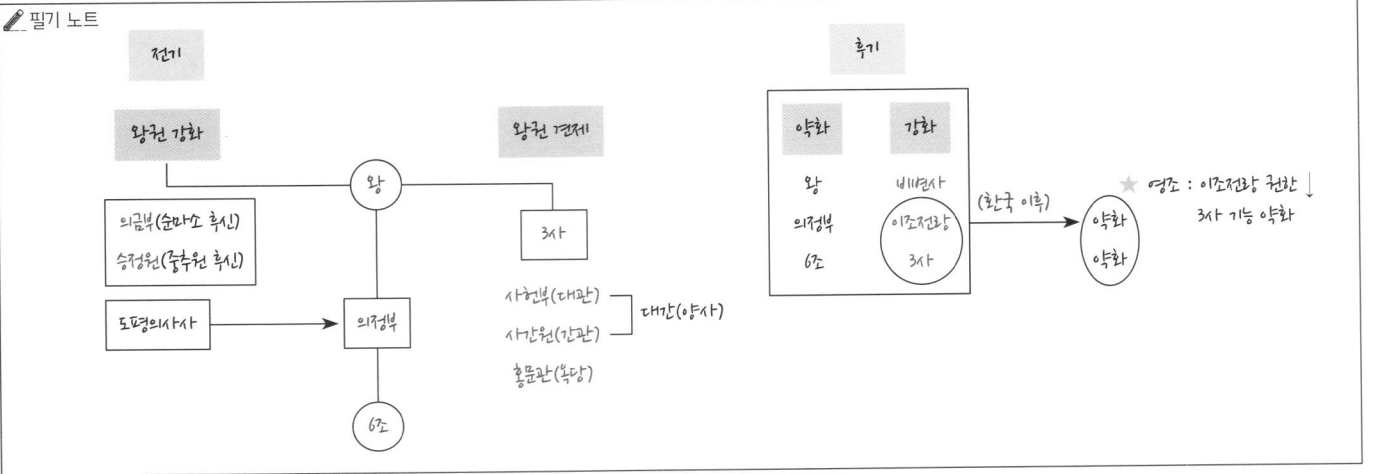

2. 주요 통치 기구

(1) 의정부와 6조

의정부	영의정	· 설치 : 1400년 태종 때 도평의사사를 폐지 → 의정부(행정)와 삼군부(군사) 등으로 분리 · 역할 : 국왕 다음의 최고 기구로 의정들이 합의를 통해 국정 운영, 왕권 견제 기구, 조선의 독자적 기구 / 군사권(X) · 구성 : 영의정, 좌의정, 우의정과 좌우찬성, 좌우참찬으로 구성
6조	판 서	· 직능에 따라 이·호·예·병·형·공조로 구분 　★ 6조의 업무 · 이조(문관의 인사), 호조(재정), 예조(외교, 문과 주관), 병조(군사, 무과 주관), 형조(법률 담당), 공조(건축과 토목) · 행정 담당, 국정을 독립적으로 담당, 의정부와 국정 논의 · 각 조마다 3~4개의 속사와 속아문을 설치하여 업무의 전문화 · 이조와 병조 : 각각 문반과 무반의 인사권을 가졌음 　★ 이조전랑 : 자대권, 3사 관리 추천, 당하관 이하 관리 추천 ※ 이조전랑 이조가 권력이 무거워지는 것을 우려하여 3사 관원의 후보 천거는 이조 판서에게 맡기지 않고 낭관(전랑)에게 맡겼다. …… 3공·6경의 벼슬이 비록 높더라도 조금이라도 떳떳하지 않은 일이 있으면, 전랑이 3사의 여러 관리에게 논박하게 하였다.

★ 속아문
· 이조 : 상서원(옥새와 마패), 사옹원(그릇), 내시부, 내수사(왕실 재산 관리) 등
· 호조 : 평시서(시전 감독), 사섬서(저화 발행), 제용감(왕실 진상품) 등
· 예조 : 교서관(인쇄소), 관상감(천문), 홍문관, 성균관(국립대학), 승문원(외교 문서) 등
· 병조 : 군기시(무기 제조) 등
· 형조 : 장례원(노비 담당), 전옥서(감옥 사무)
· 공조 : 상의원(의류), 수성금화사(소방), 조지서(종이), 와서(기와) 등

(2) 왕권 강화 기구 : 의금부와 승정원

의금부	판 사	· 태종 때 설치, 고려 시대 순마소의 후신으로 왕명에 따라 재판 · 왕족의 범죄, 대역 모반죄 등의 중범죄와 강상죄, 사헌부에서 적발된 사건 재판 · 사형수의 3심 담당, 일반 범죄도 재판
승정원	도승지	· 태종 때 설치, 고려 시대 중추원의 후신 · 왕명 출납, 조보 편찬, 승정원 일기 작성, 6조의 업무 관리

· 조보 : 중요 소식을 필사하여 중앙 및 기관의 관서를 중심으로 배포
· 세종은 승정원을 확대하여 6방을 설치하여 6조의 업무를 관리하게 하였다.

(3) 왕권 견제 기구

① 삼사

삼사		• 구성 : 사간원(간쟁), 사헌부(감찰), 홍문관(왕 자문, 학술 기구, 궁중 도서 관리, 경연 담당, 대필 업무 등) • 역할 : 언론 담당 / 국왕과 의정부, 6조를 견제하며 권력의 독점과 부정을 방지, 사림이 장악하여 훈구파의 비리를 비판 • 폐단 : 환국 이후 붕당 정치가 변질되면서 공론의 반영보다 상대당의 공격에 앞장섬 • 개혁 : 영조 때 탕평 정치를 거치면서 삼사의 언관권을 약화시킴
홍문관	대제학	• 옥당, 집현전의 후신으로 성종 때 설치, 학술 기구, 왕의 자문, 경연 담당, 궁중 도서 관리
사간원	대사간	• 왕에 대한 간쟁의 역할, 고려 시대 낭사와 같은 기구 ※ 태종은 낭사를 사간원으로 독립시켜 왕권을 강화하고 대신을 견제
사헌부	대사헌	• 관리 감찰 · 탄핵, 고려 시대 어사대와 같은 기구
대 간		• 구성 : 대관(사헌부) + 간관(사간원)으로 구성 • 역할 : 서경과 간쟁, 봉박, 왕과 신하 사이의 견제와 균형 대관은 마땅히 위엄과 명망을 우선해야 하고 탄핵은 뒤에 해야 한다. 왜냐하면, 위엄과 명망이 있는 자는 비록 종일토록 말하지 않더라도 사람들이 스스로 두려워 복종할 것이요, 이것이 없는 자는 날마다 수많은 글을 올린다 하더라도 사람들은 더욱 두려워하지 않기 때문이다. …… 천하의 득실, 백성의 이로움과 해로움, 사직의 큰 계획은 직책에 얽매이지 않고 오로지 재상만이 행할 수 있고, 간관만이 그것에 대해 말할 수 있을 뿐이니, 간관의 지위는 비록 낮지만 직무는 재상과 대등하다.

★ 청요직 : 삼사는 벼슬은 높지 않으나 이곳을 거쳐야 판서나 정승에 오를 수 있음
★ 조선 후기 청요직은 서울과 경기 유력 가문이 장악하였고, 지방 출신은 차별을 받음

★ 삼사
• 사간원은 간쟁하고 정사의 잘못을 논박하고 직무를 관장한다.
• 홍문관은 궁궐 안에 있는 서적을 관리하고 문헌을 관리하며 왕의 자문에 대비한다. 모두 경연에 참여한다.
• 사헌부는 시정을 논하여 바르게 이끌고 모든 관원을 살피며 풍속을 바로잡고 원통하고 억울한 일을 풀어주고 건방지고 거짓된 행위를 금하는 등의 일을 맡는다.

★ 대간의 역할
• 서경 : 5품 이하 관리 임명 시 동의
• 간쟁 : 국왕의 과오나 비행을 비판하던 일
• 봉박 : 정책 거부

② 기타 왕권 견제 기구

종 류	• 도평의사사, 의정부, 비변사, 의정부 서사제, 삼사, 대간, 상소, 권당, 구언 등
상 소	• 일반 관원과 백성도 가능 → 수령이 상소를 모아 이를 중앙 정부(승정원)에 전달 ★ 상달 : 백성이 국왕에게 올리는 글 / 계 : 관원들이 올리는 것 / 상소는 백성도 가능 ★ 재가 : 국왕이 내리는 결정
구 언	• 왕이 백성들에게 조언 요청 → 백성들은 응지 상소를 올림
권 당	• 성균관 유생의 동맹 휴학

★ 기타 왕권 견제
• 차대 : 매달 6차례 중요 관리에게 정책 건의를 들음
• 윤대 : 매일 관청별로 만나 정사 논의
• 상참 : 약식 조회
• 순문 : 백관과 국민의 의견 수렴
• 경연 : 홍문관이 담당, 정승과 주요 관리도 참여, 왕과 토론
• 서연 : 왕 세자 교육

(4) 기타 기구

한성부	• 판윤, 수도의 행정과 치안을 담당, 전국의 토지와 가옥의 항소심 담당
예문관	• 왕의 교서 작성, 사초 작성 ※ 사초 : 예문관 사관이 국무회의에 참여하여 왕과 신하 사이의 대화를 기록
춘추관	• 실록 편찬, 시정기 편찬 ※ 시정기 : 각 관청의 업무일지인 등록을 모아 정기적으로 춘추관에서 편찬
승문원	• 외교 문서 작성
포도청	• 포도대장, 경찰, 상민치죄
금화도감	• 세종, 한양의 화재 예방
기술 교육	• 사역원(외국어 교육 VS 고려 : 통문관) • 관상감(천문 교육 VS 고려 : 사천대, 서운관) • 전의감(의학 교육 VS 고려 : 태의감) • 소격서(도교 담당 VS 고려 : 태사국)

★ 승정원, 홍문관, 예문관, 춘추관 : 근사직, 관청이 궁내에 있었다.
★ 홍문관, 예문관, 춘추관 : 정책의 결정과 행정을 학문적으로 뒷받침

(5) 조선 후기 변화

임란 이후 정치 변화	
약 화	강 화
· 왕, 의정부, 6조 약화	· 비변사, 이조전랑, 3사 강화 ★ 환국 이후 변화 · 비변사 강화 · 이조전랑과 3사 약화 · 영조와 정조 : 왕권 강화

비변사
· 삼포왜란 : 중종, 임시 기구, 왜구와 여진족의 침략 대비 · 을묘왜변 : 명종, 상설 기구, 전국의 국방 담당 · 임란 이후 : 최고 권력 기구화, 최고 정무 기구 → 세도 정치 시기 세도가문의 권력 기반   ★ 비변사 : 임란 이후 최고 기구 · 의정부의 3정승, 5조판서(공조판서 제외), 홍문관 대제학, 5군영 대장 등이 참여 · 의정부와 6조의 기능 약화 → 비변사 협의 내용을 왕에게 보고하는 역할 · 지역별, 행정부별 현안 무시, 전국 8도 업무는 구관당상이 전담 · 폐지 : 1864년 흥선대원군이 왕권 강화를 위해서 폐지 → 의정부와 삼군부 강화

★ 비변사

김익희가 상소하여 말하기를, "요즘 비변사가 큰 일이건 작은 일이건 모두 취급합니다. 의정부는 한갓 겉 이름만 지니고 육조는 할 일을 모두 빼앗기고 말았습니다. 이름은 '변방을 담당하는 것'이라고 하면서 과거에 대한 판정이나 비빈 간택까지도 모두 여기서 합니다."라고 하였다.

3. 관직 체제

특 징	· 관료제 성격 강화 : 고려보다 과거 중시 · 양반 신분의 세습 : 음서제(2품으로 축소)와 대가제 ★ 대가제 : 3품 이상의 자에게 승진 기회를 아들, 동생 등에게 대신 주는 제도 · 언로 개방 : 사헌부와 사간원, 홍문관의 3사가 권력의 집중과 부정, 비리 감시
관료 조직	· 문반과 무반으로 구분, 문반이 무반보다 우대 ★ 문반(동반, 문산계), 무반(서반, 무산계, 3품까지 승진 가능) · 한품서용 : 무반은 3품, 서얼은 3품, 향리는 5품으로 승진 제한 · 왕족과 부마는 관직에 나가지 못함
관등 체제	· 18품계, 실질적 30단계로 운영, 당상관과 당하관(참상관 + 참하관)으로 구성 · 당상관 : 정3품의 통정대부와 절충장군 이상, 중요 정책 결정에 참여, 각 부처의 長(장), 관찰사로 파견 가능 · 당하관 : 참상관(3품~6품, 수령으로 파견 가능, 문과 장원은 참상관에 임명), 참하관(7품~9품, 행정 실무 담당)

★ 관직 운영
· 겸직제 : 재상과 당상관은 주요 관직 겸직, 관찰사도 절도사 겸직
· 상피제 : 출신 지역에 임명 X, 친인척을 같은 관청에 임명 X
· 임기제 : 관찰사 1년, 수령 5년(→ 3년)
· 행수제 : 관등과 관직의 불일치 시 행수제 사용   ※ 계고직비 : 행 / 계비직고 : 수
· 서경 제도 : 5품 이하 관리 임명 시 대간의 동의를 얻어야 함
· 포폄제 : 근무 성적을 평가, 임용과 승진에 반영
· 순자제와 겸임제 : 관직마다 일정한 임기 제한

📝 필기 노트

문반   무반

문산계   무산계

정1품

당상관   주요 부처 장, 겸직, 관찰사

정3품   통정대부   절충장군
      통훈대부   어모장군

종3품

당하관

참상관   수령, 문과 장원

종6품

정7품

참하관

종9품

4. 사법 제도

특 징	· 행정과 사법의 미분화 : 행정 기구들은 자기 행정 업무에 대한 사법권을 가짐, 지방관은 관할 구역 내의 사법권을 가짐 · 소송은 신분에 관계없이 제기 가능, 항소가 가능, 사형수는 삼심제를 실시, 신분에 따라 법 적용이 다름 원통하고 억울한 일을 호소하려면, 서울은 주장관에게 올리고 지방은 관찰사에게 올린다. 그렇게 한 뒤에도 억울한 일이 있으면 사헌부에 신고하고, 그러고 도 억울한 일이 있으면 신문고를 친다. 신문고는 의금부의 당직청에 있다. - 경국대전, 형전 -

★ **법전 편찬**

경제육전	· 태조, 관찬, 조준이 편찬, 최초의 통일 법전, 이두와 방언으로 기록 ※ 조선경국전 : 태조, 사찬, 정도전이 편찬, 통치 규범 제시, 재상 중심의 정치 강조
↓	※ 태종 : 원육전(경제육전을 한문으로 편찬)과 속육전(경제육전 이후 추가된 조례 정리) → 세종 : 정전과 육전등록
경국대전	· 세조 때 호전과 형전 → 성종 때 완성 ※ 호전과 형전이 미흡, 노비는 형전에 규정, 국왕에 대한 규정 X, 행정법 위주로 6조별 업무 규정(이전 중시)
↓	
속대전	· 영조, 비변사 규정, 5군영의 법제화, 호전과 형전 보완, 악형 폐지
↓	
대전통편	· 정조, 원(경국대전), 속(속대전), 증(대전통편)으로 표기
↓	
대전회통	· 고종 때 흥선대원군이 편찬, 총정리 법전 ※ 원(경국대전) - 속(속대전) - 증(대전통편) - 보(대전회통)

· 삼법사 : 사헌부, 형조, 한성부로 자기 행정 업무 이외의 사법권 행사 가능
· 삼성추국 : 의정부와 의금부, 사헌부의 구성원들이 국사범을 처리하였다.

★ **법률 운영**

형 법	민 법
· 가장 중시 · 경국대전의 형전 빈약 · 주로 대명률에 의존 · 반역죄와 강상죄가 중범죄 · 연좌제 적용(→ 갑오개혁 때 폐지) · 보석금 제도 운영	· 관습법 적용, 재판관의 재량에 의존 · 초기 : 노비 소송 → 후기 : 산송 주류 · 가족 제도에 대한 것은 주자가례를 따름

※ 조선 시대 형벌 제도
· 태, 장, 도, 유, 사 + 능지처참, 자자형 등 → 영조 시절 악형이 많이 폐지됨
· 수령은 태형 이하, 관찰사는 유형 이하의 죄를 처결
· 사형 : 교형과 참형, 왕족과 사대부는 사약
· 사형수에 대한 삼심제(1심 : 지방관 → 2심 : 형조 → 3심 : 의금부)

1. 관리 선발 종류

음서	• 문음, 남행, 음사, 음직으로 불림 • 공신, 2품 이상의 고급 관리 자제로 축소, 고려보다 음서의 혜택과 범위 축소, 20세가 되면 취재를 거쳐 품계를 부여
천거	• 은일, 유일이라 불리며 인재 발굴이 목적 • 천거권 : 3품 이상 고관이 천거, 천거한 자가 죄를 지으면 천거한 사람도 처벌
과거	• 문과 : 예조 주관 • 무과 : 병조 주관 • 잡과 : 해당 관청 주관 • 승과 : 중종 때 폐지 → 명종 때 부활 이후 다시 폐지 ★ 승과는 명종 때 문정왕후의 지원으로 부활되었지만 문정왕후 사망 후 완전히 폐지

• 중시 : 현직 관리 승진 시험, 10년마다 실시
• 리과 : 서리 선발, 훈민정음 시험
★ 충량과 : 임진왜란 때 귀화한 명의 유민과 병자호란 때 순국한 자의 자손을 대상
★ 천거 제도의 변화
• 전기 : 기존 관리 대상으로 선발
• 중종 : 현량과(조광조)
• 조선 후기 : 산림천거제
• 영조는 산림 부정, 산림천거제 제약

★ 취재 : 하급관리 선발 시험으로 합격은 쉬움, 승진에 제약
　└ 산학 : 호조 / 서화 : 도화서 / 도학 : 소격서 / 악학 : 장악원

2. 과거 제도

(1) 특징과 절차

특징	• 음서보다 중시, 신분 상승 수단 → 19세기 과거 제도 문란 → 1차 갑오개혁 때 폐지 • 고려와 달리 문과와 무과가 균형 있게 실시, 국자감시, 좌주와 문생 제도 폐지
응시	• 천인을 제외하고 양인 이상이면 응시 가능 • 문과는 탐관오리 아들, 재혼한 여성의 아들과 손자, 서얼 등이 응시가 금지되었지만 무과나 잡과에는 응시의 제한이 없었다. • 현직 관리도 응시 가능 → 합격 시 품계를 올려 줌 ※ 과거 문제 : 기출 문제와 명과 정부를 비방하는 내용은 금지, 답안지에 4조를 적어내어 가문을 명확히 함
절차	• 식년시(3년마다 시행)가 원칙 / 증광시, 별시, 알성시(성균관 문묘 제사 후 시험) 등의 특별 시험이 유행 • 주관 : 문과(예조), 무과(병조), 잡과(해당 관청) 　└ 역과(사역원), 율과(형조), 음양과(관상감), 의과(전의감)

★ 조선 초기 : 소학을 암송하는 자에게 응시 자격 부여
★ 선비들은 과거 시험 보러가는 것을 관광이라 부름

★ 과거 제약
• 문과 : 중죄인의 자손, 재가녀의 아들과 손자 등, 서얼, 상인과 수공업자는 제한
• 무과 : 문과 응시가 금지된 서얼들이 주로 응시
• 잡과 : 중인들이 주로 응시, 역과와 의과는 양반도 선호

• 증광시 : 문과, 무과, 잡과
• 알성시와 별시 : 문과, 무과
※ 역과 : 중국어, 일본어, 몽골어, 여진어 등 시험

(2) 문과

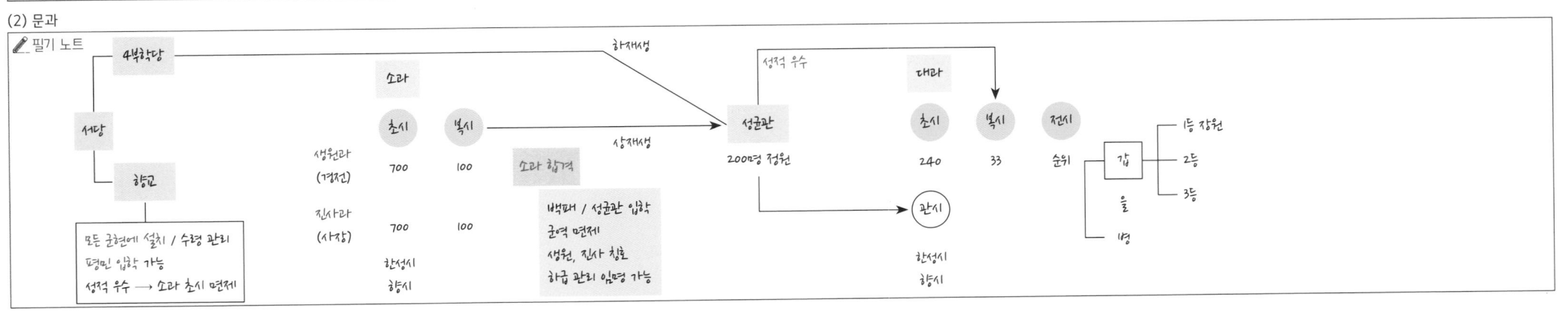

| 소과(사마시, 생원·진사과, 초급 문관 시험) | | | → | 대과(동당시, 문과, 고급 문관 시험, 제술과 경전 독해인 강경을 시험) | | |

※ 문과 금지 중죄인 자손, 서얼, 재가녀 아들·손자	초 시 · 지역할당제 : 인구 비례 + 성적	복 시 · 성적으로만 선발	초 시 · 지역할당제 : 인구 비례 + 성적	복 시 · 성적으로만 선발	전 시 · 왕 앞에서 실시, 순위 경쟁
생원과(경전 암기)	700명	100명	240명	33명	순위 경쟁
진사과(사장, 문장)	700명	100명			

복시 칸 추가: · 예조 주관, 한양에서 실시 · 초시 합격생 응시 ★ 합격 시 특권 · 백패 수여, 생원과 진사 칭호 · 성균관 입학 가능, 대과 응시 가능 · 군역 면제, 하급 관리 임명

초시(한성시·향시) 칸: · 한성시 : 한양, 한성부 판운 주관 · 향시 : 도별, 관찰사 주관

※ 소과는 생원과와 진사과로 전공이 구분되어 진행되었다.

대과 초시: · 관시 : 성균관 유생 대상 · 한성시 : 한양(한성부) · 향시 : 도별로 관찰사 주관

대과 복시: · 한양에서 실시, 예조 주관

전시: · 갑 : 3명(1등 장원, 2등 방안, 3등 탐화) · 을 : 7명 · 병 : 23명 ★ 합격 시 특권 · 홍패 수여, 장원은 참상관 임명 · 현직 관리 합격 시 승진

(3) 무과

실 시	· 고려 말 공양왕 때 제도화 → 태종 때부터 실시, 용호방이라 불림 · 응시 : 서얼들이 많이 응시
절 차	· 소과와 대과 구분 X · 초시(190명) → 복시(28명) → 전시(갑, 을, 병 / 무예로만 선발) ※ 숙종 : 18,000명 선발 · 초시에서는 도별 인구 비례 고려 → 복시는 성적으로만 선발
특 징	· 병조에서 주관, 무경 시험 실시 · 합격생에게 홍패 수여, 참하관에 임명

※ 무과 시험
· 무예 : 활쏘기, 말타기 등
· 경서 : 사서오경 중 1개 + 경국대전 + 통감, 병요, 무경, 소학 중 1개 + 무경칠서 중 1개
※ 만과 : 조선 후기 천민들에게 무과 자격을 주어 무과의 질이 떨어짐

(4) 잡과

주 관	· 해당 관청 → 역과(사역원), 율과(형조), 음양과(관상감), 의과(전의감)
응 시	· 중인들이 주로 응시, 양반들도 역과와 의과는 많이 응시
절 차	· 초시와 복시로 구성 ※ 초시에서 문과와 무과와 달리 인구비례를 고려하지 않음 · 선발 인원 : 역과(19명), 율과·의과·음양과(9명) → 총 46명, 역과를 제일 많이 선발
특 징	· 잡과에 합격한 기술관은 해당 관청에서 최고 3품까지 승진 → 문과 응시 시 3품 이상 승진 가능

※ 유외잡직
공조, 교서관, 사섬시, 조지서, 사옹원, 사복시, 군기시, 선공감, 장악원, 도화서 등의 관청에 소속되어 물품 제조, 책 인쇄, 종이 조제, 요리, 바느질, 악기 연주, 그림 그리기 등의 일을 한 사람들을 말한다.

3. 조선 시대 교육 제도

특징	• 고려보다 교육기회 확대, 유학 중심 • 관학 중심 : 중앙의 성균관, 4부 학당, 지방의 향교, 교육 비용은 국가가 부담 • 교육은 과거를 준비하는 수단	※ 사립 교육 : 서당(초등 교육 기구), 서원(16세기 이후 확대) ※ 무술 교육 : 무술을 교육하는 별도의 교육 기구는 없었다.
기술 교육	• 교육 : 중앙은 해당 관청, 지방은 관아에서 진행 • 중인들이 주로 종사, 평민 자제도 다수, 의학과 역학은 양반 자제도 다수 • 잡과 : 율과(형조), 천문(관상감), 외국어(사역원), 의학(전의감, 예민서) • 기타 : 산학(호조), 서화(도화서), 도학(소격서), 음악(장악원)	

★ 왕세자 교육 : 성균관에 입학, 세자 시강원에서 교육
★ 시강원 : 서연 담당, 유교, 역사, 제왕학 교육
★ 성균관의 변천 : 일제 강점기 → 경학원으로 개칭

※ 의학과 율학은 모든 지방 군현에서 교육

4. 국립 교육 기관

중등 교육	4부 학당(중앙)	향교(지방)
	• 설치 : 태종 때 한양에 5부 학당 설치 → 북부 학당 폐지 → 세종 때 4부 학당 • 구조 : 명륜당(강의실), 재(기숙사), 문묘 X • 정원 : 100명 • 운영 : 교수와 훈도가 교육, 교육 내용은 향교와 동일, 소학과 사서오경 교육 • 학생들은 유학의 호칭을 받음 → 사회적으로 존경 ★ 향교와 4부학당의 학생 : 유학으로 불림	• 지방 국립 중등 교육 기구, 교궁이라 불림 • 설립 : 모든 군현마다 설립, 수령이 관리(학교흥) • 구조 : 명륜당(강의실), 재(기숙사), 문묘(대성전, 제사) • 운영 : 중앙에서 교수와 훈도 파견, 학전과 기부 받은 토지로 운영 • 정원 : 군현별로 정원이 다름 • 입학 : 15세 이상, 양반과 평민 자제들이 입학, 소학과 사서오경 강의 • 특징 : 성적 우수자는 소과 초시 면제, 성적 미달 시에는 군역 부담
성균관	• 국립대학 : 최고 교육 대학, 반궁, 학관은 대사성 • 운영 : 국비로 운영, 연령 제한이 없었고, 과거 합격 후 바로 졸업 ※ 50세까지 공부 → 벼슬을 주기도 함 • 구조 : 명륜당(강의실), 문묘(대성전, 제사), 양재(동재와 서재, 기숙사), 존경각(도서관), 비천당(과거 시험장) • 입학 : 소과 합격자인 생원과 진사, 고관의 자제, 의정부와 6조, 대간직 자제들이 입학 / 결원 시에는 사학 생도, 문음 자제가 승보시를 거쳐 입학 • 구성 : 상재생(생원, 진사) + 하재생(특례생) • 과거 특권 : 관시(출석점수 300점 이상 시), 알성시(문묘 제사 후 거행), 성적 우수자는 대과 초시 면제(대부분 문과 초시 면제)	

★ 성균관 학생들의 왕권 견제
 └ 권당 : 식사 거부
 └ 공재 : 기숙사를 비우고 나감
 └ 공관 : 성균관을 비우고 나감
★ 석전제 : 문묘에서 공자에게 제사
★ 태학지 : 성균관의 역사, 정조 때 편찬

5. 사립 교육 기관

서당	• 중앙과 지방에 설치된 초등 사립 교육 기구 • 7~8세 양반 자제들이 주로 입학하여 천자문 등 교육
서원	• 백운동 서원 : 최초의 서원, 중종 때 주세붕이 설립, 안향을 제사 → 명종 때 이황의 건의로 최초 사액서원이 됨('소수서원') • 기능 : 선현 제사, 후학 교육, 성리학 발달, 공론 형성, 지방 문화의 발달, 봄과 가을에 향약을 읽고, 향음주례 거행 • 폐단 : 붕당의 온상지, 양민 수탈, 군역 기피 수단, 자기 집안 조상 제사, 가문 위세 과시 • 폐지 : 영조는 서원에 대한 사액 금지, 170여 개의 서원 철폐 → 흥선대원군은 47개의 사액서원을 제외하고 600여 개의 서원을 철폐

★ 4학이나 향교에 입학하지 못한 선비와 평민 자제가 교육을 받음(리베르)

★ 사액서원 : 정부의 지원, 토지와 노비, 서적 등을 지급

✏️ 필기 노트

안향 ──제사 + 교육──→ [백운동 서원(주세붕)] ──중종──→ [소수 서원] ──명종──→ ★ 조선 후기 서원 정리 : 영조(170여 개 폐지, 사액 금지)
이황의 건의로 사액 지정   흥선대원군 : 600여 개 폐지, 47개 유지

1. 특징

✎ 필기 노트

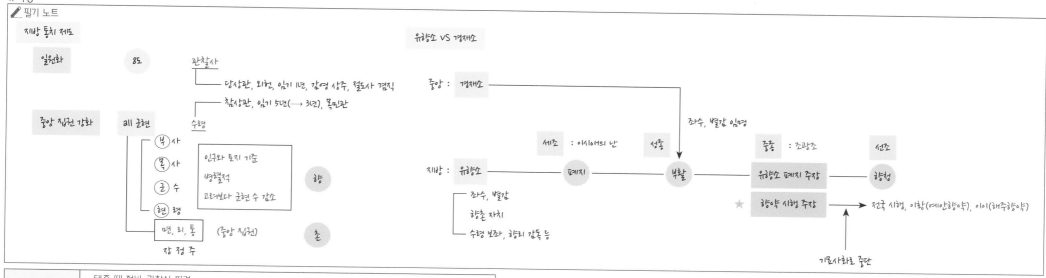

8도	· 태종 때 정비, 관찰사 파견
	★ 관찰사 : 당상관 이상, 감영에 상주, 임기 1년, 절도사 겸직, 도내 수령 감독, 연 2회 수령 업무 평가
군·현	· 모든 군현에 수령(지방관, 목민관) 파견　　　　　※ 고려 : 속군과 속현, 향·소·부곡이 다수 존재
	└→ 면·리·통 조직 : 면(면장) – 리(리정) – 통(통주), 중앙 집권 강화
	★ 수령
	· 참상관 이상, 목민관, 임기 5년 → 3년, 동헌(집무실), 수령권 강화(원악향리처벌법, 부민고소금지법)
	· 수령 7사 : 농상성, 부역균, 간활식, 호구증, 사송간 + 학교흥, 군정수
	· 향리의 지위가 고려 시대보다 약화되었다.
	★ 향리
	· 중인(넓은 의미), 무보수(인리위전 → 세종 때 폐지), 잡색군 편성(초기), 문과 응시 가능(단, 제약이 있음)
	· 호장과 6방, 색리로 구성, 갑오개혁 때 향리 제도 폐지　★ 연조귀감 : 조선 후기, 향리의 역사를 정리

※ 고려 시대 안찰사 : 임기 6개월, 지방 순회

★ 군현 조직
　└→ 부(부사, 부윤)–목(목사)–군(군수)–현(현령, 현감)
　└→ 병렬적, 인구와 면적을 기준으로 정비
　└→ 향·소·부곡이 소멸되고 군·현으로 승격, 고려보다 군현 수 감소(인근 군현 통합)
★ 암행어사 : 왕명을 직접 집행, 수령 감찰, 청요직에 근무하는 당하관 임명 / 의금부 소속(X)
★ 제주도 : 조선 시대 제주는 전라도 제주목으로 편입, 백제 동성왕이 복속, 고려 충렬왕 때 탐라에서 제주로 개칭

· 한성부 : 판윤, 수도의 행정과 치안, 전국의 토지에 대한 항소심 담당, 중앙 + 동서남북의 5부로 구성
· 4유수부 : 개성, 강화, 광주, 수원 → 정조 때 정비 완료, 한양을 군사적으로 방어하는 위성 도시

2. 유향소와 경재소, 향약

유향소
· 군현에 설치 : 좌수와 별감 등의 양반이 향촌 자치
· 역할 : 수령 보좌, 향리 감독, 풍속 교화
★ 유향소의 변화
· 세조 : 이시애의 난을 계기로 폐지
· 성종 : 김종직의 건의로 부활
· 중종 : 조광조가 폐지 주장
· 선조 : 향청으로 개칭
· 조선 후기 : 신향이 장악, 수령과 결탁 → 농민 수탈

경재소
· 중앙에 설치
· 각 지방 출신의 중앙 관리가 유향소 감독, 통제
· 중앙과 지방의 연락 업무 담당
· 선조 때 폐지(1603)

향약
· 구성 : 신분에 관계없이 가입
※ 약정 : 향약의 우두머리, 양반이 담당
· 기능
└→ 사림 세력 강화 → 향촌 자치
└→ 농민 통제 : 향약의 규율 위반 시 추방
└→ 치안과 재판 담당 : 규율을 어긴 자를 추방
└→ 유교 윤리 보급, 상호 부조
· 향약의 덕목 : 덕업상권, 과실상규, 예속상교, 환난상휼

★ 향약의 보급과 변화
· 중종 : 조광조가 처음 실시
　　└→ 중국 여씨 향약 도입 → 한글 번역 → 전국 보급
　　└→ 기묘사화로 중단
· 명종 : 이황의 예안향약 → 도덕적 교화 강조
· 선조 : 이이의 해주향약·서원향약 → 경제적 안정 강조
· 정조 : 수령에게 향약의 통제권을 넘김

3. 향촌 사회의 변화

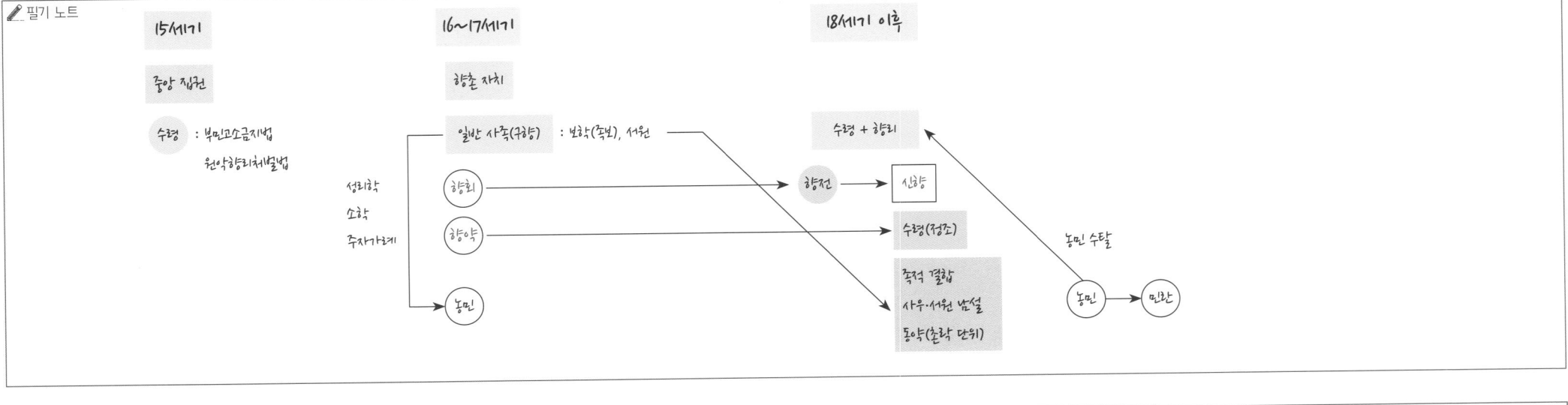

조선 초기(15세기)	조선 중기(16~17세기)	조선 후기(18세기 이후)
중앙 집권 강화	**향촌 자치 강화**	**성리학 질서 약화**
• <u>수령권 강화</u> : 모든 군현에 수령 파견 └ 부민고소금지법, 원악향리처벌법 • 향리 세력 약화 └ 단순한 아전으로 격하 └ 대다수의 향리를 타 지역으로 이주 └ 무보수, 잡색군 편성 └ 문과 응시 가능(단, 허가를 받아야 함)	• 재지 사족 강화 : 성리학 질서 강화, 보학과 예학, 서원 설립 └ 향촌에 소학과 주자가례의 성리학 보급 └ 향회 : 양반 사족의 회의 → 향규 제정 └ 향약 : 양반들이 약정 담당 → 농민 통제 • 향리 세력의 약화 • 향안 : 군현 단위 양반 명단 • 향회 : 향안에 등록된 양반들의 회의 • 향규 : 향회에서 제정한 향촌 규칙	• 수령권 강화 : 수령과 향리, 신향이 결탁 → 농민 수탈 ※ 신향은 향임직에 임명되어 수령과 결탁 • 재지 사족의 영향력 약화 : 성리학 질서 약화, 향전의 패배, 향회와 향약의 통제권 상실 ★ <u>향전</u> : 구향(약파, 양반, 재지 사족)과 신향(교파, 부농 등)이 향회의 주도권을 두고 경쟁 └ 결과 : 신향의 승리 → 향회가 부세 자문 기구로 변질 └ 신향이 향촌 사회를 완전히 장악하였다.(X) ★ 정조가 향약의 통제권을 수령에게 넘김 → 양반의 통제력 약화 ★ 양반 사족(구향)의 세력 유지 노력 : 족적 결합(동족 마을), 서원과 사우 남설, 청금록 과시, 동약(촌락 단위) 강조

1. 군역 제도

전기	

전기
- 양인개병제 : 16세~60세 미만의 양인 정남이 군역 담당　　　※ 면제 : 현직관리와 학생, 향리 등은 면제
- 병농일치 : 16세~60세 양인 농민이 주로 군역을 담당　　　※ 군적 : 6년마다 작성
- 보법 : 세조 때 실시, 농민병들은 주로 정군(현역)과 보인(비용 부담)으로 군역을 담당
- ★ 보법
- 보법의 실시로 군역 대상자 확대
- 군역의 확대로 요역이 감소　　　※ 요역 : 토지 8결당 1명을 1년에 6일 이내로 징발(성종)
- 요역 기피 → 군역의 요역화 → 군역 기피 → 불법적인 대립제와 방군수포제
- 군포징수제의 실시 : 중종, 군적수포제, 군포 2필 납부 → 중앙군 면제 → 직업군인 고용 → 군인의 질 저하

후기
- 지방군까지 군포징수제의 확대 → 농민들의 군포 부담 증가 → 농민은 도망, 양반으로 신분 상승 → 군포 대상자 감소
- 군정의 문란 발생 : 족징(가족), 인징(이웃), 동징(옆마을), 황구첨정(어린이), 백골징포(죽은 사람) 부과
- 군역법 : 영조 때 실시　　　※ 영조는 호포제 실시를 시도하였지만 양반들의 반발로 시행 X
  └ 군포를 1필로 축소　　　※ 보충 : 1결당 결작 2두, 선무군관포(일부 상류층 O, 양반 X) 1필, 어세와 염세, 선세 등으로 보충
- 호포제(동포제) : 흥선대원군, 양반에게도 군포 징수
- ★ 애절양 : 정약용, 군정의 문란 비판

2. 군사 제도 개관

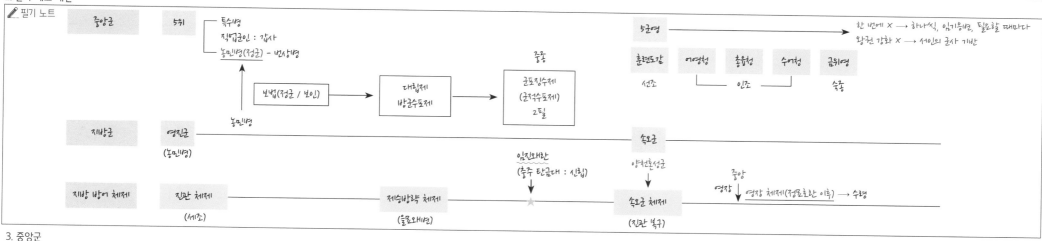

3. 중앙군

전기	후기

전기

5위
- 정비 : 세조
- 5위 : 의흥위, 용양위, 호분위, 충좌위, 충무위
- ★ 구성
  - 특수병 : 왕족과 고관 자제 / 녹봉과 품계 O
  - 갑사 : 직업군인 / 녹봉과 품계 O　　※ 고려 직업군인 : 군인전 받음
  - 농민병 : 정군, 정병, 가장 다수 / 품계를 받기도 하지만 녹봉은 없음
- 5위 도총부가 지휘, 최고 지휘관은 문반
- 수도와 지방을 분담하여 방어, 부대마다 신분 구성이 다름
- ※ 조선 전기 : 중앙과 지방의 부대가 모두 5위에 소속
- ※ 중추부 : 무관의 형식적 최고 기구, 문반도 참여
- ※ 훈련원 : 군인의 훈련과 무과 시험 등 주관

후기

5군영
- 임기응변식으로 국내외 정세에 따라 하나씩 설치(훈 - 어 - 총 - 수- 금)
- 왕이 지휘 X, 서인들의 군사 기반　　※ 훈련별대와 도체찰사부 : 남인의 군권 강화

	설치	특징
훈련도감	1594년, 선조	포수와 살수, 사수의 삼수병의 직업군인으로 구성
어영청	1624년, 인조	이괄의 난 계기로 설치 → 효종 시절 북벌의 전담 기구로 강화
총융청	1624년, 인조	이괄의 난 계기로 설치 → 북한산성에 설치되어 경기도 방어
수어청	1626년, 인조	남한산성에 설치되어 경기도 방어
금위영	1682년, 숙종	경신환국 이후 정초군과 훈련별대를 합쳐 설치, 수도와 궁성 수비 노론의 군사 기반

※ 호위청 : 인조, 궁중 호위를 위해 설치

- ★ 훈련도감
- 선조 시절, 임란 때 유성룡의 건의로 설치
- 명의 척계광의 절강병법서인 기효신서의 영향을 받음
- 수도 방위와 국왕 호위 임무, 5위의 기능 대체
- 포수와 사수, 살수의 삼수병의 직업군인으로 구성
- 1결당 2.2두의 삼수미세를 거둬 군인의 급료로 지급
- 군인들은 가족을 거느리고 서울에 상주
- 군인들은 난전에 가담하기도 함
- 무기 제조 공장 운영, 둔전 설치, 광산 개발
- 벨테브레와 하멜이 소속

4. 지방군과 지방 방어 체제

전기(영진군)		후기(속오군)
지방군	• 영진군 : 농민병으로 구성, 영과 진에서 근무 ※ 병영과 수영 : 각 도에 설치, 병영은 병마절도사, 수군은 수군절도사가 통제 • 중앙군보다 규모가 큼, 국방 방어가 주목적 ★ 조선은 군사적으로 중요한 읍에 읍성 축조, 해미읍성(충청도 지역의 군사 거점) ★ 잡색군 : 태종~세조, 예비군, 서리와 향리, 신량역천인, 노비 등이 소속(농민은 잡색군에 편성 X)	• 속오군 : 임란 이후 기효신서의 영향을 받아 설치 └ 양천 혼성군, 비용은 본인이 부담, 농한기에 훈련 → 유사시 전투 참여 └ 군포징수제의 확대로 유명무실화 └ 속대전 : 천예군으로 기록, 양인은 대부분 제외, 천인으로 구성

진관 체제	제승방략 체제	속오군 체제
지방 방어 체제	• 정비 : 세조 • 지역 단위 방어 체제 • 각 도 : 병영의 병마절도사가 지휘 • 거진 설치 : 수령이 군대 통솔 • 장점 : 신속한 방어에 유리 • 단점 : 대규모 전투에 불리	• 정비 : 명종 때 을묘왜변을 계기로 정비 • 유사시 병력 집중, 중앙에서 파견된 지휘관이 지휘 • 장점 : 대규모 전투에 유리 • 단점 : 신속한 방어에 불리 • 임진왜란 당시 충주 탄금대 전투에서 문제점 발생

※ 속오군 체제 란:
• 임진왜란을 계기로 진관을 복구, 속오군이 지역 방어

★ 영장 체제
• 인조 때 정묘호란 이후 실시, 중앙에서 지휘관(영장)이 내려와 속오군 지휘
• 효종 때 전담 영장 제도 폐지 → 수령이 영장을 겸하게 하였다.

5. 역원제와 파발제

역	원	파발제
• 설치 : 전국 30리마다 주요 도로망에 설치 • 관리 : 병조에서 관리 • 기능 : 마패를 가진 관리에게 말과 숙소 제공, 진상과 공물 수송 　└ 역마를 사용할 때 제시하던 신분증 　└ 상서원에서 발행, 단마패에서 5마패까지 이용할 수 있는 말의 수가 정해져 있음 • 변화 : 임진왜란 이후 역이 붕괴되어 파발제로 대체	• 원 : 교통의 요지에 설치된 국영 숙소 • 이태원, 장호원, 조치원 등 • 원주가 관리, 원주전으로 경비 충당	• 배경 : 임란 이후 역원제의 붕괴로 정류소인 참을 설치하여 파발제를 운영 • 특징 : 공조에서 관리, 기발과 보발로 운영 • 일의 완급을 나타내는 방울을 달아 전송, 보통은 하나, 급한 일은 2개, 긴급 사태는 3개

6. 조운 제도

의 미	운 영	
• 지방의 조세를 조창에 보관한 뒤 한양의 경창(용산, 서강)으로 운송 • 조창 : 가흥창(충주), 흥원창(원주), 영산창(나주), 소양강창(춘천) 등	• 호조에서 관리 • 15세기 : 관선을 이용 • 16세기 이후 : 경강상인의 사선을 이용 • 개항 이후 : 일본 선박을 이용 • 전운사와 이운사를 통해 정부가 직접 운송 • 갑오개혁 : 조세의 금납화로 조운 제도 소멸	• 잉류 지역 : 주창회록 지역 　└ 조세와 대동미, 결작 등을 한양으로 운송하지 않고 현지 경비로 사용 　└ 지역 : 평안도와 함경도, 제주, 유수(개성, 강화, 수원, 광주)

7. 봉수 제도와 진

	목적과 설치	운 영
봉수 제도	• 지방의 정보를 중앙에 전달하는 군사 통신 제도 • 설치 : 산꼭대기에 봉수대 설치	• 병조에서 관리, 관찰사와 수령 등이 봉수군 감독 • 밤에는 횃불, 낮에는 연기로 신호 전달 • 5개의 연결망, 압록강과 두만강, 경상도 지역에 밀집 / 서울 목멱산(남산)에 최종 집결 • 평시에는 하나, 적이 출현하면 2개, 국경에 접근하면 3개, 　국경을 넘어오면 4개, 전투가 벌어지면 5개
진	• 육로와 연결되는 나루터에 진을 설치 • 진전을 지급받아 경비를 충당, 진부와 진졸이 관리 업무를 담당	

1. 토지 제도의 변화

✏️ 필기 노트

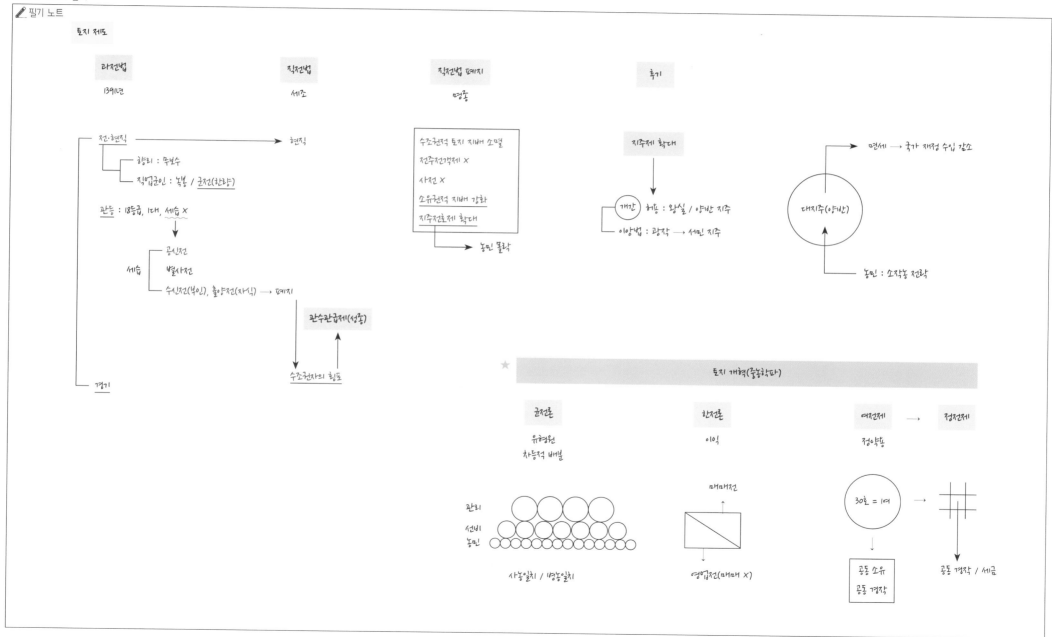

토지 제도

과전법
1391년

직전법
세조

직전법 폐지
명종

후기

전·현직 ────────→ 현직
 ├─ 향리 : 무보수
 └─ 직업군인 : 녹봉 / 군전(한량)

관등 : 18등급, 1대, 세습 X
 ↓
 ┌ 공신전
 │ 별사전
세습 │
 └ 수신전(부인), 휼양전(자식) ──→ 폐지
 ↓
 관수관급제(성종)
 ↑
수조권자의 횡포

경기

수조권적 토지 지배 소멸
전주전객제 X
사전 X
소유권적 지배 강화
지주전호제 확대
 ──→ 농민 몰락

지주제 확대
 ↓
개간 ─ 허용 : 왕실 / 양반 지주
 └ 이양법 : 광작 ──→ 서민 지주

면세 ──→ 국가 재정 수입 감소
대지주(양반)
농민 : 소작농 전락

★ **토지 개혁(중농학파)**

균전론
유형원
차등적 배분

한전론
이익

여전제 ──→ **정전제**
정약용

관리
선비
농민

사농일치 / 병농일치

매매전

영업전(매매 X)

30호 = 1여
 ↓
공동 소유
공동 경작

공동 경작 / 세금

	과전법		직전법	직전법 폐지
제정	· 1391년 공양왕 시절 도평의사사에서 제정		· 1466년, 세조	· 1556년, 명종
배경	· 신진사대부의 경제적 기반 확충과 국가 재정 확보		· 지급할 과전 부족	· 지급할 과전 부족
원칙	· 전 · 현직(산관과 직관) 관리에게 수조권 지급 · 전지의 수조권 지급, 18개 등급으로 나누어 150결~10결을 차등적 지급 · 1대 한정, 세습 X　　※ 예외 : 공신전 세습, 별사전(외교적 공헌자, 3대까지 세습) · 경기도 내의 토지 지급　　※ 태종 때 경기 외의 토지 지급 → 세종 때 회수 · 전주는 전객에게 1/10의 조를 수취 → 전주는 정부에 1/15의 세 납부		· 현직 관리(직관)에게만 수조권 지급 · 지급량은 전보다 감소 · 수신전과 휼양전 폐지, 공해전 폐지, 늠전 지급, 국가 수입 증가 · 문제점 : 수조권자의 횡포 증가 → 관수관급제 시행으로 보완(성종)	· 수조권 지급 폐지 → 녹봉만 지급
특징	· 유가족 : 수신전(부인), 휼양전(자식) 지급　　※ 고려 : 구분전 · 직업군인은 녹봉 받음　　　　　　　　　　　※ 고려 직업군인은 군인전 · 향리는 무보수 : 초기에 인리위전을 지급받았지만 세종 때 폐지　※ 고려 향리는 외역전 · 군전 : 지방 한량에게 지급(이성계의 건국에 비판적인 선비들 회유) · 문무 차별 소멸, 경작권 매매 금지(농민들의 경작권 보호) · 병작반수 금지 : 외거노비가 경작, 작개지(수확물을 주인에게)와 사경지(수확물을 노비가) · 문제점 : 과전을 받은 관리들의 불법적인 세습으로 토지 부족 → 직전법 시행 	사 전	공 전
---	---
· 과전 : 문무 관리에게 지급	· 국왕 수조지
· 공신전 : 공신에게 지급, 세습	· 왕자과전 : 왕족
· 별사전 : 외교적 공헌자, 역모 고발자, 3대까지 세습	· 궁방전 : 왕족 생활 경비
· 군전 : 지방 한량, 선비들을 회유하기 위해 지급	· 공해전 : 중앙 관청
· 수신전과 휼양전 : 관리의 유가족에게 지급	· 늠전 : 지방 관청
└ 수신전은 부인 / 휼양전은 자식, 20세까지만 지급	· 둔전 : 군대 경비
· 인리위전 : 향리, 세종 때 폐지	· 학전 : 성균관, 향교, 4부 학당
· 제유역인전 : 특수 업무 종사자, 세종 때 폐지				★ 관수관급제(1470년, 성종) · 관수 : 관청에서 농민에게 수조 · 관급 : 관청에서 관리에게 지급 · 국가의 토지 지배력 강화 · 조와 세의 구별 소멸, 관리들의 수조권 제약	· 토지에 대한 수조권적 지배 소멸 · 전주전객제 소멸 · 토지의 소유권적 지배 강화 · 양반 관리의 토지에 대한 사적 소유욕 ↑ · 지주전호제 증가 · 양반은 지주화, 농민은 소작농으로 전락 · 자작농 감소, 소작농 증가 → 농민 몰락

2. 조선 후기 지주제 강화

지주제 강화	· 배경 : 임란 이후 농지 확대를 위한 개간 장려 → 많은 양반들이 개간을 통해 지주화, 이앙법과 견종법의 유행 → 광작이 유행 → 부농 출신의 서민 지주가 출현(일부) · 결과 : 왕실과 양반의 소유 토지 증가, 소농민의 토지 축소 → 농민 몰락 · 문제점 : 왕실과 양반이 자신의 토지를 면세전으로 지정 → 정부의 수입 감소	
토지 개혁	유형원	· 균전론 : 현종 때 반계수록, 전국의 토지를 몰수하여 신분에 따른 차등 배분, 병농일치, 사농일치
	이익	· 한전론 : 성호사설의 곽우록, 매 호당 영업전을 지정하여 매매 금지, 영업전 이외의 토지 매매 허용
	정약용	· 여전제 : 전론, 30가구 = 1여, 여 단위로 토지를 공동 소유 · 공동 경작하여 노동량에 따른 차등 분배 · 정(井)전제 : 경세유표, 여전제의 한계 수정, 실질적인 정전제 효과를 내기 위해서 토지와 모든 재원에 1/10의 세율 적용할 것

3. 조선 시대 수취 제도

🖊 필기 노트

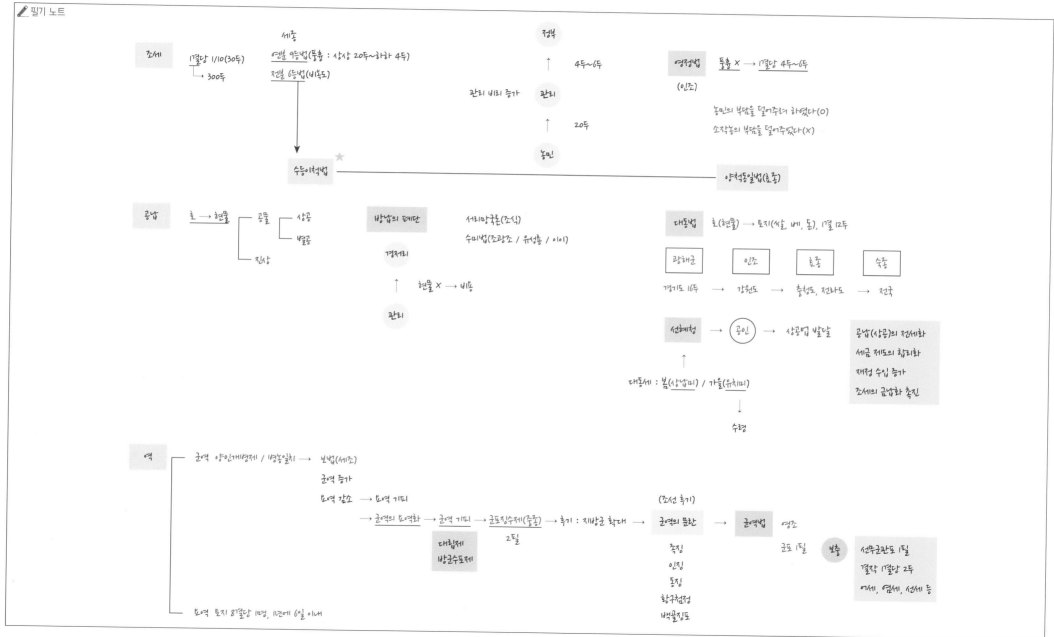

(1) 조세

의 미	• 조 : 농민이 1결당(300두 기준) 1/10(30두) 납부 • 세 : 관리(전주)는 1/15(2두)를 정부에 납부 • 수취 방식 : 공전(수령이 조사, 태종 때 손실답험법), 사전(전주들이 직접 조사하여 수취)
공 법	• 배경 : 조선 초기 손실답험법의 시행 과정에서 관리들의 비리 증가 • 실시 : 1430년부터 15년간 시험 과정과 여론을 수렴하여 세종 때 실시 • 연분9등법 : 공법상정소, 풍흉에 따라 9등급, 1결당 20두(상상)~4두(하하)로 차등적으로 수취 • 전분6등법 : 전제상정소, 비옥도에 따라 6등급, 1결의 면적은 수확량 400두가 기준, 수등이척법 ★ 동과수조 : 토지의 등급에 관계없이 연분이 같으면 같은 양의 조세를 부과
영정법 (인조, 1635년)	• 배경 : 연분9등법의 문제점(계산 복잡 등), 관리 부정(관리들은 정부에 4~6두의 최저 세율 납부, 나머지는 중간 수탈) • 풍흉에 관계없이 1결당 4두~6두로 조세를 고정 • 문제점 : 무전농민들에게 혜택 X, 추가 비용으로 농민들의 부담이 줄지 않음

(2) 공납

의 미	• 의미 : 공안을 토대로 왕실과 관부의 수요 충당 • 원칙 : 호별 부과 → 현물 납부　　※ 공납은 호별 징수로 재산 상태를 고려하지 않은 불공평한 징수 • 종류 : 상공(정기적), 별공(수시로 징수), 진상(식료품 징수) • 문제점 : 방납의 폐단 발생 ※ 방납의 폐단 : 방납인들이 농민 대신 공납을 납부하고 농민에게 공납품의 비용을 백배 이상 수취
대동법	• 실시 : 광해군(경기도) → 인조(강원도) → 효종(전라도와 충청도) → 숙종(경상도, 황해도, 전국 시행) • 지주의 반발로 전국 시행에 100여 년이 걸렸지만, 무전농민은 대동법을 환영하였다. • 공납의 전세화 : 호에 현물로 부과하던 상공을 토지에 쌀과 베, 돈으로 부과　　※ 1결당 12두(초기에는 16두)를 부과 • 대동세 : 상납미(선혜청 경비)와 유치미(수령 경비)로 나누어 수취 • 정부는 선혜청을 설치하고, 공인을 고용하여 관수품 조달　　※ 공인은 상업 자본가로 성장 ※ 대동법의 결과 　└ 세제의 합리화, 국가 수입 증가, 세금 제도의 금납화 촉진, 상품 화폐 경제 발달로 상업 도시 성장(강경, 원산 등) 　└ 신분 질서 변동 촉진 : 자본주의적 사고의 확대로 양반 중심의 신분 질서 약화

(3) 역

의 미	• 요역 : 토지 8결당 1명, 1년 6일 이내(성종), 성 건축 등의 노역에 무상으로 동원 • 군역 : 양인개병제, 병농일치　　※ 양인개병제 : 16세~60세 미만의 양인 정남은 군역의 의무가 있었다.
변 화	• 보법 : 세조, 정병이 군역을 지는 동안 그 비용을 충당하기 위해서 보인(2명)을 설정하여 정군의 비용을 부담하게 하였다. • 군포징수제(군적수포제) : 중종, 1년에 2필씩의 군포를 내고 중앙군의 군역을 면제시켜 주었다. ※ 군포징수제의 결과 : 직업군인 고용, 군대의 질 저하로 중앙군의 군사력 약화, 양반들은 군포를 면제받았다.
균역법 (영조, 1750년)	• 실시 : 영조, 균역청 설치(→ 후에 선혜청에 통합) • 군포를 2필에서 1필로 감면　　※ 보충 : 선무군관포(일부 상류층 1필), 결작(1결당 2두), 어세와 염세, 선세로 보충 • 문제점 : 결작을 지주가 소작농에 전가, 군포 부담자의 지속적 감소, 관리의 부패 등

• 조운 제도
　└ 경강상인의 배를 이용, 조창 → 경창으로 운송
　└ 평안도와 함경도, 제주 등은 잉류 지역
• 양전 사업 : 20년마다 시행되는 것이 원칙 → 20년마다 실시되지는 못함

※ 연분은 군현 단위로 결정
※ 수등이척법[등급에 따라 척(자)이 다름], 1등전부터 6등전의 면적이 다름

★ 양척동일법 : 효종, 1등전~6등전까지 측량하는 자를 통일

★ 16세기 방납의 폐단 시정 노력
• 조식은 서리망국론에서 경저리의 방납의 폐단 비판
• 조광조와 이이, 유성룡 등은 수미법 주장
• 사대동 : 명종, 군현의 공물 총액을 토지 결수에 쌀과 포 징수

※ 대동법의 문제점
• 현물 납부 세금 유지(별공과 진상), 지주가 대동세를 농민에게 전가 등
• 면세전 증가 : 왕실, 관청 소유지 등은 면세로 농민 부담은 줄지 않음
• 상납미의 증가로 유치미 감소 → 수령의 수탈 증가

※ 병농일치 : 양인개병제가 원칙 / 현직관리, 학생, 향리 등은 군역이 면제되어 농민들이 군역을 담당
※ 정군과 보인 : 농민들은 현역 복무(정군), 보인으로 (정군의 비용을 대는 것으로) 군역을 대신하였다.
※ 보법의 결과
군역 대상자의 증가로 요역이 감소, 결국 농민들이 요역을 기피하기 시작하였다. 이에 정부는 군역 대상자를 요역으로 대신하였다(군역의 요역화). 이에 농민들은 다시 불법적인 방법(대립제, 방군수포제)으로 군역을 회피하였다.

※ 균역법 실시의 배경
　└ 군포징수제의 지방군 확대 → 속오군도 군포를 내고 면제
　└ 군포의 중복 징수 → 군정의 문란 : 족징, 인징, 동징, 황구첨정, 백골징포 등
　└ 군역 대상자의 감소 : 농민들의 유망, 양반으로 신분 상승 시도 → 국가의 군포 수입 감소
　└ 남은 농민들의 군포 부담 증가

4. 조선 후기 수취 제도의 변화

전세화	· 조선 후기 세금이 대부분 토지에 부과되었다. · 토지 1결당 영정법으로 4두~6두, 대동세 12두, 결작 2두, 삼수미세 2.2두를 부과
총액화	· 조선 후기 정부는 안정적인 재정 수입을 확보하기 위해서 총액제를 실시 · 비총제(전세), 군총제(군포), 환총제(환곡) → 삼정의 문란
도 결	· 군역, 환곡, 잡역 등을 토지에 징수하여 화폐로 징수, 신분에 따른 부세 차별이 거의 소멸

※ 삼정의 문란 : 전정(도결, 은결), 군정(족징, 인징, 황구첨정, 백골징포), 환곡(반백, 허류 등)

1. 농업

✏️ 필기 노트

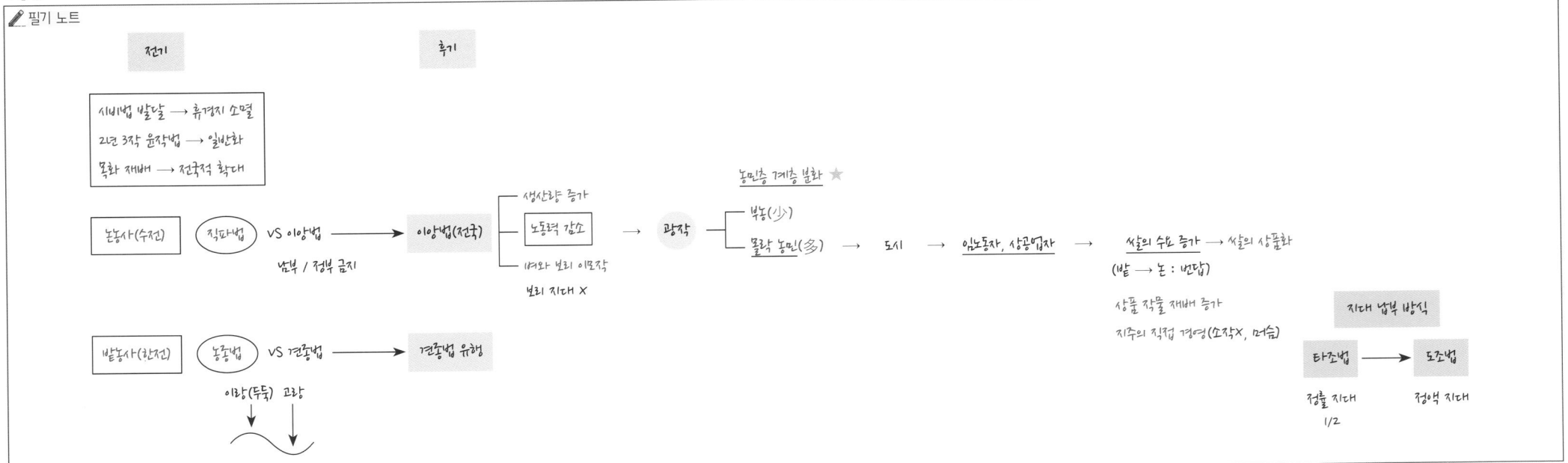

	전 기	후 기
논농사	• 직파법 유행, 남부 지방에서 이앙법 시행(정부는 금지)	• 이앙법의 전국 유행으로 노동력 감소, 광작의 유행, 벼와 보리의 이모작, 생산량 증가 ※ 이앙법(모내기법)의 유행으로 공동 노동의 관행이 중요해졌다.
밭농사	• 농종법 유행(밭이랑에 파종) • 2년 3작의 윤작법 일반화, 16세기 후반에는 한 땅에서 다른 작물을 1년에 두 번 경작	• 견종법의 유행(밭고랑에 파종)
기타 기술	• 시비법과 녹비법의 실시 → 휴경지 소멸 • 수차 도입 : 세종 때 일본에서 수차 도입	• 그루갈이 발달, 소를 이용한 쟁기 갈이, 볏이 달린 쟁기, 써레, 쇠스랑 등의 농기구 개량 • 정조 시절, 서호수의 건의로 서양 수차인 용미차 이용
주요 작물	• 목화의 전국 재배 • 선농단 : 농업과 관련된 풍년을 기원하던 제단, 설렁탕의 기원	• 쌀의 상품화, 담배(남초), 고추, 인삼 등의 상품 작물 재배 증가 • 인삼은 개성과 삼남 지방에서 널리 재배 → 청과 일본으로 수출 • 구황작물 전래 : 감자(헌종, 청)와 고구마(영조, 조엄, 일본) 전래　　　　※ 감저보, 감저신보 : 고구마 재배법 소개
지대 납부	• 타조법 : 정률 지대, 지주의 소작농에 대한 간섭이 강함	• 타조법이 일반적이지만 새롭게 도조법 등장　　※ 도조법 : 정액 지대, 지주와 소작농의 경제적 관계, 지주의 간섭 약화 • 18세기 말에는 도전법도 등장 : 지대를 화폐로 납부
농촌 사회	• 농업 중심의 자급자족 경제 • 조선 초기 : 정부는 병작반수를 금지하여 자작농을 보호 • 16세기 직전법 폐지 이후 지주전호제의 확대로 자작농이 줄고, 소작농 증가	• 이앙법과 견종법의 전국적 유행 : 생산량 증가, 벼와 보리의 이모작 가능(보리는 지대 납부 X), 노동력 감소 • 농민층의 계층 분화 : 광작의 등장 → 부농(일부, 지주로 성장)과 몰락 농민(다수)으로 농민층의 계층 분화 • 농민의 도시 이동 : 몰락한 농민들은 소작지를 얻지 못하고 도시로 이동하여 상공업에 종사하거나 임노동자화 되었다. • 쌀의 상품화로 밭을 논으로 바꾸는 번답 유행 → 수리 시설의 확충으로 수리답 증가(하지만 천수답이 여전히 많음) ※ 현종 : 제언사 설치 → 정조 : 제언절목, 논의 비율＞밭의 비율, 송금절목(산림 녹화 강화) 반포 • 대지주의 성장 : 지주들은 소작보다는 머슴과 노비를 고용한 직접 경영을 선호 → 지주의 수입 증가 → 대지주로 성장

2. 농서 편찬

전 기		
농사직설	세 종	· 정초, 현존 최고 자주적 농서, 한문으로 편찬 · 중국 농업 기술 수용, 늙은 농부들의 경험담 토대 · 이앙법을 소개하였지만 직파법을 권장
사시찬요	세 조	· 강희맹, 사계절의 농사와 농작물 소개
양화소록		· 강희안, 화초 재배 소개, 원예 서적
금양잡록	성 종	· 강희맹, 경기도 시흥에서 직접 농사를 짓는 농민 경험담 소개 · 농사직설에 없는 것을 수록, 벼 품종에 대한 연구 · 소농 경제의 안정을 목표
구황촬요	명 종	· 이택의 건의 · 가뭄에 대비해 잡곡, 도토리, 나무껍질 등을 가공하여 먹는 방법 소개

후 기		
농가집성	효 종	· 신속, 전기의 농서들을 종합 · 벼농사 중심의 농법 소개, 지주제 인정 · 이앙법, 견종법 등 새로운 농법 보급에 기여
색 경	숙 종	· 박세당, 농가집성 비판, 벼농사, 과수, 축산, 원예 기술 소개
산림경제		· 홍만선 · 농업과 임업, 축산, 식품 가공 등 의식주 사항 정리, 상업 작물 재배법 소개
증보산림경제	영 조	· 유중림, 산림경제 보완
과농소초	정 조	· 박지원, 한민명전의에서 한전제 주장
해동농서		· 서호수, 정조의 명으로 편찬, 상업 작물 재배법 소개 ★ 서호수 : 우리 고유의 농학을 중심에 두고 중국 농학을 선별적으로 수용
임원경제지	순 조	· 서유구, 산림경제를 토대로 한국과 중국의 서적을 참고하여 만든 농촌 생활 백과사전 ★ 서유구 : 종래 조선 농학과 박물학 집대성, 둔전제 주장 ★ 둔전제 : 국가가 시범 농장을 설치 → 혁신적 농법과 경영을 도입 → 국가 재정 보충 주장

★ 조선 후기 축산과 어업에 관련하여 동식물학에 대한 관심이 고조되면서 색경, 산림경제 등이 편찬되었다.

3. 수공업

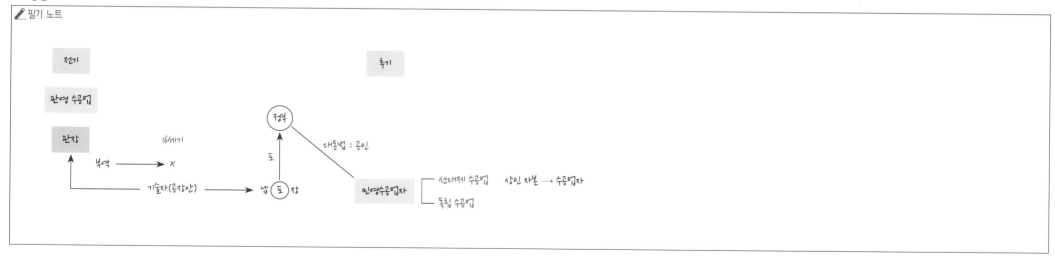

✏️ 필기 노트

전기

관영 수공업

관장

16세기

전기자(공장안) → 납 (또) 장

부역 → X

정부

도

대동법 : 공인

후기

민영수공업자 ─ 선대제 수공업   상인 자본 → 수공업자
└ 독립 수공업

초 기	16세기 이후	조선 후기
관영 수공업 중심	관영 수공업의 쇠퇴	민영 수공업의 발달
· 관영 수공업 : 관장에 기술자를 부역으로 동원 ※ 공장안 : 기술자 명단. 장인을 공장안에 등록 · 민영 수공업 : 장인세를 납부하고 수공업 종사 · 가내 수공업 : 자급자족, 직산물과 면직업 등	· 관영 수공업의 쇠퇴 : 부역제의 문란, 관장 쇠퇴 · 납포장 증가 : 포를 내고 역을 면제 · 정부는 납포장의 세금으로 관장의 임금 충당 · 정부는 관수품을 민영 수공업자에게 매입 　└ 민영 수공업의 발달	· 배경 : 부역제의 붕괴로 관영 수공업이 침체, 대동법 실시로 민간 수공업에 대한 수요 증가 · 선대제 수공업 : 17세기~18세기 일반적 형태, 상인 자본이 수공업자에게 대금을 미리 지급 · 독립 수공업 : 18세기 후반 등장, 수공업자들이 자기 자본으로 독립적으로 물품 제작 판매(일반적 형태 X) · 농가 수공업 : 종래 부업 형태에서 상품 생산·판매 활동으로 전환, 직물과 그릇 생산, 군포 납부 위해 포목 제작 ※ 정조 : 공장안 제도 폐지 → 자유로운 수공업 종사 허용 ※ 점촌 : 수공업 전문 마을, 안성, 정주 등 ※ 점 : 작업장, 철점, 유기점 등 지역적으로 특화 → 18세기 후반 : 점촌 형성, 독립적 수공업 방식 출현 ※ 강화의 화문석, 한산의 모시, 안동의 안동포, 나주의 종이, 안성의 유기, 정주의 유기, 전주의 부채, 해주의 먹, 통영의 칠기 등

4. 상업의 변화

🖉 필기 노트

전기

관허 상인

시전 상인 （독점） : 난전 통제 / 경쟁 X

보부상　┌ 보상 + 부상
　　　　└ 보부상단, 임방

대동법 : 공인

후기

상업 발달(사상)

도시　시전 상인 : 금난전권 → ┌ 신해통공 (정조, 1791)
　　　　　　　　　　　　　　└ 금난전권 폐지 / 육의전 （제외）

시전 상인 위축, 난전(사상), 국가 재정 증가

장시　만상(의주) : 청과 무역, 팔포 무역(중강), 임상옥
　　　　유상(평양)
　　　　　송상(개성) : 인삼, 송방, 중계 무역
　　　　　　내상(동래) : 왜관, 일본과 무역

포구　┌ 객주, 여각
　　　└ 선상 : 경강상인 (한강, 정부 미곡 운반, 한양 쌀값 폭등 유발, 조선업)

도고
독점적 도매 상인
상업 자본가

	전 기	후 기
개 관	• 부진 : 정부의 중농억상 정책 → 16세기 이후 상업이 발달하기 시작 • 관허 상업 : 정부의 허가를 받고 세금을 내고 상업 종사 • 관허 상인 : 시전상인, 보부상, 공인 등	• 대동법의 시행 → 공인들의 활약 → 상공업이 발달하여 사상들이 성장 ※ 공인 : 대동법 시행 이후 등장한 관허(어용) 상인, 정부의 관수품 조달, 민영 수공업 발달에 기여, 도고로 성장하기도 하였다. • 상업의 발달 : 농업 생산력의 증대와 부세 및 소작료의 금납화, 농촌 인구의 도시 유입 등으로 상업 발달 • 상업 도시 발달 : 강경(금강 유역), 전주, 수안, 안성, 대구, 안동 등
시전상인	• 시전 : 태종 때 한양에 설치 → 개성과 평양 등 지방으로 확대 • 시전상인 : 관허 상인, 세금 납부, 독점 판매 ※ 도중 : 시전상인 조합 ★ 경시서 • 시전의 상업 활동 감시, 물가 조절 + 국역 부과 담당, 세금 징수, 도량형 감독 • 세조 : 평시서로 개칭 • 1902년 대한제국 시절 평식원으로 개칭	• 난전의 확대로 정부는 시전상인을 보호하기 위해서 시전상인에게 금난전권 부여 ※ 금난전권 : 조선 후기 정부는 시전상인이 한성 도성 안과 밖 10리 이내의 난전을 직접 통제할 수 있는 권리인 금난전권을 부여 ※ 조선 후기 난전의 확대 : 종루, 이현, 칠패 등 도시 인구 증가로 난전 증가, 훈련도감의 군인도 난전에 가담 → 시전의 특권 폐지 요구 ★ 난전의 일부는 중간 도매상인인 중도아로 성장, 신제품을 개발한 난전은 정부로부터 금난전권을 부여받음 ★ 신해통공 : 1791년, 정조, 육의전을 제외한 시전상인의 금난전권 폐지 → 시전상인 위축, 난전과 사상의 성장, 정부 수입 증가, 물가 안정

장 시	• 보부상이 주로 활동
	• 15세기 말 전라도에서 등장 → 정부 금지 → 효과 X
	• 16세기 중반 : 전국적 확대
	※ 보부상 : 보상 + 부상, 장돌뱅이, 관허상인, 보부상단, 임방
		• 17세기 이후 정기 시장 등장 → 18세기에 1,000여 개로 증가, 상설 시장의 등장 ★ 특수 시장 등장 : 약령시(원주와 전주), 가축 시장 등
		• 농민들은 더 싸게 물건을 구매할 수 있어 장시를 더 선호하였다.
		• 지역 상인 성장 ★ 송상
		  └ 만상 : 의주, 청과 무역(중강 후시, 책문 후시), 팔포 무역, 임상옥(국경 지대에서 인삼 무역) • 개성, 중계 무역, 송방, 인삼 재배업
		  └ 유상 : 평양 • 민란 지원, 홍삼 제조 공장인 증포소 운영
		  └ 송상 : 개성, 중계 무역, 송방(전국 지점), 인삼 재배업 • 광업과 제지업, 유기공업에도 종사
		  └ 내상 : 동래, 일본과 무역 • 송도사개부치법이라는 복식 부기 사용
		※ 기타 상인 : 거간은 거래를 붙이는 상인, 중도아는 중간 도매상인 • 주판과 어음 사용

포 구		• 거대한 시장으로 성장, 장시보다 규모가 큼 ※ 대표적인 곳이 마포의 신촌 등, 낙동강 하구의 칠성포, 영산강 하구의 법성포, 사진포, 전주의 사탄, 금강의 강경포가 대표적 • 객주와 여각, 선상 등이 활발히 활동 ※ 객주와 여각 : 위탁, 도매업, 숙박업, 운송업, 금융업 / 도고로 성장 ※ 경강상인 : 서해안과 한강을 중심으로 활동, 강주인·강상, 정부의 조세 운반 담당, 순조 때 한양 쌀값 폭등 유발, 조선업 종사, 도고로 성장 ※ 도고 : 독점적 도매상인, 매점매석으로 물가 폭등 유발, 자본이 정치 자금으로 이용되기도 함

5. 광업

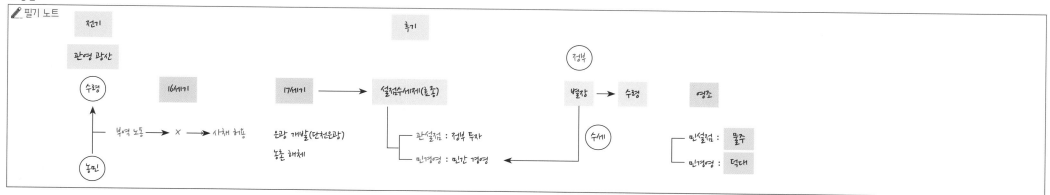

초 기	16세기 이후~17세기	17세기 중엽 이후
관영 광산	관영 광산 부진	민영화

초 기 — 관영 광산

- 관영 광산 : 정부가 부역으로 광산을 직접 운영
- 민간의 사채 통제
- 철광업 중심 : 무기와 농기구 등
- ★ 조선 초기 명과의 금·은 세공 문제로 광산을 폐쇄하기도 하였다.

16세기 이후~17세기 — 관영 광산 부진

- 관영 광산 부진 : 부역제 붕괴
- 민간의 사채 허용 : 은광이 활발히 개발
- ※ 임진왜란 때 무기 제조로 철 수요 증가
- ※ 은광 개발
  - 임진왜란 당시 명군 비용 부담
  - 중국(청)과 무역으로 은 수요 증가
  - 17세기 말 단천 은광이 대표적
  - 경기도 파주와 교하도 유명
  - 17세기 말 일본에서 은 수입 감소 → 은광 개발 확산
- ※ 18세기 중엽 이후 금광 개발 활발

17세기 중엽 이후 — 민영화

- 17세기 중엽 이후 개인에게 광산 경영 허용 → 세금을 받는 정책 시행　　※ 덕대 등장 : 전문 광산 경영인
- 효종 : 설점수세제, 관설점(호조에서 광산 투자) + 민영영(민간에서 광산 경영), 별장이 세금 징수
  - └ 문제점 : 별장의 과도한 수취, 수령의 잡세 부과 → 광산 위축, 잠채(불법 채굴) 유행
- 영조 : 민간의 광산 투자 허용 → 물주가 수령과 호조의 허가를 받아 광산에 투자하고 덕대에 임대, 수령수세제 실시
- ※ 수령수세제 : 별장 대신 광산을 수령이 관리하고 세금 징수
- ※ 덕대제 : 18세기 말 성립된 광산 임대 제도
  - └ 물주(투자자)가 덕대(광산 경영인)에게 광산 임대
  - └ 덕대는 혈주(채굴업자)와 광군(연군, 노동자) 등을 고용하여 분업으로 광산 개발
- ※ 잠채 : 조선 후기 정부의 허가를 받지 않고 하는 불법적인 채굴, 세금을 회피하기 위해서 이루어졌다.

6. 무역

	전 기	후 기
개 관	· 부진 : 중농억상 정책으로 상업을 통제 → 무역도 정부의 통제로 부진 · 16세기 이후 점차 발달	· 무역의 발달 : 상품 화폐 경제의 발달로 대외 무역 발달 · 은이 주요 결제 수단, 인삼도 주요 결제 수단으로 사용 · 문제점 : 은과 인삼 등 원료품 수출로 국내 약용 인삼의 부족과 재정 기반의 약화 초래
명	· 조공 무역 중심, 사무역은 통제, 사행 무역(사신의 수행원에 의해서 이루어진 무역) · 조선은 명에 생필품과 종이, 인삼 등을 수출 / 비단과 서적 등을 수입	
여 진	· 경원과 경성에 무역소 설치 · 농기구와 소금, 곡물, 말 등을 무역	· 청 : 개시와 후시 무역　　※ 청과의 무역 : 의주, 만상이 활동 · 개시 : 정부가 허용한 공식 무역, 정부가 물품과 물량 통제, 경원 개시·중강 개시(의주)·회령 개시 등 · 후시 : 사상들이 전개한 밀무역, 회동관 후시, 중강 후시, 책문 후시 등　　※ 중강 개시에서 말과 인삼 무역 금지 → 후시에서 무역
일 본	· 부산포(동래), 염포(울산), 제포(진해) 등에 왜관을 설치하여 제한된 무역	· 부산포를 개항하고, 왜관 개시와 후시를 통해 무역, 내상이 활동　　※ 송상 : 일본과 청 사이의 중계 무역 · 수출 : 양곡과 베, 중국산 비단 수출 · 수입 : 은과 구리, 유황과 후추 등 수입　　※ 은(銀)은 청으로 수출, 구리는 상평통보 원료 사용
기 타	· 동남아시아 : 조공의 형태로 무역 · 유구(타이완)와도 조공의 형태로 무역 → 이들은 약재와 향료를 진상	

7. 화폐

	전 기	후 기
개 관	· 유통 부진 : 자급자족과 상업 부진, 주요 교역은 미와 포 등의 현물 화폐 사용	· 전국 유통 : 상공업의 발달, 조세와 지대의 금납화로 전국 유통　　※ 숙종 때 상평통보가 전국 유통 ※ 18세기 동전 발행 증가로 동(구리)광의 개발이 증가 ※ 전황 현상 · 동(구리)의 공급 부진으로 통화량 감소 → 화폐 가치 상승 → 물가 하락, 농민 소득 감소, 지대와 조세의 금납화로 농민 부담 증가 · 폐전론 : 이익, 곽우록에서 폐전론 주장
화 폐	· 저화 : 태종 때 사섬서에서 발행된 지폐 ※ 태종은 녹봉을 저화로 지급, 세금도 저화로 받음 → 유통 실패 · 해서체 조선통보 : 세종, 당의 개원통보를 모방, 동의 부족으로 생산 중단 · 팔방통보 : 세조, 전폐, 유엽전, 화살촉으로 사용, 철전 → 유통 실패	· 팔분체 조선통보 : 인조 · 상평통보 : 인조(시험적 사용) → 효종(김육의 건의로 발행) → 숙종(허적의 건의로 발행, 전국) · 신용화폐 사용 : 거래가 대규모로 이루어지면서 어음과 환 등의 신용화폐 사용 ※ 상평통보 · 평안 감영과 전라 감영에서 발행 · 이후 각 관청에서 주조하여 사용 · 지대와 조세의 금납화로 화폐 유통 추진

1. 신분 제도

✏️ 필기 노트

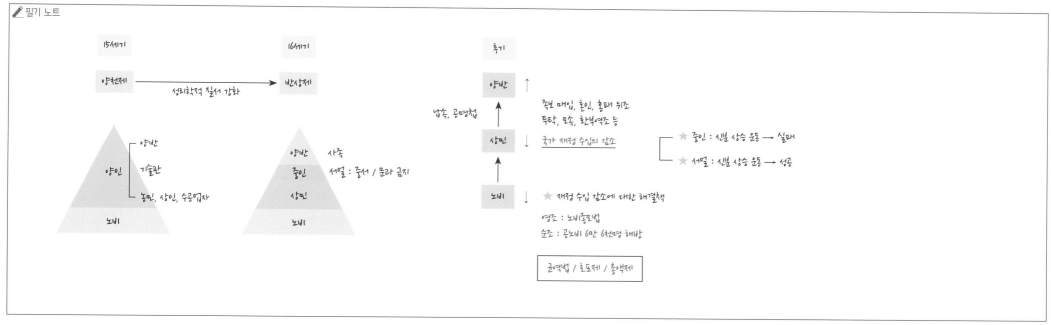

양천제				반상제	
· 15세기, 법적인 신분 제도 → 1차 갑오개혁 때 폐지			· 16세기 이후, 성리학 질서의 강화 → 양반의 특권을 강화하면서 운영		
			· 실질적 신분 제도		
양 인	· 양반 : 문반과 무반, 직역의 의미 · 중인 : 기술관 등 · 양민 : 농민, 상인, 수공업자 등		양 반	· 신분의 의미로 변화 · 4조부 이내 품관과 산관의 벼슬을 한 사람이 있는 가문	
			중 인	· 기술관 + 서리와 향리 · 양반과 상민의 중간 계층	
천 민	· 노비, 백정(도축업자), 재인 등		상 민	· 농민, 상인, 수공업자 등	
			노 비	· 대부분의 천민이 양인으로 승격 · 실질적으로 천민은 노비만 남게 되었다.	

조선 후기		
· 성리학적 질서의 약화와 자본주의 사고 방식의 확산으로 양반의 지위 하락		
· 정부의 납속과 공명첩 등의 발행으로 신분제의 변동		
양 반	증 가	· 상민들이 군포의 부담으로 인해 양반으로 신분 상승 · 정부는 부족한 재정 확보를 위해서 납속과 공명첩 발행
중 인	신분 상승 시도	· 신분 상승 운동 → 실패 ※ 서얼 : 철종 때 신해허통으로 신분 상승 성공
상 민	감 소	· 군포의 부담을 피해 양반으로 신분 상승 · 상민수의 감소로 국가 재정 수입의 감소 ※ 농촌 노동력 부족(X)
노 비	감 소	· 정부가 재정 수입을 확보하기 위해 노비 해방 · 영조 : 노비종모법 · 정조 : 공노비 해방 계획 · 순조 : 1801년, 공노비 6만 6천명 해방

2. 신분 제도의 특징과 변화

	전 기	후 기
양반	· 15세기 : 문반과 무반의 직역의 의미 · 16세기 : 성리학 질서의 강화로 신분의 의미로 변화 - 문무관직자의 가문, 4조부 이내 벼슬을 지닌 가문 ※ 양반의 특징 · 관료층 : 과거와 음서, 천거 → 고위 관직 독점, 각종 국역 면제 · 지주층 : 과전, 녹봉, 자신의 토지와 노비 등으로 경제 독점 · 반촌에 거주, 평민은 민촌에 살았지만 실질적으로 섞여 살았고, 지방 사족은 사회적·경제적으로 농민을 지배 · 양반끼리 혼인 ※ 조선 시대 양반 수 제한 · 목적 : 양반들의 특권 유지 · 양반 신분의 세습 : 음서와 대가제, 양반끼리 혼인 · 중인들의 과거에 제약을 두었고, 서얼의 문과는 금지	· 양반 수 증가 : 정부의 납속, 공명첩 판매, 군포의 부담으로 인해 상민들이 양반으로 신분 상승 · 양반의 계층 분화 : 권반(벌열양반), 향반, 잔반 등으로 계층 분화 · 양반의 권위 하락으로 향촌에서 지위 하락 ※ 조선 후기 양반들의 지위 확보 유지 노력 · 향안과 청금록 강조, 서원 남설 · 족적 결합, 동족 마을 형성, 사우 남설 · 촌락 단위 동약 강조 이름 쓰는 난 공명첩(백지 사령장)
중인	· 초기에는 차별이 없었지만 성리학 질서 강화로 하나의 독립된 신분으로 정착 · 종류 : 서리와 향리, 역관, 기술관 등의 행정 실무 **좁은 의미** · 기술관, 직역을 의미 · 역관, 천문관, 의관, 산관, 율관, 천문관, 화원 등 ※ 역관 └ 사행 무역, 개화의 선구 └ 중국어 학습서 : 노걸대언해, 박통사언해 └ 일본어 학습서 : 첩해신어 **넓은 의미** · 양반과 상민 사이의 신분층 · 기술관 + 서리와 향리 ※ 향리 : 조선 초기 잡색군 편성, 무보수, 문과 가능(제약) └ 연조귀감 : 조선 후기, 향리의 역사 정리 ※ 중인의 특징 · 고려 시대보다 지위 하락, 직역 세습, 생원과 진사시에 응시가 가능하였지만 주로 잡과에 응시 · 중앙 고위 관직 진출 X, 당하관에 임명, 청요직 진출 불가능 · 중인끼리 혼인, 서울 중부 지역 거주(관청 거주 지역)	· 시사 조직, 위항문학(이항문학) · 과거 급제 시 교서관에 임명 · 신분 상승 운동 전개 : 철종 때 청요직 진출을 요구하였지만 실패 ※ 조선 후기 중인들의 역사 · 호산외기 : 1844년, 조희룡, 인물전기집(중인, 화가, 승려, 몰락 양반의 행적 기술) · 연조귀감 : 1848년, 이진흥, 향리의 역사 정리 · 이향견문록 : 1862년, 중인 유재건이 철종 때 편찬, 중인층 이하의 인물 행적 기록 · 희조일사 : 1866년, 이경민, 중인의 전기
서얼	· 의미 : 첩의 자식, 서자(양인첩) + 얼자(천첩) · 국초 : 개국 공신들과 고관 중 서얼 출신 다수, 차별 없음 · 태종 : 서얼차대법 제정 · 성종 : 경국대전에 차별이 법제화 → 서얼차대법 법제화 · 16세기 차별 심화 : 어숙권은 패관잡기에서 적서 차별 비판 ※ 조선 시대 서얼 차별 · 문과 응시 금지(주로 무과 응시) · 최고 3품까지만 승진 · 제사나 재산 상속에도 차별 · 중서(중인층과 동류로 인식)라 불림	· 임란 이후 : 납속과 공명첩 등을 통해 양반으로 신분 상승 · 영조 : 통청윤음(호부호형 허용), 일부 서얼의 청요직 진출을 부분적으로 허용 · 정조 : 서얼허통절목 → 서얼들에게 문과 응시 자격이 주어짐　※ 이덕무와 유득공, 박제가, 서이수 등이 규장각 검서관에 진출 · 순조 : 계미절목 → 서얼의 한품을 2품으로 상승 · 철종 : 신해허통 → 1851년, 문과 합격자 서얼 차별 폐지 · 고종 : 서얼 차별에 대한 모든 법령 폐지 ※ 서얼들은 18세기 후반 청요직으로 진출 ★ 서얼 · 명종 : 양첩의 서자는 손자 대부터 문과 응시 허용 · 조선 후기 : 천첩 서얼도 문과 응시 허용 · 규사 : 조선 후기 서얼의 역사 정리
상민	· 종류 : 농민, 수공업자, 상인, 신량역천 등(농민이 다수) · 각종 수취의 대상으로 전세와 군역, 요역, 공물 부담, 과거 응시 가능 → 실질적으로 불가능 ※ 신량역천(칠반천역) · 법제적 양인, 양인의 최하층, 천한 역을 담당, 일정기간 국역을 지면 정식 양인으로 승격 · 15세기 말 대부분 양민으로 승격 · 종류 : 조군, 봉화군, 수릉군, 생선간, 목자간, 염간, 화척, 재인, 나장, 조예, 일수, 역졸 등	· 농민층의 계층 분화 : 광작으로 일부는 부농으로 성장, 대부분은 몰락 · 군포의 부담에서 벗어나기 위해서 양반으로 신분 상승 → 상민 수 감소 · 상민 수 감소로 인한 재정 수입의 감소 └ 해결책 : 영조 때 노비종모법, 순조 때 공노비 6만 6천명 해방, 균역법, 총액제, 호포제(흥선대원군) 등

	전 기			후 기
노 비	· 천민, 재산으로 취급되어 매매와 상속, 증여의 대상　　※ 노비 : 종, 창적, 장획, 천구라 불림 · 관직 제약(유외잡직에 진출), 국역은 없었고, 공노비는 국가 기관의 천역에 동원 · 주인이 함부로 노비에게 형벌을 줄 수 없음, 성은 없고 이름만 소유, 양천교혼 금지, 제사를 지내고 독립된 생활 가능 · 외거노비 : 사유 재산 소유, 독립된 생활, 주인에게 신공 바침			※ 노비 수의 감소 　└ 정부의 노비 해방 : 양민 수 확보를 위해 노비 해방 　└ 노비의 도망, 군공을 세운 노비를 양인으로 승격 등 · 정부는 입역노비를 납공노비로 전환 · 정부는 노비의 신공 부담을 덜어주었지만 큰 효과는 없었다.　　※ 노비법의 변화 · 태종 : 종부법, 양인 출신 노비 신분 회복(노비변정도감 설치) · 세종 : 종모법 · 세조 : 일천즉천 → 경국대전에 일천즉천 · 영조 : 노비종모법(현종 때 처음 실시) · 정조 : 공노비 해방 계획 · 순조 : 6만 6천명의 공노비 해방 · 고종 : 1886년 노비 세습 제도 폐지 · 1894년 1차 갑오개혁 때 공사 노비 제도 혁파

		공노비	사노비
	종 류	· 입역노비 : 관청에 들어가 역 제공 · 납공노비 : 외방에 거주, 신공 바침 · 봉족노비 : 입역노비를 도와주는 노비	· 솔거노비 : 주인집의 행랑에 거주 · 외거노비 : 따로 거주, 신공을 바침 · 외거노비 > 솔거노비
	특 징	· 노비안에 기록 　└ 장례원에서 3년마다 작성 　└ 지방은 수령이 작성	· 주인집 호적에 기록

3. 가족 제도

	전 기	후 기
개 관	· 양측적 친족 사회	· 성리학적 질서의 강화로 부계 중심의 가부장적 사회
상 속	· 균분 상속 : 경국대전, 남녀 결혼 유무에 상관없이 균분 상속　　※ 제사 계승 시 1/5을 더 줌 ★ 율곡 이이의 분재기 : 균분 상속 등 경국대전 체제의 규정을 따름	· 적장자 상속, 장자 외에는 제사와 상속에서 제외
제 사	· 아들과 딸 구분 없이 제사 · 신분별로 제사의 범위를 달리 함(6품 이상은 3대, 7품 이하 관리는 2대, 평민은 부모만 제사) ※ 고려 후기 등장한 가묘가 유행 → 조선 후기 평민들도 가묘 제작 ※ 장례 - 전기 : 화장 유행 → 후기 : 매장	· 장남 위주로 제사를 지내고, 아들이 없을 때 양자를 들여 제사, 딸과 차남은 제사에서 배제 · 주자가례에 영향으로 신분에 관계없이 4대 봉사
호 적	· 아들, 딸 구별 없이 태어난 순서대로 기재 ★ 호적 · 3년마다 작성 · 내용 : 호주의 거주지, 관직이나 신분, 성명, 나이, 본관, 4조부, 거느리고 있는 자녀와 사위와 노비 등도 기재 · 양반 : 관직, 품계 기록 / 무관직자 : 유학으로 기재 / 농민 : 역 기재 / 노비 : 이름 기재	· 부계 중심 · 아들 먼저 기록, 외손은 축소, 여성은 성만 기재
족 보	· 아들과 딸 출생 순서대로 기재, 친손과 외손 모두 기재 · 항렬 : 형제 간에만 사용 ★ 족보 · 문화 유씨 영락보 : 세종, 문중에서 발행한 최초의 사찬 족보, 현존X · 안동 권씨 성화보 : 성종, 문중에서 발행한 현존 최고의 족보 · 딸 : 사위의 이름으로 기재, 재혼 시 후부라 하여 재혼한 남편의 성명 기재 / 만성보의 성격 · 부인 : 친정의 성관과 부친 가문 기록	· 선남후녀의 순서로 기재, 외손은 축소(3대 → 1대) · 항렬 : 8촌 간에도 같은 항렬 사용
결 혼	· 남귀여가혼(솔서혼, 처가살이)	· 17세기 이후 친영 제도(시집살이)가 일반화
	· 일부일처제, 축첩 허용(첩의 자식 차별), 남자는 15세 · 여자는 14세 이상이면 혼인 가능(→ 보통 20세 전후에 결혼), 동성혼 금지	

1. 향촌의 의미

향촌의 의미	• 향(군현 단위) + 촌(자연 촌락, 면·리·통) • 반촌(양반 마을, 북촌과 남촌)과 민촌(평민 촌락)으로 구분되었으나 실질적으로 양반과 평민이 섞여 살았다. ※ 점촌(수공업 전문 마을), 역촌·진촌·원촌(교통 마을)
정 비	• 전기 : 동·서·남·북면 → 세조 이후 면리제 실시 → 군·현·면·리로 체계화 • 임란 이후 : 사족 거주지를 중심으로 면리제 개편 • 조선 후기(18세기 이후) : 양반들의 족적 결합, 동성 마을을 중심으로 발달

2. 사회 구호 제도와 농민 통제

환곡 제도	• 의창에서 실시 → 16세기 : 상평창에서 담당, 이자, 강제성 → 후기 : 환총제의 실시로 환곡의 문란 극심
사창 제도	• 세종 때 대구에서 시험 실시 → 문종 : 경상도에서 공식 시행 → 성종 : 폐지 → 흥선대원군 : 환곡의 문란을 시정하기 위해 사창제 실시
사회 구호 제도	• 전의감 : 국가 의료 기구, 의료와 정책 논의　　　　　　　　　　　　　　※ 고려는 태의감 • 제생원 : 태조, 빈민 치료 기구(고려 제위보와 비슷) → 세조 때 혜민서로 통합 • 혜민서 : 의약과 서민의 질병을 구료하는 일과 의녀 교육을 담당하던 관청, 혜민국이 세조 때 혜민서로 개칭　　※ 고려는 혜민국 • 동서활인서 : 도성 부근 서민(여행자와 유랑자) 환자 치료 　└ ※ 고려 시대의 제도를 본받아 설치하였던 동서대비원을 1414년 동활인서와 서활인서로 개칭 → 세조 때 활인서로 통합
농민 통제	• 호패법 : 태종, 16세 이상의 모든 남자가 호패 착용 • 인보법 : 태종, 10가구를 하나의 인보로 묶어 농민 통제 • 오가작통제 : 조선 초기 오가작통제를 실시하여 농민 통제

★ 석전 : 상무 정신을 기르기 위해 시행, 왜구 토벌 때 척석군 투입 → 16세기 이후 금지, 민간 풍속으로 지속
• 양반 조직 : 동계와 동약(양반 주도 → 임란 이후 평민도 참여), 향약, 향음주례, 향사례
• 농민 조직
　└ 향도 : 상장을 돕는 조직 → 향약으로 통합, 상두꾼과 두레로 독립
　└ 계 : 농민들이 자치적 조직, 공동 기금으로 상호 부조
　└ 두레 : 삼한 사회에서 유래, 공동 노동 제도로 향도에서 분화
　└ 향도계와 동린계 : 농민 자치 조직, 양반들은 음사로 규정
　└ 울력 : 길·흉사 때 마을 주민들이 서로 협동 노동하는 제도

※ 환곡 : 흉년 시 정부에서 백성들에게 곡식을 빌려주는 제도
※ 사창제 : 민간 자율적으로 곡식을 빌려주고 갚는 제도

★ 오가작통제
• 조선 초기 실시, 정확한 시기는 확실하지 않다.
• 경국대전의 완성과 더불어 정비되어 법제화
• 조선 후기 : 17세기 중엽 이후 숙종 때 전국 확대
• 헌종 때 기해박해 당시 천주교 탄압에 이용

3. 향촌 사회의 변화

	향촌 통제 방식	주도 세력	향리 세력	향촌 사회 모습
15세기	중앙 집권	수령권 강화	약 화	• 모든 군현에 수령 파견(수령권 강화 : 부민고소금지법, 원악향리처벌법), 향리의 지위 약화 • 향촌 자치 미흡 : 유향소의 향촌 자치를 인정하면서 중앙에서 경재소가 통제
16세기 ~ 17세기	향촌 자치	양반 사족 강화	약 화	• 양반 사족의 향촌 지배력 강화 : 성리학 질서 강화, 소학과 주자가례 보급, 족보·서원으로 권위 과시 • 향촌 자치 수단 : 향약과 향회 등으로 농민 통제와 향촌 사회 주도
18세기 이후	중앙 집권	수령권 강화	강 화	• 성리학 질서 약화로 양반 사족(구향, 약파)의 영향력 약화 　★ 조선 후기 양반들의 지위 유지 노력 : 족적 결합, 동족 마을, 사우 남설, 서원 남설, 청금록 과시, 촌락 단위 동약 강조 • 향전 : 구향(양반 사족, 약파)과 신향(요호부민, 부농, 교파)이 향회와 향촌의 주도권을 놓고 경쟁 → 신향의 승리 ※ 향전 이후 신향이 향회를 장악하고 향회는 부세 자문 기구로 변질 • 정조가 향약의 통제권을 수령에게 넘김 • 중앙 집권 강화 : 면리제 강화, 17세기 후반 오가작통제를 전국적으로 실시하여 중앙 집권 강화 • 신향의 성장 : 정부는 납속과 향직 매매를 통해 신향을 향임직에 임명, 신향들은 향안에 올라 향회에 참여 • 신향들은 수령 향리와 결탁하여 농민들을 수탈 → 민란의 발생 • 수령의 수탈 　└ 수령과 향리, 요호부민(신향)들의 결탁 　└ 삼정의 문란 : 전정, 군정, 환곡의 문란 등으로 농민 수탈 • 농민들의 저항 : 소극적 저항(벽서, 괘서, 와언, 산호 투쟁 등) → 적극적 저항(민란의 발생)

★ 주의
　└ 조선 후기 신향이 향촌 사회를 완전히 장악 X
　└ 여전히 향촌 지배에 참여 못하는 부농층이 많음

★ 조선 후기 사회 불안 고조
　└ 재난과 질병, 도적떼 출몰, 이양선 출몰
　└ 예언 사상의 유행 등으로 사회 불안 고조
　└ 정감록, 관서비기 등의 비기와 예언 사상의 유행
　└ 조선 왕조 권위 약화(정감록)

4. 조선 후기 민란의 발생

홍경래의 난 (1811년, 순조)	· 배경 : 서북 지방민에 대한 차별과 개혁 사상의 유포 → 몰락 양반 홍경래가 10여 년간 치밀하게 준비 · 준비 : 몰락 양반 홍경래 중심 + 중소 상인들 + 광산 노동자 중심 / 금광 경영과 인삼 무역 등으로 자금 마련과 무기 구입, 군사 훈련 · 목적 : 정감록을 내세우며 조선 왕조 타도 목표 · 전개 : <u>1811년 순조 때 평안도 가산 다복동에서 봉기</u> 　　└ 홍경래와 김사용 등이 청천강 이북 8개군 점령 　　└ 송림 전투 패배 → 정주성에 반란군 집결, 정주성 전투 이후 농민들의 자발적 참여 　　└ 5개월 만에 진압 · 의의 : 조선 후기 민란의 선구

↓

임술농민봉기 (1862년, 철종)	· 배경 : 삼정의 문란(전정과 군정, 환곡의 문란) · 전개 : <u>단성 민란과 진주 민란을 시작</u> → 전국적인 민란으로 발전 　　└ 함흥과 제주를 포함하여 전국적으로 민란 발생 　　└ 삼남 지방이 중심, 산발적이었고, 조직적인 민란은 아니었다. 　　└ 요호부민들도 초기에 민란 가담 → 농민들의 공격으로 이탈 ※ **임술농민봉기** · 결과 : 정부는 1862년 박규수의 건의로 <u>삼정이정청을</u> 설치 → 삼정이정절목 반포 → 삼정이정책은 시행되지 못하였다. ※ 임술농민봉기 이후에도 삼정의 문란이 해결되지 못해 농민 부담은 여전하였다. ★ <u>농민들의 자구책</u> 　　└ 농민들은 '계'를 조직하여 경제적으로 상호 부조 　　└ 소작료 인하 투쟁(항조), 조세 납부 투쟁(거세) 전개 　　└ 농민들은 명화적, 수적, 폐사군단, 채단, 유단 등의 도적떼 가담

※ **임술농민봉기**
· 산발적인 민란이며 조직적인 민란이 아니었다.
· 정부를 부정하거나 토지 개혁, 신분제 폐지 요구 → X

※ **홍경래의 난 주의 사항**
· 삼정의 문란이 주 원인 → X
· 평안도 전역을 점령 → X
· 평양 진출 → X
· 전국적 호응 → X
· 사족들의 수탈이 주된 배경이었다. → X
· 평양과 안주, 의주 등은 점령하지 못하였다. → O

※ **진주 민란**
· 1862년 철종(백건당의 난)
· 배경 : 탐관오리 홍병원(진주 목사), 백낙신(진주 우병마사)의 가혹한 탐학
· 성격 : 삼정의 문란에 대항한 자연발생적 민란
· 과정 : 몰락 양반 유계춘이 농민 선동
　　└ 관청 습격, 지주 폭행 → 진주성 점령, 조세 대장 소각
　　└ 읍권을 장악하려 하였지만 수령을 해치지는 않음
　　└ 조선 왕조를 부정하지 않음
　　└ 안핵사 파견 : 정부는 박규수를 파견하여 민란을 토벌
　　└ 박규수의 건의로 삼정이정청 설치 약속
· 의의 : 임술농민봉기의 발단, 조선 양반 사회 체제를 붕괴시키는 결정적 역할

1. 한글 창제

창제와 보급	· 창제 : 세종, 1443년, 창제 → 1446년, 반포 · 목적 : 고유 문자의 필요성, 양반 지배 질서 유지 · 과정 : 정음청 설치, 집현전 학자들과 한글 연구 / 자음은 발음 기관의 상형, 모음은 천지인을 본떠 제작 · 반발 : 양반층은 한글에 대한 반감이 있었기 때문에 부녀자층에서 주로 사용 · 보급 : 불경, 농서, 윤리서, 병서 등을 훈민정음으로 편찬, 리과(서리 선발 시험, 훈민정음을 시험), 기밀 문서 제작 등

★ 한글 연구

세 종	· 용비어천가(최초 한글 서적), 삼강행실도(설순, 훈민정음으로 언해), 동국정운(한자음을 한글로 표기), 홍무정운역훈
세 조	· 간경도감 설치, 월인석보, 불경 언해　　　　　　　　　　※ 월인천강지곡과 석보상절은 세종 때 편찬
연산군	· 언문청 폐지, 한글 교수 금지, 언문 구걸 소각
중 종	· 훈몽자회(최세진, 27자 한글 이름 붙임), 사서통해, 경서언해 등
선 조	· 대동운부군옥(권문해, 어휘 수집)
숙 종	· 경세정운(최석정, 음운을 그림으로 설명)
영 조	· 훈민정음운해(신경준, 한글 음운을 역학적으로 설명, 한글의 우수성 강조)
정 조	· 고금석림(이의봉, 우리 언어와 해외 언어 정리), 규장전운(이덕무, 사성에 따라 설명), 재물보(이성지)
순 조	· 언문지(유희), 물명고(유희), 아언각비(정약용), 자모변(황윤석)

※ <u>훈민정음 해례본</u>
　└ 한문 목판본, <u>1997년 유네스코 기록유산 등재</u>
　└ 훈민정음 창제 동기와 목적, 발음과 운용 원리 설명

※ <u>주시경</u>
　└ 독립신문사에 국문동식회 조직
　└ 1907년 지석영과 함께 국문 연구소에서 활동
　└ 국어문법, 말의소리 저술
　└ 언문, 국문, 가갸글이 아닌 '한글'이라는 명칭 사용
　└ 1920년대 조선어연구회가 한글 용어 보급

※ 최세진 : 역관 출신, 이문집람, 노걸대와 박통사 언해

※ 조선 후기 어휘 수집 : 대동운부군옥, 고금석림

2. 조선왕조실록

편 찬	· 태종 때 태조실록을 편찬하면서 조선왕조실록을 편찬 → 유네스코 기록유산 · 태조부터~철종까지 25명의 왕 대의 사실을 편년체로 기록
과 정	· 왕 사후 춘추관의 실록청에서 편찬 : 겸임사관과 전임사관들이 참여 → 사관의 비평도 수록 · 초초 → 중초 → 정초 과정으로 편찬　　　※ 세초 : 자료 삭제 · 보안 : 실록은 사관을 제외하고는 왕을 포함하여 누구도 볼 수 없었다.
사 료	· 등록 : 관청별 업무 일지 → 각 관청의 소관 업무와 시행 과정 파악 가능 · 시정기 : 등록들을 모아 정기적으로 춘추관에서 편찬 · 사초 : 국왕과 대신이 국정을 논의하는 국무회의의 말과 행동을 기록, 예문관 사관이 작성(집에 보관 → 후에 제출), 왕이 열람 X · 승정원일기 : 승정원에서 왕과 신하 간에 오고 간 문서와 왕의 일과를 매일 기록 　└ 인조 이후부터 갑오개혁 때까지 현존, 실록의 3배 정도의 양, 단일 기록물로 최대 분량 　└ 유네스코 기록유산 조선왕조실록은 태조부터 철종에 이르기까지 25대 472년간의 역사를 연월일 순서에 따라 기록하였다. 실록을 작성할 때는 사관이 기록한 사초와 여러 관청의 기록물, 개인의 일기 등을 망라하였다. 그 내용은 왕의 행동뿐 아니라 당시의 정치와 사회, 경제, 풍속, 음악 등 모든 부문의 역사적 사실을 자세히 담고 있다.
보 관	· 보관 : 사고에 보관 · 포쇄 작업 : 3년마다 전임 사관이 일정 규례에 따라 시행 ※ 사고 · 조선 전기 : 세종 때 춘추관, 성주, 충주, 전주 사고 정비 · 임진왜란 : 전주 사고를 제외하고 모두 소실 · 광해군 : 5대 사고 → 춘추관, 정족산, 적상산, 태백산, 오대산 · 인조 : 이괄의 난으로 춘추관 사고가 소실

※ <u>고려왕조실록 : 거란족의 침입 때 소실 → 현종 ; 7대 실록 편찬, 현존 X(→ 임란 때 소실)</u>
※ <u>연산군과 광해군은 일기 형식　　　　　　※ 노산군일기 → 단종실록(숙종 때)</u>
※ <u>수정실록 : 선조실록, 현종실록, 경종실록은 수정되어 두 종류의 실록이 존재</u>
※ <u>현종개수실록 : 처음부터 내용을 완전히 고치는 수준이었다.</u>
※ <u>보궐정오 : 글자나 내용을 수정 → 숙종실록보궐정오</u>

★ 의궤 : 반복되는 중요한 행사의 시행착오를 방지하기 위해 편찬
· 조선 전기부터 왕실의 중요 행사 시 임시 기구인 도감에서 편찬
· 내용 : 행사 과정과 참가자, 비용 등을 자세히 기록
· 보관 : 1부는 어람용, 나머지는 사고에 보관
· 임란 이후 것만 현존　　　※현존 최고 의궤 : 1601년 선조 때 의인왕후의 장례기록을 남긴 의궤
· 병인양요 때 프랑스군이 강화도 외규장각의 의궤 약탈 → 프랑스 국립 도서관에 보관
· 반환 : 김영삼 정부 시절 1권을 돌려받았고, 2011년 임대 형식으로 반환
· 유네스코 기록유산

★ 국조보감 : 역대 왕의 행적 중 모범이 되는 것을 뽑아 편년체로 편찬
· 세종 : 태조와 태종보감 완성 → 세조 : 세종과 문종의 보감이 완성 → 4조 보감 편찬
· 1908년 이용원이 전 조선의 보감을 모두 모아 편찬
· 선원록 : 숙종 때 편찬된 조선 왕실 족보, 선원계략기보

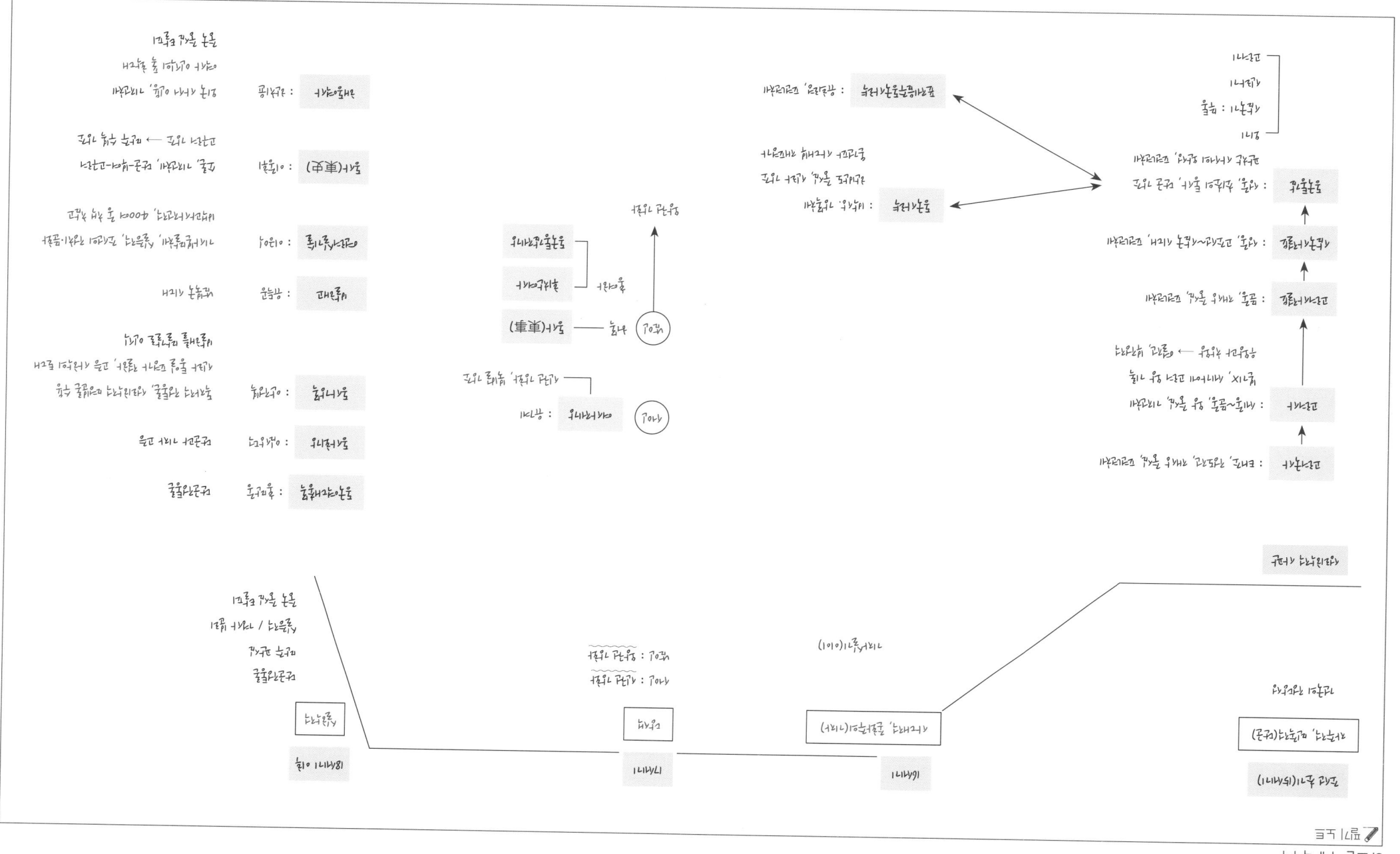

THEME 054 　 조선 시대 역사서 　 조선 시대

THEME 054 ‖ 조선 시대 역사서

(1) 조선 초기~15세기의 역사서

특 징	• 건국 초기 : 건국의 정당성을 확보하기 위해서 고려의 역사를 정리하여 고려국사, 고려사, 고려사절요 등이 편찬 • 세종 : 왕실의 권위를 높이려는 자주적 사관이 강조 • 세조 : 자주적 통사의 편찬을 시도하며 동국통감을 편찬하기 시작하였고, 성종 때 완성

★ 주요 사서

고려국사	• 태조, 정도전, 편년체, 재상 중심, 건국의 정당성 확보를 위해서 고려 후기를 부정적으로 서술
동국사략	• 태종, 권근과 하륜, 고조선 계승 강조, 삼국사략
동국세년가	• 세종, 단군~고려 말까지를 노래(서사시)의 형태로 서술
고려사	• 세종의 명으로 편찬 시작 → 문종 때 완성, 김종서와 정인지 등이 저술, 기전체(본기 X, 우왕과 창왕을 부정적으로 열전에 수록), 자주적으로 고려사 재정리 　　※ 고려사 서문 　태조께서는 고려의 왕조는 이미 폐허로 되었으나 그 역사를 사라지게 할 수 없다고 생각하여 사관(史官)들에게 고려 역사를 편찬케 하셨는데 …… 야사(野史)들의 각종 기록을 참고하고 관부의 옛 장서들을 들추어서 삼가 3년간 노력을 다하여 힘껏 고려 일대의 역사를 완성했습니다. …… 이것으로 역사의 밝은 거울을 후대 사람들에게 보이며 선악의 사실들을 영원히 전하도록 하였습니다.
고려사절요	• 문종, 관료적 입장 반영, 편년체
삼국사절요	• 세조~성종, 고조선에서 삼국 시대의 역사 정리, 편년체, 자주적, 부국강병 목적, 고조선 - 고구려 - 고려 체계 강조
동국통감	• 세조~성종 • 고려사절요 + 삼국사절요, 고조선~고려 말까지 서술한 최초의 통사 • 단군을 민족의 시조로 강조, 편년체, 관찬 사서의 완성 • 국왕과 훈구, 사림이 모두 참여, 성리학적 명분론 반영, 도덕적 이상주의를 지나치게 강조 • 구성 : 외기, 삼국기(무통으로 서술), 신라기, 고려기　　★ 성종은 사림들을 시켜 신편동국통감을 완성

※ 고려사
듣건대 새 도끼 자루를 다루듯 헌 도끼 자루를 표준으로 삼고 … 범례는 사마천의 〈사기〉를 본받았고, 본기라고 하지 않고 세가라고 한 것은 명분의 중요함을 보이려 한 것인데 신우(우왕), 신창(창왕)을 세가에 넣지 않고 열전으로 내려놓은 것은 왕위 찬탈한 죄를 엄히 밝히려 한 까닭입니다.

※ 동국통감
일찍이 세조께서, "우리 동방에는 비록 여러 역사서가 있으나 장편으로 되어 귀감으로 삼을 만한 것이 없다."라고 말씀하시고, 관리들에게 명하여 편찬하게 하셨지만 제대로 이루어지지 못하였습니다. 주상께서 그 뜻을 이어받아 서거정 등에게 편찬을 명하였습니다.

(2) 16세기의 역사서

특 징	• 특징 : 존화주의, 사대적, 기자 강조, 사략 유행 • 동국통감 비판 : 동국사략(중종, 박상), 표제음주동국사략(유희령)
주요 사서	• 기자 강조 　└ 기자실기 : 1580년, 선조 시절, 이이, 기자 강조 → "한반도를 도덕적으로 교화시키고, 왕도 정치를 시작한 군주" 　└ 기자지 : 선조, 윤두수, 기자 조선 연구 • 동국사략 : 1522년, 중종 시절, 박상, 조선사략, 강목체, 사림의 역사관 반영, 동국통감 비판, 신라 통일과 한반도 중심의 역사 강조, 온건파 사대부 긍정적 평가 • 표제음주동국사략 : 중종 시절, 유희령, 편년체, 중국 증선지의 십팔사략의 형태, 동국통감 비판, 고구려 강조, 4국시대(고구려, 백제, 신라, 가야)

※ 이이 : 역사의 평가에서 동기의 도덕적 선악을 강조, 도덕 사관

(3) 17세기 역사서

특 징	• 성리학적 사관의 강조로 강목체 사서가 유행, 붕당 정치의 전개로 당색이 반영된 역사서가 등장

※ 남인(왕권 강화) VS 서인(신권 강화)

북 인	남 인	서 인
• 동사보유 　└ 광해군~인조, 조정이 편찬, 편년체 　└ 단군과 기자 강조, 고구려와 백제의 역사 강조	• 동사찬요 : 광해군, 오운, 기전체, 의병과 애국장군 찬양 • 휘찬여사 : 인조, 홍여하, 기전체, 고려사 재정리, 왕권 강화 • 동국통감제강 : 현종, 홍여하, 강목체, 왕권 강화, 붕당 정치 비판, '기자조선 - 마한 - 신라'의 정통 강조 • 동사(東事) : 현종, 허목, 기전체, 북벌 비판, 붕당 정치 비판, 왕권 강화, 전쟁보다 도덕과 평화를 강조	• 여사제강 : 현종, 유계, 강목체 　└ 고려의 북진 정책 강조, 서인의 북벌 강조 　└ 신권 강화

(4) 18세기 이후 역사서

특 징	· 성리학적 사관을 비판하는 실학자들의 사서 등장 → 민족주의적 사관과 단군정통론 강조

★ 주요 사서

기 언	· 숙종, 허목(남인), 붕당 정치와 북벌 비판, 왕과 6조 강화, 호포제 실시 반대
동국역대총목	· 숙종, 홍만종(소론), 단군정통론 강조 → 이익과 안정복에게 영향
동사회강	· 숙종, 임상덕(소론), 단군과 기자 고증, 동사강목에 영향, 마한 정통성 부정
연려실기술	· 영조 때 제작 후 정조와 순조 때 내용 추가 · 이긍익(소론), 기사본말체 · 백과사전식, 실증적, 400여 종의 사서 참고 · 조선 시대 정치와 문화사를 정리 · 사견을 빼고 객관적 서술, 인용한 서적의 출처를 기록
동사강목	· 정조, 안정복(남인), 강목체 · 독자적 정통 체계 : 단군 – 기자 – 삼한(마한) – 삼국은 무통 – 통일신라 – 고려 / 위만에 정통 X ※ 동사강목 … 정통은 단군·기자·마한·신라 문무왕(9년 이후)·고려 태조(19년 이후)이며 삼국은 무통의 시대이다. 또한 위만은 왕위를 찬탈한 반역자인데, 통감에는 단군·기자와 함께 3조선이라 일컬어서 마치 덕도 같고 의리도 같은 것처럼 하였으나 … · 성리학적 명분론 수용, 신라 통일 평가 절하, 고증사학의 토대, 발해를 말갈로 기록 · 열조통기 : 안정복, 태조~영조까지의 야사를 편년체로 정리
발해고	· 정조, 유득공(노론), '남북국' 용어 사용, 발해를 우리 역사로 인식하고 역사의 무대를 만주로 확대, 중국과 일본의 사서 참고 ※ 발해고 이런 때에 고려를 위해서 계책을 세우는 자는 마땅히 먼저 발해사를 편찬했어야 한다. 이것을 가지고 여진을 꾸짖으며 "어찌하여 우리 발해 땅을 돌려주지 않는가? 발해 땅은 바로 고구려의 땅이다." 하고는 장군 한 사람을 보내어 가서 되찾았으면 토문강 이북 지방을 차지할 수 있었을 것이다. 다시 발해사를 가지고 거란을 꾸짖었으면, 압록강 이북 지방을 차지할 수 있었을 것이다. 그런데도 마침내 발해사를 편찬하지 않아 토문강 이북과 압록강 이서가 누구 땅인지 알 수 없게 되었다. 이에 여진과 거란을 꾸짖으려 하여도 문서가 없다. 고려가 약소국이 된 것은 발해 땅을 되찾지 못했기 때문이니 한탄스러움을 이길 수 없다.
동사(東史)	· 순조, 이종휘(소론), 기전체, 단군-부여-고구려 흐름 강조 · 고구려를 강조하며 만주 수복 강조, 역사의 무대를 만주로 확대, 발해를 우리 역사로 강조, 대종교에 영향
해동역사	· 순조, 한치윤(남인)이 한진서와 합작, 기전체, 500여 종의 외국 사서를 참고하여 역사 인식의 폭 확대 · 발해사를 강조하며 신라 정통론 탈피 ※ 동이총기 : 해동역사의 서문, 단군 전 동이문화권 설정, "우리나라는 동이라 불렸지만 동이족의 문화가 높으니 조금도 부끄러울 것이 없다."

· 우리 역사의 무대를 만주로 확대 : 유득공의 발해고, 이종휘의 동사
· 역사 인식의 폭 확대 : 한치윤의 해동역사

※ 허목 : 임제의 외손, 기언, 청사열전, 현종 때 동사를 저술하여 숙종에게 바침

※ 이긍익의 연려실기술
각 항목마다 인용한 책을 밝혔으며, 축약하기는 하였으나 내 의견을 붙여 논평하지는 않았다. 동서 당파가 나뉜 후로 이쪽저쪽의 기록에 헐뜯고 칭찬한 것이 서로 반대가 되는데 한쪽에만 치우치게 편찬한 경우도 많았다. 나는 모두 그대로 수록하여 독자들이 각기 옳고 그른 것을 판단하도록 맡겼다.

※ 동사강목
삼국사에서 신라를 으뜸으로 한 것은 신라가 가장 먼저 건국되었고, 뒤에 고구려와 백제를 통합하였으며, 고려는 신라를 계승하였으므로 편찬한 것이 모두 신라의 남은 문적을 근거로 하였기 때문이다. 그러므로 편찬한 내용이 신라에 대하여는 약간 자세히 갖추어져 있고, 백제에 대하여는 겨우 세대만을 기록했을 뿐 없는 것이 많다. … 고구려의 강대하고 현저함은 백제에 비할 바가 아니며, 신라가 차지한 땅의 일부는 남쪽에 불과할 뿐이다. 그러므로 김씨(김부식)는 신라사에 쓰여진 고구려 땅을 근거로 했을 뿐이다.

★ 중인들의 역사
· 규사 : 철종, 1858년, 서얼의 역사
· 연조귀감 : 헌종, 이진흥, 향리 역사
· 호산외기 : 헌종, 1844년, 조희룡, 인물전기집
· 희조일사 : 고종, 1866년, 이경민, 중인의 전기
· 이향견문록 : 철종, 1862년, 유재건

THEME 055 조선 시대 지도와 지리서

1. 지도

개 관	• 전기 : 중앙 집권과 국방력 강화를 위해서 제작
	• 후기 : 서양 지도의 전래, 과학적 지도가 제작, 경제와 문화적 목적으로 제작, 국토를 살아있는 생명체로 인식

★ 주요 지도

혼일강리역대국도지도	태 종	• 제작 : 권근, 김사형, 이무, 이회가 참여, 권근이 발문 작성
		• 중국 지도(혼일강리도, 성교광피도) + 팔도도 + 일본도 등을 참고한 동양 최고 세계지도
		• 특징 : 중국 중심, 서아시아와 아프리카, 유럽이 그려졌지만 아메리카 대륙은 없다. 일본에 필사본 현존
팔도도	태종, 세종	• 태종 때 팔도도 : 이회가 제작, 혼일강리역대국도지도에 첨가, 현존 X → 세종 시절에도 제작
동국지도	세 조	• 정척, 양성지, 최초 실측 지도, 현존 X
조선방역지도	명 종	• 현존 최고 원본 지도, 제용감 관리가 제작, 동국지도 참고, 팔도별 색깔 표시, 만주, 대마도 포함
곤여만국전도	선 조	• 이광정과 권희가 전래한 서양 세계지도(마테오리치가 제작한 세계지도), 중국 중심의 세계관에서 탈피하는 계기
요계관방도	숙 종	• 이이명이 비변사에서 제작, 10개 병풍에 제작, 우리나라 북방 지역, 청의 군사 요새지와 만주, 만리장성이 그려져 있다.
동국지도	영 조	• 정상기가 제작, 최초로 축척 사용(100리척), 최초 민간학자에 의한 지도, 김정호의 지도 제작에 영향
대동여지도	철 종	• 김정호가 제작한 대축척 지도, 남북을 120리 간격으로 22층으로 구분하고, 동서를 80리 간격으로 끊어 19판으로 구분
		• 국가 지도를 참고하고 답사 후 제작, 목판, 대량 생산, 산경표 체계를 지도에 반영, 기호 사용, 10리마다 방점
		• 분첩절첩식 : 필요한 부분만 뽑아서 휴대 가능, 각 첩을 접으면 책 한 권의 크기로 줄어들었기 때문에 휴대 편리
천하도	미 상	• 작자 미상, 상상의 지도, 중화 사상과 도교적 내용 포함

2. 지리지

개 관	• 15세기 : 중앙 집권과 국방 강화를 위해 제작 → 16세기 : 사림들이 향촌 사회의 문화를 기록한 읍지가 편찬, 임란 이후 활발히 제작
	• 17세기 이후 : 읍지를 바탕으로 도, 국가 단위의 지리지가 편찬

★ 주요 지리지

신찬팔도지리지	세 종	• 최초의 인문지리지, 각 지방의 연혁, 인구, 호구 등 12개 항목
팔도지리지		• 양성지, 신찬팔도지리지 보완, 현존 X
동국여지승람	성 종	• 팔도지리지 + 동문선, 반포 X, 군현의 연혁과 지세·인물·풍속 등 수록, 조선 전기 가장 자세한 지리지
		책을 펴서 그 일을 따져 보고 지도를 펼쳐 그 자취를 본다면, 태산(泰山)에 오르거나 황하(黃河)의 근원을 끝까지 파고들 것 없이 8도의 지리가 마음과 눈에 환하여 문을 나가지 않고도 손바닥을 보듯이 분명히 알 것입니다. - 동국여지승람 서문 -
신증동국여지승람	중 종	• 동국여지승람 수정, 보완 → 한반도 중심의 사림의 영토관 반영
		• 박상의 동국사략과 비슷한 사림의 역사 인식 반영
동국지리지	광해군	• 한백겸, 최초의 역사 지리지, 고구려의 중심이 만주라는 것 고증, 삼한의 위치 고증, 가야의 역사 복원
택리지	영 조	• 이중환(남인), 노론에 대해 비판적, 붕당의 원인을 이조전랑에 있다고 설명
		• 지리와 생리·인심·산천을 중심으로 사람이 살만한 곳을 설명, 풍수지리의 영향 → 인간과 자연의 관계를 인과적으로 설명
여지도서		• 읍지 정리, 신증동국여지승람 보완
		• 군현별로 채색된 읍지도 첨부(최초), 전국 지리지
기 타		• 여지고 : 영조, 신경준, 동국문헌비고에 수록
		• 도로고 : 영조, 신경준, 전국의 교통로 기록, 조선 후기 경제 변화 반영, 조선 후기 상업과 교통의 모습 기록
		• 산경표 : 영조, 신경준, 지리를 인체에 비유, 대동여지도에 반영, 백두대간·장백정간 등 13개 정맥 구분, 산맥 체계를 수계와 연결, 국방과 경제에 도움

★ 혼일강리역대국도지도는 임진왜란 때 일본으로 반출되어 필사본이 류코쿠대학교에 소장되어 있다.

★ 혼일강리역대국도지도

★ 정상기는 평지에서 100리를 1척으로 하고 굴곡이 심한 곳에서는 120리 혹은 130리를 1척으로 정하여 거리를 계산하였다.

★ 청구도 : 순조, 김정호가 제작한 지도책, 최한기가 서문을 작성
　└ 대동여지도 제작에 바탕
　└ 경선과 위도 표시, 서양 기하학 이용

※ 국학 운동 : 조선 후기 실학의 영향으로 국학 운동이 일어나 우리 지리에 대한 관심이 고조되어 역사 지리지가 편찬

※ 세종실록지리지(단종)
　└ 신찬팔도지리지를 보완
　└ 지방의 연혁, 위치, 산천, 호구 등의 20여 가지 항목 기록

★ 팔도총도 : 신증동국여지승람에 수록된 지도, 울릉도와 독도를 별개 섬으로 그린 최초 지도

★ 한백겸 : 수령 역임, 서호(수색)에서 동국지리지 저술

★ 읍지 : 사림들의 주도로 향촌 사회 문화를 기록, 왜란 이후 활발히 제작

★ 아방강역고 : 순조, 정약용, 발해와 백제의 도읍지 입증, 자신의 견해 덧붙임
★ 지승 : 허목, 풍토가 인성에 영향을 미침
★ 강계고, 산수경 : 영조, 신경준
★ 해동역사지리고 : 순조, 한진서

1. 윤리서

	15세기		16세기
세 종	· 효행록 : 고려 말 권준, 중국의 효행고사를 모아 편찬 → 세종 때 개정 · 삼강행실도 : 설순, 충신과 효녀·열녀의 삼강의 모범을 도해, 그림과 설명을 한글과 한문으로 기술	중 종	· 중종 때 조광조는 소학과 주자가례를 향촌 사회에 보급 → 성리학 질서 보급 · 속삼강행실도 : 신용개, 왕명, 삼강행실도 이후 효자와 충신, 열녀 수록 · 동몽수지 : 주자의 저서, 어린이 예법 · 이륜행실도 : 조신, 장유유서 + 붕우유신 · 동몽선습 : 박세무, 어린이 학습서, 유학 입문 교재
세 조	· 오륜록 : 양성지와 노사신, 백성들의 윤리 의례서		
성 종	· 국조오례의 : 세종~성종 때 완성, 신숙주·정척 등이 참여 ※ 길례, 가례, 빈례, 군례, 흉례 등	선 조	· 격몽요결 : 이이, 한문, 어린이 학습서 ★ 조선 후기 예학의 발달로 김장생이 가례집람을 저술하면서 예학이 완성

2. 백과사전 : 조선 후기 문화 인식의 폭 확대로 백과사전류의 저서가 편찬되었다.

대동운부군옥	선 조	· 권문해, 어휘 백과사전, 옛말 사전
지봉유설	광해군	· 이수광, 백과사전의 효시, 자주적, 천주실의 소개, 곤여만국전도 소개 · 우리 역사가 중국에 뒤지지 않을 만큼 오래되었고 문화 의식이 높음을 강조
유원총보	인 조	· 김육, 중국 서적 참고
성호사설	영 조	· 이익, 삼한정통론, 천문과 자연 과학 등 소개 · 천지와 만물, 인사, 경사, 시문의 5개 부분으로 구성
동국문헌비고		· 홍봉한, 한국학 백과사전, 우리나라 역대 문물 정리, 국가 사업
청장관전서	정 조	· 이덕무, 아들 이광규가 이덕무의 시문을 정리
동문휘고		· 정창순, 조선의 외교 정리, 소중화 사상 강조
만기요람	순 조	· 심상규, 조선 후기 세금과 군사 제도 정리
오주연문장전산고	헌 종	· 이규경, 변증법, 서양 의술과 발전기에 대한 최초의 서술
동국통지	고 종	· 박주종, 고증적 역사 서술, 사찬

★ 이수광
　└ 창신동 거주, 비우당, 인조 초 12조의 상소 올림, 광해군 때 지봉유설 저술
　└ 중국을 다녀와 성리학 이외의 모든 학문을 수용하자는 개방적 자세

※ 정조 때 증정문헌비고(증보동국문헌비고) : 동국문헌비고 보완

3. 의학 서적

전 기	후 기
· 향약제생집성방 : 태조(편찬), 김희선, 우리나라에서 자생하는 약초 이용 → 향약 적용, 정종 때 간행 · 향약채취월령 : 세종, 1431년, 유효통, 토산 약재 수백 종을 검토·연구 · 향약집성방 : 세종, 1433년, 유효통, 향약채취월령을 토대로 자주적인 치료 방법과 1천여 종의 질병 예방법 제시 ★ 주의 현존 최고 자주적 의학 서적 : 향약구급방(고려 후기) · 의방유취 : 세종, 1445년, 전순의, 왕명으로 편찬, 중국의 의학 서적 참고, 365권으로 된 동양 최대 의학 백과사전 · 태산요록 : 세종, 1434년, 산부인과 의서 · 신주무원록 : 세종, 1438년 편찬, 1440년 반포, 법의학서	· 동의보감 : 광해군, 1613년, 허준, 왕명(선조~광해군), 동양 의학 백과사전, 일본과 중국에서도 간행 　└ 치료보다 예방에 중점, 도교의 영향, 향약명을 한글로 표기, 의료 지식의 민간 보급, 유네스코 기록유산 · 신찬벽온방 : 광해군, 1613년, 허준, 전염병에 대한 치료 의학 서적(벽역신방) · 침구경험방 : 인조, 1630년, 허임, 자신의 경험을 토대로 침술 정리 · 벽온신방 : 효종, 1653년, 안경창, 전염병 치료서 · 마과회통 : 정조, 1798년, 정약용, 제너의 종두법 처음 소개　★ 정약용은 박제가와 함께 종두법 연구 · 제중신편 : 정조, 1799년, 강명길, 임상 진료 치료서 · 방약합편 : 고종, 1884년, 황도연, 의방활투와 손익본초를 합하여 간행 · 동의수세보원 : 고종, 1894년, 이제마, 사상 의학(태양인, 태음인, 소양인, 소음인으로 구분)

1. 성리학의 전래와 발전

전 래		• 고려 말 충렬왕 시절 안향이 원에서 전래 → 신진사대부가 적극 수용 : 혁명파 사대부는 성리학보다 주례 강조, 온건파 사대부는 성리학을 절대시
발 전	조선 초기	• 관학파(훈구파)의 집권 : 성리학보다 주례 강조, 다른 사상에 대해 포용적
	16세기 이후	• 사림의 정계 진출로 성리학 질서의 강화 : 길재의 영향을 받은 김숙자, 김종직 부자가 후학 양성 → 16세기 이후 이황과 기대승 사이의 4단7정론 → 주리론과 주기론으로 분열

✎ 필기 노트

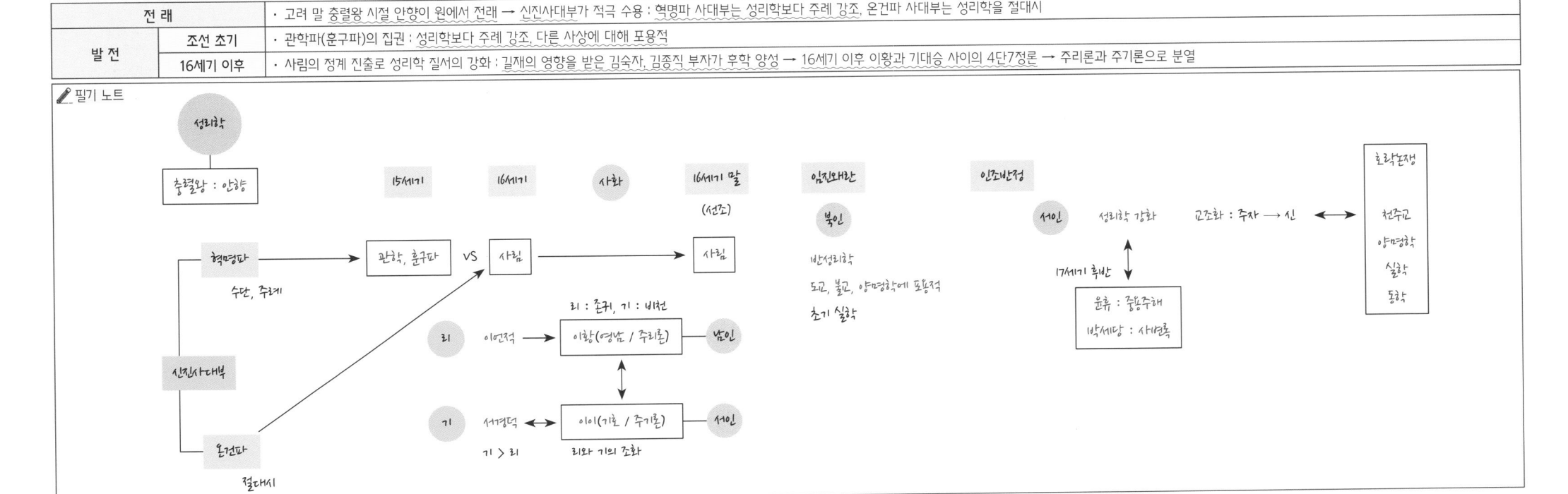

2. 16세기 이후 성리학의 발전

(1) 4단 7정론

발단과 전개	• 천명이 심성에서 발동한다는 천명도가 발단, 권근이 효시 → 이황과 기대승 사이의 이기논쟁
결 과	• 주리론 : 이언적(선구) → 이황(집대성) : 영남학파, 남인 • 주기론 : 서경덕(선구) → 이이(집대성) : 기호학파, 서인

★ 주기론과 주리론

	주리론	주기론
발전	• 이언적 → 이황, 유성룡, 김성일 등	• 서경덕 → 이이, 조헌, 성혼, 김장생(가례집람 : 예학 완성) 등
학파	• 영남학파, 동인 → 남인	• 기호학파, 서인 → 노론
성향	• 도덕적 교화 강조	• 물질적, 경험적, 경제적 문제 강조, 제도 개혁 강조
정치	• 왕권 강화	• 신권 강화
경제	• 농업 중심의 경제	• 상공업 중심 경제에 호의적
신분 질서	• 양반 중심의 신분 질서 강화	• 양반 중심의 신분 질서 완화
예학	• 주자가례 강조	• 가례집람(김장생)
서원	• 도산서원(안동)	• 문회서원
영향	• 위정척사와 의병에 영향	• 북학과 개화에 영향

★ 주요 성리학자
• 이언적 : '기'보다 '이' 강조, 주리론의 선구자, 회재집에서 성학군주론 주장, 옥산서원(경주, 양동 마을)
• 조식 : 경과 의를 근본으로 하는 실천적 학풍, 노장 사상에 포용적, 의병에 영향, 북인에 영향(정인홍 등)
  └ 을묘사직소(명종), 서리망국론에서 경저리 비판, 문묘에 배향되지 못함
  └ 진주와 덕천 지방을 중심으로 활동, 지리산 처사라 불리며 관직에 진출 X
• 서경덕 : '이'보다 '기'를 강조, 주기론의 선구자, 불교와 노장 사상에 개방적, 양명학 수용
  └ 개성을 근거지로 활동, 벼슬을 하지 않고 독창적인 철학 강조
• 기대승 : 주자대전의 중요 부분을 발췌하여 주자문록을 편찬
• 주요 활동 지역 : 조식(진주, 덕천), 이황(안동), 이이(파주), 서경덕(개성)

(2) 이황과 이이

	이황(주리론, 영남학파)	이이(주기론, 기호학파)
활동	· 기묘사화 이후 위축된 사림의 유교적 이상 사회 건설을 이론적으로 정립하려고 노력 · 주자의 이론을 조선의 현실에 맞게 반영하고자 하였다.	· 사림이 중앙 정계에 진출하여 직접 개혁을 실시하는 시기에 활동
별칭	· 동방의 주자	· 동방의 공자, 구도장원공
학파	· 영남학파 → 유성룡, 김성일, 정구 등	· 기호학파 : 정엽, 김장생, 성혼, 조헌, 송시열 등
향약	· 예안향약 : 도덕적 교화 강조	· 해주향약, 서원향약 : 경제적 안정 강조
성학군주론	· 성학십도 : '군주 스스로 성학을 따를 것 강조', 성학을 체계적으로 설명하여 선조가 성군이 되기를 희망 → 태극, 서명, 소학, 대학, 심학, 경재잠 등으로 구성	· 성학집요 : 대학의 본의에 의거, 성현의 말씀 인용 → '현명한 신하가 성학을 군주에게 가르칠 것' 강조
정치 철학	· 왕권 강화, 신분 질서의 강화	· 신권 강화, 신분 질서의 완화
학설	· 이기이원론, 이기호발설(이의 절대성, 능동성과 자발성 강조), "이는 존귀, 기는 비천", '경' 사상 강조 · 이황은 우주론보다 도덕 수양의 근거가 되는 심성론 확립에 노력	· 이통기국 : 이는 보편성, 기는 차별성 · 일원론적인 이기이원론(이와 기는 논리적으로 구분, 현실적 구분 X), 기발(이승)일도설(기의 활동성 강조) · 이와 기의 조화, 이와 기의 선후 관계가 없음, 도덕적 이상 사회와 현실적 경험 세계의 조화 · 사회경장론 강조, 도덕 사관(동기의 선악으로 역사를 평가할 것), '성' 사상 강조, 소학 장려
영향	· 임란 이후 이황의 자성록은 일본의 성리학 형성에 영향을 주었고, 개항 이후 위정척사에 영향을 주었다.	· 실학과 북학에 영향을 주었고, 개화 사상에 영향을 주었다.
저술	· 주자서절요, 도산십이곡, 퇴계전서, 이학통록, 전습록변, 심경 등	· 만언봉사, 10만 양병설, 동호문답, 격몽요결, 소학집주, 경연일기, 기자실기 등 ※ 동호문답 : 수미법 주장, 왕도 정치 구현 강조, 통치 제도와 수취 제도 개혁 제시
서원	· 도산서원(안동) ※ 백운동 서원 사액 건의	· 문회서원, 자운서원(파주), 소현서원(해주) 등

3. 임란 이후 성리학 질서의 변화

| 성리학 질서 약화 | · 북인의 집권으로 성리학 질서 약화   ★ 북인은 절의를 강조하며 성리학적 명분론에 집착이 덜하여 중립 외교를 추진
· 초기 실학의 형성 : 침류대학사라 불리며 불교, 도교, 양명학 등의 사상에 포용적 |

| ↓ 인조반정 |

| 성리학 질서 강화 | · 서인의 집권 : 성리학적 질서를 강화하며 예학과 보학을 중요시하며 양반 중심의 신분 질서 강조
· 서인들의 친명배금 외교로 호란 발생 → 호란 이후 성리학 질서를 강화하고, 소중화 사상을 강조하며 북벌 추진
· 서인들은 성리학을 교조화하며 주자 중심의 성리학으로 사회 문제를 해결 할 수 있다고 강조 |

| ↓ |

| 성리학에 대한 반발 | · 17세기 후반 윤휴와 박세당은 성리학을 상대화하고 6경과 제자백가를 강조하다 사문난적으로 몰렸다.
· 윤휴 : 중용주해에서 주자와 다른 학설 강조
· 박세당 : 사변록에서 주자의 성리학 비판, 양명학과 노장 사상 강조
· 성리학에 대한 반발 : 양명학(소론, 정제두, 강화학파), 천주교(남인 학자들이 신앙화), 실학, 동학, 호락논쟁 등이 연구 |

★ 광해군 시절 주요 학자
· 정인홍 : 조식의 제자, 회퇴변척소 → 이황과 이언적 비판 → 사문난적으로 몰림
· 이수광 : 지봉유설, 실학을 처음으로 이론화
· 허균 : 호민 혁명, 유재론에서 서얼의 차별 비판, 홍길동전
· 한백겸 : 동국지리지(최초의 역사 지리지)

★ 예학 : 양반 신분 질서 강화
  → 16세기 이후 발달, 가정에서는 주자가례 강조
  → 가례집람 : 김장생의 예학 완성(숙종, 송시열 등이 간행)
  → 김집에게 계승
★ 보학 : 양반 사림의 신분적 우위와 문벌을 과시하는 데 이용

★ 윤휴
  → 남인 계통, 예송논쟁에 참여
  → 송시열의 예론 비판, "자사의 뜻을 주자만 알고 나는 모르겠는가?"
  → 중용주해에서 주자와 다르게 중용을 해석 → 사문난적으로 몰림
  → 숙종 시절 북벌 주장, 경신환국으로 처형

★ 호락논쟁

발 생	18세기 후반 영조 시절, 노론 사이의 이기논쟁								
	호 론					낙 론			
출 신	• 충청도 노론					• 서울 노론			
대표자	• 권상하, 한원진, 윤봉구 등					• 이간, 이재, 김창협, 김원행 등 ※ 주의 : 서울 노론은 모두가 북학은 아님			
학 설	• 인물성이론, 마음의 본체에도 선악이 있음					• 인물성동론, 마음의 본체는 원래 선함			
성리학 입장	• 성리학적 질서 강조					• 성리학적 질서 부정			
이와 기	• 기의 차별성 강조					• 리의 보편성 강조			
영 향	• 북벌 지지, 위정척사에 영향 → 흥선대원군의 통상 수교 거부 정책 지지					• 영조의 정책 지지, 북학과 개화 사상에 영향			
인물성동이론	★ 인물성이론 : 호론					★ 인물성동론 : 낙론			
	인성(상)	중화	조선	위 정 척 사	성리학적 질서	인성(상)	중화	조선	북학 → 개화
	≠	≠	≠			‖	‖	‖	
	물성(하)	오랑캐	청		일본, 서양 세력	물성(하)	오랑캐	청	일본, 서양 세력

★ 주요 성리학자

	김종직	조광조	서경덕	이언적	조식	이황	이이	송시열	윤휴
시 기	· 세조 ~ 성종	· 중종	· 성종 ~ 명종	· 성종 ~ 명종	· 연산군 ~ 선조	· 연산군 ~ 선조 초기	· 중종 ~ 선조	· 선조 ~ 숙종	· 광해군 ~ 숙종
학 풍	· 길재의 학풍 계승	· 도학정치 강조 · 소학, 주자가례 강조	· 기일원론 · 주기론의 선구 · '리'보다 '기' 강조 · 절대적으로 '기' 강조	· 주리론의 선구 └ 이황에게 영향	· '경'과 '의' 강조 · 실천적 학풍 · 지리산 처사 └ 진주, 덕천 지방	· 주자의 이론을 조선에 반영 · 이기이원론, 이기호발설 · '이'의 절대성, 능동성 · '이'는 존귀, '기'는 비천 · 동방의 주자 · '경' 사상 강조	· 동방의 공자, 구도장원공 · 이통기국, '이'와 '기' 조화 · 일원론적 이기이원론 · 기발일도설 · '이'와 '기' : 양자불리 　└ 논리적 구분 O 　└ 현실적 구분 X · 상대적으로 '기' 강조	· 이이의 주기론 계승 · '송자'라 불림 └ 송자대전(정조)	· 중용주해 └ 주자와 다른 해석 · "자사의 뜻을 주자만 알고 어찌 나는 모르겠는가?"
타 사상		· 불교와 도교 배척 · 소격서 폐지 주장	· 불교와 노장사상에 개방적 · 양명학 수용		· 노장사상에 포용적	· 양명학 비판 └ 전습록변			· 사문난적으로 몰림
제 자	· 김굉필, 정여창 등				· 정인홍 등의 북인	· 영남학파 : 유성룡 등	· 기호학파 : 김장생 등	· 노론에게 영향	
정 치	· 세조 때 과거 급제 · 성종 때 사림 형성	· 현량과 실시 · 언론 강화, 경연 주장	· 조광조가 추천 └ 관직 진출 X · 개성에서 학문 연구	· 회재집 └ 성학군주론	· 이언적 등이 천거 └ 거부, 관직 X · 을묘사직소(명종)	· 왕권 강화 · 성학십도 저술	· 신권 강화 · 성학집요(대학 보완) 저술	· 예송논쟁 └ 서인의 입장 대변	· 예송논쟁에 참여 └ 남인의 입장 대변 · 숙종 때 북벌 강조
경 제		· 대공수미법 주장 · 균전론, 한전론		· 방납의 폐단 비판 └ 서리망국론		· 농업 중심의 경제	· 상공업도 중시	· 민생안정 강조	
사 회		· 유향소 폐지 주장				· 신분질서 강화 · 도덕적 교화 강조	· 신분질서 완화 · 사회경장론, 10만양병설		
향 약		· 중국 여씨 향약 도입 └ 한글로 번역				· 예안향약(도덕적 교육)	· 해주향약, 서원향약 └ 경제적 안정 강조		
서 원	· 예림서원(밀양)	· 죽수서원		· 옥산서원(경주) └ 양동마을	· 덕천서원	· 백운동 서원의 사액 건의 · 도산서원(안동)	· 자운서원(파주) · 소현서원(해주)	· 화양동 서원 · 대로사 → 강한사	
영 향						· 일본 성리학에 영향 · 위정척사에 영향	· 실학과 북학에 영향	· 노론에 영향	
저 술	· 조의제문	· 정암집 · 절명시 : 기묘사화	· 화담집, 태허설	· 회재집	· 남명집 · 파한잡기 등	· 성학십도, 주자서절요 · 자성록, 심경, 이학통록 · 전습록변, 퇴계전서 등	· 동호문답, 만언봉사 · 기자실기 · 성학집요, 격몽요결 · 인심도심설 등	· 기축봉사(효종) └ 북벌 강조	· 중용주해 · 백호문집 · 백호전서 등
주 의	· 무오사화 └ 부관참시	· 유허비 : 전남 화순		· 양재역 벽서사건 └ 명종, 유배	· 문묘 배향 X		· 도덕사관 : 동기의 선악 강조	· 기사환국 때 사형	· 경신환국 때 처형

1. 천주교

전래	• 17세기 초 선교사의 입국 없이 중국을 다녀오던 사신들에 의해서 신앙이 아닌 서학으로 전래
	★ 천주교 소개
	• 정두원은 천주교 서적을 전래, 이수광의 지봉유설(천주실의 소개), 유몽인의 어우야담, 허균의 천주교12단 등
	★ 유몽인 : 은광 개발, 화폐 유통 주장, 선박과 수레, 벽돌 사용, 노포 설치 주장
신앙화	• 18세기 후반 정조 시절 남인 학자들이 신앙화, 초기에 정부는 천주교가 저절로 사라질 것으로 여겨 탄압 X
	• 이익 : 서양 천주 = 동양 상제, 신중한 자세, '불교처럼 허망하다.' 비판
	• 안정복 : 천학문답에서 천주교 비판, 서양 기술은 수용
탄압	• 탄압 : 정조 시절 천주교 금지령 → 대규모의 탄압은 없었음 ★ 추조 적발 사건(명례방 사건), 반회 사건
	• 배경 : 제사 거부, 평등, 정쟁에 이용되어 탄압
	★ 주의 : 안동 김씨 집권 시기에는 천주교 탄압이 완화, 이 시기 평민과 여성을 중심으로 확산
박해	• 신해박해(1791, 정조) : 진산 사건(윤지충이 어머니상을 천주교식으로 하다 발각)으로 윤지충, 권상연이 처형
	• 신유박해(1801, 순조) : 정순왕후의 노론 벽파가 남인 시파를 제거, 이승훈 사형, 정약용(강진)과 정약전(흑산도) 유배, 황사영 백서 사건, 선교사 주문모 순교
	• 기해박해(1839, 헌종) : 풍양 조씨가 안동 김씨 가문을 공격하기 위해 탄압, 오가작통법이 천주교 탄압에 이용, 선교사 모방 순교, 정하상(상재전서) 사형, 척사윤음 반포
	• 병오박해(1846, 헌종) : 김대건(한국인 최초의 신부) 사형
	• 병인박해(1866, 고종, 흥선대원군) : 최대 박해, 흥선대원군이 선교사 9명 사형, 8,000명의 신도 처형. 병인양요 발생의 원인

★ 천주교의 신앙화
- 1777년 정조 시절 교리연구회 조직
- 1784년 이승훈이 최초로 영세를 받고 귀국
- 1785년 김범우의 집에 명례동 교회 설립
- 18세기 후반 천주교 서적이 한글로 번역되어 보급
- 1831년 순조 시절 조선교구 설치
- 19세기 서양 선교사 입국, 한국인 신부 등장(김대건)

★ 이승훈 : 최초의 영세자, 천주교 교회 창설, 신유박해 때 처형
★ 김대건 : 한국인 최초의 신부(헌종), 충청도 당진(솔뫼)을 근거로 포교
★ 윤지충 : 최초의 순교자, 신해박해 때 처형
★ 주문모 : 최초의 중국인 신부(신유박해 때 사형, 최초의 외국인 순교 신부)
★ 모방 : 최초의 서양인 신부(기해박해 때 사형)
★ 주교요지 : 정약종, 천주교 교리 해설서(순한글)

2. 양명학

수용	• 16세기 서경덕 학파가 종교로 수용
	• 16세기 말 남언경, 이요 등이 연구 → 17세기에는 최명길, 장유, 최석정 등이 연구
	• 비판 : 이황은 전습록변에서 양명학 비판, 유성룡도 양명학 비판 → 이런 비판적 분위기가 양명학에 대한 관심 유도
	★ 양명학
	• 기원 : 명의 왕수인(왕양명)이 성리학의 관념성과 비실천성을 비판하며 주장, 경전은 전습록
	• 사상 : 양지, 치양지, 지행합일(실천성 강조), 심즉리
	• 일반민을 도덕 실천의 주체로 파악(친민설)하며 신분제 폐지 주장
연구	• 18세기 재야 소론 학자들과 불우한 종친 중심으로 연구
	• 서해안 지방에서 호응, 실학자와 교류하며 영향을 주었다.
	• 강화학파 : 소론 정제두가 가학으로 연구하며 강화도 하곡에서 학파를 형성
	└ 국어학, 역사, 서예, 문학 등 우리 고유 문화에 관심
	└ 계승 : 이건창, 박은식, 정인보, 김택영 등
	• 한계 : 양주음왕(내면적 연구) → 실천성 약함

★ 정제두
- "나의 학문은 안에서만 구할 뿐 밖에서 구하지 않는다."
- 소론, 가학으로 양명학 연구, 강화도 하곡에서 강화학파 조직
- 일반민을 도덕 실천의 주체로 인정 → 양반 신분제 폐지를 주장
- 존언, 만물일체설, 변퇴계전습록변, 하곡문집 등

3. 도교

전기	• 강화도 마니산에서 초제 거행
	• 소격서에 도교 행사 주관 → 16세기 중종 : 조광조의 주장으로 소격서 폐지, 도교 행사 금지
	• 향촌에서 선비들이 심신의 연마를 위해서 도교를 수련(수련 도교)
후기	• 북인 학자 한백겸, 이수광, 허균, 유몽인 등이 관심

★ 도교의 영향
- 정감록과 토정비결에 영향
- 동의보감 : 도교적 의학 지식 반영, 유네스코 기록유산
- 해동이적 : 17세기 말, 홍만종
- 청사열전(허목), 사부고(허균), 어우야담(유몽인)

4. 동학

창시	· 1860년, 철종 때, 경주에서 몰락한 양반 최제우가 창시
교리	· 유교·불교·도교의 장점 수용, 천주교의 교리도 일부 수용, 궁궁을을이라는 부적과 주술 강조, 주기론적 · 성리학과 불교, 천주교 배격 · 인내천, 후천개벽, 보국안민, 시천주(한울님, 평등), 사인여천(평등 강조)
탄압	· 1863년 철종 때 사교 지정(금지령 반포) · 1864년 최제우가 혹세무민의 죄목으로 대구에서 사형을 당하였다.
발전	· 2대 교주 최시형 : 포접제(법소 : 충주)를 조직, 동경대전(한문, 포덕문, 논학문, 수덕문)과 용담유사(한글, 용담가, 안심가) 편찬 · 3대 교주 손병희 : 1905년 동학을 천도교로 개칭

★ 동학의 교리
  └ 인내천 : 인간이 곧 하늘 → 인간 존중
  └ 후천개벽 : 조선 왕조 부정
  └ 시천주 : 천주님(한울님) 섬김
  └ 평등 사상, 사인여천, 보국안민

5. 불교

정부 정책	· 조선은 숭유 억불책을 실시하여 불교를 탄압 · 사원전과 노비를 몰수하여 국가 재정 수입을 확보 · 승려로의 출가를 제한하여 양민의 수를 확보 · 왕실이나 부녀자층, 민간에서는 신봉
불교 탄압	· 태조 : 도첩제 실시, 승려 수 제한, 무학대사(왕사)와 조구(국사, 천태종)가 활동 · 태종 : 도첩제 강화, 사원전과 노비 몰수, 5교양종으로 종파 정리(242개 사원만 인정), 개성에 있던 내원당을 서울 창덕궁으로 이전 · 세종 : 선교양종으로 종파 정리(선종 18개, 교종 18개의 사찰만 인정), 내불당 건립, 월인천강지곡·석보상절 편찬, 기화(현정론 : 유교와 불교 일치) · 세조 : 개인적으로 불교 숭상, 간경도감 설치, 원각사와 원각사지 10층 석탑 건립, 월인석보를 언해, 신미와 수미 등의 선승 선임 · 성종 : 도첩제 폐지 → 승려 출가 금지 · 중종 : 승과 제도 폐지 · 명종 : 문정왕후의 비호 아래 승과 제도와 선교 양종이 부활 → 문정왕후 사망 후 폐지, 보우 등이 활동, 휴정·유정·언기·태능 등 고승 배출
조선 후기	· 민간에서 불교에 대한 관심이 다시 높아짐 · 양반 지주의 지원 : 금산사 미륵전, 화엄사 각황전, 법주사 팔상전(현존 최고 목탑) 건축 · 상인과 부농의 지원 : 쌍계사, 개암사, 석남사 등 건립 · 왕실의 지원으로 불국사 대웅전 등이 중건됨

★ 조선 시대 승려
  └ 승려의 도성 출입 금지
  └ 사찰 주지를 국가가 임명(임기 30개월)
  └ 천민, 승려들을 역에 동원
★ 도첩제 : 승려 허가제, 승려로의 출가 제한

6. 풍수지리와 민간신앙

풍수지리	· 한양 천도, 주택과 산송, 정감록에 영향
무격신앙	· 샤머니즘, 산신숭배, 부락제 등의 무격신앙이 서민 사이에서 유행 · 정부 : 무속을 음사로 규정, 서울 장안에 무당의 거주 금지 · 국무당 : 왕실은 궁내에 국무당을 설치하여 무속의 심령 치료와 질병 치료 기능은 인정

★ 숭령전 : 평양, 단군 사당   ※ 고려 숙종 : 평양에 기자 사당 설치
★ 숭인전 : 기자 사당
★ 삼성사 : 황해도 구월산에 설치, 환인, 환웅과 단군을 제사
★ 이사제 : 태종, 민간신앙을 규제하면서 유교적 공동체 강화
★ 참요 유행
  └ 완산요 : 백제 분열 예언
  └ 목자요 : 이성계의 조선 건국 예언
  └ 남산요 : 조선 초 왕자의 난 예언
  └ 미나리요 : 희빈 장씨의 몰락 예언

1. 중농학파

경세치용 학파	• 경기도 남인, 지주제 혁파를 통한 자영농의 육성 목표 → 서인의 정책 비판 • 주자의 해석에 얽매이지 않고 제자백가에 박식, 이단 포용 • 대표자 : 유형원, 이익, 정약용, 서유구(둔전론 : 국영농장 → 임노동자 고용)		★ 기타 중농학파 • 박세당 : 색경, 사변록 • 윤휴 : 백호독서기 • 홍만선 : 산림경제 • 서유구 : 임원경제지, 종저보(고구마 재배법), 둔전론 : 국영농장, 임노동자 고용 • 우하영 : 천일록, 관수만록, 수차 보급, 상업적 농업 주장

★ 주요 학자 ★	(반계) 유형원	(성호) 이익	(다산) 정약용
출신과 활동	• 광해군 복위를 시도한 유흠의 아들, 17세기 후반 활동 • 전북 부안 우반동의 반계서당에서 공전제와 토지 재분배 주장	• 18세기 활동, 관직 진출 X, 성호학파, 유형원과 사촌 • 북인에서 전향한 남인, 경기도 첨성촌 은거 • 6경고학, 한당유학, 천주교와 민간신앙에도 관심 많음	• 18세기~19세기, 유교 경전 연구, 홍석주와 신작 등과 교류 • 신유박해로 강진에서 18년간 유배 생활, 다산 초당에서 학문 연구 • 1818년 경기도 남양주로 귀향
토지와 경제 개혁	• 균전론(반계수록) 　┗ 관리·선비·농민 등 신분에 따른 차등 분배, 병농일치, 사농일치 • 결부제 폐지 → 경무법 시행 주장 • 토지를 기준으로 역역을 부과할 것 주장	• 한전론(성호사설의 곽우록) 　┗ 매호당 20결의 토지를 영업전으로 지급 → 매매 금지 　┗ 영업전 이외의 토지 → 매매 허용 • 고리대·화폐·환곡 개선책 주장, 폐전론, 사창제 실시 주장	• 여전제 : 전론, 병농일치, 균전론과 한전론 비판 　┗ 중국 정전제 우리 현실에 맞게 조정 　┗ 30호 = 1여, 공동 소유, 공동 경작, 노동량에 따라 차등 분배 • 정전제 : 여전제의 한계로 정전제 주장, 토지와 모든 재원에 1/10 세율 적용 　┗ 전국 토지 국유화 → 정전 편성 → 1/9은 공전 지정, 나머지는 농민이 경작
역사와 정치	• 북벌 완수 주장	• 실증적·비판적 역사 강조, 중국 중심 탈피 주장 • 삼한정통론 : 안정복에게 영향 • 시세 강조 : 이이의 도덕사관 비판 • 붕당론 : 선비들의 먹이 다툼 　┗ 선비들도 생업에 종사, 과거 → 5년으로 확대 　┗ 천거제 병행, 왕이 친병, 이조전랑 권한 혁파, 군주의 인사권 보장	• 군주의 선거제, 전국을 12개 성으로 구획, 관리 고과제 • 군주 중심의 정치 체제 확립 : 언관의 역할 제약, 6조의 기능 재조정 제안
사회 개혁	• 노비세습제 혁파 주장(노비제는 인정), 양반문벌을 비판하며 과거제 폐지 주장	• 6좀론 : 노비, 과거, 양반 문벌 제도, 사치와 미신, 승려, 게으름 • 노비 매매 금지 주장	• 선박과 수레 크기, 도로 규격화
과 학		• 시헌력 강조, 지심론 ※ 시헌력 : 효종 때 김육(인간평등론, 대동법 확대 건의)이 도입	• 마과회통 : 종두법 소개, 박제가와 함께 종두법 연구 • 이용감(과학 발전 위해, 청 과학 수용) 설치, 거중기와 배다리, 기예론
편찬 활동	• 동국여지지 : 현종, 전국 지리지 • 반계수록 : 현종 때 저술 → 영조 때 편찬, 백과사전 X	• 성호사설, 곽우록, 성호질서, 성호선생문집, 사질신편, 성호집성록	• 3부작 　┗ 경세유표 : 주례 토대, 중앙 정부 개혁안, 정전제 　┗ 목민심서 : 수령의 치민 도리 　┗ 흠흠신서 : 형옥에 대한 법정서, 형옥 담당 관리 지침서 • 3논설 　┗ 탕론 : 백성이 근본, 천자는 대행자, 천명은 민심에서 나온다. 　┗ 원목 : 백성에 의해 왕이 교체 될 수 있음 　┗ 전론 : 경자유전, 여전제 • 아방강역고, 아언각비, 아학편, 대동수경 등
중요 사료	※ 균전론 농부 한 사람당 1경의 토지를 받고 법에 따라 조세를 내며, 매 4경마다 군인 1명을 내게 한다. 사(士)로서 처음 학교에 입학한 자는 2경의 토지를 받고, 내사에 들어간 자는 4경을 받되 병역을 면제한다. 현직 관료는 9품부터 7품까지 6경, 그리고 정2품은 12경으로 조금씩 더한다.	※ 한전론 국가는 마땅히 일가의 생활에 맞추어 재산을 계산해서 한전 몇 부를 한 가구의 영업전으로 하여 당나라의 제도처럼 한다. 돈이 있어 사고자 하는 자는 비록 천백결이라도 허락해주고 땅이 많아서 팔고자 하는 자는 영업전 및 부 외에는 허락하여 준다.	※ 여전제 이제 농사짓는 사람은 토지를 가지게 하고, 농사짓지 않는 사람은 토지를 가지지 못하게 하려면, 여전제를 실시해야 한다. 산골짜기와 시냇물의 지세를 기준으로 구역을 확정하여 경계를 삼고, 그 경계선 안에 포괄되어 있는 지역을 1여(閭)로 한다. … 공동으로 경작하도록 한다. … 노동 일수에 따라 여민(閭民)에게 분배한다.

2. 중상학파

이용후생 학파	· 서울 노론, 인물성동론, 북학 주장 · 국가 통제하의 상공업이 국부의 원천, 국제 무역 주장 · 지주제 인정, 상업적 농업 강조 · 개화 사상에 영향			
★ 주요 학자 ★	(농암) 유수원	(담헌) 홍대용	(연암) 박지원	(초정) 박제가
출신과 활동	· 소론 · 영조 시절 나주괘서사건으로 처형	· 북학파 선구, 교육 균등, 성리학 극복 주장 　└ 사민개학론 · 역외춘추론 : 중국 중심 세계관 비판	· 서울 노론, 북학 집대성 · 정조 때 연행사로 파견 · 제자 : 이덕무, 유득공, 박제가 등 · 서얼 차별 비판	· 청에 채제공과 함께 연행사로 파견 · 북학파 형성, 서양 기술자를 초빙하여 기술 개발 강조 · 정조 시절 이덕무, 유득공, 서이수 등과 함께 규장각 초대 검서관
저술 활동	· 우서 : 사농공상의 직업적 전문화 강조	· 담헌연기 · 의산문답 : 기존 학설을 비판, 성리학 극복 주장 · 임하경륜 : 균전제 주장 · 주해수용 : 수학 정리	· 패관소품체 : 문체반정운동의 발달 · 열하일기 : 청의 문물과 홍대용의 지전설 소개 · 북학의의 서문 작성 · 방경각외전 · 과농소초 : 정조, 농서 · 양반전, 허생전, 호질 등 : 한문 소설	· 건연집 : 이덕무와 함께 쓴 시집 · 북학의 : 청의 문물 수용 주장
정치	· 능력에 따른 관리 선발		· 양반 문벌 비판	· 존주론 : 북벌의 무모함 비판
경제	· 양반의 생업 종사 강조 · 대상인의 사회 기여 강조 　└ 합작을 통해 경영 규모 확대 　└ 생산자 고용, 선대제 수공업 강조 · 화폐 사용, 농업의 전문화 강조		· 과농소초 : 상업적 농업 강조 · 화폐 유통 주장, 수레와 선박 이용	· 북학의 　└ 청의 문물 수용, 소비 강조(재물 = 우물) 　└ 수레, 배, 벽돌 이용 늘릴 것 · 국제 교역을 통한 부국강병 → 서양 국가와 교역
과학		· 의산문답 : 성리학 극복 → 부국강병의 요체라 주장 　└ 실옹과 허자의 대화, 기존 학설 비판 　└ 지전설 주장(최초 주장은 숙종 때 김석문) 　└ 무한우주론, 인여물균(만물과 인간이 평등) · 농수각(천문대), 혼천의 제작, 지구 구형설 주장		· 정약용과 함께 종두법 연구
토지 개혁		· 임하경륜 : 균전제, 선비 생업 강조 ※ 균전제 : 성인 남자 2결의 토지 지급, 병농일치	· 과농소초의 한민명전의 : 한전론 주장 · 한전론 : 토지 소유의 상한선 주장	
중요 사료	※ 우서 어느 어리석은 사람이 양반이나 중인이 되려고 하지 않고 천한 부역을 짊어지려 하겠는가? 그리고 실 한 가닥이나 쌀 한 톨을 납부하는 데도 부역의 명칭을 붙이니, 사람들이 모두 이를 부끄럽게 여기어 피하고 있다. … 이 밖에도 허다한 고질적인 폐단이 모두 양반을 우대하는 헛된 명분에서 나오고 있으니, 근본을 따져보면 국초에 법제를 마련할 때 사민(四民)을 제대로 분별하지 못한 데 있는 것이다.	※ 홍대용의 우주관 중국은 서양과 180도 경도 차이가 있다. 중국인은 중국을 중심으로 삼고 서양인을 변두리로 삼으며, 서양인은 서양을 중심으로 삼고 중국을 변두리로 삼는다. 그러나 실제에서는 하늘을 이고 땅을 밟는 사람은 땅에 따라서 모두 그러한 것이니 중심도 변두리도 없이 모두가 중심인 것이다.	※ 박지원의 양반전 양반이란 사족을 높여서 일컫는 말이다. 정선 고을에 어떤 양반이 살고 있었는데, 어질고 책 읽기를 좋아하였다. 고을 군수가 부임할 적마다 방문하여 인사하였으며, 살림이 무척 가난하였다. 그래서 관가에서 내주는 환자를 타서 먹었는데 결국 큰 빚을 졌다. 그러자 마을 부자가 양반의 위세를 부러워해서 양반을 사겠노라 권유하니 그 양반은 기뻐하며 승낙하였다.	※ 박제가의 북학의 비유하건대, 재물은 대체로 샘과 같다. 퍼내면 차고, 버려 두면 말라 버린다. 그러므로 비단 옷을 입지 않아서 나라에 비단 짜는 사람이 없게 되면 여공이 쇠퇴하고, 쭈그러진 그릇을 싫어하지 않고 기교를 숭상하지 않아서 공장(수공업자)이 도야(陶冶:기술을 익힘)하는 일이 없게 되면 기예가 망하게 되며, 농사가 황폐해져서 그 법을 잃게 되므로, 사농공상의 사민이 모두 곤궁하여 서로 구제할 수 없게 된다.

분류 \ 시기	전 기	후 기
과학 기술 전래	• 초기 : 훈구파가 기술 강조, 서역의 기술 도입 → 세종과 세조 때 과학이 발전 • 중기 : 사림들은 과학 기술 천시 → 기술학 침체	• 북학파의 영향, 선교사와 접촉으로 과학 기술 발달 → 19세기 세도 정치 시기 침체 • 정두원 : 인조, 천리경과 서양 화포·자명종·지구의 등을 전래, 천주교 서적 전래 • 소현세자 : 아담 샬과 교류, 과학 서적과 서양 역법·천문학·천주교 서적 전래 • 김육 : 효종 때 아담샬의 시헌력 도입(이익도 강조), 대동법의 확대 실시 건의, 상평통보 주조 건의 • 벨테브레 : 인조 때 제주도에 표류, 조선에 귀화 → 박연으로 개명 └ 훈련도감에서 서양식 대포의 제조법, 조종법을 전래 • 하멜 : 효종 때 제주에 표류, 현종 때 돌아가 하멜표류기 저술
활자와 인쇄술	• 태종 : 주자소에서 계미자 → 세종 : 갑인자, 식자판 조립 • 조지서 : 종이 생산(태종 : 조지소 → 세조 : 조지서) • 교서관 : 인쇄소	• 정조 : 정리자, 한구자, 생생자
토지 측량	• 인지의와 규형 : 세조, 토지 측량 기구, 토지의 고저와 원근을 측량	

천문학	• 천문 관측 : 서운관 → 관상감(세조)　★ 신라 : 사천대(신라~고려) → 서운관(고려 충렬왕) → 관상감(조선 세조)
	• 천상열차분야지도 : 태조, 고구려의 천문도 바탕, 조선의 건국이 하늘의 뜻임을 강조
	• 세종은 경복궁에 간의대를 설치하고 혼의를 설치, 정인지와 정초·정흠지에게 역법서 제작 명령
	• 간의와 혼의 : 세종, 장영실 등, 천문 관측
	• 측우기 : 세종, 강우량 측정, 세계 최초, 서울과 각 도의 군현에 설치
	• 옥루와 자격루 : 세종, 물시계
	• 규표 : 세종, 그림자로 1년 길이를 결정하는 해시계
	• 일성정시의 : 세종, 낮에는 태양을 이용, 밤에는 별을 이용하여 시간 측정
	• 앙부일구 : 세종, 해시계, 광화문 부근과 종묘 남쪽 거리에 설치, 장영실 주도, 열두 띠의 동물로 시간 표시
		• 숙종 : 창경궁에 천체 운영 관측 기구인 관천대를 설치
		• 지전설
		   └ 김석문 : 숙종, 김육의 후손, 역학도해, 최초로 지전설 주장
		   └ 홍대용 : 의산문답, 지전설, 무한우주론, 상대적 우주관, 다른 행성의 생명체 언급
		   └ 최한기 : 고종, 지구전요, 인정, 명남루총서
		   └ ★ 이익 : 시헌력 강조, 지심론, 지전설 언급(주장 X)
		• 이수광 : 지봉유설에서 일식과 월식, 벼락 조수의 간만 등에 대해 언급
		   └ 인조 때 12조의 상소를 올림, 창신동 거주, 비우당

역 법	• 칠정산 : 세종, 내편(중국 역법) + 외편(아라비아 회회력), 최초로 한양을 기준으로 천체 운동을 계산 • 세종 때 이순지는 천문유초라는 천문학 서적을 편찬	• 시헌력 : 효종, 김육의 노력으로 도입, 서양 음력(아담 샬) → 이익도 강조 • 천세력 : 정조 → 태양력 : 을미개혁
수 학	• 상명산법 : 명의 수학 서적, 세종 때 널리 익히게 함	• 기하원본 : 마테오리치가 유클리드의 기하학을 소개, 이승훈이 전래 • 구수략(최석정), 주해수용(홍대용) • 황윤석은 전통 수학을 집대성, 19세기 홍길주는 나눗셈과 뺄셈으로 제곱근을 구하였다.
병 서	• 태조 : 정도전이 진도와 진법 저술 • 태종 : 최무선의 아들 최해산을 관리로 특채, 화약 무기 제조, 병선 제조, 거북선, 비거도선 • 세종 : 총통등록(화약 무기 제조), 화포 제작(신기전 로켓 화살 발명), 역대병요(전쟁 역사, 문종 때 보완 → 단종 때 완성) • 문종 : 동국병감(김종서, 고조선~고려 말, 전쟁 역사), 화차 제작 • 성종 : 병장도설(진법 개정, 지휘 통신 기구와 군대 편성, 군사 훈련 지침서)	• 17세기 벨테브레와 하멜 → 훈련도감에 소속되어 근무
어 업		• 우해이어보 : 1803년 순조, 김려, 최초의 어보 → 어류·갑각류·패류 등 53종의 수산동물 나열 • 자산어보 : 1814년 순조, 정약전, 신유박해 때 유배되어 흑산도 부근의 해물 정리 • 17세기 : 김 양식 → 18세기 : 냉동선 등장
화 학		• 오주서종 : 헌종, 금속 공업, 광물학 연구

1. 건축

전기	14세기 말~15세기	• 특징 : 관공서 위주, 크기와 장식 제한, 검소와 실용 • 불교 건축 ┌ 무위사 극락전(강진), ├ 해인사 장경판전(합천, 팔만대장경 보관) └ 세조 때 원각사(현, 탑골공원)와 원각사지 10층 석탑 건립 무위사 극락전　　해인사 장경판전　　원각사지10층석탑 • 궁궐 : 경복궁(태조) → 창덕궁(태종) → 창경궁(성종) → 경희궁(경덕궁, 광해군)　※ 복 덕 방 경 희 운 다
	16세기	• 서원 건축 : 가람 배치 + 주택 양식 • 정원 발달 : 담양 소쇄원, 식영정(정철이 작품 활동), 세연정(보길도, 윤선도)
후기	17세기	• 불교 건축 : 금산사 미륵전, 화엄사 각황전, 법주사 팔상전　　※ 17년산 금 화 법주 • 서원 건축 : 도동서원, 병산서원(안동, 유성룡), 화양동 서원(괴산, 송시열) • 종묘 : 태조 때 준공 → 임란 때 소실 → 광해군 때 중건
	18세기	• 쌍계사, 개암사, 석남사 : 상인과 부농의 지원 • 화성 : 정조, 유네스코 문화유산, 거중기 사용(정약용), 서양식 건축 기술 도입 • 불국사 대웅전 중건 : 임란 때 소실, 왕실 지원으로 영조 때 중건
	19세기	• 경복궁 중건 : 흥선대원군 집권 시기 └ 근정전과 경회루 중건, 당백전 발행, 원납전 징수

※ 조선 시대 궁궐
• 경복궁 : 태조, 북궐, 광화문 → 임진왜란 때 소실
• 창덕궁 : 태종, 동궐, 돈화문(다포 양식)
　└ 유네스코 문화유산
　└ 대보단(숙종, 명나라 황제 제사)
　└ 규장각(정조), 선원전(역대 임금의 초상화 봉안)
• 창경궁 : 성종, 동궐, 홍화문, 왕후를 위해 건축
• 경희궁 : 경덕궁, 광해군, 서궐, 흥화문
• 경운궁 : 월산대군 집, 임진왜란 때 선조 거처
　└ 1611년 경운궁 → 1618년 서궁, 인화문(대한문)
　└ 아관파천 이후 고종이 거주하며 1907년 덕수궁으로 개칭

※ 16세기 서원
• 옥산서원(경주, 이언적), 도산서원(안동, 이황)
• 소현서원(해주, 이이), 자운서원(파주, 이이)
• 예림서원(밀양, 김종직)

※ 금산사 미륵전, 화엄사 각황전, 법주사 팔상전
• 양반 지주의 지원
• 외부는 다층이지만 내부는 하나로 통하는 구조
• 법주사 팔상전 : 충북 보은, 현존 최고의 목탑[임진왜란 때 소실 → 사명당(유정)이 복원]

금산사 미륵전　　화엄사 각황전　　법주사 팔상전

※ 종묘
• 유네스코 문화유산
• 경복궁 동쪽　※ 사직은 서쪽
• 구조 : 정전(왕과 왕비의 신주 모심, 5번 제사), 영녕전(추존된 왕과 왕비의 신주, 2~3번 제사)
• 종묘 제례 : 유네스코 무형유산 / 종묘 제례악 : 유네스코 무형유산

2. 서예

조선 전기		조선 후기	
• 양반 필수 교양 • 한호 : 왕희지체를 토대로 석봉체, 명에 보내는 외교 문서, 천자문 • 안평대군 : 송설체 / 양사언 : 초서에 능통	석봉(한호) 천자문	• 이광사 : 동국진체(원교체), 중국과 다른 독자적 서체 개발 • 김정희 : 추사체, 고금의 필법 두루 연구 → 오경석과 신헌에게 영향 ★ 전남 해남 대흥사 "무량수각" 현판 : 김정희 ★ 전남 해남 대흥사 대웅전의 "대웅보전" 현판 : 이광사	김정희의 추사체

3. 회화

<table>
<tr>
<td rowspan="2">전 기</td>
<td>15세기</td>
<td>
• 진취적인 시대 분위기 반영 → 씩씩, 낭만적
• 안견 : 도화원 소속, 세종 때 몽유도원도 · 적벽도

※ 몽유도원도
• 세종 때 안견이 안평대군의 꿈을 그림으로 그림
• 몽유도원기 ; 안평대군, 제목, 그림 내역 작성, 신숙주 · 김종서 · 서거정 등이 감상평
• 임진왜란 때 일본이 약탈하여 일본의 덴리 대학에 소장 중이다.

• 강희안 : 문인화가, 고사관수도, 도교와 노장 사상 반영
• 이수문 · 문청 : 세종 때 일본에 가 그림을 그려주고 일본 무로마치 미술에 영향을 주었다.
• 최경 : 도화원 소속, 산수화와 인물화, 당상관 승진
</td>
<td>
몽유도원도(안견)
고사관수도(강희안)
</td>
</tr>
<tr>
<td>16세기</td>
<td>
• 이상좌 : 노비 출신, 화원 발탁, 송하보월도
• 3절 : 이정(대나무), 어몽룡(매화), 황집중(포도)

※ 16세기 기타 화가
• 이암 : 모견도 / 신사임당 : 초충도, 수박도 / 김시 : 문인 화가, 동자견려도
• 이경윤 : 왕족 출신, 탁족도 / 조속 : 매작도
</td>
<td>
송하보월도(이상좌)
</td>
</tr>
</table>

↓

<table>
<tr>
<td rowspan="3">후 기</td>
<td>17세기</td>
<td>
• 북인들 사이에서 탈성리학적 화풍과 남종 문인화가 유행
• 이징 : 인조, 도화원 소속, 묵죽도, 자유분방한 필치
• 김명국 : 통신사, 일본 여행, 달마도, 일본에 영향
• 변상벽 : 고양이를 주로 그림, 묘도 · 묘작도
</td>
</tr>
<tr>
<td>18세기</td>
<td>
• 천기주의 유행, 의궤와 지도 제작 과정에서 개성있는 화풍이 발전
• 진경산수화 : 정선과 심사정
• 풍속화 : 김홍도, 신윤복, 김득신 등
• 강세황 : 정조, 문인 화가, 영통골입구(서양 수채화 기법을 동양화에 접목)

인왕제색도　　김홍도의 대장간　　신윤복의 단오풍경　　강세황의 영통골입구
</td>
</tr>
<tr>
<td>19세기</td>
<td>
• 실학적 화풍 쇠퇴, 복고적 문인화 유행
• 동궐도(순조, 창덕궁과 창경궁을 그림)와 서궐도(경희궁, 묵화), 경기감영도(사실적, 행인을 그림)
• 김정희 : 세한도, 묵란도 등
• 장승업 : 강렬한 기법, 군마도 · 호취도 · 홍백매도
• 민화 유행 : 작자 미상, 서민 문화, 한국적 정서, 사실성 미흡, 소재 다양
</td>
</tr>
</table>

※ 진경산수화
• 정선 : 잔반 출신, 중국 화법 수용, 금강전도 · 인왕제색도 · 박연폭포
• 심사정 : 사실적, 강상야박도 · 하경산수도 등

※ 풍속화
• 김홍도 : 도화원 소속
　└ 정조의 궁정화가, 행려풍속도, 어진과 화성행차 등 왕실 행사 그림
　└ 농민과 수공업자의 일상 생활을 그린 풍속화, 단원풍속도첩, 총석정도 · 서당 · 씨름 · 무동 등
• 신윤복 : 김홍도 화풍 계승, 풍류 생활, 단오풍경 · 주유도 · 주막도, 혜원풍속도첩 등
• 김득신 : 대장간도 · 파적도 등

※ 김정희
• 추사체, 실사구시 학파
• 금석과안록 : 북한산비와 황초령비 고증
• 헌종 때 제주도로 유배되어 세한도를 그림

4. 문학

전기

15세기
- 한문학 : 관학파가 사장 중시, 자주적 한문학 발달
- 동문선 : 성종, 서거정, 자주적 한문학 강조, 삼국 시대~조선 초기 산문 정리, 우리글은 한·당·송·원의 글이 아니라 우리글
- 김시습 : 세조 때 최초의 한문 소설인 금오신화 저술
- 서거정 : 성종(필원잡기, 동인시화)
- 성현 : 용재총화(민속과 문학에 대한 글 정리) → 중종 간행

16세기
- 특징 : 사림들의 경학 강조로 문학 침체
- 여류작가 등장 : 신사임당, 허난설헌 등
- 시조 : 황진이(남녀 간의 애정, 이별의 정한), 윤선도(17세기 주로 활동, 오우가, 어부사시사)
- 가사 문학 : 중국 한시와 경기체가의 영향을 받아 정극인과 송순, 박인로, 정철 등이 작품 활동
- ※ 16세기 가사 작품
- 정극인 : 상춘곡(가사 문학의 효시) / 정철 : 우리말 어휘 사용, 관동별곡, 사미인곡
- 패관문학 : 어숙권은 패관잡기에서 적서 차별 비판, 임제는 원생몽유록에서 세조 비판·화사에서 사대주의 비판
- 방외인 문학 : 방랑하면서 기이한 행적

↓

후기
- 주제 변화 : 주인공이 서민적, 배경도 현실적 인간 세계로 변화
- 사회 비판적 : 박지원의 소설(한문 소설), 정약용의 한시(애절양 : 군정의 문란 비판 / 한시에서 시어를 방언 사용)
- 지식과 예술의 상품화 : 세책방과 화방이 유행
- 시사 : 양반 사대부들의 시사를 조선 후기 서리와 역관 등의 중인들과 서민들이 조직 → 창작 활동
- ★ 옥계시사 : 중인들이 조직, 양반도 참여
- 위항문학의 등장 : 중인들의 문학, 이항문학, 여정문학 → 사대부 문학과 차별, 혁신적이지는 않음
- 서민 문화 : 서민들이 경제력 향상과 의식의 확대로 서민 문화 발달
- ※ 서민 문화 : 한글 소설, 사설시조, 판소리, 민화, 풍속화, 산대놀이 등(진경 산수화, 한문 소설 X)
- ★ 19세기 문화
  - └ 대중 소설 유행 : 부녀자 사이
  - └ 농가월령가·한양가·연행가 유행, 규방가사 유행, 꼭두각시극 등의 인형극 유행, 사당패·가면극 성행, 탈춤 성행

※ 15세기 기타 문학
- 시조 : 도문일치론에 입각
  - └ 김종서와 남이 : 왕조 건설 찬양
  - └ 원천석과 길재 : 고려 왕조에 대한 충성
- 악장 문학 : 새 왕조의 발전 기원
  - └ 용비어천가 : 세종, 조선 창업 칭송
  - └ 월인천강지곡 : 세종, 부처 공덕 강조
  - └ 동국세년가 : 세종, 단군~고려까지 역사 정리
- 강호사가 : 세종, 맹사성
- 수필 문학 : 한글 창제 이후 발달, 여성의 국문 수필 유행

※ 방외인 문학
- └ 15세기 : 김시습
- └ 16세기 : 전우치, 정희량, 양사언 등

- 한글 소설 : 야담이나 민담을 작품화 → 영리 목적으로 서적 출판
  - └ 17세기 : 홍길동전(허균, 광해군)
  - └ 18세기 : 장화홍련전, 흥부전, 심청전, 춘향전 등
  - └ 김만중 : 숙종, 사씨남정기, 구운몽
- 시조의 변화
  - └ 사설시조의 등장 : 서민 문화, 자유로운 형태, 사실적 표현 → 사회 비판, 남녀 사랑
  - └ 최초의 사설시조 : 정철의 장진주사
  - └ 18세기 이후 : 전문적 시조 작가 등장, 서리 출신의 김천택(청구영언)과 김수장(해동가요)
  - └ 19세기 : 풍자 시인, 김삿갓과 정수동
- ★ 소화시평 : 17세기 말, 홍만종, 우리나라 시학사 정리
- 판소리 : 창과 사설로 구성, 서민과 양반 사회에서 유행, 유네스코 무형유산
  - └ 18세기 등장 → 19세기 신재효가 6마당 정리 → 현재는 다섯 마당이 전해짐

5. 기타 문화

	조선 전기	조선 후기

공예	• 조선 초기 : 분청사기 → 소박, 왕실과 관공서 위주
	• 16세기 이후 : 백자(순백자) 유행, 깨끗하고 담백
	  └ 임란 때 기술자(이삼평 등)들이 끌려가면서 침체
	• 사옹원 : 도자기 제작 ※ 분원 : 경기도 광주, 경상도 고령
	• 분청사기와 옹기 : 전국에서 제작되어 관용과 민용으로 보급
	• 화문석 : 강화도, 중국에 조공
	
	분청사기　　백자
		• 다양한 백자 : 철사백자(갈색), 청화백자(푸른색), 진사백자(붉은색)
		• 청화백자 : 대량 생산되어 민간에서 유행
		  └ 조선 시대 전반에 걸쳐 생산 → 후기에 유행
		• 서민 : 옹기 사용
		• 조선 후기 경제력이 있는 사람들은 백자를 장식용이 아니라 일상적으로 사용
		
		청화백자

음악	• 태조 : 정도전의 가곡, 문덕곡·신도가
	• 세종 : 박연이 관습도감에서 음악 정리, 여민락(악곡), 정간보(악보)
	• 성종 : 악학궤범(성현) ★ 성현 : 합자보 개발
	• 16세기 이후 : 당악과 향악을 속악으로 발전 → 가사, 시조, 가곡 등 우리말 노래를 연주
		• 양반 : 가곡과 시조 ★ 가곡 : 27개 노래 모음, 관현악 반주, 전통 성악곡
		• 서민 : 민요 선호
		• 광대와 기생 : 판소리와 산조, 잡가 등을 창작하여 발전
		• 내용의 변화 : 감정을 솔직하게 표현하는 경향으로 변화　　　　★ 잡가
		  └ 조선 후기 평민 노래의 총칭
		  └ 서민적 해학과 풍자적 성격
		  └ 새타령, 육자배기, 사랑가 등

무용	• 나례청 : 궁중 의례 관리, 보태평, 정대업, 절화삼대, 학무, 처용무 등의 춤 정비 • 민간 : 농악무와 무당춤, 승무 등이 유행	• 탈놀이 : 민중 오락, 조선 초기에는 마을 굿의 일부로 공연 → 조선 후기에는 민중의 오락 • 산대놀이 : 산대라는 무대에서 공연되는 가면극, 상인과 중간층 지원, 양반과 지배층의 위선 풍자

근대 사회의 전개

★ 근대 사회의 전개 개관

필기 노트

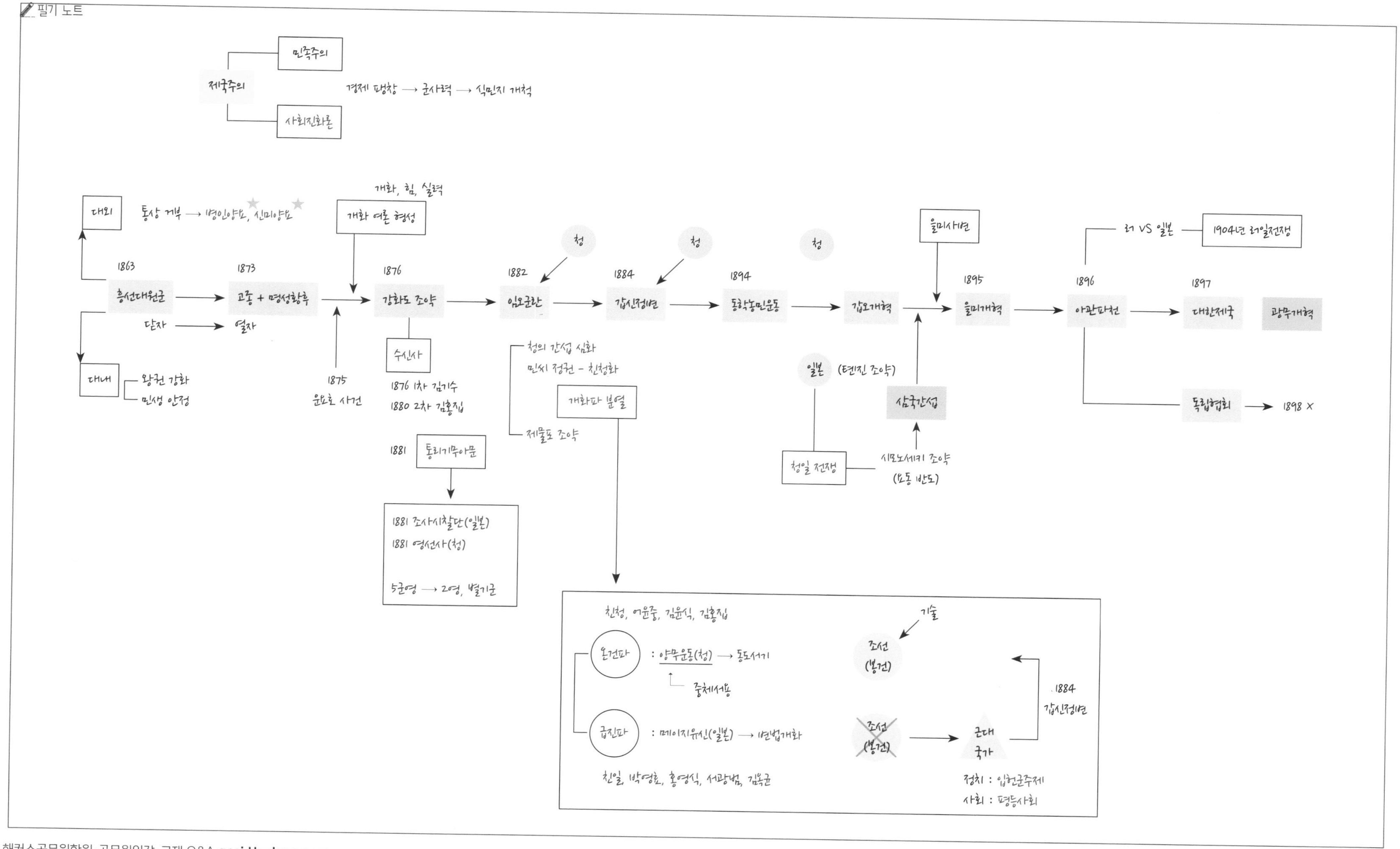

1. 집권과 하야

집권	· 1차 집권 : 1863년~1873년 → 1882년 임오군란 중 잠시 집권 → 1894년 1차 갑오개혁 때 집권
하야	· 1873년 최익현의 상소로 하야 → 고종의 친정 : 서원 복구, 세금 감면, 청에 사대 유지, 일본에 대해 유화 정책 추진

★ 1869년 광양 민란
★ 1871년 이필제의 난

2. 왕권 강화

세도 가문 축출	· 비변사 혁파 : 1865년, 의정부와 삼군부로 부활시켜 정치와 군사를 분리
인재 등용	· 남인과 북인 등 사색을 고르게 기용, 무신들도 기용, 종친과를 시행하여 종친 등용
서원 정리	· 600여 개 서원 정리, 사액 받지 않은 서원 모두 철폐, 사액 서원 중 47개를 유지(도산서원, 병산서원 유지) · 송시열을 모시던 화양동 서원과 만동묘를 철폐하였다.(→ 1874년 만동묘 부활)　　※ 대로사 → 강한사로 격하 · 결과 : 국가 재정 확충, 왕권 강화, 양반의 반발 초래
경복궁 중건	· 광화문 앞의 6조 거리 등 한양의 도시 구조를 복원, 왕실 권위 회복을 위해서 경복궁을 중건 · 영건도감 설치 : 1865년~1872년, 경회루와 근정전 복원 · 당백전 발행(물가 폭등 → 1867년 사용 금지), 원납전 징수(강제 기부금), 결두전(1결당 100문) 징수, 성문세 징수, 노동력 징수, 묘지림 벌목 → 양반과 백성들의 반발 초래 ※ 종묘와 종친부, 의정부와 6조 관아, 도성 복원, 북한산성 등을 수축
법전 편찬	· 대전회통(총정리 법전, 1865년), 육전조례(1865년~1866년, 관청의 세칙 정리) 편찬

※ 흥선대원군의 인재 등용
대원군이 집권한 후, 어느 공회석상에서 음성을 높여 여러 대신을 향해 말하기를 "나는 천리를 끌어다 지척을 삼겠으며, 태산을 깎아내려 평지를 만들고, 또한 남대문을 3층으로 높이려 하는데 제공들은 어떠시오?"라고 하였다. 대저 천리 지척이라는 말은 종친을 높인다는 뜻이요, 남대문 3층이라는 말은 남인을 천거하겠다는 뜻이요, 태산을 평지로 만들겠다는 말은 노론을 억압하겠다는 의사이다.

※ 서원 정리
"진실로 백성을 해치는 자가 있으면 비록 공자가 다시 살아난다 하더라도 나는 용서하지 않겠다. 하물며 서원은 …도둑의 소굴이 되어 있지 않은가?"

3. 민생 안정

민생 안정책	· 삼정의 문란 개혁과 서원 정리
전정의 개혁	· 경기도 내 양전 사업을 실시하여 은결 색출, 지방관과 토호들의 토지 겸병 금지
군정의 개혁	· 호포제 : 동포제, 군포를 호세로 전환하여 호마다 2냥씩 징수 ↔ 양반의 반발(양반들은 노비의 이름으로 납세 허용)
환곡의 개혁	· 환곡의 문란을 시정하기 위해서 사창제 실시　　★ 사창제 : 경기와 삼남, 해서 등지에서 사창제 실시(함경도, 평안도, 강원도에서는 실시되지 않았다.)

4. 기타 정책

국방력 강화	· 훈련도감의 삼수병 강화, 순무영 설치, 해안에 보루를 설치하고 포군 양성, 서양 화포 수입, 서양 수뢰와 기술 서적 도입 · 심도포량미 : 해안 포군을 양성하기 위해 1결당 1두 징수　　※ 경고비 설치 : 흥선대원군의 명으로 강화에 건립
통상 수교 거부	· 척화비 건립 : 1871년, 신미양요 이후 전국 건립, "양이침범, 비전즉화 주화매국 계오만년자손, 병인작 신미립"　　※ 위정척사목 : 통상 수교 거부 정책의 의지 표현

※ 흥선대원군의 상공업 통제
ㄴ 의주와 동래의 무역 감시, 홍삼의 밀무역 금지
ㄴ 서양의 면(서양목) 밀수 금지, 도고의 매점매석 금지
ㄴ 잡세 징수와 토산물 납부 관행 금지

5. 대외 관계

📝 필기 노트

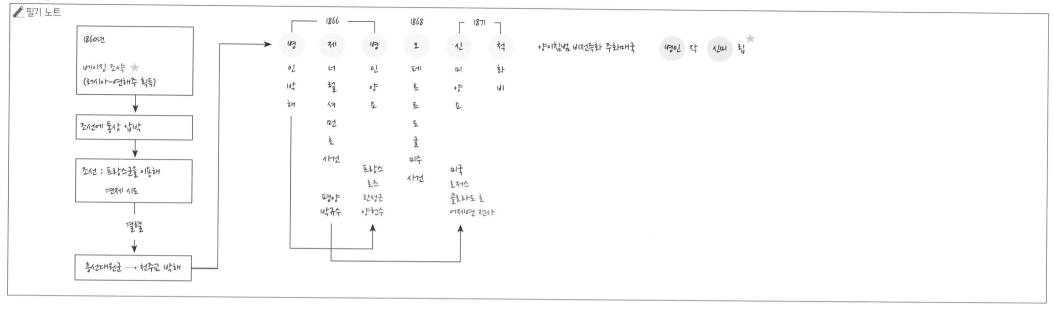

병인박해		• 배경 : 러시아를 견제하기 위해 프랑스와 교섭 → 교섭 결렬, 청의 천주교 탄압
		• 천주교 탄압 : 1866년부터 6년간 지속, 프랑스 선교사 9명 처형, 8천명의 신자 처형 → 병인양요의 발달　　　※ 절두산 순교지　　★ 흥선대원군의 처와 딸, 며느리가 모두 천주교 신자
제너럴셔먼호 사건	1866년	• 미국 상선의 제너럴 셔먼호가 대동강(평양) 인근에서 통상 요구 → 관찰사 박규수의 통상 거부 → 미국의 공격 → 평양 군민이 미국 상선을 불태움
		• 1871년 신미양요의 발단　　　　　　　　　　　　　　★ 박규수 : 박지원의 손자, 진주 민란 당시 안핵사로 파견, 개항 전 미국과의 수교 주장
병인양요		• 프랑스 로즈 제독이 강화도를 침략하여 강화부를 점령하고 한양 진격 시도 → 양헌수(정족산성), 한성근(문수산성)에서 저항 → 프랑스군의 철수
		• 외규장각 의궤 약탈(박병선 박사 : 의궤 반환 노력), 척화비의 비문 제작
오페르트 도굴 사건	1868년	• 독일 상인 오페르트가 통상 요구 → 흥선대원군이 거부 → 충남 덕산의 대원군 아버지 남연군의 무덤 도굴 시도 → 실패, 조선에서 서양인에 대한 반감 고조, 쇄국 정책 강화 계기
서계 사건	1869년 (1868년)	• 일본의 수교 요청을 흥선대원군의 거부 → 일본에서는 정한론이 등장 → 실행되지 못하였다.
신미양요	1871년	• 미국 로저스 제독이 이끄는 콜로라도호 등 5척이 강화도의 초지진, 덕진진 침입(강화읍성 점령 X) → 광성보에서 어재연 전사, 수자기 약탈, 척화비 건립 계기　　　※ 흥선대원군은 강화도에 포대를 축조하고 포군을 양성
척화비 건립		• 전국에 건립, 양이침범 비전즉화 주화매국　　병인작 신미립

1. 강화도 조약의 배경과 의의

배 경	• 대내적 배경 : 대외 정책의 변화(청에 사대 유지, 일본에 대해 유화 정책 전개), 통상 개화론 성장(박규수, 신헌, 오경석, 유홍기 등이 개화 주장)
	• 대외적 배경 : 운요호 사건(1875년, 일본이 영종도 점령 후 개항 요구), 일본이 청에 운요호 사건의 책임 요구 → 청의 조약 체결 권유
체 결	• 신헌과 일본의 구로다, 강화도 연무당에서 체결(조·일 수호 조규, 병자 수호 조규) 　※ 추가 조약 체결 : 조·일 수호 조규 부록, 조·일 통상 장정(무역 규칙)
의의와 한계	• 의의 : 외국과 맺은 최초의 근대적 조약이지만 불평등 조약, 주권 침해(해안측량권, 치외법권)의 조항이 있었고, 일본 침략의 발판이 되었다.
	• 결과 : 일본 공사 파견(일본은 하나부사를 공사로 파견) 　　※ 최익현 : 경복궁 앞에서 도끼를 들고 조약 체결에 항의

★ 연무당
└ 강화도 조약 체결
└ 이동휘가 대한자강회 총회 개최
　└ 1907년 고종의 강제 퇴위 반대

2. 강화도 조약의 내용

	조·일 수호 조규(병자 수호 조규, 1876년 2월)	
1관	조선은 자주의 나라며, 일본과 대등한 권리를 갖는다.	청의 종주권 부인
2관	15개월 후 양국은 서로 사신을 파견한다.	수신사 파견
4관	조선은 부산 외에 두 곳을 개항하고, 일본인이 왕래 통상함을 허가하여 조계 설정 및 가옥 건축 등 거주의 편의를 제공한다.	부산 개항(1876년, 경제)
5관	부산 외에 2개 항을 20개월 이내에 개항한다.	• 원산(1880년, 군사) • 인천(1883년, 정치)
7관	조선국 연해의 도서와 암초는 이제까지 조사치 않아 지극히 위험하다. 일본국의 항해자가 자유로이 해안을 측량하도록 허가한다.	해안 측량권
10관	일본국 인민이 조선국 지정의 각 항구에 머무르는 동안에 죄를 범한 것이 조선국 인민에게 관계되는 사건일 때에는 모두 일본 관원이 심판할 것이다.	치외 법권(영사재판권)
11관	통상 장정을 체결하여 양국 상인의 편의를 도모하고, 동조관을 보완하여 6개월 이내에 경성이나 강화에서 회상 정립한다.	• 조·일 수호 조규 부록 • 무역 규칙
기 타	• 공문서에 일본어 사용(단, 10년간 조선어와 한문 사용) • 양국의 민간 무역에 관리들의 불간섭, 개항장에 상인을 관리할 관원 설치 등	

	조·일 수호 조규 부록과 통상 장정(1876년 8월)
조·일 수호 조규 부록	• 일본 외교관의 여행의 자유 허용 • 개항장에서 일본 화폐 사용 → 갑오개혁 : 개항장 밖 일본 화폐 사용 허가 • 개항장에서 일본인의 거류지를 10리로 규정 ※ 1882년 조·일 수호 조규 속약 : 50리로 확대(2년 뒤 100리)
통상 장정 (무역 규칙)	• 무관세와 무항세 : 일본은 영국산 면제품을 싸게 판매 → 조선 면 산업 몰락 • 양곡의 무제한 유출 허용 : 조선에서 쌀의 수요 증가 → 쌀 값 폭등, 식량 보호 X ★ 1883년 통상장정(무역규칙) 개정 : (저)관세, 방곡령(1개월 전 통보) + 최혜국 대우 ※ 최혜국 대우는 1882년 미국이 최초 획득
개항 순서	• 1897년 목포 • 1899년 마산, 군산, 성진 • 1908년 청진 • 1909년(1910) 신의주

✎ 필기 노트

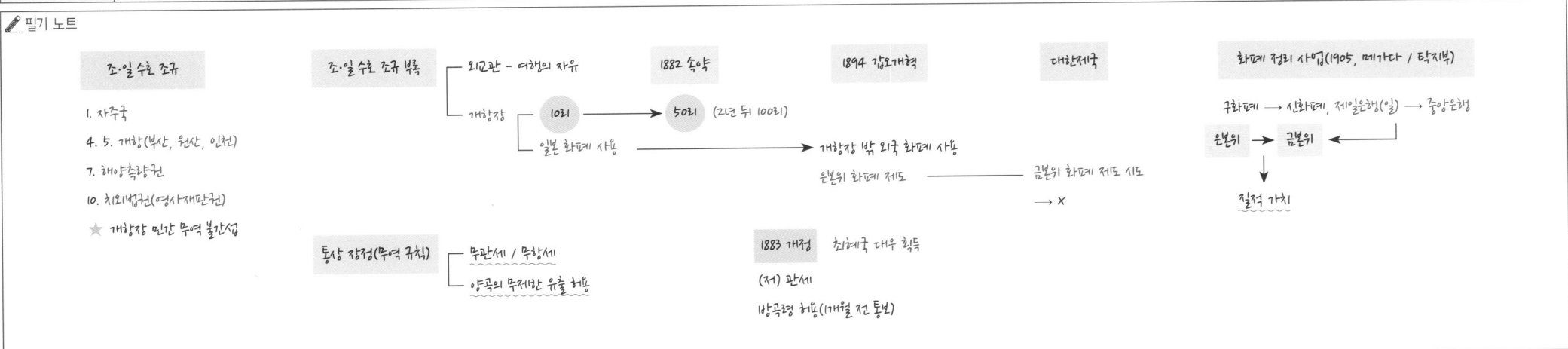

3. 미국과의 수교(1882년, 조미수호통상조약)

배 경	• 미국의 노력 : 미국은 일본에 조약 체결 알선 요청 → 일본의 거부 → 청에 조선과의 수교 요청 • 청의 알선 : 러시아와 일본을 견제하고 국제 사회에서 조선에 대한 청의 종주권 확보 목적 ★ 조선책략 : 청의 황쭌셴이 저술, 1880년 2차 수신사 김홍집이 일본에서 전래	★ 조선책략 • 방러책, 친중국, 결일본, 연미국 / 크리스트교의 인정 주장 • 고종은 조선책략 보급 → 미국의 수교 요청에 대한 여론 조성 • 반발 : 이만손은 '영남만인소', 홍재학은 '만언척사소'를 통해 반발
체결 과정	• 청의 알선(이홍장)으로 1882년 신헌과 슈펠트가 14개 조항에 합의 • 최초로 서양과 맺은 근대적 조약, 불평등 조약　※ 청은 조선이 속국임을 명시 시도 → 미국 거부 • 1883년 미국은 푸트를 초대 공사로 파견 → 조선은 답례로 1883년 보빙사 파견 ★ 주미공사 : 1887년 박정양을 미국 공사로 파견	
내 용	• 거중조정 : 서로 불경한 일이 있을 때 상조한다. • 관세 조항 : 최초 • 최혜국 대우 : 최초	※ 기타 조항 • 치외법권, 병권대신 파견, 조계 설정, 토지 매매, 주택 건축 허용 • 아편 금지, 일시적 방곡령 허가, 군기 구입은 조선 정부의 허가를 받을 것 • 유학생 편의 제공, 양국 간 문서에 한문과 영문의 기록

★ 조약 체결 순서
- 1876년 강화도 조약(일본)
- 1882년 조미수호통상조약(미국, 청의 알선)
- 1882년 임오군란 발생
- 1882년 조청상민수륙무역장정(청)
  - └→ 조선은 청의 속국 규정
  - └→ 내지 통상권 : 한성, 양화진
  - └→ 치외법권 등
- 1883년 영국과 독일(청의 알선으로 체결)
- 1884년 러시아(직접 수교, 청 견제 의도)
- 1886년 프랑스(직접 수교, 천주교 및 선교의 자유 허용)

★ 강화도 조약와 각국과의 조약 체결

과정	J	A	C	E	G	시	랑
	일본	미국	청	영국	독일	러시아	프랑스
	1876년	1882년	1882년	1883년	1883년	1884년	1886년
	운요호 사건, 청의 권유	청의 알선, 임오군란 이전 체결	임오군란 이후 체결	청의 알선	청의 알선	직접 수교	직접 수교
	최초로 외국과 맺은 조약	최초로 서양과 맺은 조약	청의 속국 인정			청 견제 목적	천주교 포교 인정

★ 강화도 조약 VS 조미 수호 통상 조약 VS 조청 상민 수륙 무역 장정

	강화도 조약	조미 수호 통상 조약	조청 상민 수륙 무역 장정
시기	1876년	1882년	1882년
배경	• 대내적 : 조선 내 통상 개화론 성장 • 대외적 : 1875년 운요호 사건, 청의 조약 체결 권유 • 조일수호조규(병자수호조규) 체결 뒤 조일수호조규 부록, 무역규칙(통상장정) 체결	• 미국의 노력, 청의 알선 ※ 조선책략 : 황쭌셴이 저술, 1880년 김홍집이 일본에서 전래 └ 방러책, 친중국, 결일본, 연미국	• 임오군란 이후 청의 간섭이 심화되면서 체결
의의	• 외국과 맺은 최초의 근대적 조약, 불평등 조약	• 최초로 서양과 맺은 근대적 조약, 불평등 조약	• 조선은 청의 속국임을 명시 ※ 1899년 한청통상조약 : 청과 대등하게 체결
사절단	• 수신사 파견 └ 1876년 김기수(일동기유 저술) → 1880년 김홍집(조선책략, 이언 전래)	• 1883년 미국은 푸트를 초대 공사로 조선에 파견 • 1883년 보빙사 파견 ; 민영익, 홍영식, 서광범 등을 미국에 파견 • 1887년 박정양을 주미 공사로 파견	
	★ 조약 내용 ★	★ 조약 내용 ★	★ 조약 내용 ★
외교	• 조선은 자주국, 일본과 대등한 권리를 갖는다. → 청 견제 목적	• 거중 조정 ; 조선과 미국은 서로 불경한 일이 있을 시 원조한다.	• 조선이 청의 속국임을 명시 • 북양대신을 조선 국왕과 대등한 위치로 규정
사신 파견	• 조약 이후 양국은 서로 사신을 파견한다. → 수신사 파견	• 병권대신 파견	• 청국 상무 위원 파견
개항장	• 부산 외의 두 곳 개항 → 조계 설정과 가옥 건축 등 거주 편의 제공 • 부산 (1876년, 경제적) → 원산(1880년, 군사적) → 인천(1883년, 정치적)	• 조계 설정, 토지 매매와 주택 건축 허용	
치외법권	• 치외법권(영사재판권) 인정 → 주권 침해	• 치외법권 인정	• 청의 상무위원의 치외법권 인정
해안 측량	• 일본국 항해자가 자유로이 해안을 측량 허가 → 주권 침해		
무역	• 양국 민간 무역에 관리들이 불간섭	• 아편 금지	• 내지통상권 • 북경과 한성, 양화진에서 개잔 무역 허용
방곡령	• 양곡의 무제한 유출 허용(방곡령 X) └ 1883년 무역규칙 개정 시 규정(1개월 전 통보)	• 방곡령 허용	
관세	• 관세 조항 X → 1883년 무역규칙 개정 시 저관세 규정	• 관세 조항 : 최초, 일용품의 수출입에 협정 세율을 정함	• 관세 규정 • 국경 무역에서 홍삼을 제외한 상품에 관세 부과
최혜국 대우	• 최혜국 대우 X → 1883년 무역규칙 개정 시 규정	• 최혜국 대우 : 최초	
기타	• 공문서에 일본어 사용(단, 10년간 조선어와 한문 사용)	• 군기 구입은 조선 정부의 허가를 받을 것 • 유학생의 편의 제공 • 양국 간 문서에 한문과 영문 기록	

추가 조약 체결	• 조일수호조규 부록
	  └ 외교관의 여행자유 인정
	  └ 개항장 10리 → 1882년 조일수호조규 속약에서 50리 확대(2년 뒤 100리)
	  └ 일본 화폐 사용 허가
	• 무역규칙(통상장정) : 무관세와 무항세, 양곡의 무제한 유출 허용
			• 장정의 수정 : 북양대신과 조선 국왕 자문으로 결정

1. 정부의 개화 정책

정부의 개화 정책	• 강화도 조약 이후 정부는 동도서기의 입장에서 개화 정책 추진 • 개화파 형성 : 김옥균, 박영효, 김윤식, 유길준 등이 정계 진출 • 청의 양무운동(중체서용)과 일본의 메이지 유신(변법개화)의 영향을 받음 　★ 초기 개화사상가 • 박규수 : 박지원의 손자, 진주민란 때 안핵사로 파견, 제너럴셔먼호 사건 이후 미국과 교섭 담당, 개항 전 미국과의 개항 주장 • 오경석 : 역관 출신, 청에서 해국도지와 영환지략 전래, 박제가·김정희로부터 학문적 영향 • 유홍기 : 한의사 출신, 유대치, 백의정승이라 불림, 박규수 사후 개화파 지도, 박영효와 김옥균에게 영향을 줌
수신사 파견	• 강화도 조약 이후 일본에 수신사 파견 • 1차 : 1876년, 김기수, 일동기유와 수신사 일기 저술 • 2차 : 1880년, 김홍집, 조선책략과 이언 전래
통리기무아문 설치	• 설치 : 1881년(1880), 청의 총리아문(총리기문)을 모방하여 설치한 개화 업무 추진 기구 • 구성 : 의정부, 6조와는 별도의 기구, 총리대신은 영의정이 겸직, 부속 기구로 12사 설치 • 사절단 파견 : 1881년 조사시찰단(일본) → 영선사(청) 파견 • 군제 개혁 : 5군영을 2영(무위영과 장어영)으로 개편, 별기군 설치(1881년 설치, 무위영 소속) 　★ 별기군 • 1881년, 무위영 소속의 국왕 근위병, 교련병대, 왜별기라 불림 • 구성 : 사관생도(100여 명) + 일반 군졸(300여 명), 교관은 일본인 호리모토 • 폐지 : 임오군란으로 폐지

★ 북학론 계승
• 박제가 : 청, 일본, 서양 국가와의 통상 주장
• 이규경 : 로드 암허스트호의 통상 요구 수용 주장
• 최한기 : 지구전요, 인정, 명남루총서 저술
• 강위 : 강화도 조약 때 필담 역할
• 이동인 : 승려 출신, 개화파에 영향

★ 사절단의 파견
• 조사시찰단 : 1881년, 일본, 신사유람단, 동래 암행어사로 임명, 비밀리에 파견
　└ 박정양, 어윤중, 홍영식 등 62명 파견
　└ 미국과의 수교에 관련된 정보 수집, 3개월간 체류, 각종 산업 시설 시찰
• 영선사 : 1881년, 청, 김윤식 외 학생과 기술자 파견
　└ 무기 제조법, 군사 훈련법 등 교육
　└ 3년간 수학 계획 → 1년 만에 귀국 → 1883년, 기기창 설치
• 보빙사 : 1883년, 미국, 민영익, 홍영식, 서광범 등 파견
　└ 미국 대통령 접견, 근대 시설 시찰
　└ 귀국 후 우정국(1884), 육영공원(1886)에 영향
★ 유길준 : 보빙사 파견, 미국에 남아 유학, 이후 서유견문 저술

★ 개항 이후 파견된 주요 사절단

	수신사	조사시찰단	영선사	보빙사
시 기	• 1차 : 1876년 → 2차 : 1880년 → 3차 : 1882년, 사죄사	• 1881년	• 1881년	• 1883년
국 가	• 일본	• 일본	• 청	• 미국
파 견	• 1차 : 김기수 → 일동기유, 수신사 일기 저술 • 2차 : 김홍집 → 조선책략, 이언 전래	• 신사유람단, 동래 암행어사로 위장하여 비밀에 파견	• 김윤식 외 학생과 기술자 파견	• 민영익, 홍영식, 서광범 등 파견
활 동		• 박정양, 어윤중, 홍영식 등 62명 파견, 산업 시설 시찰 • 미국과 수교에 대한 정보 수집, 3개월 체류	• 무기 제조법, 군사 훈련법 등 교육 • 3년간 수학 계획 → 1년만에 귀국 • 1883년 기기창 설립	• 미국 대통령 접견, 근대 시설 시찰 • 귀국 후 우정국(1884), 육영공원(1886년)에 영향 ★ 유길준 : 보빙사 파견, 미국에 남아 유학, 서유견문 저술

2. 임오군란(1882)

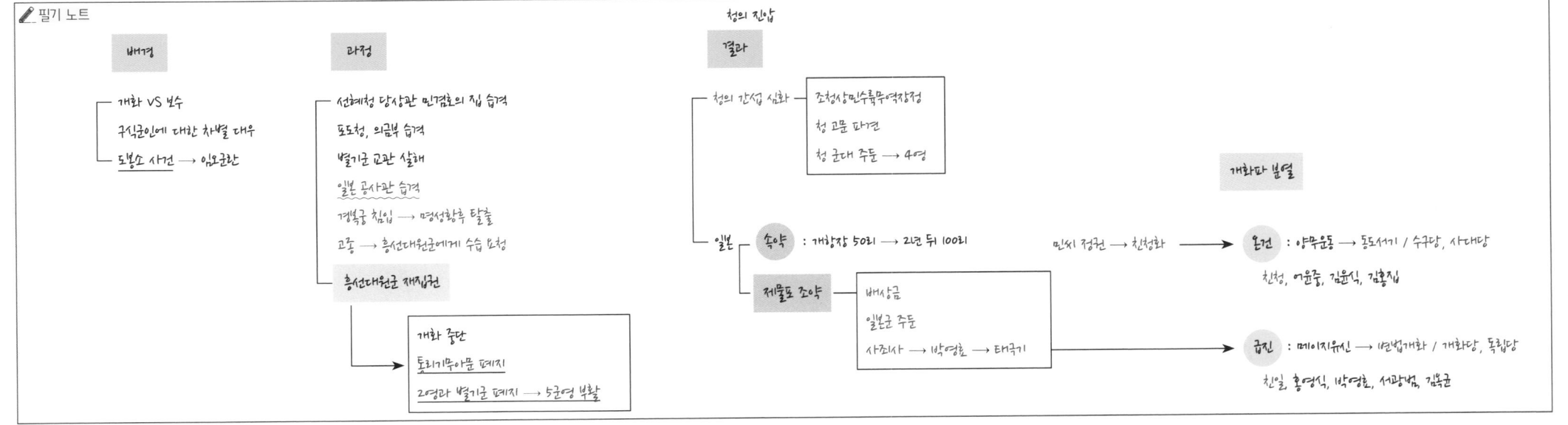

배 경	・개화 정책에 대한 반발, 개화파(민씨 정권)와 수구파(흥선대원군)의 대립 ・이재선 사건 : 1881년, 흥선대원군의 정계 복귀 시도 → 실패 ・신식군대 별기군에 비해 구식 군인들이 차별 대우를 받았고, 13개월치 봉급을 지급받지 못하여 군인들의 불만이 고조 ・도봉소 사건 : 1882년, 선혜청 도봉소에서 무위영 소속 구식 군인들의 폭동 → <u>1882년, 임오군란 발생</u>
과 정	・구식 군인들의 봉기 : 선혜청 당상관 민겸호의 집을 습격하고 포도청·의금부·경복궁 습격, 정부 고관과 별기군의 일본군 교관 살해, 일본 공사관 습격 ・명성황후의 탈출 → 장호원 피신 → 청에 파병 요청 ・고종의 요청과 구식 군인들의 지지로 흥선대원군이 재집권 → 개화 중단 : 통리기무아문 폐지, 별기군 폐지, 5군영 부활 ・청군이 개입하여 진압, 흥선대원군을 청으로 압송 ・일본도 군함과 호위군을 제물포에 파견
결 과	・민씨 정권의 친청화 → 청의 세력에 의존, 동도서기 개화 추진 ・청의 간섭 심화 : 청의 군대 주둔(용산), 조·청 상민 수륙 무역 장정 체결, 고문 파견(묄렌도르프, 마젠창, 위안스카이), 청국식으로 군대 개편(4영) 　　　　　　　　　　　　　　　　　　　　└→ 최초의 서양인 고문(청이 고용) ・제물포 조약 : 1882년, 일본과 체결, 배상금 지불, 공사관 보호를 명분으로 군대 주둔, 사죄사 파견 ・조·일 수호 조규 속약 : 1882년, 일본과 체결, 개항장 범위 50리 확대(2년 뒤 100리) ★ 사죄사(3차 수신사) 파견 : 박영효 일행이 파견, 태극기 제작, 일본의 메이지 유신 견문 → 귀국 후 개화당 형성 → 개화파 분열

★ 개화파의 분열

온건개화파	급진개화파
청의 양무운동 중체서용	일본의 메이지 유신 변법개화
동도서기	변법개화
왕 중심의 정치	입헌군주제
신분제 사회 유지	평등사회
수구당, 사대당	개화당, 독립당
어윤중, 김윤식, 김홍집	박영효, 홍영식, 서광범, 김옥균, 서재필 등

1. 개화파의 분열

배 경	· 임오군란 이후 사죄사 일행이 일본의 메이지 유신을 보고 일본식 근대화를 주장하며 개화파가 분열되었다.	
	온건 개화파	**급진 개화파**
영 향	· 청의 양무운동(중체서용), 동도서기	· 일본의 메이지유신, 변법개화
출 신	· 민씨 정권과 결탁한 집권 세력	· 친일적 소장 관료
주요 인물	· 어윤중, 김윤식, 김홍집, 민영익 등	· 박영효, 홍영식, 서광범, 김옥균, 서재필 등
외 교	· 친청 사대 외교, 사대당	· 친청 사대 비판, 친일적, 독립당
목 표	· 전제정치 옹호, 신분 질서 유지, 수구당	· 입헌군주제, 신분제 폐지, 개화당 · 근대국가 수립 목표
경 제	· 당오전 발행을 통한 재정 보충	· 일본으로부터 차관 도입 주장

2. 갑신정변(1884)

배 경	· 온건개화파의 집권 → 동도서기의 개화 추진 → 개화 정책 부진 · 김옥균의 차관 도입 실패 ; 300만원 시도 → 17만원 차관 도입 · 친청 사대당의 개화당 탄압으로 신변의 위협을 느낀 개화당이 급진적인 방법을 모색 · 청·프 전쟁의 발발로 조선에 주둔한 청군이 베트남으로 일부 병력 이동 · 일본 공사의 정변 지원(군사 지원) 약속

전 개	· 발발 : 1884년, 우정국 개국 축하연 때 급진개화파가 온건개화파 암살
	· 전개
	  └→ 개화당은 고종의 거처를 창덕궁에서 경우궁으로 이동 후 신정부 수립 → 개혁 정강 발표
	  └→ 명성황후가 청의 위안스카이에게 원병 요청
	  └→ 청군이 개입하여 창덕궁에서 일본군과 청군의 충돌 → 일본군이 총격전 끝에 패퇴
	  └→ 민중들이 개화당 인사와 일본 공사관을 공격하여 불태웠다.
	  └→ 고종은 개화당 인사들의 체포령 발표
	· 실패 : 개화당 세력 약화, 역량 부족, 일본의 배신, 청의 진압으로 3일 만에 실패
	· 갑신정변의 의의 : 최초의 근대화 운동으로 갑오개혁과 독립협회에 영향
	· 갑신정변의 한계 : 민중과 결합 실패(토지 개혁 X, 일본에 의존), 외세(일본) 의존적

결 과	· 청의 간섭 심화 : 위안스카이는 통상 사무 전권 위원으로 조선에 남아 정치 간섭 · 정변 이후 사대당인 친청 세력이 정권 장악 · 정변 실패 이후 일본 등지로 개화당이 망명 → 개화 세력 위축 · 한성 조약 : 1884년 11월, 조선과 일본이 체결, 정변 때 죽은 일본인에 대한 사과, 일본 공사관의 신축 비용 지불 · 톈진 조약 : 1885년 3월, 영국의 중재로 청과 일본이 체결 └→ 내용 : 조선에서 청군과 일본군의 동시 철병과 동시 파병, 군사 교관 파견 X, 1894년 청·일 전쟁의 배경

★ 김옥균
  └→ 박규수·유홍기·오경석에게 개화를 전수 받음, 갑신일록·기화근사 등 저술
  └→ 1881년 일본 시찰 → 1883년 일본에서 차관 도입 시도 → 실패
  └→ 1884년 충의계를 중심으로 갑신정변 주도 → 실패 후 일본으로 망명하였고, 망명 중 조선의 중립화를 주장
  └→ 1894년 상하이에서 홍종우에게 암살 됨

★ 박영효
  └→ 철종의 부마, 민권론 저술, 1882년 사죄사로 일본에 파견 → 김옥균과 함께 개화당 형성
  └→ 1883년 박문국에서 한성순보 발행, 한성부 판윤으로 치도국과 경찰국 설치, 도로 건설
  └→ 1884년 갑신정변 이후 일본 망명 → 1894년 귀국 → 김홍집과 함께 2차 갑오개혁을 주도하다 다시 일본으로 추방

★ 홍영식
  └→ 박규수와 유홍기에게 개화를 전수 받음
  └→ 1881년 조사시찰단으로 일본에 파견 → 1883년 보빙사로 미국에 파견
  └→ 1884년 우정국 총판 역임 → 갑신정변 때 청군에 피살

★ 서광범
  └→ 1882년 김옥균, 박영효와 함께 사죄사 파견 시 동행 → 1883년 보빙사의 종사관으로 미국에 파견 → 유럽 순방
  └→ 갑신정변 이후 일본을 거쳐 미국에 망명하였고, 1894년에 귀국하여 제2차 김홍집 내각의 법부대신이 되었다.

★ 갑신정변 이후 국내외 정세
· 청의 간섭 심화로 반청 감정 고조　　※ 고종은 내무부를 설치하여 청을 견제
· 청을 견제하기 위해서 고종은 친러 정책을 추진
    └→ 1884년, 러시아와 직접 조·러 수호통상조약을 체결
    └→ 러시아 공사 베베르 이용 → 청을 견제
    └→ 조·러 비밀협약 추진 → 청의 방해로 실패
    └→ 1888년, 조·러 육로 통상 조약 체결
    └→ 경흥 개방, 두만강 이용 허용
· 거문도 사건 : 1885년~1887년, 영국이 러시아의 남하를 견제하기 위해 거문도 불법 점령
  └→ 거문도를 해밀턴 항으로 개칭, 영국기 게양, 포대와 수뢰 설치, 1887년 청의 중재로 철수
· 청은 흥선대원군을 귀국시켜 고종을 견제, 고문을 묄렌도르프 대신 영국인 데니로 교체
· 중립론 대두 → 고종 수용 X
  └→ 부들러 : 독일 부영사, 스위스식의 영세 중립국 주장
  └→ 유길준 : 거문도 사건 이후 중립론 저술, 벨기에 식, 청을 중심으로 열강이 조선의 중립 보장

※ 한성조약(1884)
· 조선은 국서로서 일본에 변란에 대한 사의를 표명할 것
· 조선은 일본 거류민 피해자에게 위로금 11만 원을 지불할 것
· 일본인 이소바야시 대위를 살해한 자를 잡아 처단할 것
· 일본 공사관 신축지 및 신축비 2만 원을 지불할 것
· 일본군 영사로 공관부 대지를 선정할 것

3. 신정부 강령

정치	·대원군을 가까운 시일 안에 돌아오게 하고, 청에 조공하는 허례의 행사를 폐지할 것	청에 대한 사대 폐지
	·내시부를 없애고 그 가운데 재능이 있는 자는 등용할 것	내시제 폐지, 왕권 약화
	·국가에 해독을 끼친 탐관오리를 처벌할 것	국가 기강 확립
	·규장각을 폐지할 것	세도 가문의 기반 약화
	·4영을 합쳐 1영으로 하고 영 중에서 장정을 뽑아 근위대를 설치할 것 ·육군 대장은 세자를 추대할 것	군사 제도 미흡
	·대신과 참찬은 합문 안의 의정부에서 회의 결정하고, 정령을 공포해서 시행할 것	입헌군주제
	·정부는 6조 외의 불필요한 관청은 모두 없애고, 대신과 참찬이 협의해서 처리케 할 것	내각 제도 확립

경제	·지조법을 개혁하여 간사한 관리를 뿌리 뽑고 백성의 곤란을 구제하며 국가 재정을 넉넉하게 할 것 ★ 지조법 : 생산량이 아니라 가격에 따라 부과	재정 확대
	·각 도의 환곡을 영구히 폐지할 것	삼정의 문란 시정
	·혜상공국(보부상 조직)을 폐지할 것	상업 특권 폐지
	·재정은 모두 호조에서 관할케 하고, 그 밖의 재무 관청은 폐지할 것	과도한 징수와 낭비 금지

사회	·문벌을 폐지하여 인민 평등의 권리를 제정, 능력에 따라 관리를 등용	평등 사회
	·급히 순사를 두어 도둑을 막을 것	근대적 경찰제 도입
	·그 전에 유배, 금고 된 사람들의 사정을 참작하여 석방할 것	사법 제도 개혁

★ 갑신정변에 대한 박은식의 평가

개화당의 실패는 우리에게 매우 애석한 일이다. 내 친구 중에 … 그는 일류 수재들이 일본인에게 이용당해 그처럼 크나큰 착오를 저질렀으니 참으로 애석한 일이라고 하였다. 어찌 일본인이 진심으로 김옥균을 성공하게 하고 성의 있게 조선의 운명을 위해 노력하겠는가? … 우리의 청년 수재들이 일본의 신풍조에 물들어 청나라의 예속으로부터 벗어나고자 한다는 것을 알게 되었다. 일본이 이를 이용하여 청으로부터 독립을 권하고 원조까지 약속했지만, 사실은 조선과 청의 악감정을 도발하여 그 속에서 이익을 얻으려는 속셈이었다.

★ 텐진 조약 : 1885년, 청과 일본
·청국은 조선에 주둔하는 군대를 철수하며 일본국은 공사관 호위를 위해 조선에 주재한 병력을 철수한다.
·장래 조선국에 만약 변란이나 중대 사건이 일어나 청, 일 양국 혹은 어떤 한 국가가 파병을 요할 때에는 응당 그에 앞서 쌍방이 문서로써 서로 통지해야 한다. 그 사건이 진정된 뒤에는 즉시 병력을 전부 철수하며 잔류시키지 못한다. → 청일 전쟁의 원인

1. 동학의 창시와 발전

창시와 탄압	• 1860년, 경주, 몰락양반 최제우가 창시 • 정부의 탄압 : 1863년 사교로 지정 → 1864년 대구에서 혹세무민으로 최제우 사형 ★ 최제우의 동학 창시 서양인들이 천주의 뜻이라 하여 부귀를 바라지 않고 천하를 정복하여 교회당을 세우고 그 도를 널리 보급시킨다는 것이 다. 그래서 나는 … 도를 닦으면서 잘 생각하여 보니 역시 자연스러운 이치가 있으므로, 한편으로 주문을 짓고 한편으로 강령의 법을 만들고 불망의 노래를 지었다. 　　　　　　　　　　　　　　　　　　　　　　　　　- 동경대전 -	★ 동학의 교리 • 유교 + 도교 + 전통신앙 + 샤머니즘, 천주교 교리도 일부 수용, '궁궁을을'이라는 부적과 주술 강조 • 성리학 · 불교 · 천주교 배격, 서학에 반발하여 동학이라 칭함 • 인내천(인간이 곧 하늘), 사인여천(인간을 하늘처럼 섬김) • 후천개벽(조선왕조 부정), 시천주(한울님을 섬김), 주기론적 성격, 평등 강조

확산	• 1대 교주 최제우 : 오심즉여심, 인심즉천심, 지성이면 감천, 비성이면 무성, 1864년 대구에서 혹세무민의 죄목으로 처형 • 2대 교주 최시형 : 머슴 출신, 삼례에서 교조신원운동 주도, 포접제 조직(동학 교단, 법소는 충주), 동경대전(한문, 지식층 대상, 포덕문, 수덕문 등)과 용담유사(한글, 무식층 대상, 용담가, 안심가 등) 편찬, 경천 · 경인 · 경물, 무저항 사상 강조 • 3대 교주 손병희 : 1904년 진보회 조직, 인내천 강조, 1905년 천도교로 개칭, 일제하에서 3전(도전, 재전, 언전) 강조

교조신원운동

1차 삼례 집회 1892년 11월		2차 서울 복합 상소 1893년 2월		3차 보은 집회 1893년 3월
• 최시형의 주도, 최제우의 신원 복위 요구 • 탄압 중지 요구 → 탄압 금지 약속	→	• 서울 궁궐 앞에서 교조 신원 요구 → 실패	→	• 북접 주도, 척왜양창의, 제폭구민 등의 정치적 구호 등장 • 정부는 어윤중을 파견하여 해산 ★ 금구 집회 : 남접 주도, 서인주 · 서병학 · 전봉준 등 → 서울 진공 계획 → 북접의 거부

2. 동학 농민 운동

✏️ 필기 노트

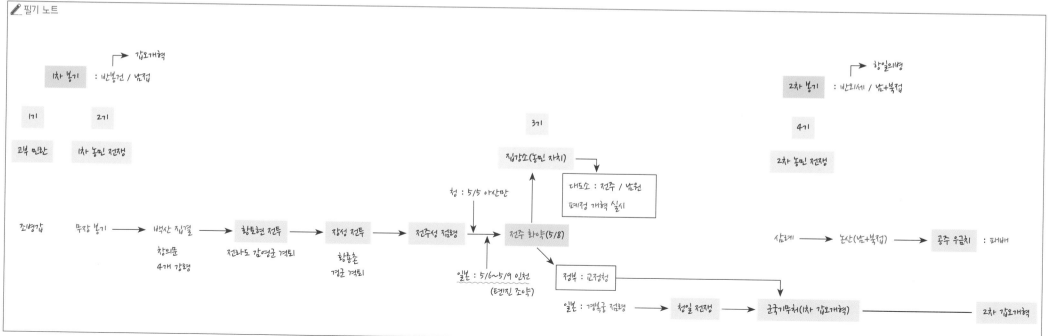

1차 봉기 남접 (반봉건)

고부 민란

- 1894년 1월, 조병갑의 폭정에 대해 전봉준이 시정 요구 → 조병갑이 이를 거부
- 전봉준 등이 사발통문을 돌리고 고부 관아를 습격, 만석보 파괴
- 정부는 조병갑을 탄핵 → 신임 군수 박원명 파견 → 농민군을 회유하자 농민군이 해산

1차 농민 전쟁

- 안핵사 이용태가 동학과 농민군 탄압
- 무장 봉기 : 전봉준, 김개남, 손화중, 보국안민, 제폭구민 → 백산 집결 : 호남 창의문, 4개 강령과 12조 군율 정비
- 전주성 점령을 목표로 태인을 거쳐 원평에 진을 침
- 황토현(정읍) 전투 : 1894년 3월, 전라도 감영군 격파 → 남쪽으로 관군 유도 → 정읍과 고창 점령
- 장성 황룡촌 전투 : 1894년 5월, 홍계훈이 이끄는 경군 격파
- 농민군의 전주성 점령 → 정부는 청에 파병 요청
- 청군의 파병 : 5월 5일, 아산만 → 일본군 파병 : 5월 6일 파병, 인천, 톈진 조약(→ 5월 9일, 2차 파병)

전주화약

- 전주화약 체결 : 5월 8일, 정부의 타협 시도와 농민군의 휴전 제의, 농민군들은 폐정개혁안을 제시, 정부가 약속
- 정부는 6월 11일 교정청을 설치하고 개혁 시도
- 농민군은 전라도 일대에 집강소를 설치하여 농민 자치 추진

- 정부는 전주화약 이후 일본군의 철군 요구 → 일본군이 철군을 거부하고 고종에게 개혁을 요구하며 6월 21일 경복궁을 습격, 흥선대원군을 옹립
- 6월 23일 일본군은 청일 전쟁을 일으키고 6월 25일 군국기무처를 통해 1차 갑오개혁을 추진

2차 봉기 남+북접 (반외세)

남접의 봉기

- 충군애국을 목표로 봉기
- 삼례에서 남접이 집결 → 서울로 북상

북접의 가담

- 최시형의 지시로 북접 가담 → 손병희가 북접의 충청도 농민군을 이끌고 가세 → 논산에서 남접과 북접이 집결 → 공주로 진격

공주 우금치

- 1894년 11월 공주 우금치 전투에서 일본군과 관군, 수성군(민보군)에게 패배

2차 갑오개혁

- 1894년 12월 일본은 군국기무처 폐지 후 친일적 2차 갑오개혁을 추진하기 시작

농민군 해산

- 1895년 1월 광주 장흥 전투, 영동 보은 전투 패배 이후 농민군은 해산

  ★ 동학의 의의와 한계
  - 의의 : 반봉건·반외세, 밑으로부터의 개혁
  - 한계 : 근대 의식의 결여, 왕권의 옹호

★ 사발통문
一. 고부성을 점령하고 조병갑을 목 베어 죽일 것
二. 군기고와 화약고를 점령할 것
三. 군수에게 아부하여 백성을 침탈한 탐리(貪吏)를 엄하게 징벌할 것
四. 전주 감영을 함락하고 서울로 곧바로 나아갈 것

★ 백산 창의문
우리가 의(義)를 들어 여기에 이르렀음은 그 본의가 결코 다른 데 있지 아니하고, 창생을 도탄 중에서 건지고 국가를 반석 위에다 두고자 함이라. 안으로는 탐학한 관리의 머리를 베고 밖으로는 횡포한 강적의 무리를 쫓아 내몰고자 함이라. 양반과 부호의 앞에서 고통을 받고 있는 소사(小吏)들은 우리와 같이 원한이 깊은 자이라. 조금도 주저하지 말고 이 시각으로 일어서라. 만일, 기회를 잃으면 후회하여도 미치지 못하리라.

★ 집강소
  └ 전라도 대부분 지역 53개 군, 모든 지역 X, 대도소(전주성)
  └ 농민 자치 : 지방 치안과 행정 담당
  └ 폐정개혁 추진 : 노비 문서 소각, 묵은 빚 탕감, 지주와 부패 관리 처단

★ 전봉준의 절명시
"때를 만나 천하도 다 내 뜻과 같았네, 시운 다하니 영웅도 스스로 어쩔 수 없구나, 백성을 사랑하고 정의를 위한 길이 무슨 허물이랴, 나라 위한 붉은 마음 그 누가 알아주랴"

★ 전봉준을 애도하는 노래
새야 새야 녹두새야 윗녘 새야 아랫녘 새야
전주 고부 녹두새야 함박 쪽박 열나무 딱딱 후여
새야 새야 녹두새야 녹두밭에 앉지 마라
녹두꽃 떨어지면 청포장수 울고 간다
새야 새야 팔왕 새야 네 무엇 하러 나왔느냐
솔잎 댓잎이 푸릇푸릇 하절인가 하였더니
백설이 펄펄 흩날리니 저 강 건너 청송녹죽이 날 속인다

3. 폐정개혁안

1조	동학도는 정부와 원한을 씻어 버리고 모든 행정에 협력할 것	
2조	탐관오리는 그 죄목을 조사하여 엄징할 것	
3조	횡포한 부호들을 엄징할 것	
4조	불량한 유림과 양반을 징벌할 것	
5조	노비 문서는 불태워 버릴 것	갑오개혁에 반영
6조	칠반 천인의 대우를 개선하고, 백정이 쓰는 평량갓은 없애 버릴 것	
7조	청상과부의 재가를 허락할 것	
8조	규정 이외의 모든 세금을 폐지할 것(무명잡세 폐지)	
9조	관리 채용은 지벌을 타파하고 인재를 등용할 것	
10조	왜적과 몰래 통하는 자는 엄징할 것	
11조	공사채를 물론하고 기왕의 것은 무효로 할 것	
12조	토지는 평균으로 분작하게 할 것	

★ 전봉준의 공초 기록

· 심문자 : 그대가 전라도 동학 괴수라 하니 과연 그러한가?
· 전봉준 : 처음에 창의로 기포하였을 뿐 동학 괴수라 할 것은 없다.
· 심문자 : 동학이란 어떤 주의, 어떤 도학인가?
· 전봉준 : 수심하여 충효로 본을 삼아 보국안민하자는 것이다.
· 심문자 : 그대가 기포할 때에 거느린 사람은 모두 동학인가?
· 전봉준 : 소위 접주는 모두 동학이요, 그 나머지 거느린 사람은 충의 지사라 할 사람들이다.
· 심문자 : 고부에서 기포할 때에 동학이 많았느냐, 농민이 많았느냐?
· 전봉준 : 기포할 때에 농민과 동학이 합하였으나 동학은 적고 농민은 많았다.
· 심문자 : 고부 민란 때 동학이 많았는가, 원민(怨民:원망하여 일어난 백성을 말함)이 많았는가?
· 전봉준 : 원민과 동학이 비록 합세하였으나, 동학은 적었으며 원민이 많았다.
· 심문자 : 작년 3월 무슨 사연으로 고부에서 민중을 크게 모았는가?
· 전봉준 : 군수의 수탈이 심하여 원통한 자가 많았으니 이에 의거하였다.
· 심문자 : 전주 화약 이후 다시 군대를 일으킨 이유는 무엇인가?
· 전봉준 : 일본이 개화를 구실로 군대를 동원하여 왕궁을 공격하고 임금을 놀라게 하였으니 충군애국의 마음으로 의병을 일으켰다.

THEME 067 갑오개혁

1. 배경

민중의 개혁 요구	· 농민들의 불만과 개혁 요구 → 정부도 개혁 추진 시도 → 교정청 설치 → 자주적 개혁 시도
일본의 강요	· 일본은 청에 조선의 내정 개혁에 대한 공동 추진을 요구 → 청이 거부 · 일본은 단독으로 조선에 개혁 요구 → 조선 정부가 개혁 거부 → 일본의 경복궁 습격 : 고종을 위협하고 흥선대원군을 집권 시킴 · 일본은 교정청을 폐지하고 군국기무처를 설치하여 개혁 시도 → 1차 갑오개혁

★ 노인정 회담
 ↳ 민영휘의 별장에서 일본은 철병을 거부
 ↳ 일본은 조선에 개혁 요구

2. 갑오개혁의 추진

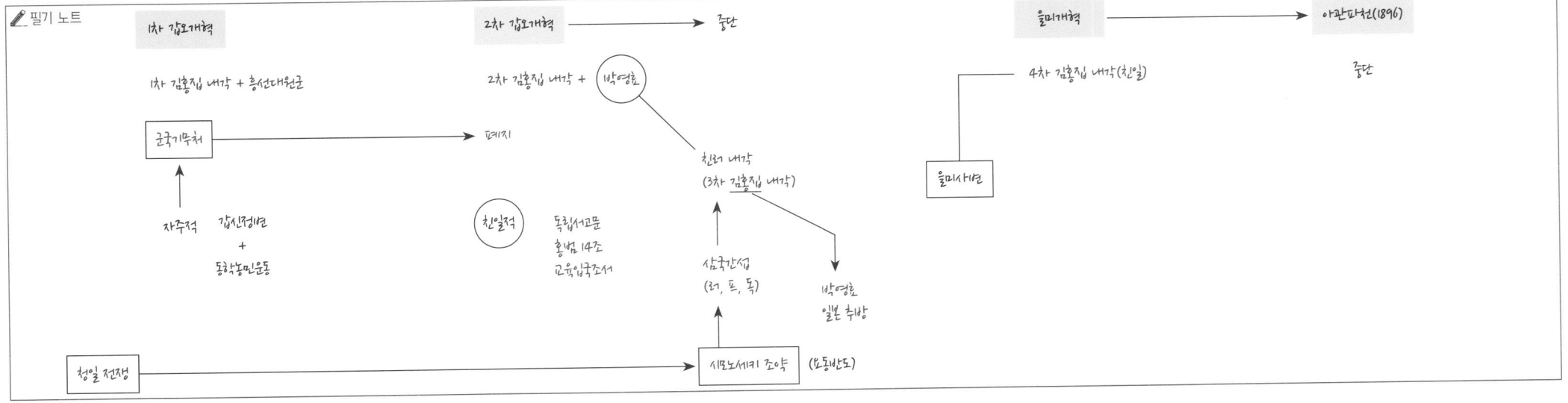

(1) 1차 갑오개혁

추진	· 1894년 7월 ~ 1894년 12월, 군국기무처에서 실시 · 1차 김홍집 내각(+ 흥선대원군 : 실권 X) · 자주적 : 갑신정변 + 동학의 요구 반영, 청일 전쟁으로 일본의 간섭 미흡
내용	

내용	정치	· 개국 기원(1392년이 개국 1년) : 청의 종주권 부인 · 의정부(국정 사무)와 궁내부(왕실 사무)로 개편, 6조를 8아문으로 개편, 의정부 권한 강화 → 입헌군주제 · 11관품으로 축소(칙임관, 주임관, 판임관으로 구분), 문무관 차별 폐지, 관리의 월봉제, 대간 제도 폐지, 과거제 폐지 · 경무청 설치 : 경찰 제도 실시
	경제	· 화폐 제도 개혁 : 신식화폐발행장정(은본위 화폐 제도), 일본 화폐의 국내 유통 허용 · 탁지아문에서 재정의 일원화, 조세의 금납화 → 조운 제도 소멸, 무명 잡세 폐지, 환곡 폐지 · 도량형 통일(일본과 일치), 방곡령 반포 금지, 사창제 도입, 육의전 도고의 권한 폐지, 퇴직 관리의 상업 경영 허가
	사회	· 공사노비 제도 폐지, 인신매매 금지, 적서 차별 폐지, 연좌제 폐지, 고문제 폐지, 양자 제도 개선 · 조혼 금지, 과부의 재혼 허가, 의복 제도 간소화 · 국한문 제도화 : 모든 공문서를 국문과 국한문 사용

★ 군국기무처
 ↳ 국가의 모든 기무와 사무의 개혁을 담당하고 시행
 ↳ 과도적인 입법 기구의 성격 : 3개월간 210건의 신법령을 의결하고 공포
 ↳ 1894년 12월 17일 2차 김홍집 내각이 성립되면서 폐지, 그 대신 중추원이 설치됨
 ↳ 총재 : 영의정 김홍집 + 부총재 : 내아문독판 박정양
 ↳ 구성원
  ↳ 총재 1명, 부총재 1명, 16~20명 사이의 회의원으로 구성, 2명 정도의 서기관
  ↳ 회의원 중 3명이 기초 위원으로 선정되어 의안의 작성을 책임짐
  ↳ 총재 김홍집을 비롯하여 김윤식, 어윤중, 유길준 등 개화파 + 대원군 계열의 인사로 구성

★ 신분제 폐지
 ↳ 1886년 노비세습제 폐지
 ↳ 1894년 1차 갑오개혁 : 공사노비제도 혁파
 ↳ 1896년 호적에 신분 대신 직업 기재

(2) 2차 갑오개혁

배경	· 1894년 공주 우금치에서 동학농민운동을 진압 · 이노우에 일본 공사를 파견하고 → 흥선대원군 축출 · 친일적 개혁 추진 시도 : 군국기무처 폐지, 박영효 귀국, 내정개혁 20개조 제시 → 일본인 고문 고용	
개혁	**특징**	· 독립서고문 반포, 교육입국조서 반포 후 한성사범학교·소학교 관제·한성외국어학교 관제 반포 · 홍범14조 반포 : 순한글·순한문·국한문체로 발표, 1차 갑오개혁 내용 요약, 최초의 근대적 헌법
	정치	· 의정부를 내각으로, 8아문을 7부로 개편, 중추원을 내각의 자문기구화 · 궁내부 관제 축소, 규장각을 규장원으로 격하 · 중앙 경무청 아래 경찰서를 두어 경찰제를 일원화시킴 · 8도를 23부 소지역주의로 개편, 부·목·군·현을 군으로 통일 · 지방관 권한 축소(사법권·군사권·조세 징수권 폐지) · 군제 개혁 : 군대 통합, 훈련대 조직(일본이 지도), 시위대 설치
	경제	· 육의전 폐지, 상리국 폐지(보부상 특권 폐지), 시전상인의 특권 폐지, 징세서 설치
	사회	· 사법부의 독립(행정과 사법의 분리), 지방관의 사법권 폐지, 재판(2심제 채택)

(3) 2차 갑오개혁의 중단과 을미개혁

갑오개혁 중단 배경	· 1895년 3월, 청일 전쟁 종료 : 일본의 승리 → 1895년 3월, 시모노세키 조약 : 일본이 요동반도를 할양받음 · 삼국간섭(러·프·독) : 러시아가 일본에 요동반도의 반환 요구 · 친러 내각 수립(3차 김홍집 내각) → 인아거일책 추진, 박영효 일본으로 추방 → 2차 갑오개혁 중단	

↓

· 일본의 반격 : 미우라 공사 파견
· 을미사변 : 1895년 8월, 경복궁 내 건청궁 옥호루에서 명성황후를 시해
※ 명성황후 : 1897년 3월, 명성이라는 시호 → 11월 국장 거행
· 친일 내각 수립(4차 김홍집 내각) → 을미개혁 추진

을미개혁	**정치**	· 건양 연호 사용 : 1895년 음력 11월 16일의 다음날을 양력 1896년 1월 1일 · 훈련대 폐지, 중앙군 친위대와 지방군 진위대(평양과 전주)를 설치
	사회	· 단발령 공포 : 최익현 등 유생 반발, 을미의병 발발 · 우편 사무 재개(우체사 설치) ※ 1884년 우정국 설치 → 갑신정변으로 중단 → 을미개혁 때 재개 · 소학교령 : 서울에 4개 소학교 설립 · 종두법 시행 : 지석영의 종두법을 토대로 종두 규칙 제정 · 태양력 사용

↓

중단	· 1896년 아관파천으로 중단

★ 홍범14조
· 청국에 의존하는 생각을 끊어버리고 자주 독립하는 기초를 세운다.
· 왕실 전범을 제정하고 대위 계승과 종척의 분의를 밝힌다.
· 대군주는 정전에 나가 정사를 보되, 친히 명대신에게 물어 재결하고 후빈과 종척은 간섭을 불허한다.
· 왕실 사무와 국정 사무는 곧 분리하여 서로 혼합됨이 없도록 한다.
· 의정부와 각 아문의 직무와 권한을 명확히 제정한다.
· 인민이 세를 바침에 있어서 법령에 따라 율을 정하되 멋대로 각목을 붙이거나 징수해서는 안 된다.
· 조세의 과징과 경비의 지출은 모두 탁지아문에서 관할한다.
· 왕실 비용을 솔선 절감하여 각 아문과 지방 관청의 모범이 되도록 한다.
· 지방 관제를 속히 개정하여 지방 관리의 직권을 제한 조절한다.
· 국중의 총준자제를 널리 파견하여 외국의 학술과 기예를 전습한다.
· 장교를 교육하고 징병법을 정하여 군제의 기초를 확정한다.
· 민법과 형법을 엄명히 제정하여 감금, 징벌을 남용치 못하게 하고 인민의 생명과 재산을 보전한다.
· 사람을 쓰되 문벌과 지연에 구애받지 말고, 선비를 구하되 두루 조야에 미쳐 인재 등용의 길을 넓힌다.

★ 갑오개혁에 참여한 유길준의 고백
한 나라의 신민으로 그 나라의 정치 개혁을 스스로의 힘으로 하지 못하니 세 가지 부끄러움이 있다. … 전 인민을 향하여 부끄러움이 그 하나이며, 세계 만국에 대하여 부끄러움이 그 둘이며, 후세 자손에게 부끄러움이 그 셋이며, 이 같이 세 가지 부끄러움은 과거, 현재, 미래 삼생에 걸쳐 그 허물을 벗을 수 없는 가죽과 살이다.

★ 삼국간섭
러시아 정부는 일본이 청에 대하여 요구한 강화 조약을 살펴본 바 요동반도를 일본이 영유하는 것은 청국의 수도 베이징을 위협할 염려가 있을 뿐 아니라, 조선의 독립을 유명무실하게 하여 장차 극동의 영구적 평화에 장애가 되는 것으로 생각합니다. 따라서 러시아 정부는 일본 정부와 성실히 우의를 다지기 위해 요동반도의 영유를 확실히 포기할 것을 권고합니다.

★ 아관파천 이후 을미개혁 중단
└ 단발령 폐지, 단발의 자유화, 23부 → 13도로 환원, 양력과 음력 혼용, 내각 → 의정부

★ 갑오개혁과 을미개혁

	1차 갑오개혁(1894년 7월)	2차 갑오개혁(1894년 12월)	을미개혁(1895년)	아관파천(1896년)
배경과 추진	· 1차 김홍집 내각 + 흥선대원군(실권 X)	· 2차 김홍집 내각 + 박영효	· 삼국간섭으로 친러 내각 수립 : 3차 김홍집 내각 · 2차 갑오개혁 중단, 박영효 일본으로 추방 · 1895년 8월 을미사변 → 친일 내각 : 4차 김홍집 내각	· 을미개혁 중단
추진 기구	· 군국기무처(총재 김홍집 + 부총재 박정양)	· 군국기무처 폐지, 일본인 고문 기용		
성 격	· 자주적 : 갑신정변, 동학의 요구 반영	· 친일적 개혁 추진 · 독립서고문 반포 · 홍범14조 : 1차 개혁 요약(한글 + 순한문 + 국한문)	· 친일적 개혁	
★ 개혁 내용	1차 갑오개혁	2차 갑오개혁	을미개혁	아관파천 이후
연 호	· 개국 기원 사용	· 개국	· 건양	
정부 조직	· 의정부(국정 사무)와 궁내부(왕실 사무)로 개편 · 6조를 8아문으로 개편	· 의정부 → 내각, 8아문 → 7부로 개편 · 궁내부 관제 축소, 규장각 → 규장원으로 격하		· 내각 → 의정부
관리 선발	· 과거제 폐지			
관등 정비	· 11관품제, 칙임관 + 주임관 + 판임관으로 구분 · 문무차별 폐지, 월봉제 실시, 대간 제도 폐지			
지방 제도		· 8도 → 23부, 부·목·군·현 → 군으로 통일 · 지방관 권한 축소 : 사법, 군사, 조세 징수권 폐지		· 23부 → 13도 환원
경찰 제도	· 경무청 설치	· 경무청 아래 경찰서 설치 → 경찰 제도 일원화		
군사 제도		· 훈련대 조직(일본이 지도), 시위대 설치	· 훈련대 폐지 → 중앙군 친위대, 지방군 진위대 설치	
화폐 제도	· 신식화폐발행장정, 은본위 화폐제도			
재정 운영	· 탁지아문에서 재정의 일원화 · 조세의 금납화 → 조운제도 소멸 · 무명잡세 폐지, 환곡 폐지	· 징세서 설치		
경제 제도	· 도량형 통일 : 일본과 일치 · 방곡령 반포 금지, 사창제 도입 · 육의전 도고의 권한 폐지 · 퇴직 관리의 상업 경영 허가	· 육의전 폐지, 시전상인의 특권 폐지 · 상리국 폐지 : 보부상 특권 폐지		
신분 제도	· 공사노비제도 폐지, 인신매매 금지 · 적서차별 폐지, 양자제도 개선			
사법 제도	· 연좌제 폐지, 고문제 폐지	· 사법부의 독립 : 재판소 설치, 행정과 사법의 분리		
혼인 제도	· 조혼 금지, 과부의 재혼 허가			
의복 제도	· 의복 제도 간소화		· 단발령 공포 → 최익현 등이 반발, 을미의병 발발	· 단발령 폐지, 단발의 자유화
우편 제도			· 우편 사무 재개(우체사 설치)	
교육 제도		· 교육입국조서 반포 : 지·덕·체를 겸비한 인재 양성 　→ 1895년 한성사범학교, 소학교 등 설립	· 소학교령 : 서울에 4개 소학교 설립	
문자 체제	· 국한문 제도화 : 공문서에 국문과 국한문 사용			· 양력과 음력 혼용
역 법			· 태양력 사용	
의료 제도			· 종두법 시행 : 지석영의 종두법을 토대로 종두 규칙 제정	

1. 아관파천(1896년 2월)

배 경	· 을미사변 이후 고종의 위기 의식 고조　※ 춘생문 사건 : 1895년 미국 공사관으로 피신 시도 → 실패 · 아관파천 : 일본이 의병 진압으로 감시가 소홀해진 틈을 타서 1896년 고종이 러시아 공사관으로 처소를 옮김 · 환궁 : 1897년 2월 경운궁으로 환궁 후 대한제국 수립
결 과	· 러시아의 간섭 심화 : 군사와 재정 고문 파견, 내정 간섭, 한·러은행 설치 · 친러 내각 수립 : 김홍집 내각이 무너지고 이범진·이완용 내각이 구성, 러시아의 내정 간섭이 심화 · 고종은 러시아 세력을 이용하여 일본 세력을 견제 · 을미개혁 중단 : 단발령 폐지, 내각제를 폐지하고 의정부 제도를 복구, 양력과 음력을 혼용(음력의 부분적 사용), 23부의 지방 제도를 13도로 환원 · 러시아와 일본의 세력 협상 · 열강들의 이권 침탈 본격화 : 열강들은 최혜국 대우를 근거로 이권 침탈을 본격화

· 러시아와 일본 간의 협상과 경쟁
　└ 1896년 5월, 베베르-소촌각서 : 러시아 우위 인정, 러시아 고문단 파견
　└ 1896년 6월, 로마노프-산현 의정서 : 일본이 38도선 분할 요구 → 러시아 거부
　└ 1898년 4월, 니시-로젠 협정 : 양국 정부의 한국 내정 불간섭
　└ 1902년, 1차 영일동맹 : 러시아가 39도선 분할 요구 → 일본 거부
　└ 1903년, 용암포 사건 : 러시아가 압록강 용암포 점령
　└ 1904년 2월, 러·일 전쟁 : 일본의 기습으로 러·일 전쟁 발발
　└ 1905년 9월, 포츠머스 강화조약 : 일본의 승리, 조선에서 독점적 지배권 인정

2. 열강의 이권 침탈의 본격화

배 경		· 배경 : 아관파천 이후 열강들은 최혜국 대우를 이용하여 이권 침탈
이권 침탈	광 산	· 러시아 : 경원, 경성, 종성 광산 채굴권 · 일본 : 충남 직산 금광 채굴권 · 미국 : 평북 운산 금광 채굴권 · 영국 : 평남 은산 금광 채굴권 · 독일 : 강원 당현 금광, 철원 금광 채굴권 · 프랑스 : 평북 창성 금광 채굴권
	철 도	· 경인선 : 미국 → 일본, 1899년, 최초, 노량진~제물포 · 경부선 : 일본, 러·일 전쟁 당시 부설 · 경의선 : 프랑스 → 일본, 러·일 전쟁 당시 부설 · 경원선 : 일본, 1914년 부설
	기 타	· 전선 : 청, 인천~의주 전선 가설권, 서울~부산 전선 가설권 · 전기 : 미국, 서울 시내 전기·수도 시설권, 전차 부설권 획득 ★ 러시아 : 압록강과 울릉도 삼림 채굴권, 부산 절영도 저탄소 설치권, 한·러은행 설치권 등

★ 열강들의 이권 침탈
· 열강들은 이권을 획득하기 위해서 무력 시위를 하거나 황실의 신임을 받는 선교사나 외교관을 이용하기도 하였다.
· 러시아는 삼림 채벌권을 독점하였고, 일본은 철도 부설권을 획득
· 미국이 차지한 운산 금광은 한국 전체 금 생산량의 25%를 생산

★ 러시아 관련 사항
· 베이징 조약(1860) : 연해주 획득, 조선과 국경을 접함
· 조·러 통상 조약(1884) : 청을 견제하기 위해 직접 수교
· 조선책략 : 방러책, 친중국, 결일본, 연미국
· 거문도 사건(1885~1887) : 영국이 러시아를 견제하기 위해 불법 점령
· 삼국간섭(1895) : 러, 프, 독 → 일본 견제
· 아관파천(1896~1897) : 고종이 러시아 공사관으로 피신
· 독립협회 : 반러 운동, 러시아의 이권 요구 저지
· 일본과 협상 : 베베르-소촌 각서, 로마노프-산현 의정서, 니시-로젠 협정
· 용암포 사건(1903), 러일 전쟁(1904) 등

THEME 069 독립협회(1896년 7월)

1. 창립과 구성

배 경	· 아관파천 이후 독립 의식 고조 · 독립신문의 발행 : 1896년 4월, 서재필이 정부의 지원을 받아 최초의 민간 신문인 독립신문 발행 · 독립문 건설 명목으로 독립협회를 창립, 고종도 건설 비용의 일부를 하사 · 1896년 7월 서재필과 고급 관료들이 발기하여 창립
목 표	· 자유 민주주의 사상을 민중에 보급, 자주독립국가 건설을 위해서 자주국권운동 · 자유민권운동 · 자강개혁운동을 전개 · 민중 계몽 : 국민 성금으로 독립문 건립, 강연회 · 토론회 · 집회를 통해 민중 계몽, 민중의 참여 유도 · 의사 결정 : 다수결 원칙, 민주주의적인 운영 방식 채택 ※ 기관지 발행 : 대조선 독립협회 회보(1896년 11월, 공식 기관지, 반월간지), 독립신문과 황성신문(비공식 기관지)

2. 독립협회의 변화

초기 활동	· 독립문, 독립관 등을 건립하며 계몽 활동을 통한 민중 계몽 → 민중의 참여 증가 · 아관파천 이후 독립 국가의 위상을 높이기 위해 고종의 환궁 요구
↓	· 1897년 2월 고종이 경운궁으로 환궁 후 대한제국을 선포, 연호는 광무, 환구단에서 황제 즉위식 거행
후기 활동	· 1898년 구국선언상소 : 자주호국선언, 러시아의 간섭을 반대, 재정과 인사 · 군사권의 자주적 행사를 요구 · 1898년 만민공동회 개최 : 정부의 친러 정책 등을 비판하자 많은 관료들이 이탈하며 민중이 독립협회를 주도 · 김홍륙 독다 사건을 계기로 악법을 부활한 보수 정권을 퇴진, 박정양의 진보 내각을 수립 · 1898년 관민공동회 개최 : 고종에게 헌의6조를 올렸고 이후 의회 설립 운동을 전개하며 입헌군주제의 근대 정치 체제를 추구 · 의회 설립 운동 : 고종은 중추원 신관제를 반포하여 중추원에 의회적 기능을 부여(정부 임명 : 25명 + 독립협회 선출 : 25명) → 보수파의 모함으로 설립 실패
↓	
해산	· 익명서 사건 : 보수 단체가 '독립협회가 공화정을 목표로 한다'라고 모함 · 고종이 독립협회 해산령을 반포하자 독립협회는 만민공동회를 개최하여 저항 → 고종은 군대와 황국협회(보부상)를 동원하여 탄압 · 1898년 12월 독립협회 해산

※ 독립협회의 구성
· 회장 : 안경수 / 위원장 : 이완용 / 고문 : 서재필
· 정동구락부 : 윤치호, 이상재 등 친미 · 친러 외교 인사
· 건양협회 : 갑오개혁을 주도한 유길준 등
· 실무 관료 : 개신 유학자 출신 관료, 남궁억과 정교 등
· 서구 시민 사상가 : 자유 민주주의 사상을 접한 서재필 등

※ 독립협회의 발전
· 지회 설립 : 공주, 대구, 평양에 지회 설립
· 자매 단체 : 박문협회, 찬양회(여성단체), 황국중앙총상회(시전상인) 등

· 독립문 건립 : 1897년, 영은문을 허물고 건립
· 독립관 건립 : 모화관을 개수

※ 독립협회의 주요 활동
· 만민공동회 : 1898년 3월, 최초의 정치적 민중 집회, 러시아 침략 규탄
· 관민공동회 : 1898년, 헌의6조 요구 → 고종의 허가
· 이권수호운동 : 러시아 군사와 재정 고문 철수, 한러은행 폐지
· 국기 게양과 애국가 제정 시도
· 신체 자유권, 재산권, 언론과 출판 · 집회 · 결사의 자유 주장
· 국방 개혁은 미흡 : 동학과 내란 진압 정도면 충분(최소화)
· 황제 측근 이용익을 통화 남발 혐의로 사퇴시켰다.

★ 헌의6조
1. 외국인에게 의존하지 않고 전제황권 공고히 할 것
2. 외국과 이권에 관한 조약에 대신과 중추원 의장이 합동 날인 할 것
3. 국가 재정은 탁지부에서 관리, 예산과 결산 공포 할 것
4. 중대 범죄 공판 시 피고의 인권을 존중, 자복한 뒤 시행 할 것
5. 칙임관을 임명할 때 정부의 그 뜻을 물어 다수에 따를 것
6. 정해진 규정(홍범14조)을 실천할 것

★ 기타 주요 사항

서재필	갑신정변 실패 후 일본을 거쳐 미국(미국 귀화명은 필립 제이슨이다.)으로 망명하였다. 1894년 갑오개혁 때 사면되어 박영효의 권유를 받아들여 1895년 12월에 귀국, 1896년 1월에 중추원 고문에 임명되었다. 그리고 최초의 민간 신문인 독립신문을 발행하였다. 독립신문은 주시경의 노력에 힘입어 순한글로 간행되었으며, 영문판 The Independent로도 발행되었다. 1896년 7월 2일 독립협회를 창설하였고, 배재학당에 강사로 나가면서 1896년 11월 13명의 회원으로 구성된 협성회라는 학생 토론회를 조직하였다. 서재필은 만민공동회를 개최하여 러시아 고문단의 철수를 요구했으며, 친러 정권과의 대립으로 중추원 고문직에서 해고되자 1898년 5월 미국으로 돌아갔다.
찬양회	· 조직 : 1898년 서울 북촌 양반 여성들이 독립협회의 자매 단체로 조직 · 여권통문 : 1898년 황성신문과 독립신문에 여권통문을 발표 / 제국신문이 찬양회의 홍보지 역할을 하였다. · 정부에 관립여학교 설립 요구 → 실패 → 1899년 순성여학교 설립(최초의 여학교 X)

1. 대한제국의 수립

고종의 환궁	• 배경 : 환궁에 대한 국민적 요구, 국제 사회 여론 등 • 환궁 : 아관파천 이후 1년 만인 1897년 2월 경운궁으로 환궁
대한제국 수립	• 1897년 8월 연호를 '광무'로 개칭 • 1897년 10월 환(원)구단에서 황제 즉위식 거행, 국호를 '대한'으로 변경하고 자주 독립국임을 선포 ※ 1897년 3월 '명성'이라는 시호 내림 → 1897년 11월 명성황후의 국장 거행

2. 광무개혁

목표	• 민국 건설 : 백성의 생활 안정 강조 • **구본신참** ≒ 동도서기 ≒ 중체서용 ≒ 화혼양재 　└ 구본 : 정치는 전제정치 유지 + 신참 : 새 것을 참조 　└ 점진적 개혁 → 내장원이 개혁 주도 : 재원 마련을 위해서 전환국에서 백동화를 대량 발행

★ 광무개혁의 주요 내용

전제황권 강화	• 독립협회 해산 : 1898년, 입헌군주제를 주장하는 독립협회 해산 • 대한국국제 : 1899년, 교정소에서 제정, 만국공법에 기초　　※ 교정소 : 1899년, 황제 직속 입법 기구 　└ 황제가 군대 통수권·입법권·행정권 등 권한 장악, 국민의 권리 규정 X • 원수부 설치 : 황제가 군권 장악, 경운궁 내 설치, 고종이 대원수에 취임 • 황제의 위상 격상 : 국기와 어기, 친왕기, 군기를 제정 • 경운궁을 정궁으로 삼고, 평양을 서경으로 격상하여 풍경궁 건설
재정 장악	• 내장원 강화 : 탁지부에서 관리하던 재정을 내장원으로 이관
외교	• 1899년 한청통상조약 : 청과 대등한 외교 • 1900년 칙령 41호 : 강원도 울릉도에 울도군을 설치하여 독도 관리(10월 25일 : 독도의 날) • 1900년 만국우편연합 가입 • 1902년 간도 관리사 파견 : 이범윤, 함경도 관할로 관리 • 1903년 국제 적십자 활동 참여 • 1904년 중립 외교 : 러일 전쟁 직전 중립 선언 • 통상 사무관 : 연해주 교민 보호를 위해서 파견
경제	• 양전 지계 사업 실시 : 국가 재정 확보, 근대적 토지 제도 확립 → 1904년 러·일 전쟁으로 중단 • 식산 흥업 정책 실시 : 1898년 식산 흥업 조직 발표
군사 강화	• 시위대(황제 호위)·친위대·진위대 증강, 무관 학교를 설립하여 고급 장교 양성 • 1903년 국민 개병을 원칙으로 하는 징병 제도에 대한 조칙 발표 ※ 일본에서 고장난 군함을 수입하기도 하였다.
기 타	• 경위원 설치 : 정변 음모 감시 • 형법대전 : 1905년, 형법 교정을 실시하며 편찬 • 교전소 : 1897년, 새 법전 편찬을 위해 중추원 내 설치 • 교육 : 1897년 신교육령 반포, 유학생 파견, 실업 학교·기술 학교 설립 • 호적 정비, 관원들의 관복을 양복으로 개편(1900), 관리들에게 단발 공포(1902)

★ 환구단(원구단) : 1897년 건설, 황제 즉위식 거행 → 1913년 일제가 헐고 그 자리에 호텔 건립

★ 황궁우 : 1899년 건립, 천지신의 신위 모심

• 일본과 러시아, 프랑스는 대한제국을 인정
• 청은 처음에 반발 → 1899년 대한제국을 인정하고 한청통상조약을 체결(청과 대등한 관계에서 외교)

★ 대한국국제

• 1조 대한국은 세계만국이 공인한 자주 독립 제국이다.
• 2조 대한국의 정치는 만세불변의 전제 정치이다.
• 3조 대한국 대황제는 무한한 군권을 누린다.
• 4조 대한국 대황제는 법률을 제정하고 반포와 집행을 명하며, 대사와 특사, 감형, 복권 등을 명한다.
• 5조 대한국 대황제는 행정 각부의 관제를 정하고, 행정상 필요한 칙령을 발한다.
• 6조 대한국 대황제는 각 조약 체결 국가에 사신을 파견하고 선전, 강화 및 제반 조약을 체결 한다.

※ 양전 지계 사업

• 1898년 양지아문 설치 : 1899년 양전 사업 실시
• 1901년 지계아문 설치 : 지계 발급 → 최초의 근대적 토지 소유권 제도
• 1902년 지계아문으로 통합 : 전국 2/3 양전 실시 → 일부 지계 발급
• 중단 : 1904년 러·일 전쟁이 발발하여 일본의 압력으로 중단 → 전국 완료 못함
• 원칙
　└ 양전 대상 : 전답과 임야나 가옥까지 포함
　└ 외국인은 개항장 이외에는 토지 소유를 금지
　└ 지계 : 국가가 개인의 토지 소유권 확인, 토지 소유자는 시주·소작인은 시작으로 기록
• 의의 : 외국인의 토지 침탈을 막는 성과를 거둠
• 한계 : 일본의 토지 조사 사업의 단초를 제공, 지주제 강화, 농민 토지가 궁방전에 편입

※ 식산 흥업 정책

• 1898년 식산 흥업 조칙 발표
• 서북철도국 설립 : 1902(1900)년, 궁내부에 설치 → 경의선 철도 부설 시도
• 상무사 설치 : 1899년, 보부상과 육의전 통합
• 금본위 화폐 제도와 중앙은행 설립 시도 → 일본의 방해로 실패
• 프랑스에서 차관 도입 시도 → 실패
• 평식원 : 1902년 설치, 도량형 관리
• 대한철도회사, 연초회사 등 근대적 공장 설립, 전화 가설, 전차와 철도 부설
• 대한천일은행(1899) 등 민간은행 지원
• 1899년 우편학당(우무학당, 1897) 설립, 1898년 직조 권업장 설립
• 1900년 전무학당과 인공 양잠 합자 회사 설립

	갑신정변	동학 농민 운동	1차 갑오개혁	2차 갑오개혁	을미개혁	독립협회	광무개혁
외 교	· 청에 행하던 조공 폐지 · 흥선대원군 조속히 귀국	· 왜와 통하는 자는 엄징할 것	· 개국 연호 사용	· 청국에 의존하는 생각을 하지 말 것 └ 자주 독립의 기초를 세울 것 └ 홍범 14조 · 독립서고문 반포	· 건양 연호 사용	· 외국인에 의존하지 말 것 └ 전제왕권을 공고히 할 것	· 1899년 한청 통상 조약 · 1900년 칙령 41호 · 1902년 간도 관리사 파견 · 연해주 : 통상 사무관 파견
정 치	· 대신과 참찬이 정령 반포 └ 의정부에 모여 회의 결정 · 의정부와 6조 외 관청 폐지	· 정부와 원한을 씻을 것 └ 모든 행정에 협력할 것	· 의정부와 궁내부 설치 └ 8아문 설치 · 대간 제도 폐지 · 관등제 : 11관품으로 축소 · 관리의 월봉제 실시	· 의정부 → 내각 · 8아문 → 7부 · 궁내부 관제 축소 · 규장각 → 규장원으로 격하			· 황제권 강화 └ 대한국국제 : 1899년 └ 궁내부의 권한 강화
지방 제도				· 8도 → 23부 → 아관파천 후 13도 · 부·목·군·현 → 군 · 지방관의 권한 축소 └ 사법·군사권·조세 징수권 X			
경 제	· 지조법 개혁 : 조세 제도 · 환곡을 폐지할 것 · 혜상공국(보부상 조직) 폐지	· 규정 외 세금을 폐지할 것 └ 무명 잡세 폐지 · 공사채를 무효로 할 것 · 토지는 평균하여 분작할 것	· 은본위 화폐 제도 · 조세의 금납화, 조운 제도 폐지 · 도량형 통일, 환곡제 폐지 · 육의전 도고의 권한 폐지 · 사창제 도입, 무명잡세 폐지 · 퇴직 관리의 상업 경영 허가			· 외국과 이권 조약 체결 └ 대신과 중추원 의장 서명	· 양전 지계 사업 : 완료 X · 식산 흥업 정책 · 서북 철도국 설치 · 금본위 화폐 제도 시도 · 평식원 설치(1902년) · 대한천일은행 지원
재 정	· 호조에서 관리할 것		· 탁지아문에서 일원화	· 탁지부(탁지아문)에서 관리		· 탁지부에서 재정 관리 └ 예산과 결산 : 국민에게 공포	· 재정 : 내장원으로 이관
군 대	· 4영을 합하여 1영			· 훈련대 조직 : 일본이 지휘 · 시위대 설치 : 미흡	· 훈련대 폐지 · 중앙군 친위대 설치 · 지방군 진위대 설치		· 원수부 설치 · 친위대, 시위대, 진위대 강화
관리 선발	· 내시부 폐지, 인재 등용	· 지벌 타파, 인재 등용	· 과거제 폐지 · 문무 차별 폐지			· 칙임관 임명 └ 정부의 뜻을 물을 것	
사 회	· 문벌 폐지, 인민 평등권 └ 능력에 따라 인재 등용	· 노비 문서 소각 · 칠반천인 대우 개선 · 백정의 평량갓 없앨 것 · 청상과부의 재가 허락할 것	· 공사노비법 폐지 · 인신매매 금지 · 적서 차별 폐지 · 양자 제도 개선				
경찰제	· 순사를 두어 도둑을 막을 것		· 경무청 설치, 경찰제도 실시	· 근대적 경찰 제도 : 경찰권 일원화 └ 중앙 경무청 아래 경찰서 설치			· 경위원 설치 : 정변 감시
교 육			· 국(한)문 사용 제도화	· 교육 입국 조서 반포	· 소학교령 반포		· 1897년 신교육령 반포
사 법	· 전에 유배, 금고된 자 석방 · 탐관오리 처벌할 것	· 탐관오리 엄징할 것	· 연좌제 폐지, 고문제 폐지	· 사법부의 독립 └ 행정과 사법 분리 └ 지방관의 사법권 폐지 └ 재판 : 2심제		· 중대 범죄 공판 └ 피고의 인권 존중 └ 자복 뒤 시행	· 교전소(1897년) : 법전 편찬 · 1905년 형법대전 편찬 · 교정소 : 입법 기구 └ 1899년 대한국국제
기 타	· 규장각 폐지	· 횡포한 부호를 엄징 · 불량한 유림과 양반 징벌	· 조혼 금지	· 단발령 공포 └ 아관파천 후 폐지 · 우편 사무 재개 · 종두법 시행 · 태양력 사용		· 정해진 규정을 실천할 것 └ 홍범 14조	· 호적 제도 정비 · 관리 관복 : 양복으로 개편 · 관리들에게 단발령 반포 · 1900년 만국 우편 연합 가입 · 1903년 국제 적십자사 활동

★ 개항 이후 사상계의 흐름

🖊 필기 노트

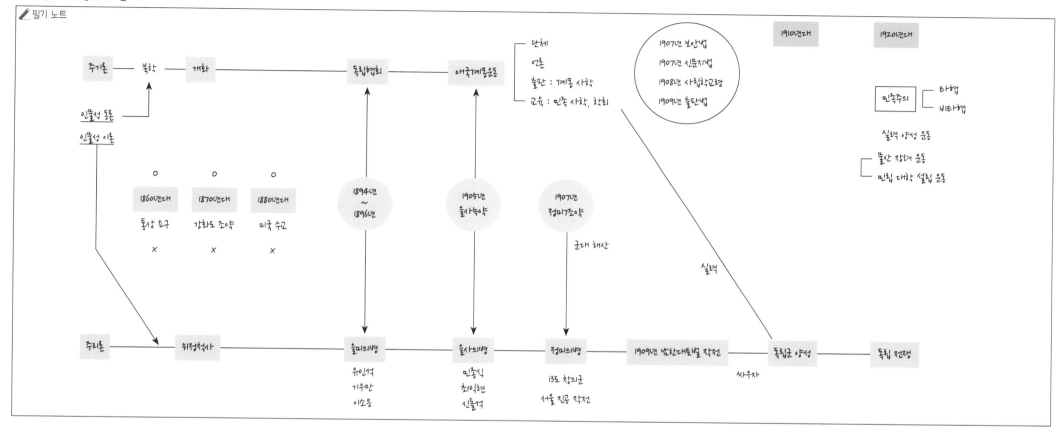

1. 의미와 변화

의 미	• 의미 : 바른 것(성리학 질서)을 지키고 사악한 것(서양의 학문, 양명학, 불교 등)을 물리치자. • 기원 : 주리론 + 인물성이론 • 성격 : 내수외양
변 화	• 발전 : 보수 유생들 중심 → 흥선대원군의 통상 수교 거부 정책 지지 • 약화 : 정부의 탄압으로 위정척사운동 약화 └→ 동도서기의 등장 : 서양 기술은 인정, 전통문화는 지키자는 동도서기 등장 • 변화 : 민중과 함께 국권 회복 운동에 나서 의병항쟁에 영향

• 위정 : 성리학 질서 수호 → 봉건
• 척사 : 서양 학문, 양명학, 불교 등 배척 → 반외세

2. 위정척사운동의 전개

	주요 쟁점	주요 인물
1860년	· 서양 세력의 통상 요구	· 이항로 : 화서아언, 척화주전론, 내수외양, 흥선대원군의 통상 거부 정책 지지 · 기정진 : 양물금단론, 서양과의 통상 반대

1870년대	· 일본의 강화도 조약 요구	· 최익현 : 개항불가론, 왜양일체론, 오불가소
		· 유인석, 김평묵 등이 강화도 조약 반대
		※ 최익현 : 이항로의 제자
		  └ 1873년 대원군 탄핵 상소, 1895년 단발령 반발
		  └ 1905년 을사의병 당시 '포고팔도사민' 발표, 태인에서 의병 조직
		  └ 1906년 대마도에서 순국

1880년대	· 조선책략의 유포 · 정부의 개화 정책 추진	· 이만손 : 영남만인소, 미국과의 수교 거부, 김홍집 처벌 요구 · 홍재학 : 만언척사소, 통리기무아문 폐지, 5위제 부활 요구, 고종 비판 ※ 이만손은 유배, 홍재학은 사형 → 위정척사운동 위축
1890년대	· 을미사변, 단발령	· 을미의병 : 1895년 단발령과 을미사변에 반발 · 유인석, 기우만, 이소응 등 · 고종의 단발령 철회와 해산령으로 대부분 해산

… 양이의 화(禍)가 금일에 이르러서는 비록 홍수나 맹수의 해일지라도 이보다 심할 수 없겠사옵니다. 전하께서는 부지런히 힘쓰시고 경계하시어 안으로는 관리들로 하여금 바다를 건너오는 적을 징벌케 하옵소서. 지금 전하를 위한 계책은 이 마음을 맑게 닦아 외물(外物)에 견제당하거나 흔들리지 않는 도리밖에 없사옵니다. 이른바 외물이라는 것은 종류가 극히 많아서 일일이 열거할 수 없지만 그중에서도 양품(洋品)이 가장 심하옵니다. 바라옵건대 전하께서 스스로 뜻을 결단하시어 무릇 의복, 음식, 사용물을 일상하실 때, 하나라도 양품이 그 사이에 끼어 있거든 모조리 찾아내어 대궐 마당에 이를 모아 불태우시사, …

— 이항로, 척화주전론 —

일단 강화를 맺고 나면 저들의 욕심은 물화를 교역하는 데 있습니다. 저들의 물화는 모두 지나치게 사치하고 기이한 노리개로 공산품이며 그 양이 무궁합니다. 우리의 물화는 모두가 백성들의 생명이 달린 것이고 땅에서 나는 것으로 한정이 있는 것입니다. … 저들이 비록 왜인이라고 하나 실은 양적(洋賊)입니다. 강화가 한번 이루어지면 사학(邪學) 서적과 천주의 초상화가 교역하는 속에 들어올 것입니다. 그렇게 되면 얼마 안 가서 선교사와 신자의 전수를 거쳐 사학이 온 나라 안에 퍼지게 될 것입니다.

— 최익현, 왜양일체론 —

수신사 김홍집이 가지고 와서 유포한 황쭌셴의 사사로운 책자를 보노라면 어느새 털끝이 일어서고 쓸개가 떨리며 울음이 북받치고 눈물이 흐릅니다. … 중국은 우리가 신하로서 섬기는 바이며 해마다 옥과 비단을 보내는 수레가 요동과 계주를 이었습니다. 신의와 절도를 지키고 속방의 직분을 지킨 지 벌써 2백 년이나 되었습니다. … 이제 무엇을 더 친할 것이 있겠습니까? 일본은 우리에게 매어 있던 나라입니다. 삼포왜란이 어제 일 같고, 임진왜란의 숙원이 가시지 않았습니다. 그들은 이미 우리 땅을 잘 알고 수륙요충 지대를 점거하고 있습니다. … 그들이 우리의 허술함을 알고 함부로 쳐들어오면 장차 이를 어떻게 막겠습니까? 미국은 우리가 본래 모르던 나라입니다. 잘 알지 못하는데 공연히 타인의 권유로 불러들였다가 그들이 재물을 요구하고 우리의 약점을 알아 차려 어려운 청을 하거나 과도한 경우를 떠맡긴다면 장차 이에 어떻게 응할 것입니까? 러시아는 본래 우리와 혐의가 없는 나라입니다. 공연히 남의 말만 듣고 틈이 생기게 된다면 우리의 위신이 손상될 뿐만 아니라 만약 이를 구실로 침략해 온다면 장차 이를 어떻게 막을 것입니까?

— 이만손, 영남만인소 —

원통함을 어찌하리. 이미 국모의 원수를 생각하며 이를 갈았는데, 참혹함이 더욱 심해져 임금께서 또 머리를 깎으시는 지경에 이르렀다. … (중략) … 이에 감히 먼저 의병을 일으키고서 마침내 이 뜻을 세상에 포고하노니, 위로 공경(公卿)에서 아래로 서민에 이르기까지, 어느 누가 애통하고 절박한 뜻이 없을 것인가.

— 유인석 격문 —

1. 의병 운동의 배경과 기반

배 경	· 배경 : 일본의 침략에 맞선 강력한 저항이 의병 활동으로 표출되었다.
사상적 기반	· 리일원론 + 위정척사에 바탕

2. 의병운동의 전개

을미의병 (1895년)	배 경	· 단발령과 을미사변 → 친일 관리 처단 주장
	주 도	· 주도 : 양반 유생이 주도, 동학 농민군의 잔군·농민·지방 관리가 참여, 고종과 민씨 척족이 배후에서 지원 · 중부 지방 중심, 호남 지방은 동학 농민 운동의 여파로 부진
	성 격	· 존왕양이적 성격(→ 농민층의 호응 X), 친일 관료 처단 주장, 개화 정책 추진 기관 습격
	의병장	· 대부분이 양반 의병장, 유인석(한때 충주성을 점령), 기우만, 이소응, 문석봉, 박준영, 허위 등
	해 산	· 아관파천 이후 단발령 철회와 고종의 해산령(해산 권고 조칙)으로 대부분 해산, 일부는 활빈당에 참여 · 제천의병 : 만주로 이동하여 항전 지속(유인석은 제천 남산 전투 패배 이후 만주 통화현에 기지 건설)

↓

★ 활빈당 : 반봉건, 반외세를 목표로 한 농민 단체
· 1900년~1905년까지 활동, 일부는 을사의병에 가담, '가난한 사람을 살려내는 무리'(홍길동전에서 유래)
· 지역과 구성 : 경기와 충청, 경상도 지역을 중심으로 활동, 동학 잔여군, 행상, 유민, 걸인, 노동자 등이 참여
· 활동 : 대한사민논설 13조목 발표(방곡 실시, 금광 채굴 금지, 외국 상인의 시장 출입 금지, 철도 부설권을 외국에 넘기지 말 것)
★ 영학당 : 서양 종교 단체(기독교 단체)를 가장한 농민 단체

을사의병 (1905년)	배 경	· 1905년 을사늑약 체결
	특 징	· 본격적인 항일 항전의 양상 → 1906년 병오의병으로 이어짐 · 양반 의병장이 다수, 평민 의병장의 등장(신돌석 등)
	의병장	· 원용팔 : 양반, 가장 먼저 의병 조직 · 신돌석 : 평민, 태백산 호랑이, 경상도 일월산·동해안 중심 · 민종식 : 충청도 홍주성 점령 → 이후 패배 · 최익현 : 태인에서 임병찬과 함께 거병, 기신배 16죄 발표, 전라도 정읍과 순창 일대 장악, 관군에 항복 후 1906년 대마도에서 순국

↓

정미의병 (1907년)	배 경	· 고종의 강제 퇴위와 군대 해산
	특 징	· 해산된 군인 합류로 의병 전쟁화, 원주 진위대와 강화 분견대의 군인 합류 · 전 계층이 참여 → 전국 확산, 연해주와 간도로 확산 · 13도 창의군 : 1907년 12월 조직, 총대장 이인영 + 군사장 허위, 의병을 교전 단체로 인정해 줄 것 요청 　└ 한계 : 신돌석, 홍범도 등의 평민 의병장 부대 제외 · 서울진공작전 : 1908년 1월, 이인영이 부친상으로 귀향한 후 허위가 주도, 일본군의 선제공격으로 패배
	의병장	· 민긍호, 홍범도, 이강년, 이인영, 허위, 전라도의 전해산, 머슴 출신의 안규홍 등이 항쟁

↓

· 서울 진공 작전 패배 이후 호남 지방에서 의병 투쟁 활발
· 기삼연·전해산·심남일·이강년·허위·민긍호·홍범도 등이 활동, 국내 진공 작전 계획(홍범도와 이범윤 등)

남한대토벌작전 (1909년)	· 1909년 9월 일본이 국내 의병 탄압, 호남 지방이 크게 타격을 받았고, 국내 의병이 해외로 많이 이동하였지만 1915년 채응언의 부대가 발각되기 전까지는 국내에도 의병 항쟁은 이어졌다.

★ 유인석의 격문
원통함을 어찌하리. 국모의 원수를 생각하며 이를 갈았는데, 참혹함이 더욱 심해져 임금께서 또 머리를 깎으시는 지경에 이르렀다. 의관을 찢기데다가 또 이런 망극한 화를 만났으니, 천지가 뒤집어져 우리 고유의 이성을 보전할 길이 없다. 우리 부모에게 받은 몸을 금수로 만드니 무슨 일이며, 우리 부모에게 받은 머리카락을 풀 베듯이 베어버리니 이 무슨 변고란 말인가.

※ 대한사민논설 13조목
"요사스러운 저 왜놈들이 들어와 개화를 읊조리고 조정의 간신들과 어울려 대궐을 침범하고 난동을 일으키는데도, 사직을 보호할 사람이 없으니 어찌 통탄할 일이 아니냐, 무릇 사방의 오랑캐들과 국교를 맺은 이래로 도시와 항구의 중요 이권은 거의 다 저들이 약탈하였다. 거기에 백 가지 폐단이 생겨나, 삼천리강산의 수많은 백성이 뿔뿔이 흩어지고 원성이 잇따르니, 이보다 더 큰 원한이 없도다."

※ 최익현의 격문
오호라, 난신적자의 변란이 어느 대에 없었으리오마는 누가 오늘날의 역적 같은 자가 있으며, 오랑캐의 화란이 어느 나라에 없었으리오마는 누가 오늘날의 왜적 같은 자가 있는가 … (중략) … 오호라 작년 10월에 저들이 한 행위는 만고에 일찍이 없던 일로서, 억압으로 한 조각의 종이에 조인하여 5백 년 전해오던 종묘사직이 드디어 하룻밤 사이에 망하였으니, 천지신명도 놀라고 조종의 영혼도 슬퍼하였다. 나라를 들어 적국에 넘겨준 이지용 등은 실로 우리나라 만대의 변할 수 없는 원수요.

※ 해외 동포에게 드리는 글, 이인영
"동포들이여! 우리는 함께 뭉쳐 우리의 조국을 위해 헌신하여 우리의 독립을 되찾아야 한다. 우리는 야만 일본 제국의 잘못과 광란에 대해서 전 세계에 호소해야 한다. 간교하고 잔인한 일본 제국주의자들은 인류의 적이요, 진보의 적이다. 우리는 모두 일본놈들과 그들의 첩자, 그들의 동맹인과 야만스러운 군인을 모조리 없애는 데에 힘을 다해야 한다."

1. 배경과 활동

배경과 주도	• 배경 : 을사늑약 전후로 실력양성운동 전개 • 주도 : 개화 자강 계열과 독립협회의 활동 계승 • 활동 : 사회진화론의 영향을 받은 지식인들이 실력양성운동을 전개 → 구국의 민족 운동 전개
활동	• 언론 활동 : 황성신문(최초, 장지연의 시일야방성대곡), 대한매일신보(고종의 을사늑약부인친서, 시일야방성대곡) • 교육 활동 : 민족사학 설립(보성학교, 대성학교, 오산학교 등), 기호학회·서북학회 등의 학회 설립 ※ 서북학회 : 1908년, 안창호·이동휘·박은식, 공화정 목표, 독립 전쟁 강조 • 출판 활동 : 계몽사학(외국의 흥망사, 영웅전 소개), 신채호(이순신전, 을지문덕전, 최도통전 등), 박은식(안중근전, 연개소문전, 동명성왕실기 등) • 단체 활동 : 보안회, 헌정연구회, 대한자강회, 대한협회, 신민회 등

★ 일본의 탄압
• 1907년 보안법
• 1907년 신문지법
• 1908년 사립학교령
• 1908년 학회령
• 1909년 출판법

2. 주요 단체의 활동

보안회	1904	• 조직 : 송수만·원세성·심상진 등의 보수 유생과 전직 관료가 보국안민을 위해서 조직 → 이상설을 중심으로 협동회로 발전(1905년 해체) • 활동 : 일본의 황무지 개간권 요구 저지 ★ 농광회사 : 1904년, 이도재가 민족 자본으로 황무지 개간을 위해 설립 • 의의 : 독립협회를 계승한 최초의 계몽 운동 단체
↓		
헌정연구회	1905~1906. 2	• 설립 : 을사늑약 전, 이준, 양한묵, 윤효정 등 독립협회 인사가 설립 • 목표 : 입헌군주제 실시, 왕실과 정부도 헌법과 법률에 따라 활동할 것, 국민은 법률이 보장한 권리를 누릴 수 있다. • 활동 : 일진회의 반민족 행위 비판 • 해체 : 을사늑약 이후 1906년 2월 통감부에 의해 해체
↓		
대한자강회	1906. 4~1907. 8	• 조직 : 헌정연구회를 계승하여 윤효정, 장지연, 심의성 등 천도교 인사가 중심이 되어 조직 → 일진회에 대항 • 목표 : 국권 회복, 입헌군주제 • 활동 : 전국에 25개 지회 설립, 대한자강회 월보 간행, 고종의 강제 퇴위 반대 운동 전개, 정미7조약 때 제정된 악법 시행 반대 투쟁, 국채보상운동 참여 결의, 의무 교육 실시 • 해체 : 1907년 8월 통감부에 의해 해체
↓		
대한협회	1907. 11~1910	• 조직 : 오세창과 권동진 등이 대한자강회를 계승하여 조직 • 활동 : 정당정치론 주장 → 스스로 정당 자처, 전국에 70여 개 지회, 실력양성운동 전개, 의병에 비판적 • 한계 : 일진회와 연계 → 친일적 • 해체 : 1910년 한일합방 이후 해체

※ 대한자강회 월보
무릇 우리나라의 독립은 자강(自强)에 있음이라. 오늘날 우리 한국은 3,000리 강토와 2,000만 동포가 있으니, 힘써 자강하여 단체가 합하면 앞으로 부강한 전도를 바랄 수 있고 국권을 능히 회복할 수 있을 것이다. 자강의 방법으로는 교육을 진작하고 산업을 일으켜 응하게 하면 되는 것이다. 무릇 교육이 일지 못하면 민지(民智)가 열리지 못하고, 산업이 늘지 못하면 국가가 부강할 수 없다. 그런즉, 미지를 개발하고 국력을 기르는 길은 무엇보다도 교육과 산업을 발달시키는 데 있지 않겠느냐?

3. 신민회(1907~1911)

조직과 목표		• 조직 : 1907년, 비밀 결사, 안창호·양기탁·신채호 등이 조직, 평양과 미국 등에서 활동, 평안도 기독교 계열이 다수, 서울 상동 교회 청년회가 거점 역할 • 목표 : 국권 회복(자유 독립국 건설), 최초로 공화정 수립 지향, 신민·신사상·신윤리 등 신개혁 추진
활동	실력양성운동	• 대성학교(평양, 안창호), 오산학교(정주, 이승훈), 청년학우회 조직[안창호가 조직, 1908(9)년 → 흥사단(1913)의 모체] • 회사 설립 : 자기회사(평양), 태극서관(평양, 대구, 서울) • 대한매일신보 발행, 조선광문회(1910년, 박은식과 최남선), 잡지 소년(1908년, 최남선)
	독립군 기지 건설	• 주도 : 이회영 형제와 이상룡 등이 남만주 삼원보에 경학사를 조직하고 신흥강습소를 설립 ※ 신흥강습소 → 신흥무관학교 설립(1919~1920) • 밀산부 : 한흥동에 독립군 기지 건설
해산		• 해산 : 1911년 105인 사건으로 해산 ※ 105인 사건 : 데라우치 총독 암살 미수 사건에 연루(조작), 신민회는 데라우치 총독의 암살을 시도 한 적이 없다. • 해산 이후 양기탁과 신채호는 무장 활동 전개, 안창호는 1913년 미국 샌프란시스코에서 흥사단을 조직 ★ 1909년 안중근의 의거 이후 신민회 인사들이 배후로 지목되어 탄압받음

※ 안악 사건
1910년 11월 안중근의 사촌 동생 안명근이 서간도에 세우려고 했던 무관학교 설립 자금을 황해도 안악 지방에서 모집하다 관련 인사들이 검거된 사건으로 105인 사건의 발단이 되었다.

THEME 074 근대 경제사

1. 열강의 경제 침탈과 민중의 대응

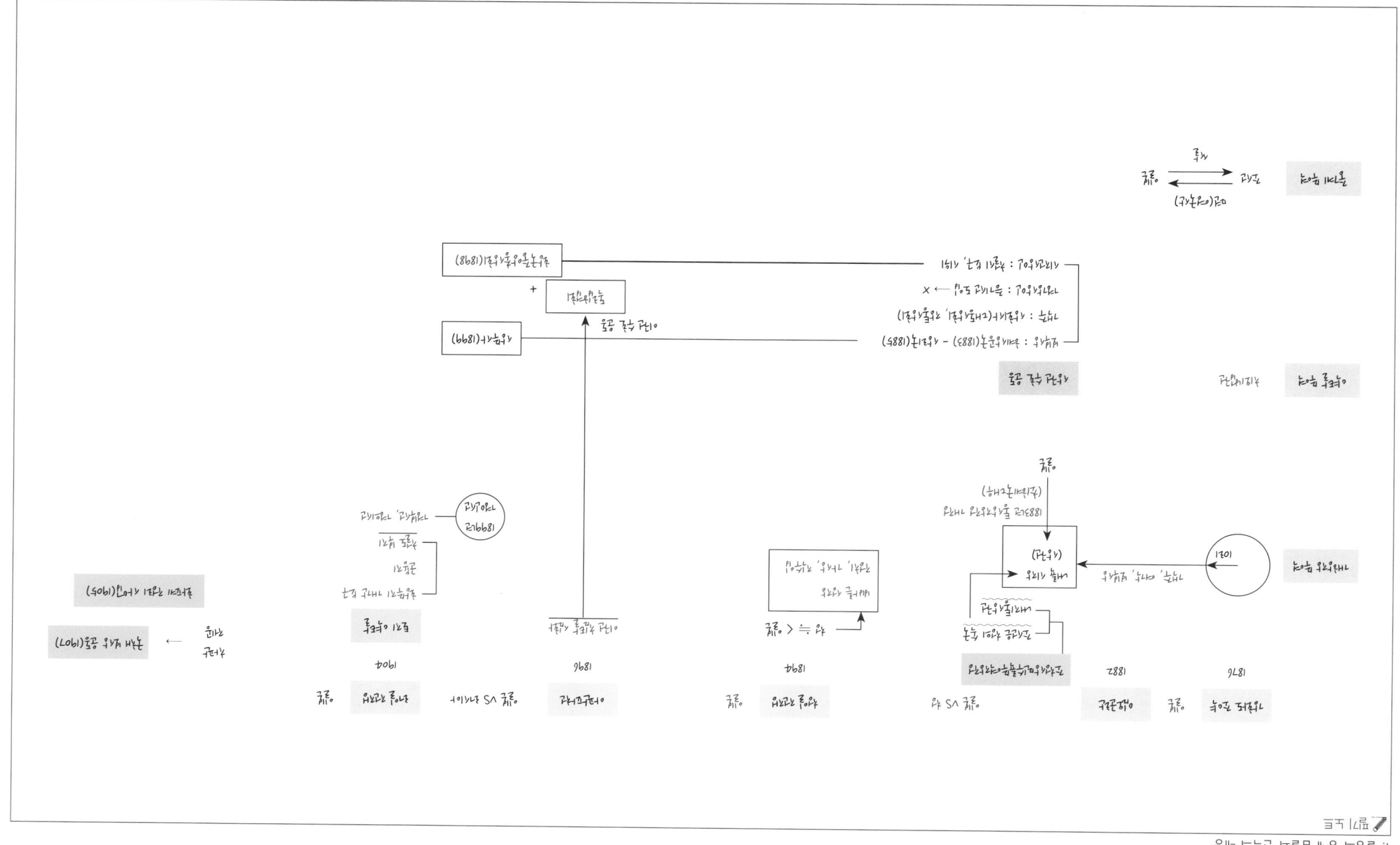

강화도 조약	일본의 독점	· 일본의 몰락한 상인과 무사들이 진출 · 일본 상인들은 쌀, 대두, 금, 콩, 생사 등을 수입하고 면제품, 농기구, 소금 등을 조선으로 수출 · 거류지 무역 : 개항장 10리 이내에서 활동 → 조선의 객주와 여각, 보부상 등이 중계 상인으로 활동 · 중계 무역 　└ 무관세와 무항세 : 영국산 면제품을 조선에 수출 → 조선의 면 산업 몰락 　└ 양곡의 무제한 유출 : 조선에서 쌀 값 폭등 · 약탈 무역 : 영사재판권(치외법권)을 활용하여 약탈 무역

↓

임오군란 이후	일본 VS 청	· 조·청상민수륙무역장정 : 1882년, 조선은 청의 속국, 내지통상권(서울, 양화진에 점포 개설 가능) · 조·일수호조규 속약 : 1882년, 일본인의 개항장 활동 범위를 50리로 확대(2년 뒤 100리) · 조·일통상장정(무역규칙) 개정 : 1883년, (저)관세, 방곡령(1개월 전 통보), 최혜국 대우 획득 　※ 주의 최초로 최혜국 대우 획득 : 미국(1882년) · 일본과 청 상인의 조선 시장 쟁탈전 : 청(남대문로와 수표교 중심), 일본(충무로 중심) · 상승세는 청 상인이 빨랐지만 일본 상인을 앞선 적은 없음

※ 상권 수호 운동
　└ 객주 : 상회사 조직 → 대동상회와 장통상회
　└ 보부상 : 1883년 혜상공국 → 1885년 상리국 → 1899년 상무사
　└ 경강상인 : 증기선을 도입하여 일본 상인에 대항 → 실패
　└ 시전상인 : 철시 투쟁 → 황해중앙총상회(1898, 독립협회와 활동)
※ 방곡령 : 방곡령은 개항 이후 100여 차례 선포
　└ 1889년과 1890년 함경도와 황해도 방곡령(조병식, 한장석)
　　　　　　　　　└ 일본의 압력으로 철회, 일본에 배상금 지불

↓

청일 전쟁 이후	일본의 독점	· 1894년 청일 전쟁에서 일본이 승리 → 1895년 시모노세키 조약 체결(요동 반도와 대만 할양) · 일본 대자본은 전주와 나주, 군산에 대규모 농장 운영 → 조선 상인의 쌀 수출 위축 · 일본은 시설 개선 명목으로 차관 제공 → 조선의 재정 예속화

↓

아관파천 이후	일본 VS 러시아	· 열강들이 최혜국 대우를 통해 이권 침탈 · 러시아 : 경성과 경원, 종성의 광산 채굴권, 압록강과 두만강의 삼림 채벌권 · 미국 : 운산 금광 채굴권, 전기와 수도, 한성전기회사(1898), 전차 부설(1899, 서대문~청량리), 경인선 부설권(→ 1899년 일본이 완공) · 일본 : 프랑스에게서 경의선·미국에게서 경인선 부설권 매입, 경부선 철도 부설권 획득, 직산 금광 채굴권 등 · 영국 : 은산 금광 채굴권 · 독일 : 당현 금광 채굴권

※ 독립협회 : 이권수호운동
　└ 러시아의 절영도 조차 요구 저지
　└ 한·러은행 폐쇄
　└ 러시아의 목포와 증남포 도서 매입 저지
　└ 프랑스와 독일의 광산 채굴권 요구 저지
　└ 미국과 일본의 이권 요구에 호의적

↓

러일 전쟁 이후	일본의 독점	· 러일 전쟁 이후 일본은 조선 경제 침탈을 본격화 · 토지 약탈 : 경부선과 경의선 철도 부지를 무상으로 약탈, 군용지 약탈, 황무지 개간권 요구 · 동양척식주식회사 : 1908년, 약탈한 토지 관리, 일본인의 이주 지원 · 화폐정리사업 : 1905년 6월, 탁지부 재정 고문 메가다의 주도로 실시 　※ 화폐정리사업 　· 은본위 → 금본위로 교환, 조선의 백동화 등을 제일은행권으로 교환 　· 교환 방식 : 액면 가치가 아닌 질적 가치로 교환 　· 결과 : 제일은행이 중앙은행의 역할, 전황 현상 발생, 민족 자본 몰락 · 대한제국의 재정 정리와 시설 개선을 명분으로 차관 제공 → 국채보상운동의 배경 · 통감부는 재무서와 재무감독국을 설치하고 징세 업무 장악

※ 보안회 : 1904년, 일본의 황무지 개간권 요구 저지
※ 농광회사 : 1904년 황무지 개간 목적으로 이도재가 설립
※ 국채보상운동 : 1907년, 1300만원 모금 운동
　└ 대구 : 대구 광문사의 서상돈과 김광제의 발의
　└ 서울 : 국채보상기성회 조직
　└ 대한매일신보, 황성신문, 제국신문 등의 언론과 애국계몽단체 참여
　└ 전국적, 금주와 금연 운동, 해외동포와 일부 외국인의 참여
　└ 고종도 금연을 밝힘, 여성들은 비녀와 반지 제공 등 큰 역할
　└ 한계 : 상층민과 부호들의 참여는 부족
　└ 실패 : 통감부의 방해(총독부 X), 양기탁 구속, 일본은 2천만원 추가 차관 제공

2. 개항 이후 경제 변화

상업	개항 초기	• 개항장이 상업의 중심지로 성장 → 기존의 포구와 장시는 위축
	1880년대 이후	• 외국 상인의 내지 통상 허용으로 국내 상권이 침탈당하였다. • 1880년대 : 대동상회(평양, 국제 무역), 장통상회(서울) 등의 상회사 조직 • 1890년대 : 창신상회, 태평상회, 해운회사, 육운회사 등 조직 • 1900년대 : 종로직조사(1900년), 한성제직회사(1901년)
금융	일본의 금융 침탈	• 제일은행 : 개항 초 개항장에 개설 → 은행 업무와 세관 업무 담당, 1905년 화폐정리사업 이후 중앙은행으로 성장 • 농공은행 : 1906년, 메가다의 건의로 설립 → 일본인에 사업 자금 대출 → 1918년 식산은행에 통합
	민족 은행	• 조선은행 : 1896년, 최초의 민족은행, 김종한 → 1900년 폐쇄 • 한성은행 : 1897년 • (대한) 천일은행 : 1899년, 고종의 지원, 외환 거래 담당, 1905년까지 대출 업무 담당 • 한일은행 : 1906년
산업		• 한성전기회사 : 1898년, 황실과 미국인 합작 → 후에 미국 자본으로 변화
광업		• 광무국 설치 • 해서 철광 회사(1900), 수안 금광 합자 회사(1903) • 아관파천 이후 열강들이 금광 등 광산 채굴 침탈
운송		• 일본 운송 회사에 대응 : 인천 우선 회사, 대한 협동 우선 회사(1900년), 대한 철도 회사(1899년, 박기종)

※ 국내 상인의 변화
• 육의전 : 갑오개혁 때까지 독점권 행사
• 시전상인 – 1880년대 초 : 외국 상인의 철시 요구 → 1898년 황국중앙총상회 : 독립협회와 상권 수호 운동
• 보부상 : 개항 초기 중개상인으로 성장 → 1880년대 이후 위축
  └→ 정부의 보호 : 1883년 혜상공국 → 1885년 상리국 → 1899년 상무사
• 경강상인 : 증기선을 도입하여 일본 상인에 대항 시도 → 실패
• 송상 : 인삼 재배업을 일본의 약탈에 의해 침해 → 위축
• 객주 : 개항 초 중개상인으로 성장 → 1880년대 위축, 객주 상회 등을 조직

※ 정부의 운송업 대책
• 전운서 : 1883년, 정부가 전국의 세곡 직접 운송
• 이운사 : 1892년, 전운사가 관민합작의 이운사로 변화
• 1894년 갑오개혁 때 조세의 금납화로 조운 제도 소멸, 이운사 혁파
• 1900년(1902) 서북 철도국 : 대한제국 시절 궁내부에 설치하여 경의선 철도 부설 시도 → 실패

1. 근대 교육

	원산학사	동문학	육영공원
시기	· 1883년	· 1883년 ~ 1886년	· 1886년 ~ 1894년
설립	· 덕원부사 정현석과 주민들이 설립	· 묄렌도르프의 건의로 정부가 설립	· 정부가 설립
의의	· 최초의 근대적 사립 학교		· 최초의 근대적 관립 학교
교육	· 근대 학문 교육 · 무술 교육 실시	· 외국어 강습소	· 근대 학문 교육 · 외국인 교사 초빙 : 헐버트와 길모어, 벙커 등
특징	· 평민도 입학 가능	· 통변학교라 불림 · 최초의 졸업생 → 남궁억	· 좌원과 우원으로 구성 · 젊은 관리와 양반 자제가 입학하여 교육 · 평민 입학 금지
중단		· 1886년 육영공원에 흡수	· 1894년 폐교 → 1895년 한성외국어학교에 통합 ★ 연무공원(1888년) └ 근대식 군사 학교, 미국 교관 초빙

교육입국조서
· 1895년 2차 갑오개혁 반포
· 지·덕·체를 겸비한 인재 양성
· 관립 학교 설립 └ 1895년 한성사범학교 └ 1895년 한성외국어학교 └ 1895년 소학교 └ 1900년 한성중학교

기타 학교
· 선교 학교(개신교가 주도) └ 배재학당 : 1885년, 아펜젤러, 최초 선교 학교 └ 이화학당 : 1886년, 최초 여학교 └ 배화학당, 보성여학교, 숭실학교, 숭의여학교 └ 경신학교, 정신여학교
· 서전서숙 : 1906년, 북간도, 이상설, 최초로 해외 설립
· 명동학교 : 1908년, 북간도, 김약연
· 순성여학교 : 1899년, 찬양회에서 설립
· 숭실학교 : 1897년, 최초의 지방 사립 학교
· 대성학교와 오산학교(신민회가 설립) └ 오산학교 : 1907년, 이승훈, 정주 └ 대성학교 : 1908년, 안창호, 평양 └ ※ 신흥강습소 : 1911년, 이회영, 서간도
· 보성학교와 동덕여학교 : 천도교에서 운영
· 동창학교 : 1911년, 대종교의 윤세복 등이 설립 └ 신채호와 박은식 등이 참여

2. 근대 언론

	한성순보	한성주보	독립신문	황성신문	제국신문	매일신문	대한매일신보
시기	1883년	1886년	1896년	1898년	1898년 8월	1898년	1904년
중단	1884년(갑신정변)	1888년	1899년	1910년	1910년 2월	1899년	1910년
주도	박문국	박문국	서재필	남궁억	이종일	이승만 등	베델과 양기탁
형식	순한문	국한문(최초)	순한글, 영문	국한문	순한글	순한글	순한글, 영문, 국한문
발행	10일마다 발행	7일마다 발행	주3회 → 일간지	일간신문	일간신문	최초 일간지	일간신문
특징	· 관보 · 최초의 신문 · 정부 정책 홍보	· 관보 · 최초로 상업광고 게재	· 최초의 민간신문 · 정부의 지원(4400원) · 독립협회의 비공식 기관지 · 최초의 띄어쓰기 실시 · 의병에 비판적 · 애국가 짓기 캠페인	· 여권통문 발표(찬양회) · 독립협회의 비공식 기관지 · 시일야방성대곡(최초, 장지연) · 오건조약체결전말 · 국채보상운동 전개 · 민영환과 조병세의 순국 찬양 · 보안회 지원 · 한일합방 이후 한성신문으로 개칭	· 부녀자와 하층민 대상 · 찬양회의 홍보지 역할	· 협성회보가 발전	· 신민회의 기관지 · 최대 발행 부수 · 을사늑약부인친서(고종) · 시일야방성대곡(장지연) · 독사신론(신채호, 1908년) · 국채보상운동 주도 · 일인불가입 · 박은식의 논설 게재 · 최익현의 의병 보도 · 장인환·전명운의 의거 보도 · 안중근의 의거 보도

기타 신문
· 만세보(1906년 ~ 1907년) └ 천도교, 일진회 비판 └ 국한문, 고종이 지원 └ 1907년 일제에 매수   └ 이인직의 '혈의 누' 발표
· 경향(1906년 ~ 1910년) └ 천주교, 순한글 └ 신문지법으로 중단
· 대한민보(1909년 ~ 1910년) └ 대한협회의 기관지 └ 일진회의 국민신보에 대항
· 경남일보(1909년 ~ 1914년) └ 영남 유생이 발행 └ 최초의 지방 신문, 국한문
· 해조신문(1908)과 권업신문(1911) : 연해주
· 신한민보 : 미국, 대한인국민회, 순한글, 영문판
· 코리아레뷰우 : 1911년, 헐버트
· 신문지법 : 1907년, 언론 탄압

3. 근대 시설

	1880년대	1890년대	1900년대
출판	· 박문국 : 1883년, 정부가 설치, 최초의 근대적 출판사 　└→ 한성순보 발행 → 갑신정변으로 중단 → 한성주보 발행 · 광인사 : 1884년, 최초의 민간 출판사, 농정신편 출판		
철도		· 경인선 : 1899년, 최초의 철도, 노량진~제물포 운행 　└→ 미국인 모스에 의해 착공 → 일본이 완공 　└→ 1900년 한강 철교 완성 → 서울역까지 ※ 경부 철도 합동 조약(1898년) 　└→ 철도 부지의 토지 무상 제공 　└→ 영업 이익과 무과세의 불평등 조약	· 러일 전쟁 : 전쟁 수행을 위해서 경부선과 경의선을 부설 　└→ 경부선 : 1904년 완공 → 1905년 개통 　└→ 경의선 : 1906년 완공 · 호남선 : 1914년, 김제 평야의 쌀 수송 목적 · 경원선 : 1914년, 러일 전쟁 때 부설 시도 → 중단 → 1914년 완공 · 함경선 : 1914년~1928년 완공, X자형 철도 완성
전기	· 전등 : 1887년, 경복궁에 처음 가설	· 한성전기회사 : 1898년, 황실과 미국의 합작 → 1904년 미국 회사가 인수 · 전차 : 1899년, 미국이 완성, 서대문~청량리(홍릉)	
전신	· 1884년 부산~나가사키에 처음 개통 · 1885년 전보총국 · 서울과 인천, 의주에 가설 : 청 · 초기 : 청과 일본이 담당 → 1896년 전보국 설치 후 정부가 담당		
전화		· 1898년 궁중에 처음 가설	· 1902년 서울의 민가에 전화 가설
우편	· 우정국 : 1884년 설립 → 갑신정변으로 중단	· 1895년 을미개혁 때 재개	· 1900년 만국우편연합 가입(국제 서신 가능)
의료	· 광혜원 : 1885년, 최초의 근대적 왕립 병원 　└→ 알렌이 황실의 지원을 받아 설립 　└→ 활인서와 혜민서를 개편해 홍영식의 집에 설립 　└→ 제중원으로 개칭 → 1904년 세브란스 병원으로 변화 · 보구여관 : 1887년, 최초의 여성 전문 병원 　└→ 최초의 여의사 박에스더가 활동 　└→ ★ 박에스더 : 이화학당 출신, 미국 유학	· 위생국 : 1895년 정부가 설립 　└→ 전염병 예방 규칙 제정, 의료 위생 사업 실시	· 광제원 : 1900년, 정부가 설립한 최초의 근대적 병원 　└→ 일반 환자와 죄수들에 대한 진료 담당, 우두신방 출판 　└→ 1907년 대한의원으로 업무 이관 · 세브란스 병원 : 1904년, 제중원을 인수하여 설립한 개인병원 · 적십자병원 : 1905년 대한제국에서 설립 · 대한의원 : 1907년, 광제원의 후신으로 설립 　└→ 의학, 약학, 산파, 간호과를 두고 의료 요원 양성 　└→ 서양 의학 중심의 식민지 의료 체계 강화(전통 의학 배제) · 자혜의원 : 1909년, 도립병원의 후신 ※ 지석영 : 종두법 배워 시행, 우두신설 저술
건축	· 관문각 : 1888년, 경복궁	· 독립문 : 1897년, 프랑스 개선문 모방 · 정동교회 : 1897년, 최초의 개신교 교회 · 명동성당 : 1898년, 중세 고딕 양식 모방	· 장충단 : 1900년, 을미사변과 임오군란 때 순사한 충신과 열사 제사 · 경운궁 정관헌 : 1900년 · 덕수궁 석조전 : 1900년~1910년, 르네상스 양식
기타	· 기기창 : 1883년, 무기 제조 · 전환국 : 1883년, 화폐 발행(당오전 → 1892년 백동화 발행)		

4. 계몽 사학

목적과 활동	• 목적 : 을사늑약 이후 애국심과 민족의식 고취 목적
	• 전개 : 신채호와 박은식 등이 중심이 되어 전개
	• **활동**
	  └ 외국의 흥망사 소개 : 월남망국사, 미국독립사, 이태리 건국 삼걸전
	  └ 영웅전 소개 : 을지문덕전, 이순신전 등의 전기 편찬

신채호	• 독사신론 : 1908년, 대한매일신보에 발표, 민족 중심의 역사 강조 ※ "동국주족 단군 후예~" • 중국 중심의 화이론 비판, 일본의 식민 사관 비판 • 국수보존론을 통해 단군 강조 • 영웅전 저술 : 을지문덕전, 이순신전, 최도통전 등
박은식	• 영웅전 편찬 : 동명성왕실기, 천개소문전, 안중근전 등 저술 • 서사건국지, 몽배금태조

★ 월남망국사 : 1910년대 전후 베스트셀러
  └ 현채 : 국한문으로 번역
  └ 주시경 : 순한글로 번역
  └ 박은식의 한국통사에 영향

※ 기타 근대 역사학자
• 현채 : 동국사략(1906), 유년필독(1907, 국사 교과서, 정약용 높이 평가, 안중식이 삽화, 일본이 금지)
• 황현 : 매천야록, 1910년 한일합방 때 절명시를 쓰고 자결
• 조선광문회 : 1910년, 박은식과 최남선이 조직, 민족 고전 정리(동국통감, 해동역사 등)

5. 국어 연구

국한문체 보급	• 갑오개혁 이후 국문 사용 제도화, 국한문 혼용체 사용 • 유길준 : 서유견문(1895)을 저술하고, 국한문체 보급에 기여

국문 연구 단체	• 국문동식회 : 1896년, 최초의 국문 연구회, 주시경, 독립신문사 내에 설치
	• 국문연구소 : 1907년, 학부에 설치, 주시경과 지석영
	• **주시경**
	  └ 배재학당 출신, 독립신문 발행에 참여, 1896년 독립신문사 내에 국문동식회 조직
	  └ 1907년 4월 국문론 발표, 1907년 국문연구소에서 활동, '한글' 용어 처음 사용
	  └ 최현배와 김두봉 등이 그의 제자

※ 국문법서
• 유길준 : 조선문전(1897년~1902년, 최초의 국문법서), 대한문전(1908년)
• 주시경 : 국어문법(1910년), 말의 소리(1914년, 주시경의 마지막 저서)
• 이봉운 : 국문정리(1897)
• 지석영 : 신정국문(1905) → 최초 국문 통일안 제시

6. 개항 이후 문학의 변화

신소설	• 1906년 이인직의 혈의 누 ~ 1917년 이광수의 무정 전까지 소설 • 특징 : 순한글, 언문일치, 권선징악의 주제, 자유연애, 신식 교육, 봉건적 윤리 비판, 신분 타파 • 혈의 누 : 1906년, 이인직, 만세보에 발표, 최초의 신소설 • 은세계(1908년, 이인직, 원각사에서 공연된 최초의 작품), 금수회의록(1908년, 안국선, 정치 비판 → 1909년 금지) • 자유종 : 1910년, 이해조
신체시	• 1908년 이후 등장한 시로 자유시에 영향 • 해에게서 소년에게 : 최남선, 최초의 신체시, 1908년 잡지 소년에 실림

★ 근대 기타 문화
• 창가 : 신체시 이전의 시가, 전통 가사 형식 + 서양과 일본 음악, 애국가, 독립가, 권학가 등
• 경부철도가 : 1908년, 최남선, 신문명 찬양
• 미술 : 서양 유화 전래, 안중식(동양화), 고희동(최초 서양 화가, '자화상', 일본 유학)
• 신극 : 계몽적, 일본 문명 찬양
• 원각사 : 1908년, 최초 서양식 극장, 1909년 공연 중단   ※ 협률사 : 창극 공연 상설 극장, 관립 극장
• 기타 : 활동사진(변사가 이야기를 풀어가는 형식), 판소리와 가면극(서민 사이에서 유행)
• 이은돌(일본 유학, 군악을 익힘), 에케르트(대한제국 시기 군악대 지휘, 대한제국 애국가 작곡)

7. 종교계의 변화

천주교	• 1886년 프랑스와 수교 후 선교 자유 획득, 고아원, 양로원 등 사회 사업, 경향 발행(1906년, 순한글), 약현성당(1892년, 서소문), 명동성당(1898년) ※ 이재수의 난 : 1901년, 제주도, 천주교도와 민중의 충돌
개신교	• 서북 지방 중심, 선교사 입국 전 교회 설립(소래교회 : 1883년, 서상륜, 황해도에 설립 / 정동교회 : 1897년, 최초 개신교 교회 건축), 세브란스 병원 설립, 배재학당·이화학당·숭실학교 설립 • 대부흥운동 전개(1907년, 평양, 장대현교회 주도), 동양전도관(1907년, 일본, 친일 단체), 황성기독교청년회(1913년, YMCA 전신)
천도교	• 1905년 3대 교주 손병희가 동학을 천도교로 개칭, 보성학교와 동덕여학교 운영, 만세보 발행(1906년~1907년, 국한문), 천도교회월보
기타	• 대종교 : 1909년 나철(1대 교주)과 오기호가 창시, 단군 신앙 • 유교 : 위정척사운동 전개, 대동학회(1907년, 친일 단체로 조직), 박은식(1909년, 유교구신론, 대동교 창시)

일제 강점기

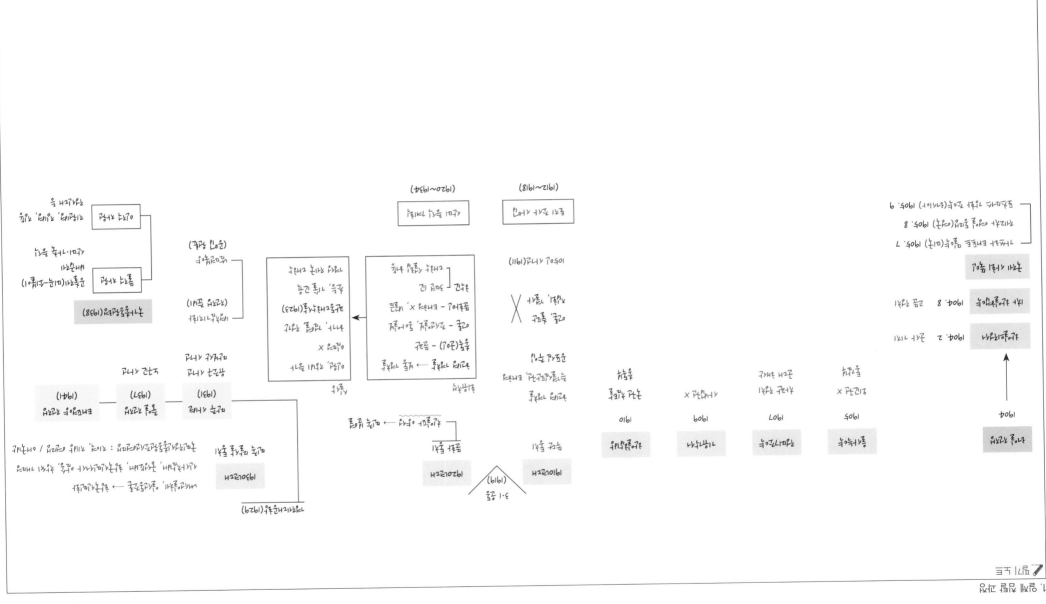

1. 일제 침탈 과정

필기 노트

러일 전쟁	1904. 2	· 1904년 1월 (21일) 고종은 러일 전쟁 발발 직전 국외 중립 선언
		· 독일과 청은 고종의 국외 중립을 승인, 일본은 이를 부정
		· 1904년 2월 9일 일본의 기습으로 러일 전쟁 발발
		· 2월 10일 일본이 러시아에 선전 포고(미국과 영국은 일본 지원)
		· 2월 23일 한일의정서 강요
			· 러 · 일 간의 분할 협상
			  └ 1902년 1차 영일동맹 이전 : 일본이 러시아에 38도선 분할 제의 → 러시아 거절
			  └ 1902년 1차 영일동맹 이후 : 러시아가 39도선 중립 지대 제의 → 일본이 거절
			· 용암포 사건(1903년)
			  └ 러시아가 1차 영일동맹에 대항하여 용암포 및 압록강 하구를 점령하고 조차 요구

↓			
한일의정서	1904. 2. 23	· 이지용 + 하야시, 6개 조항 체결 · 군사 기지 사용, 시정 개선에 대해 일본 정부의 충고를 수용할 것 · 제3국과 조약 체결 시 일본의 동의 필요, 황무지 개간권 요구, 항해권, 어업권, 통신망 부설권 · 일본은 한국의 독립과 영토 보전 보증	· 일본 제국 정부는 군사상(전략상)의 필요한 지점을 임기 수용할 수 있게 할 것 · 시정 개선에 대해 일본 정부의 충고를 받아들일 것 · 제3국과 조약 체결 시 일본 정부의 동의를 받을 것 · 양국 정부는 서로 승인을 얻지 않고 본 협정에 위반하는 협약을 제3국과 개정할 수 없다. · 일본 정부는 한국의 독립과 영토 보전을 보증한다.
↓			
제1차 한일협약 (한일협정서)	1904. 8	· 하야시와 윤치호가 체결, 황무지 개간권을 철회하는 대신 고문 초빙 강요 · 고문 정치 : 재정 고문에 일본인 메가다, 외교 고문에 미국인 스티븐슨 · 불법적으로 다수 고문 파견	1. 대한 정부는 일본 정부가 추진한 일본인 1명을 재정 고문으로 삼아 대한 정부에 용빙하여 재무에 관한 사항은 일체 그의 의견을 물어서 시행해야 한다. 2. 대한 정부는 일본 정부가 추천한 외국인 1명을 외교 고문으로 삼아 외부에 용빙하여 외교에 관한 중요한 사무는 일체 그의 의견을 물어서 시행해야 한다.
↓			
국제 사회 묵인	1905	· 가쓰라 태프트 밀약 : 7월 미국은 필리핀 독점 → 제2차 영일동맹 : 8월, 영국은 인도 독점 → 포츠머스 강화조약 : 9월, 러일 전쟁 종결, 러시아가 일본의 한국 지배 인정 └ 러시아군이 만주에서 철군, 사할린 남부를 일본에 양도	
↓			
을사늑약 (2차 한일협약)	1905. 10(11)	· 이토 히로부미와 하야시가 외부대신 인(印)을 가지고 강압적으로 덕수궁 중명전에서 체결 · 고종은 인준하지 않음, 한규설과 민영기도 반대 · 통감 정치(초대 통감은 이토 히로부미, 남산에 통감부 청사 설치), 외교권 박탈 · 이사청 설치 : 지방 통치를 위해 서울, 인천, 부산 등에 설치 ★ 을사오적 : 이완용, 이지용, 박제순, 권중현, 이근택	· 일본국 정부는 한국과 타국 간에 현존하는 조약의 실행을 완전히 하는 임에 당하고, 한국 정부는 금후에 일본 정부의 중개에 유치 아니하고, 국제적 성질을 유하는 하등 조약이나 우 약속을 아니함을 약함. 일본국 정부는 그 대표자로 하야 한국 황제 폐하의 궐하(闕下)에 1명의 통감을 치하되 통감은 전혀 외교에 관하는 사항을 관리함을 위하여 경성에 주재하고 친히 한국 황제 폐하에게 내알하는 권리를 유함.
↓	· 1907년 헤이그 특사 파견 : 이상설, 이준, 이위종(네덜란드, 만국평화회의) → 고종의 강제 퇴위, 순종의 즉위		
정미7조약 (한일신협약)	1907. 7	· 차관 정치, 군대 해산 · 악법 제정 : 보안법, 신문지법, 사립학교령, 출판법 · 시정 개선에 대해 일본의 지휘를 받을 것	· 시정 개선에 대해 통감의 지휘를 받을 것 · 통감이 추천하는 일본인을 한국 관리로 임명할 것 · 한국 정부의 법령 제정과 중요한 행정상의 처분은 미리 통감의 승인을 받을 것 · 한국 고등관리의 임명은 통감의 동의에 의한다. · 한국 정부는 통감의 승인 없이 외국인을 한국 관리로 채용하지 않는다. · 1904년 8월 27일 조인된 한일협약 제1항을 폐지한다. (고문 정치 폐지)
↓			
기유각서	1909. 7	· 사법권 박탈과 감옥 사무 박탈, 사법청 설치	· 한국의 사법과 감옥 사무는 완비되었다고 인정되기까지 일본 정부에 위탁한다.
↓	· 1910년 6월 경찰권 박탈 → 헌병 경찰제 실시		
한일합병	1910. 8. 29	· 일진회의 합방 청원으로 총리 대신 이완용과 통감 데라우치가 체결, 순종의 위임장 X · 주권 박탈 후 총독 정치 실시 ※ 러시아, 영국, 프랑스가 합방 승인 · 황현 : 절명시를 쓰고 자결	· 한국 황제 폐하는 한국 전부에 관한 일체의 통치권을 완전, 또 영구히 일본국 황제 폐하에게 양여한다.

2. 을사늑약에 대한 민족의 저항

상소와 자결	• 상소 : 이상설, 조병세, 법부주사 안병찬 • 자결 : 민영환, 홍만식, 조병세, 이건석
언론	• 황성신문 : 장지연의 '시일야방성대곡'(최초) • 대한매일신보 : 고종의 '을사늑약부인친서', 장지연의 '시일야방성대곡' ★ 장지연, 시일야방성대곡 아! 저 돼지와 개만도 못한 소위 정부 대신이라는 자는 자기네의 영리만을 생각하고 위협에 눌려서 스스로 머뭇거리고 벌벌 떨면서 나라를 팔아먹는 도적이 되어, 3천 리 강토와 500년 종사를 들어 타인의 손에 바치어 2천만 생명은 모두 남의 노예 노릇을 하게 되었다. … (중략) … 아! 분하다. 우리 2천만 동포여 살았느냐 죽었느냐. 단기 이래 4천 년 국민 정신이 하룻밤 사이에 망하고 말았구나.
항일 의거	• 1906년 기산도, 을사오적 처단을 위한 결사대 조직 → 사전 발각 • 1907년 나철과 오기호는 오적암살단(자신회) 조직 → 매국노와 일진회 습격 • 1908년 장인환과 전명운 → 미국인 외교 고문 스티븐스 사살 • 1909년 10월 안중근 → 만주 하얼빈에서 이토 히로부미 저격 • 1909년 12월 이재명 → 명동성당에서 이완용 습격 ★ 안중근의 장부가 장부가 세상에 처함이여 그 뜻이 크도다 때가 영웅을 지음이여 영웅이 때를 지으리로다. 천하를 크게 바라봄이여 어느 날에 업을 이룰꼬 동풍이 점점 차가워짐이여 장사의 의기는 뜨겁도다. 분개함이 한번 뻗치니 반드시 목적을 이루리로다. 도적쥐새끼 이등(이토 히로부미)이여 그 목숨 어찌 사람 목숨인고, 어찌 이에 이를 줄 알았으리 도망갈 곳 없구나. 동포여 동포여 어서 빨리 큰일 이룰지어다. 만세, 만세! 대한 독립 만세, 만만세! 대한 동포
항일 의병	• 민종식 : 홍주성 점령 • 최익현 : 전라도 태인 • 신돌석 : 평민 의병장, 경상도 · 강원도 · 동해안 일대, 태백산 호랑이
헤이그 특사	• 파견 : 1907년 6월, 네덜란드 헤이그 만국평화회의에 이상설 · 이준 · 이위종 파견 • 목적 : 을사늑약의 불법성 폭로 • 건의 : 헐버트 건의로 파견 • 결과 : 영국과 일본 방해로 회의 참석 X, 이위종은 국제 기자 협회에서 규탄 연설, 이준 열사 자결 → 이를 계기로 일본은 고종을 강제 퇴위 ★ 헐버트 • 육영공원 선생, 사민필지 저술 • 고종의 특사로 미국에 파견 : 을사늑약이 무효임을 알리려고 함 → 실패 • 헤이그 특사 파견 건의, 헤이그에 파견되어 '회의시보'에 한국 대표단의 호소문을 싣도록 노력
★ 황현	• 1910년 한일병합 때 절명시를 쓰고 자결 ★ 황현의 절명시 난리통에 어느새 머리만 허예졌나 그 몇 번 목숨을 버리렸건만 그러질 못했던 터 하지만 오늘은 정녕 어쩔 수가 없으니 바람에 흔들리는 촛불만이 아득한 하늘을 비추는구나 새짐승 슬피 울고 산과 바다도 찡기는 듯 무궁화 삼천리가 다 영락하다니 가을밤 등불 아래 곰곰 생각하니 이승에서 식자인 구실하기 정히 어렵네

★ 민영환의 유서
(1905년 11월 4일) 슬프다! 나라와 민족의 치욕이 이 지경에 이르렀으니 우리 인민은 장차 생존 경쟁 속에서 다 죽게 되었구나. 구차하게 살고자 하는 자는 반드시 죽고, 죽기를 각오한 자는 도리어 살게 되나니 … (중략) … 죽음으로 임금의 은혜를 갚고 이천만 동포 형제에게 사죄하노라.

★ 안중근
↳ 황해도 해주 출신으로 한학과 천주학 공부
↳ 천주교에 입교하여 토마스라는 세례명을 받음
↳ 1907년 국채보상운동 가담 → 국채보상기성회 관서 지부장으로 활동
↳ 돈의학교, 삼흥학교 등을 설립, 정미의병 당시 강원도에서 의병을 일으킴
↳ 연해주에서 의병 투쟁 전개, 1909년 단지동맹 결성
↳ 1909년 10월 만주 하얼빈에서 이토 히로부미 사살
↳ 동양평화론 : 뤼순 감옥에서 일본의 침략을 비판 → 미완성
↳ 효창공원에 안중근 의사의 가묘가 있음

★ 안중근
오늘날 사람은 모두 법에 의하여 생활하고 있는데 실제로 사람을 죽인 자가 벌을 받지 않고 생존할 도리는 없는 것이다. …(중략)… 나(안중근)는 한국의 의병이며 지금 적군의 포로가 되어 와 있으므로 마땅히 만국공법에 의해 처단 되어야 할 것으로 생각한다.

★ 이상설
↳ 1906년 북간도에 서전서숙 설립
↳ 이승희와 함께 밀산부에 독립 운동 기지인 한흥동 설립
↳ 1911년 연해주에서 권업회 조직
↳ 1914년 이동휘와 함께 연해주에 대한 광복군 정부 수립

	1910년대	1920년대	1930년대
	무단통치(헌병경찰통치)	문화통치	민족말살통치
배경	• 한일합방 이후 독립운동 탄압	• 1919년 3·1 운동 이후 친일파 양성을 위해 민족 회유책 실시	• 1929년 경제대공황 이후 대륙 침략 시도 • 1931년 만주사변 → 1937년 중일 전쟁 → 1941년 태평양 전쟁

통치 방식	• 무단통치 : 헌병 경찰 제도
	• 총독 정치
	  └ 총독은 일본군 대장 출신
	  └ 의회와 내각의 간섭 없이 전권 행사(외교권 제외)
	  └ 정무총감(행정), 경무총감(치안) 담당
		• 문화통치 : 민족 회유 → 친일파 양성 → 민족 분열
		• 총독 : 문관 총독 임명 허용 → 임명한 적 없음
		※ 조선 총독부 청사 : 경복궁, 1926년 완공
		• 친일 단체 조직, 총독부의 관리와 학교 교장직에 한국인 임명, 중추원 확대
			• 민족 말살 통치 : 1938년 국가총동원령 반포 → 전쟁 동원
			• 황국신민화 정책 : 일선동조론, 내선일체, 궁성요배 강요
			  └ 1936년 신사참배 강요
			  └ 1938년 황국신민서사 암송
			  └ 1940년부터 창씨 개명 강요

경찰제	• 헌병 경찰 제도 : 헌병이 각 도의 경찰 지휘	• 보통경찰제 실시 → 인원과 장비 증가, 감옥 증가, 고등경찰제 • 1군 1경찰서, 1면 1주재소 제도 확립 → 경찰관 수 대폭 증가	• 1936년 조선 사상범 보호 관찰령, 집회와 결사 → 허가제 • 1938년 조선 사상 보국 연맹 조직 • 1940년 조선일보와 동아일보 폐간 • 1941년 조선 사상범 예비 구금령 제정 • 1942년 조선어학회 사건
민족 통제	• 언론과 출판, 집회, 결사의 자유 박탈 • 공포 정치 : 관리와 교원 → 제복과 착검 • 범죄즉결례(1910년), 태형령(1912년~1920년), 경찰범 처벌 규칙(1912) • 1911년 105인 사건으로 신민회 해산	• 치안유지법 : 1925년, 사회주의 탄압을 위해 제정 → 민족 운동 탄압 • 식민사관 정립 : 1925년, 조선사 편수회 설치 → 조선사 편찬 시도 └ 정체성론, 타율성론, 당파성론 등	

회유책	• 중추원
	  └ 총독부의 자문 기구, 참의 등의 친일파 참여
	  └ 3·1 운동 때까지 한 차례도 개최 X
	• 유생 회유 : 은사금 지급
		※ 허구적 민족 회유책과 실상	★ 국가 총동원제 실시
			• 1938년 육군특별지원병령 발표 → 국가총동원법 발표
			• 1939년 미곡 공출제, 미곡 배급제 → 1944년 쇠붙이 공출제
			• 1940(1938) 산미증식계획 재개 / 가축증식계획 실시
			• 1938년 국민정신총동원 조선연맹 ※ 1940년 국민정신총력연맹
			• 1939년 국민징용령(모집) → 1940년 알선 → 1944년 강제 징용
			• 1941년 근로보국대를 조직하여 노동력 징발
			• 1943년 학도지원병제, 강제 징병제
			• 1944년 강제 징용, 여자 정신대 근무령(여자 노동력 동원)

※ 허구적 민족 회유책과 실상

	회유책	실상
총독	문관 총독 임명 허용	임명한 적이 없음
경찰	보통경찰제 실시	인원과 장비 확대, 감옥 증가 고등경찰제
언론	1920년 조선일보, 동아일보 발행	허가제, 검열과 기사 삭제 등
문화인	태형령 X, 제복과 착검 폐지	1923년 관동 대학살
정치 참여	도 평의회, 부·면 협의회 등 설치	친일파 참여, 의결권 X
교육	3면 1교 민립대학 설립 허용	보통, 기술교육 → 고등 교육 X 경성제국대학 설립(1924)

	1910년대	1920년대	1930년대

경제	• 1910년 회사령 → 회사 설립 → 허가제
	• 1911년 어업령, 삼림령, 조선 은행법
	• 1912년~1918년 토지조사사업
	• 1915년 광업령
	• 1918년 임야 조사령, 식산은행 설립
	• 소금과 인삼 등을 전매
	• 공공시설 독점 : 철도, 항만, 통신과 도로 등 독점
		• 1920년 산미증식계획 실시 : 1차(1920년~1924년), 2차(1926년~1934년)
		• 1920년 회사령 폐지, 허가제에서 신고제로 개편
		• 1921년 연초 전매령
		• 1923년 관세 철폐
		• 1920년대 후반 함경도 부전강 발전소, 흥남 질소 비료 공장 설립
		• 1928년 신은행령 / 1926년 조선 농회령
			• 병참기지화 : 대륙 침략을 위한 군수 물자 공급 기지화
			  └ 북부 지방(군수 공장 건설), 남부 지방(경공업 중심)
			  └ 광산 개발 : 1930년대 금광, 1940년대 중석 광산 개발
			• 남면북양 정책 : 방직 자본의 원료 수탈
			• 농촌진흥운동(1932년~1940년)
			  └ 목적 : 농가 갱생 → 중일 전쟁 이후 전시 농산물 확보를 위해 실시
			  └ 1932년 소작 조정령, 1934년 조선 농지령 제정

교육	• 1차 조선 교육령 : 1911년, 보통학교 수업 연한 4년으로 축소 • 사립학교 규칙(1911년) • 서당 규칙(1918년)	• 2차 조선 교육령 : 1922년, 보통학교 6년 확대, 조선어 과목 필수 과목 지정, 3면 1교	• 3차 조선 교육령 : 1938년, 조선어 수의과목(선택과목), 1면 1교 • 1941년 소학교를 국민학교로 개칭 → 4차 교육령 때 시행 • 4차 조선 교육령 : 1943년, 조선어 과목 금지, 군사 교육 강조

THEME 078 | 1910년대 무단통치

1. 통치 방식

총독 정치	• 총독 : 일본군 대장 출신, 조선에서 전권 행사(외교권 제외), 일본 의회와 내각의 간섭 X
	• 행정은 정무총감, 치안은 경무총감　★ 총독부 청사 : 남산 통감부 관저를 사용 → 1926년 경복궁에 총독부 청사 건축
헌병 경찰 통치	• 조선에 일본군 2개 사단이 주둔하고 헌병이 경찰을 지휘하며 치안 담당
	• 각 도에 헌병 경찰과 보조원 20만 명 배치, 경찰서·주재소·헌병 분견소·파출소 설치
	• 경무총감(헌병 사령관), 경무부장(헌병 대장), 헌병이 일반 경찰 업무까지 담당
	• 일본 경찰은 재판 없이 구류, 벌금, 태형 처벌 가능
지방 행정	• 13도 12부 220군, 면과 리 통합 → 면장을 뽑아 농민 통제

2. 민족 통제와 회유

민족 통제	• 언론, 출판, 집회, 결사의 자유 박탈
	• 1911년 105인 사건으로 신민회 해산, 대한협회·서우학회 등 해산
	• 민족 신문을 대부분 폐간, 총독부 기관지인 매일신보·서울프레스만 발행
	• 일진회 해산, 대정 친목회(1916)만 인정
	• 공포 정치 : 교원과 관리 → 제복과 착검
	• 호적 정리 : 1912년 조선 민사령 제정
민족 운동 탄압	• 1910년 범죄즉결례
	• 1912년 조선 태형령(한국인에만 적용), 1920년 폐지 → 벌금형
	• 1912년 경찰범 처벌 규칙
민족 회유	• 중추원 : 총독부의 자문 기구
	└→ 이완용, 송병준 등 친일파 참여, 3·1 운동 때까지 한 번도 열리지 않음, 의결권은 없는 형식적 기구
	• 유생 통제와 회유 : 향교의 재산 몰수, 유생에게 은사금 지급
교육 탄압	• 1911년 1차 조선 교육령 제정, 사립학교 규칙
	• 1918년 서당 규칙 → 서당 설립 : 인가제 → 허가제로 전환

3. 경제 수탈

토지조사사업 (1912~1918)	• 1910년 임시 토지 조사국 설치 → 1912년 토지 조사령 및 시행 규칙 공포 → 1918년 완료
	• 기한부 신고제 : 기한 내 주소, 소재, 등급, 결수를 임시 토지 조사국에 신고
	• 목적 : 표면적 목적은 근대적 토지 소유권 제도 확립 / 실제 목적은 토지 약탈, 지세 수입 확보
	• 결과
	└→ 지주 계층 증가(한국인 지주 + 일본인 지주), 자작농 감소, 소작농 증가 ※ 농민들은 토지 신고 기피 → 토지 약탈, 해외 유랑
	└→ 총독부가 최대 지주화, 전 국토의 40% 토지를 총독부가 소유, 총독부의 지세 수입 증가, 식민지 지주제 강화
	• 약탈한 토지는 동양척식주식회사(1908)·불이흥업에서 관리, 일본 농민에게 헐값에 판매
	• 농민 몰락 : 소작권·입회권·도지권·경작권 등 부정, 계약직 소작농으로 전락, 정조법·집조법·타조법 등 고율의 소작제 인정
기 타	• 회사령 : 1910년 총독의 허가제 → 1920년 회사령을 폐지하고 신고제 실시 → 민족 기업 억압, 일본의 상품시장화 유도
	• 1911년 조선은행령, 삼림령, 어업령 → 1915년 광업령 → 1918년 임야 조사령(임야조사사업, 1918~1935)
	• 지세령(1914), 조선 식산 은행(1918), 소금과 인삼, 담배 전매[연초 전매령(1921)]
	• 공공시설 독점 : 철도, 항만, 통신, 도로 등 공공 시설 독점 경영

※ 경찰범 처벌 규칙(1912)

1. 다음의 각호에 해당하는 자는 구류 또는 과료에 처한다.
2. 일정한 주거 또는 생업 없이 이곳저곳 배회하는 자
4. 이유 없이 면회를 강요하고 또는 강담·협박 행위를 하는 자
5. 협력·기부를 강요하고 억지로 물품의 구매를 요구하며, 기예를 보이거나 노동력을 공급해서 보수를 요구하는 자
7. 구걸을 하거나 시키는 자
8. 단체 가입을 강요하는 자
14. 신청하지 않은 신문·잡지·기타의 출판물을 배부하고 그 대금을 요구하거나 억지로 그 구독 신청을 요구하는 자
20. 불온한 연설을 하거나 또는 불온 문서·도서·시가를 게시·반포·낭독하거나 큰소리로 읊는 자
21. 남을 유혹하는 유언비어 또는 허위 보도를 하는 자
32. 경찰 관서에서 특별히 지시하거나 명령하는 사항을 위반한 자

※ 조선 태형령(1912)

[태형 시행 규칙]

제1조　태형은 수형자를 형판 위에 엎드리게 하고 그 자의 양팔을 좌우로 벌리게 하여 형판에 묶고 양다리도 같이 묶은 후 볼기 부분을 노출시켜 태로 친다.

제11조 현장에 물을 준비해 수시로 수형자에게 물을 먹일 수 있게 한다.

제12조 집행 중에 수형자가 비명을 지를 우려가 있을 때에는 물에 적신 천으로 입을 막는다.

※ 1910년대 주요 사건

• 1910년 회사령, 범죄즉결례
• 1911년 조선은행령, 삼림령, 어업령, 1차 조선 교육령, 사립학교 규칙
• 1911년 105인 사건
• 1912년 토지 조사령, 태형령(→ 1920년 폐지), 경찰범 처벌 규칙
• 1914년 지세령, 경원선 철도 완공
• 1915년 광업령, 조선 물산 공진회(경복궁)
• 1917년 한강 인도교 준공
• 1918년 식산은행, 임야 조사령, 서당 규칙
• 1919년 헌병 경찰 제도 폐지, 문화정책 공포

1. 문화통치의 배경과 목적

문화통치	· 1919년 3·1 운동을 계기로 문화통치로 전환 · '조선의 문화와 관습을 존중, 조선인의 행복과 이익을 증진'이라고 하면서 친일파 양성을 통한 민족 분열을 꾀하였다.
민족 회유와 통제	· 친일파 양성 : 교풍회·유도 진흥회·연정회 등의 친일 단체 조직, 총독부의 관리와 보통학교 교장직에 한국인을 임명 · 도 평의회, 부·면 협의회 설치, 중추원을 확장(일정 금액의 세금을 내는 친일파에게 선거권 부여, 의결권은 없는 자문 기구) · 1925년 조선사 편수회를 조직하여 조선사 편찬을 시도, 정체성론, 타율성론 등의 식민사관을 강조 · 1군 1경찰서 1면 1주재소 제도를 확립하여 민족 통제를 강화, 향약을 민족 통제에 이용

2. 허구적 민족 회유책과 실상

	민족 회유	실상
총독	· 문관 출신 총독 임명 허용	· 문관 총독 임명 X
경찰제	· 헌병경찰제 → 보통경찰제	· 인원과 장비 증가, 감옥 수 증가 · 고등경찰제 실시, 1군 1경찰서 1면 1주재소 실시 · 치안유지법 : 1925년 제정 → 민족 통제 강화
교육	· 2차 조선 교육령(1922년) └ 3면 1교 : 민족 교육 기회 확대 └ 조선어 과목 필수 지정, 민립대학 설립 허용	· 보통, 기술, 실업 교육 위주 → 고등 교육 X, 취학률 저조 · 경성제국대학 설립 : 1924년, 민립대학 설립운동 방해
언론	· 신문 발행 : 허가제 · 1920년 조선일보와 동아일보 발행 허가 · 1924년 시대일보 발행 · 개벽, 삼천리 등의 잡지 발행 허가	· 검열, 삭제, 압수, 폐간 등으로 탄압 · 언론을 민족 분열의 수단으로 이용 ※ 벽돌신문 : 삭제 기사를 거꾸로 인쇄
참정권	· 도 평의회와 부·면 협의회, 학교 평의회 설치	· 일정한 세금 납부 시 선거권 부여, 친일파 양성의 허구적 정치 참여
민족 회유와 탄압	· 1920년 태형령 폐지 → 벌금형으로 전환 · 관리와 교원의 제복과 착검 폐지	· 1923년 관동대학살

※ 문화 통치 - 총독 사이토, '시정 방침 훈시'(1919)

조선 통치의 방침인 일시동인(一視同仁)의 대의를 존중하고 동양 평화를 확보하여 민중의 복리를 증진시키는 것은 대원칙으로 일찍이 정한 바이다. … 정부는 관제를 개혁하여 총독 임명의 범위를 확장하고, 경찰 제도를 개정하고, 또한 일반 관리나 교원 등의 복제를 폐지함으로써 시대의 흐름에 순응한다.

※ 치안유지법(1925)

일본의 국체 및 정체의 변혁과 사유 재산을 부인하는 자는 징역 10년에 처한다."라는 등 총독부가 식민 체제를 부인하는 반정부·반체제 운동이나, 사유 재산제를 부정하는 사회주의 단체의 조직과 활동을 금지하고 탄압한 법률이다.

※ 동아일보 창간사

1. 조선 민중의 표현 기관으로 자임하노라
2. 민주주의를 지지하노라
3. 문화주의를 제창하노라

3. 경제 수탈

✏️ 필기 노트

산미 증식 계획
　　1차 : 1920~1924
　　2차 : 1926~1934　　1930년대 초 조선에서 쌀값이 폭락(O)

일본 산업화
　　150 ← 100
　　50 ← 120 ← 100
　　　일본　　　조선　　비용 ┌ 지주 → 소작료 증가
　　　　　　　　　　　　　　└ 자작농 → 토지 판매 → 지주의 토지 매입

회사령 폐지 (허가제 X → 신고제)

대자본 ──→ 조선 진출　　일본 기업 vs 민족 기업
　　　　　　　　　　　　　　　　　　　└ 물산 장려 운동　(1920, 평양, 조만식)

산미증식계획	• 실시 : 1차 : 1920년~1924년 → 2차 : 1926년 조선농회령 제정 → 1926년~1934년 중단 • 목적 : 일본 내 쌀 수요 증가로 인한 쌀 값 폭등 → 한국에서 쌀 생산 증식 → 일본에 공급하여 일본 내 쌀값 안정 • 방법 : 단작형 농업 구조, 수리 시설의 확대와 품종 교체, 화학 비료 사용 • 결과 └ 증식 목표 달성은 실패 → 수탈은 계획대로 수탈 → 한국 내 쌀 부족 → 만주에서 잡곡 수입　　※ 쌀 생산은 어느 정도 증가 └ 증식 비용을 농민들이 부담 : 수리 조합에 농민을 강제로 가입시킴 → 농민에게 비용 부담 └ 수리 조합비를 내지 못한 농민의 토지 약탈 → 일본인 지주가 매입, 농민들이 몰락하여 화전민이나 토막민으로 전락, 해외 이주 └ 지주가 증식 비용을 소작농에게 전가 → 소작료 증가 → 소작 쟁의 증가 └ 1920년대 일본인 지주의 토지 확대 편승 → 한국인 지주도 토지 확대 → 1920년대 후반 이후 1정보 이상의 한국인 지주 감소
기 타	• 1920년 회사령 폐지(허가제 → 신고제), 1921년 연초전매령, 1923년 관세 철폐, 1928년 신은행령(보통은행을 조선은행에 예속) • 미쓰이, 미쓰비시 등의 일본 기업이 1920년대 후반 조선으로 진출, 일본은 함경도 부전강 수력 발전소와 흥남 질소 비료 공장 등 건립 • 노동 쟁의 증가, 물산장려운동(1920년, 평양, 조만식 중심 → 실패, 사회주의는 비판)

★ 1920년대 주요 사건
• 1920년 회사령 폐지, 산미증식계획, 물산장려운동, 조선일보, 동아일보 발행
• 1921년 연초전매령
• 1922년 2차 조선 교육령
• 1923년 관세 철폐, 관동대학살, 서대문형무소
• 1924년 경성제국대학, 시대일보 발행
• 1925년 조선사 편수회 조직, 치안유지법 제정
• 1926년 조선농회령
• 1927년 흥남 질소 비료 공장
• 1928년 신은행령
• 1929년 함경도 부전강 수력 발전소

1. 민족말살통치

배경	• 1929년 경제 대공황 이후 일본은 대륙 침략을 시도 → 우리 민족을 침략 전쟁에 동원하기 위해 민족말살통치 실시 • 황국 신민화 정책 : 내선일체, 일선동조론 강조
정책	• 병참기지화 정책과 남면북양 정책 : 전쟁 물자와 공업 원료 수탈 ※ 남면북양 : 남쪽에서는 면화 재배, 북쪽에서는 양을 키움 • 1938년 국가 총동원령 제정 → 한국에서 인적·물적 자원 수탈 ★ 국가 총동원령 제1조 국가 총동원이란 전시에 국방 목적을 달성하기 위해 국가의 전력을 가장 유효하게 발휘하도록 인적·물적 자원을 운용하는 것을 말한다. 제4조 정부는 전시에 국가 총동원상 필요할 때는 칙령이 정하는 바에 따라 제국 신민을 징용하여 총동원 업무에 종사하게 할 수 있다. 제8조 정부는 전시에 국가 총동원상 필요할 때는 칙령이 정하는 바에 따라 물자의 생산·수리·배급·양도 기타의 처분, 사용·소비·소지 및 이동에 관하여 필요한 명령을 내릴 수 있다.

• 1931년 만주사변 : 만보산 사건·유조구 사건을 계기로 만주 침략 → 만주국 수립
• 1937 중일 전쟁 : 노구교 사건을 계기로 중일 전쟁 발발
• 1941년 태평양 전쟁 : 미국의 하와이를 공격 → 태평양 전쟁 발발

※ 병참 기지화 정책
• 만주사변 이후 한국을 군수 물자 공급의 기지화
• 공장 건설 : 북부 지방은 중화학 공업, 군수 공장, 남부 지방은 경공업 분야 설치
• 광산 개발 : 1930년대는 금광 → 1940년대는 중석

2. 황국신민화 정책

민족 정신 말살	• 내선일체와 일선동조론, 동조동근론 강조 • 신사 참배 강요 : 1936년, 전국에 신사를 세움, 매월 1일을 애국일로 정하고 신사 참배 의무화 • 봉안전 : 공공기관과 학교에 설치, 최경례 강요 • 황국신민서사 암송 강요 : 1938년, 아동용·성인용 암송 강요 • 궁성요배 : 매일 아침 일본 궁성을 향해 절을 강요 • 창씨 개명 : 1939년 조선 민사령 개정, 1940년 창씨 개명 강요, 거부 시에는 학교 입학 불허, 배급 제외 등 차별
민족 운동 탄압	• 1936년 조선 사상범 보호 관찰령 • 1938년 조선 사상 보국 연맹 조직 • 1940년 동아일보와 조선일보 폐간 • 1941년 조선 사상범 예비 구금령, 소학교를 국민학교로 개칭(1943년 시행) • 1942년 조선어학회 사건으로 조선어학회 해산 • 학교 명칭과 교육 과정을 일본과 같게 개칭하였고, 종교 통제, 집회도 허가제로 변경

※ 황국신민서사(아동용)
1. 우리들은 대일본 제국의 신민(臣民)입니다.
2. 우리들은 마음을 합하여 천황 폐하에게 충의를 다합니다.
3. 우리들은 인고단련(忍苦緞練)하여 훌륭하고 강한 국민이 되겠습니다.

• 3차 조선 교육령 : 1938년, 조선어를 선택(수의)과목으로 지정 → 사실상 금지
• 4차 조선 교육령 : 1943년, 조선어 교육 금지, 군사 교육 강조

3. 국가 총동원령(1938)

인적 자원 수탈	• 1938년 2월 육군 특별 지원병령 : 지원병으로 군인 모집 • 1938년 4월 국가 총동원령 : 인적 자원과 물적 자원 수탈 • 1938년 국민정신총동원 조선연맹 : 한국인 생활 통제 → 1940년 국민정신총력연맹 • 1939년 국민 징용령(모집) → 1940년 알선 → 1944년 강제 징용 • 1941년 근로 보국대 : 노동력 징발 • 1943년 학도 지원병제 : 학생들을 지원병으로 전쟁에 동원 • 1943년 징병제 : 약 20만 명을 강제로 징병 • 1944년 여자정신대근무령 : 12~40세 여성 강제 동원
전쟁 물자 수탈	• 공출제 : 1939년 미곡 공출제 → 1944년 쇠붙이 공출제 • 식량 배급제 실시, 산미증식계획 재개[1938년(1940), 목표량을 설정하고 개인에게 할당], 가축증식계획 • 위문 금품 모금과 국방 헌금 강요, 1940년대 저축을 강요하여 세금으로 수탈 • 애국반 : 10호 단위, 애국 저금 강요, 일장기 게양 등

※ 1930년대 이후 주요 사건
• 1931년 만보산·유조구 사건, 만주사변
• 1932년 농촌진흥운동, 조선소작조정령
• 1934년 조선 농지령
• 1935년 각급 학교에 신사참배 강요
• 1936년 학무국 안에 사상계 설치, 조선 사상범 보호 관찰령
• 1937년 노구교 사건, 중일 전쟁
• 1938년 3차 조선교육령, 육군특별지원병령, 국가 총동원령, 국민정신총동원조선연맹
　　　　　 숭실학교와 숭의여학교 폐교, 공무원과 교원에게 제복 착용 지시
• 1939년 미곡 공출제, 국민 징용령, 애국일 제정
• 1940년 창씨 개명, 조선·동아일보 폐간, 국민정신총력연맹, 조선 영화령
• 1941년 태평양 전쟁, 근로보국대, 조선사상범예비구금령, 소학교 → 국민학교 개칭
• 1942년 조선어학회 사건
• 1943년 학도지원병제, 징병제
• 1944년 쇠붙이 공출제, 여자정신대근무령, 징용제

★ 독립운동의 전개

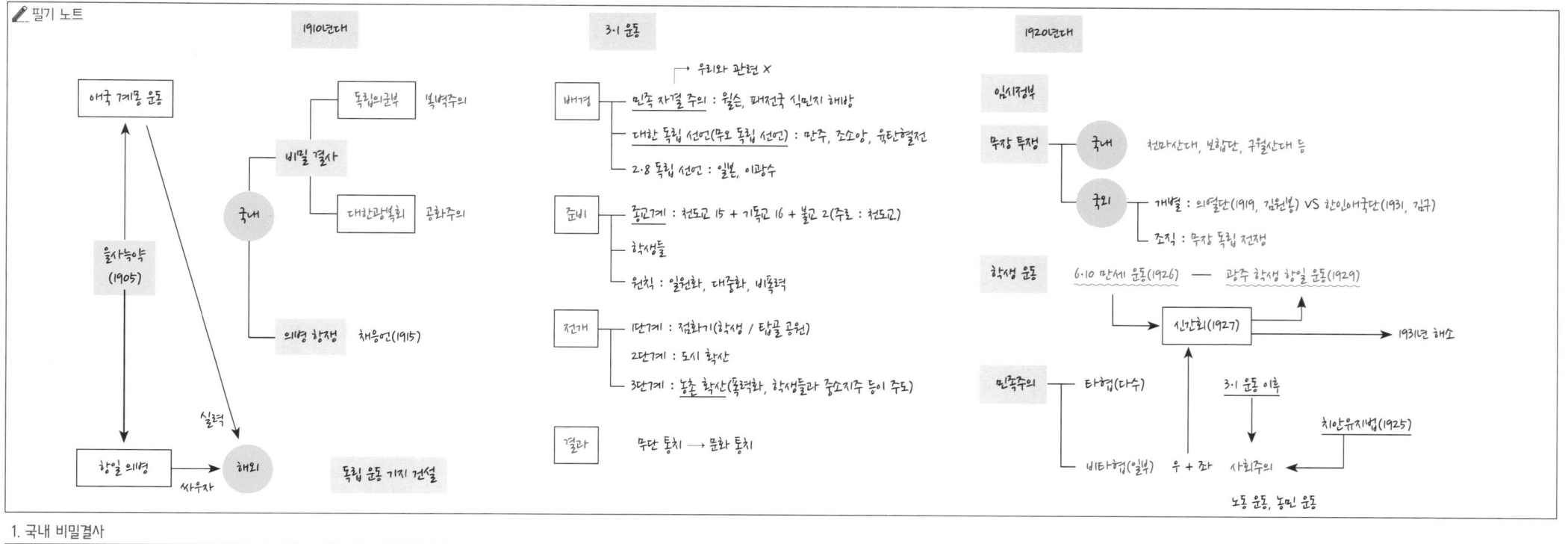

1. 국내 비밀결사

독립의군부	1912년	• 임병찬이 고종의 밀지로 조직, 국권 회복과 대한제국의 부활 목표(복벽주의) • 국권반환요구서 전달(시도), 전국적 의병 투쟁 계획
대한광복단	1913년	• 경북 풍기에서 채기중이 의병 출신들과 조직
조선국권회복단	1915년	• 윤상태와 이상일이 대구에서 시인 단체를 가장하여 조직, 최초의 전국 규모의 항일 단체 • 3·1 운동에 참여하였고, 해외 독립운동 단체와 연계
대한광복회	1915년	• 대한광복단 + 조선국권회복단의 인사들이 조직(주도 : 박상진+김좌진), 국권 회복과 공화주의 목표 • 군부대 조직, 군자금 모금, 만주에 무관 학교 설립 시도, 광산, 우편차 습격, 경주에서 대구로 가던 수송차 습격 • 전국적 조직망 확대 : 국내와 만주에 지부 설치 • 친일파 처단 : 행형부를 설치하고 민족 반역자 처벌, 전 관찰사 장승원 사살, 도고 면장 박용하 사살
조선국민회	1915년	• 하와이의 대조선국민군단의 국내 지부, 군자금 모집, 무기 구입 등 • 평양의 숭실학교 학생, 기독교 청년 주도 • 3·1 운동에 참여하여 평안도 만세 운동 주도
기 타		• 송죽회 : 1913년, 평양, 숭의여학교 교사 중심 • 기성단 : 1914년, 평양, 대성학교 출신들이 조직, 기성볼단 • 조선산직장려계(1915년, 서울), 자립단(1915년, 함남 단천), 선명단(1915년) ★ 의병 : 1915년까지 채응언의 부대가 국내에서 활동

※ 대한광복회
1. 부호의 의연 및 일본인이 불법 징수하는 세금을 압수하여 무장을 준비한다.
2. 남북 만주에 사관학교를 설치하여 독립 전사를 양성한다.
3. 종래의 의병 및 만주 이주민을 소집하여 훈련한다.
4. 중국과 러시아에 의뢰하여 무기를 구입한다.
5. 일인 고관 및 한인 반역자를 수시 수처에서 처단하는 행형부를 둔다.

※ 마지막 의병장 채응언
1915년 체포된 채응언은 "자기 나라를 위하고 자기 민족을 사랑하는 사람을 살인·강도죄로 더럽히지 말고 내란죄로 처벌하라. 의로써 죽는 것이 기쁠 뿐, 티끌만치도 여한이 없다."라며 당당히 항의하였다. 의병 대부분이 만주나 연해주로 이동한 후에도 채응언은 400여 명의 의병을 이끌고 평안도와 황해도 등지에서 유격전을 전개하였다.

2. 해외 독립 운동 기지

연해주	• 조선 후기부터 많은 조선인이 이주, 신한촌 건설　　　　※ 1937년 소련 정부에 의해서 중앙아시아로 강제 이주 • 한민회(1905년) : 해조신문 발행, 한민학교 설립 • 성명회(1910년) : 이상설과 유인석, 13도 의군이 중심, 합방무효선언 성명서 발표("광복의 그날까지 피의 투쟁을 결행") • 권업회(1911년) : 홍범도·유인석·이상설·신채호·이동휘, 권업신문 발행 • 대한광복군 정부(1914년) : 군정 기구, 이상설과 이동휘가 정·부통령 • 1917년 전로한족대표자회의 → 전로한족중앙총회 → 1919년 대한국민의회(손병희, 3·1 운동 때 연해주의 만세 운동 주도) • 대한국민의회 : 3·1 운동 이후 최초의 임시정부 수립, 대통령에 손병희 • 한인사회당(1918년 ,이동휘, 하바롭스크), 이르쿠츠크파 고려 공산당(1921년)
북간도	• 용정촌(1906년) : 이상설 • 서전서숙 : 1906년, 이상설 → 1907년 폐교 → 1908년 명동학교(김약연) • 대한독립선언[무오독립선언 / 1919년 2월(1918년 12월)] : 육탄혈전의 무장독립전쟁 강조, 조소앙이 선언문 작성 • 간민교육회(1911년) : 이상설·김약연 → 1913년 간민회 → 1919년 대한국민회로 발전, 국민회군 조직 • 대종교 : 1911년 중광단 조직(서일) → 3·1 운동 이후 대한정의단 조직 → 1919년 북로군정서군
서간도	• 독립군 기지 건설 : 삼원보, 이회영 등 신민회 인사들이 중심 • 경학사(1911년) → 부민단(1912년, 백서농장 운영) → 한족회(1919년, 만주에 군정부 수립 협의), 서로군정서군 조직 • 신흥강습소(1911년) → 신흥무관학교(1919년 → 1920년 폐교) • 보약사(1913년) : 유인석 → 1919년 대한독립단으로 발전
중국	• 동제사(1912년) : 상해, 신규식, 임시정부 수립에 영향, 박달학원 설립 • 대동보국단(1915년) : 신규식 + 박은식, 잡지 진단 발행 • 신한혁명당(1915년) : 이상설과 이동휘, 고종 → 당수 취임 시도 • 신한청년당(1918년) : 상해, 여운형·김규식·김구 등이 조직, 여운형이 당수, 파리강화회의에 김규식을 파견, 3·1 운동과 임시정부 수립에 영향 ★ 대동단결선언(1917년) 　└ 신규식, 박은식, 신채호, 조소앙 등 14명이 발기하여 작성한 선언문 　└ 선언문에는 '황제가 포기한 주권을 국민이 넘겨받았다.'라는 주권 재민 사상이 드러나 있다. 　└ 공화주의 임시정부 수립 주장 → 대한민국 임시정부에 영향
미국	• 미국 이민 : 1903년부터 → 하와이, 사탕수수, 농장·철도 노동자, 채소 농장의 인부 생활　　※ 주의 : 애니깽 → 멕시코 노동자 • 대한인국민회(1910년) : 샌프란시스코, 회장 안창호, 공화제 주장, 신한민보, 해외 지회 설립 　└ 공립협회(1905년, 안창호, 샌프란시스코) + 한인합성협회(1907년, 하와이) → 1908년, 장인환과 전명운의 의거 → 1909년, 국민회 　└ 국민회가 1910년 대한인국민회로 발전 • 대조선국민군단(1914년) : 박용만이 하와이에서 조직, 대한인국민회의 연무부 소속, 한인소년병학교(1909) 출신들을 중심으로 조직 • 흥사단(1913년) : 안창호, 샌프란시스코, 잡지 동광 발행　　※ 흥사단의 국내 자매 단체 : 1926년 수양동우회 → 1937년 수양동우회 사건

※ 만주와 연해주의 독립운동 기지

※ 서전서숙 교가
불함산이 높이 있고 두만강이 둘렀는데
서전서숙 창립하니 총준재자 운집이라
인일기백(人一己百) 공부하니, 구국안민 하여보세

우리 집 어른(이회영)은 옛날 범절을 따지지 않고 위아래 구분 없이 뜻만 같으면 악수하여 동지로 대접하였다. …… 1만여 석의 재산과 가옥을 모두 팔고 1910년 12월 30일에 큰집, 작은집이 함께 압록강을 건너 떠났다.
－ 이은숙(이회영 부인), 독립운동가 안내의 수기-서간도 시종기 －

※ 대동단결선언(1917)
융희 황제가 삼보(영토·인민·주권)를 포기한 경술년(1910) 8월 29일은 즉 우리 동지가 이를 계승한 8월 29일이니, 그동안에 한순간도 숨을 멈춘 적이 없음이라. 우리 동지는 완전한 상속자니 저 황제권 소멸의 때가 즉 민권 발생의 때요, 구한국의 마지막 날은 즉 신한국의 최초의 날이니, 무슨 까닭인가. 우리 대한은 무시(無始) 이래로 한인(韓人)의 한(韓)이오 비(非)한인의 한이 아니라. 한인 사이의 주권을 주고받는 것은 역사상 불문법의 국헌(國憲)이오, 비한인에게 주권 양여는 근본적 무효요, 한국의 국민성이 절대 불허하는 바이라. 고로 경술년 융희 황제의 주권 포기는 즉 우리 국민 동지에 대한 묵시적 선위니, 우리 동지는 당연히 삼보를 계승하여 통치할 특권이 있고 또 대통을 상속할 의무가 있도다.

※ 기타 단체
• 조선청년독립단(1919년)
　└ 일본, 송계백, 최팔용 등
　└ 1919년 2·8 독립선언(이광수가 선언문 작성)
• 밀산부 한흥동 → 이상설과 이승희, 한민학교
• 숭무학교(1910년)
　└ 멕시코　　※ 멕시코 이민은 1905년부터 시작

1. 배경

국제적 배경	· 민족자결주의 : 미국 대통령 윌슨이 파리강화회의에서 주장, 1차 대전 패전국의 식민지 독립 약속 · 소련의 지원 약속 : 레닌은 세계 약소국의 민족 자결을 선언하며 약소국의 해방 운동 지원을 약속
국내외 민족 운동	· 무오독립선언 : 대한독립선언, 1918년 12월(1919년 2월), 만주 　└ 중광단의 대종교가 중심, 박은식, 신채호, 김좌진, 이승만 등 39명이 발표 　└ 조소앙이 선언문을 작성 → 육탄혈전 강조 · 2·8 독립선언 : 1919년, 일본, 조선청년독립단, 이광수가 선언문 작성 · 신한청년당 : 김규식을 파리강화회의에 파견(1919년 2월) · 대한인국민회(파리강화회의에 참여 시도 → 실패), 연해주에서 윤해, 고창일을 파리에 파견 시도 → 도착 X · 기타 : 국내에서 꾸준한 독립운동, 고종의 독살설, 농민들의 반일 감정

※ 무오독립선언(대한독립선언)

우리 같은 마음, 같은 덕망의 2천만 형제 자매여! 단군 대왕조는 상제에게 좌우로 하명하고 우리들에게 기운을 내렸다. 세계화 시대는 우리에게 복리를 내리려 한다. 정의는 무적의 칼이니 이에 하늘에 거스르는 마귀와 도국의 적을 한손에 도결하라! 이로써 4천 년 조종의 광휘를 드높이고 이로써 2천만 적자의 운명을 개척하라.

※ 2·8 독립선언

우리 민족의 유일한 정당한 방법은 우리 민족의 자유를 추구하는 것이며 그래서 만약 그것이 성공을 보지 못할 때에는-만약 우리 민족의 정당한 요구에 응하지 않을 때에는 부득이 일본에 대해 영원한 혈전을 선포하게 될 따름이다.

2. 준비

종교계와 학생	· 종교계 인사들의 준비 : 고종의 장례일에 만세 운동 준비　※ 3원칙 : 대중화, 일원화, 비폭력 원칙 　└ 파리강화회의에 독립 청원, 미국에 호소, "국내 독립 선언을 통해 독립을 획득한다."라는 방침 결정 · 학생들의 준비 : 독자적인 대중 시위를 계획 → 비밀 결사를 조직하여 독립선언서와 신문 배포 · 종교 지도자와 학생들이 단일 지도부를 구성 → 시위 준비
독립선언문 작성	· 종교계에서는 민족 대표 33인의 이름으로 '독립선언서' 작성 · 본문 최남선 + 공약 삼장 한용운 · 민족대표 33인 : 기독교 16명, 천도교 15명, 불교 2명, 주도는 천도교　※ 유교는 대표 X → 파리장서사건

※ 독립 선언서

오등은 자에 아 조선의 독립국임과 조선인의 자주민임을 선언하노라. 반만년 역사의 권위를 장하여 차(此)를 선언함이며, 이천만 민중의 성충을 합하여 차를 포명함이며, …

※ 공약삼장

— 금일 오인의 차거는 정의, 인도, 생존, 존영을 위하는 민족적 요구니, 오직 자유적 정신을 발휘할 것이오, 결코 배타적 감정으로 일주하지 말라.
— 최후의 일인까지 민족의 정당한 의사를 쾌히 발표하라.
— 일절의 행동은 가장 질서를 존중하여 오인의 주장과 태도로 하여금 어디까지든지 광명 정대케 하라.

3. 전개

1단계(점화기)	2단계(도시 확산기)	3단계(농촌 확산기)	4단계(해외 확산기)
· 1919년 3월 1일 · 종교계 : 태화관에서 독립선언식 → 체포 · 탑골공원에서 학생들의 주도로 시위 시작 · 일본은 휴교령을 내려 시위 진압 시도 · 학생들은 고향으로 내려가 시위 주도	· 학생과 시민층이 독자적 선언식 개최 · 대도시로 시위 확산 · 도시의 노동자 : 파업 시위 · 서울 : 노동자 대회 개최 · 노동자들은 시위 초기부터 학생과 연대 투쟁 · 3월~4월이 절정 → 4월 말부터 소강 상태	· 폭력 시위 양상으로 변화 → 일본 지주와 상인 응징 　└ ※ 비폭력의 원칙이 바뀐 것은 아님 · 학생들이 중요한 역할 　└ 비밀 결사 조직 → 장날을 이용하여 시위 전개 · 서당 선생과 학생 등 지식층, 일부 중소 지주가 주도 · 경기도에서 가장 활발, 4월 15일 제암리 학살 사건 발생	· 간도 : 용정과 훈춘의 북간도와 서간도에서 시위 　└ 서간도 : 부민단 주도로 독립 축하회 개최 · 연해주 : 대한국민의회가 주도 → 시위 전개 · 미국 : 대한인국민회가 중심 → 시위 전개 · 필라델피아 : 서재필 중심, 이승만 지원 　└ 독립선언식, 4월 14일~16일 한인자유대회 · 일본 : 도쿄 유학생들과 오사카 동포 → 시위 전개

4. 결과

실패	· 일본의 탄압 : 군대를 동원하여 무차별 학살　※ 초기 : 해산이 목적 → 후기 : 무차별 총격으로 시위대 사살 · 수원 제암리 학살 : 4월 15일, 스코필드가 폭로(34번째 민족 대표) · 당시 가장 많이 투옥된 계층은 지식인과 학생, 청년이 아닌 농민이었다.
영향	· 일본의 통치 : 무단통치에서 문화통치로 전환 · 임시정부 수립에 영향, 무장투쟁의 필요성 절감, 민족 해방 이후 공화정부 수립으로 목표가 변화, 노동·농민 운동과 학생 운동 전개에 영향 · 해외 독립운동에 영향 : 중국의 5·4 운동, 인도와 중동의 민족 운동에 영향

★ 탑골 공원
　└ 원각사 터에 설립
　└ 서울 최초의 근대식 공원
　└ 팔각정, 앙부일구
　└ 원각사지 10층 석탑, 원각사비
　└ 3·1 운동 기념탑, 3·1 운동 기록 부조, 손병희 동상

1. 임시정부의 수립

대한국민의회	상하이 대한민국 임시정부	한성 정부	(통합) 대한민국 임시정부
1919년 3월 17일	**1919년 4월 11일**	**1919년 4월 23일**	**1919년 9월 11일**
· 연해주 · 전로한족중앙총회 → 대한국민의회로 개편 · 최초의 임시정부 · 대통령 : 손병희 · 국무총리 : 이승만	· 1917년 대동단결선언 → 공화주의의 임시정부 수립 주장 · 임시의정원 회의 개최(의장 이동녕) 　└ 국호와 임시헌장 10개조를 제정·공포 　└ 국무총리와 6부의 행정부, 국무원을 구성 · 국무총리 : 이승만 · 1919년 4월 임시정부의 헌법 제정	· 13도 대표 비밀 회의 · 한성정부 수립 · 집정관 총재 : 이승만 · 국무총리 : 이동휘	· 통합 정부 수립 논의 　└ 만주론 : 독립전쟁론자 vs 상해론 : 외교론자 · 상하이로 위치 결정 · 연해주의 한인사회당, 만주의 무장 세력도 일부 참여 · 대한국민의회 계열과 베이징 무장 투쟁 세력은 참여 미흡 · 대통령 : 이승만 · 국무총리 : 이동휘 / · 경무국장 : 김구

2. 상하이 임시정부

정부 조직	· 상하이 통합 정부 : 한성정부 법통 계승, 외교 활동 주력 · 삼권 분립의 최초의 민주 공화정부 · 대통령은 이승만, 국무총리는 이동휘, 경무국장은 김구 · 연통제 : 국내외 비밀 행정 조직망 · 교통국 : 정보 전달, 단둥(안동) 교통국의 활동이 활발 → 1921년 연통제와 함께 발각 → 붕괴 　└ 단둥 교통국 : 만주 이륭양행 2층에 위치
임시 헌법	· 임시헌장 10개조를 토대로 제정 · 1919년 9월 신헌법 제정 : 자유주의 + 민주 공화국 내용 집약, 삼권분립의 원칙, 대통령제와 내각 책임제 절충 　★ 임시정부 헌법 · 한국은 공화국이다. 정부는 의회 제도의 형식을 취한다. 종교와 양심의 자유를 완전히 보장, 언론·출판·집회와 청원의 자유 보장
외교 활동	· 구미위원부 : 워싱턴, 이승만 → 워싱턴 회의 참여 시도 · 파리위원부 : 김규식 → 파리강화회의 파견, 독립청원서 제출 · 한국통신부 : 필라델피아, 서재필 · 런던위원회, 북경과 우수리에 외교 위원 파견　　　　　**※ 기타 외교 활동** · 국제연맹과 개별 열강에 독립 보장 요구 → 실패 · 1919년 파리강화회의에 김규식 파견 : 독립청원서 제출 · 1919년 스위스 만국사회당 회의 : 조소앙 파견 · 1920년 소련과 공수 동맹 : 이동휘가 소련으로부터 독립군 자금을 지원받음 · 1922년 모스크바 극동 인민 대표 대회에 이동휘, 김규식 참여 · 영국과 미국 의회에서 한국 독립 문제 토론 · 해외에 한국 독립 후원 단체 결성
군사 활동	· 군무부 설치, 1920년 상하이에 육군 무관 학교 설립 → 무장 투쟁 미흡 · 군자금 모금 : 애국공채를 발행하여 국민의연금 모집 · 군자금 전달 : 만주 이륭양행(아일랜드 쇼가 운영, 김구의 망명 지원), 부산의 백산상회(안희제, 1914~1927)
편찬 활동	· 사료 편찬소 : 안창호가 한일관계사료집 발행, 박은식은 한국독립운동지혈사 편찬 · 독립신문 : 1919년~1925년, 이광수가 주필 담당

· 삼권분립
　└ 입법 : 임시의정원 – 출신 지역별 선임 – 해외 민단 조직
　└ 행정 : 국무원 – 7부 1국(행정 분담)
　└ 사법 : 법원
· 연통제 : 비밀 행정 조직망
　└ 총판(경성, 간도) – 독판(각 도) – 군감(군) – 면감(면)
　└ 경기도와 충청도에 일부 설치, 전라도와 경상도, 강원도에 설치 X

※ 임시헌장
신인 일치(神人一致)로 중외 협응하야 한성에서 의를 일으킨 이래 30여 일에 평화적 독립을 3백여 주에 광복하고, 국민의 신임으로 완전히 다시 조직한 임시 정부는 항구 완전한 자주독립의 복리로 우리 자손에 세전하기 위하여 임시 의정원의 결의로 임시 헌장을 선포하노라.

★ 임시정부 개헌
　└ 1차 : 1919년 대통령제(대통령에 이승만, 국무총리 이동휘)
　└ 2차 : 1925년 국무령 중심의 내각책임제, 사법권 조항 폐지
　└ 3차 : 1927년 국무위원 중심의 집단 지도 체제
　└ 4차 : 1940년 주석제 → 가장 강력한 지도력
　└ 5차 : 1944년 주석 + 부주석제, 사법부 조항 부활
　　　└ 주석 : 김구 / 부주석 : 김규식

※ 임시정부의 직할 부대
· 서로군정서군, 북로군정서군, 광복군 총영, 육군 주만 참의부 등
· 한계 : 무장 투쟁을 실질적으로 지휘하지 못함

3. 국민대표회의(1923)

배 경	• 임시정부의 외교 활동이 성과가 없었고, 무장 투쟁이 미흡하자 임시정부에 대한 불만 고조 • 이승만의 위임통치론, 이동휘의 자금 유용 사건 • 신채호와 박용만이 임시정부를 탈퇴 → 군사통일주비회 조직
소 집	• 1923년 신채호와 박용만이 소집 • 이승만의 탄핵 요구, 독립운동 방향 전환 모색 • 예비 임시 의장은 안창호, 4개월간 지속
분 열	• 창조파 : 임시정부의 해체 요구, 국호를 '한'으로 하는 새 정부 수립 주장, 독립 전쟁 강조 └→ 민족주의 좌파와 노령 공산주의, 신채호·박은식·김창숙·원세훈 등 • 개조파 : 임시정부의 조직 개편 주장, 실력양성론, 외교론, 상하이 공산주의, 안창호와 여운형 등 • 현상 유지파 : 임시정부 유지를 주장하며 국민대표회의의 해산 요구, 김구, 이동녕 등
결 과	• 창조파와 개조파의 이탈로 성과 없이 종결, 임시정부가 침체

↓

이후 상황	• 1925년 이승만 탄핵, 구미위원부 해체 • 1925년 박은식 2대 대통령 취임 → 2차 개헌 : 1925년, 국무령 중심의 내각 책임제 → 1925년 박은식 사망 → 김구가 임시정부 유지 • 1926년 민족 유일당 조직 시정방침 발표 → 성과 X • 1931년 한인애국단 조직 : 상하이에서 김구가 조직, 의열 투쟁 강조

4. 이동 시기(1932~1940)

배 경	• 1932년 상하이 사변 이후 수도를 이동하기 시작 → 1940년 충칭(중경, 마지막 수도) ★ 임시정부 이동 경로 • 상하이(1919) → 항주(1932) → 진강(1935) → 장사(1937) → 광주(1938) → 유주(1938) → 기강(1939) → 중경(1940)
활 동	• 1935년 한국국민당 : 김원봉의 민족혁명당에 참여를 거부하고 김구와 이동녕이 조직 • 1937년 한국광복운동단체연합회 : 한국국민당과 조소앙, 지청천 등의 우파와 연대 ※ 조선민족전선연맹 : 1937년, 좌파 통합 단체 • 1940년 5월 한국독립당 : 한국국민당 + 조선혁명당 + 한국독립당이 합당 → 충칭(중경) 이동 후 임시정부의 여당 역할

5. 충칭 임시정부(1940년)

활 동	• 1940년 9월 충칭(중경)으로 이동 • 1940년 9월 한국광복군 창설, 총사령관 지청천, 참모장 이범석 • 1940년 10월 4차 개헌 : 주석제(주석 : 김구) • 1941년 11월 건국강령 발표 : 조소앙의 삼균주의(정치, 경제, 교육) 바탕 • 1941년 12월 9일 대일 선전 포고 : 태평양 전쟁 이후 대일 선전 포고 • 1941년 12월 20일 : 한국독립당, 태평양 전쟁에 임하여 동지 동포에게 고하는 격문 발표 • 1942년 조선의용대 참여 : 김원봉의 좌파 세력이 조선 의용대를 이끌고 참여 • 1944년 5차 개헌 : 부주석제 개편(주석 김구 + 부주석 김규식) ★ 화북지대 조선독립동맹과 통일 전선 결성 시도 → 일본이 패망으로 실패

★ 이승만 위임통치론

미국 대통령 각하, 대한인 국민회 위원회는 본 청원서에 서명한 대표자로 하여금 다음과 같이 공식 청원서를 각하에게 제출합니다. 우리는 자유를 사랑하는 2천만의 이름으로 각하에게 청원합니다. 각하도 평화 회의에서 우리의 자유를 강력하게 주장하여 참석한 열강들과 함께 먼저 한국을 일본으로부터 벗어나게 하여 주십시오. 장래 완전한 독립을 보증하고 당분간은 한국을 국제 연맹 통치 밑에 둘 것을 바랍니다. … 동아시아 대륙에서의 침략 정책이 없게 될 것이며, 그렇게 되면 동양 평화는 영원히 보장될 것입니다.

★ 임시정부 지도층의 독립 노선 차이
• 이승만 : 외교를 통한 독립
• 안창호 : 실력 양성 운동 전개
• 이동휘 : 소련의 레닌과 연대 투쟁 강조
• 박용만 : 무력 독립 전쟁 강조

★ 한인 애국단 : 1931년, 상하이, 김구가 조직
• 1932년 이봉창의 의거
• 1932년 상하이 사변
• 1932년 윤봉길의 의거

★ 조소앙
• 1917년 국제 사회당 대회 참여(스톡홀름)
• 만주 무오독립선언문 작성
• 한국독립당 창립
• 삼균주의 주장
• 해방 후 남북협상에 참여, '태극기 민족 혁명론'
• 5·10 총선거 불참

※ 삼균주의(조소앙)
 └→ 중국 쑨원의 삼민주의에 영향을 받음
 └→ 정치 : 보통선거
 └→ 교육과 사회 : 의무교육과 남녀평등
 └→ 경제 : 토지와 대생산 시설 국유화, 중소기업은 사영화

★ 독립 전쟁

필기 노트

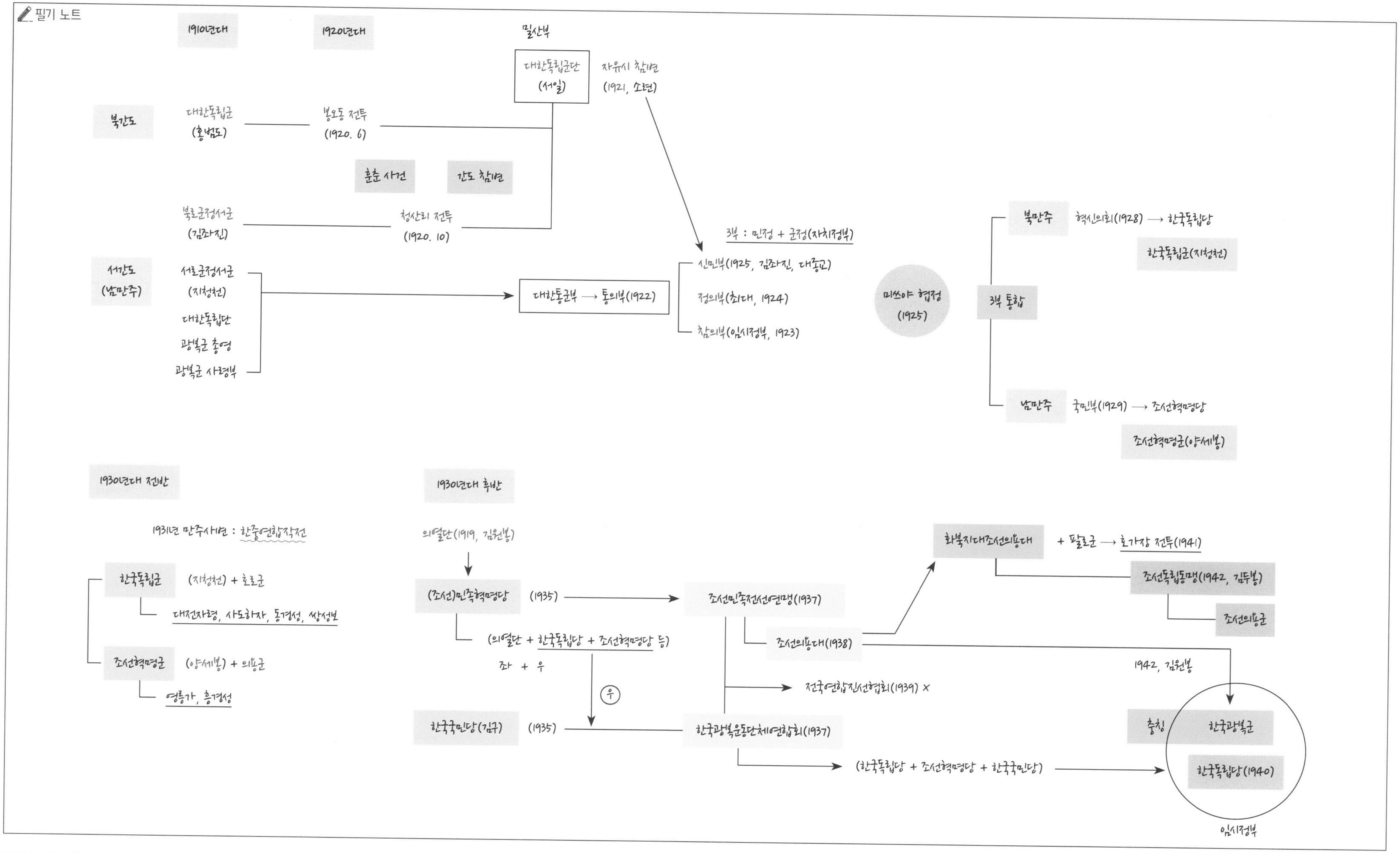
1910년대
1920년대
밀산부
대한독립군단 (서일)
자유시 참변 (1921, 소련)
북간도
대한독립군 (홍범도)
봉오동 전투 (1920. 6)
훈춘 사건
간도 참변
북로군정서군 (김좌진)
청산리 전투 (1920. 10)
서간도 (남만주)
서로군정서군 (지청천)
대한독립단
광복군 총영
광복군 사령부
대한통군부 → 통의부(1922)
3부 : 민정 + 군정(자치정부)
신민부(1925, 김좌진, 대종교)
정의부(최대, 1924)
참의부(임시정부, 1923)
미쓰야 협정 (1925)
3부 통합
북만주
혁신의회(1928) → 한국독립당
한국독립군(지청천)
남만주
국민부(1929) → 조선혁명당
조선혁명군(양세봉)
1930년대 전반
1931년 만주사변 : 한중연합작전
한국독립군 (지청천) + 호로군
대전자령, 사도하자, 동경성, 쌍성보
조선혁명군 (양세봉) + 의용군
영릉가, 흥경성
1930년대 후반
의열단(1919, 김원봉)
(조선)민족혁명당 (1935)
(의열단 + 한국독립당 + 조선혁명당 등)
좌 + 우
우
한국국민당(김구) (1935)
조선민족전선연맹(1937)
조선의용대(1938)
전국연합진선협회(1939) ×
한국광복운동단체연합회(1937)
(한국독립당 + 조선혁명당 + 한국국민당)
화북지대조선의용대
+ 팔로군 → 호가장 전투(1941)
조선독립동맹(1942, 김두봉)
조선의용군
1942, 김원봉
충칭
한국광복군
한국독립당(1940)
임시정부

1. 1920년대 독립군

국 내		· 천마산대(평북 → 만주로 이동), 보합단(평북 → 만주로 이동), 구월산대(황해도, 구월산, 일본군의 공격으로 소멸), 의용단 등
국 외	북간도	· 북로군정서군 : 대종교계, 총재(서일), 군사령관(김좌진), 사관연성소 운영, 동북아 최대 부대 · 대한독립군 : 기독교계, 홍범도 · 국민회군 : 기독교계, 안무
	서간도	· 서로군정서군 : 지청천 · 대한독립단 : 의병 중심 · 광복군 총영, 광복군 사령부 : 임시정부 직속 · 광한단, 보합단, 대한 독립 의용단 등
	연해주	· 신민단, 경비대, 혈성단 등

★ 홍범도
┗ 평안도 양덕 출신
┗ 함경도 포수 출신
┗ 1907년 의병 활동
┗ 봉오동, 청산리 전투 승리
┗ 1937년 중앙아시아로 강제 이주

2. 1920년대 독립전쟁

봉오동 전투	1920년 6월	· 주도 : 대한독립군(홍범도) + 군무도독부군(최진동) + 국민회군(안무) · 과정 : 강양동 초소 습격 → 삼둔자 전투 → 봉오동 전투
훈춘 사건	1920년	· 일본은 만주 마적 매수 → 훈춘 습격 요구 → 이를 빌미로 일본군이 만주 출병 → 독립군 토벌 시도
청산리 전투	1920년 10월	· 주도 : 북로군정서군(김좌진) + 대한독립군(홍범도) + 국민회군(안무) · 일본군 : 독립군 토벌 시도 → 독립군 포위 → 독립군은 피전론 채택 → 청산리에서 일본군 격퇴 · 천수평, 어랑촌, 백운평, 고동하곡 등에서 6일간 10여 차례 전투 → 일제 시기 최대 전과를 올린 전투
간도 참변	1920년	· 경신참변, 일본의 보복 공격, 간도 지역의 동포들을 3,600여 명 학살
대한독립군단	1920년 12월	· 간도 참변 이후 밀산부에서 서일을 중심으로 조직 → 소련령 이동 → 자유시에 집결
자유시 참변	1921년	· 대한독립군단 → 자유시로 이동, 소련의 내전에 참전하여 적색군 지원 → 승리 후 독립군 지휘권 분쟁 · 소련 적색군의 무장 해제 요구를 독립군이 거부하자 독립군을 무차별 공격
3부 성립	1923년~1925년	※ 1922년 남만주에서 대한통군부(통의부) 조직 · 3부 조직 : 참의부 + 정의부 + 신민부로 구성, 민정 + 군정 기구 → 공화주의 정부, 동포에게 세금 거두고 군사 양성
미쓰야 협정	1925년	· "불령 선인 취체에 관한 협정" · 일본의 미쓰야 경무국장 + 만주 군벌 체결, 공동으로 독립군 탄압 약속 → 독립군 활동 위축
3부 통합 운동	1928년~1929년	· 배경 : 1926년 북경 촉성회, 안창호가 민족 유일당 강조 · 혁신의회 : 1928년, 북만주 → 한국독립당(1930) + 한국독립군(지청천)　★ 독 한 혁 신 · 국민부 : 1929년, 남만주 → 조선혁명당(1929) + 조선혁명군(양세봉)　★ 조 　 국

※ 청산리 전투 군가
1. 하늘은 미워한다. 배달족의 자유를 억탈하는 왜적들을 삼천리 강산에 열혈이 끓어 분연히 일어나는 우리 독립군
2. 백두의 찬 바람은 불어 거칠고 압록강 얼음 위에 은월이 밝아 고국에서 불어오는 피비린 바람 갚고야 말 것이다. 골수에 맺힌 한을

※ 간도참변
경신년에 왜군이 내습하여 31명이 살고 있는 촌락을 방화하고 총격을 가하였다. 나도 가옥 9칸과 교회당, 학교가 잿더미로 변한 것을 보고 그것이 사실임을 알았다. 11월 1일에는 왜군 17명, 왜경 2명, 한인 경찰 1명이 와서 남자들을 모조리 끌어내어 죽인 뒤 … (중략) … 남은 주민들을 모아 일장 연설을 하였다.

★ 3부의 성립
· 참의부 : 1923년, 압록강 건너편, 임시정부 직할, 백광운 중심, 국내 진공 시도
· 정의부 : 1924년, 남만주 길림과 봉천 일대, 최대 조직, 지청천, 오동천 중심
· 신민부 : 1925년, 북만주 일대, 대종교, 자유시 참변을 겪은 부대, 김좌진 중심

※ 미쓰야 협정
1. 한국 내 침입을 엄금하여, 위반자는 검거하여 일본 경찰에 인도한다.
2. 재만 한인 단체를 해산시키고 무장을 해제하며, 무기와 탄약을 몰수한다.
3. 일제가 지명하는 독립 운동 지도자를 체포하여 일본 경찰에 인도한다.

※ 국민부 헌장
제1조 본부는 국민 정부로 칭함.
제2조 본부는 중국령에 교거하는 한국 민족으로 조직함.
제3조 본부의 주권은 주민 전체에 있고 그 행사권은 집행 위원회에 위임함.

3. 1930년대 전반(한중연합작전)

배경	· 1931년 만주사변을 계기로 한중 연합 작전 전개

한중 연합 작전	한국독립군 + 호로군	· 북만주, 지청천 · 쌍성보 전투(1932년), 사도하자 전투(1933년), 동경성 전투(1933년), 대전자령 전투(1933년) · 변화 : 1933년까지 활동, 지청천은 중앙 육군 군관 학교 교관으로 활동
	조선혁명군 + 의용군	· 남만주, 양세봉 · 영릉가 전투(1932년), 흥경성 전투(1933년) · 변화 : 양세봉 암살 이후 활동 약화 → 1938년까지 활동, 일부는 동북항일연군에 가담

☆ 한국 독립군과 항일 중국군의 합의 내용(1931)
· 한·중 양국은 최악의 상황이 오는 경우에도 장기간 항전할 것을 맹세한다.
· 중동 철도를 경계선으로 서부 전선은 중국이 맡고, 동부 전선은 한국이 맡는다.
· 전시의 후방 전투 훈련은 한국 장교가 맡고, 한국군에 필요한 군수품 등은 중국군이 공급한다.

4. 1930년대 후반 독립 전쟁

동북 지방	· 만주사변 이후 공산주의 주도로 춘황, 추수 투쟁 → 항일 투쟁으로 발전 → 1932년 항일 유격대 조직 · 1933년 동북 인민 혁명군 조직, 공산주의 주도 · <u>1936년 동북 인민 혁명군이 동북항일연군으로 발전</u> ※ 동북인민혁명군(1933) · 공산주의 주도, 만주 한인 유격대와 중국 공산당이 연합하여 공산당의 정규군으로 활동, 각지 해방구 조직(자치 정부 수립, 토지 개혁 실시) · 일본의 분열 공작 : 민생단이라는 간첩 부대 침투 → 한·중 연합 약화 → 1936년 동북항일연군으로 발전 · <u>1936년 조국광복회 조직</u> : 동북항일연군 내 한인 간부들이 조직 → <u>1937년 보천보 전투</u> : 동북항일연군의 항일유격대 + 조국광복회 중심 ※ 조국광복회 · 조직 : 1936년, 동북항일연군 내 한인 간부 중심 · 민족 유일당 : 모든 계층·단체가 이념과 노선을 떠나 단결 · 발전 : 함경도 일대 천도교 합류 → 민족주의 세력 합류 → 통일 전선 결성 · 보천보 전투 : 1937년, 동북항일연군의 유격대 + 조국광복회 → 보천보의 일본 기관 공격 · 1937년 일본의 탄압(혜산 사건)으로 위축 → 1940년대 소련으로 이동 → 동북항일연군 교도려 조직, 소련군으로 활동[88특별여단 활동, 조선공작단 조직(1945년)]

☆ 민족혁명당(1935)
· 배경 : 1930년대 중반 좌우 연합의 민족 유일당 운동 전개
· 조직
  └ 김원봉의 의열단 + 한국독립당 + 조선혁명당 등이 참여
  └ 민족 유일당 : 민족주의 + 사회주의
  └ 주석에 김규식, 총서기에 김원봉
· 목표 : 조소앙의 삼균주의 바탕 → 민주 공화국 수립
· 중국 관내 독립운동 단체 대부분 참여 → 중국 관내 최대 규모 정당
· 변화
  └ 지청천과 조소앙의 민족주의 우파 이탈
    └ 좌파 중심 → 조선민족전선연맹 결성
  └ 1937년 조선민족전선연맹으로 발전(좌파 통합 단체)
  └ 1938년 조선의용대 조직 : 중국 한커우에서 김원봉이 조직

조선의용대	· 1938년 <u>조선민족혁명당(조선민족전선연맹)</u>의 산하 부대로 한커우에서 조직 · 의의 : 중국 관내에서 조직된 최초의 한국인 부대, 중국 국민당의 지원으로 중일 전쟁에 참여 · 분열 : 조선의용대 VS 화북 지대 조선의용대

조선의용대	화북 지대 조선의용대
· 1942년 김원봉과 함께 한국광복군에 합류	· 중국의 팔로군과 연합하여 1941년 호가장 전투, 1942년 반소탕전에서 승리 · 1942년 조선독립동맹에 가담 → 조선의용군으로 개칭

☆ 한국국민당(1935년)
  └ 김구가 민족혁명당의 참여를 거부하고 조직
☆ 한국광복운동단체연합회(1937년)
  └ 한국국민당 + 한국독립당 + 조선혁명당 등
  └ 지청천과 조소앙 등이 참여한 우파의 통합 단체
  └ 1940년 한국독립당으로 합당 후 임시정부의 여당 역할
☆ 전국연합진선협회(1939년)
  └ 조선민족혁명당 + 한국국민당 등 7단체가 결성
  └ 민족 통일 전선 형성 시도 → 실질적인 통일 전선 형성과 행동 X

5. 1940년대 독립 전쟁

한국광복군	• 창설 : 1940년 충칭에서 임시정부 부대로 조직 • 조직 : 신흥무관학교 출신 독립군 중심(총사령관 지청천, 참모장 이범석) • 한계 : 중국 정부의 지원을 받는 대신 중국 군사위원회의 통제 받음 • 활동 　└ 1941년 태평양 전쟁 이후 대일 선전 포고(12월) 　└ 1942년 김원봉의 조선의용대 참여 → 전투력 증강 　└ 1943년 영국군의 요청 → 인도와 미얀마 전선에 10여 명의 요원 파견 　└ 1944년 독자적 작전권 획득 　└ 1945년 독일에 선전 포고, 국내 진공 작전 계획[미국 전략정보국(OSS) 지원, 정진군]
조선의용군	• 조선독립동맹 　└ 1942년, 김두봉, 화북 조선청년연합회 + 화북 지대 조선의용대를 중심으로 조직 　└ 중국 공산당의 대장정 참여 세력 + 조선에서 온 사회주의 세력 　└ 건국강령 발표 : 보통선거에 의한 민주공화국 수립 목표 　└ 군사 활동 : 1942년 화북 지대 조선의용대가 조선의용군으로 개편 　└ 해방 이후 북한 정부 참여 : 연안파 • 조선의용군 　└ 중국 팔로군(공산군)과 연합 → 항일전 수행, 중국 국공 내전 참여 　└ 만주의 한국인 보호 　└ 무정 등의 간부들이 국내 진입을 위해 노력 → 실행 X

★ 한국광복군의 변화
• 1940년 9월 충칭, 한국광복군 사령부 설립 → 국군 창설 선포, 총사령관 지청천, 참모장 이범석
• 1940년 11월 한국광복군 사령부, 충칭에서 시안으로 이전
• 1941년 11월 한국광복군 행동 준승 9개항 승인(중국 정부의 지원을 받는 대신 작전 지휘권을 중국군에 위임)
• 1941년 12월 일본에 선전 포고
• 1942년 5월 김원봉, 조선의용대 합류
• 1942년 9월 한국광복군 사령부, 시안에서 충칭으로 다시 이전, 김원봉의 조선의용대 합류
• 1943년 8월 한국광복군, 영국군의 요청으로 인도와 미얀마 전선에 군대 파견
• 1944년 8월 임시정부, 한국광복군 행동 준승 9개항 취소 공포
• 1945년 2월 임시정부, 독일에 선전 포고
• 1945년 4월 임시정부, 중국과 군사 협정을 다시 체결 → 광복군의 작전권을 돌려받음
• 1945년 7월 한국광복군, 국내 탈환 작전 수립 → 총지휘 : 이범석

★ 1940년대 기타 조직
• 경성콤그룹 : 1939년~1941년, 박헌영 등의 사회주의가 조직한 비밀결사 → 적극적 활동 X
　└ 창씨개명 반대, 전쟁의 실패를 알리고자 노력
• 조선건국동맹 : 1944년, 국내, 여운형이 조직한 비밀 조직
　└ 징병·징용 거부자와 학생들 중심 → 좌·우 합작 → 사회주의가 다수
　└ 지방 10도에 지방 조직 결성, 조선독립동맹과 연계 시도
　└ 군사위원회 조직, 무장 투쟁 준비, 징병 청년들 탈출 지원, 일본군의 후방 교란, 공출 반대
• 재미한족위원회 : 1941년, 미주 지역 동포들이 조직, 외교 위원부 조직, 이승만이 활동
　└ 1942년 태극기 게양식 거행, 1942년 한인국방경위대(맹호군)를 LA에서 조직(임시정부는 광복군의 일원으로 승인)

1. 의열단

조직	· 1919년, 만주 길림, 비밀 결사, 김원봉과 윤세주 등이 조직, 신흥무관학교 출신이 다수 · 조선혁명선언 : 1923년, 신채호가 작성 └→ 의열단 선언문, 무정부주의적, 폭력 혁명 강조 └→ 자치론, 참정론, 준비론, 외교론 등 비판 · 목표 : 공약10조, 5파괴, 7가살을 목표, 폭탄제조소 등을 설치 · 사회주의 이념을 수용하고 베이징으로 이동 → 1924년 단원이 70명으로 확대
활동	· 중국의 지원을 받았고, 김구와 김규식, 김창숙, 신채호 등이 고문 역할 · 1926년 20개조의 강령 발표 ; 계급 타파, 토지 평균, 민족 협동 운동 참여 선언 · 1926년 황푸군관학교 : 단원들이 입학 → 군사 교육 · 1932년 조선혁명간부학교 : 중국의 지원으로 난징에서 설립 · 1935년 민족혁명당 조직 : 김원봉의 의열단이 중심이 되어 조직된 민족 유일당 ★ 일제 제국주의와 황궁 공격 계획, 임시정부 요인과 투탄 계획 추진
★ 주요 의거	· 박재혁 : 1920년, 부산 경찰서에 투탄, 하시모토 사살 · 최수봉 : 1920년, 밀양 경찰서에 투탄, 청사 파괴 · 김익상 : 1921년, 조선 총독부에 투탄 · 오성륜 : 1922년, 상하이, 황포탄 의거 · 김상옥 : 1923년, 종로 경찰서에 투탄, 일본 경찰과 교전 · 김지섭 : 1924년, 일본 왕궁(황궁)에 투탄 · 나석주 : 1926년, 동양척식주식회사와 식산은행에 투탄

※ 조선 혁명 선언

강도 일본을 내쫓으려면 오직 혁명으로만 가능하며 …… 우리의 민중을 깨우쳐 강도의 통치를 타도하고 우리 민족의 신 생명을 개척하자면 양병 10만이 폭탄을 한 번 던진 것만 못하며, 천억 장의 신문·잡지가 한 번의 폭동만 못할지니라. …… 민중은 우리 혁명의 대본영(大本營)이다. 폭력은 우리혁명의 유일한 무기이다. 우리는 민중 속으로 가서 민중과 손을 맞잡아 끊임없는 폭력-암살, 파괴, 폭동-으로써 강도 일본의 통치를 타도하고 우리 생활에 불합리한 일체의 제도를 개조하여 인류로써 인류를 압박하지 못하며, 사회로써 사회를 박탈하지 못하는 이상적 조선을 건설할지니라.

※ 공약 10조
1. 천하의 정의의 사를 맹렬히 실행하기로 함.
2. 조선의 독립과 세계의 평등을 위하여 신명을 희생하기로 함.
3. 충의의 기백과 희생의 정신이 확고하게 자라야 함.
4. 단의(團義)에 선(先)이 하고 단원의 의(義)에 급이 함.
5. 의백 1인을 선출하여 단체를 대표함.
6. 하시(何時) 하지(何地)에서나 매일 1차씩 사정을 보고함.
7. 하시 하지에서나 매 초회(招會)에 필응함.
8. 피사(被死)치 아니 하여 단의에 진(盡)함.
9. 1이 9를 위하여 9가 1을 위하여 헌신함.
10. 단의에 배반한 자는 처살(處殺)함.

※ 김상옥
가슴에 맺힌 한을 풀지 못한 김상옥의 혼령은 지금 어디 가서 있을꼬. …… 쇠망치를 들어서 번 돈과 단련한 팔뚝으로 독립운동에 참가하여 수 만 원의 돈을 그 일에 바치고 나중에는 효제동 한 모퉁이에서 빗발 같은 탄환을 받으며 비장한 최후를 이루었다. 아, 가슴에 품은 그 뜻은 어디 두고 이제 공동묘지 한 모퉁이에 누웠느뇨.

2. 한인애국단

조직과 목표	· 조직 : 1931년, 상하이에서 김구가 조직, 일본의 주요 인물 암살 목표 ★ 도왜실기 : 김구가 한인 애국단의 투쟁을 정리한 글
활동	· 이봉창 : 1932년 도쿄에서 일본 국왕에게 폭탄 투척 → 1932년 일본이 상하이를 침공하여 점령(상하이 사변) ※ 이봉창 의사 "인생의 목적이 쾌락이라면 31년 동안 육신의 쾌락은 대강 맛보았으니, 이제는 영원한 쾌락을 꿈꾸며 우리 독립 사업에 헌신할 목적으로 상하이로 왔습니다." · 윤봉길 : 1932년 상하이 훙커우 공원에 폭탄 투척, 일본의 전승 기념 겸 천장절(일본 국왕 생일) 행사, 7명의 장교 즉사와 중상 → 중국 정부의 지원 계기 · 중국 국민당의 지원 : 1933년 뤄양 군관 학교에 한인 특별반 설치 → 이 학교 출신이 조선의용대와 한국광복군의 주요 구성원이 됨

※ 한인 애국단 선서문
나는 참된 적성(赤誠 : 참된 정성)으로써 조국의 독립과 자유를 회복하기 위하여 한인 애국단의 일원이 되어 적국의 수괴를 도륙하기로 맹세하나이다.

※ 효창공원
이봉창, 윤봉길, 백정기 의사의 유해 안장, 고국을 밟지 못한 안중근 의사의 가묘가 모셔져 있다

3. 기타 단체

다물단	· 1925년, 김창숙, 중국 베이징에서 조직한 무정부적 테러 조직, 신채호가 취지문 작성 ※ 다물 : 용감, 전진, 쾌단, '입 다물고 실행한다.'는 의미
불령사	· 1923년, 박열이 일본에서 조직, 비밀 결사 → 1923년 관동 대지진으로 조직이 발각 ※ 박열 : 일본 천왕 암살 계획을 세우다 발각
흑색공포단	· 1931년, 항일구국연맹의 단체, 백정기·이회영이 주도, 중국인과 일본인도 포함되었으며 남화한인청년연맹이 다수 참여

· 강우규 : 1919년, 서울역에서 사이토 총독 저격 시도, 노인동맹단
· 조명하 : 1928년, 단독, 타이완에서 일본 국왕의 장인 암살
· 대한애국청년단 : 1945년 7월, 부민관 의거 → 박춘금 암살 시도
· 박차정 : 김원봉의 부인, 조선의용대 부녀복무단장
· 윤희순 : 의병가를 지음, 춘천 의병 지원, 안사람 의병가, 병정의 노래
· 남자현 : 한국독립원이라는 혈서 작성, 일본 총독 암살 계획 → 실패

1. 민족 유일당 운동

배 경	• 자치론 등장 : 1924년 이광수의 민족적 경륜 → 자치론(개량주의) 주장
	
	★ 이광수
	• 1919년 2·8 독립선언문 기초, 임시정부 독립신문의 사장 겸 주필
	• 1920년 동아일보와 조선일보를 통해 언론 활동
	• 1922년 민족개조론, 1924년 민족적 경륜(자치론 주장) 발표
	• 1939년 조선 문인 협회(친일 단체) 회장 → 노골적 친일 활동
	
	• <u>민족주의 분열</u> : 타협적 민족주의 VS 비타협적인 민족주의
	  └ 타협적 민족주의 : 다수, 자치론, 민족개조론, 이광수·최남선·최린 등 → 1924년 연정회 조직
	  └ 비타협적 민족주의 : 일부, 자치론 비판, 안재홍과 권동진 등 → 1925년 조선사정연구회 조직
	• 사회주의 : 1920년대 사회주의 유입, 1925년 조선공산당 조직 → <u>일본은 1925년 제정된 치안유지법으로 탄압</u>
	• 민족 유일당 운동 전개 : 비타협적인 민족주의 + 사회주의

민족 유일당 운동	• 사회주의 전략 : 1920년 '식민지 민족문제에 관한 테제' → 민족주의와의 연합 지시 ※ 중국 : 1924년 1차 국공합작 • 북경촉성회 : 1926년, 안창호 → 좌우 합작의 민족유일당 주장 • 조선민흥회 : 1926년, 서울 청년회계 사회주의 + 조선물산장려회 • 6·10 만세 운동 : 1926년, 사회주의와 일부 민족주의가 연합하여 준비 • 정우회 선언 : 1926년, 사회주의 활동 변화 제시, 신간회 창립의 배경 └ 경제 투쟁 → 정치 투쟁으로의 전환, 타락하지 않은 민족주의(비타협적 민족주의)와의 연대 강조 • 1927년 신간회와 근우회 조직

2. 신간회(1927~1931)

창립과
조직 구성
	• 창립 : 1927년, 이상재, 안재홍 등이 중심 → 회장 이상재, 부회장 권동진 * 홍명희(사회주의)가 부회장에 선출되었지만 사임하고 권동진이 부회장직을 맡았다.
	• <u>민족 유일당</u> : 비타협적 민족주의 + 사회주의 + 종교계 참여
	  └ 비타협적 민족주의(신석우, 안재홍, 권동진) + 사회주의(조선공산당, 무정부주의, 박헌영과 홍명희 등)
	  └ 조선일보계, 기독교계 + 학계 + 천도교 구파 + 유림 계열 + 불교 계열
	• 구성 : 노동자와 농민이 다수 → 노동 운동과 농민 운동 지원

활 동	• 목표 : 자치론 배격 → "기회주의를 일체 배격"
	
	★ 신간회 강령
	• 정치·경제적 각성을 촉진함 • 단결을 공고히 함 • 기회주의를 일체 부인함
	
	• 주요 활동
	  └ 1929년 원산 총파업 지원, 1929년 광주학생항일운동에 진상 조사단 파견, 민중 대회를 계획하다 사전 발각
	  └ 1929년 갑산군 화전민 사건의 진상 규명, 1930년 단천 농민 투쟁 지원 / 1923년 민립대학 설립운동 지원 X

해 소	• 배경 : 중앙 지도부를 우파가 장악하자 좌익의 불만 표출, <u>광주학생항일운동 이후 김병로의 지도부가 우경화</u>
	• 해소론 등장 : 지회의 공산주의자들이 지도부의 우경화에 반발
	  └ 민족주의는 해소 반대, 사회주의는 일부 반대, 다수가 해소 찬성
	• 해소 : 1931년 5월 다수의 주장으로 해소 결정
	• 결과 : 민족주의와 사회주의 분열
	  └ 민족주의 : 점차 타협적, 조선학 운동 전개 등
	  └ 사회주의 : 노동 운동과 농민 운동 주도

※ 민족적 경륜(이광수, 1924)

그러면 지금의 조선 민족에게는 왜 정치적 생활이 없는가? … 일본이 조선을 병합한 이래로 조선인에게는 모든 정치 활동을 금지한 것이 첫째 원인이다. 또, 병합 이래로 조선인은 일본의 통치권을 승인해야만 할 수 있는 모든 정치적 활동, 즉 참정권, 자활권 운동 같은 것은 물론이요, 일본 정부를 상대로 하는 독립 운동조차 원치 아니하는 강렬한 절개 의식이 있었던 것이 둘째 원인이다. … 지금까지 해 온 정치적 운동은 모두 일본을 적대시하는 운동뿐이었다. 이런 종류의 정치 운동은 해외에서나 할 수 있는 일이고, 조선 내에서는 허용되는 범위 내에서 일대 정치적 결사를 조직해야 한다는 것이 우리의 주장이다.

※ 독립유일당 북경촉성회(1926)

동일한 목적과 동일한 성공을 위해 운동하고 투쟁하는 혁명자들은 반드시 하나의 기치 아래 모여 하나의 호령 아래 단결해야만 비로소 상당한 효과를 거둘 수 있다는 것은 말할 필요도 없다. …… 바란다! 일반 동지는 깊이 양해하라! 일본 제국주의를 타도하라! 한국의 절대 독립을 주장하라! 민족 혁명의 유일한 전선을 만들라! 전 세계 피압박 민중은 단결하라!

※ 정우회 선언(1926)

1926년 11월 정우회는 민족주의 세력과 제휴 필요성을 강조하는 새로운 방향을 천명하는 선언서를 발표하였다.
"민족주의적 세력에 대하여는 그 부르주아 민족주의적 성질을 분명히 인식함과 동시에 과정상의 동맹자적 성질도 충분하게 승인하여, 그것이 타락되지 않는 한 적극적으로 제휴하여 대중의 개량적 이익을 위해서도 종래의 소극적인 태도를 버리고 싸워야 할 것이다."

★ 신간회의 조직
• 회장 : 이상재(민족주의 계열, 조선일보 사장) + 부회장 : 권동진(비타협적 민족주의)
• 개인 본위 조직, 합법 단체, 최대 항일 단체
• 중앙 본부(우파가 장악) + 141개 지회(좌파가 장악, 만주와 일본까지 확대)
• 신간회 동경 지회 : 최초의 대중적 재일 조선인 단체

• 행동 목표
  └ 한국인 착취 기관 철폐, 한국인 본위 교육 실시, 한국어 교수의 실시
  └ 부당한 납세 거부, 일본인의 조선 이민 반대, 언론, 집회, 결사, 출판의 자유
  └ 조선 민족을 억압하는 모든 법령 철폐, 산업 정책을 조선인 본위로
  └ 단결권, 파업권, 단체 계약권 확립, 경작권 확립, 8시간 노동제 실시, 최저 임금 실시

※ 사회주의 전략
  └ 1920년 '식민지 민족문제에 관한 테제' → 민족주의와의 연합 지시
  └ 1928년 12월 테제 : 민족주의와 연대 포기 촉구
  └ 1930년 9월 테제 : 신간회를 개량주의 단체로 규정

1. 노동 운동과 농민 운동

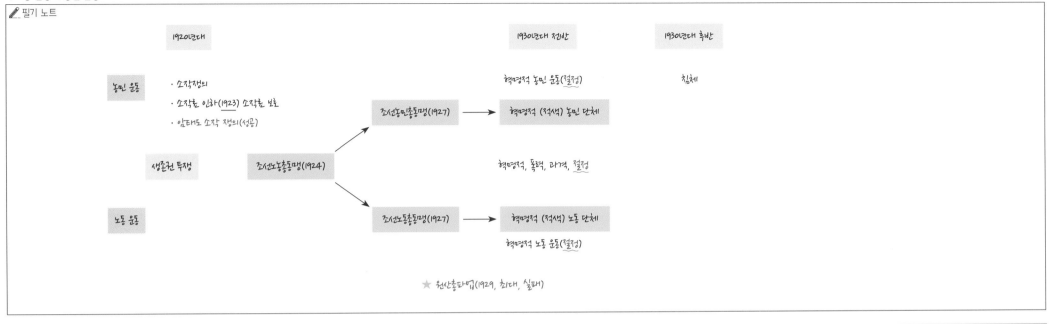

✏️ 필기 노트

	1920년대	1930년대
농민 운동	• 생존권 투쟁, 소작인 조합 중심으로 소작료 인하, 소작권 보호 요구 • 소작농뿐 아니라 자작농까지 포함하는 운동으로 발전 • 암태도 소작 쟁의 : 1923년, 1년간 투쟁 → 소작료 인하 성공	• 혁명적 운동 : "토지를 농민에게"라는 구호 등장, 사회주의가 주도, 혁명적 농민 조합 등장 → 절정 • 1930년대 전반 : 혁명적, 과격화 → 절정, 경찰서 습격 등 • 농촌진흥운동(1932~1940) : 일본의 회유, 초기에는 농촌 생활 개선과 정신 계몽 → 중일 전쟁 이후에는 전시 농산물 확보 • 1930년대 후반 일본의 탄압으로 약화 → 잠복기(일부는 반전 운동 전개)
노동 운동	• 1920년 회사령 폐지 이후 많은 공장 건립 → 노동자 수 증가, 일본의 노동법(공장법) 적용 X • 생존권 투쟁 : 임금 인상, 노동 조건 개선 요구 • 1920년대 중반 이후 노동 운동의 대중화 → 많은 노동 단체 결성 • 1925년 원산노동연합회 : 원산 총파업 주도 • 1929년 원산 총파업 : 일제강점기 최대 규모의 노동 운동, 4개월간 지속 → 실패 　└ 함경남도 '라이징 선' 회사에서 총파업, 전국 노동자의 지지, 세계 노동자의 지지	• 1929년 경제 공황 이후 파업 증가 → 1930년대 전반이 절정 • 사회주의가 주도 → 혁명적 항일 운동으로 발전 • 북부 지방이 중심, 동맹 파업 전개 • 중일 전쟁 이후 일제의 탄압 　└ 노동 조합 강제 해산 → 노동 운동 약화 　└ 노동자들은 파업과 태업 등을 통해 저항 지속 • 1930년 부산 방직 노동자의 노동 쟁의 ★ 강주룡 　└ 평양 고무 공장 노동자 　└ 1931년 아사동맹 조직 　└ 최초의 여성 노동 운동가 　└ 대동강 을밀대 위에서 농성
농민·노동 단체	• 1920년 조선노동공제회 : 최초의 노동자 조직, 지식인과 노동자 중심, 농민부 조직 → 농민 운동 지원 • 1922년 조선노동연맹회 : 점차 계급적 성격이 강화 • 1924년 조선노농총동맹 : 사회주의 계열과 전국의 노동자와 농민 조직 → 소작쟁의 지도 　└ 1927년 조선노동총동맹 : 노동 쟁의 지도 　└ 1927년 조선농민총동맹 : 소작농과 자작농을 포함하는 농민 단체로 발전	• 혁명적(적색) 농민 조합 : 사회주의가 주도 → 혁명적 농민 운동 주도 • 혁명적(적색) 노동 조합 : 사회주의가 주도 → 혁명적 노동 운동 주도

2. 학생 운동

	6·10 만세 운동(1926년)		광주학생항일운동(1929년)
배 경	• 순종의 죽음 → 1926년 6월 10일 순종의 인산일을 기하여 발생 • 식민지 차별 교육에 대한 저항 + 일제 수탈에 대한 저항	배 경	• 6·10 만세 운동 이후 학생 운동이 조직화 → 독립 투쟁으로 발전 • 각급 학교를 중심으로 독서회가 조직되어 식민지 교육에 반발

준 비	• 학생들이 준비 : 조선학생과학연구회 + 연희 전문학교 + 중앙 고등 보통학교 + 경성 대학 출신
	   └ 비밀결사를 중심으로 준비
	★ 조선학생과학연구회 : 1925년, 전문학교 학생들이 중심이 되어 조직
	   └ 사회 과학의 보급, 학생의 사상 통일과 상호 단결, 인간 본위 교육 실시
	• 사회주의 + 천도교의 민족주의 계열 : 사전에 발각 → 2차 조선공산당이 해체
		발 단	• 한국 여학생(박기옥) 희롱 사건 → 한일 학생 충돌 → 일본 경찰의 편파 수사
			• 광주 학생들의 궐기 : 광주의 성진회와 독서회 중앙 본부를 중심으로 광주 학생들이 궐기

		확 산	• 신간회의 활약 : 진상조사단 파견 → 전국에 사건을 알리고, 민중 대회 계획(→ 시행 X) • 조선청년총동맹과 조선학생과학연구회, 조선학생전위동맹도 적극 참여 • 전국 확산 → 5개월간 지속 → 만주와 일본 등 확대 • 시험 거부, 백지 투쟁, 가두 시위, 동맹 휴학 → 일본 제국주의 타도, 식민지 통치 부정 • 일본의 대응 : 조기 방학 실시 → 이듬해 1월 신학기에 서울에서 다시 궐기

전 개	• 학생들이 순종의 인산일에 격문을 배포하면서 시작 → 시민들이 합류, 각급 학교로 시위 확대
	• 일제는 치안유지법을 이용하여 시위 탄압
		의 의	• 3·1 운동 이후 최대 민족 운동
			• 학생의 날
			   └ 1953년 11월 3일을 학생의 날로 지정 → 1973년 폐지 → 1984년 부활
			   └ 2006년 학생 독립운동 기념일로 개칭

결 과	• 학생 운동의 조직화 : 독서회 등의 비밀 조직, 광주의 성진회 등이 조직 • 민족 유일당 운동에 영향 → 1927년 신간회 창립에 영향		
격 문	대한 독립 운동가여 단결하라! 군대와 헌병을 철수하라! 동양척식회사를 철폐하라! 일체의 납세를 거부하자! 일본 물화를 배척하자! 일본인 공장의 직공은 총파업하라! 일본인 지주에게 소작료를 바치지 말자! 언론·집회·출판의 자유를! 조선인 교육은 조선인 본위로!	격 문	학생, 대중이여 궐기하라! 검거된 학생들을 즉시 우리 손으로 탈환하자. 경찰의 교내 침입을 절대 반대한다. 언론, 출판, 집회, 결사, 시위의 자유를 획득하자. 식민지적 노예 교육 제도를 철폐하라. 사회 과학 연구의 자유를 획득하자. 전국 학생 대표자 회의를 개최하라. "용감한 학생, 대중이여! 최후까지 우리의 슬로건을 지지하라. 그리고 궐기하라. 전사여 힘차게 싸워라!"

3. 물산장려운동

시 작	• 배경 : 1920년 회사령 철폐와 1923년 관세 철폐 등으로 일본 기업과의 경쟁력 약화 • 목적 : 민족 자립 경제와 민족 기업의 경쟁력 확보를 위해 국산품 애용 장려 • 시작 : 1920년, 평양, 조만식이 '조선물산장려회'를 조직하면서 시작
확 산	• 토산애용부인회, 자작회 등을 조직, 금주·단연회 등을 통해 농촌 계몽의 역할 • 1922년 조선청년연합회 : "내 살림 내 것으로" 표어 제정 • 1923년 서울에서 '조선물산장려회'가 조직 : 강연회를 열면서 전국적 확산, 분회가 설치 • 초기에는 동아일보 등이 지원하면서 민중의 호응을 받았다. • 소비 절약, 근검 저축, 금주와 금연 운동, 국산품 애용 운동을 전개
실패와 한계	• 실패 : 민족 기업 상품의 수요 증가와 생산성 미흡으로 토산물의 가격이 상승하였고, 일제의 탄압으로 실패 • 일부 민족 기업은 일제와 타협하기도 하였고, 사회주의는 물산장려운동을 비판 • 1940년 조선물산장려회가 일본에 의해 강제 해산, 1942년 중소기업 정리령으로 민족 기업 대부분이 소멸

※ 조선물산장려회 궐기문

보아라! 우리의 먹고 입고 쓰는 것이 거의 다 우리의 손으로 만든 것이 아니었다. 이것이 세상에 제일 무섭고 위태한 일인 줄을 오늘에야 우리는 깨달았다. 피가 있고 눈물이 있는 형제자매들아, 우리가 서로 붙잡고 의지하려 살고서 볼 일이다.

입어라! 조선 사람이 짠 것을 먹어라! 조선 사람이 만든 것을

써라! 조선 사람이 지은 것을 조선 사람, 조선 것

※ 조선물산장려가

조선의 동모들아 이천만이나 두 발 벗고 두팔 걷고 나아오너라.

우리 것 우리 힘 우리 재조(才操)로 우리가 만드러서 우리가 쓰자. 우리가 만드러서 우리가 쓰자.

★ 일제강점기 민족 기업

   └ 경성 방직 주식회사 : 1919년, 김성수

   └ 백산상회 : 1914년~1927년, 부산, 안희제, 임시정부 자금 조달

   └ 기타 : 평양 메리야스 공장, 양말 공장, 고무 공장 등

4. 민립대학 설립운동

배 경	· 3·1 운동 이후 교육열 고조 → 고등 교육의 필요성 대두 · 1922년 2차 조선 교육령 → 대학 설립의 자유 획득
전 개	· 조선 교육 협회(1920) : 이상재와 이승훈 등이 주도 · 1922년 조선 민립대학 기성 준비회 조직 → 1923년 조선 민립대학 기성회 조직 → 지방부 설치 · 모금 운동 : "한민족 1천만이 한사람 1원씩" · 만주, 미국, 하와이 등 해외 동포도 모금 운동에 참여
실 패	· 일본이 1924년 경성제국대학(친일적)을 설립 → 민족 대학 설립 좌절 ★ 경성제국대학 : 한국인은 1/3 미만, 정치와 경제학부 X · 모금 운동 미흡 : 가뭄과 수해 등으로 모금 운동 실패

※ 조선 민립대학 설립 기성회의 발기 취지서(1923)

우리의 운명을 어떻게 개척할까? 정치냐, 외교냐, 산업이냐? 물론 이와 같은 일이 모두 필요하도다. 그러나 그 기초가 되고 요건이 되며, 가장 급한 일이 되고 가장 먼저 해결할 필요가 있으며, 가장 힘 있고, 필요한 수단은 교육이 아니면 아니 된다. … 민중의 보편적 지식은 보통 교육으로도 가능하지만 심오한 지식과 학문은 고등 교육이 아니면 불가하며, 사회 최고의 비판을 구하며 유능한 인물을 양성하려면 …오늘날 조선인이 세계 문화 민족의 일원으로 남과 어깨를 견주고 우리의 생존을 유지하며 문화의 창조와 향상을 기도하려면, 대학의 설립이 아니고는 다른 방도가 없도다.

5. 문맹퇴치운동

	문자 보급 운동	브나로드 운동("민중 속으로")
주 도	· 1929년, 조선일보 주도(한글 보급 운동에 앞서서 한글 원본을 만들었다.)	· 1931년~1934년, 동아일보 주도 ※ 1935년 일본은 농촌 계몽 운동을 전면 금지
목 적	· '아는 것이 힘, 배워야 산다.'	· '배우자 가르치자 다함께'
활 동	오늘날 조선인에게 무엇 하나 필요치 않은 것이 없다. 산업과 건강과 도덕이 다 그러하다. 그러나 그중에도 가장 필요하고 긴급한 것을 들자면 지식 보습을 제외하고는 다시없을 것이다. 지식이 없이는 산업이나 건강이나 도덕이 발달할 수 없다. 문맹 앞에는 항상 끝을 알 수 없는 함정이 가로 놓여 있으니, 그들이 가는 속에는 위험과 저주가 따라다닐 뿐이다. …… 전 인구의 3할밖에 학교를 갈 수 없는 오늘날 조선의 현실에서 간단하고 쉬운 문자의 보급은 우리 민족이 해결해야 할 가장 시급한 일이라 하겠다.	· 대학생들은 방학 때 스스로 경비를 부담하여 학생 계몽대·강연대·기자대를 조직 → 농촌 계몽 활동을 함 금주를 기하여 도시의 학생들은 각각 여름 방학을 맞아 고향으로 돌아가려고 한다. …… 여러분들의 고향에는 조선 문자도 모르고 숫자도 모르는 이가 얼마쯤 있는가. 그리고 여러분들의 고향 사람들은 얼마나 비위생적 비보건적 상태에 있는가. – 동아일보 1931년 7월 5일자 브나로드 운동 선전문 –
기 타	· 야학 운동 : 노동자와 농민, 도시 빈민에게 조선어를 가르쳤고, 민족주의 색채가 강함 · 농민독본 : 윤봉길, 야학 교재	· 브나로드 운동을 배경으로 1932년 이광수의 흙, 1935년 심훈의 상록수 등의 소설 등장
★ 주의	★ 조선일보(1920년~1940년) └→ 1924년 이상재 사장 취임 후 다양한 활동 전개 → 신간회의 본부 역할 └→ 처음으로 조간과 석간 발행, 최초의 여기자 최은희 고용	★ 동아일보(1920년~1940년) └→ 20대 청년 주축, 최초로 순직 기자 발생, 1936년 손기정의 일장기 말소 사건으로 탄압 └→ 1924년, 이광수, 민족적 경륜 발표

6. 사회주의 운동

1920년대	· 수용 : 연해주와 중국의 독립운동가들이 수용, 학생들과 지식인들을 중심으로 '신사상'으로 국내에 유입 · 탄압 : 일본은 1925년 치안유지법으로 사회주의 탄압 ★ 사회주의 영향 · 노동 운동과 농민 운동의 활성화, 여성 운동에 영향, 민족주의와의 갈등(해방 목표의 차이), 신경향파 문학(카프 조직) · 자치론에 반발 → 1926년 정우회 선언을 통해 민족주의와 연합 시도 → 1927년 신간회, 근우회 참여 · 1928년 12월 테제 : 민족주의와 연합 중단 선언
1930년대	· 노동자와 농민이 사회주의 주도 : 노동 운동과 농민 운동의 절정, 혁명화 · 1935년 민족주의와 통일 전선 전략 선언 → 통일 전선 운동 전개

※ 치안유지법(1925년)

제1조 국체를 변혁하는 것을 목적으로 결사를 조직하는 자 또는 결사의 임원, 그 외 지도자로서 임무에 종사하는 자는 사형, 무기, 또는 5년 이상의 징역 또는 금고에 처한다. 사정을 알고서 결사에 가입하는 자 또는 결사의 목적 수행을 위한 행위를 돕는 자는 2년 이상의 유기 징역 또는 금고에 처한다.사유 재산 제도를 부인하는 것을 목적으로 결사를 조직하는 자, 결사에 가입하는 자, 또는 결사의 목적 수행을 위한 행위를 돕는 자는 10년 이하의 징역 또는 금고에 처한다.

7. 기타 운동

청년 운동	• 3·1 운동 이후 청년 운동 활성화 → 사회주의 유입 이후 민족주의 계열과 사회주의 계열로 분열 • 1920년 조선청년연합회 : 물산장려운동과 민립대학 설립운동에 참여 • 1923년 전 조선 청년당 대회 : 서울 청년회 주도 • 1924년 조선청년총동맹 : 좌우 합작 → 노동 운동과 농민 운동 지원 　　└ 대중 본위의 새 사회 건설을 기약한다. 조선 민족 해방 운동의 선구자가 될 것을 기약한다.
소년 운동	• 천도교가 주도 • 1921년 천도교 소년회 : 방정환이 조직 • 1922년 조선소년군 : 조철호, 경성부에 설치 → 보이스카웃의 전신 / 조선 소년 척후대 • 1922년(1923) 어린이날 제정 : 5월 1일 → 1923년 잡지 어린이 발행, 색동회(일본, 방정환, 어린이 연구 단체) 조직 • 1927년 조선소년연합회 조직(전국적) • 1937년 중일 전쟁 이후 일본의 탄압으로 금지
여성 운동	• 여성 차별 : 재산 소유와 처분 X, 재산 상속과 친권 행사 차별, 남편 동의 후 취업, 임금 차별 • 계몽 활동 : 강연회, 토론회, 야학 등 → 봉건적 인습 타파 • 1920년 조선여자교육협회 : 차미리사 → 근화여학교 설립 : 1920년(현 덕성여고) • 1922년 조선여자기독교청년연합회(YWCA) • 1924년 조선여성동우회 : 사회주의 여성 단체, 무산계급 여성의 완전한 해방 주장 • 1927년 근우회 : 민족 유일당, 김활란, 유영준 등 → 전국 지회 설립 　　└ 잡지 근우 발행, 여성 계몽 활동, 농민 운동과 노동 운동 지원, 광주학생항일운동 지원 　　└ 신간회 자매 단체로 최초의 전국적 여성 조직 → 1931년 해소
형평 운동	• 배경 : 백정에 대한 차별, 별도의 호적 작성, 직업에 도한, 붉은 점 찍어 차별, 자녀의 학교 입학 거부 • 조선형평사 : 1923년, 진주, 이학찬 → 백정들의 신분 해방 운동 　　└ 서울로 본부 이동 → 전국 확대, 항일 민중 운동, 1925년 형평사 전 조선 대회 개최 　　└ 잡지 형평 간행, 피혁공장 건립, 형평 학우회(백정 자녀의 교육 문제 해결 목적) 　　└ 한계 : 농민들과 충돌(농민들 반형평 운동 전개), 1920년대 후반 이념 대결로 약화 • 1930년대 초 호적에서 백정들의 신분 표시 삭제, 백정 자녀의 학교 입학 허용 ※ 대동사 : 1935년, 회원들의 단순한 경제적 이익 향상 운동으로 변화
수양동우회	• 조직 : 1926년, 흥사단의 국내 단체, 안창호의 뜻에 따라 이광수와 주요한 등이 활동 • 혁명 대당(革命大黨) : 조선 신문화 운동 → 신조선 건설 • 1937년~1938년 수양동우회 사건으로 해체, 1938년 안창호의 죽음으로 구심점을 잃고 이광수는 친일화

※ 조선 청년 총동맹 강령(1924년)
1. 대중 본위인 신사회 건설을 기도함.
1. 조선 민중 해방 운동의 선구가 되기를 기도함.

※ 소년 운동 선언(1923년)
첫째, 어린이를 재래의 압박으로부터 해방하여 그들에게 완전한 인격적 대우를 허하게 하라.
둘째, 어린이를 재래의 경제적 압박으로부터 해방하여 만 14세 이하의 그들에 대한 무상, 유상의 노동을 폐하게 하라.
셋째, 어린이 그들이 고요히 배우고 즐거이 놀기에 족한 각양의 가정, 사회적 시설을 행하게 하라.

※ 근우회 창립 취지문
인류 사회는 많은 불합리를 생산하는 동시에 그 해결을 우리에게 요구해 마지않는다. 여성 문제는 그중의 하나이다. …… 우리 사회에서도 여성 운동이 개시된 것은 또한 이미 오래다. 그러나 회고하여 보면 여성 운동은 거의 분산되어 있었다. 그것에는 통일된 조직이 없었고 통일된 목표와 지도 정신도 없었다. 그러므로 그 운동은 효과를 충분히 내지 못하였다. 우리는 운동상 실천으로부터 배운 것이 있으니 우리가 실지로 우리 자체를 위하여 우리 사회를 위하여 분투하려면 우선 조선 자매 전체의 역량을 공고히 단결하여 운동을 전반적으로 전개하지 아니하면 아니 된다.
일어나라! 오너라! 단결하자! 분투하자! 조선의 자매들아! 미래는 우리의 것이다.

※ 조선형평사 취지문
공평은 사회의 근본이고 사랑은 인간의 본성이다. 고로 우리는 계급을 타파하고 모욕적인 칭호를 폐지하며, 교육을 장려하고 우리도 참다운 인간이 되고자 함이 본사가 지향하는 목표이다.

• 1924년 발명학회 → 1933년 발명학회는 기관지 과학조선 발행, 1934년 과학 지식 보급회
• 안창남의 고국 비행 : 1922년

1. 일본의 역사 연구

목 적	· 식민 지배를 정당화할 목적으로 우리 역사를 왜곡
단 체	· 조선사 편수회 : 1925년 조직 · 청구학회 : 1930년, 일본이 조직한 어용 단체
역사 왜곡	· 정체성론 : 봉건 사회 결여론, 우리 역사가 10세기 고대사에 정체 · 타율성론 : 우리 역사의 자율성 왜곡, 만선사관, 임나일본부설 · 당파성론, 일선동조론 등 ★ 임나일본부설 : 칠지도, 광개토대왕비 왜곡, 일본서기 등을 근거로 주장

★ 반도사 : 1910년대 일본 총독부가 역사를 왜곡하기 위해 편찬
★ 조선사 편찬 : 1925년~1938년, 고대부터 1894년까지 역사 왜곡, 정체성론 · 타율성론 등, 편년체

2. 민족주의 사학

목 적	· 역사 연구를 독립 운동의 수단으로 강조
주 도	· 박은식, 신채호, 정인보, 문일평, 안재홍 등
특 징	· 우리 역사의 특수성 강조 · 정신적 투쟁 방식 강조

★ 조선학 운동 : 1934년, 정약용 서거 99주기를 기념하며 전개
· '문화가 살면 민족은 죽지 않는다'라고 하며 정인보, 문일평, 안재홍, 백남운 등이 주도
· 실학을 연구하며 우리 학문의 보편성과 특수성 강조
· 실학을 역사적 용어로 사용, 자본주의 맹아론, 1935년 여유당전서 간행

★ 주요 인물

	박은식	신채호	정인보	문일평	안재홍
호	백암, 태백광노	단재	위당	호암	민세
정신 강조	혼(정신, 신)	낭가 사상	조선의 얼	조선 심	민족 정기
학문과 종교 활동	· 근대사 연구 · 1909년 유교구신론 저술, 대동교 창시 · 대종교적 역사 인식 수용 · 만주 환인 지방 동창학교 참여	· 고대사 연구 · 만주 환인 지방 동창학교 참여	· 신채호의 민족주의 사관 계승 · 1934년 조선학 운동 참여 · 일본의 광개토대왕비문 왜곡 반박	· 한글 강조, 세종대왕 강조 · 대중과 민중을 역사의 주체로 파악 · 1934년 조선학 운동에 참여	
언론 활동	· 황성신문, 대한매일신보 주필	· 황성신문 기자, 대한매일신보 주필 · 연해주의 해조신문, 권업신문 발행에 참여 · 신대한 창간, 천고 발행		· 역사의 대중화 기여	
정치 활동	· 열자에 나오는 우공의 지혜 강조 · 독립협회와 신민회에 가담 · 1908년 서북학회 창립 · 중국의 동제사, 신한청년당, 대동보국단 등에 참여 · 1919년 대한애국노인동맹단 조직 · 1925년 임시정부 2대 대통령 취임	· 신민회 가입, 신한청년당 참여 · 임시정부 탈퇴 → 군사통일주비회 조직 · 1923년 국민대표회의 소집 주도 · 1928년 체포, 1936년 뤼순 감옥에서 옥사		· 계급 간의 투쟁 강조 · 민중을 위해 노력한 혁명가 강조 · 민족 지향, 민중 지향, 실리(실용) 지향	· 비타협적 민족주의, 신간회 참여 · 신민족주의와 신민주주의 　└ 해방 이후 좌우 단결 강조 　└ 통일 정부 수립 지향 　└ 조선국민당의 당론
저술 활동	· 서사건국지, 한국통사, 한국독립운동지혈사 · 연개소문전, 안중근전, 동명성왕실기 · 왕양명실기, 유교구신론 등	· 독사신론 : 1908년, 대한매일신보 　└ 민족 중심의 역사 연구 강조, 동국주족 · 천희당시화 : 문학 평론, 대한매일신보 · 조선혁명선언 : 1923년, 의열단 선언 · 조선사연구초 : 1929년, 묘청 강조 · 조선상고사 : 1931년, 아와 비아의 투쟁 · 이순신전, 최도통전, 을지문덕전 등 · 조선상고문화사 등	· 5천년간 조선의 얼 · 조선사연구 · 양명학연론 : 1933년, 동아일보	· 호암집 · 한미관계50년사 등	· 조선상고사감 · 불함철학대전 · 조선철학 등

3. 사회·경제 사학과 실증 사학

사회·경제 사학	• 주도 : 백남운, 이청원, 김관진, 전석담 등
	★ 이청원 : 조선사회사 독본
	• 특징 : 유물사관을 너무 도식적으로 우리 역사에 대입
	
	• 백남운
	  └ 유물사관 : 정신적 투쟁을 강조하는 민족주의 사관 비판
	  └ 보편성 : 우리 역사의 보편적 발전 강조 → 일본의 정체성론 비판
	  └ 자본주의 맹아론 연구, 1933년 조선사회경제사, 1937년 조선봉건사회경제사 저술
	  └ 해방 이후 신민당 조직, 조선민족의 진로(연합성 신민주주의를 강조 → 좌우 합작의 통일 정부 강조)
	  └ 정인보와 친하게 지내며 광복 후 지주, 자본가와 손잡고 새 나라 건설 주장

실증 사학	• 목표 : 랑케의 실증주의를 강조하며 객관적 역사 연구 강조
	• 주도 : 이병도와 손진태가 1934년 진단학회를 조직하여 실증주의 사학 연구
	• 특징
	  └ 학문으로서의 역사 연구를 강조하며 역사를 학문의 단계로 발전시킴
	  └ 사실을 객관적으로 밝히려는 순수 학술 활동, 법칙과 공식을 미리 가정하는 것 부정
	• 한계 : 식민사관 수용, 독립운동에 방관적인 입장 → 비판

★ 기타 역사 학자
• 현채 : 유년필독 등의 역사 교과서 편찬
• 정교 : 대한계년사를 저술하여 일제의 침략 비판
• 전형필 : 호는 간송, 오세창의 지도로 문화재 수집, 훈민정음의 원본을 구입하여 보존
• 이광수 : 민족개조론(1922), 민족적 경륜(1924), 자치 운동 제기, 무정(1917)
• 황현 : 매천야록, 한일합방 때 절명시를 쓰고 자결
• 안확 : 조선문명사
• 장도빈 : 조선사상사
• 최남선 : '붉' 사상 강조, 불함문화론, 1908년 해에게서 소년에게, 잡지 소년 창간

• 진단학회
  └ 1934년~1942년, 이병도·손진태·신석호·김상기
  └ '조선과 인근의 문화'를 연구, 청구학회에 대항하며 조직, 진단학보 발행
  └ ★ 손진태 : 조선민족사개론, 국사대요 저술, 신민족주의 완성

1. 문학

1910년대	· 최남선 : 1908년 '해에게서 소년에게'(소년 창간호), 1908년 경부철도가, 1914년 청춘, 1924년 시대일보 창간 · 이광수 : 1917년 무정 → 최초의 근대적 장편 소설　　★ 1922년 민족개조론, 1924년 민족적 경륜, 1932년 흙, 1933년 유정
1920년대	· 낭만주의 : 순수 문학 추구, 자포자기적이고 퇴폐적인 문학, 창조(일본에서 김동인이 간행, 본격적인 순수 문학 운동), 백조(염상섭) · 저항 문학 : 1925년 김소월의 초혼, 1926년 이상화의 빼앗긴 들에도 봄은 오는가, 1926년 한용운의 님의 침묵 · 사실주의 : 식민지 현실을 사는 개인의 삶 표현, 염상섭의 만세전, 현진건의 빈처 등 · 신경향파 문학 : 사회주의 영향, 1925년 카프(조선 프롤레타리아 예술 동맹) 결성 → 1935년 해체　★ 프로 문학 : 지나친 계급 투쟁 강조 → 민족주의 반발 초래 ★ 국민문학운동 : 프로 문학 비판 → 민족주의 이념 강조, 1933년 이효석 등이 구인회 조직 ★ 홍명희 : 1928년 조선일보에 임꺽정 연재
1930년대	· 친일화 : 중일 전쟁 이후 일본의 탄압으로 대부분이 친일화 · 저항 문학 　└ 심훈 : 그날이 오면(1930) 　└ 이육사 : 광야, 자오선, 청포도(1939) → 옥사 　└ 윤동주 : 서시, 참회록, 별 헤는 밤 → 28세 옥사, '하늘과 바람과 별과 시'(해방 후 1948년 출간) · 유치진 : 토막(1931년~1932년), 문예월간에 연재 · 이광수(1932년, 흙), 심훈(1935년, 상록수 → 농촌 계몽을 배경), 이상(1936년, 날개), 조지훈(1939년, 승무)

※ 빼앗긴 들에도 봄은 오는가, 이상화
지금은 남의 땅-빼앗긴 들에도 봄은 오는가?
나는 온몸에 햇살을 받고
푸른 하늘 푸른 들이 맞붙은 곳으로
가르마 같은 논길을 따라 꿈속을 가듯 걸어만 간다
입술을 다문 하늘아 들아
내 맘에는 나 혼자 온 것 같지를 않구나!

※ 참회록, 윤동주
파란 녹이 낀 구리 거울 속에
내 얼굴이 남아 있는 것은
어느 왕조의 유물이기에
이다지도 욕될까
나는 나의 참회의 글을 한 줄에 줄이자
-만 이십사 년 일 개월을 무슨 기쁨을 바라 살아왔던가 …
밤이면 밤마다 나의 거울을
손바닥으로 발바닥으로 닦아 보자

2. 연극

특 징	1920년대	1930년대
· 신파극 : 사랑과 이별 소재, 일본 대중문화를 한국에 확산 · 탈춤, 판소리 등은 일본이 통제	· 극예술협회 : 1920년 · 토월회 : 1923년~1926년	· 극예술연구회 : 1931년 → 1938년 해체, 본격적 근대 연극 개막, 유치진의 토막 공연 · 동양극장 : 1935년, 최초의 연극 전용 극장 · 중일 전쟁 이후 : 일본의 탄압 → 일본어 연극만 허용

3. 음악과 영화, 미술

음 악	영 화	미 술
· 홍난파 : 봉선화 · 현제명 : 고향생각 · 안익태 : 1936년 코리아 환상곡, 애국가 · 트로트 음악 　└ 일본 엔카에 영향 　└ 1930년대 국내 창작이 본격화 　└ 1930년대 중반 대중가요로 정착	· 키네마 주식회사 : 1924년, 부산, 영화 회사 · 나운규의 아리랑 : 1926년, 민족 의식 고취에 노력, 독립운동 혐의로 옥고 · 1935년 변사가 등장하는 무성영화 대신 유성영화 등장 · 조선영화령 : 1940년, 일본 찬양 영화만 허용 · 경성방송국 : 1927년 ※ 나운규의 아리랑 3·1 운동의 후유증으로 정신 이상 증세를 앓고 있던 영진에게는 영희라는 여동생이 있었다. 영진의 친구 윤현구는 영진의 집에 머물다가 영희를 사랑하게 된다. 어느 날 일제 경찰의 앞잡이인 오기호가 영희를 겁탈하려 하였다. 이를 본 현구는 기호와 격투를 벌였고, 이에 휘말린 영진은 기호를 살해하였다. 이 사건으로 제정신을 되찾은 영진은 경찰에 잡혀가며 마을 사람들에게 "여러분, 울지 마십시오. 이 몸이 삼천리 강선에 태어났기에 미쳤고 사람을 죽였습니다. 지금 이곳을 떠나는 저는 죽음의 길을 가는 것이 아니라 갱생의 길을 가는 것이오니 눈물을 거두어 주십시오."라고 말하였다.	· 서양화 　└ 서양식 유화 유행 　└ 고희동 : 최초의 서양화가, 자화상(1915) 　└ 나혜석 : 최초 여류화가, 일본 유학, 서양 유화, 3·1 운동에 참여 　└ 김관호 : 서양 유화, 해질녘 · 동양화 　└ 안중식 : 장승업의 제자, 중국화 모방, 3·1 운동 관련 체포 　└ 허백련 : 동양화 · 조소 : 김복진이 미륵불과 인물상을 중심으로 작품 활동 · 이중섭 : 1940년대 주로 활동, 근대 회화 선구, 소와 어린이 등을 그림 소재로 함 · 이상범 : 자주적인 조선화의 새로운 방향 모색 · 이도영 : 대한민보에 일본과 매국노를 비판한 시사 만평 발표 · 서화협회 : 1918년, 안중식이 초대 회장

THEME 089 | 일제 강점기 문화 | 일제 강점기

4. 국어 연구

조선어연구회	1921년	· 1921년 장지영, 김윤경, 임경재 등이 조직 · 1926년 가갸날 제정 → 1928년 한글날 개칭 · 1927년 잡지 한글 간행
↓		
조선어학회	1931년	· 1931년 최현배, 이극로 등이 조직 · 한글 보급 : 한글 교재 제작, 1933년 조선어 강습회 개최, 잡지 한글 간행 · 우리말 큰 사전 편찬 시도 : 1933년 맞춤법 통일안 제정, 1936년 조선어 표준말 모음, 1938년 외래어 표기 통일안 제정, 말모이 작전 · 1942년 조선어학회 사건으로 해산 → 이윤재는 감옥에서 사망

※ 잡지 창간호(1927년)
"말과 글이 이렇듯 우리 인생에게 잠시도 없지 못할 가장 귀중하고 요긴한 것이 된다 함은 여기에서 새삼스레 따질 필요가 없을 것이다. 그러므로 어느 나라 사람이든지 각기 제 나라의 말과 글이 있어 모두 여기에 대하여 끔찍이 사랑을 주는 것이다."

★ 최현배
 └ 가로쓰기 채택
 └ 국어 교과서 편찬 주도
 └ 제헌헌법 한글 발표 건의
★ 우리말 큰 사전
 └ 한글학회(1949년)가 1957년 간행

5. 종교 운동

대종교	· 창시 : 1909년 나철(1대 교주)과 오기호가 창시 · 총독부는 1915년 포교 규칙으로 대종교 부정 → 국권 피탈 이후 만주로 이동 · 동창학교 : 만주 환인 지방에 설립, 신채호·박은식 등 참여 · 중광단, 대한정의단, 북로군정서군 조직 · 무오독립선언(대한독립선언, 조소앙이 선언문 작성, 육탄혈전 강조) 주도
천도교	· 1905년 손병희가 동학을 천도교로 개칭 · 3·1 운동 주도 → 제2의 3·1 운동 계획, 1922년 자주호국선언 · 여성 운동, 농민 운동, 청년·소년 운동 주도 · 1921년 천도교 소년회 조직 → 1922년(1923) 어린이날 제정 → 1923년 잡지 어린이 간행 · 보성사(출판사) 운영, 보성학교와 동덕여학교 운영 · 출판 활동 : 개벽, 신여성, 어린이, 학생, 농민, 만세보 등 · 분열 : 구파(이종린, 비타협적 민족주의 → 신간회 참여), 신파(최린, 타협적 자치 운동 전개)
불교	· 총독부가 1911년 사찰령을 제정하여 불교 탄압, 전국 사찰을 30개 본산으로 개편 · 한용운 : 1913년 조선불교유신론, 1918년 유심 창간, 1921년 조선불교유신회, 사찰의 자치 운동 전개, 1930년 '만당'이라는 비밀 단체 조직
개신교	· 1911년 105인 사건으로 탄압, 3·1 운동 참여, 교육 활동 전개 · 조선중앙기독교청년회(YMCA), 조선기독교여자청년연합회(YWCA) 조직 · 신사 참배 거부운동을 전개하다 숭실학교와 숭의여학교가 폐교, 주기철 목사가 순교
기타	· 천주교 : 일부 신자가 의민단을 조직하여 청산리 대첩 참여, 1906년 경향 발간 · 원불교 : 1916년 익산, 박중빈이 창시, 개간과 저축 사업 전개, 불교의 대중화·생활화 · 유교 : 친일화, 총독부는 성균관을 경학원으로 개칭 ※ 파리 장서 사건 : 파리강화회의에 독립 청원

※ 자주호국선언(1922년, 천도교)
존경하는 천도교인과 민중 여러분! 우리 대한은 당당한 자주독립국이며, 평화를 애호하는 세계의 으뜸 국민임을 재차 선언합니다. 지난 기미년의 독립 만세 운동은 곧 우리의 전통적인 독립의 의지를 만방에 천명한 것이고 … (중략) … 다시 모두 모여 기미년의 감격을 재현하기 위해 재차 일어나 끝까지 조국의 독립을 위해 신명을 바칠 것을 결의하고 선언합니다.

※ 정교를 분리하자
정치와 종교는 서로 보조할 수 있는 것이요, 서로 간섭할 수 없는 것이다. 정치는 국가를 본위로 하는 사무적 행위니 인민의 표현 행위를 관리하는 것이요, 종교는 지역과 족별(族別)을 초월하여 인생의 영계(靈界) 즉 정신을 정화 순화, 즉 존성화(存性化)하여 표현 행위의 근본을 함양하며, 안심입명(安心立命)의 대도를 개척하는 것이다. 그러므로 종교를 인위적 제도로써 제한 혹은 좌우할 수 없는 것이다.   － 한용운, 불교(1931) －

6. 민족 교육 운동

개량 서당	야 학	조선교육(협)회
· 근대적 교과서와 항일 교재 사용 · 일제 탄압 : 1918년 서당 규칙 제정	· 우리말과 우리 역사, 우리 지리 교육 · 노동독본, 노동산술, 농민독본(윤봉길 저술) 교재 사용 ★ 만주사변 이후 일본은 야학 등을 비롯한 민족 교육 탄압	· 1920년 한규설과 이상재 등이 설립 · 기관지 신교육 발행, 조선어 강습회 개최 · 1920년대 민립대학 설립운동 전개 ※ 1923년 조선민립대학기성회 ★ 조선여자교육협회 : 1920년, 차미리사, 1920년 근화여학교 설립

★ 조선 교육령

1차	2차	3차	4차
1911년	1922년	1938년	1943년
우민화 교육		황국 신민화 교육	

1차	2차	3차	4차
· 일본어와 역사 강조 · 초등·기술 교육, 수신 교육 강조, 의무 교육 X · 보통학교의 수업연한을 4년으로 축소 · 민족 교육 탄압 　└ 1911년 사립학교 규칙 　└ 1918년 서당 규칙	· 조선어 필수 과목 지정 · 일본어와 역사 교육 강화 · 교육 과정 　└ 보통학교 → 6년 　└ 고등 보통학교 → 5년 　└ 여자 고등 보통학교 → 4년 · 3면 1교 · 민립대학 설립운동 방해 : 1924년 경성제국대학 설립	· 조선어 수의(선택) 과목 · 학교 명칭 변경 　└ 보통학교 → 소학교 　└ 고등 보통학교 → 중학교 　└ 여자 고등 보통학교 → 고등 여학교 · 1면 1교(황국신민화교육 강화) · 황국신민서사 암송 강요 ★ 1941년 소학교를 국민학교로 개칭(→ 4차 조선 교육령 때 실시) 　→ 1996년 김영삼 정부 때 초등학교	· 조선어 과목 금지 · 중학교와 고등 여학교 → 4년 축소 · 군사 교육 강조
※ 1차 조선교육령 제2조 교육은 '교육에 관한 칙어'에 입각하여 충량한 국민을 양성하는 것을 본의로 한다. 제3조 교육은 시세와 민도(民度)에 적합하도록 한다. 제5조 보통 교육은 보통의 지식, 기능을 부여하고 특히 국민된 성격을 함양하며, 국어를 보급함을 목적으로 한다. 제28조 공립 또는 사립의 보통학교, 고등 보통학교, 여자 고등 보통학교, 실업 학교 및 전문 학교의 설치 또는 폐지는 조선 총독의 허가를 받아야 한다.	※ 2차 조선교육령 · 한국인의 학교 제도와 한국 내에 거주하는 일본인의 학교 제도를 수업 연한은 동일하게 하였으나, 그 체계를 별도로 만들어, 전자를 일본어를 상용하지 않는 자의 학교 제도, 후자를 일본어를 상용하는 자의 학교 제도라 하여 차별하였다. · 남녀의 사범 학교를 신설하였다. 일본인 학교인 소학교와 한국인 학교인 보통학교의 교원을 별도로 양성하였다. · 새로이 대학에 관한 규정을 마련하였고, 그 결과 경성제국대학이 설립되었다.	※ 3차 조선교육령 제1조 소학교는 국민 도덕의 함양과 국민 생활의 필수적인 보통의 지능을 갖게 함으로써 충량한 황국 신민을 육성하는 데 있다. 제13조 심상 소학교의 교과목은 수신, 국어(일어), 산술, 국사, 지리, 이과, 직업, 도화, 수공, 창가, 체조이다. 조선어는 수의(隨意), 선택 과목으로 한다.	

7. 사회 변화

의생활	· 흰옷 대신 검정 등의 염색한 옷 강요　　★ 색복장려회 : 1930년대 전국 조직 · 학생과 공무원 → 제복 강요 · 중일 전쟁 이후 남성은 국민복, 여성은 몸뻬(일바지, 왜바지) 강요 ★ 1920년대 이후 단발과 양장의 모던 걸 유행 ★ 단발과 면도, 양복과 구두 유행 ★ 1920년대 신여성, 삼천리 등의 잡지 등이 새로운 패션이나 화장법 소개
식생활	· 중국 음식 : 자장면, 호떡 유행 · 일본 음식 : 우동, 어묵, 청량음료, 식용유, 조미료, 통조림 전래 · 기타 : 아이스크림, 캐러멜, 비스킷, 커피, 맥주 등 유행
주거 생활	· 농촌 : 전통적인 3칸의 초가집이 대부분 · 도시 : 전통가옥에 일본식과 서양식 주택 절충 · 문화주택 : 상류층, 벽돌 사용, 현관, 화장실, 개량 한옥 · 영단주택 : 서민 주택으로 일본식 주택 + 온돌 결합, 1941년 일본이 설립하여 보급

★ 서울의 변화
· 북촌 : 한국인 거주
· 남촌 : 일본인 거주 → 백화점, 상가 등이 세워지면서 발달
· 변두리 : 토막집을 짓고 빈민들이 거주
· 총독부는 경복궁, 창덕궁 등의 건물을 헐고 도시 개수 사업 실시
★ 화신백화점 : 1931년 반민족행위자 박흥식이 설립, 한국인이 세운 최초의 백화점
★ 1920년대 총독부는 우측통행 대신 좌측통행을 일반화

★ 신흥 도시 성장
· 행정구역상 '부'라 불림
· 대전 : 1914년 호남선 개통으로 교통 중심지로 성장
· 개성 : 배일감정이 강해 발전이 지체됨
· 대전과 신의주 : 물산 집산지로 성장
· 군산과 목포 : 항만 도시로 성장
· 함흥과 청진 : 식민지 공업화 정책 → 공업 도시로 성장

현대 사회의 전개

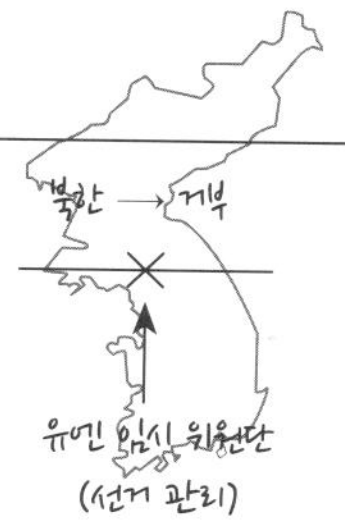

THEME 090 · 대한민국 정부 수립 과정 개관

해방 전 상황	

- 1943년 11월 카이로 회담 : 미·영·중, 최초로 한국의 독립 약속, "적당한 시기에 한국의 독립 약속"
- 1945년 2월 얄타 회담 : 미·영·소, 소련군의 일본전 참전, 신탁통치 언급, 38도선 분할 밀약
- 1945년 7월 포츠담 선언 : 미·영·중 + 소, 일본의 무조건 항복 요구, 한국의 독립 재확인

↓

해 방	1945년 8월 15일

- 해방 직전 : 여운형이 총독부와 치안권 이양 교섭
- 건국준비위원회 : 1945년 8월 15일, 건국동맹을 모체로 설립
  - └→ 위원장 여운형, 부위원장 안재홍, 좌우 합작, 좌파가 다수, 김성수와 송진우 등의 우익은 불참
  - └→ 전국에 지회와 치안대 조직, 정부 역할 대행 ──→ 주석(이승만, 취임 거부), 부주석(여운형)
  - └→ 안재홍 등의 우파 이탈 → 1945년 9월 6일 조선인민공화국 수립(좌파 중심)
- 미군정 실시 : 1945년 9월 9일, 건국준비위원회와 조선인민공화국 부정, 임시정부도 부정

↓

모스크바 3국 외상회담	1945년 12월

- 미·영·소의 외상들이 회담 → 4개항 결의
- 임시정부 수립
- 미·소 공동 위원회의 개최 : 정부 수립을 위한 협의체 구성 논의
- 신탁통치 : 최고 5년간, 미·영·중·소 4개국   ※ 미국이 먼저 제안, 소련은 반대

↓

1차 미·소 공동 위원회	1946년 3월

- 우파 : 반탁 주장, 대한독립촉성국민회 VS 좌파 : 반탁 주장 → 찬탁 주장, 민주주의 민족전선
- 민중들은 반탁 → 철시와 시위, 파업 실시
- 덕수궁, 미국 아놀드 + 소련 스티코프
- 소련 : 찬탁 세력만 정부 협의체에 참여 VS 미국 : 모든 단체의 정부 협의체에 참여
- 결과 : 무기한 휴회

↓

- 1946년 6월 이승만의 "정읍 발언" : 남한만의 자유주의 단독 정부 수립 주장
- 1946년 7월 여운형과 김규식의 좌우합작운동   ※ 여운형 암살 : 1947년 7월 혜화동

2차 미·소 공동 위원회	1947년 5월

- 1947년 3월 트루먼 독트린 발표 이후 냉전 체제 강화로 2차 미소공동위원회도 결렬
- 미국이 9월 유엔총회에 한국문제 이관

↓

유엔 총회	1947년 9월

- 인구 비례에 의한 총선거(1948년 3월) 결정 → 선거 관리를 위해 유엔 임시위원단 파견
- 유엔 임시위원단이 남한의 선거구 조사 후 입북 시도 → 북한과 소련이 거부

↓

유엔 소총회	1948년 2월

- 가능한 지역(남한)에서만 총선거 결정
- 김구는 '삼천만 동포에게 읍고함'을 통해 유엔 소총회 결정 저지 시도

↓

- 1948년 4·3 사건 : 제주도, 공산주의자들의 단독 정부 수립 반대 시위
- 1948년 4월 남북 협상 : 김구와 김규식이 제안 → 북한의 김일성과 김두봉이 수락

↓

5·10 총선거	1948년 5월 10일

- 북한을 제외한 남한의 198개 선거구에서 개최(제주도의 2개 선거구는 미실시)
- 만 21세에게 선거권 부여
- 198명의 제헌국회 의원 선출 ; 무소속이 다수, 이승만의 대한독립촉성회가 다수당, 한국민주당은 소수
- 1948년 8월 15일 대한민국 정부 출범 → 9월 9일 조선민주주의인민공화국 수립(북한)
- 1948년 12월 유엔 총회에서 대한민국 정부만 합법 정부로 인정

- 건국 준비 : 민주주의 공화국 수립 목표
  - └→ 충칭 임시정부(한국독립당) : 1941년 건국강령 반포, 조소앙의 삼균주의 바탕
  - └→ 조선독립동맹 : 1942년 김두봉, 조선의용군을 거느리고 활동
  - └→ 조선건국동맹 : 1944년 여운형, 비밀 조직으로 국내에서 조직

★ 미군정과 소련군정

미군정	소련군정
직접 통치, 총독부 유지	간접 통치
친일파 처단에 소극적	친일파 처단에 적극적
토지 개혁 X	1946년 3월 토지 개혁
신한공사 설립, 소작료 1/3로 제한	무상몰수, 무상분배, 5정보

1. 조선을 독립 국가로 재건하여 민주주의 원칙하에 발전시키는 동시에 일본의 가혹한 정치의 잔재를 급속히 일소하기 위하여 조선 민주주의 임시 정부를 수립하여 …… 2. 조선 임시 정부의 구성을 원조할 목적으로 미군과 소련군 대표자들로 공동 위원회가 설치될 것이다. 3. 공동 위원회는 최고 5년 기한으로 4개국 신탁 통치의 협약을 작성하기 위해 미·영·소·중 4개국 정부가 공동 참고할 수 있도록 임시 정부와 협의한 후 방안을 제출하여야 한다.
　　　　　　　　　　　　　　　　　　　　　　　　　　　　　　　　　 – 모스크바 3국 외상회담 –

※ 좌우합작운동
- 이승만의 정읍 발언에 반발하며 통일 정부 수립 후 신탁 문제 결정 주장
- 좌우합작위원회 조직(1946년 7월, 우파 5명, 좌파 5명) → 좌우합작 7원칙 제정(1947년 10월)
- 미군정은 좌우합작운동 지원
- 좌우합작 7원칙 : 김구는 지지, 이승만은 조건부 찬성, 조선공산당과 한국민주당은 부정적
  - └→ 미소공동위원회 속개 주장
  - └→ 토지 : 몰수, 유조건 몰수, 체감 매상하고 무상으로 농민에게 몰수
  - └→ 친일파 처단 : 합작위원회에서 입법기구(남조선과도입법의원)에 제안, 입법 기구가 결정
- 실패 : 좌우 핵심 세력의 외면, 냉전 강화, 여운형 암살(1947년 7월) → 1947년 10월 해체

※ 남북 협상(남북지도자연석회의) : 김구, 김규식, 조소앙 등이 참여
  - └→ 단독 정부 수립 반대, 전국 총선에 의한 통일 정부 수립
  - └→ 5·10 총선거 불참, 미군과 소련군 철수 주장, 내전 발생 부인

- 제헌국회 : 임기 2년, 제헌헌법 제정
  - └→ 제헌헌법 : 대통령제, 임기 4년, 1회 중임, 간선제(국회에서 선출, 내각책임제 요소 도입)
  - └→ 대통령에 이승만, 부통령에 이시영 선출
  - └→ 1948년 9월 반민법 제정, 1949년 6월 농지개혁법 제정

1. 해방 전 국내외 상황

(1) 국제 회담

카이로 회담	얄타 회담	포츠담 회담	
1943년 11월	**1945년 2월**	**1945년 7월**	
· 미국 루즈벨트 + 영국 처칠 + 중국 장제스 · 최초로 한국의 독립 약속 　└→ 적당한 시기에 한국을 독립시킨다. · 중국의 적극적 지지 · 영국과 미국 : 초기에는 한국 독립에 부정적 · 대일전 협력, 일본이 점령한 영토 박탈	· 미국 루즈벨트 + 소련 스탈린 + 영국 처칠 · 소련의 일본전 참전 결정 · 신탁통치 언급 　└→ 미국이 제안, 미·소·중의 신탁통치 위원회 관리 　└→ 40년간 한국의 신탁통치 제시 · 한반도에 미군과 소련군 주둔 논의, 38도선 밀약 · 2차 세계대전 이후 문제 논의 · 독일의 분할 점령	· 미국 트루먼 + 영국 처칠(→ 애틀리) + 중국 장제스 · 소련 스탈린은 나중에 합의 · 일본의 무조건 항복 요구 · 일본에 대한 전쟁 종결의 조건 발표 · 한국의 독립 재확인	· 대서양 헌장(1941년) 　└→ 미국과 영국 정상 　└→ 전후에 강탈된 주권을 회복하게 한다. → 한국 적용 O · 테헤란 회담(1943년) 　└→ 미국 + 영국 + 소련 대표 　└→ 대독 작전 수행, 독일의 전후 처리 논의

(2) 건국 준비

충칭 임시정부	조선 독립 동맹	조선 건국 동맹	★ 공통점
· 건국강령 : 1941년, 한국독립당이 발표 　└→ 조소앙의 삼균주의 바탕 　└→ 보통 선거, 의무 교육 　└→ 토지와 대생산 시설의 국유화 　└→ 중소기업은 사영화	· 1942년 화북 지방에서 김두봉이 조직 · 건국강령 　└→ 보통 선거, 남녀 평등, 대기업 국유화 　└→ 토지 분배, 의무 교육, 일본인 자산 몰수	· 1944년 국내에서 여운형이 조직 · 대동단결 → 조선의 자유와 독립 회복 · 반추축국 세력과 대일 연합 전선 형성 · 독립을 저해하는 일체 반동 세력 박멸 · 일체 시정을 민주주의 원칙에 의거 · 노동자와 농민 대중의 해방에 치중할 것	· 해방 전 건국 작업 · 민주주의 공화국 수립 목표

(3) 일본의 패망

일본의 항복	· 1945년 8월 미국은 일본에 원자폭탄 투하 · 1945년 8월 8일 선전 포고(소련군 참전) → 소련군의 한반도 남하를 우려하여 미국은 38도선을 기준으로 분할 요구 · 일본은 포츠담 선언을 수용 → 항복 · 1945년 8월 15일 일본의 패망 → 한국의 독립
치안권 이양 교섭	· 총독부는 1945년 8월 10일과 11일 송진우, 여운형 등과 교섭 시도 · 송진우와 김성수는 총독부의 요청 거부, 여운형은 치안 수임 요청 수락

※ 여운형이 조선 총독에게 요구한 5개 조항
1. 전국적으로 정치범, 경제범을 즉시 석방할 것
2. 서울의 3개월분 식량을 확보할 것
3. 치안 유지와 건국 운동을 위한 정치 운동에 대하여 절대로 간섭하지 말 것
4. 학생과 청년을 조직, 훈련하는 데 대하여 간섭 말 것
5. 노동자와 농민을 건국 사업에 동원하는 데 대하여 절대로 간섭하지 말 것

2. 해방 직후 상황

(1) 건국준비위원회

조직과 구성	· 1945년 8월 15일, 건국동맹을 모체로 여운형이 중심이 되어 조직, 위원장은 여운형, 부위원장은 안재홍 · 구성 : 여운형 중심의 좌파 + 안재홍 중심의 중도 우파 · 한계 : 여운형과 박헌영 중심의 좌파가 중심, 김성수와 송진우 등의 우파는 불참(→ 임시정부 지지 선언)
활 동	· 목표 : 대중적 기반 확보와 건국 준비 · 활동 : 전국에 145개 지부 구성(→ 인민위원회로 발전), 치안대 조직, 정부 기능을 수행하며 행정과 식량 확보 · 변화 : 안재홍 등 우파의 이탈로 좌파 중심으로 변화
변 화	· 조선 인민 공화국 수립 : 1945년 9월 6일, 주석에 이승만, 부주석에 여운형(이승만은 취임 거부) / 이승만 및 임시정부와 합작 시도 → 실패 · 9월 9일 수립된 미군정은 건준과 인민공화국, 충칭 임시정부도 부정

※ 조선건국준비위원회 강령
새 정권이 확립되기 전까지의 일시적 과도기에 있어서 본 위원회는 조선의 치안을 자주적으로 유지하며 한걸음 더 나아가 조선의 완전한 독립 국가 조직을 실현하기 위하여 새 정권을 수립하는 한 개의 잠정적 임무를 다하려는 의도에서 아래와 같은 강령을 내세운다.
1. 우리는 완전한 독립 국가의 건설을 기함
2. 우리는 전 민족의 정치, 경제, 사회적 기본 요구를 실현할 수 있는 민주주의 정권의 수립을 기함
3. 우리는 일시적 과도기에 있어서 국내 질서를 자주적으로 유지하여 대중 생활의 확보를 기함

(2) 군정의 실시

	미군정	소련군정
군정의 수립	1945년 9월 9일	1945년 8월 24일
통치 방식	• 직접 통치 └ 총독부 체제 유지, 보안법과 신문지법 유지 └ 김성수와 송진우의 한국 민주당 인사 기용 └ 남조선 과도정부 구성 ; 민정장관에 안재홍 임명 └ 남조선 과도입법 의원 ; 의장에 김규식 • 건준과 조선인민공화국, 임시정부 → 불인정 • 1946년 1월 남조선 국방 경비대 창설	• 소련군 평양 사령부 설치 • 간접 통치 └ 인민위원회 조직 ; 행정과 치안권 인정 └ 김일성의 공산주의 세력 지원 └ 반탁 운동을 하던 조만식의 민족주의 숙청 ★ 평남 건국 준비 위원회 └ 해방 이후 조만식이 중심이 되어 조직 └ 소련 군정이 시작되면서 해체
친일파 처단 문제	• 친일파 처단에 소극적	• 친일파 처단에 적극적
경제와 토지 문제	• 1946년 신한공사 설립 ; 귀속, 적산 농지 직접 관리 • 소작료 인하 ; 수확물의 1/3로 이내로 한정 • 산업 시설 ; 직접 관리	• 토지 개혁 ; 1946년 3월 → 무상 몰수, 무상 분배, 5정보 • 산업 시설 ; 국유화

3. 모스크바 3국 외상 회담

개 최	• 1945년 12월 16일 ~ 25일 → 1945년 12월 28일 4개항 결의 • 미국과 영국, 소련의 외상들이 회담 • 카이로 회담의 이행을 위해 한반도 독립 문제 논의
결의 내용	• 임시 민주 정부 수립, 미·소 공동 위원회 개최, 신탁통치(미·영·중·소 4개국, 최고 5년간) └ 미국이 먼저 제안, 소련은 거부(절충안 제시) ★ 동아일보 오보 ; 소련이 신탁통치 주장, 미국이 즉각 독립 주장
결 과	• 우파 ; 반탁 → 1946년 2월 8일 대한 독립 촉성 국민회 • 좌파 ; 반탁 → 소련의 지시로 찬탁 전환, 민주주의 민족전선(1946년 2월 19일, 찬탁 운동) • 민중 ; 반탁 운동 전개, 철시와 시위, 파업 실시 등 • 결과 ; 좌파와 우파의 대립 심화

4. 1차 미·소 공동 위원회

개 최	• 1946년 3월 덕수궁, 미국의 아놀드 + 소련의 스티코프 • 한반도에 임시정부 수립을 위한 협의체 구성 논의 • 소련 ; 모스크바 3국 외상 회담 지지 세력인 찬탁 세력(공산주의)만 참여 주장 • 미국 ; 표현의 자유를 근거로 모든 단체의 참여 주장 • 결과 ; 미국과 소련의 입장 차이 → 무기한 휴회
결 과	• 이승만 ; 1946년 정읍 발언, 남한만의 단독 정부 수립 주장 후 미국에서 단정 수립 활동 • 김구 ; 반탁 운동을 전개, 이승만의 단정 수립 비판 • 한국민주당 ; 김성수와 송진우, 이승만의 단정 수립 지지 • 좌우합작운동 ; 여운형·김규식, 이승만의 정읍 발언 비판

※ 태평양 방면 미군 총사령관 맥아더 포고령 1호

제1조 북위 38도선 이남의 조선 영토와 조선인에 대한 모든 통치 권한은 당분간 본관이 시행한다.

제2조 정부 등 모든 공공 사업 기관에 종사하는 유급·무급 직원과 고용인, 그리고 기타 중요한 각종 사업에 종사하는 자는 별도의 명령이 있을 때까지 현재의 정상 기능과 업무를 수행할 것이며, 모든 기록 및 재산을 보호하고 보존해야 한다.

제4조 조선 주민의 재산권은 존중한다. 모든 주민은 별도의 명령이 있을 때까지 일상적인 직무에 종사하라.

제5조 군정 기간 동안 영어를 모든 목적을 위해 사용하는 공용어로 한다.

※ 소련군 사령관 치스차코프 포고문

… 조선 인민들이여 기억하라! 행복은 여러분들 수중에 있다. 여러분들은 자유와 독립을 찾았다. 이제는 모든 것이 여러분에게 달렸다. 붉은 군대는 조선 인민이 자유롭게 창조적 노력에 착수할 만한 모든 조건을 만들어 놓았다. 조선 인민은 반드시 스스로 자기 행복을 창조하는 자가 되어야 할 것이다.

★ 모스크바 3국 외상 회담 결정서(1945년 12월)

1. 조선을 독립시키고 민주주의 국가로 발전시키는 동시에, 가혹한 일본의 조선 통치 잔재를 빨리 청산하기 위해 조선에 임시 민주주의 정부를 수립한다.

2. 조선 임시정부 구성을 위해 남조선 미합중국 관할구와 북조선 소련 관할구의 대표자들로 공동 위원회를 설치한다.

3. 공동 위원회의 역할은 조선인의 정치적·경제적·사회적 진보와 민주주의 발전 및 조선 독립 국가 수립을 도와 줄 방안을 만드는 것이다. 또한, 조선 임시 정부 및 조선 민주주의 단체를 참여시키도록 한다. 공동 위원회는 미·영·소·중 4국 정부가 최고 5년 기간의 4개국 통치 협약을 작성하는 데 공동으로 참작할 수 있는 제안을 조선 임시정부와 협의하여 제출해야 한다.

4. 남북 조선과 관련된 긴급한 문제들을 상의하기 위해, 또한 남조선 미합중국 관할구와 북조선 소련 관할구의 행정·경제면의 균형을 위하여 2주일 이내에 조선에 주둔하는 미·소 양군 사령부 대표들의 회의를 소집한다.

★ 이승만의 정읍 발언(1946년 6월)

제1차 미·소 공동 위원회가 결렬되고 좌우 합작 운동이 전개될 무렵 이승만은 1946년 6월 3일 전라도 정읍에서 남한만의 단독 정부 수립을 공식적으로 주장하였고, 한국 민주당을 비롯한 극우 세력의 지지를 받았다. "남쪽만이라도 임시 정부나 혹은 위원회 같은 것을 조직하여, 38선 이북에서 소련이 철퇴하도록 세계 총론에 호소하여야 할 것이다."

5. 좌우합작운동

배경과 목적	· 배경 : 이승만의 정읍 발언 후 단정 수립 비판 · 목적 : 통일 정부 수립 후에 신탁통치 결정
주 도	· 주도 : 중도 좌파 여운형 + 중도 우파 김규식 · 좌우합작위원회 : 1946년 7월, 좌익 5명 + 우익 5명 · 좌우합작 7원칙 : 1946년 10월, 좌익은 5원칙, 우익은 8원칙 주장, 토지 문제와 친일파 처단 문제가 쟁점
반 응	· 미군정 : 좌우합작운동 지원 · 김구 : 좌우합작 7원칙 지지, 참여 X · 이승만 : 좌우합작 7원칙 조건부 찬성, 참여 X · 한국민주당과 조선공산당 : 부정적
실 패	· 좌우 핵심 세력의 외면과 냉전의 강화, 여운형 암살(1947년 7월) · 해체 : 1947년 10월 해체

★ 좌우합작 7원칙

1. 조선의 민주 독립을 보장한 3상 회의 결정에 의한 남북을 통한 좌우 합작으로 민주주의 임시 정부를 수립할 것
2. 미·소 공동 위원회 속개를 요청하는 공동 성명을 발할 것
3. 토지 개혁에 있어서 몰수·유조건 몰수·체감 매상 등으로 토지를 농민에게 무상으로 분여하며, 시가지의 기지 및 대건물을 적정 처리하며, 중요 산업을 국유화하며, …
4. 친일파·민족 반역자를 처리할 조례를 본 합작 위원회에서 입법 기구(남조선 과도 입법의원)에 제안하여 입법 기구로 하여금 심의·결정하여 실시케 할 것
5. 남북을 통하여 현 정권하에 검거된 정치 운동자의 석방에 노력하고 아울러 남북·좌우의 '테러'적 행동을 일체 즉시로 제지토록 노력할 것
6. 입법 기구에 있어서는 일체 그 기능과 구성 방법을 본 합작 위원회에서 작성하여 적극적으로 실행을 기도할 것
7. 전국적으로 언론·집회·결사·출판·교통·투표 등 자유를 절대로 보장하도록 노력할 것

6. 2차 미·소 공동 위원회

개 최	· 1947년 5월 덕수궁, 미국 브라운 + 소련 스티코프
결 렬	· 1947년 3월 트루먼 독트린의 발표로 냉전 강화 · 미국은 4개국 외상 회담 개최 제의 → 소련이 거부 → 회담 결렬 · 미국 : 단독 정부 수립으로 결정 → 9월 한국 문제를 유엔으로 이관

7. 유엔 총회

개 최	· 1947년 9월 개최 → 1947년 11월 정부 수립안 발표
결 과	· 유엔 임시위원단 입국 : 선거 관리 목적으로 입국 · 남한의 선거구 조사 · 북한에 입국 시도 : 소련과 북한의 거부로 무산

★ 유엔 총회 정부 수립안
· 인구 비례에 의한 총선거로 정부 구성
· 임시위원단 파견 : 9개국으로 구성
· 1948년 3월 임시 위원단의 감독 아래 비밀·보통 선거 실시
· 정부 수립 후 미군과 소련군의 철수

8. 유엔 소총회

개 최	· 1948년 2월 개최 → 1948년 2월 26일 : 가능한 지역에서 단독 선거 결정(남한만의 단독 선거)
결 과	· 김구 : 1948년 2월 10일 "삼천만 동포에게 읍고함"에서 단독 선거 비판, 통일 정부 수립 주장 · 이승만과 한국민주당 : 유엔 소총회 결정 지지, 남한만의 단독 정부 수립 주장

※ 김구, '삼천만 동포에게 읍고함(1948년 2월)
3천만 형제 자매여! 한국이 있어야 한국 사람이 있고 한국 사람이 있고야 민주주의도 공산주의도 무슨 단체도 있는 것이다. … 마음 속의 38선이 무너지고야 땅 위의 38선도 철폐될 수 있다. 내가 불초하나 일생을 독립 운동에 희생하였다. 나는 통일된 조국을 건설하려다가 38선을 베고 쓰러질지언정 일신에 구차한 안일을 취하여 단독 정부를 세우는 데는 협력하지 아니하겠다.

THEME 091 | 대한민국 정부 수립 과정

9. 단독 정부 수립 반대

(1) 제주도 4·3 사건

배 경	· 제주도민의 갈등 고조 : 1947년 삼일절 행사에서 경찰 발포와 서북청년단의 강압적 탄압
발 발	· 1948년 4월 3일 공산주의 세력이 주도 → 단정 수립 반대, 5·10 총선거 반대, 미군 철수 주장
결 과	· 경찰과 군인, 우익 청년 단체와 대립 → 시위 장기화 · 5·10 총선거 당시 제주도 2개 선거구에서는 선거가 열리지 못함 → 1954년 시위 마무리

★ 여수 순천 10·19 사건
└ 1948년 10월 19일, 여수와 순천의 군인들이 제주도 진압 거부
※ 2000년 제주도 4·3 사건 특별법 제정
※ 2008년 제주 4·3 평화 재단 건립

(2) 남북 협상

제 의	· 1948년 2월 김구와 김규식이 제의 → 1948년 3월 김일성과 김두봉이 수락
개 최	· 1948년 4월 18일 ~ 4월 30일, 평양에서 남북 지도자 연석회의 개최
합 의	· 단독 정부 수립 반대, 5·10 총선거 불참, 미군과 소련군 철수, 내전 발생 부인
한 계	· 공산주의 중심으로 진행 → 성과 없이 종료 ★ 통일 독립 촉성회 : 1948년 7월, 김구와 김규식이 단독 정부 수립 반대 운동 전개

※ 김구, '남북 협상에 앞서 발표한 성명서'
조국은 분열에, 동포는 멸망에 직면한 이 위기에 있어서, 우리의 이 모임은 자못 심장한 의의가 있는 것이며 우리의 임무도 중대한 것이다. …… 우리 겨레의 정성과 단결은 우리의 통일, 독립을 완성할 것이다. …… 우리는 세계 평화 역사의 첫 페이지를 우리의 손으로 창조할 수 있을 것이니, 어찌 우리 민족의 영광이 아니겠는가?

10. 5·10 총선거

실 시	· 실시 : 1948년 5월 10일 → 최초의 보통 선거, 95.5% 투표율 / 만 21세 · 남한의 200개 선거구 중 198개 선거구에서 실시 └ 제주도 3개 선거구 중 2개 선거구는 미실시 · 김구와 김규식, 조소앙 등의 남북협상파는 불참

결 과	· 198명의 제헌국회 의원 선출
	· 무소속 계열이 다수, 이승만의 대한독립촉성회가 다수당
	★ 제헌국회의 구성과 활동
	· 개원 : 1948년 5월 31일 개원
	· 제헌국회 : 임기 2년, 국회의장은 이승만, '대한민국' 국호 제정
	· 헌법 제정 : 1948년 7월 제헌 헌법 제정 → 반포
	  └ 대통령제 : 임기 4년, 1회 중임, 간선제, 다당제, 3권 분립, 단원제 국회
	  └ 국회에서 대통령 선출(내각책임제 요소 도입)
	· 1948년 9월 반민족 행위 특별법(반민법) 제정, 1949년 6월 농지개혁법 제정

※ 제헌헌법
유구한 역사와 전통에 빛나는 우리들 대한 국민은 기미 삼일 운동으로 대한민국을 건립하여 세계에 선포한 위대한 독립 정신을 계승하여 …… 정당 또 자유로이 선거된 대표로서 구성된 국회에서 단기 4381년 7월 12일 이 헌법을 제정한다.
제1조 대한민국은 민주 공화국이다. 제53조 대통령과 부통령은 국회에서 무기명 투표로써 각각 선거한다.
제55조 대통령과 부통령의 임기는 4년으로 한다. 단, 재선에 의하여 1차 중임할 수 있다.
제86조 농지는 농민에게 분배하며 그 분배의 방법, 소유의 한도, 소유권의 내용과 한계는 법률로선 정한다.
제87조 중요한 운수, 통신, 금융, 보험, 전기, 수리, 수도, 가스 및 공공성을 가진 기업은 국영 또는 공영으로 한다. …… 대외 무역은 국가의 통제하에 둔다.
제101조 이 헌법을 제정한 국회는 1945년 8월 15일 이전의 악질적인 반민족 행위를 처벌하는 특별법을 제정할 수 있다.

11. 대한민국 정부 수립

정부 수립	· 제헌국회에서 대통령에 이승만, 부통령에 이시영 선출 · 1948년 8월 15일 대한민국 정부 수립
북한 정부	· 1948년 6월 남북제정당 사회 단체 지도자 협의회 개최 → 최고인민회의 구성 · 1948년 9월 9일 조선민주주의인민공화국 수립
유엔 총회	· 1948년 12월 (파리) 유엔 총회에서 대한민국만을 합법 정부로 인정

※ 초대 대통령 취임사
민주 정부는 국민이 주도하지 않으면 그 정권이 필경 정객과 파당의 손에 떨어져서 나라가 위험하게 되는 법입니다. 일반 국민은 각각 제 직책을 행하여서 우선 우리 정부를 사랑하며 보호해야 될 것이니, 내 집을 내가 사랑하고 보호하지 않으면 필경은 남이 주인 노릇을 하게 됩니다.

★ 해방 이후 주요 인물 ★

정당	이승만	김 구	김성수	안재홍	김규식	여운형
	· 독립촉성중앙협의회	· 한국독립당	· 한국민주당	· 조선국민당	· 민족자주연맹	· 조선인민당
개항 이후	· 1895년 배재학당 입학 · 1896년 협성회 → 협성회보 창간 · 1905년 미국 유학(위싱턴 대학) · 독립협회, 신민회 참여	· 동학농민운동과 신민회 참여 · 1896년 쓰치다를 처단 · 안중근 의거에 연루 → 구속 · 1911년 105인 사건 → 구속				· 1907년 국채보상운동 지회 설립
임시정부	· 임시정부의 초대 대통령 · 구미 위원부에서 활동 · 위임통치론 → 1925년 탄핵 · 만주의 한국인들 저술 · 1940년 일본내막기 저술 · 1942년 미국의 소리 방송	· 1919년 초대 경무국장 · 1923년 내무총장 · 1924년 국무총리 대리 · 1926년 국무령 취임 · 1930년 한국독립당(이시영 등 참여) · 1931년 한인애국단 조직 · 1935년 한국국민당 조직 · 1940년 한국독립당 조직(지청천 등) · 1940년 임시정부 주석 취임	· 경성방직주식회사 사장 · 동아일보 사장 · 보성전문학교 교장 · 민립대학 설립운동 참여	· 비타협적 민족주의 · 1927년 신간회 참여 · 민족정기, 조선상고사감 · 불함철학대전 · 조선철학	· 파리위원부에서 활동 · 1942년 임시정부 국무위원 · 1944년 임시정부 부주석 · 파리강화회의 참여 　└ 신한청년당 대표 　└ 임시정부 대표 · 1935년 민족혁명당 주석	· 임시정부 의정원 의장 · 임시정부 외무부 차장 · 상해에 인성학교 설립 · 상해 고려공산당 가입 · 국민대표회의 : 개조파 · 신한청년당 당수 · 1933년 조선중앙일보 사장 취임 　└ 1936년 일장기 말소 사건, 사장 사퇴 · 1942년 구속 · 1944년 건국동맹 조직 : 국내 · 1945년 엔도와 치안권 협상
일제 강점기						
해방 이후	· 1945년 10월 귀국 · 독립촉성중앙협의회 조직 · 반탁 운동 전개 · 1946년 정읍발언(단독 정부 수립 주장)	· 1945년 11월 귀국 · 통일 정부 수립, 반탁 운동 · 1948년 2월 삼천만 동포에게 읍고함 · 1948년 4월 남북협상 참여 · 1948년 7월 통일독립촉성회 조직	· 송진우와 한국민주당 조직 · 건준에 불참 · 미군정에 협조적 · 임시정부 봉대론 주장	· 건준의 부위원장 · 신민족주의와 신민주주의 · 좌우합작운동에 참여 · 미군정 시기 민정장관	· 민족자주연맹 조직 · 좌우합작운동 주도 · 남조선과도입법의원 의장 · 남북협상 참여	· 1945년 건국준비위원회 위원장 · 1945년 조선인민공화국 부주석 · 1945년 11월 조선인민당 조직 · 1946년 좌우합작운동 주도 · 1947년 5월 근로인민당 창당
건국 이후	· 대한민국 초대 대통령(국회 선출) · 직선제로 2대, 3대 대통령 선출 · 1960년 4·19 혁명으로 하야	· 1949년 6월 경교장에서 암살 　└ 안두희에게	· 제2대 부통령 선출(국회)	· 1950년 납북 → 사망	· 1950년 사망	· 1947년 7월 암살, 혜화동
기 타	★ 박헌영 : 조선공산당, 부르주아 민주주의 혁명론, 8월 테제(토지 혁명 제창) ★ 신익희 : 대한국민당 ★ 백남운 : 신민당, 조선민족의 진로, 연합성 신민주주의 ★ 경교장 　└ 경교장은 일제 시대에 광산 경영을 통해 큰 돈을 번 최창학이 자신의 친일 행적을 반성하는 뜻으로 김구에게 제공한 저택이다. 　└ 1949년 6월 26일 경교장에서 육군 중위 안두희에게 김구가 암살당한 후 대사관·병원 등으로 쓰이다가 2005년에 집무실이 기념실로 단장되었다.					

✏️ 필기 노트

1공화국(이승만)

1948년 8월 15일

1950년 국회 : 반 이승만

1952년 1차 개헌 : 발췌 개헌(직선제)

1954년 2차 개헌 : 사사오입 개헌
(초대 대통령에 대한 중임 제한 폐지)

1956년 이승만　VS　신익희　VS　조봉암

1958년

1959년 경향신문 폐간

제주도 4·3 사건 → 여수·순천 10·19 사건(1948)

국가보안법(1948년 12월)

반공 정책 강화　┌ 학도호국단
　　　　　　　　├ 국민보도연맹
　　　　　　　　└ 일민주의

혁신동지회　보수 : 민주당(신익희)
　　　　　　진보 : 진보당(조봉암)

진보당 사건 → 보안법 파동(2·4 파동 / 1958년 12월 24일)

1960년 3·15 부정 선거 → ⭐4·19 혁명 → 허정 과도 정부

김주열 열사 사망 ↓
김주열 열사 시체 발견 ↓
고대생 시위(4월 18일) ↓
4·19 혁명 ↓
대학 교수 시국 선언(4월 25일) ↓
이승만 하야(4월 26일)

⭐3차 개헌 : 내각책임제, 양원제
총선거 → 민주당 압승 → 장면 내각

2공화국

장면 내각

분열 : 구파(윤보선) VS 신파(장면)
　　　　　└ 신민당

사회 혼란 ↓
5·16 군사 정변(1961)
국가재건최고회의
중앙정보부 ↓
5차 개헌 : 대통령제, 4년, 직선제, 1회 중임 ↓
1963년 박정희 당선

3공화국(박정희)

┌ 1965년 한일협정 ← 1964년 6·3 항쟁
└ 1965년 베트남 파병 → 1973년

1967년 박정희 당선 ↓
1969년 6차 개헌(3선 개헌)　1971년 박정희 VS 김대중

박정희 위기
┌ 반공 : 닉슨독트린(1969)
└ 경제 : 침체

1972년 7·4 남북공동성명 ↓
1972년 유신 헌법(7차 개헌)

┌ 대통령 간선제, 임기 6년
│ 횟수 제한 X, 통일주체국민회의
│ 행정
├ 입법 : 국회의원 1/3을 대통령이 추천, 국회해산권
└ 사법 : 법관 임면권 / 긴급조치권
↓
4공화국(유신체제)

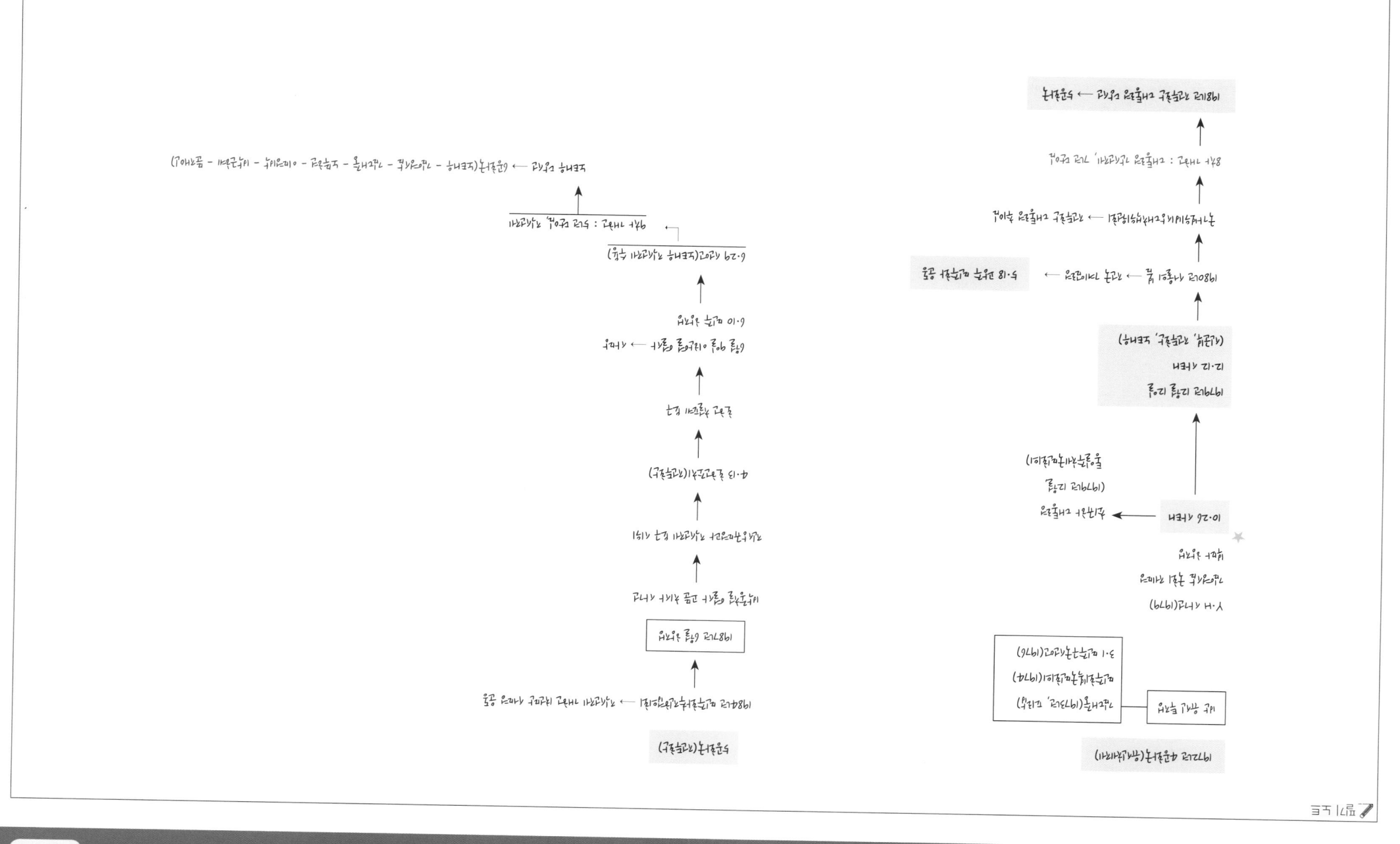

THEME 092 현대 정치사의 전개 - 1공화국

1. 1공화국의 주요 정책

반공 정책	• 1948년 여수·순천 10·19 사건을 계기로 반공 정책 강화 → 1948년 11월 20일 국가보안법 의결 → 12월 제정 • 1949년 일민주의, 국민보도연맹(좌익 운동을 하다 우익으로 전향한 사람들로 구성) • 1949년 학도호국단 설치(4·19 혁명 이후 폐지 → 1975년 부활 → 1985년 폐지) • 무력에 의한 반공 통일 주장, 반공청년단(1959) 조직
친일파 처단	• 반민족 행위 처벌법 : 1948년 9월 제헌국회에서 제정　　※ 기술관 처벌 X ※ 반민족 행위자 처벌 　└ 반민특위 구성 : 1948년 10월(위원장 : 김상덕) → 1949년 1월 특별조사위원회 발족 　└ 이승만 정부의 소극적인 태도와 방해 공작 → 친일파 처단 실패　★ 방해 : 1949년 국회프락치 사건과 반민특위 습격사건(6·6 사건) 　└ 1949년 8월 반민특위 해체안 국회 통과 → 1949년 10월 반민특위 해체(실형 12명, 사형은 한 명도 없었다.)
교육과 경제 정책	• 미군정 시기 : 서울대학교안 발표(1946), 6·3·3·4의 학제 마련 • 국민학교 의무 교육, 민족 교육은 미흡 • 경제 정책 : 1949년 6월 농지개혁법 제정, 1950년 한국은행법 제정

※ 농지개혁법
• 1949년 6월 제정 → 1950년 3월 시행 → 6·25 전쟁으로 중단 → 전쟁 이후 완료
• 유상 몰수, 유상 분배, 3정보 기준
• 농지개혁 대상 : 농가가 아닌 자의 농지, 자경하지 않는 자의 농지, 규정한도를 초과하는 농지
• 농지만 대상 : 임야와 산림, 과수원 등은 제외
• 농업 자본가를 산업 자본가로 전환 시도 → X
• 유상 몰수 : 지가 증권 발급
• 유상 분배 : 평균 수확량의 150%를 5년간 분할 상환(매년 30%씩 5년간)
• 한계 : 지주의 사전 강매, 농지를 비농지로 전환, 반민족 행위자의 토지 몰수 조항 X
• 의의 : 자작농 증가, 농촌 근대화 계기, 남한의 공산화 방지에 기여, 봉건적 지주제 약화

2. 1공화국 정치사의 전개

1대 대통령 시절	2대 대통령 시절	3대 대통령 시절
1948년~1952년	1952년~1956년	1956년~1960년
• 1948년 8월 15일 대한민국 1공화국 출범 : 대통령(이승만), 부통령(이시영) 　└ ※ 중앙청 : 옛 총독부 건물을 정부 청사로 이용 ★ 1공화국 • 대통령 이승만, 부통령 이시영 • 국회의장은 신익희, 국무총리는 이범석, 대법원장에는 김병로 • 상하이 임시정부의 요인이 요직을 차지 • 한민당 : 내각 조직 과정에서 야당으로 전락 • 1948년 9월 반민법 제정(제헌국회) • 1948년 10월 19일 여수·순천 10·19 사건 • 1948년 11월 국회에서 국가보안법 의결, 12월 국가보안법 제정 • 1949년 1월 반민특위 발족, 3월 학도호국단 결성, 5월 국회프락치 사건 • 1949년 6월 반민특위 습격사건(6일), 농지개혁법 공포(21일), 김구 암살(26일), 미군 철수(29일) • 1950년 1월 애치슨 선언, 5월 국회의원 선거(이승만 세력의 패배) • 1950년 6월 25일 북한의 기습으로 6·25 전쟁 발발 • 1951년 12월 자유당 창당 → 이승만 세력 강화 • 1952년 5월 부산 정치 파동 : 내각제를 주장하는 야당 의원 구속 • 1952년 7월 1차 개헌(발췌개헌)　※ 발췌개헌 : 직선제, 양원제(운영 X) • 1952년 8월 선거 : 대통령에 이승만, 부통령에 함태영(무소속) 당선	• 1953년 한미상호방위조약 체결, 학생의 날 제정 • 1954년 2차 개헌(사사오입 개헌) : 초대 대통령의 중임 제한 폐지 　└ 반발 : 호헌동지회 결성(야당) • 1956년 3대 대통령 선거 　└ 이승만, 신익희, 조봉암 출마 → 유세 중 신익희 사망 　└ 대통령 이승만(자유당), 부통령 장면(민주당) 당선 • 1956년 11월 진보당 창당	• 1957년 우리말 큰 사전 완간(한글학회) • 1958년 1월 진보당 사건(진보당 해체) • 1958년 12월 24일 보안법 파동(2·4 파동) 　└ 신국가보안법, 국가보안법 강화, 대통령 비난 금지(10년 이하 징역) • 1959년 4월 경향신문 폐간 • 1959년 7월 조봉암 사형 • 1960년 3월 15일 4대 대통령 선거 → 마산에서 부정 선거 규탄 시위 • 1960년 4·19 혁명 발발 → 4월 26일 이승만 하야, 경향신문 복간 　└ 4월 28일 허정 과도 정부 • 1960년 6월 3차 개헌(내각책임제, 양원제) • 1960년 7월 5대 국회의원 선거 → 민주당 압승 • 1960년 8월 장면 내각 출범 → 12월 경무대를 청와대로 개칭

3. 4·19 혁명(1960년)

배 경	• 2월 28일 대구 경북고 학생들의 시위 • 3·15 부정 선거(이승만의 당선은 확실, 부통령에 이기붕을 당선 시도)와 경기 침체

↓

발 발	• 부정 선거 규탄 시위 중 마산에서 김주열 사망 → 정부의 은폐 시도 • 4월 11일 김주열 시체 발견 → 정권 타도 시위 → 정부는 공산주의 개입설 주장 • 4월 18일 고대생들의 시위

↓

과 정	• 4월 19일 혁명 시작 → 전국적 확산 • 경찰의 과잉 진압 → 사망자 발생(서울 : 100여 명 사망) • 서울 등 5개 도시 계엄 : 계엄사령관은 발포 중단 지시 • 이기붕 당선 사퇴, 이승만은 자유당 총재 사퇴 ※ 장면 부통령 사임 → 민주화 노력 약속 • 4월 25일 대학교수들의 시국 선언 → 4월 26일 이승만 대통령 하야 → 허정 과도 정부 수립

↓

결 과	• 허정 과도 정부 수립 → 3·15 부정 선거 무효 선언 • 3차 개헌 : 내각책임제와 양원제 국회, 대법원장과 대법관 선출 • 7월 총선거 실시 → 민주당 대승 • 8월 장면 내각(2공화국) 수립 : 최초의 정권 교체 • 노동 운동과 통일 운동 활발히 전개, 학생들은 '신생활 운동' 전개

※ 3·15 부정 선거
3인조 또는 9인조 공개 투표 : 자유당 후보에게 투표하도록 미리 공작하여 유권자로 하여금 3인조 또는 9인조의 팀을 만들어, 그 조장이 미리 확인한 후 자유당 측 선거 운동원에게 보이고 투표함에 넣을 것

※ 서울 문리대 학생 선언문
상아의 진리탑을 박차고 거리에 나선 우리는 질풍과 같은 역사의 조류에 참여하여 지성과 진리, 자유의 정신을 뿌리고자 한다. …… 언론, 출판, 집회, 결사, 사상의 자유는 전제 권력에 의해 사라졌다. …… 보라! 우리는 기쁨에 넘쳐 자유의 횃불이 올린다! 우리는 침묵의 밤에 자유의 종을 치는 역할을 자랑한다. 영원한 민주주의를 위한 일은 자랑스럽기만 하다. 우리의 대열은 이성과 양심과 평화, 그리고 자유를 향한 열렬한 사랑의 대열이다.

눈이 부시네 저기 난만히 멧등마다
그 날 쓰러져 간 젊음 같은 꽃 사태가
맺혔던 한이 터지듯 여울여울 붉었네.

그렇듯 너희는 지고 욕처럼 남은 목숨
지친 가슴 위엔 하늘이 무거운데
연련히 꿈도 설워라 물이 드는 이 산하.

　　　　　　　　　　　　　　　　　– 이영도, '진달래' –

1. 2공화국(장면 내각)

장면 내각 수립
1960년 8월 ~ 1961년 5월 16일

· 4·19 혁명 이후 실시된 총선에서 민주당이 압승
· 국회에서 윤보선을 4대 대통령에 선출(임기 5년)
· 국무총리 장면 선출
· 국정 지표
    └ 독재 청산, 민주주의 발전
    └ 경제 개발(자립 경제 강조), 남북 관계 개선
※ 4·19 혁명 이후 혁신정당 세력은 총선에 참여하여 정치적으로 크게 약진하였다.(X)

정치 상황	· 4차 개헌 : 부정 선거 사범 처벌과 자유당 비리 세력을 처벌하기 위한 소급 입법 근거 마련 → 실효 X ★ 1960년, 반민주 행위자 공민권 제한법 · 지방자치제 : 지방 자치법을 개정 → 지방 의회 의원, 도지사, 시·읍·면장을 주민이 선출 · 경제 제일주의 : 경제 개발 5개년 계획 수립, 국토 개발 사업 추진 · 군비 축소와 군의 정예화 추진 : 국방력 강화, 군의 정치적 중립 확보 · 외교 : 적극적인 대미 정책 → 한미경제협정 체결 / 대일 국교 정상화 모색 · 통일 정책 : 평화통일론 채택, '선 경제 건설, 후 통일', 민간의 통일 운동 탄압 · 민주당의 분열 : 구파(윤보선 지지)와 신파(장면 지지)로 분열 → 구파가 탈당하여 신민당 창당
사회 운동	· 언론이 활성화되고, 자유가 넘침 · 노동 운동 : 한국 노동조합 총연맹 결성(1960) · 통일 운동 : 민족 학생 통일 연맹과 민족 자주 통일 협의회 조직 · 학생 운동 : 1961년 5월 남북학생회담 제의("가자 북으로, 오라 남으로"), 한미 경제 협정 반대 투쟁, 학도 호국단 폐지, 학생회 조직 · 신생활 운동 전개 : "커피 한 잔에 피 한 잔", "정치만 혁명이냐, 생활도 혁명이다", "당신 주머니에 양담배는 없지요"

2. 5·16 군사정변(1961년)

5·16 군사정변
1961년 5월 16일

· 1961년 5·16 군사정변 → 5월 18일 : 장면 내각 사퇴, 국가 재건 최고 회의 조직
    └ 박정희 소장과 김종필 중령이 주도, 윤보선 쿠데타 인정, 육사생도 지지, 미국도 인정
· 계엄 선포, 군사혁명위원회 조직 → 2년 6개월간 군정 실시
· 혁명 공약
    └ 반공 정책 강화, 국가 자주 경제 재건, 사회 안정 → 민정 이양 약속
 	
★ 5·16 혁명 공약
1. 반공을 제1의 국시(國是)로 한다.
2. 미국 및 자유 우방과의 유대를 공고히 한다.
3. 부패와 구악을 일소하고 도의와 민족정기를 바로잡는다.
4. 민생고를 해결하고 국가 자주 경제 재건에 총력을 기울인다.
5. 통일을 위하여 공산주의와 대결할 실력 배양에 힘쓴다.
6. 과업이 성취되면 양심적인 정치인들에게 정권을 이양하고 군 본연의 임무에 복귀한다.

↓

민정 이양

· 1962년 12월 5차 개헌
    └ 대통령제, 1회 중임, 임기 4년, 직선제
        └ 국회 단원제, 전국구 비례 대표제 신설
· 1963년 1월 정치 활동 허용
· 1963년 2월 민주 공화당 창당(불법 자금 조달)
· 1963년 10월 대통령 선거에서 민주 공화당 박정희가 5대 대통령에 당선 → 3공화국 출범

	군정의 실시
	1961년 5월 16일 ~ 1963년 10월
군정	· 국가 재건 최고 회의 : 의장 박정희 / 입법·사법·행정 3권 장악 · 중앙정보부 : 1961년 설치, 사회와 정치 활동 감시
정치	· 정치 활동 금지 : 정치 활동 정화법 제정(1962년), 국회와 지방 의회 해산, 정당과 사회 단체 활동 정지 · 집회 금지, 언론 검열, 출국 금지, 국가 재건 비상조치법 발표 · 반공법 제정 : 1961년, 혁신계 정치인, 노조와 학생 간부 처벌 · 3·15 부정 선거 관련자 처벌, 조직 폭력배 검거
경제·사회	· 1962년 1월 경제 개발 5개년 계획 시행 → 경제 개발 추진 · 1962년 6월 10대 1의 화폐 개혁(환 → 원 / 2차 화폐 개혁) · 농어촌 고리대 정리법, 부정축재 처리법 제정 · 국가 재건 국민 운동에 관한 법 제정, 중소기업 지원 확대
외교	· 1962년 중앙정보부장 김종필과 일본 오히라의 비밀 회담

1. 3공화국

3공화국
1963년 12월 ~ 1972년 12월
· 1963년 5대 대통령 선거에서 민주공화당의 박정희가 5대 대통령에 당선 → 3공화국 수립
· 1967년 6대 대통령 선거에서 민주공화당의 박정희가 6대 대통령에 당선 ↳ ★ 국정지표 : 조국 근대화, 국가 안보 강화
· 1969년 6차 개헌 : 3선 개헌, 장기 집권의 기반 마련
· 1971년 7대 대통령 선거에서 김대중을 누르고 박정희가 7대 대통령에 당선
★ 박정희의 장기 집권 시도 : 1972년 10월 유신으로 7차 개헌 → 유신헌법 제정
★ 유신헌법(7차 헌법)
· 배경 : 1969년 닉슨 독트린으로 냉전 체제 완화, 경제 침체 → 박정희 정부의 위기 고조
· 1972년 '10월 유신' 선포
↳ 10월 비상 계엄 선포 → 국회 해산, 정치 활동 금지, 헌정 중단 → 국무회의에서 유신헌법(7차 개헌) 제정
↳ 11월 국민 투표 : 90% 이상이 찬성 → 1972년 12월 유신헌법 공포
↳ 12월 23일 통일주체국민회의에서 박정희가 8대 대통령에 당선 → 4공화국 수립
★ 유신헌법 내용 : 한국적 민주주의 → 독재 강화
· 대통령 임기 6년, 횟수 제한 X, 간선제(통일주체국민회의에서 대통령 선출), 대통령이 국회해산권과 국회의원의 1/3 추천권 보유
· 대통령이 법관의 임면권을 갖고, 긴급조치(1호~9호 : 1974~1975)를 발표할 수 있다.

★ 3공화국 중요 사항

경제와 사회	· 1963년 광부와 간호사를 서독에 파견 → 외화 획득 목적 · 1964년 경제 개발 5개년 계획 전략 수정 : 가공 무역과 수출 주도형 · 교육 정책 ↳ 1968년 국민교육헌장 발표, 1969년 중학교 무시험 제도(1969년, 서울 → 1971년, 전국) ↳ 1973년 연합고사 제도 → 1974년 고교 평준화
한일협정	· 1962년 김종필과 오히라 비밀 회담 · 1964년 6·3 항쟁 : 굴욕적인 수교에 반발 → 비상계엄과 위수령 선포 ↳ 1964년 인혁당 사건, 민족주의 비교 연구회 사건 조작 → 6·3 항쟁 탄압 · 1965년 한일협정 체결 : 미국의 요구와 경제개발 자금을 확보하기 위해 체결 · 한계 : 사죄와 배상 X, 청구권을 경제 협력의 방식으로 타결(유상 2억 달러, 무상 3억 달러 제공) ↳ 위안부와 징병 피해자, 원폭 피해자, 약탈 문화재, 독도 문제 → 해결 X · 부속 협정 : 어업, 재일교포 법적 지위와 대우, 경제 협력에 관한 협정, 문화 협력
베트남 파병	· 1965년~1973년, 미국의 요청으로 파견 ※ 주의 : 유엔군 자격(X) · 미국의 지원으로 한국군의 전력 증강 · 베트남 특수 : 건설업체의 해외 진출, 인력 수출로 경제 개발에 도움 · 문제점 : 라이따이한 → 한국인과 베트남인 사이의 2세 ★ 브라운 각서(1966) ↳ 한국군 현대화 지원, 베트남 파병의 장비 제공과 비용 원화 제공 ↳ 베트남 전쟁 물자를 한국에서 제공, 기술 원조, AID 차관

★ 3공화국 주요 사건 연표
· 1963년 박정희, 윤보선을 누르고 5대 대통령에 당선
· 1964년 6·3 항쟁 → 정권 퇴진 운동으로 발전, 인혁당 사건(1차), 울산 정유공장 가동, 수출의 날 지정
· 1965년 한일 협정, 베트남 파병(~1973)
· 1966년 브라운 각서, 한미행정협정(SOFA), 석가탑에서 무구정광대다라니경 발견
· 1967년 구로공단 준공, 박정희 6대 대통령 당선, 동백림 간첩단 사건
· 1968년 북한 게릴라 청와대 습격(1·21 사건), 향토 예비군 창설, 국민교육헌장 발표, 포항제철 회사 설립
  울진과 삼척 무장공비 침투, 미국 푸에블로호의 납북, 주민등록증 발급 시작, 경인고속도로 준공
· 1969년 3선 개헌(6차 개헌), 닉슨독트린(냉전 완화), 마산의 수출 자유 지역 조성
· 1970년 경부고속도로 개통, 새마을 운동, 와우아파트 붕괴, 평화 통일 구상 선언
· 1971년 박정희 7대 대통령 당선, 광주대단지 사건, 무령왕릉 발견, 남북 적십자대표의 예비회담
  12월 국가 비상 사태 선언, 인천 실미도 특수대원 24명 노량진까지 진출하여 난동
· 1971년 교련 반대 시위
· 1972년 7·4 남북공동성명, 10월 유신(7차 개헌), 프랑스에서 직지심체요절 발견
  8·3 사채동결(경제 안정과 성장에 관한 긴급 조치 명령)
  통일주체국민회의에서 박정희 대통령 선출(8대), 북한 사회주의 헌법(주석제 신설)

★ 대한민국과 일본국 간의 기본 관계에 관한 조약, 1965년 6월 22일
대한민국과 일본국은 양국 국민 관계의 역사적 배경과, 선린 관계와 주권 상호 존중의 원칙에 입각한 양국 관계의 정상화에 대한 상호 희망을 고려하며, 양국의 상호 복지와 공통 이익을 증진하고 국제 평화와 안전을 유지하는 데 있어서 양국이 국제 연합 헌장의 원칙에 합당하게 긴밀히 협력함이 중요하다는 것을 인정하며 ……
제1조 양 체약 당사국 간에 외교 및 영사 관계를 수립한다. 양 체약 당사국은 대사급 외교 사절을 지체 없이 교환한다. 양 체약 당사국은 또한 양국 정부에 의하여 합의되는 장소에 영사관을 설치한다.
제2조 1910년 8월 22일 및 그 이전에 대한 제국과 대 일본 제국 간에 체결된 모든 조약 및 협정이 이미 무효임을 확인한다.
→ 제2조에 대해 서로 다르게 해석하고 있다. 우리나라는 한국 병합 조약에 따른 식민 지배 자체가 원천적으로 무효라고 해석하고 있으며, 일본은 한국 병합 조약은 합법적인 것이었지만, 제2차 세계 대전에서 패하였기 때문에 이것이 무효화되었다고 해석하고 있다. 이는 일본이 식민 지배에 대한 사과와 배상을 거부하는 빌미가 되었다.

★ 브라운 각서(1966)
[군사 원조]
1. 한국에 있는 한국군의 현대화 계획을 위해 앞으로 수년 동안에 걸쳐 상당량의 장비를 제공한다.
2. 월남에 파병되는 추가 증파 병력에 필요한 장비를 제공하는 한편 증파에 따른 모든 추가적 원화 경비를 부담한다.
[경제 원조]
1. 주월 한국군에 소요되는 보급 물자, 용역 및 장비를 실시할 수 있는 한도까지 한국에서 구매하며 주월 미군과 월남군을 위한 물자 가운데 선정된 구매 품목을 한국에서 발주한다.
2. 수출을 진흥시키기 위한 모든 분야에서 한국에 대한 기술 원조를 강화한다.
3. 미국은 경제 개발을 위한 추가 AID 차관을 공여하였다.

2. 4공화국

4공화국(유신 정권)
1972년 12월 ~ 1981년 3월

- 1972년 12월 통일주체국민회의에서 박정희가 8대 대통령에 선출
- 1978년 12월 통일주체국민회의에서 박정희가 9대 대통령에 선출
- 1979년 10·26 사태 : 박정희가 김재규에게 시해
- 1979년 12월 통일주체국민회의에서 최규하가 10대 대통령에 선출
- 1980년 8월 최규하 하야 → 전두환이 11대 대통령에 선출(통일주체국민회의)
- 1980년 10월 8차 개헌(7년 단임, 간선제) → 전두환이 12대 대통령에 당선 → 1981년 3월 5공화국 출범

★ 긴급조치권 1호
① 대한민국 헌법을 부정, 반대, 왜곡, 또는 비방하는 일체의 행위를 금한다.
② 대한민국 헌법의 개정 또는 폐지를 주장, 발의, 제안 또는 청원하는 일체의 행위를 금한다.
③ 유언비어를 날조, 유포하는 일체의 행위를 금한다.
⑤ 이 조치에 위반한 자와 이 조치를 비방한 자는 법관의 영장 없이 체포, 구속, 압수, 수색하며 15년 이하의 징역에 처한다. 이 경우에는 15년 이하의 자격 정지를 병과할 수 있다.
⑥ 이 조치에 위반한 자와 이 조치를 비방한 자는 비상 군법 회의에서 심판·처단한다.

3. 박정희 정부의 몰락

- 1970년대 후반 2차 석유파동과 중화학 공업 중복 투자로 인한 경제 침체와 야당의 성장
- 1978년 10대 국회의원 선거에서 신민당이 여당보다 많은 득표
- 1979년 10월 부마 항쟁

★ 부마 항쟁
- YH 사건 : YH 여성 노동자의 신민당사 농성을 강제 해산 → 김영삼의 항의
- 박정희는 신민당 총재 김영삼을 국회에서 제명 → 부마 항쟁 : 부산과 마산에서 학생들의 반정부 시위 발생

- 1979년 10·26 사태 : 중앙정보부장 김재규가 박정희 시해 → 제주를 제외한 전국에 비상계엄 선포
- 1979년 12월 통일주체국민회의에서 최규하가 10대 대통령에 선출
- 1979년 12·12 사태 : 신군부 전두환과 노태우가 군사권 장악 후 유신 유지 주장(VS 정승화 계엄 사령관은 민주화 공언)
- 1980년 서울의 봄 : 유신 철폐, 신군부 퇴진 요구   ※ 5월 15일 서울역 시위, '서울의 봄'(4·19 혁명 이후 최대)
- 1980년 5월 17일 신군부는 전국에 계엄령 선포 → 정치 활동을 금지하고 김대중(시위 배후 조정)과 김종필(부정 축재) 등의 정치인 체포
- 1980년 5·18 광주 민주화 운동 발생

★ 1980년 5·18 광주 민주화 운동 전개 → 반미 운동의 계기
- 신군부 퇴진, 계엄 철폐, 김대중 석방 요구, 유신 철폐
- 신군부는 공수부대를 동원해 무력 진압 → 광주 시민들 시민군 결성 → 무장 후 시가전 전개 → 실패
- 1980년 8월 16일 최규하 대통령을 하야시킴 → 전두환이 11대 대통령 취임(통일주체국민회의)

4. 전두환의 정권 장악

- 1980년 5·18 광주 민주화 운동 이후 5월 31일 국가보위비상대책위원회 조직 → 정권 장악 → 8월 16일 최규하 대통령 사퇴
- 1980년 8월 삼청교육대의 순화 교육 계획 발표
- 1980년 8월 전두환이 통일주체국민회의에서 11대 대통령에 당선 → 9월 1일 취임
- 1980년 10월 8차 개헌 : 7년 단임, 간선제, 전국구 의원 2/3를 제1당이 차지   ※ 중앙정보부 → 12월 국가 안전 기획부로 개편
- 1981년 1월 민주 정의당 창당 → 1981년 3월 전두환 12대 대통령 취임 → 5공화국 출범

※ 4공화국 주요 사건 연표
- 1972년 박정희 8대 대통령 당선(단독출마 99.9% 지지)
- 1973년 김대중 피랍 사건, 포항제철 공장 준공, 100만인 헌법 개정 청원 운동 전개, 6·23 선언
- 1974년 1월 긴급조치 발동, 8월 15일 육영수 여사 피습(문세광), 11월 민주회복국민회의
          동아일보 언론 자유 수호 투쟁, 민청학련 관련 활동 금지
- 1975년 서울대생 김상진의 양심 선언, 장준하 의문사, 학도호국단 설치, 민방위대 창설
          인혁당 사건(2차), 긴급조치 9호
- 1976년 3·1 민주구국선언(명동성당), 8월 판문점 미군 장교 2명이 북한군 군인의 도끼에 맞아 사망
- 1977년 100억 달러 수출 달성(→ 1981년 200억 달러 수출 달성), 이리역 화약 운송 열차 폭발 사건
- 1978년 박정희 9대 대통령 당선, 고리 원자력 발전소 준공, 야당 신민당이 여당인 공화당을 득표율에서 앞섬
          한국정신문화연구원(성남, 판교), 국사편찬위원회의 〈한국사〉 완간, 한미연합사령부 발족
- 1979년 국민연합 결성(윤보선, 김대중 등), YH 사건, 부마 항쟁, 10·26 사태
          최규하 대통령 선출(10대), 12·12 사태
- 1980년 서울의 봄, 5·18 광주 민주화 운동

※ 4공화국 시절 반유신 투쟁
- 김대중 : 일본에서 유신 체제 비판 → 1973년 김대중 피랍 사건
- 민청학련 : 유신 폐지 주장 → 1974년 2차 인혁당 사건 조작하여 탄압
- 민주회복국민회의 : 1974년, 종교인과 야당 정치인들이 조직
- 3·1 민주구국선언 : 1976년, 윤보선, 김대중, 문익환, 김승훈, 함석헌 등
- 1979년 10월 부마 항쟁

※ YH 무역 근로자 호소문
각계각층에서 수고하시는 사회 인사 여러분께 저희들의 애타는 마음을 눈물로 호소합니다. … 수출 실적이 높으면 나라도 더욱 발전할 수 있고, 선진국 대열에 서게 된다는 초등학교 시절에 배운 것을 더듬으며 우리는 더욱 더 잘사는 나라를 기대하며 열심히 일해 왔습니다만, 뜻하지 않은 폐업 공고에 놀라지 않을 수 없습니다. … 오갈 데 없는 저희들은 무엇을 먹고 어디서 살란 말입니까? 동생들의 학비와 부모님들 약값은 어떻게 해야 된단 말입니까? 우리 문제가 해결되지 않는다면 저희들은 죽음의 길을 택할 수밖에 없습니다. …

※ 3·1 민주구국선언(1976)
1. 이 나라는 민주주의의 기반 위에 서야 한다.
2. 경제 입국 구상과 자세가 근본적으로 검토되어야 한다.
3. 민족 통일은 오늘 이 겨레가 짊어진 최대의 과업이다.

※ 전두환 정권의 언론 탄압 : 비판적 언론인과 학자 해임, 신문협, 방송협 등의 언론 기관 통폐합

5공화국
1981년 3월 ~ 1988년 2월
· 1980년 10월 8차 개헌(대통령 간선제, 7년 단임제) → 전두환이 12대 대통령에 당선 → 1981년 3월 5공화국 출범 · 국정 지표 : 정의 사회 구현, 복지 사회 건설 등

★ 5공화국 중요 사항

주요 정책	· 민주화 운동 탄압 : 1980년 삼청교육대 운영 → 재야 인사와 민주 인사 탄압 · 공무원과 언론인을 강제 해직, 집회 및 시위에 관한 법률 제정, 정치 풍토 쇄신 특별 조치법 · 노동 운동 탄압 : 제3자 개입 금지법 제정 · 반공 강화 : 국가 보안법과 사회 안전법 강화 · 경제 호황 : 1986년 3저 호황으로 고도 성장 → 2차 석유 파동 극복 · 교육 정책 : 과외 금지, 졸업 정원제, 두발과 교복 자율화 · 회유책 : 국풍 81, 미스 유니버스 대회 유치, 컬러 TV 보급, 프로야구 개막 · 씨름 창설, 야간 통행 금지 해제(1982), 장발 단속 완화, 해외여행 자유화
민주화 운동	· 1984년 민주화 추진 협의회 · 1985년 신한민주당 : 대통령 직선제 개헌을 위한 1천만 서명 운동 전개 · 1986년 부천 경찰서 성고문 사건 · 1987년 6월 민주 항쟁 ★ 6월 민주 항쟁(1987년) · 1월 서울대 학생 박종철이 경찰의 고문으로 사망한 사건 발생 · 박종철 고문 치사에 대한 진상 규명 요구와 대통령 직선제 개헌 요구 시위 · 4·13 호헌 조치(전두환의 개헌 거부) → 국민 반발 심화 → 이한열 열사가 6월 9일 최루탄을 맞고 의식 불명 · 6·10 민주 항쟁 : 전국 18개 도시에서 '민주 헌법 쟁취 운동 국민 본부' 중심으로 전개 → 호헌 철폐, 독재 타도, 민주 헌법 쟁취 요구 · 6·29 선언 : 노태우(민주 정의당 대표) 여당 후보가 직선제 개헌 수용 · 9차 개헌 : 5년 단임, 직선제, 헌법 재판소 설치, 대통령의 국회 해산권 폐지 · 1987년 12월 16일 제13대 대통령 선거에서 민정당(여당) 노태우 후보가 당선 → 1988년 2월 6공화국 출범

※ 5공화국 주요 사건 연표
· 1981년 1월 남북한 최고 책임자 상호 방문 제의
· 1981년 1월 민정당 창당 → 2월 전두환 12대 대통령 당선
               국풍81(여의도, 5월), 해외여행 자유화 조치
               24회 서울 올림픽 개최 확정(9월), 수출 200억 달러 달성
· 1982년 야간통행 금지 전면 해제, 민족화합민주통일방안 제시
               부산 미국 문화원 방화 사건, 프로야구 출범
· 1983년 중고교생 복장 자율화, KBS 이산가족 찾기 생방송 시작
               대한항공 여객기 격추(소련군), 민주운동청년연합회 결성(김근태)
               미얀마 묘소 폭탄 테러(아웅산 사건)
· 1984년 민주화 추진 협의회 발족, 북한 측의 수해 물자 전달 제의 수락
· 1985년 서울 미국 문화원 점거, 남북 고향 방문단의 서울과 평양 상호 방문
· 1986년 신민당과 민주화추진협의회(직선제 개헌 1천만 서명 운동 시작)
· 1987년 서울대 박종철 고문 치사(1월), 평화의 댐 착공
               6월 민주 항쟁 → 6·29 선언 → 9차 개헌(5년 단임, 직선제)
               대한항공 858기 타이에서 폭파 추락(북한 김현희), 13대 대통령 노태우 당선(12월)

※ 6·10 국민 대회 선언(일부)

이제 우리 국민은 그 어떠한 이유나 명분으로도 더 이상 민주화의 실현이 지연되어서는 안된다고 요구하고 있다. 분단을 이유로, 경제 개발을 이유로, 그리고 지금은 올림픽을 이유로 민주화를 유보하자는 역대 독재 정권의 거짓 논리에서 이제는 깨어나고 있다. …… 오늘 고 박종철군을 고문 살인하고 은폐 조작한 거짓 정권을 규탄하고 국민의 여망을 배신한 4·13 폭거가 무효임을 선언하는 우리 국민들의 행진은 이제 거스를 수 없는 역사의 대세가 되었다.

※ 6·29 선언

첫째 합의하에 조속히 대통령 직선제 개헌을 하고 새 헌법에 의해 대통령 선거로 88년 2월 평화적 정부 이양을
       실현토록 하겠습니다. …… 국민은 나라의 주인이며, 국민의 뜻은 모든 것에 우선하는 것입니다.
둘째, 최대한의 공명정대한 선거 관리가 이루어져야 합니다.
셋째, 극소수를 제외한 모든 시국 관련 사범들은 석방되어야 합니다.

	노태우 정부	김영삼 정부	김대중 정부	노무현 정부	이명박 정부
시기	1988 ~ 1992	1993 ~ 1997	1998 ~ 2002	2003 ~ 2007	2008 ~ 2012
	13대	14대	15대	16대	17대
국정 지표	• 위대한 보통 사람의 시대를 열자 • 민족 자존, 민주 화합, 균형 발전	• 문민 정부 • 깨끗한 정부, 튼튼한 경제 • 건강한 사회, 통일 조국 건설	• 국민의 정부 • 민주주의와 시장경제의 병행 발전	• 참여 정부 • 국민과 함께 하는 민주주의	• 실용 정부, 신 발전 체제 구축 • 성장과 복지의 선순환 구조 구축 • 다원주의 가치 존중, 섬기는 정부 등
정치	• 1988년 총선 → 여소야대 국회 • 5공 청문회 개최 　└→ 전두환 정부의 비리와 5·18 민주화 운동 진상 규명 • 1990년 3당 합당(여대야소 국회 구성) 　└→ 민주 정의당 + 통일민주당(김영삼) 　└→ 신민주공화당(김종필) → 민주 자유당	• 1993년 5월 공직자 재산 등록 법제화 • 1995년 6월 지방자치단체장 선거 　└→ 전면적 지방자치제 • 1995년 역사바로세우기(노태우, 전두환 구속) • 군사 조직 하나회 해체 • 1997년 12월 전두환, 노태우 사면 석방	• 2000년 김대중 대통령 노벨평화상 수상	• 2004년 노무현 대통령 탄핵소추안 의결 　└→ 5월 기각 • 2004년 행정수도 이전 위헌 판결	• 2009년 5월 노무현 대통령 투신 • 2012년 세종 특별 자치시 출범
외교	• 북방 외교 → 공산권 국가와 수교 　└→ 1989년 헝가리 → 1990년 소련 → 1992년 중국 • 1991년 1월 걸프전 발발(의료 지원단 파견) • 1991년 12월 국제 노동기구(ILO) 가입	• 1995년 국제 무역 기구 출범(WTO) • 1995년 세계화 추진 협의회 • 1995년 KEDO(한반도 에너지 개발기구)	• 1999년 동티모르에 상록수 부대 파견 　└→ 1999~2000년	• 2003년 서희·제마 부대 파병 • 2004년 이라크에서 김선일 피살 • 2004년 자이툰 부대 파병 • 2006년 반기문 유엔 사무총장 내정	• 2011년 아덴만 여명 작전 • 2011년 외규장각 의궤 반환
남북 관계	• 1988년 민족 자존과 통일번영을 위한 특별선언(7·7선언) • 1989년 3월 문익환 목사, 황석영 방북 • 1989년 6월 전대협 대표 임수경 방북 • 1989년 9월 한민족 공동체 통일 방안 • 1991년 9월 남북한 유엔 동시 가입 • 1991년 12월 13일 남북기본합의서 • 1991년 12월 31일 한반도 비핵화 공동 선언(1992년 발효)	• 1994년 6월 김일성과 남북정상회담 합의 • 1994년 7월 김일성 사망 • 1994년 제네바 핵협상 타결(북한과 미국)	• 1998년 정주영, 소 500마리 싣고 방북 • 1998년 금강산 해로 관광 • 1999년 서해교전(1차 → 2차 2002년) • 2000년 6월 15일 남북공동선언 　└→ 최초의 남북 정상 회담 • 2000년 이산가족 상봉 • 2000년 경의선 철도 복원 기공식	• 2003년 6월 개성공단 기공식 • 2005년 평화의 댐 완공 • 2007년 10·4 선언 　└→ 남북관계 발전과 평화번영 선언	• 2010년 천안함 폭침, 연평도 포격 사건
사회	• 1987년 여름, 울산 등 중화학 공업 노동자들의 쟁의 • 1989년 5월 전교조 출범(→ 1999년 합법화)	• 1993년 3월 부산 구포역 열차 전복 • 1993년 8월 7일 대전 엑스포 개최 • 1993년 10월 서해 페리호 침몰 • 1994년 10월 성수대교 붕괴 • 1995년 6월 삼풍백화점 붕괴 • 1996년 옛 조선 총독부 건물 철거 • 1997년 8월 대한항공 여객기 괌 추락	• 2000년 국민 기초 생활법 시행 　└→ 1999년 제정 • 2001년 여성부 신설 　└→ 2005년 여성가족부로 개편 • 2001년 인천 국제공항 개항 • 2001년 서해안 고속도로 전 구간 개통	• 2003년 7월 청계천 기공식 • 2004년 KTX 철도 개통 • 2004년 질병관리본부 출범 　└→ 2020년 질병관리청(문재인 정부)	• 2008년 미국산 쇠고기 수입에 반발 　└→ 촛불 시위
경제		• 1993년 8월 12일 금융실명제 • 1993년 12월 우루과이 라운드 협상 타결 　└→ 농산물 시장 개방 → 1995년 발효 • 1995년 7월 부동산 실명제 • 1996년 경제협력개발기구(OECD) 가입 • 1997년 12월 국제통화기금(IMF) 지원	• 1998년 1월 노사정위원회 구성 • 2001년 국제통화기금(IMF) 차관 상환	• 2004년 한·칠레 FTA 의결 • 2005년 개성공단이 본격 가동 • 2007년 한·미 FTA 체결	• 2011년 한미 FTA 비준안 의결 • 2012년 한·콜롬비아 FTA • 2012년 20-50클럽 가입 　└→ 인구 5천 이상 　└→ 1인당 소득 2만 달러 이상
교육		• 1993년 대학수학능력 시험 실시 • 1996년 국민학교 → 초등학교 개칭	• 2002년 중학교 전면적 의무 교육	★ 18대 박근혜 정부(2013 ~ 2016) / 경제 부흥, 국민 행복, 문화 융성, 평화 통일 기반 구축 　└→ 2013년 2월 25일 취임 　└→ 2016년 임기 중 탄핵 → 2017년 3월 10일 헌법재판소가 파면	
기타	• 1988년 9월 24대 서울 올림픽 개최 • 1990년 독일 통일 → 1991년 소련 해체	• 4·19 공원묘지 → 국립묘지 승격 • 5·18 광주 민주화 운동 희생자에 대한 추모식	• 2002년 5월 한일월드컵 개최	★ 19대 문재인 정부(2017년 5월 ~) 　└→ 2017년 5월 9일 19대 대통령에 당선 　└→ 2018년 4월 27일 판문점 선언('한반도의 평화와 번영, 통일을 위한 판문점 선언')	

1. 배경

북한의 준비	미·소 냉전 강화
· 소련과 중공의 지원 → 군사력 증강 　└ 소련 : 무기, 군사 고문단 지원 　└ 중국 : 군사 비밀 협정 · 남한 사회 교란 : 공산주의자들을 통해 여러 소요 유발 · 의도적 평화 공세로 남침 의도를 위장	· 2차 대전 이후 → 미국과 소련 사이의 냉전 체제 강화 · 이승만 정부는 국군 창설(1948) 후 북진 통일 주장 → 북한과 대립 · 1949년 미군의 철수 · 1950년 1월 애치슨 선언 : 미국의 방어선에서 한반도 제외

※ 애치슨 선언
1950년 1월 12일 미국 국무 장관 애치슨은 다음과 같이 연설하였다. "미국의 극동 지역 방어선은 알류샨 열도로부터 일본, 오키나와를 거쳐 필리핀을 통과한다. 방위선 밖의 국가가 제3국의 침략을 받는다면 침략을 받은 국가는 그 국가 자체의 방위력과 유엔 헌장의 발동으로 침략에 대항해야 한다."

2. 과정

북한의 침략	· 1950년 6월 25일 북한의 기습 → 3일 만에 서울 함락 · 6월 27일 정부, 대전으로 수도 이전 → 6월 28일 서울 인도교 폭파 / 북한, 서울 함락 · 7월 1일 유엔 지상군 부대가 부산에 상륙 ★ 6·25 전쟁 지원국 : 16개국이 군사 지원(유엔군 병력의 88%는 미군), 의료 지원국(5개국), 물자 지원국(39개국) · 7월 7일 국군이 유엔군에 편입　　　　　　　　　※ 7월 12일 대전 협정(미군의 재판권, 한국군 통수권을 미군에 이양) · 7월 16일 정부, 대구로 수도 이전　　　　　　　※ 국민보도연맹 사건 : 1950년 6월 25일 → 9월 · 7월 20일 북한군, 대전 점령 · 8월 18일 정부, 부산으로 수도 이전, 낙동강 방어선 구축　　　※ 1950년 9월 여군 창설
인천 상륙 작전 이후	· 9월 15일 인천 상륙 작전 개시(맥아더 장군 지휘) · 9월 28일 국군, 서울 수복, 이승만은 이북 진격 명령 · 10월 1일 국군, 38도선 돌파('국군의 날') · 10월 19일 국군, 평양 탈환 후 원산으로 진격, 압록강 연안의 초산까지 진출 · 10월 27일 정부, 서울로 환도
중공군의 개입 이후	· 10월 29일 중공군 개입 · 12월 6일 북한, 평양 탈환 · 12월 16일 국민방위군 설치령 의결　　※ 국민방위군 사건 : 1951년 1월~4월 · 12월 24일 흥남 철수　　※ 굳세어라 금순아(1953년 발표, 흥남 철수 배경) ★ 1951년 · 1월 1일 중공군이 38도선 넘어 남하 · 1월 4일 국군, 서울에서 후퇴(1·4 후퇴) → 부산으로 수도 재이전 · 1월 5일 중공군, 서울 진입 · 2월 11일 거창 양민 학살 사건 발생(국군이 양민 600여 명을 학살) · 3월 14일 서울 다시 수복 → 38도선 부근에서 전쟁 교착
휴전(정전) 회담	· 1951년 7월 10일 개성에서 소련군의 제의로 휴전 회담 시작 → 10월 25일 판문점에서 휴전 회담 개최 ★ 1953년 · 2월 23일 휴전 회담 재개 → 6월 18일 이승만의 거제도 반공포로 석방 → 7월 27일 휴전 회담 조인(한국은 불참) → 8월 15일 정부, 서울로 환도 → 10월 1일 한미상호방위조약 정식 체결

※ 유엔군 결의문 83회
안전 보장 이사회는 북한 당국이 전쟁 행위를 중지하지 않고 북위 38도선 이북으로 철수하지 않았다는 것과 국제적 평화와 안전을 회복시키는 데 긴급한 군사적 조치가 요청된다는 유엔 한국 위원단의 보고서를 주목하고, 평화와 안전을 확보하기 위하여 즉각적이고 효과적인 조치를 유엔에 요청한 대한민국의 호소를 주목하여 유엔 회원국들이 대한민국에 대하여 이 지역에서 무력 공격을 격퇴하고 국제 평화와 안전을 회복하기 위하여 필요한 자원을 제공할 것을 권고한다.

※ 맥아더의 항복 권고 방송, 1950년 10월 1일
인민군 총사령관에게
그대의 군대와 잠재적 전투 능력이 불원간 전면적으로 패배되고 완전히 파괴되는 것은 불가피한 것이다. …… 본관은 유엔군 최고 사령관으로서, 그대와 그대의 지휘하에 있는 군대가 한국의 어느 지점에서든지 본관이 지시할 군사적 감독 하에 무장을 버리고 적대 행위를 중지할 것을 요구한다.

※ 굳세어라 금순아
눈보라가 휘날리는 바람 찬 흥남부두에
목을 놓아 불러봤다 찾아를 봤다
금순아 어디로 가고 길을 잃고 헤매었더냐
피눈물을 흘리면서 일사 이후 나홀로 왔다.

· 백마고지 전투 : 1952년 가장 치열한 전투
· 일본은 6·25 전쟁 특수로 막대한 이득을 챙겼으며 이는 일본 경제 대국 성장의 밑바탕이 되었다.

THEME 097 | 6·25 전쟁

★ 휴전 회담

개 최	· 공산군 → 소련의 말리크를 통해 휴전 제의 · 1951년 7월 개성에서 시작(유엔군 대표 + 북한군 최고 사령관 + 중공군 사령관)　　※ 남한은 국군통수권을 유엔군에 넘겨 참여 X · 반응 : 남한 정부와 국민들은 휴전 회담을 반대하고 북진 통일 주장, 이승만은 거제도 반공 포로 석방으로 회담 방해

↓

체 결	· 휴전(정전) 체결 : 1953년 7월 27일 판문점에서 정전 협정 체결　　※ 서명 : 유엔측 대표(미국 해리슨 중장) + 공산군 대표(남일) · 휴전선 문제 : 북한은 전쟁 전 38도선, 유엔군은 현재 군사 분계선 주장 → 현재 군사 분계선에서 2km의 비무장 지대 설치로 합의 · 포로 송환 : 북한은 자동(강제) 소환, 유엔군은 자유의사에 따른 송환 → 자유의사에 따른 송환, 송환을 원하지 않는 포로는 중립군 위원회에서 처리 합의 · 군사 정전 위원회와 중립국 감시 위원단 설치　　※ 중립국 감시 위원단 : 폴란드, 체코, 스위스, 스웨덴 · 한국 정부 : 정전 협정 참여 X → 내용 준수 입장 발표

↓

정전 이후	· 1953년 10월 워싱턴에서 한미상호방위조약 체결 → 1954년 11월 17일 조약문 교환 → 1954년 11월 18일 발효 · 1954년 한미 합의 의사록 체결 : 한국군의 작전권을 유엔군 사령부에 양도 · 1954년 제네바 회담 : 휴전 상태와 한반도 문제를 논의하기 위해서 전쟁 참전국이 참여 → 결렬 · 전후 복구 : 이승만 정부는 식량 통제와 적자 재정 정책 추진, 미국은 잉여 농산물과 면화 · 설탕 등을 원조

※ 반공포로 석방

이승만 대통령이 반공 포로를 석방한 이유는 휴전 협정에서 한국의 입장이 배제된 상태에서 유엔군이 한국을 떠나 버리면 한국은 다시 공산화의 위험을 감당할 수밖에 없다는 생각을 하였기 때문이다. 그래서 미국에 대하여 한국의 안보를 지켜 달라는 압력을 행사하려고 한 것이었다.

※ 정전 협정

쌍방의 사령관들은 그들의 통제 아래에 있는 모든 군사력이 일체 적대 행위를 완전히 정지하도록 명령한다. …… 본 정전 협정의 효력을 발생하는 당시의 쌍방에서 수용하고 있는 모든 전쟁 포로의 석방과 송환은 본 정전 협정 조인 전에 쌍방이 합의한 바에 따라 집행한다.

※ 한미상호방위조약(1953년 10월)

2조 무력 공격에 위협을 받는다고 인정할 때는 서로 협력한다.
4조 상호 합의에 의해 미국은 육해공군을 한국의 영토 내와 그 부근에 배치할 수 있는 권리를 가지며 한국은 이를 허용한다.

1. 해방 직후와 미군정 시기 남한 경제

해방 직후	· 남북 불균형 : 일제 강점기 병참 기지화 정책과 중화학 공업 정책으로 북부 지방에 공업 시설 집중 · 남한 : 기술과 자본 부족으로 공장 60%가 중단, 낮은 생산성, 공장 부족, 실업 문제, 저임금, 생필품 부족으로 극심한 인플레이션 발생 · 패망 직전 일본의 불환 지폐 남발로 경제 혼란

↓

미군정 시기	· 1945년 점령지 구호 원조(GARIOA)로 남한에 경제 원조
	· 양곡의 배급제를 폐지하고 양곡의 자유 시장 개설로 물가 폭등 유발 → 1946년 미곡 수집령과 경제 통제령 발표
	· 귀속농지
	  └ 1946년 2월(3월) 신한공사 설립 : 적산·귀속농지를 직접 관리, 소작료를 총 수확물의 1/3 이내로 한정하였다.
	  └ 1948년 3월 토지 개혁 시도 : 귀속 농지 일부를 2정보씩 유상으로 일부 분배하였다.
	· 일본인의 귀속재산을 미군정에 귀속 → 1947년 3월 귀속재산 분배 행정 조치 : 친미적인 관리에게 불하하여 일부 대기업이 성장

※ 신한공사[1946.2(3)~1948.3]
식민지 시기 동양 척식 주식회사의 소유였던 토지와 여타 일본인(회사·개인)의 소유였던 토지를 관할하여 그 보전과 이용 및 회계 등을 담당한 미군정의 회사이다.

※ 미군정의 토지 개혁
· 1947년 남조선 과도 입법 의원의 회피로 실패
· 1948년 3월 신한공사 해체
· 중앙 토지 행정처를 설치하여 토지 개혁 시도
· 귀속농지 일부, 2정보씩 유상으로 분배
· 연 생산량의 300%를 현물로 15년간 분할 상환

2. 1공화국 이승만 정부 시절

(1) 귀속재산 처리와 원조 경제

귀속재산 처리		· 1949년 귀속재산처리법 제정 : 대규모 기업체를 친일 인사, 정계와 연결된 자들이 분배 받음, 시가보다 저가로 15년 분할 상환, 신흥재벌의 성장 계기
원조 경제	방식	· 무상 원조 : 농산물과 소비재 원료 → 1950년대 후반 유상차관으로 전환
	소비재 원료	· 제분, 제당, 원면, 원모 등의 소비재 원료 제공 → 면방직, 제분, 제당의 삼백산업 발달 · 문제점 : 국내 밀과 면화 생산 위축, 정경유착 발생
	농산물 원조	· 배경 : 미국의 농업 공황 · 결과 : 남한의 식량 문제 해결, 정부 재정 확보, 남한의 농업 기반 붕괴, 농민 몰락

★ 1950년 한국은행법

★ 1956년 공법 480(PL480) : 미국의 잉여 농산물 국내 도입

(2) 농지 개혁

제정	· 농지개혁법 : 1949년 6월 제헌국회에서 제정 → 시행 : 1950년 3월 → 6·25 전쟁으로 중단 → 1957년 완료
목적	· 부재지주 부정, 경자유전 원칙으로 자작농 육성 · 지주를 산업 자본가로 육성하려는 의도 → 효과 미흡 ※ 남한의 농지 개혁으로 많은 지주가 산업 자본가로 성장하였다.(X)
원칙	· 적산농지는 무상 몰수 · 유상 몰수 : 부재지주와 3정보 이상의 농지 ★ 몰수 대상 : 농가가 아닌 자의 농지, 자경하지 않는 자의 농지, 규정한도 초과 부분의 농지 · 유상 분배 : 3정보 이내, 평균 수확량 150%를 5년간 분할 상환(매년 30%를 5년간 상환) ★ 북한의 토지 개혁 : 1946년 3월 시행, 무상몰수·무상분배, 5정보 이내, 모든 토지 대상
문제점	· 비농지 제외 : 임야와 산림, 과수원, 상전 등 제외 · 지주의 사전 강매와 회피(농지 → 비농지로 전환) · 소작농 부활 : 지가 상환 부담 등으로 소작농 부활 · 의의 : 자작농 증가, 봉건적 지주제 약화, 남한의 공산화 방지 ※ 농지 개혁에 반민족 행위자의 토지 몰수 조항은 없었다.

※ 농지개혁법
제5조 정부는 다음에 의하여 농지를 취득한다.
2. 다음의 농지는 본법 규정에 의하여 정부가 매수한다.
(가) 농가 아닌 자의 농지
(나) 자경하지 않는 자의 농지
(다) 본법 규정의 한도를 초과하는 부분의 농지
제6조 다음의 농지는 본법으로써 매수하지 않는다.
1. 농가로서 자경 또는 자영하는 1가호당 총면적 3정보 이내의 소유 농지
제8조 정부는 피보상자 또는 그가 선정한 대표자에게 지가 증권을 발급한다.

3. 2공화국 장면 내각

경제 개발 계획	· 경제 개발 5개년 계획 수립 : 1961년 5·16 군사정변으로 시행 X
국토 개발 사업	· 실업 문제를 해결하기 위해서 1961년 국토 건설 본부를 설치하여 개발 추진

★ 장면 내각은 미국과 한미경제협정을 체결하였다.

4. 5·16 군사정변 이후 군정 시기

경제 개발 시도	· 1962년 경제 개발 5개년 계획 실시
경제 정책	· 농어촌 고리채 정리법, 농업 협동 조합법, 국가 재건 국민 운동에 관한 법 제정 · 부정축재 처리법, 중소기업 지원 확대, 화폐 개혁(1962년 10대 1의 화폐 개혁 → 환을 원으로 개혁)

★ 제1차 경제 개발 5개년 계획(1961. 7. 22.)

"제1차 경제 개발 5개년 계획은 …… 종합적이고 체계적인 장기 경제 발전 계획을 수립하여 모든 사회·경제적인 악순환의 시정과 자립 경제 달성을 위한 기반을 구축하는 데 기본 목표를 두었다."

5. 박정희 정부 시절 경제 개발 5개년 계획

	경제 개발 1·2차 5개년 계획	경제 개발 3·4차 5개년 계획
시기	· 1차 : 1962년~1966년 → 자립 경제 구축, 농업 생산력 향상, 기간 산업과 사회 간접 자본 확충 등 · 2차 : 1967년~1971년 → 산업 구조의 근대화, 식량의 자급자족 등	· 3차 : 1972년~1976년 → 철강과 화학, 비철금속, 기계, 조선, 전자 등 6대 전략 산업 집중 육성 등 · 4차 : 1977년~1981년 → 성장과 형평, 기술 혁신 등
주력	· 경공업 중심	· 중화학 공업 중심
전략	· 정부 주도 : 민간 기업을 국가가 지원(국가 기업이 주도 X) · 수출 주도형 : 수입 대체 산업 육성이 아니라 수출 주도형 산업 육성, 수출에 유리한 대기업 중심 → 대기업과 중소기업의 불균형 발생 · 성장 위주 : 분배 위주가 아니라 성장 위주의 경제 정책으로 분배의 불균형 발생, 노동자들은 저임금 정책으로 고통 · 공업 위주 : 공업 위주의 성장 정책으로 공업과 농업의 불균형, 도시와 농촌의 불균형 초래	
특징	· 적극적인 외자 유치 · 베트남 특수와 한일협정 때 받은 차관이 경제 발전에 영향을 주었다. · 외국 차관과 값싼 노동력을 결합 · 경공업 육성 → 1960년대 '가발'이 대표적인 수출품 · 마산 자유 무역지대 : 1970년 지정 → 1973년 완공	· 1973년 익산 자유무역지대 지정 → 1974년 완공 · 1973년 중화학 추진 위원회 설치 : 중화학 공업을 육성하여 이 시기 중화학 공업의 생산액이 경공업의 생산액을 초과함 · 외국 자본 직접 투자 유치 · 구미·울산·여수에 대규모 공업 단지
성과	· 베트남 파병 이후 베트남 특수로 고도 성장 · 1964년 울산 정유 공장 · 1967년 소양강 댐 착공(→ 1973년 완공) · 1968년 포항제철 회사 설립 · 1969년 분식의 날 제정(쌀 없는 날) → 1970년대 통일벼의 전국 보급 · 1970년 경부 고속 도로 개통	· 1973년 포항제철 공장 준공 · 1973년 1차 석유파동에도 불구하고 연 평균 9.7%의 경제 성장률 기록(한강의 기적) · 1973년 울산, 거제도에 대형 조선소 건설 시작 → 조선 공업 지역 성장 · 1977년 100억 달러 수출 달성 ★ 1964년 1억 달러 수출 → 1971년 10억 달러 수출 → 1977년 100억 달러 수출 → 1981년 200억 달러 수출 · 1977년 통일벼의 보급으로 분식의 날 해제　※ 통일벼 : 1965년부터 1972년까지 농촌 진흥청에서 실험을 거쳐 재배 성공 · 1978년 고리 원자력 발전소 준공
위기	· 1970년대 초 세계 경제 침체 → 인플레이션과 불황, 국제 수지 악화	· 1972년 8·3 사채동결 조치 : 경제 안정과 성장에 관한 긴급 명령 15호 → 대기업에 특혜 · 1973년 1차 석유파동 → 중동 특수로 극복, 한강의 기적 · 1978년 2차 석유파동 → 1979년 10·26 사태 → 1970년대 말 중화학 공업에 중복 투자 → 1980년대 마이너스 경제 성장 　└ 1986년 전두환 정부 시절 '3저 호황'으로 극복
문제점	· 저임금·저곡가 정책으로 소득 격차 심화, 도농간의 격차 심화, 해외 의존도 심화, 정경 유착, 대기업과 중소기업의 불균형, 기술 경쟁력 약화, 외화 가득률 낮음	

6. 1980년대 이후 경제 상황

전두환 정부	노태우 정부	김영삼 정부	김대중 정부	기 타
· 3저 호황(1986년~1988년) · 부실기업 정리 · 중화학 공업 중복 투자 제한 · 자동차·가전·기계·철강·반도체 산업 성장	· 적자 경제와 경기 악화 　└ 선진국의 개방 압력, 임금 상승, 수입 증가 　└ 급격한 임금 상승, 물가 상승, 부동산 투기 등	· 우루과이 라운드 : 농산물 시장 개방 · 공기업 민영화 · 신자유주의 · 1995년 WTO 출범(국제 무역 기구) · 1996년 OECD 가입 · 1997년 외환 위기로 IMF의 지원	· 외환 위기 극복 　└ 금모으기 운동, 노사정 타협 노력, 기업의 구조 조정 등 · 벤처기업 지원, 부동산 경기 조성 정책 · 이자율 인하 정책, 신용카드 권장 · 문제점 　└ 벤처기업 거품, 부동산 가격의 폭등, 신용 불량자 양산 등	· 노무현 정부 　└ 2004년 고속철도 KTX 개통 　└ 2004년 한국과 칠레 자유무역 협정 · 이명박 정부 　└ 2008년 미국산 쇠고기 수입 → 촛불 시위 　└ 2011년 한·미 FTA 비준안 의결

1. 각 정부별 통일 정책

1공화국	이승만	· 북진 통일 → 6·25 전쟁 이후 유엔 감시 하에 북한의 총선거 주장, 반공 정책을 강화하며 조봉암의 평화 통일 논의 탄압

2공화국	장면 내각	· 선 경제 건설, 후 통일 주장 → 민간의 통일 논의 억압, 대한민국 헌법에 따라 유엔 감시하의 남북한 총선거 실시 주장 · 1961년 5월 학생들은 남북학생회담 개최 시도("가자 북으로, 오라 남으로"), 민족 자주 통일 중앙 협의회 결성, 중립화 통일 연맹 조직

3공화국	박정희	· 1960년대 선 경제 건설, 후 통일 강조, 승공 통일을 강조하며 반공 강화 · 1970년 평화통일구상선언(8·15 선언) · 1971년 남북 적십자 회담 제의(→ 본회담 : 1972년 개최) · 1972년 7·4 남북공동성명(최초의 통일에 대한 합의, 비공식적 합의, 자주·평화·민족대단결)

4공화국	박정희	· 1973년 6·23 선언(남북한 유엔 동시 가입 제의, 공산권 국가에도 문호 개방) · 1974년 1월 상호 불가침 협정 체결 제의 · 1974년 8월 평화통일 3대 기본 원칙 천명(상호 불가침 → 문호 개방 → 자유 총선거)

5공화국	전두환	· 1981년 1월 12일 남북한 최고 책임자의 상호 방문 제의(1·12 제의) → 1982년 1월 22일 민족화합 민주통일 방안 제시 : 민족통일협의회 구성, 통일 헌법 작성 → 총선거 실시 · 1984년 9월 북한이 남한에 수재 물자 제공 → 1985년 남북한 고향 방문단 교차 방문 : 해방 이후 최초의 이산가족 고향 방문단 방문(서울 - 평양)

6공화국

노태우
· 1988년 7월 7일 민족자존과 통일번영을 위한 특별 선언(7·7 선언) → 상호 교류, 남북 왕래, 문호 개방, 서신 왕래
· 1989년 8월 15일 평화통일 3원칙 제시(자주·평화·민주의 3원칙 제시)
· 1989년 9월 11일 한민족 공동체 통일 방안(남북정상회담 → 민족 공동체 헌장 채택 → 남북연합 → 총선거 실시 → 통일 정부 구성)
· 1991년 9월 18일 남북한 유엔 동시 가입
· 1991년 12월 13일 남북기본합의서 채택(상대방의 실체 인정, 내부 문제 불간섭 / 화해와 불가침, 교류 협력에 관한 합의서)
· 1991년 12월 31일 한반도 비핵화 공동 선언(1992년 2월 발효)

※ 북방 외교
· 1989년 2월 헝가리(최초), 11월 폴란드·유고와 수교
· 1990년 3월 몽골과 수교, 8월 독일 통일, 10월 소련과 수교
· 1991년 소련 해체
· 1992년 8월 중국과 수교, 12월 베트남과 수교

김영삼
· 1993년 3단계 3기조 통일 방안(3단계 : 화해·협력, 남북 연합, 통일 국가 / 3기조 : 민주적 국민 합의, 공존 공영, 민족 복리 증진)
· 1994년 6월 18일 남북 정상 회담 합의 → 김일성의 사망으로 실현 X, 조문 파동으로 남북 관계 악화
· 1994년 8월 15일 민족 공동체 통일 방안(한민족 공동체 건설을 위한 3단계 통일 방안) → 1995년 북한 수재 때 식량을 지원

※ 김영삼 정부 시절 북한 핵 협상
· 1993년 북한, NPT(핵확산 금지 조약) 탈퇴
· 1994년 제네바 합의 : 미국과 북한, 핵무기 개발 포기 → 원자력 발전 전환
· 1995년 한반도 에너지 개발 기구(KEDO) 출범

김대중
· 1998년 정주영 회장 소 떼 방문 → 1998년 금강산 해로 관광
· 2000년 6·15 남북 정상 회담 : 평양, 최초의 정상 회담, 개성공단 조성 사업, 경의선과 동해선 철도 복원 사업, 금강산 육로 관광 합의

★ 북한과 서해 교전 : 1999년과 2002년 두 차례 발생
★ 경의선과 동해선 철도
  └ 2000년 경의선 복원 기공식 개최 → 2003년 경의선 완공 → 2007년 시범 운행
  └ 동해선 : 2005년 12월 완공
★ 개성 공단 : 2003년 기공식 → 2007년 준공, 본격 가동

· 노무현 정부 : 2007년 10·4 선언 → 남북 관계 발전과 평화 번영을 위한 선언, 2차 남북 정상 회담, 평양
· 이명박 정부 : 2008년 7월 11일 금강산 관광객 피격 사망 사건 → 관광 중단 → 2010년 천안함 사건, 연평도 포격 사건
· 문재인 정부 : 2018년 4월 판문점 선언, 3차 남북 정상 회담

2. 중요 남북 합의문

7·4 남북 공동 성명	1972년 7월	• 최초의 통일에 대한 합의 : 자주와 평화, 민족 대단결 • 비공식 합의 • 독재 권력 강화에 이용 : 남한의 유신 헌법, 북한의 사회주의 헌법 • 남북 조절 위원회 설치 : 실무 회담 개최 → 성과 X • 서울 ~ 평양 직통 전화 • 이후락 O, 김종필 X
남북 기본 합의서	1991년 12월	• 최초의 남북한 공식 합의 : 화해와 불가침, 교류 협력에 관한 합의, 정부 당사자 간의 합의, 남북 고위급 회담에서 채택 • 체제를 인정하고 존중, 내부 문제 불간섭, "국가적 실체 인정 국가로 승인 X" • 판문점에 남북 연락 사무소 설치 • 군 당사자 간의 전화 개설 • 남북 군사 공동 위원회 설치

6·15 남북 공동 성명	2000년 6월	• 최초의 공식적 남북 정상 회담 : 평양, 김대중 대통령 + 김정일 위원장
		  └ 남북 연합 = 낮은 단계 연방제, 경제 협력 → 균형 발전 → 신뢰 구축에 합의
		• 금강산 육로 관광에 합의(시행 : 2003년)
		• 금강산 이산 가족 면회소 설치에 합의
		• 경의선, 동해선 철도 복원 합의
		• 개성공단 조성 사업에 합의
		  └ 2004년 시범 단지 준공 → 2007년 준공, 본격 가동
		  └ 2005년 개성 관광 시범 운행 → 2007년 본 관광 실시
		★ 주의 : 주한 미군에 대한 언급 X, 민간 차원의 교류를 정부 차원의 교류로 전환

10·4 선언	2007년 10월	• 2차 남북 정상 회담 : 평양, 노무현 대통령 + 김정일 위원장
		• 남북 관계 발전과 평화 번영을 위한 선언 : 평화 정착, 공동 번영, 화해와 통일 등 8개항 합의
		  └ 6·15 선언의 고수, 내부 문제 불간섭, 군사적 적대 관계 종식 및 서해 공동 어로 수역 지정
		  └ 항구적 평화 협력 구축, 경제 협력을 위한 투자 장려와 서해 평화 협력 특별 지대 설치
		  └ 사회 문화 분야의 교류 협력 증진

판문점 선언	2018년 4월	• 3차 남북 정상 회담 : 판문점, 문재인 대통령 + 김정은 위원장
		• 주요 내용
		  └ 북한의 완전한 비핵화, 핵 없는 한반도 실현, 문재인 대통령의 평양 방문, 남북 공동 연락 사무소 설치(개성 지역)
		  └ 모든 적대 행위 중지, 비무장 지대 → 평화 지대로 구축, 8·15 이산 가족 상봉, 경의선·동해선 철도와 도로 연결

※ 7·4 남북 공동 성명(1972)

1. (남북) 쌍방은 다음과 같은 조국 통일 원칙들에 합의를 보았다.

첫째, 통일은 외세에 의존하거나 외세의 간섭을 받음이 없이 자주적으로 해결해야 한다.

둘째, 통일은 서로 상대방을 반대하는 무력행사에 의거하지 않고 평화적으로 실현하여야 한다.

셋째, 사상과 이념, 제도의 차이를 초월하여 우선 하나의 민족으로서 민족적 대단결을 도모하여야 한다.

4. 쌍방은 지금 온 민족의 거대한 기대 속에 진행되고 있는 남북 적십자 회담이 하루빨리 성사되도록 적극 협조하는 데 합의하였다.

※ 남북 기본 합의서(1991)

(남북) 쌍방 사이의 관계가 나라와 나라 사이의 관계가 아닌 통일을 지향하는 과정에서 잠정적으로 형성되는 특수 관계라는 것을 인정하고, 평화 통일을 성취하기 위한 공동의 노력을 경주할 것을 다짐하면서 다음과 같이 합의하였다.

제1조 남과 북은 서로 상대방의 체제를 인정하고 존중한다.

제4조 남과 북은 상대방을 파괴·전복하려는 일체의 행위를 하지 아니한다.

※ 2000년 6·15 남북 공동 성명

1. 남과 북은 나라의 통일 문제를 그 주인인 우리 민족끼리 서로 힘을 합쳐 자주적으로 해결해 나가기로 하였다.

2. 남과 북은 나라의 통일을 위한 남측의 연합제 안과 북측의 낮은 단계 연방제 안이 서로 공통성이 있다고 인정하고 앞으로 이 방향에서 통일을 지향시켜 나가기로 하였다.

3. 남과 북은 올해 8·15 즈음하여 흩어진 가족, 친척 방문단을 교환하며, 비전향 장기수 문제를 해결하는 등 인도적 문제를 조속히 풀어 나가기로 하였다.

4. 남과 북은 경제 협력을 통하여 민족 경제를 균형적으로 발전시키고, 사회, 문화, 체육, 보건, 환경 등 제반 분야의 협력과 교류를 활성화하여 서로의 신뢰를 다져 나가기로 하였다.

※ 2007년 10·4 선언

1. 6·15 공동 선언을 고수하고 적극 구현해 나간다.

4. 현 정전 체제를 종식시키고 항국적인 평화 체제를 구축하기 위한 종전 선언을 협력해 추진하기로 하였다.

5. 경제 협력 사업을 적극 활성화하기로 하였다.

• 서해 평화 협력 특별 지대를 설치하여 공동 어로 구역과 평화 수역 설정, 민간 선박의 해주 직항로 통과, 한강 하구 공동 이용 등을 적극 추진해 나가기로 하였다.

• 개성-신의주 철도와 개성-평양 고속도로를 공동으로 이용하기 위해 개보수 문제를 협의·추진하기로 하였다.

1. 현대 사회사

	해방 ~ 1960년대	1970년대	1980년대	1990년대 이후
농촌 변화	· 도시로의 인구 유입 : 주택·교통난·환경·빈곤·실업·범죄 문제 · 직업 구조의 변화 : 1차 산업 비중 〈 2·3차 산업 비중 　　　　　└→ 전문직과 기술직 증가 · 농촌 소득 감소 → 도시와 농촌의 격차 확대	· 새마을 운동(1970년) · 1971년 경기도 광주 대단지 사건 　　　└→ 정부의 무계획적 도시 계획 정책에 반발 · 1972년 가톨릭 농민회 조직 · 1976년 전남 함평 고구마 피해 보상 요구	· 1989년 여의도, 농민들의 죽창 시위	· 1993년 우루과이 라운드 : 농산물 시장 개방
여성 운동			· 1987년 남녀고용평등법 제정	· 1991년 가족법 개정 　　└→ 여성도 재산과 자녀에 대한 동등한 권리 획득 · 2001년 여성부 설치, 21세기 남녀 평등 헌장 발표 · 2005년 호주제 폐지
복지 정책	· 1961년 생활보호법(→ 2000년 국민기초생활보장법)	· 1977년 의료보험법	· 1981년 장애인복지법 · 1988년 국민연금제도 · 1989년 전 국민 의료보험 실시	· 1995년 고용보험제도 실시 · 1999년 도시 거주 자영업자 국민연금 가입 · 2000년 국민기초생활보장법 · 2000년 의료보험이 국민건강보험으로 통합 · 2008년 노인 장기 요양 보험
의복 변화	· 1961년 표준 간소복 제정 · 1960년대 후반 기성복 생산과 유행 · 1960년대 미니스커트의 등장	· 청바지와 티셔츠 : 청년 문화로 유행		
인구 정책	· 1960년대 덮어 놓고 낳다보면 거지꼴을 못 면한다.	· 딸 아들 구별 말고 둘만 낳아 잘 기르자.	· 잘 키운 딸 하나 열 아들 안 부럽다.	
노동 운동	· 노동 인구 증가, 여성 노동자 증가 · 저임금과 열악한 노동 환경 · 1961년(1960) 한국노총 결성	· 1970년 전태일 분신 · 1978년 동일 방직 사건 · 1979년 YH 사건 발생	· 1986년 최저 임금제 제정 · 1987년 6월 민주항쟁 이후 노동 운동 활성화 · 1988년 전국언론노동조합연맹 · 1989년 전국교직원노동조합	· 1990년 전국노동조합협의회 결성 · 1991년 국제 노동 기구(ILO) 가입 · 1995년 민주노총 결성 · 1997년 외환 위기 → 청년 실업 문제 심화 · 2004년 공무원 노조 합법화
교육 정책	· 미군정 시기 미국식 교육 도입 : 6·3·3·4의 학제 · 1946년 국립 서울대학교 창립 · 이승만 정부 : 국민학교 의무 교육 · 장면 내각 : 학원 민주화 운동 전개, 학도호국단 폐지 · 박정희 정부 　└→ 1968년 국민 교육 헌장 발표 　└→ 1969년 대학 예비고사제 실시 　└→ 1969년 중학교 무시험 제도(서울) → 전국 : 1971년	· 1971년 국민윤리 → 대학 필수 과목 · 1973년 고등학교 연합 고사제 · 1974년 고교 평준화	· 고등 교육의 대중화 → 많은 대학 설립 · 대학 본고사 폐지 · 학력고사제와 졸업정원제 실시 · 1980년(1981) 과외 금지 · 1989년 전교조 결성 → 1999년 합법화	· 정보화와 기술의 향상, 창의력 신장 · 1993년 수능 시험 · 김영삼 정부 : 학교운영위원회 설치 · 1996년 국민학교 → 초등학교 개칭 · 2002년 중학교의 전면적인 의무 교육 실시
현대 문학	· 해방 이후 : 좌·우익 이념 대결 · 6·25 전쟁 이후 　└→ 서정적인 순수 문학이 주류 : 현대문학, 사상계 창간 　└→ 자유부인 : 1954년, 서울신문 연재, 정비석 　└→ 피아골 : 1955년, 지리산 빨치산 배경 　└→ 오발탄 : 1959년 소설 → 1961년 영화화 · 4·19 혁명 이후 참여 문학 등장 : 껍데기는 가라, 꽃잎, 광장 등	· 문학 잡지 : 창작과 비평, 문학과 지성 · 사회 문제를 비판적으로 다룸, 민주화 운동에 영향 · 김지하의 오적 · 조세희의 난장이가 쏘아올린 작은 공	· 민중의 예술 활동 확대 　└→ 정부에 대해 비판적 태도 · 분단 문학 : 본격적으로 다루어짐 　└→ 민족 문제에 관심 　└→ 이청준, 이문열 등	

	해방 ~ 1960년대	1970년대	1980년대	1990년대 이후

언론	• 4·19 혁명 이후
	  └ 경향신문 복간
	  └ 신문에 대한 발행 허가제 폐지
	  └ 신문사 설립 : 언론 기능 강화, 언론사 기업화
	• KBS, TBC, MBC 등의 텔레비전 방송국 설립
	• 문화방송, 동아방송 등의 라디오 방송국 개국
	• 5·16 군사 정변 이후 언론 통폐합 → 규제 강화
		• 유신 정권 : 기자 등록제 실시 → 언론 통제
		• 동아일보
		  └ 1974년 자유언론수호선언
		  └ 1974년~1975년 백지 광고 사태, 언론인 해고
		★ 1970년대 텔레비전 보급 확대
		  └ 독재 이용, 반공 홍보, 정부 정책 홍보
		  └ 극장에서 대한뉴스 상영
			• 1980년대 신군부의 언론 통제
			  └ 방송사, 신문사를 강제로 통폐합
			  └ 언론 탄압 : 언론인 대량 해고, 보도 지침 등
			• 1987년 6월 민주항쟁 이후
			  └ 언론 노조 결성, 언론의 민주화 활동 전개	

대중 예술	• 1969년 국립 현대 미술관	• 대중가요가 젊은층에서 유행, 전통음악에 대한 관심 고조 • 유신 정권 : 정부의 검열로 금서와 금지곡 증가	• 청소년층이 대중가요의 주된 수요층으로 성장 • 판소리·탈춤·마당극 등 공연, 전통 음악이 대중에 보급 • 1981년 문예회관 • 1988년 예술의 전당 개관	
스포츠		• 1976년 몬트리올 올림픽 → 양정모, 레슬링에서 금메달 ※ 1936년 베를린 올림픽 → 손기정, 첫 금메달	• 1980년대 프로야구, 프로축구 출범 • 1986년 제10회 아시안 게임 유치 • 1988년 제24회 서울 올림픽 개최	• 2002년 한일월드컵 개최

2. 유네스코

	자연유산	· 제주도 화산섬과 용암동굴 · 한국의 갯벌: 서천 갯벌, 고창 갯벌, 신안 갯벌, 보성-순천 갯벌	
세계유산	복합유산	· 없음	
		고대~고려	**조선**
	문화유산	· 고인돌 : 강화도, 화순 고창 · 불국사와 석굴암 : 경덕왕 · 경주 역사 유적 지구 : 남산 지구(불교 문화), 월성 지구(궁궐 터), 대릉원 지구(고분), 황룡사 지구, 산성 지구(방어 시설) · 백제 역사 유적 지구 : 공주시, 부여군, 익산시 3개 지역 8개 고고학 유적지 · 산사와 한국의 산지 승원 : 양산 통도사, 영주 부석사, 안동 봉정사, 보은 법주사, 공주 마곡사, 순천 선암사, 해남 대흥사 등 · 가야 고분군: 고령 지산동; 김해 대성동, 함안 말이산, 창녕 교동과 송현동, 고성 송학동, 합천 옥진	· 창덕궁 : 태종, 정문은 돈화문 → 다포 양식 · 종묘 : 정전과 영녕전 · 해인사 장경판전 : 합천, 팔만대장경 보관 · 수원 화성 : 정조, 거중기 이용 · 안동 하회 마을과 경주 양동 마을 · 남한산성 · 조선 왕릉, 한국의 서원
무형유산		· 종묘 제례(길례), 종묘 제례악(아악), 판소리, 강릉 단오제, 남사당 놀이, 처용무, 제주 칠머리당 영등굿, 강강술래, 영산재, 대목장, 가곡, 매사냥, 택견, 줄타기 · 한산 모시짜기, 아리랑, 김장 문화, 농악, 줄다리기, 제주 해녀 문화, 씨름, 연등회, 한국의 탈춤	

기록유산		· 팔만대장경 : 몽골 3차 침입 때 제작 → 해인사 장경판전에 보관
		· 직지심체요절 : 현존 최고 금속활자본, 우왕, 청주 흥덕사에서 조판, 프랑스에 보관
		· 승정원일기 : 왕의 일과 기록, 실록보다 양이 많음, 조선 후기 인조 이후 것이 현존
		· 조선왕조실록 : 태조~철종까지, 편년체
		· 조선왕조의궤 : 선조 이후 것이 현존, 중요 행사 과정 기록, 병인양요 때 프랑스군이 약탈 → 반환
		· 동의보감 : 허준이 완성, 향약명을 한글로 표기
		· 일성록 : 정조가 세손 시절부터 쓰던 국정일기
		· 기타 기록유산
		  └ 훈민정음, 난중일기, 한국의 유교 책판, 조선 통신사에 관한 기록, 조선 왕실 어보와 어책
		  └ 국채보상운동 기록물, 5·18 광주 민주화 운동 기록물, 새마을 운동 기록물, KBS 특별 생방송 '이산가족을 찾습니다' 기록물, 4·19 혁명 기록물, 동학농민혁명 기록물	

2025 대비 최신판

해커스공무원
최진우
1/2 한국사
필기노트

초판 1쇄 발행 2024년 3월 18일

지은이	최진우
펴낸곳	해커스패스
펴낸이	해커스공무원 출판팀

주소	서울특별시 강남구 강남대로 428 해커스공무원
고객센터	1588-4055
교재 관련 문의	gosi@hackerspass.com
	해커스공무원 사이트(gosi.Hackers.com) 교재 Q&A 게시판
	카카오톡 플러스 친구 [해커스공무원 노량진캠퍼스]
학원 강의 및 동영상강의	gosi.Hackers.com

ISBN	979-11-6999-928-1 (13910)
Serial Number	01-01-01

공무원 교육 1위,
해커스공무원 gosi.Hackers.com

해커스공무원

- **해커스공무원 학원 및 인강**(교재 내 인강 할인쿠폰 수록)
- 해커스 스타강사의 **공무원 한국사 무료 특강**
- 해커스공무원 **직렬별 패스상품**(교재 내 할인쿠폰 수록)